CHINA DEVELOPMENT ZONES YEARBOOK

中国开发区年鉴

2010

中国财政经济出版社

图书在版编目（CIP）数据

中国开发区年鉴．2010/彭森主编．—北京：中国财政经济出版社，2011.12
ISBN 978-7-5095-3222-5

Ⅰ.①中…　Ⅱ.①彭…　Ⅲ.①经济开发区-中国-2010-年鉴　Ⅳ.①F127.9-54

中国版本图书馆CIP数据核字（2010）第225375号

责任编辑：伍景华　李　鹤　　　　责任校对：张　凡
封面设计：张德林　　　　　　　　版式设计：兰　波

中国财政经济出版社出版
URL：http：//www.cfeph.cn
E-mail：cfeph@cfeph.cn

社址：北京市海淀区阜成路甲28号　邮政编码：100142
营销中心电话：010-88190406　北京财经书店电话：010-64033436
北京富生印刷厂印刷　各地新华书店经销
787×1092毫米　16开　22.5印张　532 000字
2012年1月第1版　2012年1月北京第1次印刷
定价：250.00元
ISBN 978-7-5095-3222-5/F·2731
（图书出现印装问题，本社负责调换）
本社质量投诉电话：010-88190744

中国开发区年鉴

编委会

宋东舢　浙江省商务厅开发区处处长
陈少和　福建省开发区协会会长
张世坤　大连经济技术开发区管委会主任
胡英杰　秦皇岛经济技术开发区管委会主任
王秀臣　烟台经济技术开发区管委会主任
姜　杰　青岛经济技术开发区管委会主任
史卫国　宁波经济技术开发区党工委副书记、管委会副主任
陈　昊　湛江经济技术开发区管委会主任
李　勇　天津经济技术开发区党组书记
唐国海　连云港经济技术开发区管委会主任
陈德新　南通经济技术开发区党工委书记
崔新宇　广州经济技术开发区管委会主任
郑有光　福州经济技术开发区党工委书记
董绍诚　上海闵行经济技术开发区联合发展公司总经理
辛继平　上海虹桥经济技术开发区联合发展公司总经理
刘家平　上海漕河泾新兴技术开发区联合发展公司总经理
肖健雄　温州经济技术开发区管委会副主任
宣炳龙　昆山经济技术开发区党工委副书记
王延东　营口经济技术开发区管委会主任
张建军　威海经济技术开发区管委会主任
郑昆金　福清融侨经济技术开发区管委会副主任
朱永鑫　东山经济技术开发区管委会常务副主任
李松林　沈阳经济技术开发区管委会主任
俞建国　杭州经济技术开发区党工委副书记
罗长刚　武汉经济技术开发区管委会主任
杨良文　芜湖经济技术开发区管委会主任
陈德新　长春经济技术开发区管委会副主任
胡永昌　哈尔滨经济技术开发区哈尔滨高新技术产业开发区管委会主任

彭小民　重庆北部新区（重庆经济技术开发区、重庆高新技术产业开发区）管委会副主任
张振丰　萧山经济技术开发区管委会主任
潘玉璋　广州南沙经济技术开发区经济发展局局长
侯经胜　惠州大亚湾经济技术开发区管委会主任
黄　勇　乌鲁木齐经济技术开发区管委会副主任
张伯旭　北京经济技术开发区管委会主任
姚卫东　合肥经济技术开发区管委会主任
张延明　郑州经济技术开发区党委书记、管委会主任
廖仁松　成都经济技术开发区管委会主任
李科明　长沙经济技术开发区党工委副书记、管委会主任
郭学民　西安经济技术开发区管委会主任
张　宁　昆明经济技术开发区管委会主任
韦鸿宁　贵阳经济技术开发区管委会主任
张丽娜　石河子经济技术开发区管委会常务副主任
梅茂发　南昌经济技术开发区党工委副书记、管委会副主任
骆玉林　西宁经济技术开发区管委会主任
李博宏　呼和浩特经济技术开发区管委会主任
熊可范　南宁经济技术开发区党工委书记、管委会主任
张金旺　太原经济技术开发区管委会主任
贺满明　银川经济技术开发区管委会主任
黄羽天　拉萨经济技术开发区管委会主任
严志坚　兰州经济技术开发区管委会主任
陈千茂　南京经济技术开发区管委会副主任
林国耀　厦门海沧台商投资区管委会主任
俞　标　上海金桥（集团）有限公司总经理
丁尚清　海南洋浦经济开发区工委书记
蔡希良　宁波大榭开发区管委会主任
方文浜　苏州工业园区管委会副主任

孟繁祥　廊坊经济技术开发区党工委书记、管委会主任
简大年　上海外高桥保税区管委会副主任
卢　林　大连保税区党工委书记、管委会主任
冯志江　天津港保税区管委会主任
王怀岳　青岛保税区管委会主任
徐仲高　张家港保税区党工委副书记、管委会副主任
叶万档　宁波保税区党工委委员
王　军　厦门象屿保税区管委会主任
张华绍　汕头保税区管委会副主任、党委副书记
石奇珠　广州保税区管委会副主任
肖苑生　深圳市保税区管理局党委书记、局长
陈哈理　珠海保税区管委会主任
曲大利　海口保税区管委会主任
姜秀福　丹东边境经济合作区党委副书记、管委会常务副主任
何　平　黑河边境经济合作区党委副书记、管委会副主任
邹积丰　满洲里边境经济合作区管委会主任
王祥海　塔城边境经济合作区管委会主任
钟　萍　安阳高新技术产业开发区党工委书记、管委会主任
姜雅山　承德高新技术产业开发区管委会主任
张耀伦　上海化学工业区管委会主任、上海化学工业区发展有限公司总经理
吴建明　上海松江工业区党委书记、管委会主任、松江出口加工区管委会主任
谷正海　三河市副市长、燕郊经济开发区党工委书记、管委会主任
姚云涛　河北固安工业园区党工委书记、管委会主任
刘　会　河北大厂潮白河工业园区管委会主任
张召堂　河北沧州临港化工园区管委会主任
李怀璋　中科廊坊科技谷有限公司董事长

刘贵海　山西晋中经济开发区党工委副书记、管委会主任

孙常胜　山西大同经济开发区管委会副主任

闫兆强　山西晋城经济开发区管委会副主任

刘继京　山东邹平经济开发区党工委书记、管委会主任

万传广　山东明水经济开发区党工委副书记、管委会副主任

高欣伟　山东东营胜利工业园区管委会主任

徐福田　山东临沂经济开发区党工委书记、管委会主任

徐连新　山东威海工业园区党工委书记、管委会主任

贾长群　山东德州经济开发区党工委委员

宋业敏　山东胶州经济技术开发区管委会主任

巴洪斌　山东省东营市市长助理、东营港经济开发区党工委书记、管委会主任

王克军　山东日照经济开发区党工委书记

庞洪波　辽宁省沈阳市沈河区区长、沈阳金融商贸开发区管委会主任

迟文明　吉林公主岭国家农业科技园区管委会办公室副主任

唐乃新　江苏昆山花桥经济开发区管委会副主任

宋晓波　江苏省盐城市政府副秘书长、盐城经济开发区党工委副书记、管委会副主任

祝海燕　浙江安吉经济开发区党委副书记、管委会常务副主任

杨六顺　浙江湖州经济开发区党委书记、管委会主任

沈顺年　浙江海宁经编产业园区管委会主任

许金忠　浙江省海宁市市长助理、海宁经济开发区管委会主任

张黎明　安徽大观经济开发区管委会主任

贺为华　江西省新余市市长助理、新余经济开发区党工委书记

黄元新　重庆建桥工业园区管委会副主任

李友成　四川德阳经济开发区党委书记、管委会主任

张家献　四川省广元市政府副秘书长、广元经济开发区党委书记

廖雪梅　四川绵阳经济开发区管委会主任

特约编辑

中国开发区年鉴编辑部

目录

文献法规篇

专题研究篇

综 合 篇

国家级经济技术开发区篇

省级开发区篇

统计资料篇

文献法规篇

国务院关于印发《物流业调整和振兴规划》的通知

国发［2009］8号　2009年3月10日

各省、自治区、直辖市人民政府，国务院各部委、各直属机构：

现将《物流业调整和振兴规划》（以下简称《规划》）印发给你们，请结合本地区、本部门实际，认真贯彻执行。

当前，国际金融危机对我国实体经济造成了较大冲击，物流业作为重要的服务产业，也受到较为严重的影响。制定实施物流业调整和振兴规划，不仅是促进物流业自身平稳较快发展和产业调整升级的需要，也是服务和支撑其他产业的调整与发展、扩大消费和吸收就业的需要，对于促进产业结构调整、转变经济发展方式和增强国民经济竞争力具有重要意义。

各地区、各部门要把思想和行动统一到党中央、国务院的决策部署上来，以邓小平理论和“三个代表”重要思想为指导，深入贯彻落实科学发展观，进一步增强大局意识、责任意识，加强领导，密切配合，切实按照《规划》要求，做好统筹协调、改革体制、完善政策、企业重组、优化布局、工程建设等各项工作，确保《规划》目标的实现，促进物流业健康发展。

各地区要按照《规划》确定的目标、任务和政策措施，结合当地实际抓紧制定具体工作方案，切实抓好组织实施，确保取得实效。国务院各有关部门要根据《规划》明确的任务分工和工作要求，做到责任到位、措施到位，加强调查研究，尽快制定和完善各项配套政策措施，切实加强对《规划》实施的指导和支持。

附件：

物流业调整和振兴规划

物流业是融合运输业、仓储业、货代业和信息业等的复合型服务产业，是国民经济的重要组成部分，涉及领域广，吸纳就业人数多，促进生产、拉动消费作用大，在促进产业结构调整、转变经济发展方式和增强国民经济竞争力等方面发挥着重要作用。

为应对国际金融危机的影响，落实党中央、国务院保增长、扩内需、调结构的总体要求，促进物流业平稳较快发展，培育新的经济增长点，特制定本规划，作为物流产业综合性应对措施的行动方案。规划期为2009年至2011年。

一、发展现状与面临的形势

（一）发展现状

进入21世纪以来，我国物流业总体规模

快速增长，服务水平显著提高，发展的环境和条件不断改善，为进一步加快发展奠定了坚实基础。

1. 物流业规模快速增长。2008 年，全国社会物流总额达 89.9 万亿元，比 2000 年增长 4.2 倍，年均增长 23%；物流业实现增加值 2 万亿元，比 2000 年增长 1.9 倍，年均增长 14%。2008 年，物流业增加值占全部服务业增加值的比重为 16.5%，占 GDP 的比重为 6.6%。

2. 物流业发展水平显著提高。一些制造企业、商贸企业开始采用现代物流管理理念、方法和技术，实施流程再造和服务外包；传统运输、仓储、货代企业实行功能整合和服务延伸，加快向现代物流企业转型；一批新型的物流企业迅速成长，形成了多种所有制、多种服务模式、多层次的物流企业群体。全社会物流总费用与 GDP 的比率，由 2000 年的 19.4% 下降到 2008 年的 18.3%，物流费用成本呈下降趋势，促进了经济运行质量的提高。

3. 物流基础设施条件逐步完善。交通设施规模迅速扩大，为物流业发展提供了良好的设施条件。截至 2008 年底，全国铁路营业里程 8 万公里，高速公路通车里程 6.03 万公里，港口泊位 3.64 万个，其中沿海万吨级以上泊位 1167 个，拥有民用机场 160 个。物流园区建设开始起步，仓储、配送设施现代化水平不断提高，一批区域性物流中心正在形成。物流技术设备加快更新换代，物流信息化建设有了突破性进展。

4. 物流业发展环境明显好转。国家“十一五”规划纲要明确提出“大力发展现代物流业”，中央和地方政府相继建立了推进现代物流业发展的综合协调机制，出台了支持现代物流业发展的规划和政策。物流统计核算和标准化工作，以及人才培养和技术创新等行业基础性工作取得明显成效。

但是，我国物流业的总体水平仍然偏低，还存在一些突出问题。一是全社会物流运行效率偏低，社会物流总费用与 GDP 的比率高出发达国家 1 倍左右；二是社会化物流需求不足和专业化物流供给能力不足的问题同时存在，“大而全”、“小而全”的企业物流运作模式还相当普遍；三是物流基础设施能力不足，尚未建立布局合理、衔接顺畅、能力充分、高效便捷的综合交通运输体系，物流园区、物流技术装备等能力有待加强；四是地方封锁和行业垄断对资源整合和一体化运作形成障碍，物流市场还不够规范；五是物流技术、人才培养和物流标准还不能完全满足需要，物流服务的组织化和集约化程度不高。

2008 年下半年以来，随着国际金融危机对我国实体经济的影响逐步加深，物流业作为重要的服务产业也受到了严重冲击。物流市场需求急剧萎缩，运输和仓储等收费价格及利润大幅度下跌，一大批中小物流企业经营出现困难，提供运输、仓储等单一服务的传统物流企业受到严重冲击。整体来看，国际金融危机不但造成物流产业自身发展的剧烈波动，而且对其他产业的物流服务供给也产生了不利影响。

（二）面临的形势

应该看到，实施物流业的调整和振兴、实现传统物流业向现代物流业的转变，不仅是物流业自身结构调整和产业升级的需要，也是整个国民经济发展的必然要求。

1. 调整和振兴物流业是应对国际金融危机的迫切需要。一是要解决当前物流企业面临的困难，需要加快企业重组步伐，做强做大，提高产业集中度和抗风险能力，保持产业的平稳发展；二是物流业自身需要转变发展模式，向以信息技术和供应链管理为核心的现代物流业发展，通过提供低成本、高效率、多样化、专业化的物流服务，适应复杂多变的市场环境，提高自身竞争力；三是物流业对其他产业的调整具有服务和支撑作用，发展第三方物流可以促进制造业和商贸业优化内部分工、专注核心业务、降低物流费用，提高这些产业的竞争力，增强其应对国际金融危机的能力。

2. 调整和振兴物流业是适应经济全球化趋势的客观要求。一是随着经济全球化的发展和我国融入世界经济的步伐加快，全球采购、全球生产和全球销售的发展模式要求加快发展现代物流业，优化资源配置，提高市场响应速度和产品供给时效，降低企业物流成本，增强国民经济的竞争力。二是为了适应国际产业分工的变化，要求加快发展现代物流业，完善物流服务体系，改善投资环境，抓住国际产业向我国转移的机遇，吸引国际投资，促进我国制造业和高技术产业的发展。三是随着全球服务贸易的迅猛发展，要求加快发展现代物流业，培育国内现代物流服务企业，提高物流服务能力，应对日益激烈的全球物流企业竞争。

3. 调整和振兴物流业是国民经济持续快速发展的必要保证。根据全面建设小康社会的新要求，我国经济规模将进一步扩大，居民消费水平将进一步提高，货物运输量、社会商品零售额、对外贸易额等将大幅度增长，农产品、工业品、能源、原材料和进出口商品的流通规模将显著增加，对全社会物流服务能力和物流效率提出了更高的要求。同时，中西部地区要求改善物流条件，缩小与东部地区的物流成本差距，承接东部沿海地区产业梯度转移，促进区域间协调和可持续发展。

4. 调整和振兴物流业是贯彻落实科学发展观和构建社会主义和谐社会的重要举措。调整和振兴物流业，有利于加快商品流通和资金周转，降低社会物流成本，优化资源配置，提高国民经济的运行质量；有利于提高服务业比重，优化产业结构，促进经济发展方式的转变；有利于增加城乡就业岗位，扩大社会就业；有利于提高运输效率，降低能源消耗和废气排放，缓解交通拥堵，实现经济和社会的协调发展；有利于促进国内外、城乡和地区间商品流通，满足人民群众对多样化、高质量的物流服务需求，扩大居民消费；有利于国家救灾应急、处理突发性事件，保障经济稳定和社会安全。

二、指导思想、原则和目标

（一）指导思想

以邓小平理论和“三个代表”重要思想为指导，深入贯彻落实科学发展观，按照保增长、扩内需、调结构的总体部署，以应对国际金融危机对我国经济的影响为切入点，以改革开放为动力，以先进技术为支撑，以物流一体化和信息化为主线，积极营造有利于物流业发展的政策环境，加快发展现代物流业，建立现代物流服务体系，以物流服务促进其他产业发展，为全面建设小康社会提供坚实的物流体系保障。

（二）基本原则

1. 立足应对危机，着眼长远发展。既要应对国际金融危机，解决当前物流业发展面临的突出问题，保先进生产力，保重点骨干企业，促进企业平稳发展；又要从产业长远发展的角度出发，解决制约物流产业振兴的体制、政策和设施瓶颈，促进产业升级，提高产业竞争力。

2. 市场配置资源，政府营造环境。充分发挥市场配置资源的作用，调动企业的积极性，从满足物流需求的实际出发，注重投资的经济效益。政府要为物流业的发展营造良好的政策环境，扶持重要的物流基础设施项目建设。

3. 加强规划指导，注重协调联动。统筹国内与国际、全国与区域、城市与农村物流协调发展，做好地区之间、行业之间和部门之间物流基础设施建设与发展的协调和衔接，走市场化、专业化、社会化的发展道路，合理布局重大项目。各地区要从本地区经济发展的实际出发，因地制宜，统筹规划，科学引导物流业的发展，防止盲目攀比和重复建设。

4. 打破分割封锁，整合现有资源。改革现行物流业相关行业管理体制，打破部门间和地区间的分割和封锁，创造公平的竞争环境，促进物流服务的社会化和资源利用的市场化，优先整合和利用现有物流资源，提高物流设施的利用率。

5. 建立技术标准，推进一体化运作。按照现代物流理念，加快技术标准体系建设，综合集成仓储、运输、货代、包装、装卸、搬运、流通加工、配送、信息处理等多种功能，推进物流一体化运作，提高物流效率。

6. 创新服务方式，坚持科学发展。以满足生产者和消费者不断增长的物流需求为出发点，不断创新物流服务方式，提升服务水平。积极推进物流服务的信息化、现代化、合理化和企业社会责任建设，坚持最严格的节约用地制度，注重节约能源，保护环境，减少废气污染和交通拥堵，保证交通安全，实现经济和社会可持续协调发展。

（三）规划目标

力争在2009年改善物流企业经营困难的状况，保持产业的稳定发展。到2011年，培育一批具有国际竞争力的大型综合物流企业集团，初步建立起布局合理、技术先进、节能环保、便捷高效、安全有序并具有一定国际竞争力的现代物流服务体系，物流服务能力进一步增强；物流的社会化、专业化水平明显提高，第三方物流的比重有所增加，物流业规模进一步扩大，物流业增加值年均递增10%以上；物流整体运行效率显著提高，全社会物流总费用与GDP的比率比目前的水平有所下降。

三、主要任务

（一）积极扩大物流市场需求

进一步推广现代物流管理，努力扩大物流市场需求。运用供应链管理与现代物流理念、技术与方法，实施采购、生产、销售和物品回收物流的一体化运作。鼓励生产企业改造物流流程，提高对市场的响应速度，降低库存，加速周转。合理布局城乡商业设施，完善流通网络，积极发展连锁经营、物流配送和电子商务等现代流通方式，促进流通企业的现代化。在农村广泛应用现代物流管理技术，发展农产品从产地到销地的直销和配送，以及农资和农村日用消费品的统一配送。

（二）大力推进物流服务的社会化和专业化

鼓励生产和商贸企业按照分工协作的原则，剥离或外包物流功能，整合物流资源，促进企业内部物流社会化。推动物流企业与生产、商贸企业互动发展，促进供应链各环节有机结合。鼓励现有运输、仓储、货代、联运、快递企业的功能整合和服务延伸，加快向现代物流企业转型。积极发展多式联运、集装箱、特种货物、厢式货车运输以及重点物资的散装运输等现代运输方式，加强各种运输方式运输企业的相互协调，建立高效、安全、低成本的运输系统。加强运输与物流服务的融合，为物流一体化运作与管理提供条件。鼓励邮政企业深化改革，做大做强快递物流业务。大力发展第三方物流，提高企业的竞争力。

（三）加快物流企业兼并重组

鼓励中小物流企业加强信息沟通，创新物流服务模式，加强资源整合，满足多样性的物流需要。加大国家对物流企业兼并重组的政策支持力度，缓解当前物流企业面临的困难，鼓励物流企业通过参股、控股、兼并、联合、合资、合作等多种形式进行资产重组，培育一批服务水平高、国际竞争力强的大型现代物流企业。

（四）推动重点领域物流发展

加强石油、煤炭、重要矿产品及相关产品物流设施建设，建立石油、煤炭、重要矿产品物流体系。加快发展粮食、棉花现代物流，推广散粮运输和棉花大包运输。加强农产品质量标准体系建设，发展农产品冷链物流。完善农资和农村日用消费品连锁经营网络，建立农村物流体系。发展城市统一配送，提高食品、食盐、烟草和出版物等的物流配送效率。实行医药集中采购和统一配送，推动医药物流发展。加强对化学危险品物流的跟踪与监控，规范化学危险品物流的安全管理。推动汽车和零配件物流发展，建立科学合理的汽车综合物流服务体系。鼓励企业加快发展产品与包装物回收物流和废弃物物流，促进资源节约与循环利用。鼓励和支持物流业节能减排，发展绿色物流。发挥邮政现有的网络优势，大力发展邮政物流，加快建立快递物流体系，方便生产生活。加强应急物流体系建设，提高应对战争、灾害、重大疫情等突发性事件的能力。

（五）加快国际物流和保税物流发展

加强主要港口、国际海运陆运集装箱中转站、多功能国际货运站、国际机场等物流节点的多式联运物流设施建设，加快发展铁海联运，提高国际货物的中转能力，加快发展适应国际中转、国际采购、国际配送、国际转口贸易业务要求的国际物流，逐步建成一批适应国际贸易发展需要的大型国际物流港，并不断增强其配套功能。在有效监管的前提下，各有关部门要简化审批手续，优化口岸通关作业流程，实行申办手续电子化和“一站式”服务，提高通关效率。充分发挥口岸联络协调机制的作用，加快“电子口岸”建设，积极推进大通关信息资源整合。统筹规划、合理布局，积极推进海关特殊监管区域整合发展和保税监管场所建设，建立既适应跨国公司全球化运作又适应加工制造业多元化发展需求的新型保税物流监管体系。积极促进口岸物流向内地物流节点城市顺畅延伸，促进内地现代物流业的发展。

（六）优化物流业发展的区域布局

根据市场需求、产业布局、商品流向、资源环境、交通条件、区域规划等因素，重点发展九大物流区域，建设十大物流通道和一批物流节点城市，优化物流业的区域布局。

九大物流区域分布为：以北京、天津为中心的华北物流区域，以沈阳、大连为中心的东北物流区域，以青岛为中心的山东半岛物流区域，以上海、南京、宁波为中心的长江三角洲物流区域，以厦门为中心的东南沿海物流区域，以广州、深圳为中心的珠江三角洲物流区域，以武汉、郑州为中心的中部物流区域，以西安、兰州、乌鲁木齐为中心的西北物流区域，以重庆、成都、南宁为中心的西南物流区域。十大物流通道为：东北地区与关内地区物流通道，东部地区南北物流通道，中部地区南北物流通道，东部沿海与西北地区物流通道，东部沿海与西南地区物流通道，西北与西南地区物流通道，西南地区出海物流通道，长江与运河物流通道，煤炭物流通道，进出口物流通道。

要打破行政区划的界限，按照经济区划和物流业发展的客观规律，促进物流区域发展。积极推进和加深不同地区之间物流领域的合作，引导物流资源的跨区域整合，逐步形成区域一体化的物流服务格局。长江三角洲、珠江三角洲物流区域和华北、山东半岛、东北、东南沿海物流区域，要加强技术自主创新，加快发展制造业物流、国际物流和商贸物流，培育一批具有国际竞争力的现代物流企业，在全国率先做强。中部物流区域要充分发挥中部地区承东启西、贯通南北的区位优势，加快培育第三方物流企业，提升物流产业发展水平，形成与东部物流区域的有机衔接。西北、西南物流区域要加快改革步伐，进一步推广现代物流管理理念和技术，按照本区域承接产业转移和发挥资源优势的需要，加快物流基础设施建设，改善区域物流环境，缩小与东中部地区差距。

物流节点城市分为全国性物流节点城市、区域性物流节点城市和地区性物流节点城市。全国性和区域性物流节点城市由国家确定，地区性物流节点城市由地方确定。全国性物流节点城市包括：北京、天津、沈阳、大连、青岛、济南、上海、南京、宁波、杭州、厦门、广州、深圳、郑州、武汉、重庆、成都、南宁、西安、兰州、乌鲁木齐共21个城市。区域性物流节点城市包括：哈尔滨、长春、包头、呼和浩特、石家庄、唐山、太原、合肥、福州、南昌、长沙、昆明、贵阳、海口、西宁、银川、拉萨共17个城市。物流节点城市要根据本地的产业特点、发展水平、设施状况、市场需求、功能定位等，完善城市物流设施，加强物流园区规划布局，有针对性地建设货运服务型、生产服务型、商业服务型、国际贸易服务型和综合服务型的物流园区，优化城市交通、生态环境，促进产业集聚，努力提高城市的物流服务水平，带动周边所辐射区域物流业的发展，形成全国性、区域性和地区性物流中心和三级物流节点城市网络，促进大中小城市物流业的协调发展。

（七）加强物流基础设施建设的衔接与协调

按照全国货物的主要流向及物流发展的需要，依据《综合交通网中长期发展规划》、《中长期铁路网规划》、《国家高速公路网规划》、《全国沿海港口布局规划》、《全国内河航道与港口布局规划》及《全国民用机场布局规划》，加强交通运输设施建设，完善综合运输网络布局，促进各种运输方式的衔接和配套，提高资源使用效率和物流运行效率。发展多式联运，加强集疏运体系建设，使铁路、港口码头、机场及公路实现“无缝对接”，着力提高物流设施的系统性、兼容性。充分发挥市场机制的作用，整合现有运输、仓储等物流基础设施，加快盘活存量资产，通过资源的整合、功能的拓展和服务的提升，满足物流组织与管理服务的需要。加强新建铁路、港口、公路和机场转运设施的统一规划和建设，合理布局物流园区，完善中转联运设施，防止产生新的分割和不衔接。加强仓储设施建设，在大中城市周边和制造业基地附近合理规划、改造和建设一批现代化的配送中心。

（八）提高物流信息化水平

积极推进企业物流管理信息化，促进信息技术的广泛应用。尽快制订物流信息技术标准和信息资源标准，建立物流信息采集、处理和服务的交换共享机制。加快行业物流公共信息平台建设，建立全国性公路运输信息网络和航空货运公共信息系统，以及其他运输与服务方式的信息网络。推动区域物流信息平台建设，鼓励城市间物流平台的信息共享。加快构建商务、金融、税务、海关、邮政、检验检疫、交通运输、铁路运输、航空运输和工商管理等政府部门的物流管理与服务公共信息平台，扶持一批物流信息服务企业成长。

（九）完善物流标准化体系

根据物流标准编制规划，加快制订、修订物流通用基础类、物流技术类、物流信息类、物流管理类、物流服务类等标准，完善物流标准化体系。密切关注国际发展趋势，加强重大基础标准研究。要对标准制订实施改革，加强物流标准工作的协调配合，充分发挥企业在制订物流标准中的主体作用。加快物流管理、技术和服务标准的推广，鼓励企业和有关方面采用标准化的物流计量、货物分类、物品标识、物流装备设施、工具器具、信息系统和作业流程等，提高物流的标准化程度。

（十）加强物流新技术的开发和应用

大力推广集装技术和单元化装载技术，推行托盘化单元装载运输方式，大力发展大吨位厢式货车和甩挂运输组织方式，推广网络化运输。完善并推广物品编码体系，广泛应用条形码、智能标签、无线射频识别（RFID）等自动识别、标识技术以及电子数据交换（EDI）技术，发展可视化技术、货物跟踪技术和货物快速分拣技术，加大对 RFID 和移动物流信息服务技术、标准的研发和应用的投入。积极开发和利用全球定位系统（GNSS）、地理信息系统（GIS）、道路交通信息通信系统（VICS）、不停车自动交费系统（ETC）、智能交通系统（ITS）等运输领域新技术，加强物流信息系统安全体系研究。加强物流技术装备的研发与生产，鼓励企业采用仓储运输、装卸搬运、分拣包装、条码印刷等专用物流技术装备。

四、重点工程

（一）多式联运、转运设施工程

依托已有的港口、铁路和公路货站、机场等交通运输设施，选择重点地区和综合交通枢纽，建设一批集装箱多式联运中转设施和连接两种以上运输方式的转运设施，提高铁路集装箱运输能力，重点解决港口与铁路、铁路与公路、民用航空与地面交通等枢纽不衔接以及各种交通枢纽相互分离带来的货物在运输过程中多次搬倒、拆装等问题，促进物流基础设施协调配套运行，实现多种运输方式“无缝衔接”，提高运输效率。

（二）物流园区工程

在重要物流节点城市、制造业基地和综合

交通枢纽，在土地利用总体规划、城市总体规划确定的城镇建设用地范围内，按照符合城市发展规划、城乡规划的要求，充分利用已有运输场站、仓储基地等基础设施，统筹规划建设一批以布局集中、用地节约、产业集聚、功能集成、经营集约为特征的物流园区，完善专业化物流组织服务，实现长途运输与短途运输的合理衔接，优化城市配送，提高物流运作的规模效益，节约土地占用，缓解城市交通压力。物流园区建设要严格按规划进行，充分发挥铁路运输优势，综合利用已有、规划和在建的物流基础设施，完善配套设施，防止盲目投资和重复建设。

（三）城市配送工程

鼓励企业应用现代物流管理技术，适应电子商务和连锁经营发展的需要，在大中城市发展面向流通企业和消费者的社会化共同配送，促进流通的现代化，扩大居民消费。加快建设城市物流配送项目，鼓励专业运输企业开展城市配送，提高城市配送的专业化水平，解决城市快递、配送车辆进城通行、停靠和装卸作业问题，完善城市物流配送网络。

（四）大宗商品和农村物流工程

加快煤炭物流通道建设，以山西、内蒙古、陕西煤炭外运为重点，形成若干个煤电路港一体化工程，完善煤炭物流系统。加强油气码头和运输管网建设，提高油气物流能力。加强重要矿产品港口物流设施建设，改善大型装备物流设施条件。加快粮食现代物流设施建设，建设跨省粮食物流通道和重要物流节点。加大投资力度，加快建设“北粮南运”和“西煤东运”工程。加强城乡统筹，推进农村物流工程。进一步加强农副产品批发市场建设，完善鲜活农产品储藏、加工、运输和配送等冷链物流设施，提高鲜活农产品冷藏运输比例，支持发展农资和农村消费品物流配送中心。

（五）制造业与物流业联动发展工程

加强对制造业物流分离外包的指导和促进，支持制造企业改造现有业务流程，促进物流业务分离外包，提高核心竞争力。培育一批适应现代制造业物流需求的第三方物流企业，提升物流业为制造业服务的能力和水平。制定鼓励制造业与物流业联动发展的相关政策，组织实施一批制造业与物流业联动发展的示范工程和重点项目，促进现代制造业与物流业有机融合、联动发展。

（六）物流标准和技术推广工程

加快对现有仓储、转运设施和运输工具的标准化改造，鼓励企业采用标准化的物流设施和设备，实现物流设施、设备的标准化。推广实施托盘系列国家标准，鼓励企业采用标准化托盘，支持专业化企业在全国建设托盘共用系统，开展托盘的租赁回收业务，实现托盘标准化、社会化运作。鼓励企业采用集装单元、射频识别、货物跟踪、自动分拣、立体仓库、配送中心信息系统、冷链等物流新技术，提高物流运作管理水平。实施物流标准化服务示范工程，选择大型物流企业、物流园区开展物流标准化试点工作并逐步推广。

（七）物流公共信息平台工程

加快建设有利于信息资源共享的行业和区域物流公共信息平台项目，重点建设电子口岸、综合运输信息平台、物流资源交易平台和大宗商品交易平台。鼓励企业开展信息发布和信息系统外包等服务业务，建设面向中小企业的物流信息服务平台。

（八）物流科技攻关工程

加强物流新技术的自主研发，重点支持货物跟踪定位、智能交通、物流管理软件、移动物流信息服务等关键技术攻关，提高物流技术的自主创新能力。适应物流业与互联网融合发展的趋势，启动物联网的前瞻性研究工作。加快先进物流设备的研制，提高物流装备的现代化水平。

（九）应急物流工程

建立应急生产、流通、运输和物流企业信息系统，以便在突发事件发生时能够紧急调用。建立多层次的政府应急物资储备体系，保证应急调控的需要。加强应急物流设施设备建设，提高应急反应能力。选择和培育一批具有应急能力的物流企业，建立应急物流体系。

五、政策措施

（一）加强组织和协调

现代物流业是新型服务业，涉及面广。要加强对现代物流业发展的组织和协调，在相关部门各司其职、各负其责的基础上，发挥由发展改革委牵头、有关部门参加的全国现代物流工作部际联席会议的作用，研究协调现代物流业发展的有关重大问题和政策。各省、自治区、直辖市政府也要建立相应的协调机制，加强对地方现代物流业发展有关问题的研究和协调。

（二）改革物流管理体制

继续深化铁路、公路、水运、民航、邮政、货代等领域的体制改革，按照精简、统一、高效的原则和决策、执行、监督相协调的要求，建立政企分开、决策科学、权责对等、分工合理、执行顺畅、监督有力的物流综合管理体系，完善政府的公共服务职能，进一步规范运输、货代等行业的管理，促进物流服务的规范化、市场化和国际化。改革仓储企业经营体制，推进仓储设施和业务的社会化。打破行业垄断，消除地区封锁，依法制止和查处滥用行政权力阻碍或限制跨地区、跨行业物流服务的行为，逐步建立统一开放、竞争有序的全国物流服务市场，促进物流资源的规范、公平、有序和高效流动。加强监管，规范物流市场秩序，强化物流环节质量安全管理。进一步完善对物流企业的交通安全监管机制，督促企业定期对车辆技术状况、驾驶人资质进行检查，从源头上消除安全隐患，落实企业的安全生产主体责任。

（三）完善物流政策法规体系

在贯彻落实好现有推动现代物流业发展有关政策的基础上，进一步研究制定促进现代物流业发展的有关政策。加大政策支持力度，抓紧解决影响当前物流业发展的土地、税收、收费、融资和交通管理等方面的问题。引导和鼓励物流企业加强管理创新，完善公司治理结构，实施兼并重组，尽快做强做大。针对当前产业发展中出现的新情况和新问题，研究制定系统的物流产业政策。清理有关物流的行政法规，加强对物流领域的立法研究，完善物流的法律法规体系，促进物流业健康发展。

（四）制订落实专项规划

有关部门要制订专项规划，积极引导和推动重点领域和区域物流业的发展。发展改革委会同有关部门制订煤炭、粮食、农产品冷链、物流园区、应急物流等专项规划，商务部会同供销总社等有关部门制订商贸物流专项规划，国家标准委会同有关部门制订物流标准专项规划。物流业发展的重点地区，各级地方政府也要制订本地区物流业规划，指导本地区物流业的发展。

（五）多渠道增加对物流业的投入

物流业的发展，主要依靠企业自身的投入。要加快发展民营物流企业，扩大对外开放步伐，多渠道增加对物流业的投入。对列入国家和地方规划的物流基础设施建设项目，鼓励其通过银行贷款、股票上市、发行债券、增资扩股、企业兼并、中外合资等途径筹集建设资金。银行业金融机构要积极给予信贷支持。对涉及全国性、区域性重大物流基础设施项目，中央和地方政府可根据项目情况和财力状况适当安排中央和地方预算内建设投资，以投资补助、资本金注入或贷款贴息等方式给予支持，由企业进行市场化运作。

（六）完善物流统计指标体系

进一步完善物流业统计调查制度和信息管理制度，建立科学的物流业统计调查方法和指标体系。加强物流统计基础工作，开展物流统计理论和方法研究。认真贯彻实施社会物流统计核算与报表制度。积极推动地方物流统计工作，充分发挥行业组织的作用和力量，促进物流业统计信息交流，建立健全共享机制，提高统计数据的准确性和及时性。

（七）继续推进物流业对外开放和国际合作

充分利用世界贸易组织、自由贸易区和区域经济合作机制等平台，与有关国家和地区相互进一步开放与物流相关的分销、运输、仓储、货代等领域，特别是加强与日韩、东盟和中亚国家的双边和区域物流合作，开展物流方面的政策协调和技术合作，推动物流业“引进来”和“走出去”。加强国内物流企业同国际先进物流企业的合资、合作与交流，引进和吸收国外促进现代物流发展的先进经验和管理方法，提高物流业的全球化与区域化程度。加强国际物流“软环境”建设，包括鼓励运用国际惯例、推动与国际贸易规则及货代物流规则接轨、统一单证、加强风险控制和风险转移体系建设等。建立产业安全保障机制，完善物流业外资并购安全审查制度。

（八）加快物流人才培养

要采取多种形式，加快物流人才的培养。加强物流人才需求预测和调查，制订科学的培养目标和规划，发展多层次教育体系和在职人员培训体系。利用社会资源，鼓励企业与大学、科研机构合作，编写精品教材，提高实际操作能力，强化职业技能教育，开展物流领域的职业资质培训与认证工作。加强与国外物流教育与培训机构的联合与合作。

（九）发挥行业社团组织的作用

物流业社团组织应履行行业服务、自律、协调的职能，发挥在物流规划制订、政策建议、规范市场行为、统计与信息、技术合作、人才培训、咨询服务等方面的中介作用，成为政府与企业联系的桥梁和纽带。

六、规划实施

国务院各有关部门要按照《规划》的工作分工，加强沟通协商，密切配合，尽快制定和完善各项配套政策措施，明确政策措施的实施范围和进度，并加强指导和监督，确保实现物流业调整和振兴目标。有关部门要适时开展《规划》的后评价工作，及时提出评价意见。

各地区要按照《规划》确定的目标、任务和政策措施，结合当地实际抓紧制订具体工作方案，细化落实，确保取得实效。各省、自治区、直辖市要将具体工作方案和实施过程中出现的新情况、新问题及时报送发展改革委和交通运输、商务等有关部门。

国务院关于支持福建省加快建设海峡西岸经济区的若干意见

国发［2009］24号　2009年5月6日

各省、自治区、直辖市人民政府，国务院各部委，各直属机构：

为贯彻落实党的十七大精神、国民经济和社会发展“十一五”规划纲要的部署，支持和推动福建省加快建设海峡西岸经济区，促进该地区又好又快发展，现提出以下意见：

一、充分认识支持福建省加快建设海峡西岸经济区的战略意义，明确总体要求和发展目标

（一）重大意义。海峡西岸经济区东与台湾地区一水相隔，北承长江三角洲，南接珠江三角洲，是我国沿海经济带的重要组成部分，在全国区域经济发展布局中处于重要位置。福建省在海峡西岸经济区中居主体地位，与台湾地区地缘相近、血缘相亲、文缘相承、商缘相连、法缘相循，具有对台交往的独特优势。近年来，福建省大力推进海峡西岸经济区建设，综合实力不断增强，为进一步加快发展奠定了坚实基础。当前，两岸关系出现重大的积极变化，为海峡西岸经济区加快发展和开展与台湾地区合作提供了重要机遇。支持福建省加快海峡西岸经济区建设，是进一步发挥福建省比较优势，实现又好又快发展的迫切需要；是完善沿海地区经济布局，推动海峡西岸其他地区和台商投资相对集中地区发展的重大举措；也是加强两岸交流合作，推进祖国和平统一大业的战略部署，具有重大的经济意义和政治意义。

（二）总体要求。高举中国特色社会主义伟大旗帜，坚持以邓小平理论和“三个代表”重要思想为指导，深入贯彻落实科学发展观，从维护中华民族核心利益、促进祖国统一的大局出发，牢牢把握两岸关系和平发展的主题，着力推进两岸交流合作，促进两岸互利共赢；着力转变经济发展方式和增强自主创新能力，提高经济发展质量和水平；着力统筹城乡和区域发展，提高经济社会发展的协调性；着力深化改革开放，增强发展的动力和活力；着力改善民生，推进社会主义和谐社会建设；着力加强生态文明建设，提高可持续发展能力，将海峡西岸经济区建设成为经济持续发展、文化更加繁荣、综合竞争力不断增强、人民群众安居乐业的和谐区域，为全局作出更大贡献。

（三）战略定位。

——两岸人民交流合作先行先试区域。发挥海峡西岸经济区独特的对台优势和工作基础，努力构筑两岸交流合作的前沿平台，实施先行先试政策，加强海峡西岸经济区与台湾地区经济的全面对接，推动两岸交流合作向更广范围、更大规模、更高层次迈进。

——服务周边地区发展新的对外开放综合通道。从服务、引导和促进区域经济协调发展出发，大力加强基础设施建设，构建以铁路、高速公路、海空港为主骨架主枢纽的海峡西岸现代化综合交通网络，使之成为服务周边地区发展、拓展两岸交流合作的综合通道。

——东部沿海地区先进制造业的重要基地。立足现有制造业基础，加强两岸产业合作，积极对接台湾地区制造业，大力发展电子信息、装备制造等产业，加快形成科技含量高、经济效益好、资源消耗低、环境污染少、人力资源优势得到充分发挥的在全国具有竞争力的先进制造业基地和两岸产业合作基地。

——我国重要的自然和文化旅游中心。充分发挥海峡西岸经济区的自然和文化资源优势，增强武夷山、闽西南土楼、鼓浪屿等景区对两岸游客的吸引力，拓展闽南文化、客家文化、妈祖文化等两岸共同文化内涵，突出“海峡旅游”主题，使之成为国际知名的旅游目的地和富有特色的自然文化旅游中心。

（四）发展目标。

——到2012年，在优化结构、提高效益、降低消耗、保护环境的基础上，人均地区生产总值接近或达到东部地区平均水平，着力科学发展先行，力争在一些领域走在全国前列；城乡居民收入显著提高，基本公共服务水平明显改善；地方财政收入较大幅度增长；单位生产总值能耗持续下降；生态环境继续改善；服务两岸直接“三通”的主要通道基本形成并不断完善，两岸人民交流合作的前沿平台功能更加凸显。

——到2020年，率先建立充满活力、富有效率、更加开放、有利于科学发展的体制机制。统筹协调能力明显提高，社会就业更加充分，社会保障体系健全，人民生活更加富足，社会更加和谐。资源利用效率明显提高，生态环境优美，可持续发展能力增强，生态文明建设位居全国前列，科学发展达到新的水平，实现全面建设小康社会的目标。闽台经济融合不断加强，促进形成两岸共同发展的新格局。

二、发挥独特的对台优势，努力构筑两岸交流合作的前沿平台

（五）建设两岸经贸合作的紧密区域。按照同等优先、适当放宽的原则，以信息、石化、机械、船舶、冶金等产业为重点，提升台商投资区和国家级经济技术开发区的载体作用，密切与台湾地区相关行业协会、企业的联系，促进两岸产业深度对接，形成以厦门湾、闽江口、湄洲湾等区域为主的产业对接集中区。发挥海峡两岸农业合作试验区、现代林业

合作实验区的窗口、示范和辐射作用，促进对台农业资金、技术、良种、设备等生产要素的引进与合作。推动对台离岸金融业务，拓展台湾地区金融资本进入海峡西岸经济区的渠道和形式，建立两岸区域性金融服务中心，推动金融合作迈出实质性步伐。建立海峡两岸旅游合作机制，共推双向旅游线路，培育“海峡旅游”品牌。加强与台湾地区现代服务业合作，建设海峡西岸物流中心。实行更加开放的对台贸易政策，扩大对台贸易。健全涉台法律法规，依法保护台胞的正当权益，为台胞投资兴业、交往交流提供便利条件和优质服务。制定相关政策措施，鼓励和支持有条件的企业到台湾地区投资兴业，推动建立两岸产业优势互补的合作机制，促进两岸经济共同发展。

（六）建设两岸文化交流的重要基地。全方位、多层次开展与台湾地区的交往，推动文化交流、人员互动。加快推进闽南文化生态保护实验区建设，提升闽台缘博物馆的交流功能。深入开展两岸文化对口互动活动，深化两岸科技、教育、卫生、体育等方面合作。加强祖地文化、民间文化交流，进一步增强闽南文化、客家文化、妈祖文化连接两岸同胞感情的文化纽带作用。

（七）建设两岸直接往来的综合枢纽。加快完善两岸直接“三通”基础条件，提升对台开放合作整体功能。规划建设对台交通通道，推进对台直接航运。进一步扩大口岸开放，加强口岸基础设施和大通关机制建设，实现福建电子口岸互联互通和信息共享。健全两岸人流、物流往来的便捷有效管理机制，促进海峡西岸经济区与台湾地区直接往来。增设直接往来货运口岸，推动空中直航，把该地区建设成为两岸交流交往、直接“三通”的主要通道和平台。

三、加快现代化基础设施建设，强化发展保障

（八）加强综合交通运输网络与对外通道建设。按照促进海峡西岸经济区发展和两岸直接“三通”的要求，大力推进交通基础设施建设，形成内地到福建的便捷交通走廊。整合港湾资源，形成以厦门港、福州港为主，布局合理的东南沿海地区港口发展格局。集中力量加快海峡西岸经济区高速公路网建设，尽快打通省际间的断头路，加强纵深推进、南北拓展的高速公路建设，加快建设北京至福州高速公路，尽快形成高速公路网络。将海峡西岸经济区铁路发展项目纳入国家中长期铁路网调整规划，加快建设温福、福厦、厦深、龙厦、向莆铁路，规划建设北京至福州、昆明至厦门高速铁路以及城际铁路和一批港口铁路支线，形成连接海峡西岸经济区与长三角、珠三角以及中西部地区的大运力快捷铁路运输通道。完善厦门、福州等机场两岸空中直航的设施条件，合理布局支线机场，开辟国内外新航线，形成以福州、厦门国际机场为主的干支线机场相结合的空港布局。

（九）加强沿海能源基础设施建设。充分利用优良港口条件，积极利用国际国内两种资源，强化能源保障，优化能源结构。结合沿海煤运港口的建设，合理布局沿海大型煤电，适时推进超临界、超超临界火电建设。进一步完善核电厂址前期工作，加快推进宁德、福清核电等项目建设。积极发展风力、潮汐等新能源。进一步完善电网建设，加强与华东电网的联网，加快开展与南方电网联网的前期工作。布局建设石油储备基地和煤炭中转基地。加强台湾海峡油气资源的合作勘探和联合开发。结合液化天然气接收站的布局，加快输气管网建设，逐步提高民用燃气覆盖率。

（十）加强城乡公共设施建设。改善城市间道路交通条件，加强对外交通与内部道路的衔接。完善城市内道路路网结构，提高路网密度。推进福州、厦门、泉州等城市轨道交通发展，提高城市道路标准。进一步健全城市道路桥梁、供水、供气、防洪、污水和垃圾处理等市政基础设施功能，提高人口承载能力。努力改善乡村交通、饮水安全、人居环境等条件。加强水源与供水工程建设，适时开工建设一批

具有防洪、灌溉、供水等功能的综合水利枢纽。合理规划和建设跨区域、跨流域水资源配置工程，确保城乡供水安全。切实解决沿海岛屿供水问题，适时推进向金门、马祖等地供水、供电及铺设海底通信缆线工程建设。

四、增强自主创新能力，推进产业结构升级

（十一）加强海峡西岸区域创新体系建设。采取更加有效的政策措施，大力推进集成创新和引进、消化、吸收再创新，努力打造特色鲜明的区域创新体系。健全多元化科技投入体系，建立稳定的各级财政科技投入增长机制。整合科技资源，推动跨部门、跨区域的科技合作。支持信息、医药、生物、新材料、新能源、海洋等领域应用基础研究，加强高技术和产业关键共性技术开发，造就一批竞争力强的优势企业和知名品牌。鼓励、支持台商投资高新技术园区，吸引台湾地区科研机构和科技人员共同创建创新平台。建设海峡西岸高新技术产业带，使之成为承接台湾地区高新技术产业与技术转移的载体。加强国家重点实验室、工程技术（研究）中心和公共服务平台建设。加快科技成果转化与应用，提高科技对经济增长的贡献率。

（十二）大力发展现代农业。按照高产、优质、高效、生态、安全的要求，加快转变农业发展方式，促进农业结构优化升级，构建现代农业产业体系。加快农业科技创新，加强农业新品种、新技术、新肥料、新农药、新机具的推广应用。加强对农业的支持和保护。稳定发展粮食生产，努力保持粮食自给能力不降低。大力发展畜牧业、园艺业、林竹产业、水产业等优势产业，积极培育水产品、蔬菜、水果、食用菌、茶叶、花卉等特色农产品。大力发展品牌农业，支持培育一批农产品加工示范园区、示范企业和示范项目，扶持壮大农业产业化龙头企业。加强闽台农业合作，推进农产品出口加工基地建设，扩大特色优势农产品出口。加强农业基础设施建设，提高土地产出率、资源利用率。加快农产品质量安全体系建设，建立健全新型农业社会化服务体系。

（十三）建设海峡西岸先进制造业基地。坚持走新型工业化道路，加快转变经济发展方式，提升产业发展水平。着力发展先进制造业，重点发展电子信息、装备制造、石油化工等产业。加快发展集成电路设计和软件、光电、消费电子、生物医药、精密仪器、环保、新材料等高新技术产业，着力应用高新技术和先进适用技术改造提升建材、冶金、纺织、食品等传统优势产业。实施品牌带动战略，扶持重点骨干企业发展，培育一批拥有自主知识产权、主业突出、竞争力强的大企业、大集团。鼓励建立与台湾地区产业配套的以及大陆台资企业所需的零部件、原辅材料中心。加快培育特色优势产业，着力培育产业集群，形成具有较强竞争力的现代产业体系。

（十四）加快发展现代服务业。积极承接台湾地区现代服务业转移，依托中心城市、产业集聚区、货物集散地、交通枢纽和港口资源，建设福州、厦门、泉州等物流节点和一批现代物流中心。依托临港工业和台资企业集中区，合作建设物流配送或专业配送中心。依托保税港区、保税物流园区，建设连结海峡两岸的现代物流中心。依托福州、厦门软件园，发展软件服务外包、动漫游戏产业，培育承接服务外包业务的专业企业，吸引台湾地区企业乃至世界跨国公司服务外包转移。积极发展信息服务业。大力吸引台湾地区企业到海峡西岸经济区设立地区总部、配套基地、采购中心、物流中心、营运中心和研发中心。积极发展面向台湾地区及海外的会展业。以滨海旅游、生态旅游、红色旅游和文化旅游为重点，进一步整合旅游资源，加强旅游景点及配套设施建设，办好各类旅游节庆活动，丰富旅游产品，开拓旅游市场，培育一批有特色、有影响、有效益的旅游精品。

（十五）建设现代化海洋产业开发基地。充分利用海洋资源优势，推进临港工业、海洋渔业、海洋新兴产业等加快发展。坚持高起点规划、高标准建设，将沿海港口作为大型装备制造业项目布局的备选基地，合理布局发展临港工业。以厦门湾、湄洲湾等为依托，建设以石化、船舶修造等为重点的临港工业集中区，成为带动区域经济发展的新增长点。推广名优新品种和生态养殖模式，建设生态型海水养殖和海水产品加工基地。加快渔港建设。加强海上通航和救援合作，推动建立海上救援协作机制，完善台湾海峡防灾减灾体系。加强海洋科技中试基地及研发平台建设，加快培育海洋药品、保健食品、海水综合利用等新兴产业，形成若干以港湾为依托具有较强竞争力的临港经济密集区。

五、统筹区域内协调发展，促进互动融合

（十六）推进形成科学合理的主体功能区。发挥发展基础较好、环境资源承载能力较强等有利条件，把海峡西岸沿海具备条件的地区作为全国主体功能区的重点开发区域，推进新型工业化和城镇化，进一步提高人口与经济聚集程度。在山区贯彻以保护为主、开发为辅的原则，最大限度地保护山川秀美的生态环境。按照贯彻落实科学发展观的要求，做好主体功能区规划编制，科学划分主体功能区域，完善区域发展政策，创新管理体制，强化陆海统筹、山海联动，优化基础设施和产业布局，促进经济社会发展和资源环境相协调。

（十七）统筹城乡协调发展。加强海峡西岸城市群发展的规划协调，提高城市建设与管理水平，增强产业和人口承载能力、辐射带动能力，逐步形成以区域中心城市为骨干、中小城市和小城镇为基础的城镇体系。统筹好土地利用总体规划、城乡规划、基础设施建设、就业、社会保障等的发展，加快建立城乡基础设施共同发展机制、城乡公共服务均等供给制度、城乡衔接的社会保障体系，促进基础设施向农村延伸、公共服务向农村拓展、社会保障向农村覆盖。各大中城市要切实履行市带县、市帮县的责任，加大城市人才、智力、资金等对农村的支持，加快社会主义新农村建设，实现以城带乡，统筹发展，加快形成城乡经济社会一体化发展新格局。

（十八）促进欠发达地区发展。加快海峡西岸经济区的革命老区、原中央苏区县、少数民族地区、海岛、水库库区等欠发达地区的发展，加大财政转移支付力度，增加对这些地区在教育、医疗、社会保障、基础设施等方面投入，不断改善生产生活条件，逐步实现基本公共服务均等化。立足资源优势和市场需求，大力扶持特色产业发展，提高农产品和特色资源深加工水平，推进农村扶贫开发。加大劳动力就业技能培训，合理有序推进农村劳动力转移。进一步完善和落实沿海对山区对口帮扶工作机制。积极推动包括台资企业在内的符合环保要求的沿海地区劳动密集型产业向福建山区转移，促进这些地区加快发展。

（十九）推动跨省区域合作。加强海峡西岸经济区与长三角、珠三角的经济联系与合作，促进优势互补、良性互动、协调发展，进一步完善沿海地区经济布局。发挥闽浙赣、闽粤赣等跨省区域协作组织的作用，加强福建与浙江的温州、丽水、衢州，广东的汕头、梅州、潮州、揭阳，江西的上饶、鹰潭、抚州、赣州等地区的合作，建立更加紧密的区域合作机制。加强重大项目建设的协调，推进跨省铁路、高速公路、港口等重大基础设施项目统筹规划布局和协同建设，畅通海峡西岸经济区港口与腹地的通道。加强电子、机械、旅游、物流等产业的对接，推动产业集群发展和合理布局，形成产业对接走廊。加强市场开发，建设区域共同市场，促进人流、物流、资金流、信息流的无障碍流动。统筹协调区域内对台交流合作的功能分工，提升海峡西岸经济区与台湾地区的对接能力。

六、全面深化改革开放，增强经济社会发展动力活力

（二十）增创体制机制新优势。进一步发挥厦门经济特区在体制机制创新方面的试验区作用。从海峡西岸经济区的实际出发，围绕建

立有利于科学发展的体制机制和扩大两岸交流合作的需要，先行试验一些重大改革措施。继续深化农村综合改革，推进城乡统筹综合配套改革试验，建立以工促农、以城带乡的长效机制。在严格执行土地用途管制的基础上，促进农村集体建设用地依法流转，逐步建立城乡统一的建设用地市场。深化金融改革与创新，扩大金融改革试点，在多种所有制金融企业、离岸金融业务等方面进行改革试验，完善创业风险投资机制。深化行政管理体制改革，着力转变政府职能，提高行政效能。加强法制建设，大力推进依法行政，着力构建规范透明的法制环境。进一步改善民营经济发展环境，激发民营经济发展活力。大力推进外贸、港口、社会管理等领域改革，探索建立有利于扩大两岸交流合作的新机制。

（二十一）积极合理有效利用外资。提高利用外资水平，更加注重引进先进技术、管理经验和智力资源。创新外商投资管理方式，简化审批程序。进一步优化外资结构，引导外资投向主导产业、高新技术产业、现代服务业和节能环保等领域。积极研究海峡西岸经济区范围内的国家级开发区扩区、调整区位和省级开发区升级，拓展开发区的功能，提高土地利用率。加强海关特殊监管区域建设，积极推进各类海关特殊监管区域的整合。支持在台商投资区和台资企业密集地区开展海关保税物流中心试点。规范招商引资行为，实行统一的土地、税收政策，营造公平、开放的投资环境。

（二十二）加快转变外贸增长方式。进一步优化进出口结构，鼓励高技术含量高附加值产品、服务产品和农产品出口，大力支持自主知识产权、自主品牌产品出口，严格限制高耗能、高污染、资源性产品出口。积极扩大对台进出口贸易。鼓励经济发展急需的先进技术、关键设备和重要资源进口。加快加工贸易转型升级，引导加工贸易向产业链高端发展。鼓励优势企业参与海外资源开发，建立境外生产、营销和服务网络，带动商品出口和劳务输出。积极推进保税加工、保税物流业发展，大力发展国际中转、配送、采购、转口贸易和加工制造等业务。

（二十三）深化与港澳侨合作。充分利用内地与港澳地区更紧密经贸关系安排的机制，进一步提升闽港澳经济合作的层次和水平。加强与港澳地区在服务业领域的合作，引入港澳地区资金、先进技术和管理经验，加快发展现代服务业。吸引更多的港澳地区金融机构到福建设立分支机构或投资参股，支持符合条件的福建企业到香港地区上市融资。利用香港地区的融资渠道和营销网络，积极开展联合招商，推动福建企业到香港地区设立营销中心、运营中心，扩大对港贸易和转口贸易。加强福建与港澳地区的物流业合作，建立跨境物流网络。加强闽港澳旅游合作，推动旅游线路对接延伸。充分发挥福建海外华侨华人众多、爱国爱乡的优势，充分利用各种有效平台作用，积极引进侨智，大力吸引海外侨胞来闽投资，引导更多的华侨华人支持和参与海峡西岸经济区建设。

七、加快社会事业发展，促进社会和谐

（二十四）大力推进人力资源建设。以人才资源能力建设为核心，着力培养学术技术带头人、科技领军人才和一线创新人才，抓紧培养先进制造业和现代服务业所需的高技能应用型人才，为海峡西岸经济区建设提供坚强的人才保证和智力支持。加强人的能力素质建设，支持发展职业教育，培养高素质劳动者和实用性、技能型人才。调整高校学科设置，加快培养经济建设紧缺急需的人才，建立起与两岸产业对接相适应的人才培养结构，提升高等教育质量和水平。进一步拓展两岸职业教育合作，支持开展两岸校际合作、职业培训、资格考试和认证、职称评定、人才引进和人力资源开发等试点工作。健全人才政策体系，鼓励台湾地区科技、教育等领域人才到海峡西岸经济区创业，形成广纳群贤、充满活力的吸引人才和使用人才的良好风尚。

（二十五）加强文化基础设施建设和文化产业发展。大力推进文化基础设施建设，加快

建立覆盖城乡的公共文化服务体系，建立健全运行保障机制。加大投入力度，加强图书馆、博物馆、文化馆、文化站等文化设施建设，积极推进文化信息资源共享、广播电视“村村通”和农村电影放映等文化工程建设，进一步完善城乡公共文化服务网络。加强网络文化建设和管理，营造良好网络环境。整合文化资源，打造一批地域特色明显、展现海峡西岸风貌、在国内外具有影响力的文化品牌，重点保护发展闽南文化、客家文化、妈祖文化、红土地文化、船政文化、畲族文化、朱子文化等特色文化。加强文物、非物质文化遗产保护，完善历史文化名城等基础设施，妥善保护历史文化街区。推动文化与经济融合，大力发展文化创意产业，建立海峡两岸文化产业合作中心，着力培育专、精、特、新文化企业，努力使海峡西岸经济区成为全国重要的文化产业基地。

（二十六）着力改善民生。巩固提高九年义务教育，把义务教育重点放在农村，调整农村义务教育布局结构，完善义务教育经费保障机制。实施积极的就业政策，改革劳动和就业管理体制，完善公共就业服务体系，建立城乡统一、区域协调的人力资源市场和平等的就业制度。加强城市社区、农村卫生服务体系建设，全面推行城镇居民基本医疗保险和新型农村合作医疗。大力推进各项社会救助制度建设，特别要关注对困难台胞台属的救助，加快完善覆盖城乡居民的社会保障体系。健全社会保障性住房制度，切实解决城市低收入家庭住房困难。加强和完善社会管理，维护社会安定团结，保障人民安居乐业。

八、加快生态文明建设，实现经济社会可持续发展

（二十七）全面推进节能减排。落实节能减排目标责任制。强化固定资产投资项目节能评估和审查，对新上项目严把产业政策关、资源消耗关、环境保护关。大力实施重点节能工程，突出抓好高耗能行业和重点耗能企业的节能减排工作。引进台湾地区先进节能环保技术，积极推进和支持重点台资企业的节能减排。积极发展循环经济，开展国家循环经济试点。建立和完善再生资源回收体系，促进重点行业废弃物再利用和城市生活垃圾资源化利用，提高工业用水循环利用率。建立淘汰补偿机制，加快淘汰落后生产能力。

（二十八）加强生态建设和保护。积极推进集体林权制度改革，提高林地保护和管理能力，加强森林资源的抚育更新，保持森林覆盖率居全国前列；优化森林资源结构，提高森林资源质量，强化森林资源的生态功能。加强水资源管理，完善取水许可和水资源有偿使用制度，加强水资源总量控制和定额管理，健全流域管理和区域管理相结合的管理体制。完善闽江、九龙江等流域上下游生态补偿办法，推动龙岩、汕头、潮州建立汀江（韩江）流域治理补偿机制，推进生态环境跨流域、跨行政区域的协同保护。

（二十九）强化环境综合整治。从源头上控制环境污染，加强污染治理、监测和监管。继续推进自然保护区和生态示范区、生态农业示范县、生态示范区、可持续发展实验区建设。加强台湾海峡海域、重要流域水环境综合治理、重点流域沿岸乡镇垃圾集中处理和规模化畜禽养殖场污染治理，提高流域水环境质量。推进主要江河水源地、严重水土流失区和生态脆弱区的综合治理与生态重建。加强沿海防护林体系工程建设，切实保护近岸海域生态系统。实施对重要生态功能区的抢救性保护、重点资源开发区生态环境强制性保护、生态环境良好区和农村生态环境积极性保护、风景名胜资源严格保护，维护生态平衡，保障生态安全。

九、加强组织领导，落实保障措施

（三十）加强统筹协调。支持海峡西岸经济区加快发展是中央确定的重要工作方针，国务院各有关部门要明确责任，从自身职能出发，抓紧制定细化方案和具体措施，将政策措施落到实处。

加强规划指导。由发展改革委会同福建省

及相关地区，商有关部门抓紧编制《海峡西岸经济区发展规划》，以指导和促进海峡西岸经济区充分发挥后发优势，在更高的起点上实现又好又快发展。在规划编制过程中，要注重与其他规划和相关政策的衔接。

加大资金投入和项目支持。中央财政转移支付、中央预算内专项资金和中央预算内投资，以及其他中央专项资金，都要加大对海峡西岸经济区的扶持力度，特别要加大对原中央苏区县、革命老区、少数民族地区的扶持力度。安排中央预算内投资等资金时，福建革命老区、少数民族地区等参照执行中部地区政策，福建原中央苏区县参照执行西部地区政策。适当降低中央投资项目地方投资比例，支持发展特色产业和重大项目建设，对海峡西岸经济区的基础设施建设给予专项补助。对具有全国或区际意义、有助于形成海峡西岸经济区整体竞争力的项目，在项目布点与审批、土地利用等方面给予重点支持。

（三十一）赋予对台先行先试政策。建设海峡西岸经济区，符合两岸人民的根本利益。要以中央对台工作总体方针政策为指导，在两岸综合性经济合作框架下，按照建立两岸人民交流合作先行区的要求，允许在对台经贸、航运、旅游、邮政、文化、教育等方面交流与合作中，采取更加灵活开放的政策，先行先试，取得经验。

支持扩大两岸经贸合作。按照同等优先、适当放宽的原则，鼓励承接台湾地区产业转移，允许国家禁止之外、不涉及国家安全的各类台商投资项目在海峡西岸经济区落地，加快台商投资项目审批。积极推动海峡两岸双向投资，对赴台投资项目简化审批程序，加快审批和核准节奏。在两岸建立长期、稳定的经贸合作机制过程中，允许海峡西岸经济区在促进两岸贸易投资便利化、台湾地区服务业市场准入等方面先行试验，适当增加对台合作的用地指标。设立对台农产品出口加工基地和台湾地区农业技术、新品种推广中心，增设台湾地区农民创业园。扩大“区港联动”政策覆盖范围，在现有海关特殊监管区域政策的基础上，进一步探索在福建沿海有条件的岛屿设立两岸合作的海关特殊监管区域，实施更加优惠的政策。探索进行两岸区域合作试点。积极推动建立两岸金融业监管合作机制，在此机制下，优先批准台资银行、保险、证券等金融机构在福建设立分支机构或参股福建金融企业，支持设立两岸合资的海峡投资基金，进一步扩大两岸货币双向兑换范围，逐步建立两岸货币清算机制。

支持两岸交流交往。把福建沿海机场、港口等作为两岸直接“三通”的首选地。适时增加福建沿海港口为对台海上货运直航口岸。推动福建机场与台湾地区实现空中直航，增加航班、航线。支持福建作为对台邮件总包交换中心。支持开拓对台旅游市场，适时扩大大陆居民从福建口岸赴台湾地区旅游。支持福建试行便利两岸人员往来的管理办法，包括为台湾本岛居民办理来往大陆通行证和大陆居民赴台旅游证件等。进一步发挥福建作为两岸事务重要协商地的作用。

支持平台载体建设。适时推进厦门、福州台商投资区扩区和新设立泉州台商投资区。支持继续办好涉台重大经贸文化活动。推动妈祖文化申报世界非物质文化遗产。设立海峡两岸文化产业园，建设一批对台文化交流与合作基地。

（三十二）强化组织实施。福建省要加强领导，周密部署，进一步解放思想，创新机制，明确工作责任，确保各项任务和政策措施落到实处。对与两岸经济交流比较密切的浙南、粤东、赣东南地区以及其他台商投资相对集中地区，也要予以积极支持。各地区各部门要认真学习贯彻党的十七大精神，深入贯彻落实科学发展观，积极支持配合本意见的实施，同心协力，扎实工作，努力把海峡西岸经济区经济社会发展推向新的阶段，在促进祖国和平统一大业和全国发展大局中发挥更大作用。

国务院批转发展改革委关于2009年深化经济体制改革工作意见的通知

国发［2009］26号　2009年5月19日

各省、自治区、直辖市人民政府，国务院各部委、各直属机构：

国务院同意国家发展改革委《关于2009年深化经济体制改革工作的意见》，现转发给你们，请认真贯彻执行。

附件：

关于2009年深化经济体制改革工作的意见

国家发展和改革委员会

2009年是进入21世纪以来我国经济社会发展最为困难的一年。国际金融危机尚未见底，经济增速明显放缓，长期积累的体制机制矛盾更加突出。复杂严峻的国际国内经济形势要求我们毫不动摇地继续深化改革开放。要通过深化改革破解发展难题，通过扩大开放赢得发展机遇，确保经济平稳较快发展和“十一五”规划确定的各项目标顺利实现，加快完善社会主义市场经济体制。根据党的十七大、十七届三中全会精神和中央经济工作会议要求，按照“十一五”规划和2009年政府工作报告关于经济体制改革的总体部署，结合当前的改革发展形势，现就2009年深化经济体制改革工作提出以下意见：

一、指导思想和总体要求

指导思想。以邓小平理论和“三个代表”重要思想为指导，深入贯彻落实科学发展观，全面贯彻党的十七大、十七届三中全会和中央经济工作会议精神，把应对危机作为深化改革的契机，围绕扩内需、保增长、调结构、惠民生，切实推进重点领域和关键环节改革，推动形成有利于科学发展与社会和谐的体制机制。

总体要求。把立足当前与着眼长远结合起来，抓住时机消除制约当前经济社会发展的突出矛盾和影响长远发展的深层次体制机制障碍；把加强宏观调控与发挥市场机制作用结合起来，进一步完善市场机制，提高宏观调控水平，增强经济发展的内在活力；把整体部署与局部试点结合起来，充分调动中央、地方和人民群众的积极性与创造性，形成全社会共同推进改革的新局面；把应对挑战与把握机遇结合起来，统筹出台改革措施的时机、力度和节奏。

二、加快转变政府经济管理职能，激发市场投资活力

继续削减和调整行政审批事项，切实把政

府职能转到主要为市场主体服务和创造良好发展环境上来（监察部牵头）。结合地方政府机构改革，探索建立有利于促进地方政府职能转变的体制机制（中央编办牵头）。建立财政政策、货币政策、产业政策、投资政策协调配合机制，完善宏观调控政策体系（发展改革委、财政部、人民银行负责）。深入推进投资体制改革，修订出台政府核准投资项目目录，最大限度地缩减核准范围、下放核准权限；抓紧研究起草政府投资条例、企业投资项目核准和备案管理条例，进一步规范和优化投资管理程序，提高效率；健全政府投资管理机制，稳步推行非经营性政府投资项目代建制，建立和完善投资项目后评价、重大项目公示和责任追究制度；科学界定政府投资领域和范围，充分发挥政府投资对社会投资的引导和带动作用（发展改革委牵头）。

三、深化垄断行业改革，拓宽民间投资的领域和渠道

加快研究鼓励民间资本进入石油、铁路、电力、电信、市政公用设施等重要领域的相关政策，带动社会投资（发展改革委、工业和信息化部、住房城乡建设部、铁道部、商务部、电监会负责）。抓紧研究制订铁路体制改革方案，加快推进铁路投融资体制改革（铁道部、发展改革委、财政部负责）。继续深化电信体制改革，制定出台配套监管政策，加快形成有效的市场竞争格局；深化邮政体制改革，推动邮政速递物流业务重组改制（工业和信息化部、交通运输部、发展改革委、财政部负责）。落实国家相关规定，实现广电和电信企业的双向进入，推动“三网融合”取得实质性进展（工业和信息化部、广电总局、发展改革委、财政部负责）。加快推进电网企业主辅分离和农电体制改革（发展改革委、电监会、国资委、能源局、财政部、水利部负责）。制订出台盐业管理体制改革方案（发展改革委、工业和信息化部负责）。加快推进市政公用事业改革，扩大城市供水供热供气、污水处理、垃圾处理等特许经营范围（住房城乡建设部、水利部负责）。

四、大力推进资源性产品价格和节能环保体制改革，努力转变发展方式

继续深化电价改革，建立与发电环节适度竞争相适应的上网电价形成机制；推进输配电价改革；调整销售电价分类结构，减少各类用户电价间交叉补贴；适时理顺煤电价格关系；研究制订农村电力普遍服务政策（发展改革委牵头）。推进大用户直接购电和双边交易试点（电监会、发展改革委负责）。完善煤炭成本构成，反映开采、经营过程中的资源、环境和安全成本（财政部牵头）。完善天然气价格形成机制，逐步理顺与可替代能源的比价关系（发展改革委牵头）。加快建立初始水权制度；积极推进水价改革，逐步提高水利工程供非农业用水价格，完善水资源费征收管理体制（水利部、发展改革委、财政部负责）。完善节能减排目标责任评价考核体系和多元化节能环保投入机制；健全高效节能环保产品推广激励制度及落后产能退出机制；研究建立循环经济考核体系（发展改革委、财政部、环境保护部、工业和信息化部、统计局负责）。探索建立环境法制、绿色信贷、政绩考核、公众参与等环境保护长效机制（环境保护部牵头）。加快推进污水处理、垃圾处理等收费制度改革（发展改革委、住房城乡建设部、环境保护部负责）。加快推进跨省流域生态补偿机制试点工作；扩大排污权交易试点范围，完善相关法律法规（财政部、发展改革委、环境保护部、水利部负责）。建立资源型城市可持续发展准备金制度；推进矿产资源补偿费制度改革，建立与资源利用水平和环境治理挂钩的浮动费率机制（财政部、发展改革委、国土资源部、环境保护部负责）。

五、着力优化产业结构与所有制结构，推动服务业和非公有制经济发展

继续推进国有企业公司制股份制改革，健

全公司治理结构，完善现代企业制度；继续推进国有资本结构优化和战略性调整；完善国有资产监督管理体制和制度（国资委、财政部负责）。完善鼓励支持和引导个体私营等非公有制经济发展的政策措施（工业和信息化部牵头）。抓紧完善中小企业贷款担保基金和贷款担保机构等多层次担保体系，建立健全中小企业信用担保风险补偿机制；推进中小企业信用制度和信用担保机构评级制度建设（银监会、工业和信息化部、人民银行、财政部负责）。继续发展中小企业板市场，稳步发展中小企业集合债券，继续开展中小企业短期融资融券试点（证监会、发展改革委、人民银行负责）。完善服务业发展规划体系，加快建立促进现代服务业发展的体制机制和政策体系，推动服务业发展和产业结构优化（发展改革委牵头）。进一步放宽服务业市场准入，鼓励非公有制企业参与国有服务企业改革（发展改革委、工业和信息化部、国资委负责）。深化政府机关和事业单位后勤服务社会化改革（中央编办、财政部、国管局负责）。鼓励社会力量兴办民办非企业单位，培育多元化的服务业市场主体（发展改革委、民政部负责）。

六、加快推进民生领域改革，提高居民消费能力和意愿

加强公共就业服务体系建设，加大政策支持力度，建立灵活多样的就业和创业促进机制，进一步完善以创业带动就业的政策措施（人力资源社会保障部牵头）。研究出台关于收入分配调节的指导意见（发展改革委牵头）。规范国有企业负责人薪酬管理制度，合理控制收入分配差距（人力资源社会保障部、财政部、国资委负责）。研究制订事业单位实施绩效工资的意见（人力资源社会保障部、财政部负责）。推动工资集体协商和工资支付保障制度建设，落实最低工资制度；完善基本养老保险制度，继续开展做实个人账户试点，全面推进省级统筹；出台养老保险关系转移接续办法；推进事业单位养老保险改革试点；制订实施农民工养老保险办法；出台新型农村社会养老保险指导意见；研究解决农垦职工社会保障问题（人力资源社会保障部牵头）。建立企业退休人员基本养老金和城乡最低生活保障标准正常调整机制（人力资源社会保障部、民政部、财政部负责）。健全廉租住房制度，规范经济适用住房建设与管理，建立健全保障性住房规划建设管理体制（住房城乡建设部牵头）。推动林区棚户区房屋产权制度改革试点（林业局、住房城乡建设部、国土资源部负责）。健全食品药品安全监管体制，实行严格的食品质量安全追溯、召回、市场准入和退出制度（卫生部、农业部、质检总局、工商总局、食品药品监管局负责）。

七、深化科技、教育、文化、卫生体制改革，加快社会事业发展

以加强企业为主体、市场为导向、产学研相结合的技术创新体系建设为突破口，加快推进国家创新体系建设，促进科技资源的整合与开放共享，动员广大科技人员深入基层服务企业，大力提高企业自主创新能力，充分发挥科技创新在促进经济结构调整和发展方式转变中的重要作用（科技部、发展改革委、教育部、国资委负责）。研究制订国家中长期教育改革和发展规划纲要（教育部牵头）。进一步健全义务教育经费保障机制，推进义务教育资源配置均等化；完善家庭经济困难学生资助政策体系，制定和完善学费和助学贷款代偿政策（财政部、教育部负责）。推进中等职业教育体制改革，建立面向农村地区的免费中等职业教育制度（教育部、人力资源社会保障部、财政部负责）。加快建立进城务工人员子女平等就学制度（教育部牵头）。继续深化文化事业和文化产业体制改革（文化部、广电总局、新闻出版总署负责）。认真组织落实医药卫生体制改革近期重点实施方案（发展改革委、卫生部、人力资源社会保障部、财政部负责）。深化体育体制改革，加强体育公共服务，促进体育产业健康发展（体育总局牵头）。

八、继续深化农村改革，建立健全统筹城乡发展的体制机制

深化农村综合改革,着力增强乡镇政府社会管理和公共服务职能（国务院农村综合改革工作小组牵头）。推进农村集体建设用地管理制度改革，研究制订流转管理办法，探索建立统一规范的城乡建设用地市场；深入推进土地有偿使用制度改革，严格限定划拨用地范围（国土资源部牵头）。开展农村土地承包经营权登记试点，建立健全土地承包经营权流转市场，加强流转管理和服务，发展适度规模经营；推进国有农场体制改革（农业部牵头）。加快推进集体林权制度改革，完善相关配套政策；积极推进国有林区、国有林场体制改革（林业局牵头）。完善粮食等主要农产品价格形成机制；深化国有粮食企业改革（发展改革委、粮食局负责）。完善与化肥、柴油等农资价格挂钩的农资综合补贴动态调整机制（财政部牵头）。加快推进基层农技推广体系改革，构建新型农业社会化服务体系，推进农业产业化和农民专业合作组织发展（农业部牵头）。探索建立城乡规划建设一体化管理体制（住房城乡建设部牵头）。探索建立统筹城乡的就业和社会保障政策体系（人力资源社会保障部牵头）。研究制订放宽中小城市落户条件、允许符合条件的农村居民在城市落户的相关政策；推动流动人口服务和管理体制创新（公安部牵头）。

九、加快推进财税体制改革，建立有利于科学发展的财税体制

围绕推进基本公共服务均等化和主体功能区建设,健全中央政府和地方政府财力与事权相匹配的体制；推进省直管县财政管理方式改革，逐步建立县级基本财力保障机制；提高一般性转移支付的规模和比例，加快完善统一规范透明的财政转移支付制度；健全公共财政职能，优化财政支出结构（财政部牵头）。深化预算制度改革，研究起草国有资本经营预算条例，试行社会保险预算制度，实现政府公共预算、国有资本经营预算、政府性基金预算和社会保障预算有机衔接（财政部、国资委、人力资源社会保障部负责）。研究建立全国行政事业单位国有资产统计报告制度（财政部牵头）。全面实施增值税转型改革；统一内外资企业和个人城建税、教育费附加等税收制度；研究推进综合和分类相结合的个人所得税制度；研究制订并择机出台资源税改革方案；加快理顺环境税费制度，研究开征环境税；深化房地产税制改革，研究开征物业税（财政部、税务总局、发展改革委、住房城乡建设部负责）。

十、深化金融体制改革，构建现代金融体系

深化国有控股商业银行改革;继续推进政策性银行改革（人民银行牵头）。推进金融资产管理公司改革（财政部牵头）。稳步发展各种所有制中小金融企业和新型农村金融机构；推进农村信贷担保机构发展（银监会牵头）。扩大农村有效担保范围，发展农村多种形式担保的信贷产品（人民银行、银监会负责）。出台放贷人条例，积极引导民间融资健康发展（人民银行、法制办负责）。建立健全存款保险制度（人民银行、银监会负责）。推进利率市场化改革，完善人民币汇率形成机制（人民银行牵头）。加强资本市场基础性制度建设，建立健全有利于资本市场稳定发展和投资者权益保护的法规体系；适时推出创业板，推进场外市场建设，完善资本市场功能（证监会牵头）。完善债券市场化发行机制、市场约束与风险分担机制，逐步建立集中统一的债券市场监管规则和标准（证监会、发展改革委、财政部、人民银行负责）。深化保险业改革，积极发挥保险保障和融资功能（保监会牵头）。加快股权投资基金制度建设，尽快出台股权投资基金管理办法（发展改革委牵头）。建立健全金融监管协调机制和国际合作机制（人民银行、金融监管机构负责）。

十一、深化涉外经济体制改革，健全开放型经济体系

尽快建立服务贸易促进体系，研究制订服务贸易促进条例，制定并实施加快服务外包产业发展的政策措施；建立先进技术、设备和战略性资源进口的协调、管理机制；建立健全有效应对国际贸易摩擦和争端的工作协调机制；积极稳妥实施自由贸易区战略，进一步推进区域和次区域经济合作，推进边境经济合作区建设；着力推进对外劳务合作管理体制改革，加快相关立法进程（商务部牵头）。完善国际贸易投资风险防范机制，研究建立国际经济波动对我国经济影响的信息引导和预测预警机制（商务部、发展改革委、海关总署负责）。加快建立外资并购安全审查机制；完善利用外资的管理体制和政策法规，进一步下放审批权限、简化审批程序（发展改革委、商务部、法制办负责）。研究制订境外投资条例，进一步简化对外投资管理程序，扩大境外投资备案登记范围，完善信贷、外汇、财税、人员出入境等方面支持企业“走出去”的政策措施，加快对外投资合作公共服务体系建设（发展改革委、商务部、人民银行、财政部等部门负责）。

十二、积极推进综合配套改革试点，为全国改革提供示范和借鉴

上海浦东新区、天津滨海新区等国家综合配套改革试验区要按照完善社会主义市场经济体制的方向，针对制约当地经济社会发展的体制机制问题，根据统筹城乡发展、建设资源节约型和环境友好型社会、加快开发开放、促进发展方式转变等发展战略的要求，在行政管理、财政、金融、土地等重点领域和关键环节改革方面积极探索，勇于创新。发展改革委要加强对综合配套改革试点工作的指导，健全试点工作协调推进机制，保障改革试点平稳有序推进。各部门要结合自身职能，积极支持和指导改革试点，将有关专项改革试点放在相应试验区先行先试。各地区可结合自身实际，在有效防控风险的前提下，积极开展各类综合和专项改革试点。

十三、加强统筹协调，认真落实改革任务

发展改革委要加强对重点领域改革的统筹规划和综合设计，建立健全部门间统筹协调推进改革的工作机制，加强对经济体制改革的指导推进和综合协调，督促检查各项改革进展和落实情况，及时向国务院报告。各地区、各部门要结合本意见，提出符合自身实际、操作性强的年度改革意见或实施办法。对年内能够完成的改革任务，要集中力量，确保完成；对跨年度的改革任务，要积极推动，尽快取得突破。各项改革的牵头负责部门要会同相关部门科学制订方案，明确实施步骤和时限要求，落实工作责任。相关部门要结合自身职能，积极配合牵头负责部门做好有关工作。

国务院关于进一步实施
东北地区等老工业基地振兴战略的若干意见

国发［2009］33号　2009年9月9日

各省、自治区、直辖市人民政府，国务院各部委、各直属机构：

实施东北地区等老工业基地振兴战略五年多来，振兴东北地区等老工业基地工作取得了重要的阶段性成果。以国有企业改革为重点的体制机制创新取得重大突破，多种所有制经济蓬勃发展，经济结构进一步优化，自主创新能力显著提升，对外开放水平明显提高，基础设施条件得到改善，重点民生问题逐步解决，城乡面貌发生很大变化。实践证明，中央实施振兴东北地区等老工业基地战略的决策是及时的、正确的。但也要清醒看到，东北地区等老工业基地体制性、结构性等深层次矛盾有待进一步解决，已经取得的成果有待进一步巩固，加快发展的巨大潜力有待进一步发挥。在当前形势下，认真总结振兴工作实践经验，进一步充实振兴战略的内涵，及时制定新的政策措施，既是应对国际金融危机、促进全国经济平稳较快发展的需要，也是推进东北地区等老工业基地全面振兴的需要。为此，现提出以下意见：

一、优化经济结构，建立现代产业体系

（一）加快推进企业兼并重组。要坚持市场主导和政府引导相结合，进一步打破地区、行业、所有制界限，优化资源配置，推动企业兼并重组，培育具有国际竞争力的大型企业集团。东北地区企业联合重组涉及“债转股”资产处置的，应根据实际情况试行新的处置方式，合理处置“债转股”股权。支持中央大型企业集团和地方企业相互联合重组。鼓励民营企业、外资企业等各类投资主体参与老工业基地企业改革重组。优先支持实现兼并重组的企业进行技术改造。

（二）大力发展非公有制经济和中小企业。创造公平竞争环境，平等保护各类产权，促进非公有制经济加快发展。落实融资、财税及市场准入等方面的政策，积极支持民间资本进入基础设施、公用事业、金融服务和社会事业等领域。推动国有资本、民营资本和外资经济的融合，积极发展混合所有制经济。允许职工在企业改制中持有一定比例股份。引导中小企业创新体制机制，提高经营管理水平和市场竞争力。充分发挥东北地区等老工业基地大企业聚集的优势，鼓励中小企业与大企业形成产业链的协作配套关系，促进其向“专精特优”方向发展。完善中小企业创业融资服务，继续推动中小企业信用体系和信用担保体系建设，支持东北中小企业信用再担保公司及其分支机构扩展业务。

（三）做优做强支柱产业。贯彻落实重点产业调整振兴规划，加大结构调整力度，加快淘汰落后，防止重复建设。积极推进信息化与工业化融合，用现代信息手段改造传统产业，提高数字化、智能化水平。提高对东北老工业基地调整改造项目的中央预算内资金支持比例。支持东北老工业基地优势产业、骨干企业、重要品牌扩大市场份额。大力发展东北地区具有优势的大型铸锻件、核电设备、风电机组、盾构机械、先进船舶和海洋工程装备、大型农业机械、高速动车组、大功率机车、高档数控机床等市场急需产品及关键配套件。鼓励采购国产设备和推广应用首台（套）重大技术装备。进出口银行每年安排一定的信贷额度用于支持东北地区重大技术装备出口，人民银行和外汇局要在政策上给予支持。努力促进东北地区汽车产业调整结构，重点发展自主品牌汽车、小排量汽车、新能源汽车及关键零部件。继续调整钢铁工业产品结构，加强节能减排，淘汰落后产能，提高市场竞争力，同时加大资源勘探开发和对外合作力度，提高矿石资源的保障水平。优化提升石化产业，抓紧组织实施大型炼油、乙烯项目，提高加工度，发展精细化工、化肥等。

（四）积极培育潜力型产业。依托装备制造业整机制造能力强的优势，发展基础配套零部件、加工辅具和特殊原材料等。依托国防军工企业汇集的优势，发展军民两用技术，促进军民融合，增强军工企业的辐射带动作用。依托原材料加工基地的优势，努力发展下游特色轻工产业。依托农林产品商品量大、品质好，畜牧养殖业发达的优势，大力发展农林畜产品精深加工业。依托北方中药材资源优势，发展现代中药（北药）产业。依托地处东北亚中心的地缘优势，加强与周边国家的能源和资源开发合作。积极发展航空航天、电子信息、生物医药、新能源、新材料等新兴产业。鼓励地方政府设立专项扶持资金，支持潜力型产业发展。

（五）加快发展现代服务业。继续支持中外金融机构在东北地区设立分支机构和办事机构。鼓励有条件的城市进行金融改革创新，积极稳妥地发展中小金融机构。推动设立汽车金融公司，拓宽汽车消费融资渠道。推进东北产权交易平台互联互通、区域整合和功能拓展。支持大连商品交易所建设亚洲重要期货交易中心，在做精做细现有上市期货品种的基础上，推出东北地区具有优势、符合大连商品交易所功能定位的期货品种。推进现代物流业发展，研究制定东北地区物流业发展专项规划，统筹建设一批重点区域物流园区。加快发展软件和服务外包产业，重点建设好大连、哈尔滨、大庆3个服务外包示范城市，积极支持延吉、绥芬河等城市利用独特区位优势发展软件和服务外包产业。贯彻落实文化产业调整振兴规划，支持文化创意、出版发行、影视制作、演艺娱乐、文化会展、数字内容和动漫等文化产业加快发展，打造具有东北地方特色的文化品牌。加强公共文化基础设施和文化惠民工程建设，完善公共文化服务体系。加大文化遗产保护力度，扩大对外文化交流。大力发展旅游业，抓紧研究出台东北地区旅游业发展专项规划，加强旅游基础设施建设，发展一批特色鲜明、吸引力强的旅游目的地，提高管理服务水平，建立大东北无障碍旅游区。

（六）扶持重点产业集聚区加快发展。推动辽宁沿海经济带、沈阳经济区、哈大齐工业走廊、长吉图经济区加快发展，建设国内一流的现代产业基地。组织编制发展规划，支持沈阳铁西老工业基地调整改造暨装备制造业发展示范区和大连“两区一带”等装备制造业集聚区发展，打造具有国际竞争力的先进装备制造业基地。推进内蒙古东部地区能源重化工基地、黑龙江东部煤电化工基地和辽西北煤化工基地建设，提高资源转化利用水平。充分发挥沈阳、长春、哈尔滨、大连和通化等高技术产业基地的辐射带动作用，形成一批具有核心竞争力的先导产业和产业集群。支持有条件的地区建设一批有影响、有规模的特色产业园区，加快长春汽车产业开发区和轨道交通装备产业园发展，抓紧研究创建大连国家生态工业示范园区（静脉产业类）。加快推进东北地区符合条件的国家经济技术开发区扩区和重点省级开发区升级工作。

二、加快企业技术进步，全面提升自主创新能力

（七）加大企业技术改造力度。企业技术改造是老工业基地调整改造的重要内容，也是振兴工作取得成效的一条重要经验。要继续加大对企业技术改造的支持力度，从现有相关投资专项中分离设立东北地区等老工业基地调整改造专项，以及利用新增中央预算内投资，支持东北地区等老工业基地企业技术改造和技术进步，近期筛选一批项目予以重点支持。中央国有资本经营预算资金用于东北老工业基地中央企业的比例应有所增加。抓紧完成装备制造产业投资基金设立工作，重点支持东北地区装备制造企业技术改造和兼并重组。

（八）提高自主创新能力。充分发挥东北地区等老工业基地的人才优势，建立健全鼓励自主创新的体制机制。要在老工业基地重点发展领域，依托重要骨干企业、重大工程项目，组织实施一批带动力强、影响面广、见效快的技术创新和高技术产业化项目。要充分利用东北地区等老工业基地的科研和产业优势，通过国家重大科技专项和创新能力建设专项，支持建设一批工程研究中心、工程实验室和企业技术中心，突破一批核心技术和关键共性技术。支持企业有效吸纳利用国际创新资源，提高集成创新和引进消化吸收再创新能力。支持老工业基地引进一批重点行业发展急需的创业、研

发领军人物及团队。国家“千人计划”、“百人计划”等项目要重点支持东北老工业基地的海外高层次人才引进工作。鼓励采取技术入股、期权激励等更加灵活的政策措施，为引进高端人才并使其发挥作用创造良好的环境。

（九）促进自主创新成果产业化。大力推广应用自主创新成果，努力将其转化为先进生产力，培育新的经济增长点。加大对新能源、新材料、生物、信息、航空航天、高速铁路等高技术领域自主创新成果产业化的支持力度。积极推动产学研用相结合，鼓励高等院校和科研机构向企业转移自主创新成果，鼓励更多科技人员创办科技型企业。优先支持符合条件的科技型企业在创业板上市融资。继续组织实施振兴东北老工业基地高技术产业发展专项，重点用于东北老工业基地国家高技术产业基地建设、自主创新成果产业化和创新能力建设等。有关地方政府要制定政策，支持老工业基地自主创新成果产业化。

三、加快发展现代农业，巩固农业基础地位

（十）大力发展现代农业。东北地区具有发展现代农业得天独厚的条件。要围绕提高土地产出率、资源利用率和劳动生产率，抓紧研究制定加快东北地区现代农业发展的政策措施。结合实施全国新增1000亿斤粮食生产能力规划，加强东北地区粮食生产能力建设，形成稳固的国家粮食战略基地。加大粮食丰产科技工程实施力度，大力推广高产优质、节本增效新技术。优化农机结构，提高农业机械化水平。加大农机具停放场库和机耕道建设力度。研究实施深松等重点环节农机作业补贴。抓紧研究稳定玉米、大豆生产的长效机制，适时对东北地区玉米、大豆继续实行国家收储政策。发挥国有农场在建设现代农业、保障国家粮食安全等方面的积极作用，大力开展“场县共建”，为地方农业发展提供示范和社会化服务。加强东北地区农业对外合作，支持有条件的企业到周边国家和地区从事农业合作开发。

（十一）加强农业和农村基础条件建设。开展以水利为重点的农业基础设施建设和以水、电、路、气等为重点的村镇基础设施建设。推进引嫩入白、三江平原灌区、尼尔基水库下游灌区、绰勒水利枢纽下游灌区、大安灌区、大型灌溉排水泵站更新改造等重大水利工程建设，加快实施病险水库除险加固、节水灌溉示范和小型农田水利工程。实施农户科学储粮专项，推广科学储粮技术，支持粮食银行等新型粮食仓储流通业态发展。推进散粮“入关”铁路直达，提高散粮铁水联运比例，建设大型粮食物流基地、节点和战略装车点，以及粮食仓储和烘干设施。积极推进农业信息化，建立和完善农业科技支撑和社会化服务体系，提高服务水平。统筹城乡发展，结合社会主义新农村建设，加快小城镇和中心村发展，全面改善村镇居民生产生活条件。加快解决农村饮水安全问题。取消农村公益性建设项目县及县（场）以下资金配套。

四、加强基础设施建设，为全面振兴创造条件

（十二）加快构建综合交通运输体系。开工建设京沈、沈丹、哈齐客运专线和吉图、大丹、哈牡、哈佳等铁路，推进牡绥等既有线路改造和东北沿边铁路、伊尔施—阿日哈沙特铁路、白音华—赤峰—锦州港煤运专线、同江铁路大桥、沿海疏港铁路建设。统筹干线和支线机场建设，完善东北地区机场布局，抓紧推进“十一五”期间东北地区机场的改扩建和新建迁建工作，做好“十二五”期间机场改扩建、新建迁建的前期工作。根据东北地区公路建设相对滞后和高寒地区的特点，进一步加大对黑龙江、吉林和内蒙古东部地区的高速公路和“村村通”公路建设投资力度。成立东北地区交通基础设施建设协调推进组，协调、指导和推进东北地区交通设施建设，组织编制东北地区综合交通运输规划。

（十三）优化能源结构。抓紧开工建设内蒙古东部和东北两大千万千瓦级风电基地、内

蒙古东部和黑龙江煤电外送通道等项目，加快辽宁红沿河二期工程、徐大堡和吉林核电项目的前期工作。加强东北地区电网建设，大力推进既有电网改造，提升骨干电网送电能力。加大农村电网特别是粮食主产区和林区的电网改造力度。研究解决风电等分散电源上网问题。率先在东北电网开展智能电网建设试点。

五、积极推进资源型城市转型，促进可持续发展

（十四）培育壮大接续替代产业。发展接续替代产业是资源枯竭城市实现经济转型的根本出路。组织实施好资源型城市吸纳就业、资源综合利用和发展接续替代产业专项，扶持引导资源型城市尽快形成新的主导产业。鼓励开发银行等各类金融机构加大对资源型城市可持续发展的支持。对资源型城市发展接续替代产业，在产业布局、项目审核、土地利用、贷款融资、技术开发、市场准入等方面给予支持。支持资源型城市接续替代产业园区建设，积极承接产业转移。组织研究制定资源型城市接续替代产业发展规划并做好实施工作。

（十五）构建可持续发展长效机制。抓紧出台资源型城市可持续发展准备金制度，由政府统筹部分准备金专项用于解决资源型城市环境治理等问题。在资源开采处于成长期或成熟期的资源型城市开展可持续发展试点。抓紧研究制定《资源型城市可持续发展条例》。省级人民政府要切实负起责任，出台支持资源型城市可持续发展的政策措施，并将转型工作情况纳入资源型城市人民政府主要领导干部综合考核评价体系。

（十六）进一步加大财政政策支持力度。加强对资源枯竭城市转型工作的指导，提高资源枯竭城市财力性转移支付使用效益。中央财政要加大对资源型城市特大型矿坑、深部采空区治理的支持力度。危机矿山接替资源找矿专项资金在安排上要向东北老工业基地资源枯竭城市倾斜。支持资源枯竭城市资源型企业开发利用区外、境外资源。

六、切实保护好生态环境，大力发展绿色经济

（十七）加强生态建设。坚持以生态为主导的林业和林区经济发展方向，进一步调减东北地区国有重点林区木材采伐量，促进林区经济转型和可持续发展。继续实施天然林保护工程，完善政策措施，加大支持力度。巩固退耕还林成果，加强育林和管护。高度重视大小兴安岭的生态屏障作用，组织编制大小兴安岭林区生态保护与经济转型规划。全面推进集体林权制度改革，稳步推进国有林权制度改革试点。切实加强天然草场恢复和保护、黑土区水土流失综合防治等生态工程建设。切实加强湿地保护与恢复、沙化土地治理和矿山环境整治等生态工程建设，组织实施黑龙江扎龙湿地核心区生态移民。

（十八）积极推进节能减排。严格执行相关法律法规、规划和产业政策，加强重点污染源总量控制。限制高耗能、高污染行业扩张，关停小火电、小钢铁、小造纸、小水泥等污染严重的小企业。以能源、原材料、装备制造和农产品加工等行业为重点，加强对各类工业园区的建设管理，推行清洁生产。支持开发和应用低碳技术。鼓励发展循环经济。大力推广应用节能技术产品，发展节约能源、节省土地的环保型建筑和绿色建筑，组织实施好节能产品惠民工程。

（十九）加强环境污染治理。加强松花江、辽河等重点流域的水污染防治，支持松花江流域开展主要污染物排放量有偿取得和排污权交易试点。加大城市垃圾和污水处理设施建设力度，推广垃圾分类回收、清洁焚烧，逐步提高城镇污水、垃圾处理以及排污收费标准。严格监控和防治工业污染，统筹解决农业面源污染。全面推进农村环境综合整治工作，创建环境优美的农村新面貌。

七、着力解决民生问题，加快推进社会事业发展

（二十）千方百计扩大就业。要切实把就

业工作摆在更加突出的重要位置，落实促进大学生、农民工和困难群体的就业政策，确保就业形势稳定。发挥好政府投资和重大建设项目带动就业的作用，积极开发公益性工作岗位，努力使“零就业家庭”实现至少一人就业。积极落实扶持创业的各项政策措施，以创业带动就业。鼓励服务业、中小企业、非公有制经济更多吸纳就业，引导和支持困难企业采取灵活用工、弹性工时、技能培训等办法，尽量不裁员。

（二十一）积极完善社会保障体系。加快推进城镇职工养老保险省级统筹，适当提高企业退休人员基本养老金标准。进一步完善城乡最低生活保障制度。积极推进农村新型养老保险试点，全面提高新农村合作医疗保险覆盖面。做好被征地农民社会保障工作。完善工伤保险政策法规，进一步扩大工伤保险覆盖面，抓紧解决“老工伤”人员待遇纳入工伤保险统筹管理问题。

（二十二）解决好住房、冬季取暖等突出民生问题。做好群众来信来访工作，下大力气解决好群众反映强烈的民生问题。加大城镇廉租房、经济适用房建设规模和国有林区棚户区、国有垦区危房、农村危房、危旧校舍改造力度，继续做好煤矿棚户区改造工作。支持开展城市棚户区改造工作。加大对东北高寒地区热电联产项目支持力度，加快东北地区城市集中供热管网改造，解决好城市低保户冬季取暖问题。推进农村开发式扶贫，扶持更多农村贫困人口脱贫致富。

（二十三）促进教育、卫生等社会事业发展。研究和推进各级各类教育改革，提高办学质量，为老工业基地全面振兴提供人才支撑。充分发挥东北地区高等教育资源丰富的优势，提高重点高校的办学层次和水平。结合老工业基地产业结构优化升级，合理确定职业教育专业和办学规模。继续加大对东北地区职业教育实训基地、职业教育基础能力建设支持力度。推进医疗卫生体制改革，加快建立覆盖城乡居民的基本医疗保障体系，健全基层医疗卫生服务体系，扩大城镇职工和居民的医疗保险覆盖面。

八、深化省区协作，推动区域经济一体化发展

（二十四）推进区域一体化发展。鼓励东北地区实行跨省（区）经济合作，促进生产要素合理流动，提高一体化发展水平，近期先行组织开展旅游、物流、交通和科技方面的一体化协作。认真组织实施《东北地区振兴规划》，做好规划任务落实、督促检查工作，加快规划内重大基础设施一体化建设。推进内蒙古东部地区与东北三省的产业对接和合理分工。进一步研究支持东北地区等老工业基地调整改造的税收政策。

（二十五）建立东北地区合作机制。建立东北地区四省（区）行政首长协商机制，定期研究协调跨省（区）重大基础设施项目建设、产业布局，以及区域协调发展等问题，并对老工业基地调整改造的重大事项提出意见建议。

九、继续深化改革开放，增强经济社会发展活力

（二十六）深化国有企业改革。加快推进国有企业改革，努力建立健全现代企业制度，进一步增强老工业基地经济活力。在企业改制过程中，要坚持依法按程序办事，公开透明操作，切实维护职工的合法权益，防止国有资产流失。东北地区各级人民政府要加快推进厂办大集体改革试点工作，有关部门要抓紧总结前期试点工作，进一步完善试点政策。妥善处理中央企业和中央下放地方政策性关闭破产企业及地方依法破产国有企业退休人员医疗、工伤保障和社会职能移交等问题。抓紧完成东北地区装备制造业银行不良贷款处置工作。加快推进粮食、商贸、建筑、农垦、森工、文化等领域的国有企业改革。

（二十七）加快推进其他领域改革。尽快确定东北符合条件的地区开展国家综合配套改革试点。积极推进省直管县财政管理方式改革，研究建立县级基本财力保障机制。完善企

业债券发行政策，探索多样化的企业债信用增级方式。大力发展多种形式的新型农村金融机构，推进农村金融产品和服务创新。加快发展农业保险，扩大试点范围、增加险种，加大中央财政保费补贴力度。建立健全农村土地承包经营权流转和林业要素交易市场，规范管理，加强服务。清理涉及企业的行政事业性收费，落实好符合条件企业缓缴社会保险费、降低费率和扩大失业保险基金支出范围等政策措施，进一步减轻企业负担。推进城市供热体制、农村水利管理体制改革。

（二十八）进一步扩大对外开放。加快推进辽宁沿海经济带和长吉图地区开发开放。推动《中国东北地区老工业基地与俄罗斯远东地区合作规划纲要》早日签署并协调组织实施。抓紧编制实施黑瞎子岛保护与开放开发规划。把沿海沿边开放和境外资源开发、区域经济合作、承接国内外产业转移结合起来，支持符合条件的地区建设边境贸易中心、经济合作区、出口加工区、进口资源加工区。研究建立中俄地方合作发展基金，支持中俄地区合作规划纲要项目的实施。利用境外港口开展内贸货物跨境运输合作，推进黑龙江、吉林江海陆海联运通道常态化运营。积极探索海关特殊监管区域管理制度创新，加快推动以大连大窑湾保税港区为核心的大连东北亚国际航运中心建设，抓紧建设好绥芬河综合保税区和沈阳保税物流中心，促进东北地区保税物流和保税加工业的发展。开展货物贸易人民币结算试点。推动东北地区与港澳台地区加强经贸合作。

实现东北地区等老工业基地全面振兴是一项长期艰巨的历史任务。东北地区等老工业基地各级人民政府和国务院有关部门要深入贯彻落实科学发展观，进一步解放思想，开拓创新，齐心协力，真抓实干，推动东北地区等老工业基地在应对国际金融危机中实现新的跨越，加快形成具有独特优势和竞争力的新的增长极，为全国经济发展作出更大贡献。

国务院关于进一步促进中小企业发展的若干意见

国发［2009］36号　2009年9月19日

各省、自治区、直辖市人民政府，国务院各部委、各直属机构：

中小企业是我国国民经济和社会发展的重要力量，促进中小企业发展，是保持国民经济平稳较快发展的重要基础，是关系民生和社会稳定的重大战略任务。受国际金融危机冲击，去年下半年以来，我国中小企业生产经营困难。中央及时出台相关政策措施，加大财税、信贷等扶持力度，改善中小企业经营环境，中小企业生产经营出现了积极变化，但发展形势依然严峻。主要表现在：融资难、担保难问题依然突出，部分扶持政策尚未落实到位，企业负担重，市场需求不足，产能过剩，经济效益大幅下降，亏损加大等。必须采取更加积极有效的政策措施，帮助中小企业克服困难，转变发展方式，实现又好又快发展。现就进一步促进中小企业发展提出以下意见：

一、进一步营造有利于中小企业发展的良好环境

（一）完善中小企业政策法律体系。落实扶持中小企业发展的政策措施，清理不利于中

小企业发展的法律法规和规章制度。深化垄断行业改革，扩大市场准入范围，降低准入门槛，进一步营造公开、公平的市场环境。加快制定融资性担保管理办法，修订《贷款通则》，修订中小企业划型标准，明确对小型企业的扶持政策。

（二）完善政府采购支持中小企业的有关制度。制定政府采购扶持中小企业发展的具体办法，提高采购中小企业货物、工程和服务的比例。进一步提高政府采购信息发布透明度，完善政府公共服务外包制度，为中小企业创造更多的参与机会。

（三）加强对中小企业的权益保护。组织开展对中小企业相关法律和政策特别是金融、财税政策贯彻落实情况的监督检查，发挥新闻舆论和社会监督的作用，加强政策效果评价。坚持依法行政，保护中小企业及其职工的合法权益。

（四）构建和谐劳动关系。采取切实有效措施，加大对劳动密集型中小企业的支持，鼓励中小企业不裁员、少裁员，稳定和增加就业岗位。对中小企业吸纳困难人员就业、签订劳动合同并缴纳社会保险费的，在相应期限内给予基本养老保险补贴、基本医疗保险补贴、失业保险补贴。对受金融危机影响较大的困难中小企业，将阶段性缓缴社会保险费或降低费率政策执行期延长至2010年底，并按规定给予一定期限的社会保险补贴或岗位补贴、在岗培训补贴等。中小企业可与职工就工资、工时、劳动定额进行协商，符合条件的，可向当地人力资源社会保障部门申请实行综合计算工时和不定时工作制。

二、切实缓解中小企业融资困难

（五）全面落实支持小企业发展的金融政策。完善小企业信贷考核体系，提高小企业贷款呆账核销效率，建立完善信贷人员尽职免责机制。鼓励建立小企业贷款风险补偿基金，对金融机构发放小企业贷款按增量给予适度补助，对小企业不良贷款损失给予适度风险补偿。

（六）加强和改善对中小企业的金融服务。国有商业银行和股份制银行都要建立小企业金融服务专营机构，完善中小企业授信业务制度，逐步提高中小企业中长期贷款的规模和比重。提高贷款审批效率，创新金融产品和服务方式。完善财产抵押制度和贷款抵押物认定办法，采取动产、应收账款、仓单、股权和知识产权质押等方式，缓解中小企业贷款抵质押不足的矛盾。对商业银行开展中小企业信贷业务实行差异化的监管政策。建立和完善中小企业金融服务体系。加快研究鼓励民间资本参与发起设立村镇银行、贷款公司等股份制金融机构的办法；积极支持民间资本以投资入股的方式，参与农村信用社改制为农村商业（合作）银行、城市信用社改制为城市商业银行以及城市商业银行的增资扩股。支持、规范发展小额贷款公司，鼓励有条件的小额贷款公司转为村镇银行。

（七）进一步拓宽中小企业融资渠道。加快创业板市场建设，完善中小企业上市育成机制，扩大中小企业上市规模，增加直接融资。完善创业投资和融资租赁政策，大力发展创业投资和融资租赁企业。鼓励有关部门和地方政府设立创业投资引导基金，引导社会资金设立主要支持中小企业的创业投资企业，积极发展股权投资基金。发挥融资租赁、典当、信托等融资方式在中小企业融资中的作用。稳步扩大中小企业集合债券和短期融资券的发行规模，积极培育和规范发展产权交易市场，为中小企业产权和股权交易提供服务。

（八）完善中小企业信用担保体系。设立包括中央、地方财政出资和企业联合组建的多层次中小企业融资担保基金和担保机构。各级财政要加大支持力度，综合运用资本注入、风险补偿和奖励补助等多种方式，提高担保机构对中小企业的融资担保能力。落实好对符合条件的中小企业信用担保机构免征营业税、准备金提取和代偿损失税前扣除的政策。国土资源、住房城乡建设、金融、工商等部门要为中小企业和担保机构开展抵押物和出质的登记、确权、转让等提供优质服务。加强对融资性担保机构的监管，引导其规范发展。鼓励保险机构积极开发为中小企业服务的保险产品。

（九）发挥信用信息服务在中小企业融资中的作用。推进中小企业信用制度建设，建立和完善中小企业信用信息征集机制和评价体系，提高中小企业的融资信用等级。完善个人和企业征信系统，为中小企业融资提供方便快速的查询服务。构建守信受益、失信惩戒的信用约束机制，增强中小企业信用意识。

三、加大对中小企业的财税扶持力度

（十）加大财政资金支持力度。逐步扩大中央财政预算扶持中小企业发展的专项资金规模，重点支持中小企业技术创新、结构调整、节能减排、开拓市场、扩大就业，以及改善对中小企业的公共服务。加快设立国家中小企业发展基金，发挥财政资金的引导作用，带动社会资金支持中小企业发展。地方财政也要加大对中小企业的支持力度。

（十一）落实和完善税收优惠政策。国家运用税收政策促进中小企业发展，具体政策由财政部、税务总局会同有关部门研究制定。为有效应对国际金融危机，扶持中小企业发展，自2010年1月1日至2010年12月31日，对年应纳税所得额低于3万元（含3万元）的小型微利企业，其所得减按50%计入应纳税所得额，按20%的税率缴纳企业所得税。中小企业投资国家鼓励类项目，除《国内投资项目不予免税的进口商品目录》所列商品外，所需的进口自用设备以及按照合同随设备进口的技术及配套件、备件，免征进口关税。中小企业缴纳城镇土地使用税确有困难的，可按有关规定向省级财税部门或省级人民政府提出减免税申请。中小企业因有特殊困难不能按期纳税的，可依法申请在三个月内延期缴纳。

（十二）进一步减轻中小企业社会负担。凡未按规定权限和程序批准的行政事业性收费项目和政府性基金项目，均一律取消。全面清理整顿涉及中小企业的收费，重点是行政许可和强制准入的中介服务收费、具有垄断性的经营服务收费，能免则免，能减则减，能缓则缓。严格执行收费项目公示制度，公开前置性审批项目、程序和收费标准，严禁地方和部门越权设立行政事业性收费项目，不得擅自将行政事业性收费转为经营服务性收费。进一步规范执收行为，全面实行中小企业缴费登记卡制度，设立各级政府中小企业负担举报电话。健全各级政府中小企业负担监督制度，严肃查处乱收费、乱罚款及各种摊派行为。任何部门和单位不得通过强制中小企业购买产品、接受指定服务等手段牟利。严格执行税收征收管理法律法规，不得违规向中小企业提前征税或者摊派税款。

四、加快中小企业技术进步和结构调整

（十三）支持中小企业提高技术创新能力和产品质量。支持中小企业加大研发投入，开发先进适用的技术、工艺和设备，研制适销对路的新产品，提高产品质量。加强产学研联合和资源整合，加强知识产权保护，重点在轻工、纺织、电子等行业推进品牌建设，引导和支持中小企业创建自主品牌。支持中华老字号等传统优势中小企业申请商标注册，保护商标专用权，鼓励挖掘、保护、改造民间特色传统工艺，提升特色产业。

（十四）支持中小企业加快技术改造。按照重点产业调整和振兴规划要求，支持中小企业采用新技术、新工艺、新设备、新材料进行技术改造。中央预算内技术改造专项投资中，要安排中小企业技术改造资金，地方政府也要安排中小企业技术改造专项资金。中小企业的固定资产由于技术进步原因需加速折旧的，可按规定缩短折旧年限或者采取加速折旧的方法。

（十五）推进中小企业节能减排和清洁生产。促进重点节能减排技术和高效节能环保产品、设备在中小企业的推广应用。按照发展循环经济的要求，鼓励中小企业间资源循环利

用。鼓励专业服务机构为中小企业提供合同能源管理、节能设备租赁等服务。充分发挥市场机制作用，综合运用金融、环保、土地、产业政策等手段，依法淘汰中小企业中的落后技术、工艺、设备和产品，防止落后产能异地转移。严格控制过剩产能和“两高一资”行业盲目发展。对纳入环境保护、节能节水企业所得税优惠目录的投资项目，按规定给予企业所得税优惠。

（十六）提高企业协作配套水平。鼓励中小企业与大型企业开展多种形式的经济技术合作，建立稳定的供应、生产、销售等协作关系。鼓励大型企业通过专业分工、服务外包、订单生产等方式，加强与中小企业的协作配套，积极向中小企业提供技术、人才、设备、资金支持，及时支付货款和服务费用。

（十七）引导中小企业集聚发展。按照布局合理、特色鲜明、用地集约、生态环保的原则，支持培育一批重点示范产业集群。加强产业集群环境建设，改善产业集聚条件，完善服务功能，壮大龙头骨干企业，延长产业链，提高专业化协作水平。鼓励东部地区先进的中小企业通过收购、兼并、重组、联营等多种形式，加强与中西部地区中小企业的合作，实现产业有序转移。

（十八）加快发展生产性服务业。鼓励支持中小企业在科技研发、工业设计、技术咨询、信息服务、现代物流等生产性服务业领域发展。积极促进中小企业在软件开发、服务外包、网络动漫、广告创意、电子商务等新兴领域拓展，扩大就业渠道，培育新的经济增长点。

五、支持中小企业开拓市场

（十九）支持引导中小企业积极开拓国内市场。支持符合条件的中小企业参与家电、农机、汽车摩托车下乡和家电、汽车“以旧换新”等业务。中小企业专项资金、技术改造资金等要重点支持销售渠道稳定、市场占有率高的中小企业。采取财政补助、降低展费标准等方式，支持中小企业参加各类展览展销活动。支持建立各类中小企业产品技术展示中心，办好中国国际中小企业博览会等展览展销活动。鼓励电信、网络运营企业以及新闻媒体积极发布市场信息，帮助中小企业宣传产品，开拓市场。

（二十）支持中小企业开拓国际市场。进一步落实出口退税等支持政策，研究完善稳定外需、促进外贸发展的相关政策措施，稳定和开拓国际市场。充分发挥中小企业国际市场开拓资金和出口信用保险的作用，加大优惠出口信贷对中小企业的支持力度。鼓励支持有条件的中小企业到境外开展并购等投资业务，收购技术和品牌，带动产品和服务出口。

（二十一）支持中小企业提高自身市场开拓能力。引导中小企业加强市场分析预测，把握市场机遇，增强质量、品牌和营销意识，改善售后服务，提高市场竞争力。提升和改造商贸流通业，推广连锁经营、特许经营等现代经营方式和新型业态，帮助和鼓励中小企业采用电子商务，降低市场开拓成本。支持餐饮、旅游、休闲、家政、物业、社区服务等行业拓展服务领域，创新服务方式，促进扩大消费。

六、努力改进对中小企业的服务

（二十二）加快推进中小企业服务体系建设。加强统筹规划，完善服务网络和服务设施，积极培育各级中小企业综合服务机构。通过资格认定、业务委托、奖励等方式，发挥工商联以及行业协会（商会）和综合服务机构的作用，引导和带动专业服务机构的发展。建立和完善财政补助机制，支持服务机构开展信息、培训、技术、创业、质量检验、企业管理等服务。

（二十三）加快中小企业公共服务基础设施建设。通过引导社会投资、财政资金支持等多种方式，重点支持在轻工、纺织、电子信息等领域建设一批产品研发、检验检测、技术推广等公共服务平台。支持小企业创业基地建设，改善创业和发展环境。鼓励高等院校、科研院所、企业技术中心开放科技资源，开展共性关键技术研究，提高服务中小企业的水平。完善中小企业信息服务网络，加快发展政策解读、技术推广、人才交流、业务培训和市场营销等重点信息服务。

（二十四）完善政府对中小企业的服务。深化行政审批制度改革，全面清理并进一步减少、合并行政审批事项，实现审批内容、标准和程序的公开化、规范化。投资、工商、税务、质检、环保等部门要简化程序、缩短时限、提高效率，为中小企业设立、生产经营等提供便捷服务。地方各级政府在制定和实施土地利用总体规划和年度计划时，要统筹考虑中小企业投资项目用地需求，合理安排用地指标。

七、提高中小企业经营管理水平

（二十五）引导和支持中小企业加强管理。支持培育中小企业管理咨询机构，开展管理咨询活动。引导中小企业加强基础管理，强化营销和风险管理，完善治理结构，推进管理创新，提高经营管理水平。督促中小企业苦练内功、降本增效，严格遵守安全、环保、质量、卫生、劳动保障等法律法规，诚实守信经营，履行社会责任。

（二十六）大力开展对中小企业各类人员的培训。实施中小企业银河培训工程，加大财政支持力度，充分发挥行业协会（商会）、中小企业培训机构的作用，广泛采用网络技术等手段，开展政策法规、企业管理、市场营销、专业技能、客户服务等各类培训。高度重视对企业经营管理者的培训，在3年内选择100万家成长型中小企业，对其经营管理者实施全面培训。

（二十七）加快推进中小企业信息化。继续实施中小企业信息化推进工程，加快推进重点区域中小企业信息化试点，引导中小企业利用信息技术提高研发、管理、制造和服务水平，提高市场营销和售后服务能力。鼓励信息技术企业开发和搭建行业应用平台，为中小企业信息化提供软硬件工具、项目外包、工业设计等社会化服务。

八、加强对中小企业工作的领导

（二十八）加强指导协调。成立国务院促进中小企业发展工作领导小组，加强对中小企业工作的统筹规划、组织领导和政策协调，领导小组办公室设在工业和信息化部。各地可根据工作需要，建立相应的组织机构和工作机制。

（二十九）建立中小企业统计监测制度。统计部门要建立和完善对中小企业的分类统计、监测、分析和发布制度，加强对规模以下企业的统计分析工作。有关部门要及时向社会公开发布发展规划、产业政策、行业动态等信息，逐步建立中小企业市场监测、风险防范和预警机制。

促进中小企业健康发展既是一项长期战略任务，也是当前保增长、扩内需、调结构、促发展、惠民生的紧迫任务。各地区、各有关部门要进一步提高认识，统一思想，结合实际，尽快制定贯彻本意见的具体办法，并切实抓好落实。

国务院批转发展改革委等部门关于抑制部分行业产能过剩和重复建设引导产业健康发展若干意见的通知

国发［2009］38号　2009年9月26日

各省、自治区、直辖市人民政府，国务院各部委、各直属机构：

国务院同意发展改革委等部门《关于抑制部分行业产能过剩和重复建设引导产业健康发展的若干意见》，现转发给你们，请认真贯彻执行。

为应对国际金融危机的冲击和影响，党中央、国务院审时度势，及时制定和实施了扩大内需、促进经济增长的一揽子计划。按照“保增长、扩内需、调结构”的总体要求，出台了钢铁等十个重点产业调整和振兴规划，在推动结构调整方面提出了控制总量、淘汰落后、兼并重组、技术改造、自主创新等一系列对策措施，各地也相继出台了一些扶持产业发展的政策措施。目前，政策效应已初步显现，企业生产经营困难情况有所缓解，产业发展总体向好。但从当前产业发展状况看，结构调整虽取得一定进展，但总体进展不快，各地区、各行业也不平衡。不少领域产能过剩、重复建设问题仍很突出，有的甚至还在加剧。特别需要关注的是，不仅钢铁、水泥等产能过剩的传统产业仍在盲目扩张，风电设备、多晶硅等新兴产业也出现了重复建设倾向，一些地区违法、违规审批，未批先建、边批边建现象又有所抬头。

对于部分行业出现的产能过剩和重复建设，如不及时加以调控和引导，任其发展，市场恶性竞争难以避免，经济效益难以提高，并将导致企业倒闭或开工不足、人员下岗失业、银行不良资产大量增加等一系列问题，不仅严重影响国家扩大内需一揽子计划的实施效果和来之不易的企稳向好的形势，而且将错失利用国际金融危机形成的市场形势推动结构调整的历史机遇。

各地区、各部门要根据本通知精神，切实把思想和行动统一到党中央、国务院的决策部署上来，认真贯彻落实科学发展观，进一步增强大局意识、责任意识和忧患意识，在保增长中更加注重推进结构调整，坚持产业政策导向，严格执行环境监管、用地管理、金融政策和项目投资管理有关规定，将坚决抑制部分行业产能过剩和重复建设作为结构调整的重点工作抓紧抓好。要大力发展符合市场需求的高新技术产业和服务业，把握好调整的方向、力度和节奏，切实转变经济发展方式，提高经济发展的质量和效益，促进经济社会全面协调可持续发展。

附件：

国家发展改革委、工业和信息化部、监察部、财政部、国土资源部、环境保护部、中国人民银行、国家质检总局、银监会、证监会关于抑制部分行业产能过剩和重复建设引导产业健康发展的若干意见

为切实将党中央、国务院应对国际金融危机的一揽子计划落到实处，巩固和发展当前经济企稳向好的势头，加快推动结构调整，坚决抑制部分行业的产能过剩和重复建设，引导新兴产业有序发展，现提出以下意见：

一、部分行业产能过剩和重复建设问题需引起高度重视

为应对国际金融危机的冲击和影响，党中央、国务院审时度势，及时制定和实施了扩大内需、促进经济增长的一揽子计划。按照“保增长、扩内需、调结构”的总体要求，出

台了钢铁等十个重点产业调整和振兴规划，在推动结构调整方面提出了控制总量、淘汰落后、兼并重组、技术改造、自主创新等一系列对策措施，各地也相继出台了一些扶持产业发展的政策措施。目前政策效应已初步显现，工业增速稳中趋升，企业生产经营困难情况有所缓解，产业发展总体向好。

但从当前产业发展状况看，结构调整虽取得一定进展，但总体进展不快，各地区、各行业也不平衡。不少领域产能过剩、重复建设问题仍很突出，有的甚至还在加剧。特别需要关注的是，不仅钢铁、水泥等产能过剩的传统产业仍在盲目扩张，风电设备、多晶硅等新兴产业也出现了重复建设倾向，一些地区违法、违规审批，未批先建、边批边建现象又有所抬头。

（一）钢铁。2008 年我国粗钢产能 6.6 亿吨，需求仅 5 亿吨左右，约 1/4 的钢铁及制成品依赖国际市场。2009 年上半年全行业完成投资 1405.5 亿元，目前在建项目粗钢产能 5800 万吨，多数为违规建设，如不及时加以控制，粗钢产能将超过 7 亿吨，产能过剩矛盾将进一步加剧。

（二）水泥。2008 年我国水泥产能 18.7 亿吨，其中新型干法水泥 11 亿吨，特种水泥与粉磨站产能 2.7 亿吨，落后产能约 5 亿吨，当年水泥产量 14 亿吨。目前在建水泥生产线 418 条，产能 6.2 亿吨，另外还有已核准尚未开工的生产线 147 条，产能 2.1 亿吨。这些生产线全部建成后，水泥产能将达到 27 亿吨，市场需求仅为 16 亿吨，产能将严重过剩。

（三）平板玻璃。2008 年全国平板玻璃产能 6.5 亿重箱，产量 5.74 亿重箱，约占全球产量的 50%，其中浮法玻璃产量为 4.79 亿重箱，占平板玻璃总量的 80%。2009 年上半年新投产 13 条生产线，新增产能 4848 万重箱，目前各地还有 30 余条在建和拟建浮法玻璃生产线，平板玻璃产能将超过 8 亿重箱，产能明显过剩。

（四）煤化工。近年来，一些煤炭资源产地片面追求经济发展速度，不顾生态环境、水资源承载能力和现代煤化工工艺技术仍处于示范阶段的现实，不注重能源转化效率和全生命周期能效评价，盲目发展煤化工。传统煤化工重复建设严重，产能过剩 30%，在进口产品的冲击下，2009 年上半年甲醇装置开工率只有 40% 左右。目前煤制油示范工程正处于试生产阶段，煤制烯烃等示范工程尚处于建设或前期工作阶段；但一些地区盲目规划现代煤化工项目，若不及时合理引导，势必出现“逢煤必化、遍地开花”的混乱局面。

（五）多晶硅。多晶硅是信息产业和光伏产业的基础材料，属于高耗能和高污染产品。从生产工业硅到太阳能电池全过程综合电耗约 220 万千瓦时/兆瓦。2008 年我国多晶硅产能 2 万吨，产量 4000 吨左右，在建产能约 8 万吨，产能已明显过剩。我国光伏发电市场发展缓慢，国内太阳能电池 98% 用于出口，相当于大量输出国内紧缺的能源。

（六）风电设备。风电是国家鼓励发展的新兴产业。2008 年底已安装风电机组 11638 台，总装机容量 1217 万千瓦。近年来风电产业快速发展，出现了风电设备投资一哄而上、重复引进和重复建设现象。目前，我国风电机组整机制造企业超过 80 家，还有许多企业准备进入风电装备制造业，2010 年我国风电装备产能将超过 2000 万千瓦，而每年风电装机规模为 1000 万千瓦左右，若不及时调控和引导，产能过剩将不可避免。

此外，电解铝、造船、大豆压榨等行业产能过剩矛盾也十分突出，一些地区和企业还在规划新上项目。目前，全球范围内电解铝供过于求，我国电解铝产能为 1800 万吨，占全球 42.9%，产能利用率仅为 73.2%；我国造船能力为 6600 万载重吨，占全球的 36%，而 2008 年国内消费量仅为 1000 万载重吨左右，70% 以上产量靠出口；大型锻件存在着产能过剩的隐忧；化肥行业氮肥和磷肥自给有余，钾肥严重短缺，产业结构亟待进一步优化。

必须清醒地认识到，2008 年第四季度以来我国工业生产经营出现的困难，一方面是国际金融危机冲击的外因影响，另一方面也有我国经济发展方式粗放的内因，不少行业重复建设、盲目扩张，在外需严重萎缩的情况下产能过剩矛盾加剧。当前我国经济回升的基础还不够稳固，应对国际金融危机取得的成果还是初步的、阶段性的。对于部分行业出现的产能过剩和重复建设，如不及时加以调控和引导，任其发展，市场恶性竞争难以避免，经济效益难以提高，并将导致企业倒闭或开工不足、人员下岗失业、银行不良资产大量增加等一系列问题，不仅严重影响国家扩大内需一揽子计划的实施效果和来之不易的企稳向好的形势，而且将错失利用国际金融危机形成的市场形势推动结构调整的历史机遇。因此，尽快抑制产能过剩和重复建设，把有限的要素资源引导和配置到优化存量、培育新的增长点上来，大力发展符合市场需求的高新技术产业和服务业，不仅对实现产业的良性发展，而且对转变发展方式，实现经济社会可持续发展具有重要的意义。

二、正确把握抑制产能过剩和重复建设的政策导向

当前，我国经济正处于企稳回升的关键时期，必须认真贯彻落实科学发展观，进一步统一思想，增强忧患意识，在保增长中更加注重推进结构调整，将坚决抑制部分行业产能过剩和重复建设作为结构调整的重点工作抓紧、抓实，抓出成效。抑制产能过剩和重复建设所涉及的行业具有很强的市场性和全球资源配置特点，既要充分发挥市场机制的作用，又要辅之必要的调控措施，注意把握好以下原则和产业政策导向：

（一）主要原则

一是控制增量和优化存量相结合。严格控制产能过剩行业盲目扩张和重复建设，推进企业兼并重组和联合重组，加快淘汰落后产能；结合实施“走出去”战略，支持有条件的企业转移产能，形成参与国际产业竞争的新格局；依靠技术进步，优化存量，调整产品结构，谋求有效益、有质量、可持续的发展。

二是分类指导和有保有压相结合。对钢铁、水泥等高耗能、高污染产业，要坚决控制总量、抑制产能过剩；鼓励发展高技术、高附加值、低消耗、低排放的新工艺和新产品，延长产业链，形成新的增长点。对多晶硅、风电设备等新兴产业，要集中有效资源，支持企业提高关键环节和关键部件自主创新能力，积极开展产业化示范，防止投资过热和重复建设，引导有序发展。

三是培育新兴产业和提升传统产业相结合。立足于新一轮国际竞争和可持续发展的需要，尽快培育一批科技含量高、发展潜力大、带动作用强的新兴产业，及时制定出台专项产业政策和规划，明确技术装备路线，建立和完善准入标准；抓紧改造提升传统产业，及时修订产业政策，提高准入标准，对结构调整给予明确产业政策引导。

四是市场引导和宏观调控相结合。加强行业产销形势的监测、分析和国内外市场需求的信息发布，发挥市场配置资源的基础性作用；综合运用法律、经济、技术、标准以及必要的行政手段，协调产业、环保、土地和金融政策，形成抑制产能过剩、引导产业健康发展的合力；同时，坚持深化改革，标本兼治，通过体制机制创新解决重复建设的深层次矛盾。

（二）产业政策导向

钢铁：充分利用当前市场倒逼机制，在减少或不增加产能的前提下，通过淘汰落后、联合重组和城市钢厂搬迁，加快结构调整和技术进步，推动钢铁工业实现由大到强的转变。不再核准和支持单纯新建、扩建产能的钢铁项目。严禁各地借等量淘汰落后产能之名，避开国家环保、土地和投资主管部门的监管、审批，自行建设钢铁项目。重点支持有条件的大型钢铁企业发展百万千瓦火电及核电用特厚板和高压锅炉管、25 万千伏安以上变压器用高磁感低铁损取向硅钢、高档工模具钢等关键品

种。尽快完善建筑用钢标准及设计规范，加快淘汰强度335兆帕以下热轧带肋钢筋，推广强度400兆帕及以上钢筋，促进建筑钢材升级换代。2011年底前，坚决淘汰400立方米及以下高炉、30吨及以下转炉和电炉，碳钢企业吨钢综合能耗应低于620千克标准煤，吨钢耗用新水量低于5吨，吨钢烟粉尘排放量低于1千克，吨钢二氧化硫排放量低于1.8千克，二次能源基本实现100%回收利用。

水泥：严格控制新增水泥产能，执行等量淘汰落后产能的原则，对2009年9月30日前尚未开工水泥项目一律暂停建设并进行一次认真清理，对不符合上述原则的项目严禁开工建设。各省（区、市）必须尽快制定3年内彻底淘汰落后产能时间表。支持企业在现有生产线上进行余热发电、粉磨系统节能改造和处置工业废弃物、城市污泥及垃圾等。新项目水泥熟料烧成热耗要低于105公斤标煤/吨熟料，水泥综合电耗小于90千瓦时/吨水泥；石灰石储量服务年限必须满足30年以上；废气粉尘排放浓度小于50毫克/标准立方米。落后水泥产能比较多的省份，要加大对企业联合重组的支持力度，通过等量置换落后产能建设新线，推动淘汰落后工作。

平板玻璃：严格控制新增平板玻璃产能，遵循调整结构、淘汰落后、市场导向、合理布局的原则，发展高档用途及深加工玻璃。对现有在建项目和未开工项目进行认真清理，对所有拟建的玻璃项目，各地方一律不得备案。各省（区、市）要制定3年内彻底淘汰“平拉法”（含格法）落后平板玻璃产能时间表。新项目能源消耗应低于16.5公斤标煤/重箱；硅质原料的选矿回收率要达到80%以上；严格环保治理措施，二氧化硫排放低于500毫克/标准立方米、氮氧化物排放低于700毫克/标准立方米、颗粒物排放浓度低于50毫克/标准立方米。鼓励企业联合重组，在符合规划的前提下，支持大企业集团发展电子平板显示玻璃、光伏太阳能玻璃、低辐射镀膜等技术含量高的玻璃以及优质浮法玻璃项目。

煤化工：要严格执行煤化工产业政策，遏制传统煤化工盲目发展，今后3年停止审批单纯扩大产能的焦炭、电石项目。禁止建设不符合《焦化行业准入条件（2008年修订）》和《电石行业准入条件（2007年修订）》的焦化、电石项目。综合运用节能环保等标准提高准入门槛，加强清洁生产审核，实施差别电价等手段，加快淘汰落后产能。对焦炭和电石实施等量替代方式，淘汰不符合准入条件的落后产能。对合成氨和甲醇实施上大压小、产能置换等方式，降低成本、提高竞争力。稳步开展现代煤化工示范工程建设，今后3年原则上不再安排新的现代煤化工试点项目。

多晶硅：研究扩大光伏市场国内消费的政策，支持用国内多晶硅原料生产的太阳能电池以满足国内需求为主，兼顾国际市场。严格控制在能源短缺、电价较高的地区新建多晶硅项目，对缺乏配套综合利用、环保不达标的多晶硅项目不予核准或备案；鼓励多晶硅生产企业与下游太阳能电池生产企业加强联合与合作，延伸产业链。新建多晶硅项目规模必须大于3000吨/年，占地面积小于6公顷/千吨多晶硅，太阳能级多晶硅还原电耗小于60千瓦时/千克，还原尾气中四氯化硅、氯化氢、氢气回收利用率不低于98.5%、99%、99%；引导、支持多晶硅企业以多种方式实现多晶硅—电厂—化工联营，支持节能环保太阳能级多晶硅技术开发，降低生产成本。到2011年前，淘汰综合电耗大于200千瓦时/千克的多晶硅产能。

风电设备：抓住大力发展风电等可再生能源的历史机遇，把我国的风电装备制造业培育成具有自主创新能力和国际竞争力的新兴产业。严格控制风电装备产能盲目扩张，鼓励优势企业做大做强，优化产业结构，维护市场秩序。原则上不再核准或备案建设新的整机制造厂；严禁风电项目招标中设立要求投资者使用本地风电装备、在当地投资建设风电装备制造项目的条款；建立和完善风电装备标准、产品检测和认证体系，禁止落后技术产品和非准入企业产品进入市场。依托优势企业和科研院所，加强风电技术路线和海上风电技术研究，重点支持自主研发2.5兆瓦及以上风电整机和轴承、控制系统等关键零部件及产业化示范，完善质量控制体系。积极推进风电装备产业大型化、国际化，培育具有国际竞争力的风电装备制造业。

此外，严格执行国家产业政策，今后3年原则上不再核准新建、扩建电解铝项目。现有重点骨干电解铝厂吨铝直流电耗要下降到12500千瓦时以下，吨铝外排氟化物量大幅减少，到2010年底淘汰落后小预焙槽电解铝产能80万吨。要严格执行船舶工业调整和振兴规划及船舶工业中长期发展规划，今后3年各级土地、海洋、环保、金融等相关部门不再受理新建船坞、船台项目的申请，暂停审批现有造船企业船坞、船台的扩建项目，要优化存量，引导企业利用现有造船设施发展海洋工程装备。

三、坚决抑制产能过剩和重复建设的对策措施

各地区、各部门要认真贯彻落实《中共中央国务院转发〈国家发展和改革委员会关于上半年经济形势和做好下半年经济工作的建议〉的通知》（中发［2009］8号）以及重点产业调整和振兴规划中关于坚决抑制产能过剩行业盲目重复建设的有关要求，把思想和行动统一到党中央、国务院的决策部署上来，把握好调整的方向、力度和节奏，切实转变经济发展方式，进一步增强大局意识、责任意识，各司其职，密切配合，采取措施坚决抑制产能过剩和重复建设势头。

（一）严格市场准入。相关行业管理部门要切实履行职责，抓紧制定、完善相关产业政策，尽快修订发布《产业结构调整指导目录》，进一步提高钢铁、水泥、平板玻璃、传统煤化工等产业的能源消耗、环境保护、资源综合利用等方面的准入门槛。加快编制或修订专项规划，对多晶硅、风电设备等新兴产业要及时建立和完善准入标准，避免盲目和无序建设。质量管理部门要切实负起监管责任，按照产业政策的要求和企业的质量保证能力，严格核发螺纹钢、线材、水泥等产品生产许可证，坚决查处无证生产。依法加强产品质量监督，加大处罚力度。建设主管部门要禁止落后水泥进入重点建设工程和建筑结构工程。

（二）强化环境监管。推进开展区域产业规划的环境影响评价。区域内的钢铁、水泥、平板玻璃、传统煤化工、多晶硅等高耗能、高污染项目环境影响评价文件必须在产业规划环评通过后才能受理和审批。未通过环境评价审批的项目一律不准开工建设。环保部门要切实负起监管责任，定期发布环保不达标的生产企业名单。对使用有毒、有害原料进行生产或者在生产中排放有毒、有害物质的企业限期完成清洁生产审核，对达不到排放标准或超过排污总量指标的生产企业实行限期治理，未完成限期治理任务的，依法予以关闭。对主要污染物排放超总量控制指标的地区，要暂停增加主要污染物排放项目的环评审批。

（三）依法依规供地用地。切实加强对各类建设项目用地监管。对不符合产业政策和供地政策、未达到现行《工业项目建设用地控制指标》或相关工程建设项目用地指标要求的项目，一律不批准用地；对未按规定履行审批或核准手续的项目，一律不得供应土地。国土资源部门要切实负起监管责任。对未经依法批准擅自占地开工建设的，要依法从重处理；对有关责任人要追究政纪法律责任，构成犯罪的，依法追究刑事责任。

（四）实行有保有控的金融政策。要加强宏观信贷政策指导和监管，引导和督促金融机构改进和完善信贷审核。对不符合重点产业调整和振兴规划以及相关产业政策要求，未按规定程序审批或核准的项目，金融机构一律不得发放贷款，已发放贷款的要采取适当方式予以纠正。严格发债、资本市场融资审核程序。对不符合重点产业调整和振兴规划以及相关产业

政策要求，不按规定程序审批或核准的项目及项目发起人，一律不得通过企业债、项目债、短期融资券、中期票据、可转换债、首次公开发行股票、增资扩股等方式进行融资。人民银行、银监会、证监会、发展改革委要对违反规定的金融机构和有关单位予以严肃处理。

（五）严格项目审批管理。各级投资主管部门要进一步加强钢铁、水泥、平板玻璃、煤化工、多晶硅、风电设备等产能过剩行业项目审批管理，原则上不再批准扩大产能的项目，不得下放审批权限，严禁化整为零、违规审批。严格防止各级政府的财政性资金流向产能过剩行业的扩大产能项目。尽快修订完善政府投资项目核准目录，在新的核准目录出台前，上述产能过剩行业确有必要建设的项目，需报国家发展改革委组织论证和核准。

（六）做好企业兼并重组工作。产能过剩行业企业兼并和联合重组的任务十分紧迫和艰巨，结构调整、控制总量和淘汰落后产能均需要企业组织结构进行相应的调整。要抓紧建立科学规范、行之有效的工作程序，同时要扎实做好企业改组、改制中的思想政治工作，切实维护群众利益，保持社会稳定，防止国有资产流失。按照重点产业调整和振兴规划要求，尽快制定出台加快企业兼并重组的指导意见。

（七）建立信息发布制度。发展改革委会同有关部门，建立部门联合发布信息制度，加强行业产能及产能利用率的统一监测，适时向社会发布产业政策导向及产业规模、社会需求、生产销售库存、淘汰落后、企业重组、污染排放等信息。充分发挥行业协会作用，及时反映行业问题和企业诉求，为企业提供信息服务，引导企业和投资者落实国家产业政策和行业发展规划，加强行业自律，提高行业整体素质。

（八）实行问责制。地方各级人民政府不得强制企业投资低水平产能过剩行业。政府各有关部门及金融机构要认真履行职责，依法依纪把好土地关、环保关、信贷关、产业政策关和项目审批（核准）关，并加强政策研究、信息共享和工作协调，形成合力，有效抑制部分行业产能过剩和重复建设，引导产业健康发展，促进结构调整和发展方式转变。要按照《中共中央办公厅国务院办公厅印发〈关于实行党政领导干部问责的暂行规定〉的通知》（中办发［2009］25号）的有关要求，对违反国家土地、环保法律法规和信贷政策、产业政策规定，工作严重失职或失误造成重大损失或恶劣影响的行为要进行问责，严肃处理。

（九）深化体制改革。要着眼于推进产业结构调整以及解决长期困扰我国产业良性发展的深层次矛盾，进一步深化财税体制、投融资体制、价格体制、社会保障体制等方面的改革，完善干部考核制度，形成有力促进经济结构战略性调整，推动我国工业实现由大到强转变的体制环境。

国务院办公厅关于印发
促进生物产业加快发展若干政策的通知

国办发［2009］45号　2009年6月2日

各省、自治区、直辖市人民政府，国务院各部委、各直属机构：

《促进生物产业加快发展的若干政策》已经国务院同意，现印发给你们，请认真贯彻执行。

附件：

促进生物产业加快发展的若干政策

加快培育生物产业，是我国在21世纪把握新科技革命战略机遇、全面建设创新型国家的重大举措。为贯彻落实《国家中长期科学和技术发展规划纲要（2006－2020年）》和《生物产业发展“十一五”规划》，加快把生物产业培育成为高技术领域的支柱产业和国家的战略性新兴产业，特制定本政策。

一、政策目标

（一）引导技术、人才、资金等资源向生物产业集聚，促进生物技术创新与产业化，加速生物产业规模化、集聚化和国际化发展。

（二）建立以企业为主体、市场为导向、产学研相结合的产业技术创新体系，造就高素质人才队伍，增强自主创新能力，掌握一批拥有自主知识产权的重要生物技术、产品和标准。

（三）培育若干个跨国经营的大型生物企业和一大批拥有自主知识产权的创新型中小生物企业，形成若干个产业集聚度高、核心竞争力强、专业化分工特色显著的生物产业基地。

（四）加强生物技术专利保护和物种种质资源保护，提高种质资源开发、利用水平，保障生物安全。

二、现代生物产业发展重点领域

（五）生物医药领域。重点发展预防和诊断严重威胁我国人民群众生命健康的重大传染病的新型疫苗和诊断试剂。积极研发对治疗常见病和重大疾病具有显著疗效的生物技术药物、小分子药物和现代中药。加快发展生物医学材料、组织工程和人工器官、临床诊断治疗康复设备。推进生物医药研发外包。

（六）生物农业领域。重点发展优质、高产、高效、多抗的农业、林业新品种和野生动植物繁育种源。大力发展生物农药、生物饲料及饲料添加剂、生物肥料、植物生长调节剂、动物疫苗、诊断试剂、现代兽用中药、生物兽药、生物渔药、微生物全降解农用薄膜等绿色农用生物制品，推进动植物生物反应器的产业化开发，促进高效绿色农业的发展。开发具有抗病和促进生长功能的微生物药品及其他生物制剂，保护和改善水域生态环境，发展健康养殖。

（七）生物能源领域。加快培育速生、高含油、高热值、高产专用能源植物品种，合理利用荒山荒地，推进规模化、基地化种植；积极开展以甜高粱、薯类、小桐子、黄连木、光皮树、文冠果以及植物纤维等非粮食作物为原料的液体燃料生产试点，推动生物柴油、集中式生物燃气、生物质发电、生物质致密成型燃料等生物能源的发展。

（八）生物制造领域。加快推进生物基高分子新材料、生物基绿色化学品、糖工程产品规模化发展。支持农产品精深加工和食品生物制造技术、装备、工艺流程的研发及规模化生产。开发新型酶制剂，发展生物漂白、生物制浆、生物制革和生物脱硫等清洁生产工艺，加快生物制造技术推广应用，降低物耗、能耗和污染。

（九）生物环保领域。重点发展高性能水处理絮凝剂、混凝剂、杀菌剂及生物填料等生物技术产品，鼓励废水处理、垃圾处理、生态修复生物技术产品的研究和产业化。支持荒漠化防治、盐碱地治理、水域生态修复、抗重金属污染、超富集植物等新产品的生产和使用。

三、发展壮大生物企业

（十）培育具有较强创新能力和国际竞争力的龙头企业。鼓励龙头企业加强研发能力建设，积极开展技术引进、跨国经营等活动。推动生物企业间、生物企业与科研机构间的合作与重组，扩大企业规模，增强企业实力。

（十一）鼓励和促进中小生物企业发展。对新创办的生物企业，在人员聘任、借贷融资、土地等方面给予优先支持。支持建立一批生物企业孵化器和留学生创业服务中心。加大科技型中小企业技术创新基金对符合条件的中小生物企业的支持力度。

（十二）大力推进生物产业基地发展。鼓励与生物产业相关的企业、人才、资金等向生物产业基地集聚，促进生物产业基地向专业化、特色化、集群化方向发展，形成比较完善的产业链。在基础条件好、创业环境优良的区域，逐步建立若干个国家级生物产业基地。国家在创新能力基础设施、公共服务平台建设以及实施科技计划、高技术产业计划等方面按规定给予重点支持。

（十三）积极推进国际合作。鼓励外国企业和个人来华投资生产、设立研发机构和开展委托研究。鼓励和支持具有自主知识产权的生物企业“走出去”，开展产品的国际注册和营销，到境外设立研发机构和投资兴办企业。支持国内机构参与有关国际标准的制（修）订工作，开展生物产业认证认可国际交流。

四、大力促进自主创新

（十四）充分发挥企业技术创新主体的作用。鼓励企业加大研发投入，国家通过建立健全产学研结合机制等方式，加大对企业技术创新的支持。加强企业技术中心建设，支持企业设立海外研发中心。支持以产学研联合的方式，吸引社会资金投入，组建若干个具有国际先进水平的生物技术研发机构，提高系统集成和工程化能力。鼓励企业、高校和科研机构共建工程实验室、工程（技术）研究中心、实习实训基地等工程化平台。

（十五）加强创新能力基础设施建设。支持各类研究机构、检测机构的科研基础设施建设，在充分整合和利用现有科研基础设施的基础上，形成若干个具有国际先进水平的生物科学研究基地，加强生物科学基础研究和应用技术开发。支持生物技术工程中心、工程实验室、孵化器、产品质检中心等建设。大力推进生物科研基础设施的开放和共享。

（十六）切实做好生物技术成果转移服务等工作。加快生物技术知识产权的审查，强化生物技术科研成果的登记和转移工作，完善生物技术成果的评价体系和转让机制。建立健全生物产品认证认可体系，规范生物产业第三方认证等中介机构的发展。

（十七）加速自主创新成果的产业化。组织实施生物技术产业化专项，大力推进拥有自主知识产权的重大生物技术成果转化，加速规模化生产和应用。积极开展生物产品相关标准的研究制（修）订与实施工作，加强生物标样的研制和产业化。

五、培养高素质人才队伍

（十八）加强生物科技人才培养。加大高校生物类学科专业建设力度，加强硕士、博士等高级专门人才的培养。在大型企业设立博士后科研工作站，鼓励科研机构、企业与高校联合建立生物技术人才培养基地，加强创新型人才和高级实用型人才培养。鼓励各类职业院校加快培养生物产业发展急需的技能型人才。

（十九）积极引进优秀生物科技人才。鼓励海外优秀人才回国（来华）创办企业、从事科研教学工作。结合实施国家自主创新战略和科技重大专项，鼓励海外回国（来华）优秀人才按规定申请和承担政府科技计划、基金项目和产业化项目。鼓励国有生物科研机构公开向海内外招聘技术负责人。加大向关键岗位和优秀人才的收入分配倾斜力度，完善技术参股、入股等产权激励机制。

六、加大财税政策支持力度

（二十）加大对生物技术研发与产业化的投入。各级政府根据财力增长情况，加大对生物技术研发及其产业化的投入，特别要加大对重要生物技术产品研发、产业化示范项目的支持。对完全可降解生物材料和经批准生产的非粮燃料乙醇、生物柴油、生物质热电等重要生物能源产品，国家给予适当支持。鼓励企业、科研机构、高校和个人申请植物新品种、专利、商标等知识产权。

（二十一）建立财政性资金优先采购自主创新生物产品制度。各级国家机关、事业单位和团体组织使用财政性资金采购生物产品的，应优先购买列入政府采购自主创新产品目录中的生物产品。

（二十二）实施税收优惠政策。生物企业为开发新技术、新工艺、新产品发生的研发费用，未形成无形资产计入当期损益的，在按照规定据实扣除的基础上，再按照研发费用的50%加计扣除；形成无形资产的，按照无形资产成本的150%摊销。对被认定为高新技术企业的生物企业，按照税法规定减按15%的税率征收企业所得税。对国家需要重点扶持和鼓励发展的生物农业、生物医药、生物能源、生物基材料等生产企业，进一步完善相关税收政策。

七、积极拓宽融资渠道

（二十三）引导社会资金投向生物产业。鼓励设立、发展生物技术创业投资机构和产业投资基金，鼓励、引导金融机构支持生物产业发展，支持信用担保机构对生物企业提供贷款担保。支持金融机构创新信贷品种，改进金融服务，对符合条件的生物产业发展项目、生物产业基地基础设施提供信贷支持。积极探索利用贴息、小额贷款等方式，加大有效信贷投入。

（二十四）支持生物企业利用资本市场融资。积极支持符合条件的中小生物企业在中小企业板和创业板上市，鼓励符合条件的生物企业在境内外上市筹资。开展生物产业基地内具备条件的生物企业进入证券公司代办系统进行股份转让试点，推进未上市生物企业股权的流通，拓宽创业投资退出渠道。支持符合条件的生物企业发行企业债券、公司债券、短期融资券和中期票据等，开展生物产业基地内企业联合发行企业债券试点。

八、创造良好市场环境

（二十五）培育生物产品市场。扩大医疗保险覆盖范围，规范药品政府采购方式，发展商业健康保险，积极拓展生物医药应用范围。对拥有自主知识产权的生物药品，按照国家有关程序进行评审，符合条件的纳入医疗保险目录。鼓励推广使用农林业良种、生物农药、生物肥料、生物饲料及饲料添加剂、完全可降解生物薄膜等。稳步推进非粮燃料乙醇应用试点，有序开展生物柴油应用试点。规范生物产品市场秩序，依法查处制假售假、商业欺诈等行为。督促指导生物企业加强环境保护，确保污染物排放达标。

（二十六）完善生物产品市场准入政策。按照生物安全审查、评价、认证认可和监管要求，积极推进转基因农产品技术研发与产业化。对生物能源生产、销售依法实行市场准入制度，由国务院有关部门制定完善相关准入条件。进一步加强生物检测实验室的资质认定工作，切实提高实验室检测能力和管理水平。依法完善生物药品审批制度。对涉及国家安全、人体健康安全、动植物安全、环境保护的生物产品和技术，由国务院有关部门依法实施市场准入制度。制定生物产品进出口管理办法，规范生物产品进出口秩序。

（二十七）加强知识产权的保护。完善生物技术知识产权保护机制，加强生物技术知识产权执法队伍建设，加大对知识产权侵权的惩处力度，依法保障知识产权所有者的权益。

九、强化生物遗传资源保护和生物安全监管

（二十八）加强生物遗传资源保护。建立健全生物遗传资源保护法律法规体系，建立和完善生物遗传资源获取与惠益分享制度。建立生物遗传资源信息系统，开展生物遗传资源调查、评价。加强人类遗传资源库和物种种质资源库（圃）及保护场（区）、原生境保护点、试验基地、管理体系建设。组织实施野生动植物种质资源保护工程，收集和保护濒危稀缺等重要生物资源。建立健全生物遗传资源出入境查验体系，加强对生物遗传资源出入境的监管。

（二十九）加强生物安全管理。认真履行生物安全有关国际公约，依据有关法律法规健全生物安全特别是转基因生物安全技术标准、安全评价、检测监测和监督管理体系，提高安全监管能力。加强防范外来有害生物入侵的防御体系建设，完善进境生物安全防范体系，防范转基因生物、微生物菌剂非法越境转移和无意越境转移。依法限制或禁止影响国家安全或公共利益的生物技术和产品进出口。建立健全生物安全风险分析和信息交换机制，强化风险预警和应急反应机制，提高防范与应对外来有害生物入侵、生物恐怖袭击的能力。加强实验室生物安全监督管理，健全实验室生物安全体系，保护实验室工作人员和公众安全。

（三十）加强生命科学、生物技术知识和有关法律法规的宣传普及工作。引导社会公众树立正确的生物安全意识，营造发展生物产业的良好社会环境。

（三十一）加强生物研究伦理审查。积极开展生物伦理研究，遵循国际通行的生物伦理规范，建立健全医学、农业等领域生命科学研究伦理审查、监督制度。

十、加强组织领导

（三十二）建立健全工作机制。建立国家促进生物产业发展部际协调机制，统筹协调生物产业发展的重大问题。成立国家生物产业发展专家咨询委员会，对产业发展重大问题开展咨询研究。积极发挥行业协会桥梁和纽带作用，推动国际交流与合作，强化行业自律。

（三十三）本政策自发布之日起实施。国务院有关部门要依据本政策制定配套政策措施，各省、自治区、直辖市人民政府要结合本地实际，制定具体方案并抓好落实。

国务院办公厅关于印发《2009年节能减排工作安排》的通知

国办发［2009］48号　2009年7月19日

各省、自治区、直辖市人民政府，国务院各部委、各直属机构：

《2009年节能减排工作安排》已经国务院同意，现印发给你们，请认真贯彻执行。

附件：

2009年节能减排工作安排

“十一五”前3年，各地区、各部门认真落实党中央、国务院的部署，把节能减排作为促进科学发展的重要抓手，作为扩内需、保增长、调结构的重要内容，工作力度不断加大，节能减排取得积极进展。全国单位GDP能耗逐年逐季降低，2006年下降1.79%，2007年下降4.04%，2008年下降4.59%，3年累计下降10.1%，节能约2.9亿吨标准煤。全国二氧化硫、化学需氧量（COD）排放总量不断降低，2007年分别下降4.66%和3.14%，2008年分别下降5.95%和4.42%，“十一五”前3年累计分别下降8.95%和6.61%。

虽然节能减排取得积极进展，特别是今年以来产业结构发生了一些积极变化，但结构不合理的问题仍然突出，第三产业比重偏低，高耗能工业增速较快。国际金融危机对我国影响加剧，给节能减排工作带来新的问题和挑战。有的地方出现盲目上高耗能、高排放项目的苗头，有的地方擅自出台高耗能行业电价优惠政策；一些企业效益回落，影响节能减排重点工程实施。工作层面也还存在着认识不到位、激励政策不完善、机制不健全、监管不到位、基础工作薄弱等问题。从目前进展情况看，“十一五”节能目标完成进度仍落后于时间进度，形势严峻，任务艰巨。

2009年是实现“十一五”节能减排目标具有决定性意义的一年，各地区、各部门要进一步统一思想，充分认识节能减排工作的重要性和艰巨性，增强紧迫感和责任感，以科学发展观为指导，在保持经济平稳较快增长中坚持节能减排不动摇，继续把节能减排作为调整经济结构、转变发展方式的重要抓手，作为应对国际金融危机，扩内需、保增长、调结构的重要内容，作为减缓和适应全球气候变化、促进人类可持续发展的重要举措，全面落实各项节能减排政策措施，进一步加大工作力度，务求取得更大成效，确保节能减排目标完成进度与“十一五”规划实施进度同步。

一、加强目标责任考核

组织相关部门和专家对省级政府2008年节能减排目标完成情况进行现场评价考核，评价考核结果向社会公告，落实奖惩措施，实行严格的问责制。组织各地节能主管部门开展千家企业节能目标责任评价考核，审核汇总考核结果，向社会公告并做好考核结果的运用。发布2008年全国和各地区单位GDP能耗、主要污染物排放及工业增加值用水量指标公报，以及2009年上半年全国单位GDP能耗和主要污染物排放量指标公报。抓好军队资源节约统计与考评工作。

二、推动重点工程实施

继续加大中央预算内投资、新增中央投资、中央财政专项资金和国外优惠贷款对节能减排的支持力度，重点支持十大重点节能工程建设、循环经济发展、淘汰落后产能、城镇污水处理设施及配套管网建设、重点流域水污染治理，以及节能环保能力建设。2009年，通过实施十大重点节能工程，形成7500万吨标准煤的节能能力；实施“节能产品惠民工程”，对能效等级1级或2级以上高效节能空调、冰箱等10大类产品，通过财政补贴方式加大推广力度；推广节能灯1.2亿只；支持在北京、上海、重庆等13个城市开展节能与新能源汽车示范试点。新增城市污水日处理能力1000万立方米，全国36个大城市基本实现污水全部收集处理；新增燃煤电厂烟气脱硫设施5000万千瓦以上，新增钢铁企业烧结机烟气脱硫设施20台（套）。

三、严控高耗能、高排放行业盲目扩张

组织修订《产业结构调整目录》。在抓紧组织实施钢铁、汽车、造船、石化、轻工、纺织、有色金属、装备制造、电子信息、物流等重点产业调整振兴规划过程中，严格执行国家产业政策和项目审核管理规定，强化用地审查、节能评估审查、环境影响评价，从严控制高耗能、高排放行业盲目扩张。继续推动外商投资产业结构优化升级。加大信息技术在传统产业中的应用力度，对高耗能、高排放行业进行改造和提升。加大淘汰落后产能的力度，2009年"上大压小"关停小火电机组1500万千瓦，淘汰落后炼铁产能1000万吨、炼钢600万吨、水泥5000万吨、造纸50万吨、铁合金70万吨、焦炭600万吨。完善淘汰落后产能退出机制，公告淘汰落后产能企业名单，推广大型企业兼并重组落后企业等有效做法，落实好差别电价政策和淘汰落后产能企业职工安置政策措施。发布节能设备指导目录、落后高耗能设备淘汰目录等，推动淘汰落后高耗能设备。落实节能发电调度办法，抓紧出台配套政策。大力促进服务业和高技术产业发展，提高其在国民经济中的比重。

四、加快技术开发和推广

围绕能源、资源、环境等领域，建设和完善若干国家工程中心、国家工程实验室和国家重点实验室，在高效发电、重污染行业清洁生产、建筑节能等方面组织科研攻关，攻克一批节能减排关键和共性技术。编制工业、通信业清洁生产技术指南和重点节能技术推广专项规划。支持大型先进压水堆及高温气冷堆核电站重大科技专项。加大新技术、新产品产业化的实施力度，推动电动汽车产业化，做好"金太阳"太阳能发电、大型超超临界发电、有机废水循环利用等技术的规模化推广应用。制定半导体照明（LED）产业发展意见。推进浅层地热能开发利用。加快风能资源的评估与开发。发布农业机械节能减排技术。出台关于推行合同能源管理加快节能服务产业发展的意见，鼓励专业节能公司采用合同能源管理方式，为中小企业、公共机构实施节能改造。启动污泥处理处置示范工作。积极推进环保产业发展，继续开展烟气脱硫特许经营试点，规范城镇污水和垃圾处理特许经营，鼓励排污单位委托专业化公司承担污染治理或设施运营。发布当前国家鼓励发展的环保设备（产品）目录，编制环保装备示范工程规划。广泛开展节能减排国际合作，切实加强双边、区域和多边在节能、新能源和低碳技术研发等方面的交流，积极引进国际先进技术和管理经验。

五、着力抓好重点领域节能减排

继续大力推进千家企业节能行动，发布能源利用状况公告，开展节能管理师试点，形成2000万吨标准煤的节能能力。制定发布钢铁、建材、电子信息、军工和中小企业节能减排指导意见，深入开展重点耗能行业能效水平对标活动。扩大强制性能效标识实施范围，制定发布电风扇、微波炉、通风机、工业锅炉等6种产品能效标识实施规则。组织开展5万个锅炉房节能管理达标活动。2009年底施工阶段执行节能强制性标准比例提高到90%以上；全面开展北方采暖地区既有居住建筑节能改造，2009年改造6000万平方米；继续推进供热按用热量计量收费；扩大可再生能源建筑应用示范规模，出台推动太阳能光电技术在建筑领域应用的实施意见，实施好新建经济适用房、廉租房、新农村农房可再生能源建筑规模化应用项目。大力发展公共交通，优化道路运输组织管理；严格执行汽车燃料消耗量限值标准，实施落后车辆淘汰制度，完善报废汽车回收机制；加快发展水路运输，推进船型标准化；加快电气化铁路建设；优化航线航路，启动机场节电工程，研究建立民航业节能减排激励约束机制；建立交通运输行业节能减排监测考核体

系。安排财政资金70亿元，鼓励汽车、家电“以旧换新”。推进节约型机关、学校、科技场馆、文化场馆、医院、体育场馆等“六个100示范工程”建设，研究建立公共机构节能考核制度。开展大型公共建筑能耗统计、审计和公示工作。继续安排中央投资支持农村沼气建设；实施农村清洁工程，加大“以奖促治”工作力度，解决一批村镇存在的突出环境问题。推进零售业节能降耗。

六、大力发展循环经济

做好循环经济促进法贯彻实施工作。组织编制重点行业和重点领域循环经济发展规划，印发省市循环经济发展规划编制指南。建立循环经济发展专项资金，支持循环经济技术研发、示范推广、能力建设等。深化循环经济示范试点，开展“循环经济专家行”活动。加快实施汽车零部件再制造试点，出台促进汽车零部件再制造产业发展意见，建立汽车零部件再制造产品标识制度。组织编制实施再生金属利用规划、重大机电装备再制造产业发展规划。加快国家生态示范工业园区建设。研究建立循环经济评价指标体系和统计制度。发展矿产资源领域循环经济，推进矿产资源综合利用，加快脱硫石膏、磷石膏、农作物秸秆等资源化重点工程建设。启动第三批“禁止使用实心粘土砖”和第三批“禁止现场搅拌砂浆”工作。制定重点电子信息产品污染物管理目录，推动废弃电器电子产品回收利用。加快第二批再生资源回收体系建设试点，支持建设一批统一规范的社区回收站点、专业化分拣中心和区域集散市场。推进城镇污水处理再生利用。启动餐厨垃圾无害化处理试点。促进灾区建筑废弃物资源化利用。进一步加大“限塑”和秸秆综合利用工作力度。落实国务院办公厅关于治理商品过度包装的有关文件精神，抓紧制定治理商品过度包装的相关标准和政策。推动机电产品包装节材代木。推进循环农业促进行动，重点抓好10个循环农业地市建设，以及农垦制糖业、天然橡胶业的循环产业建设。

七、完善相关经济政策

继续推进资源性产品价格改革，落实成品油价格和税费改革方案。完善天然气价格形成机制。实行鼓励余热余压发电的上网和价格政策。继续推进电价改革，完善需求侧电价管理制度。继续实行促进节约用水的水价制度，鼓励使用再生水。完善老旧汽车报废更新补偿制度。出台农村老旧渡船拆解改造补偿制度。研究调整车辆购置税政策。推进环保收费改革，提高收缴率。研究建立污染物减排激励机制。修订高污染、高环境风险产品名录，继续控制高耗能、高排放和资源性产品出口。继续实施促进节能减排的政府采购政策，完善清单动态管理制度、公示制度和执行政策的奖惩制度。完善矿产资源有偿使用制度改革。逐步建立生态环境补偿机制。进一步扩大用于节能减排的企业债券发行规模，研究开展污水处理项目收益债券试点、环境污染责任保险试点。金融机构继续加大对节能减排重大项目的信贷支持。推进有条件的地区开展排污权有偿使用和交易试点工作。

八、加快法规和标准建设

完善节能减排法律法规体系，加快节约能源法和循环经济促进法配套法规建设。落实好民用建筑节能条例、公共机构节能条例。研究起草排污许可证条例。尽快出台固定资产投资项目节能评估和审查办法、城镇排水和污水处理条例。修订重点用能单位节能管理办法、能效标识管理办法、节能产品认证管理办法，组织制订、修订电炉钢冶炼和氧化铝、尿素等高耗能产品能耗限额强制性国家标准，以及水源热泵机组、小功率电机、容积式空气压缩机、通风机、工业锅炉等用能产品强制性能效标准。进一步完善并严格执行电石、热轧带肋钢筋等高耗能和易造成环境污染产品的市场准入条件。制订电力企业节能降耗主要指标监管评价标准。

九、强化节能减排监管

加强对各地区节能减排工作的监督检查，督促各项节能减排优惠政策的落实，坚决制止和纠正擅自出台对高耗能行业实行优惠电价、违规乱上高耗能和高排放项目等行为。加强节能减排执法检查，严肃查处严重浪费能源资源、严重破坏环境、违反能源利用状况报告制度、私自排污等问题。开展能效标识、能源计量器具配备、能源计量数据及使用、高耗能特种设备等专项检查。深入开展环保执法专项行动，重点做好电力、钢铁、建材、造纸等12个高耗能、高排放行业排放总量控制和排污许可制度执行情况的监督检查。加强职工节能减排义务监督员队伍建设，强化对义务监督员的培训。发布电力企业节能减排情况通报。

十、加强监管能力建设

加快节能减排统计、监测和考核体系建设。加强资源环境、循环经济基础研究，建立体现资源节约型、环境友好型社会建设的中国资源环境统计指标体系。抓紧组建国家节能中心，健全省级节能监察机构和节能技术服务中心。结合第二次全国经济普查，组织实施第二、三产业用能单位能耗调查和主要耗能行业重点耗能设备普查。继续推进污染源普查工作，加强环境质量监测、污染源自动监控、信息传输与统计等能力建设。进一步完善城镇污水处理管理信息系统，启动建设全国城镇生活垃圾处理管理信息系统。建设电力行业节能减排监管信息平台。

十一、开展规划编制等重大问题研究

编制节能环保产业发展规划，加快培育新的经济增长点。开展“十二五”节能专项规划前期研究，研究节能重大问题，重点做好节能目标预测。对节能中长期专项规划实施情况进行评估。开展“十二五”污染物排放总量控制计划前期研究，重点对实施总量控制的污染物及排放指标等开展专题研究。做好“十二五”城镇污水、垃圾处理设施建设规划的前期研究，重点是目标、技术路线、政策机制等，特别是对垃圾处理技术路线、污泥无害化处理做专题研究，为制订“十二五”规划纲要做好前期准备。

十二、加大宣传教育工作力度

继续广泛深入开展“节能减排全民行动”，以节油节电和全民节能为重点，深入开展节能减排宣传教育，普及节能环保知识，积极倡导节约型的生产方式、消费模式和生活习惯。做好2009年全国节能宣传周、中国城市无车日、世界水日、中国水周、全国城市节水宣传周、“六·五”环境日的宣传活动。各地区要对节能减排作出突出贡献的单位和个人予以表彰，在全社会进行广泛宣传。开展“汽车节能环保驾驶”活动，大力宣传节能环保驾驶理念。新闻媒体要加大节能减排报道力度，宣传先进经验，曝光反面典型，发挥舆论的引导和监督作用。

发展改革委要加强节能减排综合协调，环境保护部要做好减排协调工作，指导、督促、检查各地区、各部门落实国务院节能减排综合性工作方案和本工作安排的各项工作，及时向国务院报告节能减排进展情况，提出意见和建议。

国务院办公厅关于应对国际金融危机保持西部地区经济平稳较快发展的意见

国办发［2009］55号 2009年9月30日

各省、自治区、直辖市人民政府，国务院各部委、各直属机构：

今年以来，西部地区按照党中央、国务院的统一部署，全面落实应对国际金融危机的一揽子计划和相关政策措施，各项工作取得积极成效，经济企稳向好的势头日趋明显。但西部地区经济总量小，产品处于产业链低端，生产方式比较粗放，自我调整能力弱，目前经济回升的基础还不稳定、不巩固、不平衡。有效应对国际金融危机的冲击，保持西部地区经济平稳较快发展的良好势头，是坚定不移地深入推进西部大开发的客观需要，是贯彻落实科学发展观、构建社会主义和谐社会的必然要求，对于扩大国内需求、挖掘发展潜力、拓展回旋空间，促进全国区域协调发展具有重要的战略意义。西部地区要坚定信心，抓住国家扩大内需的机遇，更加注重推进结构调整，更加注重保障和改善民生，更加注重深化改革开放，化解国际金融危机影响，继续保持经济平稳较快发展。经国务院同意，现提出以下意见：

一、加强基础设施建设，打牢长远发展基础

扩大铁路网规模。加强西部铁路客运专线、区际通道和“三西”煤运通道建设。强化既有线路扩能改造，加快神朔线扩能改造和兰渝、南广、贵广、太中银等一批重点铁路建设。开工建设西安至宝鸡客运专线、西安至安康铁路增建二线等。

加快干线公路网和水运基础设施建设。推进银川至武汉、西安至合肥等8条西部开发干线公路建设。开工建设连霍高速安西至星星峡段、库尔勒至西宁西部通道敦煌至当金山口段等重点公路。加强西部地区国省道改造，继续实施西部地区乡村“畅通工程”和“通达工程”，重点解决乡镇、行政村通公路和乡镇通沥青（水泥）路问题。继续开展农村乡镇客运站、农村公路渡口码头改造和渡改桥等专项建设。进一步推进长江黄金水道、北部湾沿海港口等水运基础设施建设。

加快枢纽机场和支线机场建设。加快推进西安、成都、重庆等区域枢纽机场改扩建，以及阿尔山、固原、吐鲁番等支线机场建设。完善干线机场功能，新开工建设一批支线机场，积极促进支线航空发展。

大力推进实施重点水利工程。继续推进病险水库除险加固和防洪工程建设，支持“润滇”、“泽渝”、“兴蜀”、“滋黔”等水源工程建设。加大四川都江堰、宁夏青铜峡、内蒙古河套等大型灌区续建配套与节水改造力度。开工建设四川亭子口、内蒙古海勃湾、西藏旁多等水利枢纽工程。

推进能源基础设施建设。加快西气东输二线、骨架电网、农村电网改造等重点基础设施项目建设，完善西电东送电网。推进宁东等大型煤电基地建设，尽快竣工投产发挥效益。

加强城镇、信息等基础设施建设。加快重庆、成都、西安等西部中心城市轨道交通建设。加快推进城镇污水、垃圾处理设施建设。做好电信基础设施共建共享，大力推进第三代移动通信网络建设。推动西部地区统一电子政务网络建设。

做好重点项目储备和前期工作。抓紧做好中亚、泛亚、南亚等国际运输通道规划研究。加快国家高速公路、西安—成都和重庆—贵阳—南宁等铁路通道以及中国至周边国家（地区）铁路通道前期工作步伐。推进陆上能源资源战略安全大通道建设。开展引汉济渭、重庆观景口、新疆布尔津河西水东引一期工程、卡拉贝利水利枢纽工程等项目前期工作。

二、加大环境保护和生态建设力度，促进建设资源节约型和环境友好型社会

巩固退耕还林、退牧还草成果。组织实施好巩固退耕还林成果规划，落实基本口粮田、农村能源、生态移民、后续产业发展、补植补造和退耕农户培训等各项措施，解决退耕农户当前困难和长远生计问题。做好荒山荒地造林工作。完善退牧还草政策，加快实施退牧还草工程，扩大实施范围，加强人工饲草地、牧区水利和棚圈建设，以建促退推动草畜平衡和舍饲圈养。

继续推进重点生态工程建设。扎实推进三北防护林、京津风沙源治理、天然林保护、青海“三江源”自然保护区建设、甘肃石羊河流域综合治理、甘肃甘南黄河重要水源补给区生态保护与建设等重点工程。抓好黑河、塔里木河流域综合治理，推动黄河、长江中上游水土保持和黄土高原淤地坝建设。加快编制祁连山水源涵养区、青藏高原东南缘生态环境保护与建设规划。加大云南迪庆两江流域生态保护力度。推进石漠化水土流失治理。

强化环境综合治理。加大丹江口库区及上游、三峡库区、黄河中上游、滇池等重点流域、区域水污染防治力度，继续开展排污权有偿使用和交易试点。做好环境监测，加强农村环境综合治理和工业污染治理。深化第二批国家循环经济示范试点，支持建设一批循环经济重点项目，全面推行清洁生产，加快淘汰和关闭浪费资源、污染严重和不具备安全生产条件的企业。加强地质灾害防治，积极推进矿山地质环境恢复治理和重点地区土地开发与复垦。推进灾区建筑废弃物等资源化。

三、调整产业结构，转变经济发展方式

加快发展特色农业。积极改造中低产田，大力发展旱作农业、节水农业。启动坡耕地水土流失综合治理工程，建设一批高标准基本农田。加强四川成都平原、陕西关中平原、内蒙古河套地区、宁夏沿黄地区、甘肃河西走廊等粮食生产能力建设。积极推进优质棉、糖料、油料、烟叶、水果、花卉、茶叶、蚕桑、马铃薯、畜产品、中药材、天然橡胶等生产基地建设，建成一批农产品加工示范基地，培育一批带动力强的龙头企业。支持陕西杨凌农业高新技术产业示范区、甘肃天水航天育种示范区和广西、云南亚热带农业示范区建设。扶持优质农产品生产基地建设和农业产业化龙头企业发展，提高产业化水平，加强农业农村先进实用技术转化应用和科技服务。

推进工业优化升级。组织实施和认真落实国家重点产业调整和振兴规划。积极发展技术引领型产业，提高航天航空、现代装备制造、电子信息、国防科技、新能源、新材料等产业发展规模和水平，推动陕西阎良民用航空、甘肃金昌新材料、四川成都生物、德阳重大装备制造等高技术产业基地建设。优化发展资源利用型产业，促进能源化工及矿产资源加工业集约发展，提高资源综合利用水平。建成新疆独山子石化1000万吨炼油、100万吨乙烯项目，加快长庆、涩北等一批重点油气产能建设。逐步建设鄂尔多斯、塔里木、准噶尔、柴达木、四川盆地石油天然气的开发、综合利用和外输基地。进一步加大企业技术改造步伐，提升技术水平和产品竞争力。

提升自主创新能力。加强在西部地区部署国家科技基础设施，继续建设一批国家级重点实验室、工程技术研究中心。支持科研院所、企业承担国家重大科技专项，围绕西部地区面临的共性关键问题开展科技攻关。继续保持和加大对西部高新区的政策支持力度，扶持科技型中小企业发展。发挥国防工业科技优势，鼓励军民结合、军地结合，支持绵阳科技城发展。

提升现代服务业发展水平。加强旅游基础设施建设，完善旅游区基础设施，积极发展自然生态旅游、乡村民俗旅游，培育和开发一批精品旅游景区线路。继续推进“农产品批发市场升级改造”、“万村千乡市场工程”、“双百市场工程”及农村商务信息服务工程。积极培育电子商务服务业，着力发展文化、会展、创意等现代服务业，加快发展服务外包。加大地方金融资源整合力度，大力完善地方法人银行机构的公司治理，鼓励股份制商业银行和外资银行到西部地区设立分支机构。完善中小企业融资担保体系，推动村镇银行等农村新型金融机构发展，扩大西部地区农村小额贷款覆盖面。

引导产业有序转移。发挥东部地区资金、技术、人才、管理优势和西部地区资源、市场、劳动力优势，引导东部地区产业向西部地区梯度转移。依托交通干线、枢纽，选择一批具备一定基础条件的城市开展承接东部地区产业转移试点，推动建立承接产业转移的示范园区和东西部地区互动产业合作示范园区。严把产业政策关、环境保护关和资源集约利用关，防止落后产能向西部地区转移。研究制定中西部地区承接产业转移的具体政策。国家审批、核准的重大产业项目优先在西部地区布局。

四、加强民生工程建设，促进社会和谐

加快保障性安居工程建设。加快城市廉租住房建设，加大国有林区（场）、垦区、矿区棚户区、城市棚户区以及中央下放地方煤矿棚户区的改造力度。扩大游牧民定居工程和农村危房改造试点范围，加快完成边境一线地区茅草房、危房改造。推进边远地区乡镇教师、医务人员周转房建设。

改善农村生产生活条件。增加农村基础设施投入，逐步取消公益性建设项目县及县以下资金配套。力争用2年至3年时间，基本解决西部地区农村人口饮水安全问题。到2010年基本实现乡镇通沥青（水泥）路、建制村通公路。加快发展小水电代燃料及农村沼气。完善农产品市场体系，支持西部地区大宗农副产品批发市场、集贸市场等流通基础设施建设，推动连锁经营向农村延伸。建立农村客运政策性补贴制度。

加大扶贫开发力度。继续增加扶贫资金投入，落实对低收入人口全面实施扶贫政策的措施。加大整村推进力度，提升产业化扶贫水平，积极稳妥地推进移民扶贫工作，提高农村贫困人口的自我发展能力。优先支持革命老区、民族地区、边疆地区扶贫开发，加大对特殊类型贫困地区扶持力度。制定农村最低生活保障制度与扶贫开发政策有效衔接办法。

做好农民创业就业工作。在总结四川南充、甘孜和甘肃甘南等地试点工作经验的基础上，选择部分条件成熟的县（市），扩大农民创业促进工程试点范围。加强农村劳动力转移就业服务和职业技能培训体系建设，继续实施农村劳动力技能就业计划、农村劳动力转移培训阳光工程、星火科技培训、雨露培训计划。引导农民有序外出就业，鼓励农民就地就近就业，扶持农民工返乡创业，提高非农收入。

五、加快社会事业发展，提高基本公共服务水平

优先发展教育。进一步普及巩固九年义务教育，继续支持并尽快完成西部地区剩余42个县的“两基”攻坚任务。争取3年内基本解决农村“普九”债务问题。支持民族地区“双语”教育。继续实施农村初中校舍改造工程和中小学校舍安全工程，加大危房改造和农村寄宿制学校建设力度。加快发展农村中等职业教育，改善办学条件，加强基础能力建设，逐步实行中等职业教育免费。基本实现每个地级市和30万人口以上的县有1所独立设置的特殊教育学校。继续支持高等教育发展，逐步提高西部高等教育资源短缺地区的高考录取

率。

提高基本医疗卫生服务水平。积极推进医疗卫生体制改革，优化区域卫生规划，加强公共卫生服务体系建设，在县医院标准化等医疗卫生专项建设经费中给予西部地区更大倾斜。大力发展中医药和民族医药。巩固和发展新型农村合作医疗，扩大参合农民受益面，提高受益程度。加强重大疾病、地方病预防控制和突发公共卫生事件处置等工作。加快妇幼卫生、基层计划生育服务体系建设，稳定低生育水平，扩大少生快富工程实施范围。

完善基层公共文化服务体系。加快广播电视村村通、乡镇综合文化站、西新工程第四期、全国文化信息资源共享、流动舞台车和农村电影放映等工程建设，提高县级文化馆、图书馆等级标准。做好西部地区自然遗产、非物质文化遗产和大遗址保护，加强重点文物保护工程等建设。加强抢救性文物、历史文化名城名镇名村等保护工作。继续实施农民体育健身工程。

提高就业和社会保障水平。落实促进高校毕业生、农民工和困难群体就业的政策，努力提高就业水平。进一步扩大各项社会保险覆盖范围，加强基本养老服务体系建设，启动新型农村社会养老保险试点，全面建立被征地农民社会保障制度，实行先保后征。提高优抚对象抚恤补助标准，适当提高城市低保标准和补助水平。

加大人才开发力度。进一步完善西部地区人才开发政策措施，建立健全吸引人才、留住人才、用好人才的体制机制。采取多种形式，积极培养一批农村实用人才、专业人才和高层次人才等西部开发急需的各类人才。鼓励和支持设立不同层次、多种形式的西部人才开发资金渠道。积极引进智力，大力吸引海内外高层次人才到西部地区创业。增加中央财政资金投入，对长期坚持在基层工作的教师、医务人员给予奖励，对符合国家有关政策的支援西部边远贫困地区的教师、医务人员给予资助。完善干部交流机制，引导人才向西部地区流动，鼓励社会志愿者到西部基层服务。

六、统筹区域发展，积极培育经济增长极

推动重点经济区率先发展。积极推进成渝、关中—天水、广西北部湾等重点经济区成为引领和带动西部大开发的战略高地。加快重庆、成都统筹城乡综合配套改革步伐，推动关中—天水经济区率先构建创新型区域，支持西安建设统筹科技资源改革示范基地。推动广西北部湾地区开发开放，加快国家高新技术产业带建设。积极推进广西钦州、重庆两路寸滩保税港区建设。研究设立西安陆港型综合保税区的可行性。开展成渝经济区、陕甘宁革命老区、内蒙古呼包鄂、新疆天山北坡等重点地区发展规划编制工作。积极推进跨区域城市一体化建设，加快成渝城乡一体化以及西安—咸阳、乌鲁木齐—昌吉等城市一体化进程，引导各类要素跨区域合理流动。

引导资源富集区可持续发展。抓紧在青海柴达木、内蒙古鄂尔多斯、四川攀枝花、新疆准噶尔、贵州六盘水等资源富集区开展循环经济区试点，推进资源有序开发。加大矿产资源勘探力度，形成一批能源、矿产资源重要接替区。加快甘肃白银、宁夏石嘴山、云南个旧、陕西铜川、重庆万盛区等资源枯竭城市转型。研究制定资源富集区可持续发展指导意见。

加快少数民族地区和革命老区发展。认真落实党中央、国务院关于支持西藏、新疆、宁夏以及青海等省藏区经济社会发展的政策措施。加大对贵州南部、广西北部、云南东部以及新疆南疆三地州、武陵山区、川北地区、甘南地区等集中连片特困民族地区发展的支持力度，探索开发模式。支持发达地区与少数民族地区开展劳务输出对口支援工作。加大对人口较少民族地区发展的扶持力度，扶持一批特困人口集中的民族自治县发展县域经济。进一步推进兴边富民行动计划，组织编制边境地区开发开放规划。增强革命老区自我发展能力，重点解决好革命老区的交通、水利、教育、卫生等突出问题，鼓励依托能源、矿产、农业、红色旅游等优势，发展特色优势产业。开展《陕甘宁革命老区振兴规划》编制前期工作。

推动重点边境城镇跨越式发展。加快重点边境口岸城镇建设步伐，完善边境经济合作区功能，扩大边境互市贸易规模，提高出口加工水平。积极推动广西东兴、云南瑞丽、新疆伊宁、内蒙古满洲里进一步扩大开放，加强与周边国家和地区的资源能源开发利用合作，建成沿边开放的桥头堡。

七、深化改革开放，构建对内对外开放新格局

推进体制机制改革。切实转变政府职能，减少和规范行政审批，提高行政效率。强化社会公共管理和服务，构建责任型政府和服务型政府。加快非公有制经济发展，优化发展环境，提高其在国民经济中的比重。加快国有经济布局和结构调整，深化国有企业改革，积极培育大企业、大集团。加快推进资源税改革，进一步完善矿产资源补偿费中央与地方的分配关系。研究建立生态补偿机制，先期在青海“三江源”等大江大河源头区、生态位置极为重要的区域开展生态补偿试点，建立国家生态保护综合试验区。进一步完善西部大开发长期稳定的资金渠道。

加强东中西部地区互动。坚持政府推动、市场运作、机制创新、互利共赢的原则，鼓励东中部地区设立各类区域合作专项资金，促进各类生产要素合理流动。推动东西部地区共建长期稳定的能源及矿产资源开发基地。建立和完善各类跨行政区的区域经济协作组织和行业性组织。继续建设好东西部合作与投资贸易洽谈会、西部国际博览会等东西部地区互动平台。积极推动东部发达地区对口帮扶西部贫困地区工作。加快建立健全区域协调互动机制，形成东中西部地区协调互动、相互促进、共同发展的新格局。

开展对外经济交流与合作。加大引进国际产业资本和金融资本力度，提高西部地区利用外资的质量和水平，支持国际资本通过创业投资基金、股权投资基金投资符合国家政策导向的重点项目和企业。实施“走出去”战略，引导、鼓励和支持西部地区企业积极参与对外投资、对外承包工程和对外劳务合作。充分利用国际区域合作组织的平台作用，广泛参与大湄公河次区域经济合作和中亚区域经济合作。建立中亚投资经贸合作示范中心，加快霍尔果斯国际合作中心、凭祥综合保税区建设。大力发展边境贸易，积极探索边境地区开发和对外开放的新模式。

八、加快地震灾区灾后重建，全面完成规划任务

全面推进民生工程恢复重建。实施好《汶川地震灾后恢复重建总体规划》。优先保障灾区群众的住房建设，2009 年底基本完成农村居民住房重建任务，全面启动城镇住房重建工作。抓好学校、医院等公共服务设施的恢复重建。重视解决边远贫困地区群众的困难。

加快基础设施和产业恢复重建。优先安排干线公路、农村公路、县乡公路客运站、通信、电网和供电设施等建设，积极推进农村饮水和新建城镇水源工程建设。加强地质灾害防治和生态修复，做好受损堤防、水库的除险加固和堰塞湖治理，确保汛期防洪安全。结合群众就业推进产业重建，加快农业生产设施和农产品市场恢复，促进旅游业振兴。

加强综合协调。完善综合协调机制，切实解决灾后恢复重建工作中的重大问题。加强督促检查，落实财税、金融、土地、环保、产业等方面政策。统筹用好政府投入、对口支援、社会募集、国外优惠紧急贷款、企业自筹等资金，提高资金使用效益，确保工程质量。完善对口支援实施方案，做好项目、资金、物资等衔接工作。完成灾后恢复重建总体规划中期评估，根据实际及时调整、充实和完善，开展灾区长期稳定发展规划研究。

九、加大投入力度，落实组织保障

继续加大政策支持力度。中央资金投入要

继续向西部地区倾斜，逐步增加对西部地区一般性转移支付和专项转移支付。中央扩大内需新增投资继续向西部地区倾斜，重点投向西部地区民生工程、基础设施、生态环境和灾后恢复重建等领域，增加投资规模，优化投资结构，促进西部地区经济社会平稳较快发展。充分发挥中央和地方两个积极性，通过政府投入带动银行贷款和社会投资，引导民间资本投向符合国家产业政策的项目。

狠抓政策和工作落实。国务院西部地区开发领导小组各成员单位要结合实际，按照职能分工，切实落实好各项任务。发展改革委要积极做好综合协调，完善西部大开发的政策措施，研究解决西部大开发的重大问题，推动西部地区经济社会平稳较快发展。

国家发展改革委关于继续用好国外优惠贷款促进经济增长的通知

发改外资［2009］457号　2009年2月13日

各省、自治区、直辖市及计划单列市发展改革委，国务院有关部门：

根据党中央、国务院关于扩大内需促进经济增长的重大决策部署，为配合国家宏观调控，继续用好国外优惠贷款，现将有关要求通知如下：

一、统筹安排国内资金和国外优惠贷款，形成合力，保证当前扩大投资、拉动内需的总体效果

2008年和2009年，我国借用国外优惠贷款（包括世行、亚行、欧洲投资银行等国际金融组织和外国政府等多边和双边贷款）规模100亿美元左右，用以支持农业（含林业、水利）、交通、城建、节能减排、污染治理、环境保护和生态建设以及教育卫生等领域国家和地方重点项目建设。大部分国外优惠贷款用于购置国内设备、材料及劳务等，对拉动内需发挥了积极作用。

国外优惠贷款项目的领域与当前新增中央投资支持的重点领域总体一致。2008年第四季度，一批在建交通、污水处理、垃圾处理、医疗等项目既使用了国外贷款，也安排使用了中央新增预算内资金。国内资金和国外优惠贷款的统筹安排，加快了项目建设进度，迅速形成了拉动内需效应。

根据国家当前新增中央投资支持的领域和原则，各地发展改革委及有关部门要继续统筹安排好国外优惠贷款与新增中央投资、地方财政预算资金、财政部代理发行地方政府债券等国内资金，使国内外资金互为配套，形成合力。对2008年已谈判签约的在建项目和计划于2009年对外谈判签约且已具备开工条件成熟的贷款项目给予支持，更好地推动项目加快建设，尽早形成实物量，有效地拉动内需，使国外优惠贷款发挥更大的效益。

国外优惠贷款是国家主权外债，属于政府性投资资金的一部分，各地发展改革委及有关部门要认真研究，采取有效措施，避免使用国内资金替代国外优惠贷款，进而减弱扩大投资、拉动内需的总体效果。

二、加快贷款规划内重点项目的前期工作，力促项目尽快开工建设

对规划内拉动内需带动作用强的项目特别

是2009年计划签约项目，各地发展改革委、有关部门要组织好项目建设方案论证，落实项目建设条件和国内配套资金，积极协调有关国外贷款机构和财政、环保、国土资源等有关部门，衔接好国内国外项目准备程序，加快项目准备和项目审批，有效推动项目的前期工作，力争当年签约，当年开工建设。

各地发展改革委、有关部门在加快项目开工建设，有效地扩大投资、促进经济增长的同时，要继续注重以贷款项目为载体，吸收国际先进经验、提高管理水平、促进体制改革和制度创新，推动结构调整和发展方式转变，增强国家和地方经济发展的后劲。

三、推动在建项目加快工程建设进度，进一步加强贷款项目管理

对在建符合国家拉动内需投向的国外贷款项目,各地发展改革委、有关部门要积极协调国家和地方相关部门以及国外贷款机构，支持项目建设单位加快工程招标、设备及材料采购、国外贷款提款报账等工作；对具备条件的项目，若国内配套资金暂时出现困难，可以先期适当提高国外贷款支付比例，保证项目的顺利实施，尽快形成实物工作量。

各地发展改革委及有关部门要按照国务院的要求，继续加强贷款项目管理，建立完善的项目管理、资金管理和监督检查制度，确保贷款资金的有效使用，保证工程质量安全，严防各种违纪违法事件，并配合国务院有关部门做好项目检查工作。同时，继续做好国外优惠贷款备选项目规划，要选择对经济社会发展有重要作用和适合国外贷款特点的项目，做好贷款项目储备工作。

当前是拉动内需、保持经济增长的关键时期。各地发展改革委及有关部门要积极协调，加强沟通，将工作中出现的问题及时通报国家发展改革委，切实做好国外贷款项目前期准备和项目实施管理工作，更好地发挥国外优惠贷款对我国经济和社会发展的促进作用。

国家发展改革委、财政部、商务部关于发布《鼓励进口技术和产品目录（2009年版）》的通知

发改产业［2009］1926号　2009年7月22日

各省、自治区、直辖市、计划单列市发展改革委、财政厅（局）、商务主管部门、新疆生产建设兵团发展改革委、财务局、商务局：

为积极扩大先进技术、关键设备及元器件和重要资源性产品、原材料进口，根据国务院工作安排，制定《鼓励进口技术和产品目录（2009年版）》。现就有关事项通知如下：

《鼓励进口技术和产品目录（2009年版）》分为四个部分：

第一部分是鼓励引进的先进技术。主要指国内尚未掌握的先进技术，国家批准或核准的重点建设工程引进的先进技术。引进技术是指以买断或许可方式进口国外先进专有技术或专利，或通过合作开发，获得自主知识产权和掌握先进专有技术的行为。对引进此类先进技术，给予贴息支持。

第二部分是鼓励进口的重要装备。指目前国内尚不能自行研发制造，国民经济各领域急需的重要设备，以及为生产国家鼓励发展的重大技术装备所需进口国内尚不能生产的关键零

部件。对此类产品进口，给予贴息支持。

第三部分是鼓励发展的重点行业。主要是从《产业结构调整指导目录（2005 年版）》鼓励类目录，以及《国务院关于加快振兴装备制造业的若干意见》、重点产业调整和振兴规划确定重点支持发展的领域范围内选择的重点行业。对符合国家产业政策和专项规划的投资类项目项下进口生产性设备、零部件（不予免税产品目录中产品除外）给予贴息支持。因涉及到设备、零部件较多，此部分设备和零部件进口贴息，参照鼓励类投资项目进口设备减免税管理方式进行。

第四部分是资源性产品、原材料。鼓励进口资源性产品和原材料，对其进口给予贴息支持。

本通知自发布之日起实施，国家发展改革委、财政部、商务部《关于发布鼓励进口技术和产品目录的通知》（发改工业［2007］2515 号）同时废止。国家发展改革委会同财政部、商务部将根据情况需要，适时对目录进行调整。

附件：鼓励进口技术和产品目录（2009 年版）

附件：

鼓励进口技术和产品目录（2009 年版）

一、鼓励引进的先进技术

序号	技术名称
A1	煤矿开采先进的 CAD 三维动态设计和有限元强度分析软件
A2	渗碳淬火高精度硬齿面齿轮装置加工制造技术
A3	强力液压支架高强度钢板焊接工艺与质量检验技术
A4	重型铠装刮板输送机中部槽焊接技术
A5	采掘装备自动化技术与工况检测系统
A6	煤矿中高压大容量移动供电系统的高可靠性、自动化技术
A7	其他高效综采成套装备和煤矿快速掘进与支护设备制造技术
A8	大功率强力刨煤机刨削与传动机构设计与制造技术
A9	大规格高强度圆环链制造技术
A10	大功率连续采煤机设计与制造技术
A11	其他薄煤层、极薄煤层强力刨煤机开采配套装备和短壁连续采煤机成套设备制造技术
A12	千万亿次高性能计算机的设计制造技术
A13	0.18 微米及以下大规模数字集成电路设计、工艺制造技术，0.8 微米及以下模拟、数模集成电路设计、工艺制造技术，SoC 芯片和关键 IP 核，新型高密度集成电路封装与测试技术，上述技术产品专用设备的设计制造技术
A14	TFT - LCD、PDP、OLED 面板、配套材料制造技术和专用设备的设计制造技术
A15	便携式计算机设计制造技术

续表

序号	技术名称
A16	高性能、大容量存储系统设计制造技术
A17	高速移动数据通信技术
A18	基于开放源码（OPEN SOURCE）的软件技术
A19	高速立、卧式加工中心设计制造技术
A20	精密立、卧式加工中心设计制造技术
A21	立式铣车复合加工中心设计制造技术
A22	五轴联动加工中心设计制造技术
A23	精密数控车床及车削中心设计制造技术
A24	高速数控车床及车削中心卧式铣车复合加工中心设计制造技术
A25	高速、精密大型数控滚齿机设计制造技术
A26	高速、精密大型数控磨齿机设计制造技术
A27	难加工材料轴类零件超高速精密外圆磨床设计制造技术
A28	数控切点跟踪曲轴磨床设计制造技术
A29	精密、复合、数控磨床设计制造技术
A30	精密曲面成形数控磨床设计制造技术
A31	五轴联动叶片数控磨床设计制造技术
A32	纳米级精度微型数控磨床设计制造技术
A33	五轴联动高速、精密、数控工具磨床设计制造技术
A34	大型、精密、高效、数控螺纹加工设备设计制造技术
A35	高档数控珩磨机设计制造技术
A36	高速龙门五轴加工中心设计制造技术
A37	龙门铣车复合加工中心设计制造技术
A38	重型五轴龙门加工中心设计制造技术
A39	五轴联动数控落地铣镗床设计制造技术
A40	重型曲轴铣车复合加工中心设计制造技术
A41	超重型数控落地镗铣床设计制造技术
A42	大直径、超长、深孔加工的车、珩磨复合加工中心设计制造技术
A43	高速、精密主轴设计与制造技术
A44	大功率、大钮矩双摆铣头设计与制造技术
A45	高速、重载精密滚珠丝杠及直线导轨
A46	高精、高速数控转台设计与制造技术
A47	大型刀库及自动换刀装置设计与制造技术
A48	全功能数控动力刀架设计与制造技术
A49	高速防护装置设计与制造技术
A50	高速数控机床用新型数控刀具、刀柄系统、高效可转位刀具、超硬刀设计与制造技术

续表

序号	技术名称
A51	全数字高档数控装置、全数字交流伺服电机、主轴电机及驱动装置设计与制造技术
A52	高速、高刚度大功率电主轴及驱动装置设计与制造技术
A53	大扭矩力矩电机及驱动装置设计与制造技术
A54	大推力直线电机及驱动装置设计与制造技术
A55	500千伏以上交直流绝缘套管制造技术
A56	大型高效矿山采掘关键设备的设计制造技术
A57	有利于提高矿山回采率的设备设计制造技术
A58	大型挖掘机（机重大于160吨）设计制造技术
A59	硬岩掘进机设计制造技术
A60	电子测量仪器设计及其制造技术
A61	半导体照明用材料、器件及封装测试关键技术
A62	新型电力电子器件设计、制造技术
A63	汽车电子控制系统设计制造技术
A64	新能源汽车专用关键零部件设计制造技术
A65	汽车底盘电子控制系统设计、生产技术（自动稳定杆系统、防抱死制动系统、车轨控制系统、电子稳定性控制系统、磁流控制悬架系统等）
A66	车身安全性设计和分析技术
A67	NVH控制关键技术（风噪测试规范和评价技术，车型风噪优化技术，风噪数据模型，底盘系统振动噪声测试规范与评价技术；传动系统匹配建模与分析技术、变速器敲击噪声测试与评价技术、传动系统匹配参数数据模型等）
A68	先进自动变速器设计制造技术（包括无级自动变速器，湿、干式双离合器自动变速器、重型车用电子机械自动变速器、六档以上AT自动变速器等）
A69	整车CAN总线技术通讯协议建立、调试、诊断技术
A70	汽车涂装机器人、车身柔性焊装线设计、制造技术
A71	先进汽车燃油系统（包括高压共轨、缸内直喷、可变进气系统、电子油门控制、稀薄燃烧、增压和中冷、断缸技术等）设计制造技术
A72	内燃机排放后处理系统制造技术
A73	报废汽车拆解、回收、再制造破碎处理技术
A74	高速铁路、城际铁路及城市轨道交通运输装备的设计制造技术
A75	动力推进系统，包括各类发动机、动力装备等的设计制造技术
A76	高技术、高附加值船舶和10万吨级以上船舶设计技术
A77	船舶配套设备（包括船舶动力系统、电站、甲板机械、舱室机械、船舶控制及自动化、通讯导航、仪器仪表等）设计技术
A78	海洋工程装备及配套设计制造技术
A79	游艇和配套设备设计及制造技术

续表

序号	技术名称
A80	修船（含改装船）设计技术
A81	航天和支线、大型客机研制相关的设计、制造技术
A82	产业用纺织机械设计制造技术
A83	多维纺织成型技术及关键设备制造技术
A84	吸油纤维工程化关键技术和装备制造技术
A85	单眼并条机设计制造技术
A86	高性能苎麻纺织机械设计制造技术
A87	纺织喷墨印花喷头技术及制造技术
A88	新型传感器制造技术
A89	无线测控设备制造技术
A90	高精度流量仪表制造技术
A91	高档在线分析仪器设计制造技术
A92	在线精密测试仪器技术
A93	无损检测关键元器件制造技术
A94	幅宽6米以上，车速1200米/分钟的先进造纸机械生产技术
A95	300吨/日以上甲酸制浆连蒸系统设备制造技术
A96	年产10万吨以上APMP高得率制浆生产线制造技术
A97	无氯漂浆设备制造技术
A98	高效碱回收设备制造技术
A99	生产能力达60000瓶/时以上高速贴标机生产技术
A100	电池及关键材料制造工艺与装备技术（锂离子等先进动力电池、无汞碱锰电池、太阳能电池等，关键材料包括锂离子等先进动力电池用正极材料和隔膜等）
A101	定向分离与物性修饰生产技术
A102	非热杀菌生产技术
A103	多级浓缩干燥生产技术
A104	直接浸出炼锌技术
A105	单台炉直接炼铅技术（基夫塞特Kivcet炼铅技术）
A106	非高炉炼铁技术
A107	冶金矿山选矿分级设备的设计制造技术
A108	纯净钢冶炼技术
A109	高强度汽车板、高牌号取向硅钢等关键钢材品种制造技术
A110	钢铁厂烧结脱硫技术
A111	焦炉煤气深加工利用技术
A112	炉渣余热回收利用技术
A113	冶金低中温余热回收利用技术

续表

序号	技 术 名 称
A114	风力发电用及环保型环氧树脂生产技术
A115	液氢产品的生产技术
A116	用于电子级产品的包装的加工设备及原材料技术
A117	T500 以上碳纤维（简称 CF）成套装备的设计制造技术
A118	20 万吨/年以上有机硅单体生产技术，以及有机硅下游深加工产品生产技术
A119	20 万吨/年以上大规模甲苯硝化及二硝基甲苯加氢成套技术
A120	20 万吨/年以上过氧化氢催化氧化制环氧丙烷绿色成套技术
A121	10 万吨/年 TDI 产品生产技术，ADI 生产技术
A122	脱氟磷酸钙的生产技术
A123	动物营养添加剂（蛋氨酸）生产技术
A124	异戊橡胶制造技术
A125	非光气法聚碳酸酯制造技术
A126	高吸水性纤维生产技术
A127	无线辐射测试计量技术
A128	广播数字化及数字多媒体广播技术
A129	数字电视关键技术
A130	卫星广播电视技术
A131	搪塑镍合金电铸模具制造技术
A132	发电用燃气轮机设计制造技术
A133	风电用变流器设计制造技术
A134	核电设备设计制造技术
A135	核电锻件制造技术
A136	核材料及装置的设计制造技术
A137	太阳能热发电设备的设计制造技术
A138	可再生能源、氢能等新能源领域关键设备的设计制造技术
A139	煤层气（瓦斯）勘探及开发利用关键设备的设计制造技术
A140	煤炭液化、地下气化关键设备的设计制造技术
A141	煤矿地质、石油及地球物理勘探关键设备的设计制造技术
A142	二氧化碳用于三次采油以及开采煤层气和回注技术
A143	高性能海水淡化用反渗透膜制造技术
A144	聚乳酸纤维材料（简称 PLA）产业链成套装备的设计制造技术
A145	环保型新溶剂法纤维素纤维（即 LYOCELL 等）成套装备的设计制造技术

续表

序号	技 术 名 称
A146	新型聚酯 PTT 成套装备的设计制造技术
A147	新型聚酯 PEN 成套装备的设计制造技术
A148	己内酰胺（锦纶原料，简写 CPL）成套装备（年产 10 万吨以上）的设计制造技术
A149	高强高模芳纶 1414（学名聚对苯二甲酰对苯二胺，简称 PPTA）成套装备的设计制造技术
A150	聚苯硫醚（简称 PPS）成套装备的设计制造技术
A151	聚酰亚胺耐高温纤维成套装备的设计制造技术
A152	保障农产品加工质量安全、提高产品市场竞争力的清洁生产和环境污染控制制造技术
A153	高效低残留农兽药使用技术（包括生物防治技术）
A154	农产品中有毒有害物质（包括农药、兽药、重金属、添加剂等）残留控制与检测技术
A155	农产品质量安全追溯技术
A156	农产品质量安全风险评估技术（包括模型、数据等）
A157	良好农业规范（GAP）、危害分析与关键控制技术（HACCP）、农产品良好检测实验室管理技术等
A158	动植物优良品种选育、繁育、保种和开发技术
A159	旱作节水农业、保护性耕作、生态农业建设、耕地质量建设以及新开耕地快速培肥技术
A160	动物传染性海绵状脑病快速检测技术
A161	奶牛乳房炎防控技术
A162	饲料霉变程度及霉菌毒素快速检测技术
A163	外来动物疫病监控技术
A164	苏氨酸生产技术
A165	蜜蜂抗螨育种技术
A166	马属动物传染病检疫检验技术
A167	动物疫病的新型诊断试剂、疫苗及低毒低残留新药开发技术
A168	火电厂脱硝工艺和装备技术
A169	30 万千瓦机组以上火电厂烟气脱硫工程关键设备的生产技术
A170	污水再生利用膜材料生产技术
A171	日处理 300 吨规模以上城市垃圾焚烧处理关键设备生产技术
A172	城市垃圾填埋处置二次污染控制及资源利用技术
A173	危险废物旋转窑焚烧技术与关键设备生产技术
A174	建筑垃圾处理和再生利用工艺成套设备制造技术
A175	绿藻转化二氧化碳工艺和装备技术
A176	符合环保要求的废旧电池回收处理工艺与装备技术
A177	废旧家电破碎及分选技术
A178	电子废弃物干式分离回收技术

二、鼓励进口的重要装备

序号	商品编码	商品名称
B1	845710	镗铣加工中心（含立式、卧式、立卧式）：定位精度≤0.006mm，重复定位精度<0.004mm，快移速度>40m/min，≥4轴联动，工作台≥1250mm
B2	845710	柔性加工单元：五轴联动
B3	8458110 084589100	车削中心：重复定位精度高于0.004mm，主轴端径向圆跳动≤0.001mm，加工件圆度高于0.001mm
B4	8460110 084602190	数控平面磨床（含成形、龙门、导轨、双端面等）：定位精度高于0.006mm（全程），重复定位精度高于0.003mm（全程），平面度高于0.002mm/1000mm，龙门宽大于3500mm
B5	84602110 84602120 84602910 84603100	数控磨床（含内圆、外圆、端面外圆、万能、无心、轴承、刃磨、专用等）：定位精度高于0.006mm，重复定位精度高于0.003mm，加工件圆度高于0.0005mm，砂轮线速度高于60m/s，坐标磨床四轴四联动、七轴四联动
B6	84596110	龙门数控铣床：工作台宽度≥5000mm，重复定位精度<0.006mm/2000mm，>三轴联动
B7	84604010	金属珩磨机床
B8	84772090	异向平行双螺杆挤压成型机：螺杆直径>100mm
B9	84619090	CNC曲轴连杆颈加工机：双主轴，切削速度≥100m/min
B10	84613000	CNC曲轴车车拉床：双主轴，双刀盘，三轴连动*2
B11	84639000	数控曲轴圆角深滚压和滚压校直机床：滚压数≥6，滚压力≥30000N
B12	84629190	计算机控制增量成型机、流动成型机
B13	84614010	数控重型滚齿机：立式：工件直径>Φ8000mm，模数m>30mm；卧式：工件直径>Φ2000mm，模数m>30mm
B14	84602110 84602120 84602190	数控重型磨床：工件直径>1600mm，加工圆度≤0.001mm，微量进给≤0.0001mm
B15	84629110	单柱、双柱、四柱万能液压机：公称压力>4000t
B16	84569010	数控切割机：板厚>40mm
B17	901600	精密运动控制相关的工艺和专用装备
B18	847950 84864031	高速、高精密机械手
B19	84552110 84552210	冷、热连轧板带轧机：板宽>2200mm热连轧机；板宽>2000mm冷连轧机
B20	847420	固体矿物质的破碎或磨粉机器：生产率>120m³/h
B21	84162090	使用粉状固体燃料的炉用燃烧器
B22	84119990	高炉煤气、燃气联合循环发电关键设备
B23	84171000	多膛焙烧炉（氧化钼）

续表

序号	商品编码	商 品 名 称
B24	84629910	精锻机（钼）
B25	8514 84171000	金属注射成型脱脂烧结炉
B26	841790	自动剥锌机
B27	84542010	炉外精炼设备
B28		铜冶炼无种板精炼工艺及装备
B29	8454309000 84543022	铜板带加工用立式连续铸造机列
B30	85141010	水平和立式展开式保护气体退火机列
B31	84306990	修井机：额定载荷 > 150t
B32	84742010	双齿辊破碎机：直径 > 1.25m
B33	84305039	牙轮钻机：钻头直径 > 310mm
B34	84251100	电动的滑车及提升机：起重量 > 10t
B35	84282000	气压升降机及输送机：起重量 > 5t
B36	84283910	刮板输送机：单台电机功率 > 1000kW
B37	84303100	全断面掘进机：刀盘直径 > 13m
B38	84791022	稳定土路面拌合机：拌合宽度 > 3m
B39	84264910	履带式起重机：起重量 > 300t
B40	86040099	大型轨道式架桥机：载重吊装重量 > 1600t
B41	86040012	钢轨在线打磨列车
B42	84791090	高等级公路稀浆封层机：料仓 > 10 m^3，制浆 > 3t
B43	84791090	沥青路面铣刨机：铣刨宽度 > 2.5m，铣刨深度 > 3cm
B44	84201000	研光机或其他滚压机器
B45	84211990	特大容量脱硫干风机
B46	84145930	离心式风机：流量≥2900m^3/min，压升≥46kPa
B47	84212190	内循环厌氧反应器
B48	84212910	带式污泥浓缩压滤一体机：带宽 > 3m，滤饼含水率 < 70%
B49	84211990	大型化和自动化碟式分离机
B50		连铸连轧铝板带生产线：混合炉（84541000）容积≥120t；连铸连轧机（热轧）（84552110）铸机板宽≥2286mm、热轧机辊宽≥2150mm；铝合金熔体在线处理装置 ALPUR TS – 75（84542010）包括在线处气装置 ALPUR TS – 75，处理流量≥75t/h，深床过滤器 PDBF – 70，处理流量≥55t/h
B51	84798200	船用混油装置：除最高粘度≤7×10 – 4 sec（rwl#100 度 F）的动态恒压混合方式
B52	8479820090	研磨机：研磨能力 > 26000kg/h，进口粒度 < 25μm，出口粒度 < 16μm

续表

序号	商品编码	商 品 名 称
B53	8504	轨道车辆用6500V 及以上 IGBT
B54	8504 8541	轨道车辆用未封装 IGBT 芯片
B55	8535 8536	轨道车辆用高速断路器
B56	8535 8536	轨道车辆用直流接触器
B57	90142000	航空或航天导航仪器及装置（罗盘除外）
B58	85044099	风电用变频器
B59	8444	高强高模芳纶 1414（学名聚对苯二甲酰对苯二胺，简称 PPTA）成套装备（包括聚合、纺丝、后加工技术等）
B60	8444	碳纤维（简称 CF）成套装备（包括碳纤维原丝、碳化、予浸布及复合材料等）
B61	8444	聚苯硫醚（简称 PPS）成套装备（包括高纯度线性聚合技术装备、短纤、长丝及薄膜生产技术技术装备、应用加工等成套技术装备）
B62	8444	聚酰亚胺耐高温纤维成套装备（包括以 P84 为代表品种的各类纤维）
B63	84440010	合成纤维长丝纺丝机：纺丝机速度 >1500m/min，生产线日产量 >200t
B64	84451111	棉纺清梳联合机：单机产量 >140kg/h
B65	84451120	毛纤维型梳理机
B66	84452031	转杯纺纱机：纺杯最高速度 >170000r/min，具有自动生头、接头、清洁提升
B67	84452032	喷气纺纱机：纺纱速度 >300m/min
B68	84452090	其他纺纱机
B69	84453000	并线机或加捻机
B70	84454010	自动络筒机：卷绕速度 >2000m/min
B71	84463020	织物宽度超过 30cm 的剑杆织机：转速≥400r/min
B72	84463030	片梭织机：引纬速度≥1400m/min
B73	84463040	喷水织机：引纬速度≥1800m/min
B74	84463050	喷气织机：引纬速度≥1600m/min
B75	84463090	特种无梭织机
B76	84471100 84471200	圆纬针织机：筒径 >34 英寸，机号 >28 针/英寸
B77	84471100 84471200	圆织机（不含四梭圆织机）
B78	84471100 84471200	电子提花圆纬针织机：筒径 >30 英寸，机号 >24 针/英寸
B79	84472010	经编机

续表

序号	商品编码	商品名称
B80	84490000	成匹、成形的毡呢或无纺织物制造或整理机器：10g/ m^2 以下的涤纶薄型分织造布生产线；200g/ m^2 以上的丙纶厚型非织造布生产线；纺粘法非织造布生产设备；熔喷法非织造布生产设备；水刺法非织造布生产设备
B81	84513000	熨烫机及挤压机（包括熔压机）
B82	84391000	制造纤维素纸浆的机器
B83	84392000	浆板机：幅宽≥3200mm，工作车速≥100m/min
B84	84392000 84393000	造纸机（不含配套的复卷机、压光机）：幅宽≥3000mm，工作车速≥350m/min
B85	84392000	纸或纸板的制造机器
B86	84414000	纸浆、纸或纸板制品模制成型机器
B87	84418090	模切机：圆压平生产速度≥6000 张/小时；平压平生产速度≥4500 张/小时
B88	84431100	报纸用卷筒纸胶印机印刷速度：单幅机 >65000 对开张/小时，双幅机 >140000 对开张/小时（印刷速度指单纸路、单幅的印刷张数），幅宽≥787mm
B89	84431100	商用卷筒纸胶印机：印刷速度单转筒 >45000 对开张/小时（印刷速度指单纸路、单幅的印刷张数），幅宽≥880mm
B90	84431200 84431310	单张纸胶印机：对开单张纸单面多色胶印机速度 >16000 张/小时，纸张尺寸≥720mm×1020mm；对开单张纸双面多色胶印机：速度 >13000 张/小时，纸张尺寸≥720mm×1020mm；全张及超全张单张纸单面多色胶印机速度 >13000 张/小时，纸张尺寸≥1000mm×1400mm；四色及四色以上
B91	844130 844140 844180	瓦楞板生产设备：速度 >140m/min，板宽 >2.2m，七层以上
B92	8444	氟聚合物聚合反应器及后处理关键设备、挤出加工设备（包括微米级粉碎、高效洗涤、脱水、连续干燥、挤膜、1600mm 以上双向拉伸、浸渍、烘烤等）
B93	90248000	聚合物序列结构测试表征仪器
B94	84248100	喷灌设备：配套电机 >45kW
B95	90314990	二代、三代热成像仪
B96	8461 8463 8475	陶瓷金属卤化物灯生产设备
B97		力反馈器（PHANTOM）
B98	8517	VR 平台（Freeform）
B99	87059080	石油测井车：测井深度 >7000m
B100	87059080	混砂车：输砂量 >3.5m^3/min
B101	87059080	压裂车：工作压力 >105MPa

续表

序号	商品编码	商品名称
B102	90221910	低剂量X射线安全检查设备：X射线发生器管电压>420kV
B103	90268000	其他检测液体或气体变化量的仪器及装置：三通道以上的超声流量计与物位仪表
B104	90272020	电泳仪
B105	90278019	其他质谱仪（不含BOD/COD/TOC水质多参数检测仪器）
B106	90301000	离子射线的测量或检验仪器及装置
B107	90159000	测井仪用中子发生器
B108	90158000	地震仪：25000道以上，24BIT
B109	90158000	磁力仪：测量范围25000—80000nT，测量精度±0.2nT，分辨率0.02nT，梯度范围5000nT/m，存储数据25000个以上读数
B110	90314100	制造半导体器件时检验半导体晶片、元器件或检测光掩模及光栅用的光学仪器
B111	90318020	三坐标测量机：X、Y、Z>3000mm×3000mm×2000mm，单轴精度<（1+L/400）μm，空间精度<（1.2+L/300）μm，探测精度<1μm
B112	90318090	三维扫描仪（3DSS）
B113	85142000	工业或实验用感应或介质损耗工作的炉及烘箱：炉膛容量>100t
B114	85433000	阴阳极制造机（大型、自动化程度高、湿法冶金电积设备）
B115		直接法长纤维增强热塑性复合材料生产线
B116		大型摩擦密封材料关键生产设备
B117		大型摩擦密封材料测试设备
B118		浮法玻璃熔窑全氧燃烧装备
B119	84186990	连续冻干设备
		船舶制造用关键件
B120	84871000	超大型螺旋桨
B121	85015300	推进电动机
B122	85372090	推进系统控制单元
B123	85021310 85021320 85021200	主发电机组
B124	85021200	应急发电机组
B125	84148090	空压机
B126	84211990	分油机
B127	8413	机舱泵
B128	85371090	锅炉燃烧器自动控制部分
		飞机制造用关键件
B129		发动机系统
B130		航电系统
B131		主飞控系统

续表

序号	商品编码	商品名称
B132		电源系统
B133		起落架系统
B134		燃油系统
B135		辅助动力装置
B136		防火系统
B137		液压系统
		汽车整车和关键总成设计、试验装置
B138	90312000	汽车零部件性能试验装置（制动器系统试验台、转向器系统试验台、汽车热平衡系统匹配试验台、喷油系统综合性能试验台等）
B139	90248000 90241010	汽车非金属材料性能试验装置（皮带性能试验台、燃油管、水管性能试验台等）
B140	90312000	汽车动力总成试验装置（自动变速箱试验台、发动机测试试验台等）
B141	90312000	汽车底盘系统试验装置（悬挂测试系统试验台等）
B142	90312000	汽车整车试验台（背景空气处理试验台；整车匹配、性能、排放、耐久性能试验台；整车环境模拟试验装置；道路模拟试验台等）
B143	90308990 90312000	汽车主被动安全试验装置（车碰撞牵引试验装置、台车模拟试验台、运动图像采集分析系统、行人保护试验台、车载数据采集系统等）
B144	90308990 90312000 90318090	汽车电子试验装置（EMC测试系统、整车及发动机变速箱硬件在环仿真系统、VCT标定试验台、GDI泵嘴流量特性标定试验台等）
B145	90312000	汽车动力性试验装置（混合动力试验台等）
B146	90271000 90318090	汽车尾气排放测试转鼓：THC/NOx/CH4分析单元的最小量程1ppm，测试欧5/6排放法规
B147	903040 903120 903180	NVH分析和试验装置

三、鼓励发展的重点行业

序号	行业名称
C1	电子专用设备、仪器制造项目
C2	大型、精密模具及汽车模具设计与制造项目
C3	整体煤气化燃气—蒸汽联合循环机组设备制造
C4	大型循环流化床锅炉设备制造
C5	对二甲苯（PX）装置中连续重整和吸附分离设备制造
C6	重大工程自动化控制系统（含集散型控制系统）和关键精密测试仪器开发及制造
C7	单机70万千瓦及以上、转轮直径11米及以上混流式水电设备及其关键配套辅机设计和制造

续表

序号	行 业 名 称
C8	大型（35万千瓦及以上、600米水头及以上）抽水蓄能水电机组及其关键配套辅机制造
C9	40万千瓦级以上燃气、蒸汽联合循环设备制造
C10	500千伏及以上超高压交、直流输变电成套设备制造
C11	清洁能源发电设备及制造（核电、太阳能、潮汐等）
C12	低温核供热堆、快中子增殖堆、聚变堆、先进研究堆、高温气冷堆
C13	60万吨/年及以上乙烯成套设备制造技术开发及应用
C14	500万吨/年及以上矿井综合采掘、装运成套设备及大型煤矿洗选机械设备制造
C15	2000万吨级/年及以上大型露天矿成套设备制造
C16	双离合器自动变速箱制造
C17	汽车重要部件的精密锻压、多工位压力成型及铸造
C18	车用柴油发动机共轨系统开发制造
C19	船用动力系统、电站、特辅机制造
C20	大型远洋渔船及海上钻井船、钻采平台等海洋工程装备设计制造
C21	船舶控制与自动化、通讯导航、仪器仪表等船用设备及制造
C22	大功率交流传动机车、动车组、高原机车、机车车辆救援设备制造及技术开发
C23	交流传动核心元器件制造（含IGCT、IGBT元器件）
C24	数控机床关键零部件及刀具制造
C25	三轴以上联动的高速、精密数控机床，数控系统及交流伺服装置、直线电机制造
C26	集散型（DCS）控制系统及智能化现场仪表开发及制造
C27	核分析、核探测仪器仪表制造
C28	海水淡化和海水直接利用
C29	放射性废物及其他危险废物安全处置技术及设备
C30	高效、低能耗污水处理与再生技术开发及设备制造
C31	数字化医学影像产品及医疗信息技术开发与制造
C32	新型电子元器件（片式元器件、频率元器件、混合集成电路、电力电子器件、光电子器件、敏感元器件及传感器、新型机电元件、高密度印刷电路板和柔性电路板等）制造
C33	大中型电子计算机及高性能微机、服务器设备制造
C34	大规模集成电路设计、制造、封装测试
C35	电子专用材料制造
C36	8英寸及以上单晶硅、多晶硅及硅片制造
C37	卫星通信系统、地球站设备制造及建设
C38	数据通信网设备制造

续表

序号	行 业 名 称
C39	宽带网络设备制造
C40	PDP、OLED、TFT—LCD 显示器件制造
C41	航空发动机开发制造
C42	航空电子、机载设备系统开发制造
C43	航空航天用燃气轮机制造
C44	国家级工程（技术）研究中心、国家认定的企业技术中心、重点实验室、高新技术创业服务中心、新产品开发设计中心、科研中试基地、实验基地建设
C45	高性能核燃料元件制造项目
C46	牛羊胚胎（体内）及精液工厂化生产项目

四、资源性产品、原材料

序号	商品编码	商 品 名 称
D1	26040000	镍矿砂及其精矿
D2	26100000	铬矿砂及其精矿
D3	26121000	铀矿砂及其精矿
D4	26140000	钛矿砂及其精矿
D5	26159010 26159090	铌矿砂及其精矿
D6	26159010 26159090	钽矿砂及其精矿
D7	26030000	铜精矿：铜含量≥20%
D8	26070000	铅精矿：铅含量≥55%
D9	26080000	锌精矿：锌含量≥40%
D10	26050000	钴精矿：钴含量≥6%
D11	72026000	镍铁
D12	3911900090	聚酰亚胺颗粒

国家发展改革委、财政部关于实施新兴产业创投计划、开展产业技术研究与开发资金参股设立创业投资基金试点工作的通知

发改高技［2009］2743号　2009年10月29日

国务院有关部门，各省、自治区、直辖市及计划单列市发展改革委，财政厅（局），有关受托管理机构，有关单位：

为贯彻党中央、国务院关于发展新兴战略性产业的战略部署，提升自主创新能力，推动产业结构调整，抢占后金融危机时代经济科技制高点，根据《国务院办公厅转发发展改革委等部门关于促进自主创新成果产业化若干政策的通知》（国办发［2008］128号）、《国务院办公厅转发发展改革委等部门关于创业投资引导基金规范设立与运作指导意见的通知》（国办发［2008］116号）精神，国家发展改革委、财政部决定实施新兴产业创投计划，扩大产业技术研发资金创业投资试点，推动利用国家产业技术研发资金，联合地方政府资金，参股设立创业投资基金（即创业投资企业）试点工作。现将有关事项通知如下：

一、指导原则

（一）政府引导。发挥政府资金的引导和杠杆作用，推动创业投资发展，引导社会资本投向高新技术产业，促进自主创新成果产业化，培育新兴战略性产业。

（二）市场运作。政府资金与社会资金按照商业规则共同发起设立创业投资基金，基金以市场化方式独立运作，政府不干预基金正常的经营管理。

（三）规范管理。基金委托具有专业背景的管理机构按照章程规范运作。基金中的国家出资部分按照公共财政原则，健全业绩激励和风险约束机制，实现滚动发展。

（四）支持创新。克服单纯通过市场配置资源的市场失灵问题，引导创业投资投向初创期、成长期创新型企业和高成长性企业，支持自主创新和创业。

二、参股设立基金的基本要求

（一）基金的投资导向

参股设立的基金要符合国家鼓励发展的高新技术产业导向，具有鲜明的产业特点和区域优势。基金要以一定比例投资于早中期企业，鼓励参股设立主要投资于初创期企业的天使基金。基金的投资导向要在其章程或有限合伙协议中明确体现，并在运作过程中切实落实。

（二）基金的管理机构

参股设立的基金应委托专业管理机构进行管理，基金管理机构应具有良好的管理业绩，固定的营业场所和与业务相适应的软硬件设施，健全的内部管理制度，以及创业投资项目管理和风险控制流程。基金管理机构至少有3名具备2年以上创业投资或相关业务经验的管理人员，管理团队至少有对3个以上创业企业的投资经验。

（三）基金的资金构成及规模

参股设立的基金由国家资金、地方政府资金及社会募集资金构成，以社会投资为主，包

括各类投资机构、大型企业、境外投资者及管理团队等。每支基金规模原则上不少于2.5亿元，国家资金参股比例原则上不超过20%，且不控股。地方政府参股资金规模原则上不低于国家资金。社会募集资金比例应大于60%。对于参股设立的天使基金，国家资金参股比例可适当放大。

（四）基金的治理结构

基金应当依据国家有关法律法规规范设立和运作，并按照《创业投资企业管理暂行办法》的规定进行备案，接受管理部门的监管。基金应建立投资决策、专家顾问、风险控制及评估制度等规范运作的管理模式。

（五）基金的清算

基金存续期结束后按照市场规则进行清算。对投资回报较高、产业推动效应明显的基金，鼓励设立后续基金，支持滚动发展。由于各种原因基金需提前清算的，依法律规定按照章程的约定进行清算。

三、国家出资的权益和管理

（一）国家资金的委托管理

基金中国家出资部分由财政部和国家发展改革委委托有关专业管理机构管理。受托管理机构不得干预基金正常的经营管理，以出资额为限对基金行使股东权利。受托管理机构对受托资金专设托管账户管理，定期向财政部和国家发展改革委报告基金运行状况。国家发展改革委和财政部可委托地方政府和受托管理机构监督基金重大事项的决策，保证政策目标落实。

（二）国家资金的批复和拨付

按照参股设立基金的投资导向、出资结构等指导性要求，基金管理团队和股东研究提出基金设立方案和章程，并落实资金。基金设立的基本条件成熟后，由省级发展改革委会同财政厅（局）向国家发展改革委和财政部上报基金方案和基金章程，并提出申请国家投资的资金额度。国家发展改革委和财政部复核确认基金章程、出资金额及受托管理机构，并将资金拨付受托管理机构托管账户。受托管理机构按照基金章程约定的资金到位条件和程序拨付国家资金。

（三）国家资金的退出

基金存续期结束后，国家资金由受托管理机构按照章程约定直接收回托管账户。基金未能正常清算的，国家资金权益由受托管理机构代为履行相关法律手续。在有受让方的情况下，经国家发展改革委、财政部批准后，国家资金可协议退出基金，退出时其转让价格由双方按协议确定。

以出让或基金清算方式退出的国家资金（含本金及形成的收益）直接收回托管账户，由受托管理机构代管。国家投资形成的股权待国家高技术创业投资引导基金成立后，全部转入引导基金。

（四）国家资金的权益和奖励

国家资金除在基金章程中规定的条款外，不要求优于其他社会股东的额外优惠条款。国家资金与地方政府资金同进同出。

国家资金与地方政府资金、社会资金共同按创业投资基金章程规定支付基金管理机构管理费用（一般按照每年1.5%～2.5%），并将部分基金增值收益（一般为20%左右）奖励基金管理机构，每支基金的具体管理费用和奖励标准按照基金章程确定。为体现国家资金的政策导向和考核机制，也可考虑国家资金不支付每年的管理费用，同时将50%的基金增值收益让渡于基金管理机构。对于参股设立的天使基金，国家资金可给予更大的让利幅度。基金的管理费用由基金公司直接支付给基金管理机构，财政部不再另行列支管理费用。

（五）国家资金管理和考核原则

按照《国务院办公厅转发发展改革委等部门关于创业投资引导基金规范设立与运作指导意见的通知》（国办发［2008］116号）的精神，参股设立创业投资基金试点中的国家资金纳入公共财政考核评价体系。财政部、国家发展改革委将加强对国家投资的监管和指导，按照公共性原则，对基金建立绩效考核制度，定期对基金的政策效果进行考核评估。

各省（区、市）可结合本地实际，研究提出与国家资金共同参股设立创业投资基金的产业领域和具体方案，落实地方政府出资，配合国家发展改革委和财政部共同做好基金的设立和管理工作，探索财政资金支持创业投资发展的有效机制。同时，在工商登记、税收、投资、人才、营业场所等方面加大支持力度，加快建立有利于创业投资发展的良好政策环境。

国家发展改革委关于加快国家高技术产业基地发展的指导意见

发改高技［2009］3211号 2009年12月16日

各省、自治区、直辖市及计划单列市、副省级省会城市、新疆生产建设兵团发展改革委：

为深入贯彻落实科学发展观，充分发挥高新技术在产业结构优化升级中的带动促进作用，加快培育形成一批创新能力突出、产业链完善、产业特色鲜明的高技术产业基地，推进创新型国家建设，特制定如下指导意见：

一、国家高技术产业基地的内涵

（一）国家高技术产业基地是指在信息、生物、航空航天、新材料、新能源、海洋等高技术产业领域，经国家发展改革委认定的，对高技术产业发展和区域经济发展具有支撑、示范和带动功能的特色高技术产业集聚区。

（二）国家高技术产业基地包括专业性国家高技术产业基地和综合性国家高技术产业基地。专业性国家高技术产业基地是指基地内多数企业的生产和服务集中于高技术产业的某一特定领域，具有专业化的特征；综合性国家高技术产业基地是指基地同时在高技术产业的多个领域具有国内领先的技术优势并已形成了产业集聚。

二、充分认识加快国家高技术产业基地发展的重要意义

（一）加快国家高技术产业基地发展是在新的历史条件下提升高技术产业国际竞争力、壮大产业规模的迫切需要。随着世界经济进入调整期，各国竞相加快发展生物、新能源、新材料、信息、航空航天等战略性新兴产业，各国之间围绕技术、资金、人才等的争夺更加激烈。同时，我国国内经济发展正处于调整经济结构和转变发展方式的关键时期。面对新形势，我国必须加快发展国家高技术产业基地，进一步营造良好的局部优化环境，努力向上下游延伸，更大范围、更深层次地参与国际分工与合作，提升我国高技术产业国际竞争力，抢占国际竞争制高点。

（二）加快国家高技术产业基地发展是辐射带动区域经济发展的客观要求。近年来，我国区域经济快速发展，但存在区域间发展不协调、产业结构层次较低等问题。加快发展国家高技术产业基地，能够进一步发挥东部地区人才、技术优势，整合区域科技资源，完善区域创新体系，着力推进科技进步和自主创新，促进东部地区产业结构升级和转型；能够发挥中西部地区的资源优势和东北等老工业基地技术、人才相对集中的特点，培育具有鲜明地域特色和比较优势的特色产业，积极承接国内外产业转移，促进西部大开发、中部崛起战略的实施和东北等老工业基地振兴。

（三）加快国家高技术产业基地发展是面

向未来产业发展方向，培育战略性新兴产业的重要举措。加快培育新兴产业，形成新的经济增长引擎，是世界经济从根本上走出金融危机影响的必然要求，是我国应对未来竞争、实现长远可持续发展的必然选择。当前，我国生物、新能源、新材料、信息、航空航天等新兴产业发展迅速，已经形成了一批集聚区，但与发达国家相比还存在很大差距，特别是在创新条件、投融资等发展环境方面还不完善。迫切需要加大力度，进一步促进知识、技术、人才等在区域内集中，加快科技成果转化为现实生产力，积极培育一批新兴高技术企业，努力抢占未来竞争的制高点，使我国经济发展上水平、有后劲、可持续。

三、加快国家高技术产业基地发展的指导思想、主要原则和发展目标

（一）加快国家高技术产业基地发展的指导思想是以科学发展观为指导，以发展特色高技术产业为目标，以提升自主创新能力、推动科技成果转化、促进高技术产业集群化发展为重点，在发挥市场配置资源的基础性作用的同时，通过宏观引导，实施政策倾斜，创新体制机制，将发展高技术产业基地与发挥区域比较优势相结合，与产业结构调整、培育战略性新兴产业相结合，促进高技术企业、资金、技术、人才等资源向高技术产业基地集中，努力形成一批创新能力强、产业配套完备、各具特色的高技术产业集群。

（二）加快国家高技术产业基地发展的主要原则是突出特色、科学规划，促进集聚、创新发展，优化环境、加强引导。

突出特色、科学规划。围绕国家高技术产业发展规划，根据区域的技术优势、产业基础、人力资源等条件，明确高技术产业基地布局，建设具有鲜明特色的高技术产业基地。

促进集聚、创新发展。以特色优势资源、现有龙头企业等为依托，坚持以点带线、以线带面，加强产业链条的培育和建设，促进产业集聚。把提高自主创新能力作为高技术产业基地发展的主线，推进产学研合作，引导企业加强原始创新、集成创新和引进技术消化吸收再创新。

优化环境、加强引导。充分发挥市场配置资源的基础性作用，加强政府扶持引导，着力营造有利于激励企业自主创新、有利于产业链构建、有利于产业集聚发展的体制政策法制环境，促进高技术产业基地的形成和发展。

（三）加快国家高技术产业基地发展的目标，是力争经过10年左右的发展，在信息、生物、航空航天、新材料、新能源、海洋等高技术产业领域，形成百个左右产业特色鲜明、创新能力强、产业链完善、产值规模超过千亿元的专业性国家高技术产业基地，在此基础上形成若干具有国际先进水平的综合性国家高技术产业基地，使国家高技术产业基地产值占全国高技术产业总产值的比重大幅度提高，形成我国高技术产业发展的重要载体，成为产业结构升级和区域经济发展的重要引擎。

四、加快国家高技术产业基地发展的主要任务

（一）建立产学研结合的技术创新体系，增强自主创新能力。大幅度增加基地研究开发投入，使研究开发投入占基地生产总值的比例、高新技术产品产值占全部产品产值的比例、研究开发和工程技术人员占全部就业人员的比例等显著高于其他区域。整合和优化配置资源，建设开放式公共服务平台，建立健全知识产权保护体系，建立以企业为主体、市场为导向、产学研结合的技术创新体系。

（二）加强特色产业链条建设，提高产业配套能力。促进高技术企业、资金、技术、人才等资源向基地集中，有效提高资源利用率和降低创新创业成本。结合区域比较优势和资源优势，延伸产业链条，提高产业配套能力，积极促进优势特色高技术产业发展，壮大高技术产业基地规模。

（三）提升产业层次，促进产业结构优化升级。支持基地吸引高端创新领军人才，大力发展高端产业。加快培育一批具有自主知识产权和国际竞争力的跨国经营龙头企业，积极推动创新型中小企业发展。引导高技术制造业向中西部地区基地转移。

（四）促进国际合作，提高国际化发展水平。支持基地在新一轮国际产业转移中大力吸引跨国公司投资，提高利用外资的质量和水平。抓住全球服务外包发展机遇，加快基地信息技术外包服务、生物医药外包服务发展。

（五）建立符合高技术产业发展规律的运行机制。积极推进体制创新，建立精简高效的管理体制。大力推动中介机构发展和行业协会建设，积极发展技术专利代理和鉴定机构、创业投资机构、信息与咨询公司、会计事务所、法律事务所等专业性服务机构。

（六）增强对高技术产业发展的辐射带动作用。充分发挥基地的技术创新优势和集聚作用，加强重大技术的研发和产业化，积极推广基地成功经验，加强基地辐射区建设，带动全国高技术产业迈上新台阶。

五、加大力度支持国家高技术产业基地发展

（一）加大政府引导力度。国家高技术产业基地所在地人民政府要根据地方财力和实际情况，研究设立专项资金对基地建设给予支持，协调办理基地及基地内建设项目的土地、环保等相关手续。国家发展改革委对国家高技术产业基地创新能力基础设施、公共服务条件、产业化等项目建设择优给予一定资金补助。

（二）加快发展创业投资。国家发展改革委和财政部产业技术研发资金创业投资试点将重点扶持符合条件的国家高技术产业基地企业，特别是通过政府引导、社会参与的方式，支持国家高技术产业基地设立行业性创业投资基金，引导并带动民间资金支持高技术企业发展。

（三）支持企业利用资本市场融资。优先支持国家高技术产业基地符合条件的企业在国内主板、中小企业板和创业板上市融资。支持国家高技术产业基地内符合条件的企业发行企业债券。开展国家高技术产业基地内具备条件的企业进入证券公司代办系统进行股份转让试点工作。支持金融机构在国家高技术产业基地实施金融创新试点，建立和健全中小高技术企业投融资担保体系，发挥金融机构对国家高技术产业基地建设的支持作用。

（四）鼓励产学研结合。充分利用产学研联盟等各种有效机制，推动国家高技术产业基地与高等院校和科研院所建立紧密的合作关系。鼓励高校、科研机构在国家高技术产业基地建立分支机构。

（五）加强公共服务平台和创新基础能力建设。支持依托基地服务商、骨干企业或产业联盟等形式，建设公共技术研发平台、检测试验平台、技术转移机构等公共服务平台。支持基地建设工程研究中心、工程实验室、企业技术中心等创新基础能力。

（六）加强人才培养和引进。加强高素质技术和管理人才培养。鼓励本地区、国内乃至世界的优秀人才进入国家高技术产业基地投资兴办企业。完善人才使用激励机制，创造优良的工作环境、创业环境和生活环境。

（七）加强国际交流与合作。推动国家高技术产业基地参与国家发展改革委与有关国家政府及大型跨国公司间的合作计划。鼓励跨国公司在高技术产业基地设立地区总部、研发中心、采购中心、培训中心。鼓励外资企业技术创新，增强配套能力，延伸产业链。鼓励基地企业到境外投资建设生产基地和设立研发中心。

（八）支持省级高技术产业基地发展。鼓励有条件的地区建设省级专业性高技术产业基地。对满足国家高技术产业基地条件的，经评估认定可以升级为国家高技术产业基地。

六、加强国家高技术产业基地管理

（一）完善管理体制。国家高技术产业基地的认定、考核和宏观指导工作，由国家发展改革委负责。基地所在省、自治区、直辖市、计划单列市发展改革委依据基地发展规划，负责对基地建设和发展的具体指导和协调工作。基地所在城市应因地制宜地设立相应机构，负责日常管理和服务工作。

（二）国家高技术产业基地的申报与认定。申报国家高技术产业基地，由申报城市所在省级发展改革委组织编制规划并经省级人民政府同意后向国家发展改革委提出申请。国家发展改革委组织经济、技术等方面的专家对申报的国家高技术产业基地的功能定位、产业总规模、集聚程度、增长速度、创新能力、国际化程度、发展环境、发展目标、发展潜力、地方政府扶持措施等进行评估。评估通过后，国家发展改革委批准认定为国家高技术产业基地。

（三）国家高技术产业基地的考核。省市发改委要定期（每一年度）将基地发展状况（包括生产总产值、增加值、进出口、研究与开发投入、申请和授权的专利数量等指标）报国家发展改革委。国家发展改革委组织专家对国家高技术产业基地进行定期考核，考核结果将和国家对基地的扶持力度挂钩并向社会公布，具体办法另行制订。

财政部、国家发展改革委、工业和信息化部、海关总署、国家税务总局、国家能源局关于调整重大技术装备进口税收政策的通知

财关税［2009］55号　2009年8月20日

各省、自治区、直辖市、计划单列市财政厅（局）、发展改革委、工业和信息化主管部门、国家税务局，新疆生产建设兵团财务局、发展改革委，海关总署广东分署、各直属海关，财政部驻各省、自治区、直辖市、计划单列市财政监察专员办事处：

为提高我国企业的核心竞争力及自主创新能力，推动产业结构调整和升级，促进国民经济可持续发展，贯彻落实国务院关于装备制造业振兴规划和加快振兴装备制造业有关调整进口税收优惠政策的决定，现将有关事项通知如下：

一、自2009年7月1日起，对国内企业为生产国家支持发展的重大技术装备和产品而确有必要进口的关键零部件及原材料，免征进口关税和进口环节增值税。同时，取消相应整机和成套设备的进口免税政策。对国产装备尚不能完全满足需求，仍需进口的，作为过渡措施，经严格审核，以逐步降低优惠幅度、缩小免税范围的方式，在一定期限内继续给予进口优惠政策。具体规定见附件1。

二、自2009年7月1日起，对国内企业为开发、制造重大技术装备而进口部分关键零部件及原材料所缴纳关税和进口环节增值税实行先征后退的政策停止执行。附件2所列文件同时废止。

三、企业于2008年1月1日至2009年6月30日进口的重大技术装备关键零部件及原材料，申请继续享受有关先征后退进口税收政策的，应当按照《财政部国家发展改革委海关总署国家税务总局关于落实国务院加快振兴装备制造业的若干意见有关进口税收政策的通

知》（财关税［2007］11号）及有关专项进口税收政策的规定，最迟应于2009年9月30日前提交申请文件，逾期不予受理。省级财政部门应在2009年10月30日前将申请文件汇总报财政部。符合条件的企业应在获得退税确认书之日起半年内按照财关税［2007］11号文件规定的相关程序向进口地海关申请办理退税手续，逾期不予受理。

企业申请享受2009年7月1日至2009年12月31日进口重大技术装备和产品关键零部件及原材料有关进口免税政策的，最迟应于2009年10月1日前提交申请文件，具体申请条件和程序比照本通知附件1所列暂行规定执行，逾期不予受理。省级工业和信息化主管部门应在接到企业申请后的15个工作日内会同企业所在地直属海关、财政部驻当地财政监察专员办事处完成初审并将申请文件及初审意见汇总上报工业和信息化部，同时抄报财政部、海关总署、国家税务总局（能源装备制造企业的申请文件及初审意见应同时抄报国家能源局）。城市轨道交通项目业主和核电项目业主分别向国家发展改革委和国家能源局提交申请文件，同时抄报财政部、海关总署、国家税务总局。符合条件的企业自2009年7月1日起享受2009年度的进口免税政策。

附件：1. 重大技术装备进口税收政策暂行规定

2. 废止文件目录

附件1：

重大技术装备进口税收政策暂行规定

为提高我国企业的核心竞争力及自主创新能力，促进装备制造业的发展，贯彻落实国务院关于装备制造业振兴规划和加快振兴装备制造业有关调整进口税收政策的决定，特制定本规定。

根据国务院关于装备制造业振兴规划和加快振兴装备制造业有关决定，财政部会同有关部门制定《国家支持发展的重大技术装备和产品目录》和《重大技术装备和产品进口关键零部件、原材料商品清单》。对符合规定条件的国内企业为生产附1中所列装备或产品而确有必要进口附2中所列商品，免征关税和进口环节增值税。

对国内已能生产的重大技术装备和产品，由财政部会同有关部门制定《进口不予免税的重大技术装备和产品目录》。对按照或比照《国务院关于调整进口设备税收政策的通知》（国发［1997］37号）规定享受进口税收优惠政策的下列项目和企业进口附3中自用设备以及按照合同随上述设备进口的技术及配套件、备件，恢复征收进口税收：

国家鼓励发展的国内投资项目和外商投资项目；

外国政府贷款和国际金融组织贷款项目；

由外商提供不作价进口设备的加工贸易企业；

中西部地区外商投资优势产业项目；

《海关总署关于进一步鼓励外商投资有关进口税收政策的通知》（署税［1999］791号）规定的外商投资企业和外商投资设立的研究中心利用自有资金进行技术改造项目。

对相应国产装备尚不能完全满足需求，确需进口的部分整机和设备，根据上下游产业的供应情况，经财政部会同发展改革委等有关部门严格审核，采取降低优惠幅度、缩小免税范围的过渡措施，在一定期限内继续给予进口优惠政策，过渡期结束后完全停止执行整机的进口免税政策。

根据国内相关产业发展情况以及政策实施情况，工业主管部门、投资主管部门或海关总署提出调整附1、2、3的建议，财政部会同有关部门予以研究修订。

申请享受本规定进口税收优惠政策的企业一般应为从事开发、生产附1中所列装备或产品的制造企业，此类企业应当具备以下条件：

独立法人资格；

具有较强的设计研发和生产制造能力；

具备专业比较齐全的技术人员队伍；

具有核心技术和自主知识产权；

已有相关装备或产品的销售业绩或合同订单，具体销售数量要求见附1。

对于城市轨道交通、核电等特殊领域的承担重大技术装备自主化依托项目业主以及开发自用生产设备的企业也可申请享受本规定的进口税收优惠政策。

对新申请享受本规定进口税收优惠政策的企业资格认定工作每年组织1次，企业提交认定申请文件的日期为每年3月1日至3月31日，逾期不予受理。制造企业通过企业所在地省级工业和信息化主管部门向工业和信息化部提交申请文件，同时抄送企业所在地直属海关和财政部驻当地财政监察专员办事处；中央企业直接向工业和信息化部提交申请文件，同时抄送财政部、海关总署、国家税务总局（能源装备的制造企业还应同时抄送国家能源局）；企业下属多个子公司申请享受政策的，由其母公司统一上报申请文件。

承担城市轨道交通重大技术装备自主化依托项目的业主应当在该项目所需进口物资全部执行完毕后的每年3月1日至3月31日直接向国家发展改革委提交免税申请文件，同时抄送财政部、海关总署、国家税务总局；承担核电重大技术装备自主化依托项目的业主应当在该项目进口物资全部执行完毕后的每年3月1日至3月31日直接向国家能源局提交免税申请文件，同时抄送财政部、海关总署、国家税务总局。

工业和信息化部或省级工业和信息化主管部门收到制造企业的申请文件后，应当审查申请文件是否规范、完整，材料是否有效。申请文件符合规定的，工业和信息化部或省级工业和信息化主管部门应当予以受理，省级工业和信息化主管部门应会同企业所在地直属海关、财政部驻当地财政监察专员办事处对申请材料进行初审，并在每年4月15日前将申请文件及初审意见汇总上报工业和信息化部，同时抄送财政部、海关总署、国家税务总局（能源装备制造企业的申请文件及初审意见还应同时抄送国家能源局）。申请文件不符合规定的，应当告知企业需要补正的有关材料，企业应在5个工作日内提交补正材料。企业不能按照规定提交申请文件或补正材料的，工业和信息化部或省级工业和信息化主管部门不予受理。

工业和信息化部受理制造企业申请文件后，会同财政部、海关总署、国家税务总局（对能源装备制造企业资格的认定还应会同国家能源局）和相关行业专家根据本规定第五条的要求对企业资格进行认定，并核定企业的生产能力、产量、确有必要进口的关键零部件、原材料的进口需求。国家发展改革委、国家能源局会同财政部、海关总署、国家税务总局和相关行业专家分别负责对城市轨道交通和核电领域承担重大技术装备自主化依托项目的业主资格进行认定，并核定项目业主确有必要进口的关键零部件及原材料的进口需求。工业和信息化部、国家发展改革委、国家能源局应在每年5月10日前将企业资格认定及相关因素核定结果通知财政部。

财政部会同海关总署、国家税务总局根据工业主管部门或投资主管部门对企业资格认定和相关因素核定的结果，在年度预算以及税式支出规模（即年度减免税额度）安排的框架内，明确年度享受优惠政策的企业及相应免税进口额度的清单。

本条第一款、第二款有关工作一般在每年5月31日前完成。上年度已享受免税政策的企业在本年度免税额度清单印发之前可直接向海关申请凭税款担保先予办理有关零部件及原材料放行手续；本年度新申请企业凭受理部门出具的证明文件、承担重大技术装备自主化依托项目的业主凭项目主管部门出具的证明文件，也可向海关申请凭税款担保先予办理有关零部件及原材料放行手续。

取得认定资格的企业，按照《中华人民共和国海关进出口货物减免税管理办法》（海关总署第179号令）规定在免税进口额度内办理有关重大技术装备或产品进口关键零部件及原材料的免税手续。

企业违反规定，将享受进口税收优惠政策的关键零部件及原材料擅自转让、移作他用或者进行其他处置被依法追究刑事责任的，从违法行为发现之日起停止享受本规定进口税收优惠政策；尚不够追究刑事责任的，从违法行为发现之日起停止享受本规定进口税收优惠政策2年。

为及时对优惠政策进行绩效评价，享受本规定进口税收优惠政策的企业应在每年的3月1日至3月31日将上一年度的优惠政策落实情况报财政部备案，同时抄报工业和信息化部、海关总署、国家税务总局。企业连续两年未按期提交报告的，停止享受本规定进口税收优惠政策1年。

企业应如实报告政策落实情况，当企业实际使用免税进口金额与核定额存在较大差距时，应当予以说明。存在虚报情节严重的，停止享受本规定进口税收优惠政策1~2年。

企业申请文件和优惠政策落实情况报告的格式及要求格式见附4、5。

本规定自2009年7月1日起实施。

附：1.《国家支持发展的重大技术装备和产品目录》（略）
2.《重大技术装备和产品进口关键零部件、原材料商品清单》（略）
3.《进口不予免税的重大技术装备和产品目录》（略）
4. 重大技术装备企业申请文件及其要求（略）
5. 重大技术装备企业优惠政策落实情况报告及其要求（略）

附件2：

废止文件目录

《财政部 国家发展改革委 海关总署 国家税务总局关于落实国务院加快振兴装备制造业的若干意见有关进口税收政策的通知》（财关税［2007］11号）；

《财政部关于调整喷气织机和自动络筒机及其零部件进口税收政策问题的通知》（财关税［2007］50号）；

《财政部办公厅 海关总署办公厅关于重大装备制造企业退税确认书有关事项的通知》（财办关税［2007］55号）；

《财政部关于调整大型全断面隧道掘进机关键零部件进口税收政策问题的通知》（财关税［2007］63号）；

《财政部关于调整大型露天矿用机械正铲式挖掘机及其关键零部件、原材料进口税收政策的通知》（财关税［2007］99号）；

《财政部关于调整大型煤炭采掘设备及其关键零部件、原材料进口税收政策的通知》（财关税［2007］101号）；

《财政部关于调整新型大马力农业装备及其关键零部件进口税收政策的通知》（财关税［2008］14号）；

《财政部关于调整大型非公路矿用自卸车及其关键零部件、原材料进口税收政策的通知》（财关税［2008］20号）；

《财政部关于调整大型、精密、高速数控设备及其关键零部件进口税收政策的通知》（财关税［2008］32号）；

《财政部关于调整大功率风力发电机组及其关键零部件、原材料进口税收政策的通知》（财关税［2008］36号）；

《财政部关于调整大型石化设备及其关键零部件、原材料进口税收政策的通知》（财关税［2008］78号）；

《财政部关于调整大型煤化工设备及其关键零部件、原材料进口税收政策的通知》（财关税［2008］80号）；

《财政部关于调整超、特高压输变电设备及其关键零部件进口税收政策的通知》（财关税［2008］82号）。

财政部、国土资源部、中国人民银行、监察部、审计署关于进一步加强土地出让收支管理的通知

财综［2009］74号　2009年11月18日

各省、自治区、直辖市、计划单列市财政厅（局）、国土资源厅（局）、监察厅（局）、审计厅（局），中国人民银行上海总部，各分行、营业管理部、省会（首府）城市中心支行，大连、青岛、宁波、厦门、深圳中心支行：

2006年，《国务院办公厅关于规范国有土地使用权出让收支管理的通知》（国办发［2006］100号）和《财政部国土资源部中国人民银行关于印发〈国有土地使用权出让收支管理办法〉的通知》（财综［2006］68号）印发后，各地区认真落实土地出让收支全额纳入地方基金预算管理的规定，大力加强土地出让收支管理，取得了积极成效。但是，个别地区土地出让收支管理仍存在一些问题，如，有的地区土地出让收支未全额纳入地方基金预算管理；有的地区已收缴的土地出让收入在非税收入汇缴专户滞留时间过长，未按规定及时缴入地方国库；有的地区存在拖欠土地出让收入问题，未能做到应收尽收；有的地区越权减免缓缴或变相减免土地出让收入，造成土地出让收入流失；还有的地区未按规定编制土地出让收支预算等。针对上述问题，按照财政资金科学化、精细化管理要求，结合开展工程建设领域突出问题专项治理工作，现就进一步加强土地出让收支管理的有关事宜通知如下：

一、统一思想认识，不折不扣地将土地出让收支全额纳入地方基金预算管理

土地出让收支全额纳入地方基金预算管理，是全面完整反映地方政府收支活动的一个重要手段，是加强土地调控、促进节约集约用地的一项重要内容，是落实科学发展观的一项重要举措，地方各级财政、国土资源管理部门要从维护中央政策统一性以及促进经济全面协调可持续发展的高度，进一步统一思想，提高认识，严格执行国办发［2006］100号和财综［2006］68号等文件，不折不扣地落实土地出让收支全额纳入地方基金预算管理的规定，将土地出让收入全额缴入地方国库，支出通过地方基金预算从土地出让收入中予以安排，实行彻底的“收支两条线”管理。

省级财政、国土资源管理、人民银行分支机构、监察、审计部门要对本地区各市县土地出让收支全额纳入地方基金预算管理情况进行

认真排查，对于未按规定将土地出让收支全额纳入地方基金预算管理的市县，要督促其限期整改并落实到位，确保土地出让收支全额纳入地方基金预算管理政策在本地区得到贯彻执行。

二、加强征收管理，保障土地出让收入及时足额征收和缴入地方国库

保障土地出让收入及时足额缴入地方国库,是落实土地出让收支纳入地方基金预算管理的基础。除国务院有明确规定以外，任何地区和部门均不得减免缓缴或者变相减免土地出让收入。市县财政、国土资源管理部门、人民银行分支机构要各负其责，加强土地出让收入征管，确保土地出让收入及时足额缴入地方国库。

（一）严格土地出让收入征收管理。市县国土资源管理部门在国有土地出让合同、租赁合同、划拨决定书中，必须明确土地出让价款、租金和划拨土地价款的总额、缴付时间和缴付方式；对于经依法批准改变土地用途等土地使用条件的，市县国土资源管理部门必须在土地出让或租赁合同中明确应补缴的土地价款，缴款人应及时按合同有关规定缴款。对于未按规定缴清全部土地价款的单位或个人，市县国土资源管理部门不得核发国有土地使用证，也不得按土地价款缴纳比例分割发证。

（二）确保土地出让收入及时入库。土地出让收入原则上采取就地直接缴库方式，商业银行应当把收缴的土地出让收入及时足额划转地方国库。市县财政部门已将土地出让收入收缴至非税收入汇缴专户的，要严格执行10个工作日划转地方国库的规定，不得超时滞留已收缴的土地出让收入。对于不按规定将已收缴的土地出让收入及时划转地方国库的，省级财政、国土资源管理、人民银行分支机构、监察、审计部门要予以纠正，并在全省范围内通报批评。各级人民银行分支机构要加强对商业银行代收土地出让收入业务的检查监督与管理。

（三）规范土地出让收入分期缴纳行为。市县国土资源管理部门与土地受让人在土地出让合同中依法约定的分期缴纳全部土地出让价款的期限原则上不超过一年。经当地土地出让协调决策机构集体认定，特殊项目可以约定在两年内全部缴清。首次缴纳比例不得低于全部土地出让价款的50%。土地租赁合同约定的当期应缴土地价款（租金）应当一次全部缴清，不得分期缴纳。

（四）严格执行土地出让（租赁）合同、划拨决定书。市县国土资源管理部门要加强土地出让（租赁）合同、划拨决定书执行管理，督促土地受让人依法履行土地出让（租赁）合同、划拨决定书，严格按照土地出让（租赁）合同和划拨决定书约定条款缴纳土地出让收入。对于未按时缴纳土地价款的单位和个人，要依法采取有效措施限期追缴。除因不可抗力未及时缴纳土地出让收入外，要严格按规定加收违约金。对于未按时缴纳土地价款、未按合同约定动工建设的单位和个人，拖欠土地出让收入期间不得参与新的土地出让交易活动；有关拖欠和违约信息要计入其诚信档案，可以通过提高竞买保证金或违约金等方式，限制其参加土地招拍挂活动。对于2009年审计调查发现的个别地方越权减免缓缴或者变相减免土地出让收入的现象，省级财政、国土资源管理、监察、审计等部门要依法采取措施予以纠正，并限期补缴应缴的土地出让收入。

（五）完善土地出让收入信息共享制度。土地出让（租赁）成交后，市县国土资源管理部门应当按照规定及时在中国土地市场网及土地有形市场等指定场所公布。国有建设用地使用权出让（租赁）合同、划拨决定书应按有关规定及时在土地市场动态监测与监管系统中填报。市县财政部门要加强与国土资源管理部门沟通协调，或通过中国土地市场网、土地有形市场等方式及时了解土地出让情况及土地出让收入相关信息。省级财政部门要商同级国土资源管理部门建立全省统一的土地出让收入征管和信息共享机制，确保财政部门、国土资源管理部门及时掌握收缴信息。

三、完善预算编制，严格按照规定合理安排各项土地出让支出

根据政府性基金预算编制工作的要求，自2010年起，各级财政部门要向同级人大报告政府性基金收支情况。土地出让收支预算是地方政府性基金收支预算的重要组成部分，地方各级财政、国土资源管理部门要予以高度重视，严格按照国办发［2006］100号文件和《财政部、国土资源部关于加强土地出让收支预算编制工作的通知》（财综［2008］74号）的规定，共同做好本地区土地出让收支预算编制工作。

市县财政部门、国土资源管理部门在编制土地出让收支预算时，要统筹考虑经济社会发展和资金保障能力等因素，合理确定年度用地规模和土地供应规模，并按规定程序纳入新增建设用地计划和年度建设用地供应计划。编制土地出让收入预算应当与年度建设用地供应计划相衔接，实施新增建设用地计划应当与土地出让支出预算相衔接。市县财政、国土资源管理部门在编制土地出让支出预算时，要确保足额支付征地和拆迁补偿支出、补助被征地农民社会保障支出，重点向新农村建设倾斜，逐步提高用于农业土地开发和农村基础设施建设的比重；要严格按照规定将土地出让净收益的10%用于补充城市廉租住房保障资金，根据城市廉租住房保障工作进展情况及时核拨所需资金；要加强土地出让收支预算执行管理，对于未列入土地出让支出预算的各类项目，包括土地征收项目，一律不得通过土地出让收入安排支出。

省级财政、国土资源管理部门要加强对市县土地出让收支预算编制工作的指导，督促市县做好土地出让收支预算编制工作。同时，要在市县编制土地出让收支预算的基础上，汇总编制本地区土地出让收支预算，并于当年12月31日前连同预算编制说明一并报送财政部汇总。财政部门要将经人大批准的土地出让收支预算抄送同级地方国库部门。

四、加强统计工作，提高土地出让收支统计报表编报质量和编报水平

土地出让收支统计报表，是反映土地市场运行情况和土地出让收支政策执行情况的重要途径，是制定和完善相关政策的重要依据，也是查找问题、强化日常管理的工作平台。地方各级财政、国土资源管理部门和人民银行分支机构要高度重视土地出让收支统计工作，认真执行《财政部　国土资源部　中国人民银行关于建立国有土地收支统计报表体系的通知》（财综［2007］29号）的有关规定。

市县财政、国土资源管理部门要在本部门内部指定具体负责统计报表的机构和人员，落实报表填报责任。同时，要加强内部协调与沟通，指定相关机构及时向本部门牵头汇总机构提供土地出让收支报表相关数据。市县财政、国土资源管理部门和人民银行分支机构要分别做好报表数据审核工作，保障数据准确性，共同做好统计报表填报工作。市县财政部门要及时汇总本地区土地出让收支报表，按时报送省级财政、国土资源管理部门、人民银行分支机构。省级财政部门、国土资源管理部门和人民银行分支机构，要建立统计督查机制，督促市县相关部门及时报送土地收支报表，并及时审核汇总本地区土地出让收支统计报表，按时报送财政部、国土资源部、人民银行。

五、强化监督检查，严格执行土地出让收支管理的责任追究制度

省级财政、国土资源管理、人民银行分支机构、监察、审计部门要结合工程建设领域突出问题专项治理工作，强化对市县落实土地出让收支管理政策的监督检查，切实维护土地出让收支管理政策的严肃性，对于违反规定拖欠土地出让收入，未及时足额缴纳土地出让收入，未将土地出让收支全额纳入地方基金预算管理，已收缴的土地出让收入未按规定及时缴入地方国库，越权减免缓缴或变相减免土地出

让收入等行为，要严格依照《财政违法行为处罚处分条例》（国务院令第427号）、《金融违法行为处罚办法》（国务院令第260号），以及监察部、人力资源社会保障部、国土资源部联合印发的《违反土地管理规定行为处分办法》（监察部令第15号）的规定进行处罚，并依法追究相关责任人员的行政责任。

地方各级财政、国土资源管理、人民银行分支机构、监察、审计部门要认真贯彻本通知，采取切实有效措施，确保相关政策落到实处。各省、自治区、直辖市及计划单列市的财政、国土资源管理、人民银行分支机构、监察、审计部门要于2010年3月31日前，将本地区贯彻落实本通知情况以书面形式报告财政部、国土资源部、中国人民银行、监察部、审计署。

商务部关于2009年国家级经济技术开发区工作的指导意见

商资发［2009］138号　2009年3月26日

2009年是我国进入新世纪以来经济发展最为困难的一年，也是蕴含重大机遇的一年。国际金融危机引发的世界经济衰退对我国的冲击仍将持续，对产业集中、经济外向度较高的国家级经济技术开发区（以下简称开发区）的影响将更为明显。近期，党中央、国务院及时采取了灵活审慎的宏观经济政策，实施积极的财政政策和适度宽松的货币政策，连续出台了扩大内需、保持经济平稳较快增长的一系列重大举措。为认真贯彻落实党中央、国务院的重要战略部署，积极应对国际金融危机，现就2009年开发区工作提出以下意见：

一、各开发区要全面贯彻党的十七大、十七届三中全会和中央经济工作会议精神，以邓小平理论和“三个代表”重要思想为指导，深入贯彻落实科学发展观，充分发挥精简高效、亲商务实的体制优势和多年发展形成的综合优势，积极扩大内需，保持经济平稳较快发展，加快发展方式转变和结构调整，积极促进就业，继续成为所在地的经济增长极，成为国家规划的新的经济增长带的重要支撑点，成为区域经济协调发展的促进平台。

二、千方百计扩大内需。扩大内需是当前经济工作的基本立足点，是保增长的根本途径。各开发区要抓住中央和地方扩大投资的机遇，及时调整财政预算，增大筹融资规模，加大基本建设投入，集中财力实施一批基础设施和民生工程建设。积极与国家产业振兴计划做好衔接，努力争取国家重点产业项目和产业基地落户开发区。引导企业拓展内销市场，增强抗风险能力。

三、稳定利用外资规模，提高利用外资质量。一是进一步完善投资环境，不断推进投资便利化。将创建政策透明、行政规范、营商便利、公平竞争的投资环境作为当前提升我国引资竞争力的重要手段。进一步清理涉及外商投资企业的收费和检查事项，大力构建政府公共服务平台。利用各种平台和机会，加大对外招商和宣传力度，增强外商对开发区投资环境的了解和对我国经济发展前景的信心，深入开展产业招商、以商招商，确保取得实效。二是优化利用外资结构。将利用外资与促进国内产业优化相结合，重点鼓励外商投资高新技术产业、节能环保产业和现代服务业。加快推进产业结构转型升级，大力支持重点产业发展，做大做强优势产业和重点企业，加大服务扶持力度，进一步提升层次扩大规模。坚持科学发展，加强节能减排和环境保护，积极创建国家生态工业示范园区，大力发展循环经济，提高土地利用节约集约化水平。

四、大力发展服务外包产业。将促进服务外包产业发展作为保增长、扩内需、调结构和增加高校毕业生就业机会的重要途径。研究出台促进服务外包发展的综合性政策措施，支持服务外包企业人才培养、国际资质认证和公共服务平台建设，努力缓解大学生就业压力。认真落实国务院办公厅《关于促进服务外包产业发展问题的复函》（国办函［2009］9号）精神，各开发区特别是20个服务外包示范城市的开发区要加大对服务外包产业的财税政策支持力度，鼓励和支持企业积极承接国际服务外包业务。中西部地区的开发区可充分利用中央财政贷款贴息政策扩大服务外包基础设施建设规模，加快建设进度。

五、稳定进出口规模，加快转变外贸发展方式。一是加大财税金融政策支持。用好用足国家出口退税等政策，加大对外贸发展的财政资金支持力度。加大对企业的信贷支持力度，改善企业融资担保条件，健全出口信用风险保障机制。稳定出口采取的各项措施一定要符合WTO规则。二是引导企业大力开拓新兴市场。在继续巩固美欧日等传统市场的同时，积极引导企业下大力气开拓南亚、中东、中亚、南美、东欧等新兴经济体和发展中国家出口市场。鼓励和支持企业到新兴市场参展办展，进行商标注册、质量认证，支持企业建立境外营销网络。三是优化出口商品结构。重点推动自主品牌产品和大型机械、成套设备以及优势农产品、劳动密集型产品出口，加大对中小企业技术创新和参与国际竞争的扶持力度。深入推进科技兴贸工程，搞好创新基地建设。提升加工贸易产业产品层次，延长加工贸易产业链条。加强出口产品质量促进工作，面向企业提供进出口产品质量检验标准咨询服务，完善出口产品质量全过程监管体系。

六、大力推进区域经济协调发展。充分发挥开发区综合优势，促进本地区经济结构战略调整和区域经济协调发展。以市场需求和产业发展规律为导向，探索建立东中西部开发区之间产业转移合作机制。东部地区的开发区要深化开放，采取措施推动本区域向国际先进制造业、高新技术产业、现代服务业集聚区和跨国公司研发中心、区域总部方向发展。中西部地区的开发区要加快发展内陆开放型经济，通过制定优惠政策、改善投资环境、完善物流设施，积极承接国外和东部地区产业转移，努力打造产业转移示范园区。积极探索投资合作方式，进一步扩大和提升沿边对外开放水平。发挥开发区对周边地区的辐射带动作用，推动区域性综合性产业增长带和经济圈形成。

七、积极促进就业。开发区要把就业工作摆在突出重要的位置，实施积极的就业政策，加大财政投入，调动企业、劳动者和社会各方面力量促进就业和再就业。发挥重大项目带动就业的作用，尽可能多地提供就业机会，鼓励劳动密集型产业特别是中小企业和服务业吸纳就业。组织区内企事业单位积极参加商务部、教育部、人力资源和社会保障部共同举办的高校毕业生网络招聘会和其他招聘活动，吸引更多的高校优秀毕业生投身开发区建设。根据商务部和团中央要求，依托区内企业建立“青年就业创业见习基地”，推动企业提供见习岗位。健全公共就业服务体系，加强职业技能培训。

八、增强社会责任意识，进一步完善社会保障体系。继续高度关注和改善民生，加大投入和保障力度，进一步完善社会保障体系。依法规范征地并加强被征地农民的就业培训和社会保障工作。保障劳动者合法权益，妥善处理劳资纠纷，认真做好企业突发事件的应对工作，完善相关应急协调机制。积极引导和监督区内企业履行社会责任，防止出现大规模集中裁员现象，维护和谐安定的良好局面。

九、切实加强公共服务，帮助企业解决实

际困难。各开发区要寓管理于服务之中，将政策目标转化为符合企业需要的政策措施。在税费、融资和服务等方面出台相应扶持政策，帮助企业减负降压，坚定发展信心。关注重点出口企业经营状况，加强对出口企业的政策引导、信息服务和专题培训力度，增强企业应对市场变化的能力。建立开发区管委会与企业之间高效的沟通联系机制，将基层意见反馈制度化、常态化，及时掌握企业在经营中遇到的困难和问题。引导企业认真总结应对国际金融危机的成功经验，并加以宣传推广，发挥示范带头作用。

十、各开发区要切实把认识统一到中央对国内外经济形势的分析判断上来，把行动统一到中央的部署上来，把思想统一到科学发展观的要求上来，旗帜鲜明地将扩大内需、保持经济平稳较快发展、加快经济结构调整和发展方式转变以及促进就业作为2009年的首要任务，积极应对金融危机，与企业共克时艰、共渡难关，实现又好又快发展。

国土资源部、监察部
关于进一步落实工业用地出让制度的通知

国土资发［2009］101号　2009年8月10日

各省、自治区、直辖市国土资源厅（国土环境资源厅、国土资源局、国土资源和房屋管理局、规划和国土资源管理局）、监察厅（局），副省级城市国土资源行政主管部门、监察局，新疆生产建设兵团国土资源局、监察局，各派驻地方的国家土地督察局：

针对当前国内经济形势和工业用地供应中存在的突出问题，为落实党中央、国务院关于保增长、扩内需、促进经济平稳较快发展的重大决策，更大程度地发挥土地政策调控作用，现就进一步完善工业用地出让制度通知如下。

一、明确政策，合理选择工业用地招标拍卖挂牌出让方式

工业项目行业门类多，对产业政策、环保标准、产业布局结构和生产技术水平要求高。各地要在坚持工业用地招标拍卖挂牌出让制度的基础上，充分考虑工业用地的特点，合理选择出让方式，进一步细化政策措施。

（一）各地要严格执行工业用地招标拍卖挂牌制度，凡属于农用地转用和土地征收审批后由政府供应的工业用地，政府收回、收购国有土地使用权后重新供应的工业用地，必须采取招标拍卖挂牌方式公开确定土地价格和土地使用权人。

（二）各市、县国土资源行政主管部门应当依据年度土地利用计划、国家产业政策、土地供应政策、本地区社会经济发展目标、土地市场状况和土地供应潜力等，科学编制土地出让计划，明确工业用地的供应规模、功能布局和供应时序，经批准的出让计划要及时向社会公布。各地要支持中小企业发展，在土地出让计划中要安排一定比例的土地用于中小企业开发利用，特别是建设多层标准厂房。

（三）为充分了解工业用地需求，合理安排出让进度和出让规模，各地要大力推进工业用地预申请制度，加快制定工业用地预申请政策措施和操作程序。对列入市、县土地出让计划的工业用地，要及时将具备出让条件地块的位置、面积、产业要求、使用年限、土地使用

条件（功能分区）等信息向社会发布，接受用地申请。单位和个人对拟出让的地块有使用意向，所承诺支付的土地价格和土地使用条件符合规定的，市、县国土资源行政主管部门应适时组织挂牌或拍卖出让活动。

（四）各地在工业用地出让中，应依据供地政策、土地用途、规划限制等具体因素，选择适宜的出让方式。对具有综合目标或特定社会、公益建设条件，土地用途受严格限制、仅有少数单位或个人可能有受让意向的工业用地，可以采取招标方式，按照综合条件最佳者得的原则确定受让人。也可以设定专项条件，采取挂牌、拍卖方式，按照价高者得的原则确定受让人。

采用上述方式出让工业用地的，必须严格审核把关，在签订出让合同前必须按规定时间将供地审批结果向社会公示，公示时间不少于10个工作日；供地后必须加强监管，改变用地条件的，要收回土地，追究责任。

（五）分期建设的工业项目，市、县国土资源行政主管部门可以通过竞单位面积地价的方式确定招标拍卖挂牌竞得人（中标人），一次签订国有土地使用权出让合同，支付土地出让价款，再按照土地使用标准分期供地。自出让合同签订之日起两年内，办理完供地手续。分期建设的工业项目，不得改变土地用途，不得兴建职工住房。改变土地用途用于商业、旅游、娱乐、商品住宅等经营性用途的，一律收回土地使用权重新招标拍卖挂牌出让。

二、严格限定协议范围，规范工业用地协议出让

各地要规范执行《招标拍卖挂牌出让国有建设用地使用权规定》（国土资源部令第39号）和《招标拍卖挂牌出让国有土地使用权规范》（国土资发［2006］114号），严格落实工业用地招标拍卖挂牌出让制度。依法不属于招标拍卖挂牌出让范围的工业用地，方可按照《协议出让国有土地使用权规范》（国土资发［2006］114号）规定的程序，办理协议出让。

（一）由于城市规划调整、经济形势发生变化、企业转型等原因，土地使用权人已依法取得的国有划拨工业用地补办出让、国有承租工业用地补办出让，符合规划并经依法批准的，可以采取协议方式。

（二）政府实施城市规划进行旧城区改建，需要搬迁的工业项目符合国家产业政策的，经市、县国土资源行政主管部门审核并报市、县人民政府批准，收回原国有土地使用权，以协议出让或租赁方式为原土地使用权人重新安排工业用地。拟安置的工业项目用地应符合土地利用总体规划布局和城市规划功能分区要求，尽可能在确定的工业集中区安排工业用地。

（三）采矿、采石、采砂、盐田等地面生产和尾矿堆放用地，鼓励采取租赁，也可协议方式出让。各地可在不高于法律规定的工业用地最高出让年限内，结合探矿权、采矿权出让年限，灵活确定采矿用地租赁和出让年限。

三、明确约定工业用地出让各方的权利义务，加强合同履约管理

（一）工业用地出让合同中要明确约定土地的交付时间、建设项目的开竣工时间。出让方应按照合同约定及时提供土地，督促用地者按期开工建设。受让人因非主观原因未按期开工、竣工的，应提前30日向出让人提出延建申请，经出让人同意，项目开竣工延期不得超过1年。

（二）工业用地出让期限内，受让人在符合规划、不改变土地用途的前提下增加容积率的，经核准，不再增收土地价款；需要改变土地用途的，必须取得出让人和市、县人民政府城市规划行政主管部门的同意，与出让人签订出让合同变更协议或者重新签订出让合同，由受让人按照批准改变时新土地使用条件下土地使用权市场价格与批准改变时原土地使用条件下剩余年期土地使用权市场价格的差额补缴出让金。出让合同或法律、法规、行政规定等明确改变土地用途应收回土地的，应当收回土地使用权，以招标拍卖挂牌方式重新出让。

四、强化执法监察，严格执行工业用地出让制度

（一）省级国土资源行政主管部门要继续严格落实《物权法》、《国务院关于加强土地调控有关问题的通知》（国发［2006］31号）和《国土资源部监察部关于落实工业用地招标拍卖挂牌出让制度有关问题的通知》（国土资发［2007］78号）等法律政策，结合当前经济形势和土地市场供求状况，积极研究解决本地区工业用地出让中的新情况、新问题，及时总结推广工业用地出让中的好做法、好经验，加大政策指导力度。省级监察机关要把对落实工业用地出让制度的监督检查作为一项日常工作，定期作出安排部署并组织实施，保证执法监察工作的效果。

（二）各级监察机关、国土资源行政主管部门要认真履行职责，严肃查处工业用地出让和转让中的违纪违法案件。对应当采取出让而采用划拨方式或者应当招标拍卖挂牌出让而协议出让工业用地的；对低于国家规定的工业用地出让最低价标准出让工业用地的；对工业用地出让合同签订后，擅自批准调整土地用途的；对不符合转让条件违规转让工业用地的；对不按规定及时准确地在中国土地市场网和指定的场所、媒介发布工业用地出让公告和出让结果等信息的违法违规行为，要认真纠正和查处。特别对领导干部以任何形式违反规定干预和插手工业用地招标拍卖挂牌出让的，要坚决予以查处。对领导干部在工业用地出让中违规违法造成重大损失或恶劣影响的，要实行问责。对于一些地方以扩大内需、促进经济增长为名在工业用地出让中违反供地政策、用地标准和国家产业政策，搭车用地、借机圈地的，要严肃处理。

地方各级国土资源行政主管部门、监察机关要结合工程建设领域突出问题专项治理工作，按照本《通知》要求，密切配合，认真做好工业用地出让工作，健全完善工业用地出让制度。监察部、国土资源部将根据各地的工作情况，适时组织联合检查。

国土资源部关于严格建设用地管理促进批而未用土地利用的通知

国土资发［2009］106号 2009年8月11日

各省、自治区、直辖市国土资源厅（国土环境资源厅、国土资源局、国土资源和房屋管理局、规划和国土资源管理局），新疆生产建设兵团国土资源局，各派驻地方的国家土地督察局：

为促进城市新增建设用地及时有效供应并得到充分利用，进一步加强建设用地管理，依法纠正和遏制违法违规使用农村集体土地等行为，现就有关工作事宜通知如下：

一、加快城市建设用地审批和土地征收实施

各级国土资源管理部门要切实增强主动工作意识，提高工作效率，积极采取有效措施，对国务院批准的2007、2008年度城市建设用地，凡未上报或审核同意实施方案的，省级国土资源管理部门要督促城市人民政府尽快编制和上报实施方案，并尽快向省（区、市）人民政府汇报，在9月底前完成审核工作。

省级国土资源管理部门要加强对地方的指导，督促各地加快征地实施工作进度，确保已批准的城市建设用地能够及时形成供地条件，保障扩内需、保增长、调结构用地的供应。

省级国土资源管理部门要加强对城市建设用地批后实施的跟踪管理和督促。国务院批准的城市建设用地，自省级人民政府审核同意实施方案后满两年未实施具体征地或用地行为的，该部分土地的农用地转用失效，并应以适当方式予以公告。

二、切实抓好批而未征土地的处理

各地要按照《关于在保增长保红线行动中加快处理批而未用土地等工作的通知》（国土资电发［2009］44号）的部署，在全面清理、摸清底数的基础上，及时制订批而未征、征而未供、供而未用、用而未尽土地的处理意见和整改方案，并认真抓好落实。省级国土资源管理部门要加强对城市建设用地批后实施情况的调查研究，帮助市、县协调解决工作中的困难和问题。

允许在一定条件下适当调整建设用地区位。国务院批准的2007、2008年度城市建设用地，至今未实施征地，但各种原因确需对原批准的建设用地区位进行调整的，且拟调整用地在符合土地利用总体规划和城市规划、不突破国务院批准的城市总用地和新增建设用地规模、“三类住房”等民生用地面积不减少的条件下，允许适当调整。城市人民政府应在申报实施方案时连同调整方案一并报省级人民政府审核。城市人民政府申报调整方案时应明确拟调整土地的具体位置、图幅图斑号、地类、面积等情况。凡涉及区位调整的，经省级人民政府批准后，应及时将相关批准文件报部备案，并抄送派驻地方的国家土地督察局。省级人民政府审批的城市建设用地满足上述条件的，可参照执行。

三、进一步规范和加强建设项目用地管理

规范城市基础设施等用地的供地手续。城市公共道路、公共绿地、公共污水雨水排放管线、公共休憩广场等基础设施、公用设施用地等，凡以建设项目运作实施的，必须严格依法办理供地手续，颁发《建设用地批准书》和《国有建设用地划拨决定书》，及时通过电子备案系统进行备案；对用地主体不明确，且已实际使用土地进行开发建设的，可视为已供地予以备案，待竣工后通过土地变更进行登记，用地主体确定为城市人民政府。

完善工业用地出让备案制度。对以招标拍卖挂牌方式确定使用权的工业项目用地，可在签订《成交确认书》后通过电子备案系统进行预备案，待正式签订《国有建设用地出让合同》后再规范填报供地备案；若后期因未取得其他相关部门批准手续而放弃土地使用权的，应及时在电子备案系统中注销预备案。

采取切实措施促进建设用地的有效利用。对已完成土地征收和前期土地开发，原意向项目不落实的，应及时调整给其他用地者。对因城市规划调整造成已供地项目不能落地的，应允许用地者报经批准后改变土地具体用途，或者通过协商调整安排给其他符合规划的项目，但应依法办理相关供地手续。对取得土地后满2年未动工的建设项目用地，应依照闲置土地的处置政策依法处置，促进尽快利用。

四、坚决查处违法批地和用地行为

各级国土资源管理部门要继续加大土地执法工作力度。当前，要围绕保增长、保民生、保稳定和社会关注的热点问题，切实抓好违法用地案件的查处。

加强土地执法监察。要通过进一步建立健

全动态巡查、举报等制度，对苗头性、倾向性问题早发现、早制止、早处置，及时纠正和查处以预审代审批、通过办理临时用地方式变相开工建设等未批先用、批而不用、批少占多等违法违规用地行为。

严肃查处违反土地管理法律法规新建“小产权房”和高尔夫球场项目用地。必须严格按照《土地管理法》和《关于严格执行有关农村集体建设用地法律和政策的通知》（国办发［2007］71号）的规定执行。对在建在售的以新农村建设、村庄改造、农民新居建设和设施农业、观光农业等名义占用农村集体土地兴建商品住宅，在地方政府统一组织协调下，必须采取强力措施，坚决叫停管住并予以严肃查处。

五、加强建设用地批后监管

健全建设用地动态监管制度。加快运行建设用地“批、供、用、补、查”综合监管平台，重点对土地利用规划和计划执行、土地审批及土地征收、土地供应、项目用地开发利用等情况进行动态监管，切实预防和防止未批即用、批而未征、征而未供、供而未用等现象的发生。省级国土资源管理部门要认真做好建设用地审批备案工作，适时掌握国务院批准城市用地的农用地转用、土地征收方案实施情况和省级人民政府审批建设用地情况。市、县国土资源管理部门要全面运行土地市场动态监测与监管系统。建设用地供应，必须通过系统填报并由系统生成配电子编号和条形码的《国有建设用地出让合同》、《国有建设用地划拨决定书》，并对执行情况实施全程监管，及时向社会公开供地计划、供应结果和实际开发利用情况动态信息。

各派驻地方的国家土地督察局要加强对建设用地审批事项的督察，将城市建设用地批后实施作为督察重点，特别是对调整用地区位的建设用地要加大抽查力度。把违法违规使用农村集体土地建设纳入专项督察范围，对问题严重地区发出整改意见，督促地方政府纠正整改。

科学技术部、财政部、教育部、国务院国资委、中华全国总工会、国家开发银行关于印发《国家技术创新工程总体实施方案》的通知

国科发政［2009］269号 2009年6月2日

各省、自治区、直辖市及计划单列市、新疆生产建设兵团科技厅（科委、局）、财政厅（局）、教育厅（教委、局）、国资委、总工会，国家开发银行各分行、代表处，各有关行业协会，各有关单位：

为全面贯彻党的十七大和全国科技大会精神，根据国务院《关于发挥科技支撑作用促进经济平稳较快发展的意见》（国发［2009］9号）的要求，科技部、财政部、教育部、国务院国资委、全国总工会、国家开发银行决定共同组织实施技术创新工程，加快以企业为主体、市场为导向、产学研相结合的技术创新体系建设，大力支持企业提高自主创新能力，增强产业核心竞争力。

现将《国家技术创新工程总体实施方案》印发给你们，请结合实际制订具体方案认真组织实施，扎实推动这项工作深入开展，工作中遇到的重要情况和问题请及时报告。

附件：

国家技术创新工程总体实施方案

为全面贯彻党的十七大和全国科技大会精神，落实国务院《关于发挥科技支撑作用促进经济平稳较快发展的意见》（国发［2009］9号），大力支持企业提高自主创新能力，组织实施技术创新工程，特制定本方案。

一、指导思想、原则和目标

国家技术创新工程是在现有工作基础上，进一步创新管理，集成相关科技计划（专项）资源，引导和支持创新要素向企业集聚，加快以企业为主体、市场为导向、产学研相结合的技术创新体系建设的系统工程。实施技术创新工程是促进经济平稳较快发展的迫切要求，是加快建设国家创新体系的重大举措，是建设创新型国家的重要任务。

长期以来，党中央、国务院高度重视企业技术创新工作。特别是全国科技大会以来，支持企业技术创新的氛围日益浓厚，确立企业技术创新主体地位的战略思想深入人心，企业的创新动力和活力显著增强。各地方、各部门认真落实《国家中长期科学和技术发展规划纲要（2006～2020年）》（以下简称《规划纲要》），采取有力措施积极支持企业技术创新，取得了重要进展，积累了宝贵经验。但是在技术创新体系建设中还存在许多亟待解决的突出问题，企业尚未成为技术创新的主体，产学研结合松散、围绕产业技术创新链持续稳定的合作不够，创新资源分散重复、布局失衡，企业特别是中小企业技术创新缺乏全面有效的支撑服务等，导致科技与经济结合不够紧密，迫切需要采取系统措施集中加以解决。

实施技术创新工程的指导思想是：深入贯彻落实党的十七大精神，以科学发展观为指导，围绕提高自主创新能力、建设创新型国家的战略目标，促进科学技术更加主动地为经济社会发展服务，经济社会发展紧紧依靠科学技术和自主创新，以确立企业技术创新主体地位为主线，充分运用市场机制，引导和支持创新要素向企业集聚，增强企业自主创新能力和产业核心竞争力，为推进经济结构战略性调整，加快发展方式转变，建设创新型国家提供有力支撑。

实施技术创新工程要坚持“企业主体、政府引导；深化改革、创新机制；立足当前、着眼长远；部门联合、上下联动”的原则。

实施技术创新工程的总体目标是：形成和完善以企业为主体、市场为导向、产学研相结合的技术创新体系，大幅度提升企业自主创新能力，大幅度降低关键领域和重点行业的技术对外依存度，推动企业成为技术创新主体，实现科技与经济更加紧密结合。

二、主要任务

针对技术创新体系建设中存在的薄弱环节和突出问题，从以下方面入手，着力推进产学研紧密结合，为企业技术创新提供有效的支撑服务，促进企业成为技术创新主体：

（一）推动产业技术创新战略联盟构建和发展。统筹推进产业技术创新战略联盟的构建和发展。以增强产业核心竞争力为目标，重点围绕十大产业振兴和战略性产业发展，形成工作布局。

引导产业技术创新战略联盟的构建。促进产学研各方围绕产业技术创新链在战略层面建立持续稳定的合作关系，立足产业技术创新需求，开展联合攻关，制定技术标准，共享知识产权，整合资源建立技术平台，联合培养人才，实现创新成果产业化；指导和鼓励地方结合当地实际，构建支撑本地经济发展的技术创新战略联盟；鼓励行业协会发挥组织协调、沟通联络、咨询服务等作用，推动本行业联盟的构建。

引导产业技术创新战略联盟健康发展。通过科技计划委托联盟组织实施国家和地方的重大技术创新项目；积极探索支持联盟发展的各种有效措施和方式；推动联盟建立和完善技术成果扩散机制，向中小企业辐射和转移先进技术，带动中小企业产品和技术创新；依托联盟探索国家支持企业技术创新的相关政策。

（二）建设和完善技术创新服务平台。明确技术创新服务平台的建设要求，突出资源整合和服务功能；按照“面向产业、需求导向；创新机制、盘活存量；政府引导、多方参与；明确权益、协同发展”的原则，构建面向重点产业振兴和战略性产业发展的技术创新服务平台。

依托高等学校、科研院所、产业技术创新战略联盟、大型骨干企业以及科技中介机构等，采取部门和地方联动的方式，通过整合资源提升能力，形成一批技术创新服务平台。

充分发挥转制院所在技术创新服务平台建设中的作用。加快先进适用技术和产品的推广应用，加速技术成果的工程化，加强产业共性关键技术研发攻关，加强研发能力建设和行业基础性工作。

提高平台服务队伍的专业化水平。建立健全人员保障与激励政策措施，明确岗位职责，完善绩效评价，加强专业技能培训，不断提高服务能力和水平。

（三）推进创新型企业建设。根据国民经济发展和《规划纲要》实施的要求，推进创新型企业建设工作；加强分工协作，针对不同类型的企业进行分类指导，突出对中小企业创新发展的引导。

引导企业加强创新能力建设。引导企业加强创新发展的系统谋划；引导和鼓励创新型企业承担国家和地方科技计划项目；引导和鼓励有条件的创新型企业建设国家和地方的重点实验室、企业技术中心、工程中心等；支持创新型企业引进海内外高层次技术创新人才；支持企业开发拥有自主知识产权和市场竞争力的新产品、新技术和新工艺。

引导企业建立健全技术创新内在机制。完善创新型企业评价指标体系，开展创新型企业评价命名，发挥评价对全社会企业创新的导向作用；加强创新型企业动态管理，形成激励企业持续创新的长效机制；通过科技奖励引导企业技术创新；发挥创新型企业的示范作用。

引导企业加强技术创新管理。通过培训、示范等多种方式在企业中推广应用创新方法；推动企业实施自主品牌战略、知识产权战略，塑造国际知名品牌；通过建立创新型企业信息网，促进企业之间的交流与合作。

发挥广大职工在技术创新中的重要作用。强化企业技术创新群众基础，组织职工开展合理化建议、技术革新、技术攻关、发明创造等群众性技术创新活动，加强职工技术交流与协作，促进职工技术成果转化。

（四）面向企业开放高等学校和科研院所科技资源。引导高等学校和科研院所的科研基础设施和大型科学仪器设备、自然科技资源、科学数据、科技文献等公共科技资源进一步面向企业开放。

推动高等学校、应用开发类科研院所向企业转移技术成果，促进人才向企业流动。鼓励社会公益类科研院所为企业提供检测、测试、标准等服务。

加大国家重点实验室、国家工程技术研究中心、大型科学仪器中心、分析检测中心等向企业开放的力度。将开放工作纳入单位年度工作计划，开放情况作为其运行绩效考核的重要指标。

（五）促进企业技术创新人才队伍建设。加强企业技术创新人才培养。推动高等学校和有条件的科研院所根据企业对技术创新人才的需求调整教学计划和人才培养模式。加强职业技术教育，培养适应企业发展的各类高级技能人才。鼓励企业与高等学校、科研院所联合培养人才。鼓励企业选派技术人才到高等学校、科研院所接受继续教育、参加研究工作，或兼职教学。

引导高等学校学生参与企业创新实践。发

挥企业博士后工作站的作用，吸引博士毕业生到企业从事技术创新工作。鼓励高等学校和企业联合建立研究生工作站，吸引研究生到企业进行技术创新实践。引导博士后和研究生工作站在产学研合作中发挥积极作用。鼓励企业和高等学校联合建立大学生实训基地。

协助企业引进海外高层次人才。以实施“千人计划”为重点，采取特殊措施，引导和支持企业吸引海外高层次技术创新人才回国（来华）创新创业。

提高职工科技素质和创新能力。广泛开展岗位练兵、技能比赛、师徒帮教、技术培训等活动。把增强职工创新意识和创新能力与提高职工技能水平结合起来，建设一支知识型、技术型、创新型高素质职工队伍。

（六）引导企业充分利用国际科技资源。发挥国际科技合作计划的作用，引导和支持大企业与国外企业开展联合研发，引进关键技术、知识产权和关键零部件，开展消化吸收再创新和集成创新。鼓励企业与国外科研机构、企业联合建立研发机构，形成一批国际科技合作示范基地。

发挥驻外科技、教育等机构的作用，引导企业“走出去”，开展合作研发，建立海外研发基地和产业化基地，及时掌握前沿技术发展的态势，把握国际市场动向，通过科技援外等方式向发展中国家输出技术，扩大高新技术及产品的出口。

鼓励和引导企业通过多种方式，充分利用国外企业和研发机构的技术、人才、品牌等资源，加强自主品牌建设。

三、保障措施

（一）创新科技计划组织方式。国家科技计划调整和优化立项机制。建立和完善以企业技术创新需求为导向的立项机制；建立和完善企业技术创新需求的征集渠道，应用开发类项目的指南编制、课题遴选、立项论证充分发挥企业作用。加强各类计划之间的联动和有效衔接。

改进科技计划项目的组织实施方式。应用开发类项目应有企业参加、产学研联合实施，围绕产业技术创新链加强项目的系统集成；对符合条件的创新基地、人才团队、产业技术创新战略联盟等持续安排项目支持。

建立支持科技计划成果转化应用的资金渠道和机制，发挥已有科技计划成果支撑企业技术创新的作用。

支持产业技术创新战略联盟组织实施科技计划项目，开展重大产业技术创新活动。支持技术创新服务平台强化面向企业特别是中小企业的服务功能。发挥科技计划对创新型企业加强创新能力建设和掌握自主知识产权核心技术的引导作用。

（二）发挥财政科技投入的引导作用。调整科技支撑计划、863 计划、科技基础条件平台等相关计划（专项）的投入结构，形成持续稳定的经费支持渠道，保障技术创新工程重点任务的实施。

创新财政科技投入支持方式。综合运用无偿资助（含后补助）、贷款贴息、风险投资、偿还性资助、政府购买服务等方式，引导全社会资源支持企业技术创新。

（三）建立健全有利于技术创新的评价、考核与激励机制。完善高等学校和科研院所内部分类考核。对从事教学、基础研究、应用技术研究和成果转化的不同工作进行分类评价，使上述各类人员具有同等地位。科技人员承担企业委托的研究项目与承担政府科技计划项目，在业绩考核中同等对待。

支持高等学校和科研院所建立技术转移的激励机制。应用开发类研究以成果的转化应用作为评价标准。有条件的高等学校、科研院所建立专门技术转移机构；对技术转移获得的收益，明确对科技成果完成人和为成果转化做出贡献人员的奖励措施。

完善国有企业考核体系和分配激励机制。发挥业绩考核引导作用，在对企业负责人经营业绩考核中，进一步完善对技术创新能力的考核指标体系，引导企业加大科技投入。推动企业集团将技术创新能力指标纳入内部各层级企业的考核评价体系。进一步研究企业骨干技术人员中长期分配激励机制与政策，调动发挥骨干技术人员积极性。

（四）落实激励企业技术创新政策。抓好政策落实。加快开展国家自主创新产品认定工作，加强有关部门的协调配合，加大宣传培训力度，落实企业研究开发费用所得税前加计扣除、高新技术企业认定、政府采购自主创新产品、创业投资企业和科技企业孵化器税收优惠等重点政策。

不断完善政策。开展政策落实情况评估，及时掌握新的政策需求，促进政策研究制定，完善促进产学研结合、技术转移等政策措施。

（五）加大对企业技术创新的金融支持。建立科技金融合作机制。加强技术创新与金融创新的结合，发挥财政科技投入的杠杆和增信作用，引导和鼓励金融产品创新，支持企业技术创新。

加大对企业技术创新的信贷支持。通过贷款贴息等手段鼓励和引导政策性银行、商业银行支持企业特别是中小企业技术创新。

支持企业进入多层次资本市场融资。鼓励和支持企业改制上市，扩大未上市高新技术企业进入代办股份转让系统试点范围，鼓励科技型中小企业在创业板上市。

开展知识产权质押贷款和科技保险试点，推动担保机构开展科技担保业务，拓宽企业技术创新融资渠道。

大力发展科技创业投资。加大科技型中小企业创业投资引导力度，引导和鼓励金融机构、地方政府以及其他民间资金参与科技创业投资。

四、组织实施

（一）加强组织领导，统筹推进工程实施。科技部、财政部、教育部、国务院国资委、全国总工会、国家开发银行等部门组成的推进产学研结合工作协调指导小组，负责组织实施技术创新工程，定期召开会议，研究决定技术创新工程实施的重大事项，统筹协调相关部门和地方创新资源，督促检查技术创新工程的实施情况。

协调指导小组办公室负责落实协调指导小组的议定事项，做好推动技术创新工程实施的具体工作，加强联络协调，组织调查研究，促进信息沟通，指导地方工作。

（二）加强部门协同，完善分工负责机制。各相关部门根据总体方案，结合部门职能，分解工作任务，发挥各自优势，制定具体方案，落实相应责任；部门间加强协调配合，针对实施中出现的新情况、新问题，及时研究采取有效措施。充分发挥行业协会在推进企业技术创新中的重要作用。

（三）发挥地方作用，结合实际开拓创新。各地方要结合当地实际，突出地域特色，在总体方案的指导下，加强组织领导，制定方案，集成相关资源，加大投入，完善保障措施；各级科技、财政、教育、国资监管、工会、开发银行等部门要加强分工协作，与有关部门协调合作，积极探索，大胆创新，落实各项重点任务，扎实推进技术创新工程的实施。

工业和信息化部关于
在当前形势下进一步做好产业政策工作的通知

工信部产业［2009］64号　2009年2月13日

各省、自治区、直辖市、计划单列市及新疆生产建设兵团经委、经贸委等工业主管部门：

当前，国际金融危机对工业的影响仍在持续蔓延和深化，工业增长下滑的趋势还没有根本扭转，保持工业平稳较快增长的任务十分艰巨。为贯彻落实中央出台的各项政策措施，按照“保发展、扩内需、调结构、上效益”的根本要求，现就当前进一步做好产业政策工作通知如下：

一、把确保工业发展作为产业政策工作的重中之重

在当前应对国际金融危机、保持经济平稳较快增长的关键时期，充分发挥产业政策作用，确保工业平稳较快增长，调整优化工业结构，具有十分重要的意义。要正确认识和把握当前面临的形势，提高思想认识，增强忧患意识，认真贯彻落实中央提出的各项政策措施，根据本地实际，制定完善相关政策措施和办法，妥善应对金融危机的冲击。要紧紧抓住机遇，加强产业政策引导，加快推进结构调整和优化升级，推动工业经济整体素质和竞争力跃上一个新的台阶。

二、加强调查研究和行业分析

密切关注国内外经济形势和工业行业发展变化，认真分析国际金融危机对工业发展的影响和趋势，及时发现工业、通信业运行中出现的新情况、新问题。强化政策研究，探索新形势下产业政策发挥作用的特点和规律，提出针对性的政策措施，有效解决行业发展中出现的突出矛盾和问题。加强信息分析和引导服务，及时反映行业发展动态，为各级政府决策和企业投资提供参考依据。

三、切实帮助企业解决困难

深入基层，深入企业，第一时间掌握金融危机对本地企业造成的影响，了解企业在生产经营、转型升级、自主创新等发展中遇到的困难和问题，广泛征求企业对政府政策的意见和建议。要制定出台有效政策措施，引导企业坚定信心，不怕困难，勇于创新，加强管理，不断提高自身素质。要增强服务意识，创造宽松的环境，千方百计帮助企业开拓市场、改善经营管理，协调解决生产要素保障困难，帮助企业早日走出困境，保护和发展好重点行业、重点企业、重要品牌和重要市场份额。

四、大力推进企业技术改造

抓住当前原材料和设备价格下跌的机会，把推进企业技术改造作为促进工业平稳较快增长的重要抓手。引导企业把技术改造同结构调整、产业升级和兼并重组结合起来，围绕增加品种、改进质量、节能降耗、保护环境、提高效益，鼓励企业广泛应用新技术、新工艺、新材料、新设备。充分利用国家技术改造贴息政策，根据产业政策要求明确支持重点，加强组织管理，提高资金使用效益，增强工业发展后劲。

五、加快推动企业兼并重组

根据国际国内市场和资源实际情况，鼓励和引导企业之间以资产为纽带、以市场为导向，打破地区、行业和所有制界限，进行兼并、收购和联合。鼓励行业龙头企业、技术领先企业和优势企业兼并落后企业和困难企业，鼓励优势企业强强联合，鼓励关联企业、上下游企业联合重组。重点推动钢铁、电解铝、汽车、水泥、纺织等行业的兼并重组，提高行业集中度，增强自主创新能力，使优势企业在危机中取得新的更大发展。

六、进一步加大落后生产能力淘汰力度

坚持“区别对待、扶优限劣”的基本原则，坚决关闭淘汰一批高耗能、高污染、低水平的落后企业、工艺装备和产品。要按照国务院“十一五”淘汰落后目标，落实中央财政淘汰落后产能专项资金，将淘汰落后任务层层分解、彻底落实到企业。要鼓励发展循环经济，抓好清洁生产工作，推动节能减排，着力解决钢铁、有色、建材、化工等重点行业产能过剩、整体素质不高的问题。

七、积极推进产业集聚和转移

进一步规范发展工业园区，加强公共服务平台建设，积极引导企业入园，推进产业集聚，实现集约使用土地、节约利用资源和集中治理污染。东部地区要抓住当前经济调整的有利时机，加快产业结构升级步伐，把已不具有比较优势的产业逐步向中西部地区转移；中西部地区要立足区位、资源等优势，积极有序、科学合理地承接产业转移，重点防止落后产能转移和地区间恶性竞争。

各地工业主管部门要认真总结应对金融危机的经验，加强交流与合作，及时将工作进展情况、存在的问题和政策建议报工业和信息化部。

工业和信息化部关于促进产业集聚发展和工业合理布局工作的通知

工信部产业［2009］第103号　2009年3月18日

各省（自治区、直辖市）工业和信息化厅（委）、经济和信息化厅（委）、经（贸）委、中小企业厅（局）、信息产业厅、通信管理局、有关省、新疆生产建设兵团发展改革委：

产业集聚发展有利于经济要素的集约和优化配置，有利于企业、行业间的相互协作、融合和提高，有利于资源的共享和循环利用，是推进信息化与工业化融合、实现工业结构调整和合理布局、转变经济发展方式的有效途径。近年来，各地在推动产业集聚发展、加强工业园区建设方面开展了很多有益的探索和实践，取得了明显成效，一些工业园区已经成为区域经济发展的主力和重要支撑。但是，部分地区在产业集聚过程中也存在着园区数量和种类过多、规划滞后、主业不突出、服务不规范、企业关联度弱、资源集约性差等弊端和问题，失去了产业集聚的优势，制约了工业园区科学、健康发展。为贯彻党中央、国务院关于“保增长、调结构、促发展”的重要决策部署，在各地逐步形成技术更加先进、结构更加优化、布局更加合理、更加有利于发挥区域优势的产业发展格局，促进工业由大变强，现就促进产业集聚发展、实现工业合理布局有关工作通知如下：

一、提高认识，推进区域工业集聚发展

各地工业主管部门要充分认识促进产业集聚发展的重要性，把规范工业园区的建设发展作为实现产业集聚、优化产业结构和布局的重要平台，引导和推动企业合理、有序地集聚建设和发展，加速信息化与工业化融合，有效提升产业整体水平，推进走新型工业化发展道路进程。要依据“布局集中、用地集约、产业集聚”的原则，结合区域资源环境承载能力、产业基础和发展优势，统筹考虑区域产业结构和产业布局，促进优势产业、关联企业和相关保障要素集约建设，形成若干主导产业明确、关联产业集聚、资源设施共享、污染治理集中、废物循环利用的工业集中发展区，改变工业企业分散、无序和小而全的传统经营模式，使区域工业的建设集中度要逐步达到50%以上。发挥工业园区的强大带动和辐射作用，实现区域工业关联发展、成链发展、集聚发展、集约发展、合作发展。

二、科学规划，发展区域特色优势产业

各地工业主管部门要会同地方相关部门在调整、充实、提高原有国家级和省级相关产业园区的基础上，科学规划工业园区的数量、类型、规模和水平。制定工业园区规划既要积极稳妥、实事求是，也要具有前瞻性、科学性和带动性，既要符合国家产业政策和行业发展规划要求，也要突出区域产业特色，错位发展。支持跨区域、跨行业和跨所有制的企业在集聚中重组，鼓励相邻区域的工业园区在协调中整合，避免产业趋同和重复建设，把工业园区办成发展现代制造业的集中区、吸引投资创业的集聚区、机制改革的先导区和循环经济的示范区。

三、加强监管，集约利用土地

各地工业主管部门要协同相关部门加强对工业园区建设用地的管理，遵循合理利用土地、切实保护耕地的基本国策。工业园区建设用地必须符合土地利用总体规划并纳入土地利用年度计划，选址要纳入城市总体规划，集约、高效开发利用土地，促进工业园区土地资源的可持续利用和健康发展。严格禁止越权审批、圈占土地、低价出让土地等违规行为。要严格按照法定程序征用农村集体土地，并依据国家有关规定和标准给予农民合理补偿和妥善安置，切实加强基本农田保护。涉及农用地转用和土地征收，依法需报国务院批准的，要按规定程序报国务院审批。各地要按照相关规定程序和审批权限，通过开展土地置换等方式鼓励企业进入工业园区，合理整合工业零散用地。

四、鼓励创新，实现结构优化升级

工业园区的规划、建设和发展要坚持高起点、高标准，高水平。要选择发展基础好、科技资源富集、工艺技术和产品先进、拥有自主知识产权和具有较强竞争力及带动性的优势企业作为园区龙头企业和主导产业。立足用先进适用技术改造传统产业，积极发展高新技术产业。克服片面追求工业园区规模和引资数量意识，注重园区项目的质量和效益，注重技术创新和管理创新，注重结构调整和优化升级，使工业园区成为推动技术创新和产品升级的强力引擎。禁止资源消耗高、环境污染重、废物难处理、不符合国家产业政策的落后生产技术、工艺、装备和产品进入工业园区。

五、加强环保，实现绿色生产

工业园区要集约利用资源，发展循环经济，促进节能环保。要结合区域和产业发展规划，统一建设道路、电力、燃气、供水、排水、通讯、消防等基础设施，实现资源共享；合理确定建筑密度、容积率、绿化率等指标，提高要素利用率。推广节约生产、清洁生产、安全生产技术和工艺，充分消纳工业固体废物。集中建设污水处理厂、热电联供等高效能公共设施。广泛采用建筑节能、节水等技术，鼓励雨水收集、中水回用等资源利用，实现建设成本低、生产效率高、经济收益大、环境保护好的工业发展目标。

六、积极协调，建立多元化投融资服务体系

各地工业主管部门要积极协调金融机构对工业园区基础设施和重点项目建设提供信贷支持,加强工业园区融资平台建设，建立多元化投融资服务体系，多渠道筹集资金，增强园区“造血”功能，解决园区企业融资难的问题。支持工业园区内自主创新能力强、成长性好、符合国家产业政策等相关条件的企业采用上市、发行企业债券等方式通过资本市场扩大直接融资。鼓励和吸引各类投资主体参与工业园区的建设发展。

七、完善配套，提升工业园区服务能力

加快公共平台建设,提升园区配套服务能力。鼓励在工业园区内设立投资公司、担保公司和人才中心。建立面向园区产业企业和项目

服务的信息平台、技术研发平台。创立或引进第三方物流。鼓励通过设立多种形式的创业服务机构，吸引国内外高素质人才到园区投资创业。研究鼓励园区承接高附加值服务业和服务外包业务等方面的政策措施，完善鼓励创新保障体系。进一步支持工业园区在新形势下创新体制和机制，为其健康发展创造良好的制度环境和政策环境。

八、加强指导，逐步实现标准化管理

各地工业主管部门要加强对工业园区建设的监督和指导，组织研究和建立工业园区投资环境综合评价体系，提出对工业园区产业集聚程度、投资完成情况、土地利用效率、环境保护指标等内容的考核指标，推动开展工业园区管理标准化工作，采取有效措施帮助解决工业园区发展中面临的实际困难和问题，支持工业园区走新型工业化道路，向多功能综合性产业园区发展。

九、总结经验，不断提高管理工作水平

各地工业主管部门要组织人员深入开展调查研究，跟踪了解地区整体和局部产业集聚和工业园区建设发展状况，准确把握工业园区建设发展进程中所取得的成效和面临的问题，组织开展区域间的交流和协作，及时总结推广先进的经验、创新的理念和措施，相互借鉴，共同提高推进产业集聚和加强工业园区管理的工作水平。对产业集聚和园区发展中的重大情况和问题，及时上报工业和信息化部（产业政策司）。

工业和信息化部、科技部、财政部、国家税务总局关于印发《国家产业技术政策》的通知

工信部联科［2009］232号　2009年5月15日

各省、自治区、直辖市、计划单列市及新疆生产建设兵团工业和信息化主管部门、科技厅（局）、财政厅（局）、国家税务局：

为贯彻落实科学发展观，推进实施《国家中长期科学和技术发展规划纲要（2006—2020年）》，工业和信息化部、科技部、财政部、国家税务总局共同研究制定了《国家产业技术政策》。作为国家产业技术发展的纲领性政策文件，《国家产业技术政策》的目的是调动社会资源，引导市场主体行为，指导产业技术发展方向，促进产业技术进步。现将《国家产业技术政策》印发给你们，请遵照执行。

附件：

国家产业技术政策

产业技术进步和创新已成为直接推动经济和社会发展的核心原动力。坚持市场需求与政

策引导相结合，坚持全面提升与重点突破相结合，坚持长远战略与近期目标相结合，坚持传统产业与高技术产业发展相结合的原则，加快提升我国产业技术水平，促进产业结构调整，转变经济发展方式，大力发展循环经济，培育产业核心竞争力，具有十分重要的作用。《国家产业技术政策》以推进我国工业化和信息化为核心，促进相关产业的自主创新能力提高，实现产业结构优化和产业技术升级。

第一章 发展目标

第一条 提升我国产业的国际竞争力。加大以自主创新为主的产业技术研发力度，实现产业技术升级，推动产业结构优化。在未来一段时期内，重点开发一批具有世界先进水平的技术和工艺；着力研制一批具有自主知识产权的产品和装备；推广应用一批影响产业发展的共性关键技术和具有示范带动作用的先进适用技术；积极培育一批具有国际竞争优势的大型企业和企业集团；大力扶持一批可以有效促进产业发展的技术联盟，从而提高我国产业国际竞争力。

第二条 满足国民经济和社会发展需要。加强引进技术的消化吸收再创新，重点研究产业发展的核心、关键共性技术，着力实现重大技术装备的国产化，满足国民经济发展的需要，满足国家工程建设的需要，保障国家经济安全；加快淘汰高消耗、高污染的落后工艺技术和生产能力，大力发展循环经济，逐步构建节约型的产业结构和消费结构，形成绿色产业技术体系。

第三条 增强企业创新能力。发挥企业技术创新主体作用。落实财税、投资、金融、政府采购等政策，引导和支持企业加大技术创新的投入，加快形成以企业为主体、市场为导向、产学研相结合的技术创新体系。

第二章 构建和完善技术创新体系，推动产业技术升级

第四条 构建促进产业发展的技术创新体系，搭建技术研发平台。整合全社会资源，加强产学研结合，建立以企业技术联盟、企业技术中心、工程中心、工程实验室、高等院校和科研院所为骨干的共性技术、关键技术研发平台，发挥大型企业技术联盟的骨干作用，加强对产业技术开发基地的扶持。

第五条 建立科学的产业技术评估评价体系。规范和完善产业技术评估评价体系，协调技术创新与产业应用和技术标准的关系，加强技术标准的贯彻实施，促进技术创新成果的推广应用，推进产业结构调整和技术升级。

第六条 完善技术服务机制。扶持各种类型为企业技术创新服务的中介机构发展，充分发挥行业协会和科技中介机构在国家创新体系中的作用，形成社会化、网络化的技术服务体系。

第七条 建立健全军民结合的技术创新机制。加强军民高技术研发力量的集成，搭建军民技术双向转移平台，拓宽军民结合、军民共用的渠道，积极推进军用技术和民用技术的转移和辐射。

第三章 发挥企业主体作用，促进产业技术研发与创新

第八条 充分发挥企业技术创新的主体作用。鼓励企业不断增强创新意识，营造创新氛围，加大创新投入，培育创新人才，真正成为研究开发投入的主体、技术创新活动的主体和创新成果应用的主体。

第九条 支持以企业为主体的技术开发。鼓励有条件的企业建立技术中心，支持大企业采取产学研联合或企业技术联盟等多种方式开展产业共性关键技术研发，培育和增强大企业自主创新能力和自主研究开发产业技术的能力。建立和完善公共技术支持服务平台，为中小企业提供技术服务，逐步提高中小企业的技术创新能力、配套能力和专业化生产的技术水平。

第十条 加大信贷支持力度，支持企业进行重大产业关键技术、共性技术的研发。增加

中小企业获取技术发展信贷的额度，改善对中小企业技术创新的金融服务。

第十一条 促进企业实施可持续发展战略。重点支持体现循环经济、可持续发展战略的节能、环保、新能源开发、再生资源及资源综合利用技术的开发、利用和政府采购。

第十二条 鼓励企业发展符合《国家产业技术发展指南》的产业技术，引导企业通过产业技术的研究开发增强核心竞争力。

第十三条 支持企业加强技术改造。通过财政、金融等政策，支持企业用高新技术和先进适用技术提升改造生产经营的薄弱环节和瓶颈，促进技术创新成果的应用。

第四章 健全法律法规体系，加强规划和政策的引导

第十四条 完善法律法规体系。研究制订促进产业技术发展的相关法律法规，明确产业技术进步与创新在国民经济和社会发展中的法律地位。贯彻《中华人民共和国科学技术进步法》、《中华人民共和国科技成果转化法》等法律法规，更加有效地用法律法规促进和保障产业技术发展。

第十五条 制定和完善产业技术发展规划。依据《国家中长期科学和技术发展规划纲要（2006—2020年）》，按照重点行业的实际发展情况，积极完善我国重点产业的技术发展规划，增强重点产业的竞争实力。加强规划与国家科技计划的衔接，加快组织实施对我国经济社会发展影响深远、带动性强的关键和共性技术与装备的研制开发，不断提升我国的产业技术水平。

第十六条 制订《国家产业技术发展指南》。国家制订和定期调整《国家产业技术发展指南》。引导地方、行业、企业和研究机构开展针对性的技术创新工作，鼓励发展关系国家经济、社会发展和国防安全的战略性技术；积极发展关联性强、制约我国产业总体技术水平提升的关键技术；大力发展通用性强、应用领域广泛、在经济社会发展中发挥基础作用的共性技术。

第五章 构建技术标准体系，实施知识产权战略

第十七条 加强技术标准研究。加强对重要技术标准的指导协调和重点领域的技术标准研究，支持企业通过技术创新推动以我为主形成技术标准，加快国外先进标准向国内标准的转化，推动国家标准体系建设；重点扶持一批国家级骨干科研机构，为促进产业技术发展的标准体系建设提供技术支持。

第十八条 有效利用技术标准。积极运用技术标准，推动我国产业结构优化调整，促进企业自主创新能力提高。提高标准制定审查工作效率，合理缩短标龄。

第十九条 积极参加国际标准制定。支持自主制定和参与制定国际技术标准，鼓励和推动我国技术标准成为国际标准。对推动我国技术标准成为国际标准给予政策支持。对影响我国产业技术进步的国外技术法规，政府部门、行业协会和企业应及时组织有关方面研究、论证，提出相应政策，消除国外技术壁垒。

第二十条 掌握核心技术的知识产权。根据产业技术发展需要，确定不同时期需要掌握知识产权的关键技术和核心技术，组织力量进行攻关，取得自主知识产权，促进产业结构调整和升级，带动产业技术整体水平的提高。对国内企业开发的具有自主知识产权的重大技术装备和产品，经认定为国家自主创新产品的，在政府采购活动中，按照自主创新的政府采购政策规定执行。

第二十一条 依法加强知识产权保护。努力提高知识产权执法水平与效率，大力推动高等学校、科研院所将拥有知识产权的创新成果转化为现实生产力。根据我国产业技术发展阶段特点，合理确定、适时调整知识产权的保护范围和保护力度，使知识产权保护有利于产业技术的创新、转移与扩散，形成自主品牌。

第六章 广泛开展国际合作与交流，强化技术引进消化再创新

第二十二条 立足自主创新，发展产业技术。积极推动原始创新，形成创新的重要基础，推动产业技术水平不断提高；加快发展集成创新，形成整合优势，实现关键领域的整体发展；大力加强引进消化吸收再创新，充分利用全球科技资源，形成后发优势，加速提升产业技术水平。

第二十三条 鼓励自主创新，限制盲目重复引进。国家加强技术引进消化吸收再创新工作，并将制定技术引进消化吸收再创新方案作为重点工程项目审批和核准的重要依据，推动自主产业技术成果的研究开发、转化和产业化。定期发布禁止引进和限制引进技术目录，禁止或限制进口高消耗、高污染和不符合国家产业政策的技术和装备。

第二十四条 加强统筹协调，促进引进技术消化吸收再创新。对国内多家企业需要引进的技术和装备，国家将组织统一招标，协调引进、消化吸收和再创新；对于国内尚不能提供的重大技术装备，引导外商联合国内企业投标，在进口装备的同时引进国外先进设计制造技术，并确保国内企业有足够的分包比例。鼓励企业与高等院校和科研院所联合引进、共同消化吸收和再创新，其成果实行共享和有偿转让。

第二十五条 加大对引进技术消化吸收再创新的投入。国家给予必要的财税政策，重点支持国家急需的重大技术装备和重大产业技术的引进、消化吸收和再创新工作。对承担国家重大科技专项的企业，进口国内不能生产的关键科研仪器设备、原材料及零部件免征进口关税和进口环节增值税。对国家支持发展的重大技术装备和产品确有必要进口的关键部件及原材料，免征进口关税和进口环节增值税。

第二十六条 支持企业走出去。鼓励国内企业采用直接投资、合资、合作、并购等方式到境外设立技术研究开发机构，组建研发联盟，多形式、多渠道利用海外优势科技力量研发具有自主知识产权的产业技术。

第二十七条 充分利用国际科技资源。改善投资环境，吸引大型跨国公司在华建立技术研究开发机构。支持国内企业与国外企业开展合作研究开发，鼓励国外风险投资、咨询机构参与国内产业技术研发和产业化。以国内紧缺的关键技术、共性技术为重点，积极创造条件，通过构建“项目—人才—基地”三位一体、相互依托、互为促进的合作方式，鼓励引进海外高科技人才来我国从事研究开发工作，全面提升国际技术合作水平。

第二十八条 提高国际技术合作的质量和水平。鼓励国内企业引进具有核心技术、关键技术和共性技术的产业技术。进一步拓展合作渠道，创造合作条件，形成政府搭台，企业、高等院校、科研院所等充分发挥作用的中外合作研究开发格局。

第七章 健全产业技术服务体系，实施创新人才战略

第二十九条 建立健全技术市场。加强政府在技术市场中的引导监督管理职能，形成行业自律，创造公平竞争、规范有序的技术市场环境。

第三十条 鼓励单位和个人积极参与技术交易。引导单位和个人主动进入技术市场开展技术开发与服务活动，促进知识流动和技术转移，加快先进产业技术的推广。

第三十一条 加强技术市场人才队伍建设。加速发展适应社会不同层面需要的技术中介服务组织，培养和造就一批懂技术、懂法律、懂管理、懂经营的复合型高素质的专业化科技中介服务队伍。

第三十二条 建立高水平技术创新人才的培养机制。重点培养战略高技术人才、专业化高技能人才和优秀企业家人才，鼓励和支持产学研间建立多种形式的紧密型合作关系，共同培养产业技术创新人才。鼓励技术人员参加继续教育和在职培训。

第三十三条 健全以促进产业发展为核心

的人才激励机制。支持企业对主要技术骨干实施期权等激励措施。完善企业社会保障体系，吸引高等院校毕业生到企业就业。

第三十四条 完善创新型技术人才的合理使用机制。构建尊重知识、尊重人才、尊重创造的和谐氛围，加强制度创新。

工业和信息化部关于开展创建“国家新型工业化产业示范基地”工作的通知

工信部规［2009］358号 2009年7月23日

各省、自治区、直辖市、计划单列市工业和信息化主管部门：

为全面贯彻落实科学发展观，加速推进中国特色新型工业化进程，加快转变经济发展方式，促进信息化与工业化融合，进一步调整优化产业结构，引导产业集聚发展、集约发展，工业和信息化部决定开展创建“国家新型工业化产业示范基地”（以下简称示范基地）工作。现将《创建国家新型工业化产业示范基地管理办法（试行）》（以下简称《管理办法》）印发你们，请按照《管理办法》的要求和程序，组织好本地区示范基地的创建和申报工作。

附件1.《创建国家新型工业化产业示范基地管理办法》（试行）

附件2.《国家新型工业化产业示范基地申报表》（略）

附件1：

创建国家新型工业化产业示范基地管理办法（试行）

第一章 总 则

第一条 为全面贯彻落实科学发展观，加速推进中国特色新型工业化进程，加快转变经济发展方式，促进信息化与工业化融合，进一步调整优化产业结构，引导产业集聚发展、集约发展，特制定本办法。

第二条 国家新型工业化产业示范基地（以下简称示范基地）是指以可持续发展为前提，以产业集聚为主要特征，以工业园区为主要载体，主导产业特色鲜明、水平和规模居全国领先地位，在产业升级、“两化融合”、技术改造、自主创新、军民结合、节能减排、效率效益、安全生产、区域品牌发展和人力资源充分利用等方面走在全国前列的产业集聚区。

第三条 示范基地的范围包括：依法设立的各类开发区、工业园区（集聚区），及国家规划重点布局的产业发展区域等。

第四条 创建示范基地遵循公平、公正、公开原则，统筹规划，合理配置资源，规范、有序推进。

第五条 工业和信息化部负责创建示范基地的相关管理工作。

各省、自治区、直辖市工业和信息化主管

部门负责组织本地区创建示范基地的申报工作，并配合工业和信息化部对示范基地进行指导和管理。

第二章 基本条件

第六条 产业集聚区应有较完善的创建示范基地工作方案和产业发展规划，申报名称须反映区内主导产业特色，符合分类规范。

第七条 示范基地应具备的基本条件：

（一）符合国家有关法律法规和产业政策的规定，符合国家土地利用总体规划、城市总体规划、主体功能区规划及国家相关产业规划。

（二）集约程度高，规模效益好。主体园区内工业建筑容积率一般应大于0.6，单位土地平均投资强度3000万元/公顷以上、平均产值（销售收入）3000万元/公顷以上。企业销售收入达200亿元/年以上，年上缴税收2亿元以上，全员劳动生产率居国内同行业前列。骨干企业辐射力强，专业化配套体系完善，主导产业突出，规模和水平居国内同行业前列。

（三）资源消耗低，环境污染少。切实推进资源节约、清洁生产和循环经济。超额完成国家或省级政府下达的年度节能目标。主体园区单位产值能耗、单位工业增加值用水量和污水集中处理率处于国内同行业先进水平。工业“三废”排放、固体废物综合利用率指标全部达到国家或行业标准。主体园区内规模以上企业全部达到清洁生产企业水平，强制清洁生产审核实施率达到100%。

（四）创新能力强。产业集聚区内研发投入占销售收入比重原则上不低于2%（国家另有规定的从其规定）。有1家（含）以上主导产业方面的国家级企业技术中心或研发机构，或3家（含）以上主导产业方面的省级企业技术中心或研发机构。有效发明专利拥有量居国内同行业前列。

（五）技术水平高，产品质量优。主体园区内骨干企业工艺技术和装备先进，企业普遍采用国际质量管理体系认证，产品质量处于国际或国内同行业先进水平，拥有国际国内知名品牌。

（六）安全有保障。企业安全生产管理体系完善，安全生产责任制健全，达到安全生产国家标准或行业标准，近3年未发生重大安全生产事故。

（七）信息化水平较高。主体园区信息基础设施比较完备，规模以上企业宽带接入率达到100%，企业在研发设计、生产制造、企业管理、电子商务、物流配送等主要环节信息化应用达到国内同行业先进水平。

（八）人力资源充分利用。产业集聚区所在地有健全的人才工作领导体制，较完善的人才培养、评价、流动、激励等工作机制，设有职业教育或专业培训机构。认真贯彻执行《劳动合同法》，社会保障体系健全，劳动关系和谐。

（九）公共服务体系完善。产业集聚区内技术开发、检验检测、金融服务、市场开拓、现代物流、人才培养等公共服务设施齐全，功能完善。

（十）所在地政府大力支持。产业集聚区所在地各级政府在发展规划、财政政策、政务服务和人才发展等方面进一步加大对产业集聚区的支持力度，产业集聚区政府管理机构或地市（县）政府设立一定规模（每年原则上不低于1000万元）专项资金，用于技术改造及公共服务平台建设。

第三章 工作程序

第八条 创建申请

创建示范基地的申请由所在地政府管理机构或地市级政府向省级工业和信息化主管部门提出，由省级工业和信息化主管部门审查后上报工业和信息化部。

第九条 申报材料

（一）申报材料包括：

1. 申报单位所在省、自治区、直辖市工业和信息化主管部门的上报文件；

2.《国家新型工业化产业示范基地申报表》；

3. 创建示范基地的工作方案；

4. 示范基地产业发展规划及省级工业和信息化主管部门组织的专家论证意见（原件）；

5. 能够证明申报单位所在地政府落实示范基地专项资金的有关文件。

（二）申报材料中的有关数据以各级统计机构和职能部门公开数据为准。

（三）上述申报材料要求提供原件3份及电子版（《国家新型工业化产业示范基地申报表》可在工业和信息化部门户网站 www. miit. gov. cn 下载）。

第十条 审核

工业和信息化部组织对申报材料进行评估和必要的实地考察，提出审核意见，并在工业和信息化部门户网站公示15个工作日。

第十一条 批复及授牌

工业和信息化部对符合条件的产业集聚区进行批复，并授予"国家新型工业化产业示范基地（示范内容·所在地）"称号。工业和信息化部每半年集中批复和授牌1次。

第四章 示范基地管理

第十二条 示范基地名录及发展情况将在工业和信息化部门户网站公布，并适时更新。

第十三条 示范基地每年4月30日前将上一年度发展情况及需要协调解决的问题通过省级工业和信息化主管部门报工业和信息化部。

第十四条 工业和信息化部在规划布局、技术改造及资金安排等方面，对示范基地予以重点指导和支持，并逐步将其纳入工业和信息化经济运行监测体系。

第十五条 工业和信息化部对示范基地实行动态管理，依据管理办法每3年进行1次复核，对合格的示范基地予以确认，对不合格的撤消称号、发布有关公告并摘牌。

第十六条 对已经授牌的示范基地，如发现弄虚作假，除撤销批复文件、称号外，暂停所在省、自治区、直辖市下一年度的申报工作。

第五章 附 则

第十七条 各省、自治区、直辖市工业和信息化主管部门可比照本办法，组织开展创建省级示范基地工作。

第十八条 本办法由工业和信息化部规划司负责解释。

第十九条 本办法自发布之日起施行。

工业和信息化部关于支持福建省加快海峡西岸经济区工业和信息化发展的意见

工信部规［2009］474号 2009年9月25日

福建省经贸委、信息化局、通信管理局：

海峡西岸经济区是两岸人民交流合作先行先试区域，服务周边地区发展新的对外开放综合通道，是东部沿海地区先进制造业的重要基地，在全国区域经济发展布局中处于重要位置。福建省在海峡西岸经济区中居主体地位，支持福建省加快推进海峡西岸经济区建设，是党中央国务院立足全国改革发展大局、加强两岸经贸合作作出的重大战略决策。为贯彻落实《国务院关于支持福建省加快建设海峡西岸经济区的若干意见》（国发［2009］24号），加快福建省海峡西岸经济区（以下简称海西）

工业的发展和信息化建设，提出以下意见：

一、支持闽台加强产业交流与合作

（一）支持福建省在海峡两岸产业合作方面先行先试。发挥海峡西岸经济区独特的对台优势和工作基础，努力构筑两岸产业合作的前沿平台和紧密区域，采取更加灵活开放的政策，按照同等优先、适当放宽的原则，支持台商在闽投资符合节能环保要求并采用先进技术的电子信息、船舶、机械、钢铁、有色金属、石化、建材、新能源、新材料、生物医药等项目，鼓励和支持有条件的大陆企业到台湾投资兴业，推动建立两岸产业优势互补的合作机制，争取闽台在产业合作、投资贸易、市场对接等方面取得较大突破。鼓励海西引进台湾高层次专业技术人才和管理人才。

（二）积极推动闽台产业对接。密切与台湾相关行业协会、企业的联系，支持国家相关行业协会在福建举办两岸产业研讨、展览、对接等大型经贸活动，促进两岸产业深度对接；鼓励建立与台湾产业配套以及大陆台资企业所需的零部件、原辅材料中心，支持设立“闽台信息产业合作交流促进中心”，建设以厦门湾、闽江口、湄洲湾等区域为主的闽台产业对接集中区。会同福建省人民政府、国台办在福建联合主办“海峡论坛”及相关活动。积极推进两岸信息产业等领域技术标准对接与合作。加快推进两岸直达通信光缆建设，积极研究和推动台资企业在厦门等地先行开展离岸呼叫中心业务试点等相关工作。

（三）加快福建省台商投资区建设。支持以现有台商投资区和各类产业基地建设为依托，积极承接台湾先进制造业和现代服务业转移；支持在福建建立具有特色的台商产业专区，在福建沿海建设海峡两岸信息产业等合作试验区；支持福州、海沧、集美、杏林四个台商投资区改造提升，支持在泉州等地设立台商投资区；支持台商引进关键的零部件进行加工、生产和销售。

二、支持海西先进制造业发展

（四）做强电子信息产业。加快电子信息产业基地和产业园区建设，支持福州软件园、厦门软件园、海峡西岸软件及信息服务外包示范区建设。支持建设海西国家级电子废弃物综合加工利用示范基地、海峡西岸半导体照明产业化及应用示范基地。支持福建省重点发展消费电子、软件和集成电路、平板显示、LED、新型电子元器件、移动通信终端等特色优势产业，促进产业结构进一步优化升级。

（五）发展壮大装备工业。做强做大工程机械、汽车零部件、船舶、环保设备等优势装备产业，加快发展全自主智能机器手、农业机械、光伏制造设备、新能源汽车等新兴装备产业，培育发展具有福建特色的纺织服装、日用陶瓷、包装、建材、塑料、食品加工等产业装备。坚持高起点规划、高标准建设，将福建沿海港口作为大型装备制造业项目布局的备选基地，引导大型石化、冶金等大型成套装备企业在福建沿海布局，支持汽车、船舶等企业与台湾等地区的大型企业集团联合重组，形成若干具有特色和知名品牌的装备制造业产业集群。

（六）优化提升原材料工业。充分发挥区域优势，积极发展临港工业，加快湄洲湾、漳州古雷等石化基地建设，支持建设湄洲湾闽台石化合作专区；结合淘汰落后、联合重组，研究制定福建钢铁行业结构调整的方案；支持优势矿产资源开发，加快建设一批高精铝板带、稀土深加工、玻璃深加工、石材深加工和高档建筑卫生陶瓷配套等项目，推动资源型产业向精深加工发展；加强产业链上下游重组整合，提升重点企业的竞争力。提升产业技术装备水平，支持行业装备向自动化、信息化、清洁化方向发展。

（七）改造升级消费品工业。支持对纺织服装、食品、日用陶瓷、鞋业、塑料、电池制造等传统优势产业实施技术改造，发展传统产业技术支撑等服务体系，提高产品加工深度和附加值，促进传统产业优化升级；支持沿海部分产业向龙岩、三明、南平等山区转移；支持特色工艺品产业发展，加大传统工艺技术保护和创新力度；支持盐业体制改革，理顺产销关系，推动盐场改制重组；支持中药材生产和重大新药研制及产业化工作，加强对医药用品和器械应急储备的指导和支持。

（八）促进军工及配套产业发展。支持福建军工发展，支持和指导雷达、导航仪器、舰载装备、光学仪器、通讯器材和关节轴承等产品和企业的发展，支持为国防服务的工程机械、发电设备、特种车辆的技术进步和产品升级，推动重大军民两用技术的转化和推广应用，支持福建民爆行业雷管生产线安全和扩能改造。

（九）推动自主创新，培育新兴支柱产业。指导和支持福建省技术创新公共服务平台建设、创新能力建设以及行业重大关键技术、共性技术研究开发，提升海西自主创新能力。支持建设国家级企业技术中心，支持外资、台资企业在福建设立研发中心。瞄准国际前沿，充分发挥比较优势抢占科技和产业制高点，培育发展新一代移动通信、新能源、新材料、精密仪器、生物医药及海洋生物资源开发、创意产业等新兴产业。支持福建省人民政府每年在福州举办中国·海峡项目成果交易会，并作为主办单位之一，推动科技成果转化和产学研用深度结合。支持部属院校、科研机构与福建企业对接，在福建设立分支机构或共建实验室、研发机构。鼓励和支持相关单位在福建开展TD产学研联合攻关。

（十）促进节能减排与循环经济发展。加强对福建省工业节能减排、清洁生产、资源综合利用工作的政策指导，强化工业及通信业固定资产投资项目节能评估和审查，加大企业清洁生产审核力度，支持清洁生产中高费项目实施，提高清洁生产水平。支持福建重点节能减排工程建设，促进重点节能减排技术和高效节能环保产品在冶金、化工、建材、电子信息等行业的推广应用，鼓励闽台就节能减排先进技术进行交流与合作。推动循环经济发展，建设循环经济产业基地、园区和循环经济示范企业；加大对福建省重大节能、节水项目，以及清洁生产、资源综合利用等示范工程的资金支持。

三、支持信息化与工业化融合

（十一）加快“两化”融合。着力应用信息技术改造提升传统产业，加快推进企业研发设计、生产过程控制和企业管理的信息化，加强企业信息化标准建设。支持福建省纺织服装行业率先开展“两化”融合试点。积极培育新兴产业和信息服务业，推动信息技术应用“倍增计划”项目在福建省的试点和示范。支持福建开展通信业与制造业融合互动试点推广工作，支持福建推广电子签名和证书应用，加快推进福建移动电子商务产业发展。

（十二）推进信息化建设。加快推进第三代移动通信网、宽带通信网、下一代互联网等信息基础设施建设，优化和完善通信基础设施网络布局，大力推动电信基础设施共建共享，提升海峡西岸互联网接入能力，共同加大对党政专用通信、应急通信的投入力度，增强党政专用通信和应急通信保障能力。加快福建省农业和农村信息化公共服务平台建设，共同推进福建省20户以上已通电自然村通电话工程、农村宽带建设工程、移动通信“三网惠三农”工程、农业和农村信息技术推广工程、农村党员干部现代远程教育等试点进程，开展“信息下乡”活动，建设全国农村信息化综合信息服务示范基地。支持福建省扩展和完善TD产业链，加快TD无线城市建设，推广TD行业应用。

（十三）加强无线电管理。加快实施《海峡西岸区域无线电管理“十一五”规划》，协调相关部门继续加大无线电频率占用费中央财政转移支付力度，加强海峡西岸无线电管理基础设施和技术设施建设。支持福建省无线电行业协会在我部指导下与台湾无线电行业协会开展沟通协调，探索建立闽台无线电频率协调机制，有效解决海峡两岸无线电信号相互干扰问题。

四、支持海西产业集群和中小企业发展

（十四）推动海西产业集群转型升级。支

持福建省以各类专业园区、产业基地为载体，龙头骨干企业为基础，创新发展环境，完善服务平台，加快培育形成晋江及莆田制鞋、泉州服装纺织、德化陶瓷、福州显示、厦门光电、闽西北林产加工、厦门及龙岩工程机械、福安电机、南安石材等一批特色鲜明、竞争力强的产业集群。在制定产业集群发展规划、建立产业集群公共服务平台、开展产业集群示范等方面，优先安排海西产业集群项目。支持福建省创建国家重点产业发展基地。

（十五）促进中小企业健康发展。鼓励和引导中小企业走"专、精、特、新"发展道路，加强技术创新，推动产业升级；加快中小企业信用担保体系建设，在税收优惠、建立风险补偿机制等方面予以支持；加快推进中小企业服务体系建设，培育核心服务机构，建设中小企业公共服务基础设施，为中小企业创业和发展提供服务；支持和引导中小企业在海西投资兴业，鼓励两岸中小企业合资、合作和共同开拓国内外市场。

五、加强对海西工业发展和信息化建设的政策支持

（十六）加强规划指导。进一步加强对福建省海峡西岸工业和信息化发展规划编制和实施的指导力度。在国家工业和信息化发展总体规划、行业规划及专项规划的产业布局和重大项目安排中，充分考虑福建省尤其是海西地区优势和特色产业的发展需求，指导福建省编制特色工业发展规划，制定和完善节能降耗、淘汰落后、发展循环经济等方面的政策措施。

（十七）支持开展行业管理工作。指导福建工业经济运行、监测分析工作，支持开展标准制定和质量管理等工作。加强对福建建立工业、通信业应急体系的指导，支持建立两岸应急工作交流平台。支持大用户直购电试点工作。加强福建通信业管理工作，积极支持战备应急通信、网络信息安全、信息动员保障等工作，积极指导基础电信运营企业加强福建省应急通信设备和队伍建设，落实各项网络信息安全责任，满足福建省处置各类突发事件的应急通信保障和网络信息安全需求。

（十八）加大中央专项资金和重点项目建设的支持力度。加大原中央苏区县、革命老区、少数民族地区的扶持力度，比照中西部地区适当降低中央投资项目地方投资比例，支持发展特色产业和重大项目建设。对福建产业结构调整及转型升级技术改造重点项目，符合国家规划和产业政策的装备制造、钢铁、有色金属、石油化工、建材、电子信息、新兴支柱产业的重大项目，在项目核准、资金扶持以及其他专项计划等方面予以优先安排，引导、支持石化、钢铁、有色金属、建材、汽车、船舶、装备制造等领域的企业联合重组。

工业和信息化部、科学技术部、财政部、国务院国资委关于印发《重大技术装备自主创新指导目录》的通知

工信部联装［2009］707号　2009年12月25日

各省、自治区、直辖市、计划单列市及新疆建设兵团工业和信息化、财政、科技、国有资产

监督管理部门，国务院各有关部委，有关中央企业（集团）：

为了贯彻国务院关于做强做大装备制造业的战略部署，根据《国务院关于落实〈政府工作报告〉重点工作部门分工意见》（国发［2009］13号文）的要求，我们制定了《重大技术装备自主创新指导目录（2009）》（以下简称《目录》）。《目录》共列出18个领域、240项装备产品。凡列入本《目录》的产品，可优先列入政府有关科技及产品开发计划，优先给予产业化融资支持，享受国家关于鼓励使用首台（套）政策；产品开发成功后，经认定为国家自主创新产品的，优先纳入《政府采购自主创新产品目录》，享受政府采购政策支持。

附件：

重大技术装备自主创新指导目录

（2009年版）

一、编制说明

为提高装备制造业自主创新水平，满足国民经济和国家重点建设工程对装备产品的需求，特编制《重大技术装备自主创新指导目录》（以下简称《目录》）。《目录》将为企业开发市场急需的新装备产品提供导向，为各级政府及金融机构、基金组织运用各种经济、行政和法规手段支持装备制造业的发展提供依据。

（一）指导思想

围绕重点发展重大成套设备、高技术装备和高技术产业所需装备。《目录》的编制坚持国家战略需求和市场需求相结合；坚持产业链上下游协调发展；坚持成套装备、关键分系统和关键基础零部件同步发展，不断提升重大技术装备自主创新水平。

（二）重大技术装备领域的选择

《目录》编制的范围包括：

1. 清洁高效发电设备；
2. 超、特高压输变电成套设备；
3. 大型石油及石化装备；
4. 大型煤化工成套设备；
5. 大型高精度冶金成套设备；
6. 大型煤炭及大型露天矿设备；
7. 轨道交通装备；
8. 大型环保及资源综合利用设备；
9. 大型施工机械；
10. 新型纺织机械；
11. 新型、大马力农业装备；
12. 电子、生物、医药等高技术装备；
13. 高技术船舶及海洋工程装备；
14. 高档数控机床；
15. 民用飞机；
16. 高档印刷机械；
17. 关键基础零部件及大型铸锻件；
18. 机场专用装备及港口机械。

其中，高技术船舶及海洋工程装备、高档数控机床和民用飞机，因为国家有关部门已在科技重大专项和其他科技专项计划中考虑，本《目录》中只列出领域名称，省略具体内容。

（三）重大技术装备产品分类原则

列入本《目录》的产品分为两类：

Ⅰ类产品是指新开发的产品——采用新技术原理、新设计构思，能够显著提高性能和质量的产品；

Ⅱ类产品是指重大改进和提高的产品——在性能、结构、材质、工艺等方面有明显改善的产品。

（四）重大技术装备产品入选标准

入选《目录》的重大技术装备产品需满足下列条件：

1. 重大工程和国民经济建设急需；

2. 进口量大；

3. 出口创汇额高或出口潜力大；

4. 节能、节材潜力大，环保，经济效益和社会效益显著。

这些产品在技术上应达到国际先进水平，并具备2012年前可以完成研制工作的技术基础。

二、指导目录

1. 清洁高效发电设备

编号	产品名称	类别	主要技术指标	需突破的关键技术	市场预测或产业化前景
1.1	核电				
1.1.1	AP1000	I	略	略	略
1.1.2	高温气冷堆	I	略	略	略
1.1.3	二代改进	II	百万千瓦级。		
1.1.3.1	核一级泵、阀（包括：主泵；稳压器比例喷雾阀和安全阀；大口径高压闸阀和止回阀；二级主蒸汽隔离阀等）	I	要求高可靠性，具有耐辐射、抗地震、无泄漏、抗冷热交变冲击及定时阻断等特定功能。	1. 主泵高效、多工况点水力模型研制；无润滑启动；转子特定工况稳定性计算； 2. 核一级阀门及主蒸汽隔离阀结构设计计算；高可靠性密封研制； 3. 通过结构设计、特殊材料研制及加工工艺满足核一级泵、阀各种特定功能要求； 4. 核一级泵、阀试验装置及试验技术。	积极发展核电是我国重要能源战略，2010～2015年核电建设高峰期要具备年产10～12套百万千瓦核电装备能力。其中核级泵、阀、核级仪控系统是核电装备自主化的薄弱环节。
1.1.3.2	核二级泵（包括：上充泵、喷淋泵、安注泵、余热排出泵、水压试验泵等）	II	满足各种特定水力性能和多工况点运行要求，还需具备耐辐射、抗地震、耐杂质磨损及抗冷热交变冲击等各种特定功能。	1. 高效、低气蚀、多工况点水力模型研制； 2. 通过结构设计、特种材料研制及加工满足核二级泵各种特定功能要求； 3. 抗热冲击及杂质试验装置设计及试验技术； 4. K1电机研制。	
1.1.3.3	核级数字化仪控系统	I	满足核安全级要求。	1. 控制室系统和人机接口技术； 2. 数字化保护系统仪控设备设计与制造技术； 3. 数字化控制系统仪控设备设计与制造技术； 4. 核级仪表。	
1.2	大型火电机组				

续表

编号	产品名称	类别	主要技术指标	需突破的关键技术	市场预测或产业化前景
1.2.1	百万千瓦超超临界火电机组关键辅机	I	满足百万千瓦超超临界火电机组可靠运行要求。	1. 大型锅炉给水泵、凝结水泵研制； 2. 高温高压阀门、安全阀、调节阀研制； 3. 送引风机研制； 4. DCS 数字化控制系统研制； 5. 600～1000MW 发电机保护断路器研制。	预计每年机组需求10台以上，其中泵、阀、风机、DCS等关键辅机目前主要依靠进口。
1.2.2	百万千瓦空冷电站	I	额定功率为1000MW级，汽轮机为直接空冷，蒸汽参数25MPa，发电煤耗300g标准煤/kWh，电厂热效率41%，机组可用率＞95%。	1. 高背压末级长叶片技术； 2. 低压缸气动性能、刚性及结构优化技术； 3. 汽轮机组轴系稳定技术； 4. 空冷器结构设计与制造工艺； 5. 空冷凝气系统结构及布置优化技术； 6. 百万千瓦空冷机组主辅机系统集成技术。	多煤少水地区需求较大，全国未来3年预计达10台以上。
1.2.3	60万千瓦超临界循环流化床	I	超临界锅炉主蒸汽压力25MPa，温度570℃，流量1900t/h，SO_2 排放小于 400mg/Nm^3、NO_X 排放小于 200mg/Nm^3，发电效率42%，全工况实时动态仿真，事故追忆复现。	1. 炉膛选型及热负荷分布计算技术； 2. 垂直管圈水冷壁水动力设计技术； 3. 锅炉热循环回路及风系统设计技术； 4. 锅炉关键部件制造焊接机防腐技术； 5. 超临界循环流化床整体布置优化技术。	我国高硫煤占11%，低热值劣质煤占20%，可用超临界循环流化床锅炉发电，达到低污排放的要求，近年预计有30台以上的需求。
1.2.4	大型整体煤气化天然气—蒸汽联合循环机组（IGCC）	I	循环联合功率450MW～550MW，燃气轮机进口初温1450℃～1500℃，热效率48%。	1. 系统集成设计技术； 2. 煤气化炉及煤气净化装置的研发； 3. 燃气轮机研发制造技术； 4. 余热锅炉结构优化技术及受热面防积碳、磨损、结渣、结晶技术； 5. IGCC 系统先热回收设备的研发； 6. IGCC 系统及控制系统技术。	在400MWIGCC示范工程的基础上，到2012年总容量将达到3000MW。
1.3	水电机组				
1.3.1	百万千瓦级水电机组	I	额定功率900MW及以上。	机组包括水轮机及调速器，发电机及励磁等附属设备的系统集成设计技术。	我国有近3.5亿千瓦的水电待开发，到2020年新增水电装机1亿千瓦。近期有白鹤滩、乌东德等高水头大容量水电机组20余套，并可提升其他特大型水电机组技术水平。
1.3.1.1	水轮机及附属设备	I	水头200米等级的水轮机转轮模型，最优效率94.5%以上。	1. 水力设计和模型试验技术； 2. 机组刚强度及动力响应技术； 3. 大型混流式转轮制造工艺及工地制造技术； 4. 数控调速器及元件研发。	

续表

编号	产品名称	类别	主要技术指标	需突破的关键技术	市场预测或产业化前景
1.2.1	百万千瓦超超临界火电机组关键辅机	I	满足百万千瓦超超临界火电机组可靠运行要求。	1. 大型锅炉给水泵、凝结水泵研制； 2. 高温高压阀门、安全阀、调节阀研制； 3. 送引风机研制； 4. DCS 数字化控制系统研制； 5. 600~1000MW 发电机保护断路器研制。	预计每年机组需求10台以上，其中泵、阀、风机、DCS 等关键辅机目前主要依靠进口。
1.2.2	百万千瓦空冷电站	I	额定功率为 1000MW 级，汽轮机为直接空冷，蒸汽参数 25MPa，发电煤耗 300g 标准煤/kWh，电厂热效率 41%，机组可用率 > 95%。	1. 高背压末级长叶片技术； 2. 低压缸气动性能、刚性及结构优化技术； 3. 汽轮机组轴系稳定技术； 4. 空冷器结构设计与制造工艺； 5. 空冷凝气系统结构及布置优化技术； 6. 百万千瓦空冷机组主辅机系统集成技术。	多煤少水地区需求较大，全国未来3年预计达10台以上。
1.2.3	60万千瓦超临界循环流化床	I	超临界锅炉主蒸汽压力 25MPa，温度 570℃，流量 1900t/h，SO_2 排放小于 400mg/Nm^3、NO_X 排放小于 200mg/Nm^3，发电效率 42%，全工况实时动态仿真，事故追忆复现。	1. 炉膛选型及热负荷分布计算技术； 2. 垂直管圈水冷壁水动力设计技术； 3. 锅炉热循环回路及风系统设计技术； 4. 锅炉关键部件制造焊接机防腐技术； 5. 超临界循环流化床整体布置优化技术。	我国高硫煤占 11%，低热值劣质煤占 20%，可用超临界循环流化床锅炉发电，达到低污排放的要求，近年预计有30台以上的需求。
1.2.4	大型整体煤气化天然气—蒸汽联合循环机组（IGCC）	I	循环联合功率 450MW~550MW，燃气轮机进口初温 1450℃~1500℃，热效率 48%。	1. 系统集成设计技术； 2. 煤气化炉及煤气净化装置的研发； 3. 燃气轮机研发制造技术； 4. 余热锅炉结构优化技术及受热面防积碳、磨损、结渣、结晶技术； 5. IGCC 系统先热回收设备的研发； 6. IGCC 系统及控制系统技术。	在 400MWIGCC 示范工程的基础上，到 2012 年总容量将达到 3000MW。
1.3	水电机组				
1.3.1	百万千瓦级水电机组	I	额定功率 900MW 及以上。	机组包括水轮机及调速器，发电机及励磁等附属设备的系统集成设计技术。	我国有近3.5亿千瓦的水电待开发，到2020年新增水电装机1亿千瓦。近期有白鹤滩、乌东德等高水头大容量水电机组20余套，并可提升其他特大型水电机组技术水平。
1.3.1.1	水轮机及附属设备	I	水头 200 米等级的水轮机转轮模型，最优效率 94.5% 以上。	1. 水力设计和模型试验技术； 2. 机组刚强度及动力响应技术； 3. 大型混流式转轮制造工艺及工地制造技术； 4. 数控调速器及元件研发。	

续表

编号	产品名称	类别	主要技术指标	需突破的关键技术	市场预测或产业化前景
1.3.1.2	水轮电机及附属设备	I	额定容量1000MVA；额定电压24kV；功率因数0.9。	1. 电磁设计技术； 2. 定子线棒、转子线圈绝缘材料及制造技术； 3. 6000T级推力轴承结构及润滑参数技术； 4. 空冷或蒸发冷却技术； 5. 数字励磁系统技术。	
1.3.2	大型抽水蓄能机组	I	额定功率250MW及以上，水头200m及以上。	1. 水泵水轮机及调速器技术； 2. 发电电动机及励磁、启动装置等附属设备的系统集成设计及仿真技术。	建设抽水蓄能机组是电网调峰的重要手段，一般调峰机组应为全国总装机容量的10%，但目前差距较大。2008年装机容量7.9亿千瓦，而抽水蓄能机组仅为1000万千瓦，发展空间较大。
1.3.2.1	水泵水轮机及调速器	I	水泵水轮机转轮模型效率；水轮机工况效率92%；水泵工况效率90.5%。	1. 水泵水轮机转轮模型水力设计和试验； 2. 水泵水轮机工况转换及过渡过程； 3. 机组正反向运行下的刚强度及稳定性； 4. 转轮、球阀及密封； 5. 数字调速器双向调节及元件研制。	
1.3.2.2	发电电动机及励磁、启动装置	I	额定容量280MVA及以上。	1. 发电电动机电磁设计技术； 2. 高速重载双向推动轴承和导轴承技术； 3. 高压增强绝缘绕组技术； 4. 发电电动机工况转换及过渡过程技术； 5. 发电电动机驱动及制动技术； 6. 数字励磁装置技术； 7. 大功率变频启动装置技术。	
1.3.3	贯流式水轮发电机组	I	功率50MW级；水头30m及以下；水轮机转轮模型最高效93%；发电机效率98%。	1. 水轮机转轮模型水力设计及试验技术； 2. 机组刚强度及事故停机转速稳定技术； 3. 机组通风冷却技术； 4. 低速重载轴承结构及润滑技术； 5. 叶片数控加工技术。	预计3年内有30多台大型贯流式机组的需求，并可提升其他大型贯流式机组的技术水平。
1.3.4	冲击式水电机组	I	水头500m及以上，功率80MW及以上机组；水头1000m及以上，功率40MW及以上机组；水轮机转轮模型最高效率91.5%；发电机效率97%。	1. 水斗式转轮模型水力设计及试验技术； 2. 机组刚强度及稳定性技术，转轮应力及耐疲劳性能； 3. 转轮整体锻造及水斗数控加工及测量技术； 4. 喷嘴结构优化及控制技术； 5. 发电机F级绝缘及通风技术。	每年将有10台套以上高水头冲击式机组，并为准备开发的水头1500m、功率160MW做准备。

续表

编号	产品名称	类别	主要技术指标	需突破的关键技术	市场预测或产业化前景
1.4	风力发电机组				
1.4.1	2.5MW 以上陆上风力发电机组及关键部件	I	功率曲线保证率大于95%；风场平均年可利用率大于95%；设计寿命大于20年；满足国家电网接入系统的要求。	1. 风机的总体设计技术； 2. 风机叶片、主轴承、控制系统研制技术。	国内目前每年新增装机容量近10000MW，预计到2020年将达到1亿千瓦的总装机容量。
1.4.2	3～5MW 海上风力发电机组及关键部件	I	额定功率3～5MW；设计工作寿命20年；风场平均年可利用率大于95%；功率曲线保证率大于95%；电能质量符合等同IEC61400－21标准要求。	1. 海上风机总体及气动设计技术； 2. 海上风机的特殊性技术研究； 3. 风机叶片、齿轮箱、轴承、控制系统研制技术。	

2. 超、特高压输变电成套设备

编号	产品名称	类别	主要技术指标	需突破的关键技术	市场预测或产业化前景
2.1	超高压交直流输电设备及关键部件				
2.1.1	变压器	I	出线装置、套管：交流50万伏、75万伏，直流所有规格；调压开关：交流50万伏、75万伏有载、无载调压开关；直流输电的直流场成套设备。	1. 出线装置：设计技术、引线绝缘结构、制造工艺、试验技术等技术研究； 2. 套管：套管设计、芯子绕制技术，空芯绝缘子设计、制造技术； 3. 调压开关：设计、制造技术； 4. 直流输电的直流场成套设备：直流场系统设计、阀厅接地开关、直流滤波器用直流电容器及成套装置、直流隔离开关、转换开关及测量装置等产品的设计制造技术。	目前全部进口，部分由国内外方控股合资企业供货。
2.1.2	开关设备	I	灭弧装置、液压操作机构：交流50万伏、75万伏。	1. 灭弧装置：提高灭弧室开断性能研究、灭弧室触头材料研究、喷口材料研究、气流场特性研究等； 2. 操作机构：设计技术及结构的研究，动力学研究，强度、密封等工艺研究、可靠性研究等。	目前全部进口。
2.2	特高压交流输电设备及关键部件				

续表

编号	产品名称	类别	主要技术指标	需突破的关键技术	市场预测或产业化前景
2.2.1	变压器	I	出线装置、套管、调压开关：交流100万伏。	1. 出线装置：设计技术、引线绝缘结构、制造工艺、试验技术等技术研究； 2. 套管：套管设计、芯子绕制技术，空芯绝缘子设计、制造技术； 3. 调压开关：设计制造技术。	目前全部进口。
2.2.2	开关设备	I	灭弧装置、操作机构、大型盆式绝缘子100万伏、50千安以上。	1. 灭弧装置：提高灭弧室开断性能、灭弧室触头材料、喷口材料、气流场特性等； 2. 操作机构：设计技术及结构，动力学，强度、密封等工艺、可靠性； 3. 大型盆式绝缘子：设计、制造技术。	目前全部进口。
2.3	±80万伏直流输电设备及关键部件				
2.3.1	变压器	I	250MVA及以上。	1. 灭弧装置：提高灭弧室开断性能、灭弧室触头材料、喷口材料、气流场特性等； 2. 操作机构：设计技术及结构，动力学，强度、密封等工艺、可靠性等； 3. 大型盆式绝缘子：设计、制造技术等。	目前引进技术、全部进口。
2.3.1.1	变压器关键部件	I	变压器套管、变压器出线装置：直流套管所有规格。	1. 变压器套管：套管设计、芯子绕制技术，空芯绝缘子设计、制造技术； 2. 变压器出线装置：设计技术、引线绝缘结构、制造工艺、试验技术等。	目前全部进口。
2.3.2	换流阀	I	±80万伏。	换流阀绝缘设计，换流阀抗震设计，触发与保护设计技术等。	目前全部进口。
2.3.2.1	平波电抗器	I	±80万伏。	设计、制造技术。	
2.3.2.2	水冷设备	I	±80万伏。	水冷却主设备可靠性设计，传感器的强电场抗干扰和可靠性设计、水冷设备冗余设计等关键技术研究。	目前全部进口。
2.3.3	控制和保护设备	I	±80万伏。	直流输电控制与保护仿真技术研究，成套系统设计，控制与保护设备研究以及监控系统研究等关键技术。	目前核心技术引进，国内组装。
2.3.4	直流场设备	I	±80万伏。	直流场系统设计、阀厅接地开关、直流滤波器用直流电容器及成套装置、直流隔离开关、转换开关及测量装置等产品的设计制造技术。	目前全部进口。

3. 大型石油及石化装备

编号	产品名称	类别	主要技术指标	需突破的关键技术	市场预测或产业化前景
3.1	百万吨级乙烯装置				
3.1.1	百万吨级裂解气压缩机组（含驱动汽轮机）	II	介质：乙烯裂解气功率≥5.2万千瓦多边效率85%。	1. 高效模型级研发技术； 2. 大型转子强度及稳定性计算； 3. 大型转子及机壳设计制造工艺技术； 4. 大功率机组联动试车和验证技术。	预计2020年前将新建和改造30余套百万吨级乙烯装置，目前国内已核准百万吨级装置有5套以上。
3.1.2	百万吨级乙烯压缩机组（含驱动汽轮机）	II	介质：乙烯及其他烃类介质，功率≥1.5万千瓦，多边效率80%。	1. 高效模型级研发技术； 2. 机组联动试车和验证技术； 3. 低温材料与关键工艺技术。	
3.1.3	百万吨级丙烯压缩机（含驱动工业汽轮机）	II	介质：丙烯，功率≥3万千瓦，多边效率82%。	1. 高效模型级研发技术； 2. 大型转子及机壳制造工艺技术； 3. 大型机组联动试车和验证技术。	
3.1.4	工艺流程泵（包括：百万吨级急冷油/水泵，高速进料泵、大功率液力透平泵等）	I	介质：油及工艺液体，驱动设备为汽轮机，满足百万吨级乙烯装置工艺需求。	适应能量回收的蒸汽轮机设计制造技术及高效泵水力模型研发，抗气蚀技术，高转速泵流体设计技术。	
3.1.5	百万吨乙烯装置自动化仪表集散控制系统（DCS）	I	主控系统IO设计容量≥10万点；高可靠性，平均故障间隔时间MTBF＞40万小时。	大规模分布式控制系统网络结构及其稳定性、可靠性技术，系统集成技术，关键工艺过程专用控制软件包技术。	
3.2	百万吨级精对苯二甲酸装置（PTA）				
3.2.1	大型多轴工艺空气压缩机组（含压缩机、汽轮机、尾气透平、电机及齿轮箱）	I	介质：空气，功率≥2万千瓦。	1. 大功率多轴离心压缩机及高精度高速齿轮箱设计制造技术； 2. 尾气回收透平设计制造技术； 3. 多股流、低品位蒸汽汽轮机设计制造技术； 4. 整机试验验证技术。	目前国内已经核准的60～100万吨PTA装置有30套以上，其中大型工艺空气压缩机、压力离心机、大型高速泵等关键设备基本进口。
3.2.2	精制高速进料泵	I	介质：工艺液体，转速≥25000rpm，扬程≥120m。	高效水力模型研制技术，泵组集成技术。	
3.2.3	压力螺旋卸料离心机	I	转鼓直径≥1200mm，带压操作。	大型压力离心机设计制造技术及试验验证技术。	
3.3	石油、天然气长输管道设备	I			

续表

编号	产品名称	类别	主要技术指标	需突破的关键技术	市场预测或产业化前景
3.3.1	天然气长输管道离心压缩机	I	介质：天然气，功率：2万千瓦及以上等级效率≥85%。	1. 管道离心压缩机设计制造技术； 2. 增压站多机组负荷分配控制技术以及在线监测技术等。	“十二五”期间，我国将建设4万公里的石油天然气长输管道，其中输气压缩机组、输油泵及阀门等主要场站设备依赖进口。
3.3.2	变频驱动电机	I	功率≥2万千瓦，转速：3120～5040rpm。	高速电机转子设计制造技术，无刷励磁技术，大功率变频技术与关键设备研制。	
3.3.3	驱动燃气轮机	I	转速≥5000rpm，30MW级及以上驱动燃气轮机。	燃气轮机整机、压气机、动力涡轮，燃烧系统和控制系统等设计制造及集成技术，整机试验验证技术。	
3.3.4	大口径全锻焊油气长输管道球阀	I	40″及48″、class600级及以上全锻焊油气管道球阀。	焊缝无热处理工艺技术，高压密封技术，气液联动驱动装置研发，长输管道阀门特定性能要求试验验证技术等。	
3.3.5	管道油泵	I	流量：1300～3100m^3/h，扬程：350～1100m。	高效水力模型研发技术，大型转子和泵壳制造工艺技术，机组试验验证技术。	
3.4	大型天然气液化设备				
3.4.1	预冷压缩机	I	介质：丙烷或混合冷剂等，功率≥3万千瓦，多边效率≥85%。	1. 高效模型级研发技术； 2. 大型转子及机壳制造工艺技术； 3. 大型机组联动试车和验证技术。	是天然气液化的关键处理设备，国内尚无自主产品，中石油、中海油液化项目有较大规模的市场需求。
3.4.2	深冷混合冷剂离心压缩机	I	介质：丙烯、丙烷等等，功率≥4万千瓦，多边效率≥85%。	1. 高效模型级研发技术； 2. 大型转子及机壳制造工艺技术； 3. 低温材料及关键工艺技术； 4. 大型机组试验验证技术。	
3.4.3	大功率变频驱动电机	I	42MW、62MW、96MW高速变频电机。	高速变频电机、大功率变频器自主设计制造技术。	
3.4.4	工业燃气轮机	I	30MW级、效率36%、功率30MW级驱动燃气轮机。	燃气轮机的整机、压气机、动力涡轮，燃烧系统和控制系统等的设计制造及集成技术。	
3.4.5	大型高效冷箱	I	约40个铝制板翅式换热器四单元并联，夹点最小温差达1℃，压力≥6Mpa。	高效翅片设计计算及工艺技术，高压大截面冷箱钎焊技术，冷箱总体设计计算软件开发。	
3.4.6	大型缠绕管换热器	I	单位容积换热面积≥100～170m^2/m^3；管程压力≥7Mpa；换热面积约4万平方米。	设计制造技术，螺旋形多层复迭铝管与不锈钢筒体的焊接工艺技术及试验验证技术。	

续表

编号	产品名称	类别	主要技术指标	需突破的关键技术	市场预测或产业化前景
3.4.7	大型天然气液化储罐	II	18万立方米预应力混凝土全仓容地上贮罐，悬顶式内罐。	结构设计、密封及保温技术，低温材料研制及现场焊接组装技术。	
3.4.8	大型LNG成套装置自动化仪表控制系统	I	主控系统IO设计容量>2万点；最小控制周期达到50ms，时间同步精度1ms；无故障运行>40万小时。	自动化装备集成与安全控制技术，DCS远程管理与诊断技术，现场总线数字化控制技术，APC技术应用及OTS仿真系统技术。	
3.5	海陆石油钻采设备				
3.5.1	特种陆地钻机及配套设备研制	II	包括：12000米以上特深井钻机、5000米以上极地钻机、7000米以上全拖挂钻机、3000米以上斜井钻机及钻机配件。	适应于极地、沙漠、海洋等复杂地形地貌要求和特殊作业工艺的新型特种钻机系统；交流变频电驱动技术。	目前北极圈可开采的石油储量123亿吨，极地钻机市场需求较好。全拖挂钻机因移运性好，适于在沙漠、平坦地区作业。拖挂钻机现不能满足开拓国际市场的需要。斜井钻机在河南、大庆、新疆等国内浅稠油田以及委内瑞拉等国外客户均有需求。
3.5.2	大功率电动钻机柴油发动机	II	缸径×行程：190×255；标定功率：1310kW；标定功率转速：1000r/min；首次大修时间35000h。	高性能、高可靠性、大功率、低排放。	目前电动钻机动力大多依赖进口产品，发展电动钻机用高可靠性柴油机，能有效改变目前被国际卡特匹勒等少数知名品牌所垄断的局面。
3.5.3	12000米海洋钻机	I	绞车功率：6000HP，钻深能力：12000m以上。	1. 模块化、高可靠性、节能、抗台风； 2. 适应海洋条件的超深钻机设计制造技术。	我国海上石油资源量240亿吨，天然气14万亿立方米，占我国油气总资源量的1/3。海洋石油的开发是我国油气增长的一个重要途径，而目前我国深海石油钻机主要依赖进口。

续表

编号	产品名称	类别	主要技术指标	需突破的关键技术	市场预测或产业化前景
3.5.4	水下防喷器、水下井口和采油树	I	水深能力：2000m 以上。	高可靠性、自动化控制、耐高压、抗腐蚀、防泄漏。	国产化空白，全部依赖进口。
3.5.5	水下分离器	I	水下分离器、连接器、基座适应水深 1500m，水下连接器操作压力 5000psi，水下基座承载能力 200t。	结构设计、自动化控制系统、阀门选型和成橇关键技术，密封、液压控制和仿真技术。	国内尚无水下生产系统设计能力。可打破国外在水下生产系统方面的技术垄断，为建设300～1500m 深水大中型油气田工程提供技术支撑。
3.5.6	海底管道应急维修系统	I	海底管道快速检测与修复。	漏点定位、水下定点开挖，防腐涂层清理，管道水下冷切割与修复，水下检测运载工具，管道应急维修系统模拟实验室。	海洋石油海底管道总长度超过 5000 公里，"十一五"期间约铺设 1300 公里。海底管道维修在我国刚刚起步。
3.5.7	海底管线激光复合焊接设备	I	适用于海管 S lay/J lay 高效焊接。	激光复合焊接设备研制技术、焊接工艺开发技术。	用于海底油气管线的高效焊接，尤其能大幅提升深水 J lay 铺管的焊接效率，该技术为国际领先的焊接技术。

4. 大型煤化工成套设备

编号	产品名称	类别	主要技术指标	需突破的关键技术	市场预测或产业化前景
4.1	煤制油设备				
4.1.1	高压油煤浆进料隔膜泵	II	出口压力 20MPa 以上，工作温度 290℃，固体含率 50%。	1. 多支点、大推力动力端设计； 2. 特殊冲洗、密封结构的液力端设计； 3. 特殊介质工况下易损件寿命提高； 4. 电气、检测和控制系统设计。	煤制油是解决我国油资源短缺的重要措施之一，由于煤制油工艺条件苛刻，关键设备主要依靠进口。
4.1.2	液化反应器离心循环泵	II	出口压力 20MPa 以上，工作温度 480℃，固体含率 50%。	耐磨结构、特殊密封结构，电气控制系统设计。	
4.1.3	长寿命高压差减压阀	II	压差 20MPa，高固含率，气、液、固三相流体用，寿命 2000h 以上。	材料、结构设计，抗冲击与耐磨集成技术。	

续表

编号	产品名称	类别	主要技术指标	需突破的关键技术	市场预测或产业化前景
4.2	煤制化肥设备				
4.2.1	大型气流床气化炉成套设备	II	投煤量1000t/d以上，有效气成分：CO > 90%，H_2 > 90%；碳转化率 > 99%；煤烧嘴使用寿命8000h以上。	1. 烧嘴头部冷却结构，耐磨性能； 2. 气化反应温度控制； 3. 气化炉内件积灰结垢问题解决； 4. 激冷方式优化。	煤制气设备是发展煤化工和煤清洁燃烧发电的关键设备之一，目前大型煤制气设备尚需解决许多关键问题。
4.3	大型空气分离设备	II	7万立方米以上		应用于煤化工、冶金、石油化工等领域，年需求量10套以上。

5. 大型高精度冶金成套设备

编号	产品名称	类别	主要技术指标	需突破的关键技术	市场预测或产业化前景
5.1	彩色涂层钢板成套生产设备	I	工艺速度≥180m/min，涂层厚度≥20μm，附着力（T弯）达到1级。	1. 表面色差在线检测技术； 2. 高端家电、办公产品生产工艺技术； 3. 烘干废气循环、回收和处理技术。	高端家电、办公设备涂层板需求量较大。
5.2	高精度热连轧成套设备	I	卷取温度控制精度±18℃，轧制速度23～25m/s，最小可轧厚度1.2mm，最小厚度精度0.03mm，平坦度±20I。	1. 机架间冷却控制技术； 2. 轧后冷却控制技术； 3. 板形控制中轧制模型建立及优化； 4. 定宽机设计制造技术； 5. 生产管理级自动控制技术。	高强度、高精度热轧板国内需求量渐增。
5.3	高精度冷连轧成套设备	I	轧制速度1600～1800m/min，板厚差±3～±8μm，板形凸度5～8I，带板表面折射率≥70%。	1. 屈服强度≥800MPa的轧制工艺技术； 2. 板形控制手段优化和数学模型建立； 3. 主传动“0级”和生产管理级控制模型开发。	高精度、高强度家电、汽车用板自主生产前景广阔。
5.4	干熄焦（CDQ）成套设备	I	产能≥150～190t/h，配套7m以上焦炉，焦炭耐磨转鼓指数m40≥87%。	1. 熄焦运载车的设计制造技术； 2. 出焦旋转密封装置设计制造技术； 3. 干熄焦强制循环泵制造技术； 4. 高温循环风机制造材料研制。	年需求量≥10套。

6. 大型煤炭及大型露天矿设备

编号	产品名称	类别	主要技术指标	需突破的关键技术	市场预测或产业化前景
6.1	千万吨级井工综采成套设备				
6.1.1	千米深井用大型提升机	I	卷筒直径≥5m，传动方式：双电机拖动，传动功率：2×3500～2×5000kW，单斗容量：30～50t箕斗，提升速度：16m/s，多绳缠绕式。	1. 大平面摩擦副高强度螺栓摩擦连接技术； 2. 中高压液压站及盘型制动器闸控技术； 3. 大功率新型交交、交直交变频调速装置自动控制技术； 4. 双机拖动同步技术。	未来几年中，我国将建成13个煤炭基地，并形成5～6个亿吨级生产能力的特大型企业集团以及5～6个5000万吨级生产能力的大型企业。预计我国在“十一五”末到“十二五”期间，将建设酸刺沟等十个深井煤矿和井工金属矿山。
6.1.2	大型液压防爆提升机	II	卷筒直径≥3.5m，最大静张力≥150kN，最大提升速度≤5m/s，电机功率≤1200kW。	1. 多液压泵与多液压马达组成闭式液压回路势能能量回馈，多台同步技术； 2. 具有恒扭矩—恒功率动力特性的液压控制技术； 3. 防爆电控应用技术； 4. 本安型安全保护及连锁技术。	
6.1.3	电牵引采煤机	II	采煤机装机功率≥2500kW，最大采高≥6.2m，牵引速度30m/min，牵引力1000kN，生产能力3500t/h。	1. 大采高电牵引采煤机设计制造技术； 2. 采煤机仿形切割程序记忆控制技术； 3. 采煤机运行状态监测和自诊断技术。	
6.2	2000万吨级以上大型露天矿成套设备				
6.2.1	大型露天矿破碎站	II	自移式破碎站： 移动方式：履带行走式，生产能力：3000～12000t/h，主机型式：双齿辊破碎机，功率2×375～2×710kW；排土机：额定排土能力9000t/h；转载机：转载能力6000t/h。	1. 半连续开采工艺设计与设备选型技术； 2. 自移式破碎站设计技术； 3. 大型排土机设计技术； 4. 转载机设计技术。	大型破碎站是大型露天煤矿的关键设备，每年对大型破碎站的需求量约10台。
6.2.2	超大型露天矿用挖掘机装备	II	斗容范围55～80m^3，行走速度0.80～1.60 km/h，最大连续爬坡角度15°，电气系统采用交流变频+PLC控制，年采剥产量最高达1500万立方米。	1. 特大型矿用挖掘机设计技术； 2. 矿用挖掘机专用的大功率交流变频调速传动技术； 3. 整机数字智能控制系统以及整机运行和故障检测技术； 4. 矿用挖掘机整机的可靠性技术。	

续表

编号	产品名称	类别	主要技术指标	需突破的关键技术	市场预测或产业化前景
6.2.3	大型矿用电动轮自卸车	II	额定装载量300t，交流传动，最高车速≥65 km/h，额定爬坡度8°，最大爬坡度16°，单车年运量≥1500万t·km。	1. 整车设计集成及优化技术； 2. 交流变频牵引技术； 3. 大型复杂承载构件强、刚度及疲劳失效的分析及优化技术； 4. 液压系统设计集成及优化技术。	我国在建和拟建大型露天矿建设项目中还将有更多的矿山采用大型矿用电动轮自卸车。
6.3	800～1000万吨级大型选矿厂成套装备				
6.3.1	大型液压旋回和圆锥破碎机	II	液压旋回破碎机：给矿口宽度1500mm，给矿粒度1300mm，排矿口宽度165～230mm，生产能力4000～5500t/h，主电机功率600kW。 液压圆锥破碎机：破碎锥大端直径2000mm，给料口宽度90～385mm，最大给料尺寸77～326mm，料口调整范围5～45mm，处理能力300～600t/h，电机功率630kW。	1. 层压破碎技术； 2. 破碎机腔型优化设计技术； 3. 智能控制技术。	预计到2015年，我国100万吨（建厂10年以上）的选矿厂要完成新一轮的设备改造，改造涉及项目产能超过2亿吨，改造设备投资将超过200亿元（人民币）；到2010年，我国自主铁精矿产量至少要达到5亿吨，才能满足我国钢铁行业的发展要求，即在现有的基础上，还要增加2亿吨的产能，投资将超过800亿元，其中40%将用于购买选矿设备，设备投资超过320亿元（每年80亿元）。同时国家将加强有色金属矿山建设。
6.3.2	高压辊磨机		挤压辊直径1400～1800mm，挤压辊宽度800～1400mm，粉磨预紧力1200～3000kN，装机功率2×800～2×1250kW，生产能力350～800t/h，进料粒度100%＜30mm、90%＜25mm；出料粒度75%＜3mm、50%＜2mm。	1. 超细破碎工艺技术； 2. 辊压磨设计技术； 3. 辊面耐磨技术； 4. 双传动技术； 5. 增压隔料技术。	
6.3.3	特大型矿用磨机	II	球磨机： 规格：ϕ7.93×13.6m，产量：磨机处理矿石能力≥1500t/h，装机功率：15600kW，传动方式：双电机驱动。 （半）自磨机：规格：ϕ12.2×11m，产量：磨机处理矿石能力≥1500t/h，装机功率：28000kW，传动方式：滑环电机传动。	1. 磨机工艺选型技术； 2. 大功率传动（8000～28000kW）技术； 3. 筒体支撑润滑技术； 4. 磨机负荷检测技术； 5. 大功率变频调速技术； 6. 滑环电机设计技术。	

续表

编号	产品名称	类别	主要技术指标	需突破的关键技术	市场预测或产业化前景
6.3.4	大型立盘真空过滤机	I	过滤面积：500m²，过滤盘直径：10m，产量：500~550t/h，给矿浓度≥40%~60%，成品水分：12%~14%。	1. 过滤机选型技术； 2. 特大型过滤机设计制造技术； 3. 智能控制技术。	

7. 轨道交通装备

编号	产品名称	类别	主要技术指标	需突破的关键技术	市场预测或产业化前景
7.1	高速动车组	I	持续速度350km/h，最高速度380km/h	1. 高速转向架设计试验； 2. 交流传动系统设计试验； 3. 制动系统设计试验； 4. 动车组系统集成设计和调试； 5. 列车网络控制； 6. 智能维护技术。	按照《中长期铁路网规划》，我国将建设四纵四横客运专线网络，总里程达12000公里。据预测需1000列（8辆编组）左右的时速300公里动车组。由于目前铁路建设速度大大加快，年需求量可能达250~300列（8辆编组）。
7.1.1	轮对	I	速度≥350km/h	1. 车轮：提高钢的纯净度及热处理技术 2. 车轴：提高车轴疲劳强度，空心车轴制造装配技术及热处理技术。	按照高速动车组市场需求量，到2012年至少需要轮对32000个，其中车轴32000根，车轮64000个。
7.2	大功率交流传动机车				
7.2.1	货运电力机车	I	6轴9600kW、7200kW大功率交流传动铁路干线货运牵引电力机车，轴重：23+2t，最大运行速度120km/h（23t轴重140km/h），分布式微机网络控制。	1. 大功率牵引变流技术，大功率交流传动电力机车系统集成技术； 2. 牵引电机与齿轮箱一体式结构，驱动装置的可靠性、耐久性设计技术； 3. 大功率牵引变压器的设计技术及制造工艺； 4. 大功率IGBT水冷牵引变流器的设计及控制技术，辅助变流器的可靠性和冗余性设计； 5. 转向架的高强度设计技术及焊接工艺。	根据《中长期铁路网规划》，到2012年，至少需要7200kW和9600kW大功率交流传动电力机车近7000台。

续表

编号	产品名称	类别	主要技术指标	需突破的关键技术	市场预测或产业化前景
7.2.2	客运电力机车	I	时速大于200公里，轴功率大于1600kW铁路干线客运牵引机车，机车功率9600kW，分布式微机网络控制。	整车集成、高速机车转向架、大功率牵引传动及控制系统、机车网络控制系统、制动系统、辅助系统等系统技术。	按照铁路中长期发展规划，时速200公里以上客运专线和城际铁路达1.3万公里，需大量200km/h速度等级的跨线和长大交路客运电力机车。未来5年，预计市场需要600台。
7.2.3	内燃机车	I	功率大于6000马力，排放达到国际先进水平，23t、25t轴重，最大运行速度120km/h。	大功率低排放节能型柴油机技术、电喷技术、交流传动技术、柴油机增压器、机车微机控制技术、机车网络通讯技术、新型微机控制制动技术、轻量化车体技术、多机重联控制技术、120km/h货运机车25t轴重转向架技术。	根据《中长期铁路网规划》，到2012年，至少需要6000马力以上大功率交流传动内燃机车约1000台。
7.3	重载和快捷货车				
7.3.1	大轴重货车	I	轴重26.5～30t，速度100～120km/h。	大轴重转向架技术、转向架低动力作用技术、降低长大编组重载列车纵向冲动技术。	到2012年，主要干线将逐步实现客货分线，横跨我国东西、纵贯我国南北的大能力通道网和煤运网络将基本建成，区域间货运实现大进大出，货车将实现更新换代，大轴重货车需求量每年将在35000辆以上。
7.3.2	快捷货车	I	轴重≤18t，速度160～200km/h。	转向架技术、车体结构技术、制动技术、车钩和缓冲器技术。	快捷货运是世界铁路货运发展方向之一，经济发达城市间开行快速货运列车，形成我国铁路货运快速运输网络的要求日益迫切。到2012年，每年需求量将在3000辆以上。

续表

编号	产品名称	类别	主要技术指标	需突破的关键技术	市场预测或产业化前景
7.4	城市轨道交通装备				
7.4.1	地铁A型车辆	I	最高运行速度80km/h。	轻量化车体技术，国产牵引技术，制动系统技术，牵引系统、网络控制系统。	目前国内地铁A型车辆多为国外或合资产品，牵引和制动系统多为进口产品，由于地铁A型车辆具有载客量大等特点，在客流较大的城市有较好市场前景，预计今后10年内年需求量在1000辆。
7.4.2	100%低地板城轨车辆	I	最高运行速度80km/h。	转向架技术、牵引系统、网络控制系统，动力驱动技术，转向架设计制造技术，车体悬挂技术。	100%低地板地铁车辆符合城轨地铁产品发展方向，今后年需求量不小于500辆。

8. 大型环保及资源综合利用设备

编号	产品名称	类别	主要技术指标	需突破的关键技术	市场预测或产业化前景
8.1	污水处理及回用技术装备				
8.1.1	2000～2万吨/日村镇污水一体化生物处理装置	II	进水源：COD 300～400mg/l，BOD 150～200mg/l，TN 50～60mg/l，TP 4～5mg/l，SS 160～220mg/l； 出水指标达到《城镇污水处理厂污染物排放标准》（GB 18918）的一级B标准。	1. 研制新型生物载体，开发装填结构形式及相应工艺参数； 2. 开发流程顺畅、紧凑的污水处理一体化装置，要求单元处理合理组合。	该产品适用于村镇污水一体化处理，目前我国西部地区还有许多地级市和县需要该类产品。

续表

编号	产品名称	类别	主要技术指标	需突破的关键技术	市场预测或产业化前景
8.1.2	油污染防治成套技术装备	I	高精度：油水分离精度 0.1－15ppm。 广普性：处理对象从原油到轻油、一切矿物油。 广幅性：可适应 0～100%的来水含油量、耐大油量冲击，实现油的原质回收和再利用，不造成油品二次污染，不添加药剂，不需反冲洗。	1. 阻截除油关键材料（HK 纤维陶瓷膜等）深度开发技术； 2. 油污染防治及回收技术。	2007 年全国共发生船舶污染事故 107 起，每升溢油在水体分解中大约要消耗 3.2×10^5 升海水中的溶解氧，对海洋生态危害极大，该技术可解决溢油污染问题。
8.1.3	高浓度难降解化工污水处理技术装备	II	适用污水浓度 COD 500mg/l 以上，无机盐共存浓度在 3%以上，废水处理达到国家有关排放标准。	采用高效的无机盐与有机物分离技术，利用特殊菌完成对有机物的降解过程，最终辅以高效氧化技术完成微量有机难降解物的脱除。	在精细化工、医药化工、农药化工、橡胶促进剂生产等行业中产生大量此类废水，其处理技术是我国化工行业可持续发展的关键技术。
8.2	海水淡化成套设备				
8.2.1	5 万～20 万吨/天膜法海水淡化成套设备	I	成套设备中单机产水能力达到 2 万吨以上，有能量回收装置，电能消耗小于 $5kWh/m^3$，脱盐率达到 99.5%以上	1. 高性能海水淡化反渗透膜、能量回收装置和高压泵等组件的制造技术； 2. 北方地区冬季低温对膜装置的影响及应对技术； 3. 海水预处理技术、工艺及成套设备研制，使进膜海水满足 COD < 5mg/l，BOD < 3mg/l 等指标； 4. 海水淡化的集散控制技术开发。	预计 2020 年前，海水淡化日产量达到 50 万吨，投资规模 40 亿～50 亿元。
8.2.2	5 万～20 万吨/天蒸馏法海水淡化成套设备	I	成套设备中单机产水能力达到 2 万吨以上，电能消耗小于 $1.8kWh/m^3$，脱盐率达到 99.5%以上，淡化水 TDS 小于 10ppm	1. 低温多效蒸馏海水淡化新型传热材料研制及蒸馏装置关键部件优化； 2. 专用药剂与材料的研制技术； 3. 低温多效蒸馏仿真及智能化控制技术。	预计 2020 年前，海水淡化日产量达到 50 万吨，投资规模 40 亿～50 亿元。
8.3	大气污染防治技术装备				

续表

编号	产品名称	类别	主要技术指标	需突破的关键技术	市场预测或产业化前景
8.3.1	300 ~ 1000MW燃煤电站烟气SCR脱硝技术装备	I	脱硝效率≥90%，氨逃逸率≤3ppm，脱硝催化剂使用寿命≥24000h，氮氧化物排放需到达国家标准，无故障使用时间或保障连续使用的措施。	1. 脱硝关键技术及装备开发； 2. SCR脱硝催化剂和载体开发； 3. 大型钢结构安全与稳定技术； 4. 大力发展拥有自主知识产权的脱硝专用CFD软件。	烟气脱硝技术是目前世界上应用最成熟的脱硝技术，适用于大型燃煤电站。根据我国《电力工业“十一五”发展规划及2020年远景目标》，到2010年，全国煤电装机容量达5.93亿千瓦。新建火电项目将尽可能采用60万千瓦及以上超临界、超超临界机组。2009 ~ 2011年，将新增燃煤电厂烟气脱硝设施5000万千瓦。
8.3.2	钢铁烧结机烟气脱硫技术装备	II	脱硫效率达到90%时Ca/S≤1.3，脱硫系统出口烟尘浓度≤50mg/Nm^3，出口烟气温度≥70℃，脱硫副产品100%利用。	通过对烧结机工艺的匹配性和适用条件的研究，开发具有自主知识产权的烧结机半干法烟气脱硫技术及设备。重点研究脱硫除尘系统集成设计技术、脱硫系统集成控制技术、脱硫系统设计软件、脱硫灰的收集和输送技术、脱硫副产物资源化综合利用技术、配套关键设备和组件。	目前，我国钢铁行业烟气脱硫处理进展较慢，现有烧结机500多台，烧结面积为54000m^2。从2009年起，我国要大规模推广应用烧结机脱硫，预计市场规模将达到100亿元。
8.4	资源综合利用技术装备				
8.4.1	30万辆/年报废汽车处理线	I	主机功率：1500kW，生产率：35 ~ 45t/h，锤头旋转直径：2.02m。	超宽磷板输送机，自控高速双滚筒进料机，磁选分离技术，强力锤式破碎技术。	根据《2008年国民经济和社会发展统计公报》，截至2008年底，全国民用汽车保有量达到6467万辆，比上年末增长13.5%。每年报废车辆超过200万辆。同时，《汽车产品回收利用技术政策》规定：从2010年起，所有国产及进口的M2类和M3类、N2类和N3类车辆的可回收利用率要达到85%左右。

续表

编号	产品名称	类别	主要技术指标	需突破的关键技术	市场预测或产业化前景
8.4.2	废塑料复合材料回收处理成套设备及综合利用技术装备	I	回收金属（铝等）的纯度≥98%，金属回收率≥99%，回收塑料纯度≥95%，处理量1～5t/h。	1. 粉体化回收废塑料技术（不会改变化学成分，造成二次环境污染）； 2. 高压静电分选技术； 3. 智能化自动控制技术； 4. 贵金属提取技术。	铝塑复合膜、铝塑板、塑料复合膜、光缆电缆等复合制品的回收处理是一个亟待解决的社会化问题，该产品适用于废弃印刷线路板、废塑料复合材料的回收及利用。
8.4.3	2～10万吨/年PET瓶处理线	I	PET瓶处理能力：2万吨～10万吨/年；具有破碎、清洗、风选、比重分选、光分选功能；分离纯度：99.9%；产品达到拉丝级聚酯切片质量标准；符合《废塑料回收与再生利用污染控制技术规范》（HJ/T364）。	有色瓶片分选技术和光分选设计开发技术，热透平清洗技术和设备，比重分选技术及设备。	目前，中国有500多万吨的PET切片用于生产饮料瓶，75%以上使用后的废聚酯瓶将能够被回收。回收的大部分瓶子用来加工成用于纺织工业的聚酯纤维，但因设备技术简陋，只能生产低档次纤维。该产品开发利用后，可大幅度提高再生切片纯净度。预计年需求30～50条，销售收入约40亿元。
8.5	节能技术装备				
8.5.1	工业锅炉智能燃烧系统	I	实时检测锅炉系统及附属设备的运行参数，自动调节系统运行状态；采用计算机、可编程序控制器，调节锅炉在最佳的风、煤比下燃烧，实现整个生产过程的控制和系统管理；节约燃料：2%～8%。	宽煤种燃烧设备及系统的设计、制造技术： 1. 适合多煤种燃烧的链条工业锅炉的配风和炉拱的完全数值模拟辅助设计技术； 2. 适合我国国情的莱单式系列燃煤工业锅炉系统节能集成技术； 3. 基于数值模拟及模糊控制原理的“燃煤工业锅炉优化运行专家指导系统”和“远程监测平台”； 4. 工业锅炉炉水在线监测和自动排污技术研究与设备； 5. 工业锅炉鼓风系统和蒸汽管网系统的节能技术和装置。	我国在用燃煤工业锅炉约47万余台，平均运行效率仅65%左右，比国际先进水平低15～20个百分点，节能潜力十分巨大。燃煤工业锅炉节能改造是“十一五”十大节能重点工程之首。

续表

编号	产品名称	类别	主要技术指标	需突破的关键技术	市场预测或产业化前景
8.5.2	板管蒸发式冷凝空调设备	I	使用全绿色工质 R134a 和 R407C 环保机组；单机制冷范围：单元式空调机组：200～600kW，蒸发式冷凝冷水机组：1000～3000kW，并可按用户要求进行模块组合；标准工况下整机能效比：单元式空调机组：3.6～4.0，蒸发式冷凝冷水机组：4.4～5.0，超过传统中央空调系统能效比 30%；机组制冷量：能在 0、25%、50%、75%、100%范围内分级能量调节，若有特殊要求，也可在 15%～100%范围内无级调节。	新型高效板管式换热板片及其加工制造技术，并以板管换热片为核心技术，实现与其他配套部件的集成。	该产品达到国际先进水平，填补了国内外制冷技术的空白，比传统制冷技术节能 30%；该产品可用于大型建筑的节能改造，是国际制冷行业技术进步的一个重要方向，具有广阔的应用和市场空间，我国每年约有 600 亿元的市场需求量。

9. 大型施工机械

编号	产品名称	类别	主要技术指标	需突破的关键技术	市场预测或产业化前景
9.1	电液换挡变速箱	I	160～400kW，前 4 档后 3 档或前 4 档后 4 档。	工艺设计与产品制造技术，可靠性和质量稳定性技术，换挡电磁阀及控制器。	长期进口，是工程机械产品关键零部件，年需求量 5 万台以上。
9.2	湿式制动驱动桥	I	总速比 20～22，桥荷 20～40t，制动力矩 5 万～6 万 Nm。	湿式离合器技术，热平衡技术。	长期进口，是工程机械产品关键零部件，年需求量 3 万台以上。
9.3	整体式多路阀	I	工作压力 35～42Mpa，流量 160～300L/min，具有与压力无关的流量分配特性，液动比例和电液比例控制方式，具有高频响和高重复精度。	工艺设计与产品制造技术，铸造技术、清砂工艺技术。	长期进口，是工程机械产品关键零部件，年需求量 10 万台以上。
9.4	开式系统通轴式轴向柱塞泵	I	排量 90～260ml/r，公称压力 35Mpa，峰值压力 42Mpa。	工艺设计与产品制造技术，双金属铸造技术、摩擦副的耐磨技术、表面处理技术。	长期进口，是工程机械产品关键零部件，年需求量 10 万台以上。
9.5	液压马达	I	公称压力 40Mpa，峰值压力 45Mpa，转速大于 4000r/min 时排量 90～355ml/r。	工艺设计与产品制造技术，双金属铸造技术、摩擦副的耐磨技术、表面处理技术。	长期进口，是工程机械产品关键零部件，年需求量 11 万台以上。

10. 新型纺织机械

编号	产品名称	类别	主要技术指标	需突破的关键技术	市场预测或产业化前景
10.1	化纤装备				
10.1.1	精密碳纤维预浸生产线	I	基材宽度 1000mm；预浸布树脂含量控制在 ±1% 左右。	设备结构设计、零部件制造技术，丝束张力控制技术。	在航空、航天、军工、运动器材等领域拥有广阔的前景。
10.1.2	细旦涤纶单丝（一步法）成套设备	I	产量 120 吨/年；纤度 8 ~12d。	保证纤维纤度均一的设备结构设计、制造技术。	为化纤行业技术进步服务，市场前景较好。
10.1.3	直捻机、玻璃丝捻线机、地毯丝捻线机等产业用加捻设备	I	最高锭速 8000 ~ 11500r/m。	恒张力加捻系统的研发，单电机驱动积极式输纱恒线速系统的研发。	在电路板绝缘、汽车轮胎帘子线和装饰用纺织品等领域市场前景广阔。
10.2	纺纱机械				
10.2.1	连续化纺纱设备	I	实现条并、精梳联，粗、细、络联。	粗纱机、细纱机集体落纱技术，自动输送技术、智能控制和识别技术。	填补国内空白。
10.3	织造设备				
10.3.1	机电一体化高速喷气织机	I	最高转速 900r/min；最大筘幅 3.9m，平均无故障时间 3000h。	数字化控制技术，电子送经、电子卷取技术，可靠性技术。	替代进口。
10.3.2	机电一体化高速毛巾剑杆织机	I	最高转速 500r/min；平均无故障时间 3000h。	数字化控制技术，高速起毛圈机构，张力均匀电子送经、电子卷取的大卷装技术，可靠性技术。	填补国内空白，形成批量销售。
10.3.3	双层剑杆织机	I	最高转速 350r/min；平均无故障时间 2000h。	数字化控制技术，高速双层织物引剑机构，均匀打纬机构，张力均匀电子送经、电子卷取的大卷装技术。	双层织物在装饰、地毯、产业等领域应用需求旺盛，双层剑杆织机将填补国内空白。
10.3.4	电脑针织横机	I	双系统或三系统；最大编织宽度 52 英寸；机号 3.5 ~ 7（多针距）、5、7、10、12、14、15、16；电脑自动控制 32 ~ 48 把纱嘴等；编织最高速度≥1.2m/s。	32 ~ 48 色选色嵌花系统，三角机构的优化和研制；自动起头功能，减小机头惯性和提高机速。	预计每年市场需求超过 5000 台。

续表

编号	产品名称	类别	主要技术指标	需突破的关键技术	市场预测或产业化前景
10.3.5	双轴向经编机	I	最大幅宽245英寸。	数字化控制技术，数字化驱动技术，设备结构设计、零部件制造技术。	填补国内空白。
10.4	非织造布成套生产线				
10.4.1	皮芯型双组份纺粘热风无纺布生产装备	I	最高速度120m/s；幅宽2.4m；克重30～200g/m²。	复合纺丝箱体、气流牵伸、高速分丝、热风穿透工艺技术和设备。	填补国内空白。
10.4.2	胶原纤维成套设备	I	幅宽2.5m。	提取纤维再制技术、皮革纤维分离设备的设计与制造技术。	利用废真皮边角料，替代真皮革，有市场潜力。
10.4.3	加工特种材料的针刺机	I	最大速度1500次/分，幅宽3.2～9m（用于碳纤、聚四氟乙稀纤维、陶瓷纤维、不锈钢纤维等特种原料）。	开松、梳理、铺网、针刺加固成形的全线研究。	产业用纺织品市场大，以国内市场为主，开拓国际市场。

11. 新型、大马力农业装备

编号	产品名称	类别	主要技术指标	需突破的关键技术	市场预测或产业化前景
11.1	拖拉机				
11.1.1	大马力轮式拖拉机	I	配套柴油机功率≥180马力；排放指标达到欧ⅢA，前驱动桥、动力换档变速箱等关键零部件为国内生产，具有自主知识产权。	1. 配套柴油机需达到其要求，并且排放指标达到欧ⅢA要求； 2. 要配有动力换档变速箱、传动大扭矩的干式或湿式离合器、安全驾驶室等关键部件，四轮驱动机型要配有带差速锁的前驱动桥； 3. 符合ISO11783标准的机载Can bus总线控制技术； 4. 大转向角驱动桥技术； 5. 液压提升器负荷传感技术。	每年国内市场需求50～80台，出口前景较好，预计国外市场需求1.5万～2万台。
11.1.1.1	电控动力换档变速箱	I	利用液电控制，全区段负载变速。速度范围从0～40km/h，传递功率达到360kW。	1. 电液联合控制技术； 2. 自动控制换档逻辑设计技术。	国内市场每年需求约100个；主要配套出口拖拉机，每年需求约250～300个。

续表

编号	产品名称	类别	主要技术指标	需突破的关键技术	市场预测或产业化前景
11.1.1.2	传递功率132kW以上的离合器（包括干式和湿式两种）	I	与动力换档变速箱配套的、传递动率范围在132kW以上，包括干式离合器、湿式离合器两种。	1. 干式或湿式离合器设计原理及结构； 2. 所选用的原材料及加工工艺； 3. 使用寿命及可靠性； 4. 离合器配套功率区段优化技术。	每年国内需求量在200台以上。
11.1.1.3	悬浮型安全驾驶室	I	驾驶员耳旁噪声≤86dB(A)。	1. 驾驶室减振和隔振技术； 2. 安全防护与人机工程结构和材料技术。	国内大型拖拉机配套和拖拉机出口市场每年需求计约1万台。
11.2	收获机械				
11.2.1	大中型联合收割机	I	喂入量≥5kg/s。	1. 关键零部件的研究，以提高茎秆和籽粒湿度的适应性； 2. 复脱机构的研究； 3. 清选机构的研究，提高籽粒的清洁度； 4. 新近结构的采用； 5. 信息技术在整机和作业流程监控中的采用。	预计每年需求量在500台左右。
11.3	大马力拖拉机配套农机具	II	配套柴油机功率≥125马力的拖拉机，包括保护性耕种机械、耕整地机械、播种和精密播种机械、各种联合作业机械。	1. 节能、节材、耐用的基础工作部件的研究； 2. 根据农业作业和拖拉机性能要求，各种部件的合理配置； 3. 应合理利用拖拉机液压输出，便于操作； 4. 土壤工作部件新材料与制造工艺技术。	1. 铧式犁每年国内需求量在300台以上； 2. 播种机在900台左右； 3. 各种联合整地机在500台以上； 4. 保护性耕种机械每年需求量在500多台。

12. 电子、生物和医药等高技术装备

编号	产品名称	类别	主要技术指标	需突破的关键技术	市场预测或产业化前景
12.1	集成电路关键装备		略	略	略
12.2	TFT－LCD、OLED及PDP设备				
12.2.1	液晶显示用玻璃基板成套生产设备	I	可用于生产6代及以上的玻璃基板，基板尺寸1500mm×1850mm以上。		应用于国内液晶面板企业。

续表

编号	产品名称	类别	主要技术指标	需突破的关键技术	市场预测或产业化前景
12.2.2	CELL 摩擦机	I	适合6代及以上生产线，基板尺寸 1500mm × 1850mm。	设备工作的高可靠性和运转稳定性。	应用于国内液晶面板企业，替代进口。
12.2.3	Aging 系统	I	OLED 控制电流：0 ~ 100mA，控制电压：-20V ~ 20V 老化温度和时间可控制。	系统电信号的控制，专用 Jig 的设计制作，机械装载系统制造。	目前平板产业国内发展势头强劲，对于设备需求量很大，但目前基本上全部依靠进口，以日本和韩国设备为主，其价格大概在国产设备的3倍以上。这些设备产业化能带动国内整个平板产业迅速发展。
12.2.4	检查机	I	电压控制，Jig 设计和对位操作。	OLED 点亮驱动技术，专用 Jig 的设计制作，OLED 检测图形信号设定。	
12.2.5	Panel 划线机	I	X 轴定位 ±0.02mm，Y 轴定位 ±0.02mm，旋转精度 ±10"。	Stage 平整面制作，CCD 对位识别系统，刀具自动控制系统。	
12.2.6	I-V-L 测量机	I	Cell 绑定完成后，电流、电压、亮度的测定。	驱动点亮系统设计、电信号测量系统、光信号测量系统。	
12.2.7	清洗设备	I	1. 基板尺寸：370mm × 470mm ~ 730mm × 920mm，T=0.5mm ~0.7mm； 2. 大于 0.5μm 的颗粒杂质去除率达到 95%；大于 0.3 的颗粒杂质去除率达到 90%； 3. 有机物清洗，通过接触角测试要求小于5度； 4. 生产节拍 20 ~45 秒/片。	1. 设备工作的高可靠性和运转稳定性，新的清洗技术实现，改善 MTBF、IN-LINE 系统设计，系统安全设计，节拍和产能符合量产需求； 2. 洁净、高可靠性材料开发。	目前国内平板产业发展势头强劲，对于湿处理设备需求量很大，但目前基本上全部依靠进口，以日本和韩国设备为主，其价格大概在国产设备的6倍以上，即使台湾也高出国内2 ~ 3倍；湿处理设备的产业化能带动国内整个平板产业迅速发展。
12.2.8	显影设备	I	1. 基板尺寸：370mm × 470mm ~ 730mm × 920mm，T=0.5mm ~0.7mm； 2. 显影边缘偏差小于 0.5μm； 3. 不能出现过显影或显影不充分。	设备工作的高可靠性和运转稳定性，改善 MTBF、IN-LINE 系统设计，系统安全设计，节拍和产能符合量产需求。	
12.2.9	脱模设备	I	1. 基板尺寸：370mm × 470mm ~ 730mm × 920mm，T=0.5mm ~0.7mm； 2. 脱模后检查要求基片无残留 PR； 3. 脱模后清洗：1 ~ 3μm 颗粒杂质的去除率达到 95%。	1. 设备工作的高可靠性和运转稳定性，改善 MTBF、IN-LINE 系统设计，系统安全设计，节拍和产能符合量产需求； 2. 洁净、防静电以及耐腐蚀，高可靠性材料的开发。	

续表

编号	产品名称	类别	主要技术指标	需突破的关键技术	市场预测或产业化前景
12.2.10	曝光机	I	1. 一次曝光面积：1264mm×2114mm； 2. 解像力：20um； 3. 对位精度±2.5μm； 4. 光平行度：Collimation Angle：1.2°以下（Half Angle）；Declination Angle：0.80°以下（中心）。	1. 高精度运动部件的加工和集成，高精度定位控制； 2. 曝光环境的高洁净（100级）和温湿度管理； 3. 高质量光源和高精度光路系统。	虹欧二期需要5台曝光机，国际市场单台参考价1728万元。
12.2.11	封排炉	I	1. 适用产品≥42英寸PDP屏； 2. 封接温度最高470℃；真空度5.0×10^{-7}Torr。	1. 严格温度控制曲线的炉体系统； 2. 高真空系统； 3. 高刚性、微小热变形的封排小车。	虹欧二期需要2套封排炉，国际市场单台参考价19200万元。
12.3	医药装备				
12.3.1	电子内窥镜	I	分别用于胃、结肠、腹腔、气管、十二指肠等检测；高分辨率成像传感器总成，不低于100万像素，低畸变140°视场角或可变视角非球面镜，有效视距2~100mm，最大外径小于9mm，最大弯角不低于230°。	高分辨率微型图像传感器、大视场小畸变非球面镜头、窄波光的成像技术、先进的HDTV成像技术、高质量图像处理系统。	预计国内销售量1000台左右，实现年销售收入2亿元。
12.3.2	多排螺旋CT	I	16排以上，到256排螺旋CT，探测器数量在640×16以上，孔径65mm以上，发生器功率在40kW以上，重建时间小于0.5s。	多排（16~256排）高密度薄层（0.5mm层厚）CT用探测器；高速滑环技术；大功率（100kW以上）大热容量（3MHU以上）X线管；图像重建软件技术。	多排螺旋CT进入市场，预计可占70%市场份额，单台价格预计在500万元（16排），可形成年销售额20亿元。
12.3.3	X射线正电子发射计算机断层扫描仪	I	空间分辨率高于6mm，单环或双环PET探测器，X线CT成像部分不低于16排（含）以上多排螺旋CT。	高灵敏度、高时间分辨率、高空间分辨率的光子探测晶体和光电检测器件；高时间分辨率的快符合电路；高速实时数据处理系统、三维重建软件和图像数据融合技术；FDG示踪剂；标准影像模体。	预计国内需求3000台套左右，每套按照产品售价800万元人民币（进口产品价格300万~500万美元）计，年装备量可达100台套，实现年销售额8亿元左右。

续表

编号	产品名称	类别	主要技术指标	需突破的关键技术	市场预测或产业化前景
12.3.4	医用磁共振成像设备	I	超导型，场强1.0～5T，孔径大于60cm，梯度强度大于50mT/m，最大切换率＞200mT/m/ms，高速谱仪应达到64通道以上，1Mhz/每通道以上。	多通道数字化谱仪；大功率射频放大器；超导磁场技术；梯度放大器；梯度线圈；射频线圈；软件及序列。	国内MRI市场将达到年需求500台以上，超导产品将实现50%的市场覆盖。按照每台400万元人民币测算，年装备250台，实现年销售额10亿元左右。
12.3.5	数字X射线探测器	I	基于非晶硅等材料的X射线图像传感器，像素尺寸＜150μm，读出速度大于80MPS，密度分辨率大于14bit，静态探测器空间分辨率高于3.5Lp/mm，动态探测器空间分辨率不低于2.5Lp/mm，DQE＞60%@0.1Lp/mm，灵敏度高于0.5uR/f，静态探测器读出时间＜5s，动态探测器读出速度不低于25fps。	高填充率（高于70%）、低漏电流光电二极管阵列；高开关比（10－7E）低漏电流晶体管阵列；TFT基板制程；高密度（256通道）高信噪比读出电路IC；针状碘化铯生长技术；实时动态图像读出技术；数据校正和图像处理技术。	按照乡镇一级医院（城镇综合性医院18730家，乡镇卫生院41694家的绝大部分）全部装备数字X线机的市场容量约180亿元。按照10年淘汰率，每年补充市场为18亿元。探测器占有1/3的销售额。有望获得国际市场每年30亿元以上的销售额。
12.3.6	X射线、CT图像打印机	I	13.5×18英寸黑白图像打印系统，无铅无银片基，免冲印，用于CT、核磁、X射线图像打印设备。空间分辨率不低于3.5Lp/mm，密度分辨率不低于4096灰阶，接口数据位16bit。全幅面单张打印时间少于3分钟。	无银无铅防水透明片基技术；碳基快干墨水技术；14bit灰阶数据转换技术；高分辨率（2400dpi）成像打印编码技术。	我国每年消费卤化银医用胶片量在50亿元人民币，胶片制造过程和胶片洗印过程都有大量排污。每张卤化银胶片价格在20元人民币以上。使用该产品可以节约80%的胶片成本，并彻底解决了冲印过程的污染排放。
12.3.7	高能直线加速器	II	4～8MV、8～14MV、15～25MV多个能量辐照选择，等中心聚焦治疗系统，具有适形调强功能，TPS系统和IGRT系统，3光子X线输出，5档电子束能量输出。	高能、多能直线加速管；影像导引实时跟踪技术及影像成像装置；用于适型调强放射的多叶准直器；等中心聚焦机械系统及控制；具有图像融合技术、呼吸门控技术和摆位验证技术的TPS系统。	国内外市场在每年5亿元以上，有利于打破国外公司垄断。

续表

编号	产品名称	类别	主要技术指标	需突破的关键技术	市场预测或产业化前景
12.3.8	血管造影机（DSA）	II	80～100kW 输出功率（可向下覆盖），1～2MHU 球管热容量，25～30fps 透视，25～30 数字电影（可向上覆盖），25～30fps 实时数字减影，具有 3D 旋转 DSA 功能，具有 3D 重建的 VCT 功能，1k×1k 以上图像矩阵，采用动态平板采集。	动态平板图像采集技术；实时 DSA 处理技术；基于锥束 CT 的 3D 重建技术；高频高压逆变及控制技术；大热容量 X 线管技术；高速图像处理技术；等中心 C 臂机械制造技术等。	国内市场内年在 8 亿～10 亿元以上，国外市场在 100 亿元以上。目前国内市场 95% 被国外公司垄断。

13. 高技术船舶及海洋工程装备（略）

14. 高档数控机床（略）

15. 民用飞机（略）

16. 高档印刷机械

编号	产品名称	类别	主要技术指标	需突破的关键技术	市场预测或产业化前景
16.1	报业用高速卷筒纸胶印机	I	最高印刷速度：单纸路单幅机≥7.5 万张/h、双纸路双幅机≥15 万张/h，套印精度 0.1mm。	研发印刷速度达到 8 万对开张/时的高速折页机；无轴传动多任务系统；数字化预置技术及数字化网络工作流程。	该机具有高性价比优势，完成自主研发，将填补高速折页机的技术空白，替代进口。满足近千家中型印报企业降低成本、提高工效的需求。
16.2	卫星式柔性版印刷机	I	6 色以上，印刷速度≥300m/min，最大印刷宽 1000mm～2000mm。	电子轴技术；中心滚筒的设计制造技术；相匹配的张力控制系统技术。	绿色环保，应用于食品、无菌包、软包装等领域，是包装行业中具有发展前景的印刷设备。当前欧美地区大量发展该产品。
16.3	对开多色胶印机	II	四色以上最大印刷速度：单面印刷≥16000 张/小时，双面印刷≥13000 张/小时，最大纸张尺寸≥720×1020 套准精度 0.025mm。	数字化预置检测技术及数字化网络工作接口；稳定性与可靠性技术；纸张翻转装置及非接触导纸装置。	该产品是目前进口量最大的机型，和高速对开多色双面胶印机一样，两项合计年进口量为 6 亿～8 亿美元。研制成功可达到进口机的技术质量水平，并替代进口。

续表

编号	产品名称	类别	主要技术指标	需突破的关键技术	市场预测或产业化前景
16.4	商业卷筒纸胶印机	II	最高印刷速度7m/s，最大纸宽≥890mm，套印差0.1mm。	高速多功能折页机；数字化预置检测技术及数字化网络工作接口。	填补我国卷筒纸商业印刷技术空白，缩小与世界先进水平差距，该款高速大量印刷高档印品设备研制成功后将打破进口设备垄断局面。

17. 关键基础零部件及大型铸锻件

编号	产品名称	类别	主要技术指标	需突破的关键技术	市场预测或产业化前景
17.1	大型铸锻件				
17.1.1	高温汽冷堆超大型锻件	I	第四代核电站所需锻件。		
17.1.2	火电机组高中压转子和低压转子锻件等	I	百万千瓦级超临界、超超临界火电机组。	超纯净钢冶炼及偏析控制技术，关键材料应用技术，热处理技术。	百万千瓦超超临界火电机组预计每年需求10台以上。
17.1.3	火电汽轮机缸体不锈钢铸件	I	超超临界火电机组。	大型不锈钢铸件造型、冶炼、铸造技术。	百万千瓦超超临界火电机组预计每年需求10台以上。
17.1.4	水电水轮机上冠、下环不锈钢铸件	I	用于70万千瓦以上级水电机组。	大型不锈钢铸件造型、冶炼、铸造技术，异形变断面不锈钢件变形控制技术。	我国有近3.5亿千瓦的水电待开发，到2020年新增水电装机1亿千瓦。近期有白鹤滩、乌东德等高水头大容量水电机组20余套，并可提升其他特大型水电机组技术水平。
17.1.5	核电压力容器锻件	II	用于二代改百万千瓦级核电站。	超纯净钢冶炼及偏析控制技术，600吨级大型双真空钢锭制造技术，关键材料应用技术，热处理技术，无损探伤技术。	大型铸锻件是百万千瓦核电设备国产化攻关重要内容之一，为适应大力发展核电需要，必须尽快解决其关键技术问题。
17.1.6	核电蒸汽发生器锻件	II	用于二代改百万千瓦级核电站。		
17.1.7	核电主管道锻件	II	用于二代改百万千瓦级核电站。		
17.1.8	核电汽轮机低压转子锻件	I	用于二代改百万千瓦级核电站。		

续表

编号	产品名称	类别	主要技术指标	需突破的关键技术	市场预测或产业化前景
17.1.9	冶金轧辊锻件	II	3300mm 厚板以上支撑辊，大型复合铸钢轧辊。	超纯净钢水冶炼技术。	大型支撑辊和大型复合铸钢轧辊尚需部分进口，具有市场潜力。
17.1.10	大型船用曲轴锻件	II	90 机以上超大型船用曲轴。	锻造工艺技术。	替代进口，年需求量约 30 根曲轴。
17.2	轴承				
17.2.1	高速动车组轴承	I	动车轴承满足时速 ≥200km/h，寿命 ≥450 万公里，120 万公里可靠度 ≥99%；地铁轴承满足时速 80km/h，寿命 80 万公里，可靠度 99%。	1. 高速铁路动车组轴承及地铁车辆轴承设计技术，包括载荷谱的建立，有限元分析等； 2. 轴承摸拟试验技术及装备； 3. 轴承零件的加工与检测技术。	年需求量 20 万套，销售额 20 亿元左右。2011 年完成研发，获铁道部认可，2015 年国内市场占有率达 30%。
17.2.2	大型精密高速数控机床轴承	I	dmN 值 2.5×10^6 mmr/min，精度 P4、P2 级，16000h 精度稳定使用，8000h 无维修。	1. 高速轴承的设计技术； 2. 轴承用钢材质量控制技术； 3. 轴承的振动、噪声、配对、凸出量控制技术； 4. 轴承零件的加工与检测技术。	年需求量 20 亿元左右。国内市场占有率 2011 年达 30%，2015 年达 50%。
17.2.3	大型薄板冷热连轧及涂镀层设备轴承	I	冷轧工作辊轴承连续工作要达到 600h；支承辊轴承连续工作要达到 10000h。	1. 轴承钢材质量控制技术； 2. 轴承的设计技术； 3. 轴承的密封与润滑技术； 4. 轴承零件的加工工艺技术； 5. 轴承的检测技术。	年需求量 10 亿元。国内市场占有率 2011 年达 30%，2015 年达 50%。
17.2.4	盾构机主轴承	I	轴承寿命达到 5000h 以上。	1. 结构模型的建立、保持架运动学模型设计、应力分析及寿命计算等设计技术； 2. 套圈材料标准、锻造工艺参数等； 3. 滚道、挡边及齿轮齿根表面淬火等零件热处理技术； 4. 大型滚子和保持架等零件精加工技术； 5. 试验参数和试验装置设计。	2011 年小批量生产为主机配套，2015 年国内市场占有率达 50%。
17.2.5	中高档轿车轴承	I	使用寿命 25 万公里。	1. 自动挡变速箱长寿命轴承的设计、加工工艺、检测与试验技术； 2. 更新换代的集成化轴承的开发技术。	年需求量 2 亿套，市场约 100 亿元。国内市场占有率 2011 年达 30%，2015 年达 50%。

续表

编号	产品名称	类别	主要技术指标	需突破的关键技术	市场预测或产业化前景
17.2.6	1.5MW 以上风力发电机组增速器轴承、主轴轴承、发电机轴承（包含 1.5MW 增速器轴承）	I	使用寿命 20 年；176000h，可靠度 99%。	1. 轴承可靠性设计、制造和试验技术； 2. 轴承工况和受力分析，载荷谱的建立； 3. 钢材质量控制技术和措施； 4. 表面改性技术； 5. 残余奥氏体的最佳控制； 6. 轴承寿命和可靠性试验加载、工况近似模拟状态检测和试验、数据采集及处理方法等。	年需求量 17 万 ~ 21 万套，销售额 40 亿 ~ 56 亿元。国内市场占有率 2011 年达 60%，2015 年达 80%。
17.3	液压件				
17.3.1	行走机械用高压柱塞泵	I	开式高压：公称压力 ≥ 35MPa，峰值压力 42MPa；闭式高压：公称压力 ≥ 40MPa，峰值压力 45PMa，排量 ≥ 63mL/r；电比例控制。	1. 负荷传感、电子控制； 2. 泵体铸造； 3. 关键偶件表面处理； 4. 高性能高可靠性密封； 5. 测试技术及装备。	国内空白、替代进口，市场需求量大，各种工程机械、大型农机、大型车辆。
17.3.2	行走机械用高压柱塞马达	I	公称压力 25PMa ~ 40MPa；排量 63 ~ 355 mL/r；转速 1000 ~ 4000r/min；电比例控制。	1. 电子控制； 2. 双速； 3. 关键偶件表面处理； 4. 测试技术及装备。	国内空白、替代进口，市场需求量大，各种工程机械。
17.3.3	高压整体式多路阀	I	公称压力 35MPa － 42MPa；流量 100L － 350L/min。	1. 整体式阀体铸造； 2. 电比例控制； 3. 流量共享系统； 4. 试验检测技术和设备	20 吨挖掘机主控制阀，履带式起重机、大型全路面起重机，旋挖钻、连续墙等桩工机械，用量大，国内空白。
17.3.4	片式多路阀	I	公称压力 ≥ 25MPa，流量 ≥ 75L/min；负荷传感系统、总线控制先导系统。	1. 负荷传感控制； 2. 电比例控制； 3. 总线控制先导系统； 4. 试验检测技术和设备。	起重机、小型挖掘机、混凝土泵车；臂架控制，用量大，国内空白。
17.3.5	双级，三级电液伺服阀	I	公称压力 ≥ 31.5MPa，流量 ≥ 60L/min。	1. 高可靠性； 2. 加工工艺及装备； 3. 试验检测技术和设备。	冶金、国防、重大装备、尖端实验装置、机器人、试验机、工业自动化领域。

续表

编号	产品名称	类别	主要技术指标	需突破的关键技术	市场预测或产业化前景
17.3.6	高频响比例阀	I	公称压力≥31.5MPa；单级：通径≥6mm；双级：通径≥16mm	1. 高精度阀体和滑阀加工； 2. 高频响比例电磁铁； 3. 传感器； 4. 电子控制技术。	冶金、国防、重大装备、尖端实验装置、机器人、大型金属压延、冲压设备
17.3.7	大型行走机械用液力变速器	II	输入功率>160kW，前4后3挡，电液换档，ηmax≥0.85	1. 泵轮、涡轮、导轮叶型设计及薄壁铸造； 2. 结构优化； 3. 检测及试验设备； 4. 流场可视化及分析； 5. 电液换挡阀优化。	用于工程机械和农业机械等行走机械，年需求5万~6万台。
17.3.8	阀岛	I	具有集成诊断、系统优化，环境监测等功能，总线控制；流量：300L/min~1500L/min；分散与集中控制；模拟量输入输出模块（0-10V；4-20mA）、控制512个I/O点；内置或外置PLC。	1. 集成多种现场总线连接； 2. 故障诊断； 3. 电输入/输出模块； 4. 软件研发； 5. 检测方法及检测设备； 6. 标准。	阀岛是各国研发的重点产品。国际先进国家的阀岛产量已占阀类销售的40%以上。广泛应用于汽车，包装、印刷及造纸设备、食品与饮料、钢铁石化、电子仪表、过程控制、机械制造及自动化流水线等，将在未来工业控制中占主宰地位。
17.4	密封件				
17.4.1	大型风力发电关键密封件	I	1. 长时间耐候性：7~10年不发生龟裂； 2. 在1m/s转速、油脂润滑状态下，运行寿命达7~10年，里程达20万公里； 3. 环境温度为-45~+50度； 4. 密封结构：采用新型密封结构形式，保障风力发电机组年工作时间达到6000小时以上的国际先进标准。	1. 长寿命耐老化； 2. -40℃低温下正常启动； 3. 提高耐磨性； 4. 长期弹性保持能力； 5. 结构优化设计； 6. 风力发电机组密封系统评价体系的建立。	当前基本为国外进口产品。2008年我国风电装机容量达到1200万千瓦，以每年增长800万千瓦的速度，2020年装机容量将达到1亿千瓦，相当1.5MW/台风机将达到6万台以上。

续表

编号	产品名称	类别	主要技术指标	需突破的关键技术	市场预测或产业化前景
17.4.2	大型水力发电装备密封	I	满足国内市场需求。	产品评价体系的建立和完善。	为水轮发电机球阀、转轮叶片、接力器等配套，国产化需求迫切。2007年底，我国水电装机容量达到1.48亿千瓦，占全国装机容量比例为20.64%，为我国第二大发电方式。
17.4.3	煤矿采掘设备关键密封件	I	满足国内市场需求。	产品评价体系的建立和完善。	煤炭是我国主要能源来源，为提高煤炭开采的机械化水平和开采效率，国家将进行一系列的煤炭改革，形成13个大型煤炭基地。液压支架密封为煤炭开采机械化进行配套服务，代替进口产品。
17.5	传动件				
17.5.1	冶金齿轮箱	I	1. 宽板轧机齿轮箱，最大轧制宽板宽度2300mm，最大功率12000kW； 2. 大型冶金起重机用齿轮箱：最大力矩2600kNm。	1. 高功率密度、高可靠性设计技术； 2. 关键制造技术； 3. 试验测试技术。	冶金工业有稳定增长的需求。
17.5.2	高速火车齿轮箱与城市轨道交通齿轮箱	I	200km/h、300km/h、350km/h高速火车用；城市轨道交通专用齿轮箱。	大功率、高转速、重负载、小空间齿轮箱设计技术；箱体密封及润滑技术；可靠性技术；大批量生产的可靠性技术。	预计未来2年内将有超过3000台电力机车和600台内燃机车的需求。高速火车方面，预计2010年底将投入使用1000列左右，比2007年的105组有大幅度提升。根据我国城市城轨地铁的发展需要，2010年需配车辆6000多辆。

续表

编号	产品名称	类别	主要技术指标	需突破的关键技术	市场预测或产业化前景
17.5.3	精密小模数蜗轮蜗杆副	I	模数 0.5～2.0、蜗杆头数 1～6、AGMA：8～14 级、ISO /GB3 ～6 级、DIN3～6 级、JIS0～4 级。	修配技术，蜗轮专用材料，精密测量技术。	精密仪器、工业控制装置、各类泵、阀、国防军工。精度和寿命都达到国际水平，能满足配套主机的要求，主要出口工业化国家。
17.5.4	高精特齿轮	I	4～5 级精度，细高齿设计、三维拓补修形、高性能、高精度、长寿命、低噪声，高效、绿色、超大批量生产，中模数。	高效精密制造技术、超大批量生产的质量控制技术。	车辆、高档机床、工程机械、电动工具、纺织机械等超大批量应用。
17.5.5	大型星轮齿轮箱	I	速比 20～1000，扭矩 1000～5000kNm，功率 500～9000kW。	大批量生产的可靠性技术。	星轮传动技术是我国自主知识产权技术，是对少齿差传动理论的重大发展，它同时兼具大速比、大扭矩、大功率、小体积的特点。它的发展壮大将会带来无法估量的社会效益和经济效益。
17.5.6	石油平台升降电驱齿轮齿条	I	提升载荷 80～480t，满足美国和中国两家船级社（ABS、CCS）的规范要求，模数＞60mm，硬齿面和中硬齿面。	1. 海洋工作和抗台风环境下的高可靠性设计； 2. 静强度行星传动和齿条设计； 3. 特大模数（～100）中等精度齿轮/齿条制造。	海洋资源丰富，占世界储量的 1/3，预测海洋地质储油达 1400 亿～2000 亿吨。升降式海洋石油开采平台广泛应用，占各种移动平台总量的 45% 以上，单座设备价值超 2 亿元。

18. 机场专用装备及港口机械

编号	产品名称	类别	主要技术指标	需突破的关键技术	市场预测或产业化前景
18.1	港口机械				
18.1.1	超大型堆取料机	I	生产能力11000～15000t/h；回转半径50～60m；操作物料：矿石及煤炭。	确定设备机型和主要技术参数，无人化操作。	适应国外超大型料场，出口巴西、澳大利亚等。
18.1.2	载重80吨级通用铁路敞车重型翻车机	I	现有通用翻车机卸车系统仅适应70吨级以下通用敞车，改造后可适应载重80吨级摘钩通用敞车。	新80吨级敞车用翻车机卸车系统设计；翻车机的传动、系统检测和系统施工的优化设计。	
18.1.3	大型装船机	I	6000～10000t/h装船机。	关键参数匹配研究，与码头工艺参数匹配研究，总体方案设计和总体计算程序开发，主要机构选型计算和技术设计，主要钢结构技术设计，完成关键零部件国产化研究。	
18.1.4	环保智能高效立体集装箱自动化码头装卸系统	I	码头设备全由电驱动，环保、节能20%以上；实现全自动化，智能型码头；高效，单泊位装卸效率可达300TEU以上，比现存的码头至少提高10%。	1. 将电驱动用于现在的码头装卸系统中； 2. 实现各设备之间精确的定位及导航； 3. 实现系统的优化及智能调度； 4. 由平面装卸转化为智能的三维立体装卸； 5. 实现系统全程双40’的装与卸； 6. 实现各设备的远程智能维护。	预计在三年内国内外市场需此类装卸系统提供1～3套、价值共5亿～10亿美元。
18.2	机场专用装备				
18.2.1	行李和货物高速分拣系统	II	含托盘分拣系统，分拣能力≥5000件/小时。		
18.2.2	安检设备与智能化监测系统	II	有高穿透能力，可探测和有效识别IATA组织确认的九类危险品的人员、行李安检设备；可检测生化武器及生化物品的安检设备；支持高识别率安检机的安检数据库。		
18.2.3	飞机牵引设备	II	用于200座以上大型客机。		
18.2.4	机场专用除冰雪设备	II	除冰雪能力≥12万m^2/h。		

注：I代表需新开发的产品；II代表需重大改进和提高的产品。

专题研究篇

改革开放创造发展奇迹
科学统筹续写时代长卷

大连经济技术开发区、出口加工区、
金石滩国家旅游度假区管委会党组书记、主任 张世坤

大连经济技术开发区（以下简称大连开发区）是1984年10月经国务院批准成立的第一个国家级开发区。开发区以1000万元财政资金和2.3亿元银行贷款起步，经过25年发展走过了发达国家近百年才能完成的工业化发展进程。截至2009年6月底，开发区累计完成工业总产值10836亿元；实现出口创汇533亿美元；实际利用外资96.4亿美元；实现税收收入570.3亿元。区内主要经济指标平均增长率保持30%以上，多项经济指标占大连市的1/4以上，已成为东北地区开放程度最高、产业聚集能力最强、管理体制与国际惯例最为接轨的地区之一。

解放思想 致力创新

一是坚持把解放思想作为推进改革开放的先导。25年来，无论形势如何变化，大连开发区抱定改革开放的信念不变，始终牢记解放思想这一法宝，以敢想敢试、敢为人先的精神，大胆破解影响和制约快速发展的突出问题，以思想大解放促进经济社会大发展、大跨越。

二是坚持以扩大开放促进加快发展。大连开发区始终坚持以“高层面、宽领域、深程度”开放作为发展支撑，自觉在国际大背景下定方向、找位置、谋发展，始终坚持创新利用外资方式，优化利用外资结构，发挥利用外资在推动自主创新、产业升级、区域协调发展等方面的积极作用，不断提升开放水平，增强国际竞争力。

三是坚持把改革创新作为推动发展的第一动力。创新是发展的灵魂，先行先试是开发区的重要使命。开发区建设所走过的每一步都没有经验可以借鉴，“摸着石头过河”是最好的实践方向标、试金石。25年来，大连开发区自觉把改革创新作为推动发展的首要动力，勇做解放思想的先行者、改革开放的排头兵，正是因为勇于改革、敢于创新才最终破除了各种禁锢和约束，迎来朝气蓬勃的发展新气象。

四是坚持“牢固树立环境是生产力”发展理念。大连开发区始终树立“环境就是生产力，管理就是竞争力，服务就是吸引力”理念，按照国际化、现代化、产业化、信息化、生态化要求，高起点建设市政设施、功能设施、人居环境；不断优化投资软环境建设，提高行政效率，改进服务工作，努力创造适合投资创业的发展环境。

五是坚持“以人为本”促进经济社会协调发展。大连开发区始终注重协调社会各阶层利益，将发展成果惠及职工和群众；始终注重人的自身发展，坚持成大业与出人才并重，培养造就大批外向型人才；始终注重精神文明建设，传承优秀文化，弘扬现代文明；始终注重加强和改进党的建设，开展特色党建活动。

新的起点 新的特色

在新的历史起点上，大连开发区将坚持“好中求快”发展思路，在辽宁沿海经济带大

开发、大开放、大发展中发挥龙头作用，在东北亚国际航运中心建设中发挥排头兵作用，积极构建国际开放程度高、竞争力强、效益好、环境佳的国内一流、全球知名的改革开放先行区，用3~5年时间实现主要经济指标翻一番，当好振兴东北经济领先区；聚焦世界先进生产力，建设辽宁现代产业核心区；提升城市综合实力，打造新市区标志区；抓好统筹兼顾，争当大连和谐发展示范区。

第一，创新体制机制，增强加快发展原动力。创新政府管理运行机制，进一步理顺管理体制和运行机制，形成发展合力。继续保持管委会“小政府、大社会、大服务”体制优势，坚持有所为有所不为，集中力量搞好经济建设。完善科技创新体系，着力把企业自主创新作为第一驱动力，构筑以科技成果产业化为目标，以市场为导向，以政府为主导，以企业为主体，以高等院校和科研单位为依托，优势互补的创新体系结构。

第二，打造特色产业“航母”，提升现代产业竞争力。加快产业升级，不断优化产业结构，推进产业集群化发展。以建设东北亚重要集成电路产业集散地、东北石油化工基地、辽宁先进制造业基地、大连船舶配套基地为目标，三年打造石油化工、先进制造业、电子信息三个千亿级产业集群，建设LED、生物医药两个百亿级产业集群，培育节能环保、旅游等新兴产业集群。

第三，开拓城市发展新格局，提升产业发展支撑力。坚持经济发展与城区建设“两轮驱动”原则，着眼长远发展，高标准、高水平、高投入、大手笔建设新城区，努力把开发区建设成为国际化、现代化、生态型城区。适应大连城市中心逐步向北部延伸发展趋势，将小窑湾CBD国际商务区建设为大连中部地区的城市公共中心，东北沿海经济带的国际化生产力服务中心，东北现代服务业聚集中心。启动常江湾国际海上体育休闲运动中心建设，打造辽宁沿海经济带“海洋文化中心”新亮点。加速推进登沙河先进制造产业园区建设，拓展黄海之滨新型产业发展基地。

第四，熔铸特色区域文化，提升区域发展“软实力”。在全区大力倡导和努力实践“招商引资是生命线”发展理念；弘扬“关爱企业、尊重企业家、尊重纳税人”尊商文化；倡导“艰苦奋斗、鼓励创新、宽容失败、崇尚成功”创业精神；借鉴国内外城市文化建设的成功做法，对城市化进程中的内容组成、活动形态、空间布局等进行深入分析、周密规划和制度性安排，确定区域文化发展战略，引导促进形成具有开发区特色的区域文化。

第五，繁荣兴旺社会事业，提升区域发展凝聚力。以与国际接轨、争大连最好为目标，努力实现开发区经济社会协调发展。坚持以人为本，着力改善民生，实施惠民利民工程，建立健全多层次社会保障体系，不断提升群众生活质量；实施平安创建工程，让投资者放心创业，让百姓安心生活；实施优质教育工程，创建教育强区，形成教育品牌。

25年来，大连开发区以其先行先试和敢想敢为的创业精神，为改革开放作出了积极贡献，积累了宝贵经验。在科学发展观指导下，大连开发区将会开创更加美好的未来。

突出“三大路径”促进转型升级

——关于南通经济技术开发区产业转型升级的思考

南通经济技术开发区党工委书记　陈德新

近年来，南通经济技术开发区将推进产业转型升级提上重要日程，积极推行招商选资，切实注重政企联动，全区经济在转型升级道路上迈出扎实步伐。当前，开发区加快经济转型升级必须遵循四方面总体思路：

一是存量促提升。坚持走新型工业化道路，积极调整三次产业结构和行业结构，提升特色优势产业，构建现代产业体系；大力发展循环经济，推进节能减排，实现粗放型外延式增长向低投入、低能耗、低污染、高效益的集约型内涵式增长转变。

二是增量优结构。按照主体功能区发展要求，优化空间布局结构，大力发展先进制造业和新兴科技产业，使产业之间相互吻合，形成具有技术含量和附加值高、竞争力强的产业集群，优化经济结构。

三是开放求发展。积极引进来、走出去，扩大对外开放，加强国内合作，充分利用国内外两种资源、两个市场，优化所有制经济结构，促进内外源经济互动发展。

四是改革增活力。理顺管理职能，完善管理机制，优化发展环境。突出企业主体和地方金融创新，激发经济发展活力，推动创新发展。

根据上述总体思路，依据现有产业基础和经济发展现状，今后一段时期，应着重抓好四方面工作：

一、突出“三大关键”，选准转型升级“切入点”

一是着力优化产业结构。大力实施“双轮驱动”战略，积极打造先进制造业集聚区和现代服务业集群板块，切实优化三次产业结构。在先进制造业方面，不断强化工程机械、新材料、电子电器、船舶装备等特色产业，力争先进制造业占比每年提升5个百分点以上。在现代服务业方面，加快发展总部经济，招引国内大企业和国际知名企业来区设立区域性总部、职能型总部，突出吸引研发中心、采购中心、销售中心、投资中心和高端生产基地，将产业链核心部分扎根在开发区；加快发展生产服务业，积极推进现代物流基地建设，发展综合物流中心、专业物流中心和配送分拨中心，促进批发交易与物流配送一体化发展，加快发展第三方物流，培育壮大一批大型现代物流企业；积极兴办各类科技服务机构，建设公共服务平台，大力发展技术开发及转移、科技信息咨询、知识产权及认证、技术交易等专业性技术服务业，为工业企业转型升级提供技术支持。

二是着力推动集聚发展。大力推进能达商务区建设，按照先做景观、后出地块的思路实施市场开发。大力推进中新苏通科技产业园建设，坚持边建设、边招商，使之成为开发区先进制造业、高新技术产业集聚区和经济发展新的增长极。大力推进通富路物流园区建设，引导现代物流业集群发展。

三是着力提升传统产业。积极落实国家鼓励企业加大创新投入的各项政策措施，引导、鼓励和支持传统企业加大研发投入，加速运用现代高新技术、信息技术、先进适用技术改造提升传统产业，促进优化升级。对纺织服装、钢丝绳等传统产业，鼓励企业采用先进适用技术进行改造优化，加快技术创新，实施主导产品品牌化经营策略，提升产品市场附加值，提高企业竞争力。对传统化工产业，鼓励企业加快淘汰落后工艺、技术及设备，推广使用绿色、节能新技术。对机械电子产业，鼓励企业广泛应用计算机信息技术和最新制造技术，加快生产技术和生产方式改造，形成一批具有系统设计、系统集成的机械电子企业，不断提高产品技术含量，推动传统产业结构的优化升级。

二、突出“三大路径”，打造产业转型升级“制高点”

一是产业承担。一方面，推动现有优势产业向高端攀升。在精细化工、新材料、生物医药、装备制造业等优势产业和新能源、船舶配套等重点产业领域，加快引进和培育自主创新性强、技术水平高、产出规模大、经济效益佳的重大科技创新项目及研究开发平台，加速推进工业化进程，以此引领产业结构化升级。另一方面，积极培育高新技术企业。财政科技经费重点支持研发经费占销售收入超过5%的高新技术企业和研发经费占销售收入超过3%的规模企业，促成其加快形成规模、形成特色，不断壮大高新技术企业群体，力争每年新增高新技术企业10家以上。

二是企业承重。围绕“培大引大”，集聚资源、倾心服务，加快培育一批在全国有影响、在全市有位置的名企业、大集团。大力实施亿元企业培育工程，力争亿元以上企业超过100家。大力实施企业上市培育工程。鼓励企业加快资本运作，形成企业梯次上市新格局。大力实施产业板块培育工程，通过3～5年努力，形成五大“百亿基地”。

三是品牌承载。将发展品牌作为发展先进制造业的战略要点，进一步实现从“数量经济”、“质量经济”向“品牌经济”提升。在技术进步、产品创新、质量管理、标准化管理和市场营销等各个关键环节，引导企业持之以恒做好创建品牌、发展品牌工作。推行品牌联合策略，以品牌为龙头，推动企业重组，壮大品牌经济，更大规模拓展国内外市场，提升品牌经济比重。

三、突出“三大举措”，抓好产业转型升级“着力点”

一是强化招商引资，做大产业集群。着力引进、新建一批特色产业基地，形成一批具有较强核心竞争力的产业集群，力争到2012年新增2个国家级特色产业基地。同时，充分发挥基地的产业集群效应，加快形成较为完整的、上下游配套产业链，加速实现资源集约利用和发展方式的根本性转变，从而增强相关产业的持续竞争优势。

二是狠抓科技创新，增强内生动力。抓好现有企业创新研发能力的提升，积极推进区内重点规模企业设立工程技术研究中心。巩固和发展产学研合作“6＋2”格局，鼓励和扶持企业“走出去”、“请进来”，扩大与相关科研院所的合作与联合，攻关产业发展的关键技术、核心技术，全年力争组织实施产学研合作重点项目20个以上。

三是推进项目建设，促进总量攀高。深化大项目建设联系制度，切实做到资源整合更集中、领导挂钩更紧密、项目服务更有效，确保全年新竣工投产项目达到40个以上。与此同时，加强基础设施建设力度，为项目建设、企业竣工投产提供可靠保障和优质环境。

四、突出“三大保障”，强化产业转型升级“支撑点”

一是更大力度推进扶持政策落实。进一步完善工业项目贴息办法，用足用好进口设备免税、技术改造项目国产设备投资抵扣所得税、省市再担保、外贸出口扶持等优惠政策。

二是更大力度推进高端人才集聚。建立健全政府、企业、社会多元化的人才培养机制，重奖科技创新人才。组织实施百名创新创业人才培养工程，努力造就一支高素质、适应国际竞争需要的企业家队伍。

三是更大力度推进创新平台建设。加快公共技术创新及服务平台建设，促进科技成果向现实生产力转化。重点加强创业服务中心、高新技术创业园等创新服务平台和各类科技中介服务机构建设，使之真正成为技术转移、创新创业、科技资源配置的重要基地。按照整合资源、统一规划、重点支持、共享公用的原则，规划建设科学仪器、专利、标准、检测检验等科技资源共享平台。

抢抓新机遇 实现新跨越

福州经济技术开发区党工委书记 郑有光

福州经济技术开发区经过25年艰苦创业，积极探索，逐步发展壮大，走过了不平凡的发展历程。

一是摸索起步阶段（1985~1991年）。这一阶段是开发建设的起步阶段，发展基础薄弱，建设资金短缺。开发区运用国家优惠政策，进行大规模吹沙造地和水、电、路等一批基础设施建设，完成“原始积累”。同时，不断探索创新工作举措和开发建设模式。

二是初步发展阶段（1992~1996年）。这一阶段以1992年邓小平同志第二次南巡并发表重要讲话为契机，掀起对外开放、引进外资的新一轮高潮，华映等一批台资企业在开发区落地，对台招商引资成效突出，成为福州市吸引外资、台资的重要基地和新的经济增长点。

三是稳步发展阶段（1997~2001年）。这一阶段兴起建区以来基础设施建设的第二次高潮，投资硬环境再上新台阶。LG、NEG等一批知名企业纷纷落户并相继投产，产业集聚效应开始凸显，特别是电子信息产业在全国影响力有所增强。

四是加速提升阶段（2002年至今）。抓住中国加入WTO和海西战略机遇，“腾笼换鸟”引进大项目、好项目，一批高新技术、企业总部、服务外包项目相继落地，企业研发能力、创新能力、集聚能力得到提升，产业升级换代加快，成为海西上市公司投资最密集地区之一。

经过25年发展，开发区在改革开放、对台交流、利用外资、引进技术、产业升级等方面发挥了先行先试、窗口示范、辐射带动作用，在经济发展、产业培育、科技进步、自主创新、人才培养、投资服务等方面取得显著成效和成功经验，走出一条具有鲜明特色的科学发展之路。

第一，积极探索经济发展新路径。创区以来，始终坚持开放型经济取向和市场取向，率先突破计划经济体制束缚，紧密结合福州实际，充分发挥自身优势，准确把握发展定位，注重借鉴国际先进管理经验，逐步实现从“三来一补”到自主创新、从经济开发到技术开发、从招商引资到招商选资、从工业立区到城市新区、从注重经济发展到注重以人为本科学发展的转变。

第二，积极探索集约开发新模式。高度重视土地规划、管理和利用，率先进行土地使用制度改革。全面推行国有土地使用权有偿使用制度，坚持高效集约用地，“投入一片、开发一片、建成一片、收益一片”。在土地管理方面坚持做到严格规划控制、严格项目审批、严格用地审批，强化土地利用规划约束和用途管制。注重整合优化资源配置，实行供地量与投资额、产出效益相挂钩，挖掘存量土地发展潜力，推进闲置资源“二次招商”和“零耗地”招商，实施“腾笼换鸟”战略，从根本上提高土地利用的质量和水平。

第三，积极探索对台工作新平台。1989年5月，经国务院批准在开发区内划出1.8平方公里土地开辟为台商投资区，成为当时台商投资大陆的首选地。1997年，在全国率先开通对台试点直航，成为海峡两岸最便捷的海上航线。近年来，按照建设“两岸人民交流合作先行区”的对台工作思路，率先实现海上滚装马尾直航基隆，率先建立对台邮件、包裹中转中心，区内企业新大陆率先入岛投资，在两岸产业对接、经贸文化交流合作、推动两岸“三通”等方面取得明显成效，成为大陆台资企业生产所需的零部件、原辅材料供应的集散地。

第四，积极探索务实高效新体制。提出打造“务实高效的服务型政府”目标，在全国率先提出“马尾的事，特事特办，马上就办”服务理念。在充分吸取国外各种特殊经济区和全国经济特区建设成功经验基础上，构建了一套包括政府管理、土地开发、项目审批、投融资等管理模式和制度。创新政府管理经济方式，寓管理于服务中，形成市场经济环境中的新型政企关系。在全国率先成立“企业服务110”、外商投资服务中心，推行全程跟踪无偿代办制，为投资者提供“一条龙”服务。

国务院颁布的《关于支持福建省加快建设海峡西岸经济区的若干意见》，标志着海峡西岸经济区决策部署已经上升为国家战略，这对福州开发区是一次重大历史机遇。要按照国务院《若干意见》赋予海峡西岸经济区的四大战略定位，充分发挥开发区在海峡西岸经济区建设中独特的对台优势、港口优势、区位优势、体制优势、产业优势、环境优势，继续先行先试，以实际行动抢抓新机遇，实现新跨越。

1. 对外开放综合通道的先行先试区。要继续在对台经贸、航运、旅游、邮政、文化等方面先行先试，提升对台经贸合作水平和层次，拓展对外开放新领域。充分利用港口、铁路、高速公路，构建高速便捷的现代化综合性交通运输体系，保持适度超前的基础设施建设，使开发区成为海西开放领域最广、对接水平最高、投资环境最好、辐射作用最强的对外开放综合通道。

2. 闽江口产业对接集中区的重要基地。立足现有产业集群，坚持“以台引台、以台引外”和产业链招商，做大做强电子信息、冶金压延、装备制造、轻工食品、现代服务业5个百亿产业，形成具有较强竞争力的现代产业体系，使开发区成为海西高新产业、研发中心、企业总部、上市公司最为密集的区域，成为先进制造业基地、科技成果产业化基地、海峡区域性物流中心。

3. 对台文化交流的重要平台。要在现有对台交流合作基础上，完善对台文化交流合作机制。加大船政文化入岛宣传力度，挖掘和拓展船政文化等两岸共有文化内涵，进一步增强连接两岸同胞感情的文化纽带作用。探索开展职业学校、中小学校、医疗卫生等对口交流合作，形成范围更广、规模更大、层次更高的交流合作，使开发区成为两岸人员双向往来、文化交流的重要平台。

4. 生态优美的宜居城区。抓住福州东部新区建设契机，凸显“山水相依、绿色宜居、品位高雅、个性鲜明”特色，全面提升城区建筑品味和功能配套。大幅提高社会保障水平，均衡发展各项社会事业，提升公共服务水平，使开发区成为省会中心城市最具江滨特色、生态环境优美、适宜人居创业的和谐文明之区。

坚持发展不动摇 求新求变不停步

上海漕河泾新兴技术开发区发展总公司常务副总经理 陈青洲

25年来，国家级开发区作为改革开放的试验田和先行区，已发展成为现代制造业集中、产业集聚效应突出、经济高速增长、带动力强的外向型工业区。在新的宏观经济形势下，尤其是当前国际金融危机对国内经济产生深远影响的背景下，开发区要深刻总结发展经验，以求实的精神、创新的理念，全面促进开发区功能和产业提升，开拓崭新的发展道路。

一、坚持发展不动摇

上海漕河泾新兴技术开发区（以下简称漕河泾开发区）遵循邓小平同志“发展高科技、实现产业化”指示，坚持围绕“发展高新技术产业”中心战略，坚持“科技产业园区”定位，坚持“产业发展和科技创新”两条腿走路，坚持第二、三产业和内、外资融合并举发展，坚持产业定位和招商选资。实现了“1亿~10亿~1000亿”的目标（即：从20多年前1亿元启动贷款，到20多年来累计10亿元基础设施投入，到目前开发区年销售额和年工业产值“双超千亿元”）。

开发区拥有中外高科技企业及研发等各类机构1200多家，其中外商投资企业500多家，包括70多家世界500强企业，已形成信息（微电子、光电子、计算机软硬件）、新材料、航天航空、生物医药、现代服务业五大产业集群，正培育形成汽车零部件研发、无线通信、环保新能源三大新兴产业集群。开发区在发展过程中，还创造了若干个“第一”，如第一批国家级经济技术开发区，第一批被命名的国际科技企业孵化器，中国海关总署第一本正版电子通关账册的诞生地，首批中国服务外包基地城市示范区，首批产业转移促进中心（国家商务部上海基地），首批上海品牌园区，首个开发区类上海市著名商标等。

二、求新求变不停步

在20多年发展中，漕河泾开发区依靠发展解决困难，用创新应对挑战，以实践赢得机遇，逐步形成十方面特色。

一是坚持“一个中心战略”，即以发展高新技术产业为中心战略不动摇。坚持招商引资，招商选资。开发区引进的项目主要集中于信息、生物医药、新材料、航天航空产业。不符合产业要求和环保要求的项目坚决不进，守住了发展高科技产业的一方“净土”。

二是坚持“两个重点”，即坚持“产业发展”和“科技创新”两个重点。按照科技产业园区的定位，遵循经济技术开发区和高新技术产业开发区“双重要求”，坚持产业发展和科技创新“两条腿走路”，努力完成“双重任务”，既承传统，又创新业。

三是坚持推进“三大园区”建设，即“双优园区”、“数字园区”、“国际园区”建设。“双优园区”，即ISO9000质量管理体系优和ISO14000环境管理体系优。“数字园区”，从起步时铜芯电缆的电话通信到现在的光纤光缆全敷设，在开发区建立上海市信息交互中心以及局域网、广域网、区域网。“国际园区”，与英国宇航集团和阿林顿公司合作建设“科技绿洲”。第一期已经建成，第二、三期正在建设规划中。同时，正准备“走出去”，推广“科技绿洲”国际园区的理念和经验。新的五年规划和滚动的两年行动计划正在落实，“循环经济和生态工业园区”创建也已经启动。

四是坚持建成“四个基地”。即高新技术产业基地、科技创新和成果转化基地、高新技术及其产品出口基地、高新技术辐射基地。

五是坚持国有、集体、民营、外商独资、中外合资、中外合作等各种所有制企业在开发区平等发展。始终坚持“多元”并举，公平互动。区内已有500家民营创新型企业，200家国家级和部级科研院所及大中型国有企业。开发区内凡是被认定为高新技术企业的均享有同等待遇。

六是坚持集约和节约利用土地资源。从建区起就实行“统一规划、分期启动、滚动开发、科学发展”开发方针。在新形势下，仍要以“高起点、高规划、高质量、高附加值、高产出”为目标，发挥土地潜能，创造最大化效益。

七是坚持从“七通一平”为主要内容的“硬件服务”，向功能开发为主要内容的“软件服务”提升和转变。即坚持“人人都是投资环境”，“人人都是服务环境”，“以客户为关注焦点”，“客户至上、追求卓越”，“人性化管理”，“人性化服务”。

八是坚持从生产型、制造型内外资项目引进，向重点引进国内外著名企业集团“一部三中心”（国际国内大公司的地区总部、研发设计中心、运营结算中心、管理服务中心）以及总承包、总集成、物流、采购、营销、技监、检测、服务外包等项目转变。

九是坚持从单个高新技术项目引进，向完善其生产链、研发链、配套服务链转变。

十是坚持从项目的引进、培育，向促进不合适项目的退出、调整转变，同时对其他具备条件的地块提出方案、力促置换、“引凤”进区。

三、品牌建设求实效

漕河泾开发区市场化的运作模式，决定了开发区必须主要依靠服务吸引项目落户，依靠良好商誉赢得市场认可。因此，开发区高度重视开发区品牌建设，多年来致力于打造具有竞争力的开发区品牌。

一是培育了体现开发区品牌价值并已得到广泛认同的成熟商标。外资企业特别是世界500强公司都非常重视对企业商标的培育和保护。开发区交往的一些国外科学园区在商标培育和发展方面都具有丰富经验。这使开发区认识到塑造品牌、培育商标是园区发展的必由之路，坚定了实施品牌兴区战略的决心。

二是开发区的品牌和商标成为园区吸引客户的“磁石”。经过多年努力，漕河泾开发区的品牌和商标已经得到区内外企业、国内外科学园区和社会各界的广泛认可。如美国3M公司，将对中国70%的投资集中在上海，又将对上海80%的投资投向漕河泾，并逐渐将研发、设计、测试、培训引入园区，形成上下游完整的产业链。在金融危机之时，又将医疗器械用品“研发生产链”落成于开发区。台湾英业达集团从50万美金注册软件公司开始，跟随开发区的发展步伐从东区到西区，又到浦江出口加工区，如今已经做到数十亿美元出口。泰科电子从1家企业发展到如今的6家企业，分属于泰科医疗、泰科工程、泰科电子，并全部在美国证交所上市。

三是开发区的品牌和商标成为园区“走出去”的“双脚”。在上海，积极投身临港产业区建设，将园区管理模式和理念带到临港；在松江新桥、九亭及临港产业区创建漕河泾新经济园。在全国，已与15家国家级和省级开发区结为姐妹园区。国际上，漕河泾开发区的品牌和商标影响力也日益提高，芬兰坦佩雷、德国海德堡、法国梅朗、加拿大渥太华、西班牙圣塞巴斯蒂安等著名科学园区与开发区建立了友好伙伴关系，为今后“走出去”和“请进来”打下基础。

四、面向未来再提升

漕河泾开发区的发展目标是建设国际一流水准的多功能综合性科技产业园区。实现这个目标需要分两步走：第一步，达到和保持“国内领先”；第二步，争创和被公认“国际一流”。展望到2010年（“十一五规划”完成之时），漕河泾开发区的各项经济、技术指标比“十五规划”末的指标将翻一番。到2012年，将基本完成“浦江高科技园”、“现代服务业集聚区”、“科技绿洲”三大重点区域的开发建设，形成新的强劲生长点，确立和保持在国内开发区中的先发优势和领先地位，迈入“国际一流水准的多功能综合性科技产业园区”行列，进一步走出上海，走向世界！

坚持科学发展　致力改革创新

太原经济技术开发区管委会主任　张金旺

太原经济技术开发区建区以来，始终围绕“建设绿色生态工业园区”的发展目标，坚持科学发展，致力改革创新，在招商引资、经济发展、产业促进、循环经济及和谐社会建设等方面均取得较为突出的成绩，为建设山西省新兴产业规模化示范区奠定了坚实基础。

经济迅猛发展　启动转型引擎

（一）招商引资成效显著，引资规模和质量居全省第一

截至2009年6月，开发区共引进各类入区企业775家，其中生产型企业161家、外商投资企业24家。一批世界500强及国际国内知名企业入区发展，项目投资总额达500多亿元，引资总额和质量居全省第一。其中由世界500强富士康科技集团投资建设的富士康（太原）科技工业园项目一、二期总投资15亿美元，是山西省改革开放以来引进的规模最大、技术水平最高、与全省产业关联度最强的外商投资项目；南方重汽项目也成为山西省引进的最大装备制造项目。

（二）主要经济指标增速，有效带动全省外向型经济发展

2002~2008年，开发区科工贸收入从4.7亿元增长到206亿元，年均增长87.78%；工业总产值从4.33亿元增长到152亿元，年均增长80.95%；财政总收入从362万元增长到7.6亿元，年均增长143%；2008年，高新技术产品出口3.64亿美元，约占全省的86.6%。

2009年上半年，开发区完成科工贸收入112.45亿元，同比增长16.56%；完成财政总收入4.18亿元，为年任务的51%；实现出口1.96亿美元，同比增长34.09%，占全省出口总额的10.56%；实际利用外资1.18亿美元，占全省实际利用外资总额的23.8%，有效带动了全省外向型经济发展。

（三）“四大产业基地、一个专业园区”，成为全省转型发展引擎

开发区充分利用山西省、太原市的资源和区位优势，大力发展新兴产业，形成新材料加工、装备制造、信息技术、食品及农产品加工等四大产业基地和一个生物制药产业园区，有力带动了全省产业结构调整，促进了全省转型发展。

1. 以国际级电子信息及新材料加工企业、世界500强富士康科技集团投资的鸿富晋精密工业有限公司为龙头，另有易威镁业、东瑞镁业等企业及省内的200余家配套企业，形成了世界最大的镁铝合金深加工基地。全部建成后可形成年工业产值300亿元以上，就业人数达到8万余人的生产规模。太原市以此为依托，

将建成世界“镁都”。

2. 太重煤机工业园、煤科总院山西煤机装备、山西煤机有限公司三个骨干企业，已形成全国最大的煤矿成套设备研发生产基地：正在建设煤矿采掘装备国家工程实验室、大功率电牵引采煤机国家科技工程项目、国家煤矿安全计量器具产品监督检验中心等三个国家级工程技术中心；有全省唯一的重型汽车生产基地——年产10万辆的南方重汽项目、全国唯一的高速铁路轮对生产项目——智奇交通运输设备有限公司、全球第二家自主研发生产大型无缝钢管连轧成套设备的科技创新型企业——通泽重工。另有三一重工、青特汽车等骨干企业，形成以煤矿成套设备和交通运输设备为特色的国家级装备制造业基地，建成后年工业产值将达到350亿元以上，并将极大促进省内装备制造业整体水平的提升。

3. 由富士康精密电子（太原）有限公司以及其正在安装调试的富士康二期24条3G手机生产线项目为龙头，另有中电科技、长城微光等骨干企业，已形成全省最大的信息产业基地，可实现产值300亿元以上。

4. 聚集国家级农业产业化龙头企业——蒙牛乳业，国内食品行业龙头——康师傅国际集团，省内食品包装行业龙头——宏全食品，省内最大的啤酒生产企业——嘉禾啤酒，形成了省内规模最大、品牌最强的食品及农产品加工基地，可实现产值30亿元。

5. 以国家级制药企业国药集团、山西最大的医药上市企业亚宝药业为龙头，已成为省内最大的医药专业产业园区，可实现产值30亿元。

四大产业基地、一个专业园区已形成1000亿元以上的生产能力，将有力推进全省实现转型发展。

（四）工业固液体废物全部循环利用，绿色园区建设成效显著

开发区加快发展新兴产业的同时，大力发展循环经济，积极建设绿色园区。管委会在全省率先通过ISO14001环境管理体系和ISO9001质量管理体系认证，成为全省第一家获得“双认证”的开发区。同时，制定绿色工业园区和循环经济示范区发展规划、绿色园区标准，建立完整的考核指标体系，并积极准备申报国家级生态工业园区。

在固体废弃物处理方面，已形成“酒糟—养牛—乳业”、“炉渣、粉煤灰—新型建材”、“含铝污泥—刚玉原材料”、“铝镁合金边角料—铝镁合金”等产业链，区内企业的固体废物100%实现交换利用、资源化利用和集中无害化处理。

在区内企业已全部按要求建立污水处理设施基础上，采用BOT模式建设污水处理厂。日处理能力达2.5万吨的污水处理厂已正式投入使用，辖区内将实现生产、生活废水“零排放”。

（五）积极推进城乡一体化，和谐社会建设惠及民生

一是全面推进“城中村”改造，各项工作居太原市前列。改造项目开工面积近40万平方米，昔日的村庄即将变成现代化居住社区。二是社会保障体系进一步完善。已实现农村合作医疗参保率99.5%，养老保险参保率99.5%，居民全部纳入最低生活保障体系。三是通过培训、提供就业岗位、引导从事第三产业等方式累计解决就业4000余人，区内适龄劳动力全部实现就业。

思路逐渐清晰　揭示实践经验

（一）开发区又好又快发展的体制机制

建区以来，各级政府给予开发区建设极大支持；主要领导多次深入太原开发区调研指导，对发展过程中遇到的问题进行重要批示；省政府确定将太原开发区建成山西省与WTO规则接轨示范区；太原市人民政府出台促进太原经济技术开发区发展指导意见，并下放113项市级综合经济管理权限和部分行政管理权限。

各级领导的关心支持和各有关部门的积极配合，有效推进了太原开发区各项工作开展，

使投资环境得到极大改善，从而保证和促进了经济社会又好又快发展。

（二）开发区又好又快发展的核心

党工委、管委会务实团结，思想统一，勇于创新，大胆尝试，以高效灵活的决策和执行机制带动各项工作高效完成。同时，建立完善各项选人用人机制和激励机制，创造出真做事、做实事的良好发展环境，打造了一支朝气蓬勃、奋发有为的队伍。

（三）开发区又好又快发展的动力源泉

按照“大项目带动、配套企业跟进、产业集群发展”工作思路，在做好产业定位基础上，实施大项目招商带动战略，围绕大项目，延伸产业链条，有针对性地开展招商引资工作。

开发区浙商商贸港、太原大学、高新技术企业孵化基地、基础及配套设施项目等一批重大项目已开始建设。经过不懈努力，太原开发区将全面建成山西省产业转型和创新发展示范区、山西省循环经济示范区、城乡一体化示范区和国家级生态工业园区，成为促进太原市经济社会快速发展的一支重要力量。

以世界眼光谋划
惠州大亚湾石化产业崛起

惠州市委常委、惠州大亚湾经济技术开发区区委书记　许　光

2009 年，是惠州贯彻落实《珠江三角洲地区改革发展规划纲要（2008～2020）》（以下简称《纲要》）的开局之年，也是惠州大亚湾石化产业发展的关键之年。《纲要》为惠州大亚湾石化产业的崛起提供有利的政策条件，并指明大亚湾建设千万吨级炼油、百万吨级乙烯的发展道路。同时，汪洋书记“抓好大项目带动大发展”指示和黄华华省长“既要抓龙头项目，又要抓石化产业中下游项目”要求，使开发区进一步明确了石化产业的发展定位与发展思路。今后，要进一步把握历史机遇，以世界眼光和创新思维，将惠州大亚湾建设成为世界一流石化基地。

一、立足当前、着眼长远，把握惠州大亚湾石化产业崛起的大好机遇

——从全球石化产业发展趋势看。近年来，受市场、贸易、汇率、油价等因素影响，许多西方发达国家开始压缩本国石化生产，世界石化巨头被迫转移到拥有广阔市场的发展中国家投资建厂或合资办厂。亚太地区因石化产品需求量大，市场前景广阔，理所当然成为世界石化巨头的首选目标。预计到 2020 年，亚太地区将占关键石化产品需求量的 50% 以上。由此可见，世界石化产业转移为惠州大亚湾石化产业崛起提供了历史性的大好机遇。

——从国内石化产业发展现状看。随着经济不断发展，我国石化需求量也在逐年增加。为承载全球石化产业转移及适应国内不断扩大的石化产品需求量，各省都在加快石化产业发展速度。其中，占全国石化产品消费需求量之首的广东，早在 2005 年就出台《广东省石化工业 2005～2010 年发展规划》（以下简称《发展规划》），提出 2020 年实现炼油生产能力达到 1 亿吨/年，乙烯生产能力达到 600 万吨/年目标。与此同时，国务院出台《珠江三角洲地区改革发展规划纲要（2008～2020）》，《纲要》强调要集约发展石化产业，高标准建

设2~3个千万吨级炼油、百万吨级乙烯炼化一体化工程。《发展规划》与《纲要》的相继出台，为石化产业发展指明了方向，注入了强大动力。为实现到2020年全省1亿吨炼油和600万吨乙烯生产能力的目标，作为全省最重要石化基地之一的惠州大亚湾，将勇敢承担艰巨任务，迎接这一重大挑战。

——从惠州大亚湾自身优势看。一是交通优势。交通便利是惠州大亚湾石化基地崛起的先决条件。大亚湾石化基地地处广东沿海石化产业带的中心地带，与深圳陆路相接，与香港隔海相望，毗邻珠三角大市场，便于发展隔墙供应，延伸石化产业链，可以有效降低运输成本。二是项目优势。大项目突出是大亚湾石化基地崛起的重要优势。已落户的石化上游龙头企业有中海壳牌、中国海油惠州炼油。近年来，随着日本三菱丽阳、普利司通、台湾和桐、台湾李长荣、香港建滔、无锡兴达等中下游项目相继落户，大亚湾石化基地炼化一体化的发展模式已初步形成。三是环境优势。生态良好是大亚湾石化基地崛起的强大动力。大亚湾区直接面海，背后环山，大气扩散条件好，海水净化能力强。石化园区从建设伊始，即坚持实行深海排放。已修成长21.5公里，管径750毫米，经济排放能力为1800立方米/小时的深海排污管线。为适应石化区未来炼化一体化的发展需要，计划建设第二条深海排污管线（长约30公里，管径1200毫米）以保证适应石化区的排污要求。总之，惠州大亚湾自身的各方面优势将为石化产业崛起提供重要前提条件。

二、创新思维、放眼世界，力促惠州大亚湾石化产业走出国门走向世界

世界石化产业的发展总趋势是从粗放型走向资本集约型，再走向技术集约型。石化产业已经在技术集约基础上实现了规模化、集约化、全球化发展，生产国际化、贸易自由化、区域经济集团化、装置建设规模化是石化产业的重要特征，大型化、聚集化、园区化、基地化是石化产业的主流模式。面对国际石化产业发展大形势，惠州大亚湾石化产业要走出国门，走向世界，就必须提高发展定位，创新发展思路，加快发展步伐，提升发展层次，紧跟大形势，开展大建设，实现大发展。

一是要有大气，用放眼世界的发展眼光统领惠州大亚湾石化产业的崛起。做大做强石化产业要有大气量，要站在全球石化产业发展的高度，研究发展策略，创新发展思路，解决发展问题。在珠三角惠州现场会上，汪洋书记要求要紧紧把握石化产业发展走势，占领石化产业发展制高点。为此，要以高瞻远瞩的眼光策划惠州石化产业发展路径，以放眼世界的发展眼光，将惠州大亚湾石化产业的发展定位与世界石化产业发展趋势紧密联系起来，继续以引进大项目、大企业为动力，引领惠州大亚湾石化产业走出国门，走向世界。

二是要有底气，用走向世界的发展理念推动惠州大亚湾石化产业的腾飞。发展理念决定发展层次，要建设世界级的石化产业基地就必须有足够底气。一方面，要充分发挥自身优势，大力发展适应珠江三角洲地区经济社会发展需要的石化项目，尤其是要加大精细化工产业建设力度，进一步延伸产业链，提高经济效益。另一方面，要主动学习和借鉴全球最新的发展思路、发展方式和发展经验，积极推行石化产业大型化、聚集化、园区化和基地化管理模式，实现石化产品精细化、系列化和专业化。

三是要有霸气，用赶超世界的发展气魄实现惠州大亚湾石化产业升级。一方面，要有当国内石化产业龙头老大的气魄。通过调整产业结构，优化产业配套，建设国内一流石化基地。另一方面，要有与世界一流争高低的气魄。通过科学规划、合理布局、提高招商层次、加快产业链延伸等措施，建设拥有世界一流的工艺技术、环保水平、公用配套工程和基础设施，拥有世界一流管理水平和经济效益的炼化一体化石化基地。

三、深入挖潜、提升层次，实现惠州大亚湾石化基地又好又快发展

重任在肩、机遇在握、希望在前。建设世界级石化基地，需要聚精会神搞建设，一心一意谋发展，以明确的发展定位、创新的发展思路、踏实的工作作风，推动惠州大亚湾石化基地又好又快发展。

第一，围绕一个“大”字，努力打造世界级石化基地。要通过引进大项目，实现大开发，建设大基地，推动大升级，引起大震撼。一是通过大招商引进大项目，实现惠州石化产业大开发。从中海壳牌南海石化项目开始，大亚湾石化即开始走上大项目、大石化、大开发的发展轨道。大亚湾石化园区已落户企业（包括中海壳牌、中海油在内）48家，初步形成以大项目引领大石化的发展模式，将继续坚持大项目、大招商基本思路，推进大亚湾石化大发展。二是通过建设大基地，推动大升级，引起大震憾。正在实施石化园区扩区计划，将石化园区从27.8平方公里扩至65平方公里，其中石化区炼化项目及其中下游及配套项目占地35平方公里，加上南部15平方公里的深海作业基地和北部增加15平方公里的精细化工区，力争在规模上达到世界级石化基地水平，将惠州大亚湾石化基地建设成规模大、优势大、影响大、辐射效应大的世界级大石化基地。

第二，围绕一个“高”字，努力打造高标准石化基地。

建设世界一流的石化基地，需要高起点、高标准地开展园区建设。一是继续坚持规划先行，编制修订高标准产业发展规划。通过高标准规划，实现长远规划与短期规划相结合，整体规划与专项规划相融合。大力引入技术高、层次高、效益高的化工企业，提高企业层次，实现园区高定位发展。二是继续遵循“油化”结合，实现“五个一体化”高配置的园区管理。即：实施园区内产品项目一体化、公用工程辅助设施一体化、物流运输一体化、经济环境效益一体化和管理服务一体化，力争实现石化产业高起点、石化园区高定位、石化产品高质量的目标。

第三，围绕一个“新”字，努力打造创新型石化基地。

创新是石化产业发展的灵魂。惠州大亚湾石化基地只有走创新发展道路，打造创新型石化基地，才能真正走出国门、走向世界。一是继续创新招商服务理念。打造世界级石化基地，需要抓策划、抓招商、抓服务、抓配套，营造人人重服务，人人懂服务，人人想服务的浓厚氛围。在招商过程中，要从投资者角度想问题、做准备，为投资者提供量身定制的专业化服务，确保每一个项目都能按时开工建设和竣工投产。二是继续创新管理模式，实行管理服务一体化。以建设布局合理、特色鲜明、衔接配套、效益显著的世界级石化基地为目标，强化为企业服务的意识，增强服务的主动性与计划性，打造石化区良好整体形象。同时，搭建高层次的石化产业科技创新平台，通过发挥整体优势，优化资源配置，形成各有侧重、互补互联、高效合理、独具特色的科技创新体系，为企业创新创造良好环境和氛围。

第四，围绕一个“全”字，努力打造炼化一体化石化基地。

“全”，就是全方位、全配套、上中下游完善的石化产业链条，形成石化产业集聚和隔墙效应。要深化“油化结合，上中下游一体化发展”战略。一是继续加大石化上游项目建设力度，通过大项目形成石化产业集聚。通过空间拓展、立体推进方式发展以炼油与石油化工为主体的石化产业集群，提高石化上游项目的集聚程度。二是大力引进石化中下游项目，实现大亚湾石化产业全面发展。重点发展高附加值、高技术含量的石化深加工产品以及高新技术材料、专用化学品和精细化工产品。通过加大力度引进技术集约程度高、附加值高、经济效益好的精细化工项目，力争到2020年，石化区的精细化工率达到65%，进入世界一流水平行列，全面实现惠州大亚湾石化基地的腾飞。

谋一域　谋全局　谋发展

——开发区迎接危机挑战及后危机时代的思考

郑州经济技术开发区党委书记、管委会主任　张延明

金融危机对郑州经济技术开发区（以下简称郑州开发区）的影响主要凸显在以下三个方面：一是个别生产型企业开工不足，产销有所萎缩，企业盈利预期下降；二是个别项目为规避风险，收缩投资规模，调整了开工计划；三是境外招商引资难度加大，外资项目入区势头有所减弱。在金融危机来袭时，郑州开发区思考更多的是如何寻找机遇、利用时机，实现跨越发展。

一、危中寻"机"：大危机与大应对

危机在前，首先要有应对危机的决心和战胜危机的信心。

1. 以发展支撑信心，以信心助推发展，继续保持跨越式发展势头。

2009年，郑州开发区地区生产总值预期目标是"保3争4"，即实现30%～40%的增速。

一是跨越式发展的成就为开发区继续保持良好发展态势奠定物质基础。2005～2008年全区主要经济指标连续三年保持30%以上增幅。2008年，郑州开发区实现地区生产总值84亿元，工业总产值120亿元，合同利用外资5.2亿美元，实际利用外资2亿美元：实现进出口总额2.9亿美元，其中出口1.2亿美元，进口1.7亿美元；实现财政总收入12.6亿元，财政收入5.8亿元。2009年2月，在国家宏观政策推动下，开发区各主要经济指标再次回归，尤其是工业经济呈现出逆势飞扬的发展势头。

二是世界500强企业和国内500强企业纷纷入区，增强了开发区经济发展活力。日本日产、美国杜邦、MMC达信、百事可乐、中国宝钢，海马汽车、中烟集团、双汇集团等知名企业纷纷在园区投资项目。同时，区内拥有规模以上高新技术企业工业总产值占规模以上工业的44%，工业增加值占规模以上工业的65%，销售收入占规模以上工业的43%，提升了区域竞争力，增添了发展潜力。被称为"中原芯"的晶圆八寸项目和日产汽车项目在金融危机中逆势而上开工建设，也体现了企业对开发区的发展信心。

2. "小政府、大服务，小财政、大投入"，着力打造"服务品牌"和"环境品牌"。

在危机时代，加强政府对宏观经济的调控与管理，重视政府政策对经济的影响尤为重要。通过"企业服务年"活动，打造"服务品牌"，针对产能下滑问题，采取"补""救"相结合对策，积极救援受危机影响较大的企业。对于资金链问题，开发区组织"银企合作、共渡难关"洽谈会，号召区担保公司在非常时期采取非常措施，解放思想，对业绩好、有潜力的企业大胆担保。仅在两次集中银企合作洽谈会上，就有10余家企业达成贷款协议或意向。同时，开发区管委会积极探索企业信用互助融资担保和知识产权质押融资等途径，为中小企业拓宽融资渠道；对于销售难问题，管委会一方面通过政府采购解其燃眉之急，另一方面帮助企业收集市场信息，拓展销售渠道；对受危害较轻而市场情势依然看好的

企业，通过政策扶持和优质服务，促使其扩大产能，以“补”缺失，使其担当起保增长重任。

2009 年，开放区管委会没有停留在“谋一时”上，而是进行“小财政，大投入”，不断完善配套实施，提升开发区项目承载力，打造高质“环境品牌”。充分发挥政府的信心集聚力、投资拉动力、资源配置力和市场纠偏力，在危机之年，开发区做到了“危”而不“寂”。

3. 积极培育新的经济增长，整合有效资源，致力产业集群，着眼未来，提高区域竞争力和企业抗风险力。

郑州开发区经过 10 余年发展，引进项目 2000 余家，其中工业项目近千家。初步形成汽车及零部件、食品加工、装备制造、电子信息四大主导产业。同时，城市承载功能不断完善，服务功能全面提升，推进产业集群发展的基础条件已经具备。随着河南大郑东新区的建设，开发区新型工业龙头和现代制造业基地定位将更加凸显，也为产业集群发展提供了良好的区域环境。在外部环境上，国家已经开始实施的宏观调控、促进内需政策以及即将出台的促进中西部发展规划，加上沿海地区产业转移，都为产业集群发展提供了广阔的市场前景和强力的政策支撑。

为鼓励和强化产业集群发展，郑州开发区从以下五个方面开展工作：第一，在政策上研究出台土地、税收等优惠政策和奖励制度及保障机制；第二，在投资环境上完善基础设施，加大园区工作力度，强化园区管理服务职能，促进产业集聚和园区化进程；第三，实施区域品牌战略，扩大市场影响力和市场知名度；第四，积极引导支持集群内企业走不断创新之路，保持发展活力；第五，协调产学研相结合，为产业集群提供源源不断的发展动力。

当前，郑州开发区实施建设以海马、日产汽车整车生产为产业连接的汽车研发基地、配件基地、物流基地、培训基地等集群产业园区；以中粮、双汇食品为产业连接的食品添加剂、食品机械、食品包装、食品研发和物流基地；以台湾工业园为平台的信息、半导体、光电产业基地等。通过形成一批具有竞争力的产业集群，提高企业抗风险力和区域竞争力。

4. 发挥自身优势，调整发展策略，抓大不放小，打造中小型企业“明日之星”。

早在 2006 年，开发区就制订并完善了《关于加快中小企业发展的若干意见》，在招商引资中，“抓大不放小”，通过土地、税收、资金支持等优惠政策和完善配套设施等措施为中小企业尤其是高端化、高质化、高新化中小企业的发展提供宽松发展环境，将其打造成为调结构、保增长、促转型的“明日之星”。开发区高科技工业园、高新技术创业中心、留学人员创业园、日本中小企业园、服务外包园等园区都是中小企业展翅高飞的平台。

5. 秉承科学创新精神，立足大郑东新区，服务中原崛起，建设国际化、现代化、信息化和生态型、创新型国家级开发区。

河南省委、省政府提出把“大郑东新区”建设成为现代产业聚集区、工业经济的支撑区，体制创新的试验区、综合配套改革的先行区。作为“大郑东新区”重要组成部分的郑州开发区，提出“立足大东区，服务大中原，辐射中西部”发展构想和建设“国际化、现代化、信息化和生态型、创新型国家级开发区”发展战略。郑州开发区计划利用 10～15 年时间，建设成为城市基础设施现代化、城市管理科学化、城市功能多样化、人民生活高质化、生态环境园林化、城市经济高效化、产业结构高级化、社会发展现代化的生态型创新城市。计划到 2020 年，实现人均国内生产总值 1.5 万美元，工业总产值 2000 亿元，人文发展指数（HDI）0.9 以上，城镇居民可支配收入 4 万元以上，城市人均公共绿地面积 14 平方米以上，城市污水集中处理率、城市水环境功能区水质达标率、集中式饮用水水质达标率均到达 100%。

二、面向未来：思考与机遇

作为河南省唯一的国家级经济技术开发区，郑州开发区在危机中实现了率先突围、率先发展。通过一系列举措，得到很大启示。

首先，科学发展观是应对金融危机的根本之策。深入学习理解科学发展观内涵，坚定不移走科学发展之路是应对金融危机的正确选择。用科学发展的观点全面客观分析金融危机成因，以迎接挑战、保持经济平稳较快增长具有现实意义、全局意义和战略意义。

其次，必须认真研究分析国家在民生、产业等方面出台的新政策、新规划，寻找商机和施政信息。此次实施产业调整规划，必将引发产业空间布局和组织结构的变化及相应的大规模产业转移和企业兼并。能否借力发力，最大限度地调高、调新、调优自己的产业，提高整体竞争力，抓住东部调整机遇，发挥比较优势，从而实现“弯道超车”，是关系到能否实现经济又好又快发展的重大课题。

郑州开发区内软硬环境建设日臻完善，国家宏观调控政策为开发区带来提升配套水平、推动产业发展的良好机遇；调整结构和扩大内需及产业转移为拥有广阔市场和发展空间的开发区带来产业集聚机遇；大郑东新区建设为开发区带来更大的社会影响力，为开发区体制机制创新带来更大活力，为招商引资带来更大吸引力。郑州开发区将立足优势、抓住机遇，争取实现新的跨越式发展。

以“双提升”战略引领开发区的未来

——广州经济技术开发区加快转型升级的实践与启示

广州经济技术开发区党工委书记、管委会主任　薛晓峰

广东省委书记汪洋在省委十届五次全会指出“当前，珠三角要以‘双提升’（提升产业竞争力、提升自主创新能力）为重点，加强高新区和经济技术开发区的建设，把引导产业异地转移与构建现代产业体系有机结合起来，把政府引导与市场机制有机结合起来，努力取得更大突破”。这一论述高屋建瓴地指明了新形势下开发区转型升级的方向。

近几年来，广州经济技术开发区（以下简称广州开发区）深入贯彻学习实践科学发展观，顺应国家、省、市改革开放和经济社会发展的新战略、新形势，立足突破开发区传统外向型经济发展模式中日益凸显的瓶颈与矛盾，促进开发区转型升级，成效显著。广州开发区地区生产总值、财政收入等效益指标在54个国家级经济技术开发区中保持第一，成为中国经济效益最好的开发区之一。2009年，尽管受到国际金融危机的严重冲击，全年地区生产总值、财政收入仍有望保持15%～18%的增长。

广州开发区之所以在转型升级的道路上不断取得新成效，最根本的原因，就是牢牢抓住提升产业竞争力、提升自主创新能力“双提升”的主线，放眼当今世界科技革命与知识经济浪潮的大趋势，放眼国家近几年来所推行的自主创新、可持续发展以及培育新兴产业等一系列新战略，放眼《珠江三角洲地区改革发展规划纲要》实施过程中，南粤大地所形成的“科学发展、先行先试”新格局，从优势转换、环境再造、高端聚集、产业培育、辐

射带动五个方面入手，创造性地探索了具有广州开发区特色的“双提升”实现路径。

一、优势转换：以发展外向型经济所积累的传统优势转换为自主创新的新优势，走开放型创新之路

优势转换为推动“双提升”战略创造更好的条件。广州开发区作为中国第一批设立的国家级开发区，地处中国改革开放最前沿。开发区充分发挥这一地缘优势，从20世纪80年代中期开始，大力发展以加工装配为主导产业的外向型经济，承接国际产业转移，集聚2600多家来自60多个国家和地区的跨国公司投资项目。其中，世界500强项目达105个，年工业总产值超过3000亿元，形成电子信息、生物制药、精细化工、金属冶炼、汽车、食品饮料六大支柱产业，构成规模较大、产业链发达的经济体。

主动将在发展外向型经济中所形成的人、财、物以及管理优势，转化为提高自主创新的优势，较快形成开放型创新体系。充分利用开发区在多年发展中积累的财力，累计投入近200亿元建设广州科学城，将其打造成为世界级研发中心；投资40亿元建设广州国际生物岛，将其打造成为国家生物产业基地和世界生物技术增长极；建设100万平方米的孵化器和100万平方米科技企业加速器，形成华南地区最大规模的科技企业孵化器集群，为提高自主创新能力创造了一流载体。

为发挥外资企业集聚优势，积极促进跨国公司技术溢出，并设定专项资金对跨国公司设立研发中心给予政策性奖励。设立安利、IBM、拜耳、微软等50多家跨国公司研发中心。为增强跨国公司与本土企业的交流与合作，还设立跨国公司联谊会、行业协会、创新联盟等形式多样的民间组织，开设企业网络平台，方便中外企业信息交流。开发区还与美国硅谷、法国索菲亚科技园、台湾新竹科技园、新加坡裕廊工业园等世界一流科技园区建立合作关系，学习先进管理经验。其中，与法国索菲亚科技园区合作共建中欧企业网，以广州开发区为节点，加强中欧企业之间的技术转移与交流。

在全球化的今天，自主创新不是封闭的自我创新，只有走开放型创新之路，以更加开放的胸襟，吸收世界上所有最新的创新成果，才可能缩短与世界先进水平的差距，抢占世界高科技的制高点。

二、环境再造：以创新型企业成长路线为主轴，构建有利于提升自主创新能力的区域创新体系

环境再造是实现“双提升”战略的基础。投资驱动型的工业经济形态，相对应的投资环境强调的主要是“几通一平”。而创新驱动型的知识经济形态，相对应的投资环境不仅需要“几通一平”，更需要有完善的区域创新体系。区域创新体系是提升区域创新能力的基石。遵循创新型企业的成长规律，开发区制定了“1+10”创新政策体系，对创新型企业提供从种子期到上市成熟期全过程的政策支撑。对新入驻的小企业，提供孵化器、创业导师、种子基金等服务，帮助企业渡过“创业死亡谷”，促使其尽快成为“小巨人”；对高成长型企业，提供科技企业加速器、科技担保、风险投资等服务；对于较为成熟的企业，提供较大的土地和厂房，帮助上市辅导等。全区共培育17家上市公司，2009年又有3家公司有望在创业板上市。近三年，管委会出资20亿元资助了92项国家级、254项省市级研发创新项目。设立10亿元创业投资引导基金，撬动近100亿元规模的创业投资基金，使广州开发区成为中国创业投资的重要集聚地。大力推动政、产、学、研协同创新，集聚各类研发机构314家，与中科院合作设立生命健康研究院等12个项目，并正筹划建设省院合作高新技术成果转化示范基地。

下一阶段，一个更大的重要举措是与新加坡合作共建初定规划面积达123平方公里的中新知识城，将其打造成为推动珠江三角洲经济转型升级的国际化高端平台，成为一个引领广州、广东乃至中国知识经济发展的新引擎，成为具有国际一流水平的生态宜居新城，从而使广州开发区的创新体系得到质的飞跃，最终达到世界先进水平，为实现“双提升”创造一个更大的实现空间。

三、高端聚集：以知识型领军人才的引进与培养为核心，加快抢占主导未来长期竞争优势的战略性资源

高端要素的聚集为“双提升”战略提供新的动力。高端聚集，其核心就是抢占产业价值链的高端，包括研发、设计、品牌、营销、标准、网络等，从而为发展高端产业，实现“双提升”奠定基础。当前，人才，特别是那些能适应当代知识经济浪潮冲击、具备世界眼光的知识型领军人才，成为开发区发展的重要要素。为此，开发区专门制定“人才金字塔计划”，即用5年时间吸引百名领军人才，培育千名骨干人才，万名技能型人才。其中，对经评选为领军人才的，管委会对每人给予总额达1500万元的资助，2009年已选出的15位领军人才，均为在技术上有突破性建树的高层次海外留学归国人员和国内顶级专家，涉及生物、信息、节能环保等领域。此外，管委会每年投入5000万元为技能型人才免费培训，高标准建设了技工学校，每年培养1000名技工。广州开发区作为中组部海外高层次人才创业创新基地，将形成珠三角地区最具吸引力的人才高地。除了人才储备之外，还要做好决策储备、重大产业化项目储备、科技研发储备、总部资源储备等工作，这是决定开发区未来竞争优势的关键。

四、产业培育：以实现创新驱动与内生增长为发展取向，紧密对接国家新兴战略性产业发展规划

有重点地培育新兴战略性产业是实现“双提升”战略的主体内涵。当前，国家正在抓紧制订新兴战略性产业发展规划，这是中国立足当前渡难关、着眼长远上水平的重大战略选择。拟定的新兴产业包括新能源、节能环保、新能源汽车、新材料、生物医药、生物育种和信息产业七大类，这是在新一轮全球创新密集和产业振兴时代中国努力重点抢占的国际经济技术制高点。要深刻领会国家发展新兴产业战略意图，跟上国家新的发展战略实施节拍，把七大新兴战略产业作为实施“双提升”战略的主攻方向，使广州开发区成为国家培育新兴产业发展的实施载体与重要基地。开发区结合自身特点，逐条梳理分析广州开发区与国家新兴产业战略对接的切入点、实现路径和具体项目，初步拟定“广州开发区实施‘双提升’战略，培育新兴产业发展行动计划”，提出2009年、2010年从七大类40个小类共200多个项目具体推进，以后逐年滚动发展。在这些项目中，发展基础较好的项目，争取纳入国家或省市重点培育计划，以获得更大支持；对刚刚起步的项目进行重点孵化，加强服务，促其成长；凡列入行动方案的项目，管委会的各项政策资源给予优先支持。在未来2~3年内，致力于打造几个百亿级、千亿级的创新集群。如在信息产业领域，与韩国LG公司合作，在已投资11亿美元建设平板显示模组生产线的基础上，继续投资40亿美元，引进8.5代线面板项目，同时吸引几十家上下游配套厂商，最终形成年产值1000亿级的华南地区规模最大的平板显示产业集群；以广东软件园等本土软件优势企业为基础，联合中科院等院校科研力量，建立国家“核高基”产业化基地，重点在通用软件、卫星导航技术、龙芯技术产业化等方面取得突破，形成百亿级创新集群。与中科院等机构合作，建立华南地区云计算系统平台，以此推动下一代互联网技术发展。在生物医药领域，与省科技厅及相关研究机构合作投资10亿元建设华南新药创制中心，将其发展成为华南地区最大规模的新药企业育成平台。广州开发区在基因诊断技术及其试剂产品的研制、再生医学材料及再生型医用植入器械研制、个体化医疗检测等10多个领域走在全国先进行列，有的达到国际先进水平，涌现了一批领航企业。

五、辐射带动：以推动“双转移”和城乡一体化为抓手，让开发区建设丰硕成果为更广大区域和人民群众共享

辐射带动是将“双提升”战略所获得的成功扩散到更广大地区，通过产业与劳动力异地多层次“双转移”，带动欠发达地区的发展，同时又为开发区实现“双提升”腾出更多空间，创造更好条件。广州开发区提供1亿元资金支持广州（梅州）产业转移园区建设，引荐一批企业入驻该产业园，对梅州兴宁籍学生报考开发区技校实施学费优惠，对区内企业招聘梅州籍员工实行补贴，共同促进两地投资及经济发展。安排和推动30多个项目优先让毗邻开发区的从化市选择，帮助从化市发展工业经济。同时，提高项目准入门槛，清理低效项目，投资密度从前几年每平方米500美元提高到目前的每平方米1000美元，通过市场与行政相结合的方式将不适合在开发区发展的项目推介给其他适合发展的地区。

另一方面，借助开发区相对较强的经济实力，加快推动开发区与周边地区城乡一体化步伐。三年多来，依托开发区成立萝岗区，开发区财政用于所在的萝岗区民生和公益事业支出超过100亿元，使萝岗区教育、卫生、文化等社会事业建设发生翻天覆地的变化。2008年，萝岗区农民人均纯收入1.15万元，比四年前翻一番。萝岗新城36个项目2009年底基本完成，国际化生态型新城区建设初具规模。城乡一体化格局的实现，不仅直接体现了开发区的辐射带动作用，同时也大大改善了开发区的投资环境，为“双提升”创造了更好的条件。

回顾广州开发区25年发展历程，在实践中得到深刻启示：开发区的发展必须以科学发展观为统领，以提升产业竞争力、提升自主创新为根本着力点，以创新为灵魂，主动对接国家发展战略，与时俱进地不断调整自身发展定位与路径，只有这样，开发区才能在国家和区域经济社会发展中发挥越来越重要的作用，才能不断增强其可持续发展的生命力。

引领绿色经济新潮流：国家级经济技术开发区的新使命

商务部政策研究室副主任　王子先

国家级经济技术开发区已创立25周年。在过去25年中，国家级经济技术开发区进行了成功探索，在中国改革开放和现代化建设中发挥了重要的先导示范作用。百年一遇的国际金融危机给世界经济带来一轮重大调整，绿色经济成为新亮点并决定着未来各国在国际竞争中的位置。为了在新的国际角力中获得“绿赢”，国家级经济技术开发区应该在国家绿色经济战略格局中继续发挥重要的先导作用。

一、过去25年：成功的探索，丰硕的成果

一是促进中国全方位开放格局的形成，在中国对外开放由点向面、由沿海向内地推进的过程中发挥了积极的先导作用。二是突破了传统思想观念和体制束缚，率先在计划体制、外贸体制、投资体制、用工体制、企业制度、市场体系建设和政府管理体制等方面进行一系列改革，对社会主义市场经济的建设发挥了示范和推动作用。三是有力推动中国营商制度和环境的创新，大大增强了中国集聚全球优势生产要素和吸引跨国投资的能力。四是有力推动中国开放型经济的大发展，为中国吸收外资的起步和跨越打造了一个日益符合国际惯例的平台，加快了中国转向贸易大国的进程。五是引进先进的技术、经营理念和管理经验，培养了一大批高素质的管理和技术专业人才，加快了区域产业升级，有力促进中国产业的技术进步和自主创新能力的增强。六是基本上实现土地的集约高效使用，加快了产业集聚，既显著增强了中国产业的国际竞争力，又避免了产业布局过于分散对生态环境可能带来的破坏。

新形势下，开发区也面临很多新情况、新挑战：一是伴随原有政策的逐步调整，开发区优势相对削弱；二是全球范围内自由贸易区的蓬勃发展，使中国开发区面临更大的竞争；三是世界经济新一轮大调整、大转型，呼唤中国开发区在功能和制度上进行更大的创新。如何抓住危中之机，顺应全球绿色经济新潮流，创造新优势、再塑新辉煌，成为开发区新的历史使命。

二、顺应全球绿色经济新潮流，争当中国绿色经济的先行探索者

（一）绿色革命大潮渐起

面对日益严峻的全球性能源、资源、气候和生态环境问题，发展绿色经济已经成为危机条件下世界经济新的亮点，并且有可能成为新一轮世界经济的主力引擎。正如托马斯·弗里德曼在新著《世界又热又平又挤》一书中所指出的：绿色不再是一个口号，而是发展、建设、设计、制造、工作及生活的方式……绿色环保变成了最时尚、最有效率、成本最低的做事方式。绿色经济将成为所有市场的主流，并将提供长期经济投资机会……发展清洁能源和高效能源技术将成为决定未来50年国家经济地位、环境健康、能源安全及国家安全的战略选择。

绿色经济蕴藏着巨大的发展潜力与经济价值，这场绿色革命在未来国际竞争中具有重大战略意义：

第一，创造下一个伟大的全球产业。绿色经济和环保节能技术有着巨大的市场空间。清洁电力将在未来10年中成为全球标准，清洁能源工具将成为一个伟大的全球产业，能够利用和销售这些工具的国家将拥有竞争优势、最干净的空气和发展最快的商业。

第二，ET（能源技术革命）和IT（信息技术革命）的结合，将引领世界新的技术革命。绿色环保技术的开发和应用本身将成为未来技术革命的前沿领域，引领技术革命新的潮流；同时，通过与互联网革命的结合，包括建立能源互联网，不仅最大程度上提高能源使用效率、生产最多的可再生能源替代化石燃料，而且将解放更多的潜能，带来更多创新、更多机会，让人们用可持续的方式脱离贫困。

第三，成为决定后危机时代各国国际经济地位新的制高点。美国总统奥巴马已经把发展绿色经济和节能技术作为其新政的核心内容，推出节能减碳、降低污染的绿色能源环境气候一体化的振兴经济计划，未来10年投入1500亿美元支持替代能源研究开发，未来3年创造百万个绿色就业机会，形成比IT产业更大的能源产业和上下游产业链。欧盟已经提出“零碳”理念，日本要建立全球第一个“低碳经济体”。新兴经济体和广大发展中国家当然也不会落后。

（二）中国必须积极参与全球绿色经济领域的战略合作，获取“绿赢”

虽然中国已经具备了一定的绿色产业基础，如在太阳能、风电和电动汽车等领域涌现了一些新的亮点，但总体上看，中国与发达国家相比，差距很大。以美国为首的发达国家在技术、产业和话语权等方面拥有巨大实力和优势，特别是美欧在节能环保和气候领域控制了国际话语权，占据了规则和标准的制定权。当前，发展中国家加速工业化对于资源能源和碳排放的需求量处于明显上升阶段，但在资金、技术投入等方面却相对乏力。因此，中国和广大发展中国家在绿色经济领域既有机遇，也面临一系列挑战。为此，既要顺应潮流，调整发展战略和模式，努力创造绿色经济新优势；也要大力加强国际合作，更好地整合利用全球要素、技术和人才，在激烈的国际竞争中获取“绿赢”。

1. 大力加强节能环保技术产业领域的国际合作。

绿色经济既是全球经济摆脱危机的新增长点和全球经济增长模式长期转型的战略支撑，也为国际合作与交流提供巨大的空间和机会。中国应全面参与绿色经济领域的国际合作，大力引进先进技术、管理经验和人才，积极发展双向贸易和投资，打造绿色资源和要素聚集平台，以开放促进中国绿色经济的跨越式发展，缩小与国际先进水平的差距。主要着力点，一是大力引进节能环保技术，提升技术水平；二是大力优化外商投资结构，积极鼓励外商在节能环保领域的投资；三是大力加强在绿色经济领域的国际、科技交流与合作；四是加快“走出去”步伐，扩大在绿色经济领域的对外投资，支持兴办海外研发机构；五是认真学习借鉴其他国家绿色经济领域的先进经验和做法。

2. 适应绿色革命新潮流，全面推动相关体制机制创新。

要在绿色革命中取得先机，最紧要的任务是：在树立战略思维和全球视野前提下，全面推动体制机制创新，创造良好制度、政策和市场环境，走市场寻求型创新道路，使企业和大众迅速地沿绿色革命的学习曲线前进，在一个充分竞争的市场里自愿投入研发、创新技术、使用新技术，让节能环保变成经济人共同的选择，并带来相应的财富和回报。为此，要抓紧建立健全绿色经济领域的法律法规、产品技术标准、税收、科技和金融政策、公共监管和服务体系等，以不断完善激励和约束机制。对中国而言，还要抓紧推进能源资源价格市场化改革和相关公用事业改革，打破垄断，引入竞争，否则在绿色革命中会处于日益被动的位置。

3. 参与全球治理，增强话语权。

一是坚持开放心态，对于绿色经济领域的全球新机制、新理念总体上采取积极参与的态度，不排斥、不回避，同时坚持维护发展中国家的利益，对新规则的制定给予积极影响；二是熟悉与国际贸易有关的环保国际法律、公约和规则，与各种不合理的绿色贸易壁垒进行坚决斗争；三是引导企业按照绿色要求改进生产和经营管理流程，积极参与国际绿色标准的制定；四是积极开展绿色外交，坚持多边、双边、区域相结合，维护中国的战略利益；五是加强对全球能源、资源、生态、环保、气候等领域的前瞻性研究，完善对外谈判协调机制，积极参与多边规则的制定，推动绿色经济领域全球治理水平的提升，增强中国话语权。

（三）国家级经济技术开发区要在中国绿色经济战略中发挥示范带头作用

一是进一步创新营商环境，率先打造集成全球绿色经济领域优势的生产要素、科技、人才和管理模式平台，培养自身跨越式发展的新基础、新优势；二是优化外商投资结构，将全面吸收绿色环保领域的投资和技术作为引资战略重点；三是率先探索推动绿色经济领域的制度创新，在建立健全相关法律法规、产品技术标准、税收、科技和金融政策、公共监管和服务体系等方面先行先试；四是鼓励外商建立绿色环保领域的研发机构，加强与国外园区和企业在绿色经济领域的战略性合作；五是加强绿色经济知识普及和人才培训，加强相关产业和技术发展前瞻性研究和规划制定；六是适应全球自由贸易区转型升级潮流，允许有条件的开发区探索建立多功能综合型自由贸易区，成为中国绿色经济和服务型经济的领军者。

国家级经济技术开发区完全有条件引领中国绿色经济新潮流，率先让绿色革命的学习曲线在开发区延伸外溢，继续在改革开放和现代化建设中发挥示范带头作用。

加快创新发展　实现弯道超越

——江宁经济开发区创办南京中创科技投资有限公司的实践与思考

江宁经济开发区管委会　张抗震　许世新

2008年下半年以来，江宁经济开发区加快创新型园区建设步伐，积极筹建科技发展公司，着力探索实施创新驱动、推动转型升级的新机制、新路径。2009年上半年，江宁经济开发区全资子公司——南京中创科技投资有限公司（以下简称科技公司）正式挂牌运作。

一、发展成效

科技公司筹建以来，围绕“发展现代服务业、培育新兴产业、推动科技创新”等重点，经过半年多运作，取得了明显成效。

（一）组织架构日趋完善

成立以总部研发、服务外包与软件、产学研合作、风电及新能源、现代物流等产业招商中心为主导，以专家咨询委员会、博士后工作站管理办公室、科创中心、投融资中心等为支撑的架构体系，依据现代企业管理要求，建立完善了各项规章制度，公司运行有序，发展活力充沛。

（二）产业规划加快编制

立足开发区产业基础，完成物流、风电、无线通信等产业发展规划方案，制定一批新兴产业扶持政策。物流、现代服务业、服务外包等领域政策已由区政府颁布，为项目引进营造了良好环境。

（三）高端创新要素快速汇聚

成功引进清华科技园、中国无线谷、中科院研发中心、东大科技园、中关村服务外包产业基地、北大环保基地、央视动画基地等十大旗舰型科技创新项目，承载国内顶尖的智力品牌和创新要素，成为南京市又一科技创新的重要板块。

（四）高档商贸项目纷纷入驻

加快发展高端商贸业，完善城市配套功能，引进金鹰国际、1912休闲区、特易购、体育宾馆等服务业项目，提升了江宁城市现代化品位和园区的生活便捷度。

（五）产学研合作推进有力

通过高校联席会议、校企合作论坛、创新发展研讨等途径，加快推进科研成果与企业的无缝对接和创新人才与创业实践的有效联动。

二、主要举措

（一）高起点切入，汇聚高端要素

坚持拓展路径、创新方式，加快形成后发优势。一是全面梳理资源。对区内高科技企业、高端人才、高校成果等进行排查摸底，理清园区存量资源，为招商引资、招才引智打好基础。二是借鉴先进经验。先后赴中关村、上海张江、日本横须贺等地考察管理体制、项目孵化、产业培育、平台建设等方面的做法，结合园区实际，合理借鉴吸收，优化自身思路。三是引进高端品牌。发挥现有产业基础、生态环境、科研水平等方面优势，加大与国际国内知名企业总部、学科带头人以及科技产业园区开发品牌的合作力度，尽快汇聚高端项目、人才和经验，促进科技公司高位起跳、高速运行。

（二）高标准建设，精心打造载体

优质载体是吸引人才和项目入驻的基础。开发区高标准打造一批科技创新要素落位平台，促进有潜力的高科技项目、有实力的高层次人才进区孵化和创业。一期6000平方米的东南大学国家大学科技园已投入运营，南京宽带无线移动通信研发中心、新能源高技术研究重点实验室、省级电磁兼容公共技术服务中心等7个项目入驻。江苏软件产业化基地——吉山软件园已建成思围商务公园、创新广场，创意会馆正在加快建设。中关村国际服务外包产业园正在加紧改造装修，近期将投入使用。清华科技园、中国无线谷将于上半年开工建设。此外，风电产业园、央视动画产业基地、博士后科研工作站等正逐步成为园区新兴产业发展的蓬勃力量。

（三）高频度招商，引进优质项目

科技公司是一家具有投资指向的经济体，但目前中心工作仍然是引进现代服务业项目和新兴产业项目。一方面发挥园区招商局多年积淀的人脉资源和项目优势，加大跟踪力度，捕捉项目信息；另一方面加大与行业协会、咨询公司、产业中介等平台的合作力度，广泛进行推介，吸引项目落户。半年来，在成功引进十多家科技创新项目和高档商贸项目的基础上，科技公司正在积极推进在谈的30多个项目，产业领域涉及风电、总部、大型商贸、高档酒店及软件、物流、创意设计、服务外包等现代服务业。

（四）多渠道聚才，形成强大推力

人才是推动工作、快出成效的首要条件。科技公司面对的是产学研、服务外包、现代服务业等新兴产业，迫切需要一支懂专业、善钻研、有经验的工作团队。为此，开发区把加强科技公司人才队伍建设摆在重要位置。一是内选。从各招商局遴选了一批综合素养高、专业知识强、富有创业精神的业务骨干，充实到各招商中心作为招商和服务的中坚力量。二是外引。根据产业研究需要，联合产业协会、高校院所专家，成立顾问团队，为科技创新给予智力支持；通过招聘方式，引进了一批高素质技术型、管理型人才。三是培训。制订全年培训计划，加强内部学习，选派员工赴新加坡、日本等地考察学习，提高员工综合素养和专业技能，在较短时间内形成一支进入角色快、工作思路活、拓展能力强的团队，为科技公司的顺利运营打下了坚实基础。

三、几点体会

成立科技公司是江宁开发区加快新一轮科学发展中的重要抓手，是应对经济危机、着眼长远发展的关键举措，更是江宁开发区抢抓发展机遇、实现创新驱动的有力之举。科技公司筹建以来，准确定位，科学运作，迅速打开了工作局面，取得了发展新成效。

（一）坚持科技引领是园区转型升级的首要前提

经过16年艰苦创业，江宁开发区高新技术产业蓬勃发展，汽车、电子信息、电力控制、风电、物流、航空、总部经济等主导特色产业加速发展，产业竞争力明显增强。经济发展规律表明，未来推动经济增长的将是科技创新和技术创新；新一轮产业布局态势也显示，全球产业转移的重点已转变为现代服务业。面对新的发展要求，开发区必须创新发展思路，创新体制机制，突出科技创新对结构调整的牵引力、对产业升级的驱动力，才能始终保持发展活力。成立科技公司，主攻创新型项目和现代服务业项目，符合新一轮产业发展需求，也顺应了园区产业转型升级需要，更是园区当前“保增长、促转型”的重要举措。

（二）政企联手推动是提升创新能力的强大引擎

新一轮科学发展的关键是创新发展，创新发展的速效取决于能否最大限度地发挥政府、企业、市场等方面的积极作用。科技公司的运行机制正是针对这一特点而制定的，依托开发区管委会，科技公司致力于发挥有形之手的推动作用，实现由“服务创新”向“引导创新”的转变，在规划、政策、资金等方面给予企业更多扶持和帮助，以更好激发企业创新活力。一方面，在政策扶持、要素保障上发挥引导功能，通过推进产学研合作，促成科研成果与企业联姻，加快技术改造和产品升级，实现科技推动发展；另一方面，打造清华科技园、东大科技园等高端创新载体，引进符合未来产业发展方向的创新要素，吸引海内外领军人才进区创业，加快智力裂变，形成产业升级的强大驱动力。

（三）整合创新资源是加快创新发展的重要基础

江宁开发区较早认识到产业结构调整和转型升级的必要性，先后打造科技创业中心、博士后工作站等一批创新载体，引进风创投基金，建立驻区高校与政府、企业共同发展联席会议制度，但管理和运作相对零散，平台作用和机制优势没有得到充分发挥。同时，经过多年发展，园区已集聚一批科技创新能力强、综合实力雄厚的企业，但这些企业相对较为独立，相互之间交流合作少，创新资源共享机制弱。科技公司这一创新引领主体，承担着区内科技创新项目、企业及人才等的扎口管理和运作协调，进一步完善了园区创新体系，实现了区域创新要素由“散”到“聚”的重大转变。同时，科技公司的投资功能，还能够整合区内大企业的存量资金，形成强大的资本运作能力，既能满足成长性企业的融资需求，又能使投资企业获得更大收益。园区创新要素的有效推动，在更大范围、更深层次实现了优势互补、资源共享，有力地支撑着园区创新发展。

坚持开放创新　推进整合提升
在新起点上实现浙江省开发区新跨越

浙江省副省长　龚　正

近年来，省委召开的一系列重要会议为开发区今后发展指明了方向。2007 年底，省委十二届二次全会确立了“创业富民、创新强省”总战略，并首次提出“整合提升各级各类开发区（园区）”；2008 年 9 月，省委十二届四次全会作出“加快转变经济发展方式推进经济转型升级”决定，再次重申“积极整合提升各类开发区（园区），加快建设现代产业集群”；2009 年 5 月，省委十二届五次全会作出“深化改革开放推动科学发展”决定，进一步强调“着力优化开发区空间布局，整合开发区要素资源，推动优质要素和重要资源向开发区集中，优质项目和高端产业向开发区集聚”。

当前，浙江省开发区工作总体要求是：坚持开放创新，推进整合提升，在新起点上实现全省开发区发展新跨越。其中有 4 个关键词，即：开放、创新、整合、提升，简称“8 字方针”。开放是立区之本，创新是强区之路，整合是建区之策，提升是兴区之魂。当前和今后一个时期，浙江省开发区要始终高扬开放创新旗帜，扎实推进整合提升工作，实现开发区又好又快、更强更优发展。

一、坚持扩大开放，提高开发区国际化水平

1. 从全国开放形势看。近年来，东部沿海省市以大视野、大气魄、大思路、大手笔，

积极打造开放大平台，精心构筑开放新格局。最近，辽宁、江苏两省编制的沿海经济带发展规划分别获得国务院批准，从地方区域构想上升为国家发展战略；天津滨海新区和河北曹妃甸早已成为国际资本投资热土和国家战略产业基地；山东省三年前就提出“半岛强则山东强”发展战略，已编制完成并开始实施胶东半岛城市群一体化发展规划。尤其值得关注的是，在浙江南端，福建历时五年精心策划的“海峡西岸经济区”终获国家批准，并赋予对台经贸先行先试特权；在浙江北面，上海将南汇区并入浦东新区的方案也得到国务院批准，从而使浦东的金融、政策优势与南汇的土地、港口优势整合叠加，为建设国际金融中心和国际航运中心奠定了坚实基础。新一轮对外开放自北向南，自东向西，已完成空间战略布局，浙江在全国新的开放形势下将面临前所未有的竞争压力。

2. 从省内开放格局看。杭州市筹划在钱塘江东岸依托2个国家级开发区、2个省级工业园区和1个空港经济区，建设450平方公里的大江东工业区，打造浙江版的“新浦东”；宁波市规划在跨海大桥南翼以慈溪开发区（出口加工区）和慈东工业园区为核心，构筑数百平方公里的杭州湾新区：嘉兴市积极推进以“五区一园”为载体、区域面积达227平方公里的嘉兴滨海新区：台州市正在加速构建以大平台、大港口、大交通、大产业为支撑的沿海200多平方公里产业带；义乌市依托国际商贸城，正在积极酝酿设立内陆型综合保税区；地处山区的丽水市也抓住纳入“海西区”机遇，借船出海、借梯登高，谋划设立对台经贸合作区，加大东引台资的力度。所有这些设想、规划和举措，与中国新一轮开放大趋势相呼应，与浙江省构筑开放新格局相适应。开发区无疑是全省开放平台建设最重要载体，理应在提升浙江经济国际化水平方面作出更突出贡献。

3. 从全省各地情况看。凡是重视开发区工作、开发区建设发展较好的地方，开放型经济都呈现出发展水平高、质量好、贡献大的特点。但是，由于全省各地经济实力、区位条件、产业基础各不相同，开发区发展水平也不尽相同。因此，下一步分类指导的要求也不同：环杭州湾和沿海地区的开发区，要扩大开放视野、创新开放举措、优化开放格局、提高开放水平，把开发区打造成为承接国际高端制造业和现代服务业的新经济引擎；内陆、海岛和山区的开发区，要确立开放理念、创新开放思维、加大开放力度、加快开放步伐，把开发区建设成为外向带动与内源支撑相结合的新增长点。同时，要深入推进“山海协作工程”，鼓励发达地区开发区与欠发达地区开发区结对合作、联动发展。

二、推动创新发展，增强开发区核心竞争力

创新是开发区保持生机和活力的源泉，只有不断创新才能为开发区发展注入源源不断的动力。开发区创新，包括体制机制、政策措施、管理制度、发展模式、载体功能、产业组织、工作举措等多方面创新，最重要的有三点内容：

第一，理念创新是前提。开发区新一轮发展要进一步解放思想、转变观念，牢固树立率先发展、创新发展、协调发展、和谐发展、可持续发展理念，从注重速度规模向注重质量效益转变，从注重外延扩张向注重内涵提升转变，从注重投资驱动向注重创新推动转变，从粗放开发土地向集约利用土地转变，以科学发展理念引领开发区转型提升。

第二，体制创新是根本。开发区成立至今20多年，虽然原有的政策优势、成本优势、资源优势逐渐消失，但开发区“精简、高效、务实”的体制优势还基本保存。新形势下，开发区管理体制可以大胆探索创新。具有新城区特点的开发区，要实施大部制管理体制，继续保持管理机构精简高效的特点和优势；正在开发建设的开发区要完善管委会管理体制，把主要精力放在规划建设和招商选资上。开发区

管理体制创新，可以思想再解放些、思路再宽些、胆子再大些、步子再快些，积极探索形成有利于促进开发区科学发展的体制和机制，不断增强开发区的生机与活力。

第三，科技创新是核心。开发区要把科技创新作为推动科学发展的中心环节，积极实施科技兴区、人才强区战略，全面谋划科技体系创新建设，更好发挥全省开发区的开放优势和产业优势，开放式配置科技资源，聚集国内外各类创新要素，增强开发区的核心竞争力和辐射带动力。

三、整合要素资源，拓展开发区发展新空间

根据江苏、广东的创新理念和发展模式，开发区整合要素资源实际上是地方政府通过体制创新、委托管理，在不改变“四至”范围前提下授权开发区对要素重新组合，对资源优化配置，先行解决开发区大的发展空间问题，以便对委托管理区域进行大范围、前瞻性、高水平、多功能的总体规划，全面提升开发区发展水平和辐射能量，成为构筑开放新格局的支撑点和促进区域经济发展的增长极。从全省首批 12 个试点单位情况看，开发区整合资源、拓展空间具有重要意义：

一是有利于提高资源使用效率。一方面，浙江“七山二水一分田”，土地资源禀赋并不充足；另一方面，全省尚有 270 余万亩可围垦滩涂和 1 万多平方公里低丘缓坡地，在开发区周边还有一些小型园区和废弃盐田。开发区可通过科学开发、合理使用，促进要素重新组合、资源优化配置，避免恶性竞争，减少资源浪费，从根本上提高资源转化率和经济贡献度。

二是有利于优化提升产业结构。全省正处于加速工业化进程阶段，工业结构由“轻、小”型向“重、大”型转变，产业体系由企业集中向产业集群过渡。一些重大工业项目和特色产业集群需要较大的空间承载。2008 年，全省开发区平均单项合同外资额已达 1400 多万美元。开发区整合资源、拓展空间，能为全省承载优质大项目、促进产业结构优化升级创造基础条件。参加试点的嘉兴、台州开发区和自行整合的余杭、临海开发区，由过去的“项目等土地”转变为现在的“土地等项目”。

三是有利于拓展发展空间。开发区在授权托管范围内进行资源整合、规划建设、功能布局和产业配置，有利于加快形成以开发区为核心、以城镇为依托、以产业为支撑、以区域协调发展为目标的新经济平台。同时，也便于开发区在授权托管范围内先行做好前瞻性、高水平的总体规划，逐步调整完善相关规划，为今后可持续发展创造前提条件。

四是有利于辐射带动区域经济。根据开发区未来走势和国内先进开发区实践，开发区不仅有集聚吸纳要素资源的功能，而且有辐射、带动周边区域经济发展的功能。开发区通过资源整合，走出“围墙经济”，放大溢出效应，实现经济园区与周边地区的良性互动，有利于加速本地区经济增长极的形成，推动区域经济协调发展。

五是有利于推动体制机制创新。开发区整合行政资源，特别是与相邻行政区、街道、乡镇的整合，必然会涉及到现行领导体制和管理机制；整合资源的过程，实际上就是体制创新的过程，将在客观上对体制创新起到积极的推动和促进作用。

科技创新引领开发区战略性新兴产业快速发展

连云港经济技术开发区党政办、政研室

连云港经济技术开发区把握全球产业调整的重要机遇，以科技创新为引领，积极培育和发展战略性新兴产业，力争抢占新一轮发展制高点。

从2005年起，开发区提出“以城市总规为引领、以产业布局为指导、以投入强度作控制、以环境标准作限制”的开发理念，积极抢抓江苏沿海开发和长三角地区发展的重大机遇，充分发挥后发优势，大力发展新医药、新能源、新材料、现代服务业等新兴产业，力求在特色产业培育、经济转型升级、自主创新发展上，走出一条可持续发展之路。新医药、新材料、新能源等“三新”产业已成为全区乃至全市的支柱产业，“三新”产业产值以年均30%的速度递增，占全区工业总产值的一半以上。

在新医药领域，形成新型抗肿瘤药、新型肝病药物、麻醉镇痛药物、新型中成药、新型药用包装材料、医用消毒灭菌设备六大特色医药集群。2009年，新医药产业利税收入占全区利税总额的41%。在新材料领域，集聚了40多家在国内同行业中处于技术和规模领先地位的骨干企业，形成以碳纤维、高强高模聚乙烯纤维、差别化氨纶纤维为主的复合材料基地以及硅电子信息材料、太阳能光伏材料等特色产业集聚区。在新能源领域，区内有江苏省十大创新型园区之一的清洁能源创新产业园、工信部在全国唯一设立的国家新能源产业和中小企业科技创新与成果转化示范园等项目载体，培育了中复连众、国电联合动力等30多家研发生产风电设备、光伏产品的骨干企业，已形成集风电整机、关键零部件、控制系统配套发展的风电装备产业链。

一、坚持科技驱动主战略，大力提升新兴产业核心竞争力

开发区始终把科技创新作为优化产业结构、提升产业层次的根本动力，努力抢占发展制高点。2009年，全区研发投入占GDP的比重达到3.38%，高新技术企业21家，产值占全区工业总产值的比重近40%。

一是培育一批自主创新能力全国领先的龙头企业。注重培育企业创新主体，在逐年加大财政对科技创新扶持力度的同时，激励和引导企业不断加大科技研发投入。每年新增财政支出中科技支出的比例达到3%以上，区内一些龙头企业的研发投入占销售收入的比重达到7%以上。区内的恒瑞医药公司是国内最大的抗肿瘤药物研究和生产基地、国家创新型试点企业和知识产权试点单位，居首届全国大中型工业企业“自主创新能力行业十强”，分别在连云港、上海、美国、瑞典设立了四个研发中心；恒瑞豪森集团在科技部进行的创新药物企业孵化基地、学研产联盟评比中获得全国第一名；中建材中复连众公司兆瓦级风力叶片的研发、设计、制造能力位居亚洲第一；中复神鹰公司打破国外技术封锁，成为国内首家自主研发、自制设备、批量生产的万吨规模碳纤维生产企业。

二是集聚一批高端科研机构。开发区坚持把引进和建立研发中心、研发机构作为发展新

兴产业的重要抓手，已经成为苏北地区科研机构层次最高、数量最多的密集区之一。全区已有30个国家级或省级企业技术中心、工程技术研究中心、重点实验室、院士和博士后科研工作站、“863计划”成果产业化基地。“十一五”期间，区内企业共承担国家和省级“863”计划项目、科技支撑计划项目、火炬计划项目、重大新药创制项目、重大科技成果转化资金项目、科技攻关项目等共398个。

三是突破一批产业关键技术。对企业实施攻坚的重点产业领域核心关键技术，在研发资金、项目报批等方面给予重点倾斜，并取得一系列突破。新医药方面，先后获得新药证书299个，有33个医药产品为国内独家生产、17个医药产品市场占有率居全国第一，开发区已成为获得国家新药和一类新药补助最多的区域。新能源方面，掌握太阳能光伏电池原料及组件的生产制造技术；自主研发国内最长的3兆瓦55米风电叶片已投产，世界最长的5兆瓦62米叶片年内可投入生产；3兆瓦海陆两用风电机组也即将下线。新材料方面，自主开发的ST－750碳纤维已接近T800级碳纤维的技术指标水平；运用气固法工艺技术生产氯磺化聚乙烯橡胶超越美国杜邦，率先攻克了世界难题。

四是引进一批高层次科技人才。坚持发展新兴产业招才引智先行，大力实施高层次人才集聚工程和创新型人才培养计划。区内从事科技活动的人员共5800多名，其中国家“千人计划”人才2名、省“双创”人才10名、海外留学归国人员19名、硕士学历以上人才500多名。

五是建立一批产、学、研紧密结合体。注重以产业发展吸纳和汇聚科研资源，支持区内有条件的企业新建、扩建研究中心；同时，先行建设各类科研平台，坚持产、学、研相结合，建设中科院能源动力研究中心、省级高性能纤维产品检测中心、风力叶片检测中心等公共研发平台，推动科研成果产业化。通过产学研合作，已完成国内或国际技术领先的新产品新技术开发200多项，其中技术水平国际领先的8项。

二、继续重抓科技支撑，全力打造具有独特优势的江苏沿海临港新兴产业园

下一步，开发区将继续紧紧抓住实施江苏沿海规划和长三角发展规划的历史机遇，加大力度实施科技驱动战略，全力打造江苏沿海的人才、科技和产业高地。

在发展目标上，加快建设临港新兴产业园。着力建设以IGCC和风电设备研发制造为代表的新能源产业基地，以创新药物为代表的新药研发及产业化示范基地，以碳纤维和硅材料深加工为代表的新材料产业基地，以及苏北地区最具竞争力的国际服务外包示范区。到2012年，“三新”产业成为千亿元产业板块，产值占工业总产值比重超过80%，形成年销售收入过10亿元企业24家，其中过50亿元企业8家、过100亿元企业3家；现代服务业营业收入年均增长50%。

在发展重点上，围绕《连云港经济技术开发区新兴产业发展三年行动计划》，突出“发挥优势、营造特色、重在集聚”方针，拉长新兴产业发展的产业链和价值链，放大规模效应和特色优势。新能源领域，重点集聚清洁能源产业、风电装备产业、光伏产业，加快培育生物质能和核电装备制造产业，主要是推动中科院能源动力研究中心尽快形成研发能力，促进总投资1亿美元的台湾非晶硅薄膜太阳能电池、总投资80亿元的台湾晶源体芯片、总投资30亿元的中建材光伏材料产业基地以及日本碳纳米管研发制造等重大项目进区落地。新医药领域，重点发展新型化学合成药、现代中药、新型医疗器械和药用包装材料，加快发展生物制药、海洋医药和新型化学药品制剂，主要是在壮大本土龙头医药企业的同时，加快引进和建设具有研发和生产国家一类新药能力的美国长慧医药、暨明医药、诺泰制药等企业。新材料领域，重点发展高性能纤维及复合材料、电子信息材料、新能源材料和功能性高分子材料，主要是推动T700、T800碳纤维实现产业化。

在科技创新上，全面实施“科技攀登”计划，着力培育具有自主知识产权、自主品牌的创新型企业，新建一批企业重大研发机构，提高科技资源开放配置、共建共享、公共服务的能力，继续推进创新药物、IGCC、风电装备、碳纤维、光伏等方面的关键技术攻坚。至2012年，确保国家级高新技术企业增加到20家，高新技术产业产值占全区工业总产值比重提高到45%。完成新产品新技术开发700项，新获专利300个，其中发明专利80个，10个创新药在国内上市，新开发国家一类新药8个。研发投入占地区生产总值比重提高到4%。

在支撑创新的载体平台打造上，重点建设“三大产业园”和“五大平台”。“三大产业园”，即以中科院能源动力研究中心为核心的新能源产业园，以高性能纤维产品检测中心为核心的新材料产业园，以本土骨干医药企业研发中心为核心的新医药产业园，形成新兴产业的集群发展格局。“五大平台”，即人才引进平台、政策扶持平台、资本运作平台、体制机制平台和生活服务平台。其中，重点是强化“人才强区”战略，瞄准中组部“千人计划”人才、省“双创”人才、两院院士、紧缺专业技术人才等，突出引进高层次科技人才、高水平创新创业团队、高素质管理人才、高技能实用人才等“四高”人才，以高端人才引领自主创新，促进新兴产业更好更快发展。

结构调整竖起“低碳经济”风向标

沈阳经济技术开发区管委办副主任　卞松林

不要污染的GDP

沈阳经济技术开发区（以下简称沈阳开发区）装备制造业聚集区内，星罗密布的现代化厂房中看不到一根烟囱，也没有一台烧煤锅炉。企业内，节能环保的电瓶车取代了原有的汽车，污水处理厂等基础配套设施齐全，区域内工业体系与生态环境和谐发展。GDP（国内生产总值）已成为沈阳开发区的一张绿色成绩单，大力发展低碳经济已成为牵引开发区新一轮快速发展的强大引擎。

区内贝卡尔特——沈阳钢帘线有限公司在清洁生产中，设立废皂粉收集箱，将废皂粉统一收集、集中存储，减少二次污染；在成品车间的生产中，通过采取先进设备和技术、加强生产机台的工艺稳定、规范操作等办法减少废丝的产生，综合成材97%左右，减少废物排放2000吨/年，增加成品约60吨/年，约节省1200万元；采取煤气调整装置，减少天然气耗量10%，节约60万元。公司通过清洁生产审核，在减少废品产生、废物排放的同时提高了成材率，增加了经济效益，实现了企业经营与环境保护双赢。

不能触碰的“绿色高压线”

开发区设置“绿色高压线”，对不符合国家绿色产业政策的新建项目坚持否决，对小化工等落后生产能力和设施坚决取缔，对布局不合理的污染企业坚决搬迁改造。确立了“结构调整是主线、节能降耗是关键、环境保护是‘命门’”的工作理念，坚持“八优先、一否决”的工作原则，即：在确立发展战略时，优先考虑生态发展；在制定发展规划时，优先编制环保规划；在决策时，优先考虑环境因素；在调整结构时，优先发展生态产业；在新上项目时，优先进行环保评估；在建设公共设施时，优先建设生态环保设施；在公共财政支出上，优先增加环保开支；在推动工作时，优先落实生态环保措施；在考核时，实行生态环保“一票否决”。严格执行环保“第一审批权”和“一票否决权”，严控“两高一资”项目上马。

“绿色高压线”政策的严格实施，不仅有效改善了生态环境，而且为培育新型绿色产业体系腾出了更多资源和空间。

引入循环经济理念

以发展循环经济、建设生态工业园区为经济发展的主体，坚持生态建区理念；以尊重生态、尊重环境为前提，构建生态产业体系；以环境污染防治、节能减排、能源审计、清洁生产、产业结构调整、发展循环经济、环境安全为主要内容，重点构建和完善四大生态产业链。

——装备制造业生态产业链的构建与完善。装备制造业固体废物的特点是数量大，种类多、开发区按照“3R”原则（减量化、再利用和资源化），进行开发区装备制造业循环经济模式设计。同时，力争实现“政府主导、市场运行、企业参与”的环保物业化网络体系，不断扩展深化企业间的共生合作，实现资源的闭合流动和废物零排放。

——现代建筑业生态产业链的构建与完善。开发区加强建筑企业的源头材料减量化和内部材料再循环，减少固体废物的产生量，提高固体废物的综合利用率。通过高新技术的创新，提升建筑装备和建筑制品的绿色度水平，促进建筑产品在整个生命周期的废物最小化。在现代建筑产业园内形成资源利用率高、废物产生量小、各类废物在区域内外得到有效利用和合理处置的稳定废物代谢群落。

——医药与化工业生态产业链的构建与完善。医药和化工企业生产过程中排放大量的生产废水和生活污水，这种综合废水污染物质成分复杂，有毒有害物质多，处理难度较大。开发区注重先进适宜污水处理技术的研发，首先保证污水处理的达标，在达标基础上，开展再生水的回收利用，尽可能减少污水的排放量和新鲜水的消耗量。注重危险废物的专业安全处理处置，开展企业间的共生合作，实现废弃物排放量的最小化。

——食品饮料及包装业生态产业链的构建与完善。开发区构建废水代谢链，在企业内部积极开展再生水回用，如对冲瓶口水回收再利用，低质再生水用作企业内和周边企业的绿化、洗车用水。强化生态链接，形成稳定的供应关系和产业集群，不断提高现有企业的规模和实力。增加企业的研发投入，加强废物代谢链条建设，逐步建设成为环境绩效好、创新能力强、产品结构丰富的现代化食品饮料生产基地。

坚持“四巩固四突出”方针
推进园区发展全面转型

昆山市委常委、昆山经济技术开发区党工委副书记、管委会副主任　顾剑玉

新形势下，昆山经济技术开发区将围绕全面转型升级这一中心，创新理念，抢抓机遇，坚持“四巩固四突出”方针，在继续巩固制造业优势的基础上，突出服务业发展；在继续

巩固外资优势的基础上，突出内资发展；在继续巩固外贸优势的基础上，突出拓展内需市场；在继续巩固IT产业优势的基础上，突出培育新兴产业。实现园区形态转型、载体功能转型、新兴产业和优势产业从产群向产链转型升级的重大突破。

一、从项目支撑向产业链支撑要生产力，稳步推进产业集聚，着力打造具有国家战略地位的光电产业基地

研究并追踪新兴产业和开发区优势产业领域的“旗舰型”项目，推进“旗舰型”项目带动产业集群，编织完整的垂直产业链，实现新兴产业的先发优势。结合开发区实际，面向三个方向谋事蓄势：一是链式发展光电产业；二是突破发展新能源汽车产业；三是延伸发展新材料产业。重点是着力把昆山光电产业园建设成为具有国家战略地位的光电产业基地和“海峡两岸平板显示产业合作区”。

经过五年努力，昆山光电产业园已落户企业22家，总投资约71.5亿美元，形成先发优势和集约优势，被科技部确定为“平板显示国家高新技术产业化基地”，被工信部确定为“国家新型工业化产业示范基地”，成为国家光电产业发展战略规划的重要支点之一。今后，园区将充分发挥电子信息产业规模大、产业链完整的优势，吸引台湾、日本等地相关企业扩大资金投入和技术输入力度，吸引国内品牌计算机、液晶电视、手机厂商集聚，形成“境外资金、多元技术、国内市场、国内品牌、国内生产能力”五大要素集聚和垂直整合的产业链效应。

1. 加快布局带动强的核心项目。超前谋划，高起点规划、高标准建设、高水平管理产业园；在核心项目引进、审批上先人一步，在核心项目培育、产业布局上快人一拍，抢抓先发优势；加快推进龙飞高世代线、旭硝子玻璃基板等项目建设，力争两大项目于2011年底投产；推进龙腾光电5代TFT－LCD面板项目、康佳电视模组和整机项目扩张发展。

2. 编织国内最完善的产业链。形成“玻璃基板——液晶面板——液晶模组——液晶电视整机、笔记本电脑整机和桌上型显示器”的完整产业链。在上游，已建成旭硝子、奈普光电、西钛微电子等一批重要原材料项目；在核心项目领域，龙飞光电和龙腾光电两条面板生产线并驾齐驱；在下游，康佳电视、天乐数码、毅昌科技等一批国内品牌整机厂商进驻；仁宝、纬创两大笔记本电脑生产龙头企业加快扩张液晶电视制造。同时，还规划建设了20平方公里的产业园拓展区，致力于培育光电产业的装备制造和相关材料产业。

3. 打造自主研发和自主品牌产品群。实施“主导产品品牌化、品牌产品高端化、高端技术本土化”三大战略，在电视机、电脑、手机领域培育五大品牌和10家上市公司。园区集聚了省级以上科技领军人才20余名。民族品牌企业康佳电子昆山基地已经形成从LED导光板、SMT灯条、模组到整机一体化的自主研发和制造能力；龙腾光电、仁宝等企业设立了研发中心，自主知识产权的创新不断取得突破；西钛微电子的镜片封装技术全球领先；毅昌科技建设了服务于家电行业的工业设计中心。未来五年，光电产业园将形成总投入150亿美元、总产出达3000亿元的光电产业集群。

二、从工业支撑向城市支撑要生产力，稳步推进园区形态转型，着力打造融入大上海都市圈的城市综合园区

通过“十一五”期间的空间布局优化调整，园区发展将谋求从工业支撑向城市支撑要生产力，推进单一的工业园区向城市综合型园区全面转型。重点是着力打造融入大上海都市圈的现代化新型城区。

1. 现代化的城市综合型园区的建设和发展，将立足于在和谐民生上提升城市内涵，在生态工业上提升城市形象，在低碳园区上提升城市功能。一是坚持以人为本，不断完善“富民、便民、健民、育民、乐民、安民”的公共基础设施和社会保障体系，实现政策保障一体化、资源配置一体化、基础设施一体化、就业社保一体化、公共服务一体化，在实施外来建设者“融入工程”、完成全区动迁农民“市民化”、完善群众增收促进机制、促进社会公共服务均等化方面先行先试取得突破，建成政商和谐、劳资和谐、诚信友爱、安定有序、中外文化兼容的现代化开放型和谐园区。二是深化国家级生态工业示范园区建设，坚持走生态友好的可持续发展道路，推进资源节约型和环境友好型“两型园区”建设取得突破进展，加强生态修复和环境保护，倡导生态文明，促进人与自然、经济与社会和谐发展。三是深入开展低碳园区建设，以中央商务区、中华商贸区、东部新城、企业科技园等为主要平台，打造集总部经济、高档商贸、生态休闲、旅游体验为一体的低碳生活区，以综合保税区、光电产业园为主要试点载体，构建环境友好型和资源节约型产业链和低碳产业园区、产业基地，大力发展低碳建筑、低碳社区、低碳生活、低碳交通等。

2. 推进城市空间布局的整体优化。按照住宅向社区集中、农户向城镇集中、工业向园区集中的“三集中”原则，完成对农户的全部动迁安置，到2012年实现区域“零村落”。编制城市综合型园区整体规划，建设和发展东部新城区、中央商务区、中华商贸区和现代商圈的“三区一商圈”城市平台；建设和发展“一区三园”产业载体，即综合保税区、留学人员创业园、企业科技园、光电产业园；建设和发展“六基地”产业集聚区，即新兴产业（含新材料产业、光电产业装备制造产业）基地、新能源汽车（及汽车零部件）产业基地、医疗器械产业基地、现代服务业集聚基地、创意设计产业基地、节能环保（低碳）产业基地。

3. 立足“三铁”交汇，建设中华商务区，在交通融入上与上海都市圈实现新对接。规划面积2平方公里，以京沪高铁、沪宁城铁昆山南站、京沪铁路昆山站及昆山客运中心交汇为平台，发展适应“钟摆式”人群需要的现代商务和站前经济，建成面向上海、服务长三角的现代化商务区。其中，东部新城区的核心区规划面积10平方公里，建设服务于上海都市商务需求的行政文化园、商贸服务园、创意文化园、企业科技园、商业娱乐园、运动主题园、培训度假园、生态休闲园等八大园区，通过“南接北拓”有效融合及辐射，完善周边地区的城市功能。

把握战略定位　突出发展主线
建设成为经济社会发展模范区

烟台市委常委、烟台经济技术开发区党工委书记、管委会主任　王曰义

20多年来，烟台经济技术开发区着力培育机械制造、电子信息两大龙头产业，形成汽车、手机、电脑、船舶和装备制造五大产品集群。今后一个时期，开发区将坚持以科学发展理念为指导，以城市化为总方向，把握“建设产业先进、结构科学、生态良好、城乡统筹、后劲强势的创新型现代化新城区”的战略定位，推动经济发展的“转”和“调”，努力建设成为地方经济社会发展的模范区。

一、做大做强先进制造业，以新优势推动转方式、调结构

制造业是烟台开发区的立区之本，也是推动转方式、调结构的基础和支撑。要充分发挥现有产业优势，按照高端、高质、高效原则，一手抓改造提升，用高新技术和信息化促进产业升级；一手抓扩张壮大，认真研究产业间关联度和要素投入效能比，促进产业链向高端延展、向左右拉伸，加速培育千亿产业、百亿龙头、十亿骨干“三大方阵”。围绕企业扩规模、上水平，全力加快重点项目建设。

1. 汽车集群。快速推进投资21亿元的整车扩产项目，再引进30～50家零部件配套企业，形成更强劲的产业板块。

2. 手机和电脑集群。富士康预计2010年内产出1000亿元，要抢抓机遇促其增资，液晶电视、LED照明项目2011年达到设计产能；以伊诺特新工厂建设为抓手，推动通信、计算机两大省级产业园区的扩容升级，在研发、销售和总部经济环节实现新突破。

3. 船舶和装备制造集群。创造条件启动整船项目，再吸引20家以上配套企业，实现造船工业质的提升；更加重视其他整机终端产品的链条拉伸，提高产业聚集度。

二、集中推进现代服务业，以新格局推动转方式、调结构

服务业是现代经济发展的重要增长点。发展现代服务业，有利于完善产业配套、拉长产业链条，进一步提升工业核心竞争力。

一是优先发展以现代物流为主的生产性服务业，抓住潮水机场、保税港区、西港区建设的有利时机，力争2～3年内引进5家以上行业龙头型物流企业，形成与大工业紧密配套的现代物流体系，带动生产性服务业扩规模、提档次。

二是重点突破以软件信息为主的外包服务业，抓好清华科技园、软件园等重大载体建设，争取3～5年内新引进300家以上科技企业和研发中心，高端科研人才过万人。

三是加速提升以商贸旅游为主的消费性服务业，依托滨海高端服务区，加快发展以特色旅游、高档餐饮、大型商贸为重点的消费服务业，推进八大服务业项目建设，形成二三产业联动发展、互促共进的格局。

三、抓紧培育壮大新兴产业，以新产业推动转方式、调结构

战略性新兴产业是经济转型的引擎，也是构筑新型产业体系的先导，抓好重点项目、核心企业的引进建设，抢占未来科技和产业制高点。

1. 生物医药产业。把建好国家工程实验室——烟台生物医药园作为重大契机和平台，发挥麦得津“恩度”、荣昌“泰爱”等产品的示范效应，加快生物医药成果研发及产业化进程，快速引进一批高成长性企业入园，形成具有核心竞争力的产业群。

2. 新材料产业。全力推进万华工业园工程，确保MDI一体化及苯、甲苯项目尽快开工。进一步培育好正海磁性、芳纶等项目，建成新材料产业基地。

3. 光电子产业。以红外成像芯片及整机项目为核心，打造半导体光电产业园，迅速形成规模和技术优势。

四、持续优化资本有机构成，以新资本推动转方式、调结构

投资结构决定产业结构，转方式、调结构必须十分注重有效投入。一方面，毫不动摇地抓好招商引资。在抓好企业增资的同时，进一步加大对三个“500强”的引进力度，加大对大型国有资本和上市公司的引进力度，始终在引进高端项目上保持领先。通过完善责任机制、建立奖励制度，形成强有力的工作导向，再掀产业招商、以商招商热潮。继续做好“走出去”工作，加快推进中俄工贸合作区建设。另一方面，坚定不移地抓好资本运营。在培育好已上市企业的同时，做好政策扶持和服务跟进，力争3~5年内形成一批实力派上市企业群，以新资本优化结构、增强内生动力。

五、扎实走好低碳发展之路，以新路径推动转方式、调结构

低碳模式实质是能源高效利用，核心是自主创新。要通过自主创新实现以增促降。打造好清华科技园、留学人员创业园等创新载体，以每年不少于50亿元的技改投入，保证技术研发及产业化进度，再突破一批核心技术和重大成果，培育一批自主知识产权重点企业，不断提高科技对经济增长的贡献率。通过节能减排实现以降促增。采取政策引导、市场运作等手段，狠抓重点企业、重点领域节能降耗，逐步淘汰低端产业，改造传统企业。以全国循环经济试点园区、资源再生加工示范区、生态工业示范区为平台，构筑生态工业链网，在建设低碳产业基地上率先突破。

六、坚持实施城市化战略，以新融合推动转方式、调结构

没有高水平的城市化，就不可能有高层次、高质量的产业结构、经济结构和发展方式。烟台开发区已进入由工业化向城市化过渡的关键转型期，要围绕加快这一进程抓好“三个融合”：

一是建成区与待开发区域融合。以提质扩容为目标，启动新一轮战略规划，以高标准、前瞻性规划引领建设，放大城市要素的价值与效益。启动建成区“城市更新工程”与待开发区域“三大组团”建设，综合改造城区门户、海岸线及三个城市次中心，彰显特色、品味和文化。

二是产业与城市融合。着眼解决工业简单化模式与城市建设间的矛盾，探索“产业社区”新模式，围绕富士康、万华、造船、西港区等项目，统筹配置基础设施和公共资源，建成一批布局合理、功能齐备的“产业社区”。

三是城市与农村融合。继续坚持项目布局、拆迁安置、社区建设一体化推进。到2015年，绕城高速内实现居住楼房化、管理社区化、保障市民化，解决城乡二元结构问题，把全区社会经济发展推向更高水平。

综 合 篇

2009年国家级经济技术开发区、边境经济合作区主要经济指标情况

2009年，全国54个国家级经济技术开发区（以下简称国家级开发区）、14个边境经济合作区（以下简称边境合作区）总体经济发展情况保持稳定增长的发展势头，主要呈现以下特点：

一、主要经济指标保持两位数增长

2009年，全国54个国家级开发区实现地区生产总值17730亿元，工业增加值12482亿元（工业增加值占地区生产总值的比重为70.4%），工业总产值（现价）51271亿元，税收收入3145亿元，实际使用外资金额204亿美元。分别比2008年同期增长15.78%、13.77%、11.61%、26.76%和4.32%。地区生产总值、税收收入增幅分别高于全国同期7.08个百分点和17.7个百分点。出口总额1874亿美元，进口总额1644亿美元，分别比2008年同期下降8.65%和8.9%，降幅分别小于全国同期（-16%、-11.2%）7.35个百分点和2.3个百分点。

东部32家国家级开发区实现地区生产总值13523亿元，工业增加值9426亿元，工业总产值（现价）40612亿元，税收收入2526亿元，实际使用外资金额164亿美元，分别比2008年同期增长14.26%、11.62%、9.59%、26.26%和3.7%；出口总额1945亿美元，进口总额1716亿美元，分别比2008年同期下降8.66%和9.48%。

中部9家国家级开发区实现地区生产总值2434亿元，工业增加值1892亿元，工业总产值（现价）6841亿元，税收收入369亿元，实际使用外资金额24亿美元，分别比2008年同期增长16.46%、16.75%、17.94%、34.38%和7.04%；出口总额61亿美元，进口总额68亿美元，分别比2008年同期下降20.6%和7.67%。

西部13家国家级开发区实现地区生产总值1772亿元，工业增加值1164亿元，工业总产值（现价）3818亿元，税收收入250亿元，出口总额49亿美元，进口总额29亿美元，实际使用外资金额16亿美元，分别比2008年同期增长27.74%、28.46%、24.09%、21.44%、8.53%、33.43%和6.82%，除出口和实际使用外资两项指标，其他主要经济指标增幅均在20%以上。

14个边境合作区实现地区生产总值308亿元，工业增加值105亿元，工业总产值319亿元，税收收入38亿元，进口42亿美元，实际利用外资3.3亿美元，较2008年分别增长50.1%、27.01%、24.24%、8.14%、7.17%和96.77%；出口总额40亿美元，比2008年同期下降31.82%。

二、保增长效果显著

2009年，国家级开发区采取各项措施，积极应对金融危机，从第一季度开始，工业增加值、工业总产值、税收收入等指标同比出现小幅增长，到第三季度，实际利用外资金额同比为正增长，进出口总额同比降幅逐月下降。2009年全年，地区生产总值、工业增加值、工业总产值和税收收入均保持两位数增长，经济下滑趋势得到遏制，成为保

增长、扩内需、调结构、促就业的重要支撑点。

从地区来看，中、西部地区国家级开发区和边境合作区经济回暖程度较东部地区国家级开发区明显，地区生产总值、工业增加值、工业总产值、实际利用外资金额等指标均好于东部地区国家级开发区。

三、实现就业稳步增长

2009年，国家级开发区就业人数达到646万人，同比增长10.7%，新增就业人数69.12万人。

（中国开发区协会）

2009年浙江省开发区发展情况综述

2009年，浙江省各开发区面对国际金融危机的严峻挑战，采取各种有效措施，力挽经济下滑，全年开发区经济呈现止跌、回暖、企稳、向好的发展态势。全省开发区共实现规模以上工业总产值16393亿元，同比增长9.4%，占全省的40.3%；规模以上工业实现增加值3560亿元，增长17.6%，占全省的43.2%；实际利用外资48.81亿美元，增长5%，占全省的49.1%；完成进出口总额742亿美元，同比下降10.3%，占全省的39.5%；税收收入906亿元，增长22.3%。取得这些成绩得益于各开发区的积极有效应对与出台大量扶持配套政策。杭州经济技术开发区出台8项扶持政策，落实4.08亿扶持基金，帮助企业减负解困；嘉兴经济技术开发区制定了“渡难关、保增长、促转型”15项扶持服务措施，并安排1亿元财政专项资金扶助开发区企业的发展；宁波大榭开发区通过开展企业信用评价、举办融资洽谈会、搭建贷款平台等途径，帮助企业融资18.44亿元，有效缓解了企业融资困难。这些政策与服务，极大提振了企业信心，有力地保障了开发区整体经济的止跌回稳。

一、整合提升有效促进了大平台建设

浙江省第一批12个开发区（园区）从2008年7月开展整合提升试点工作以来，解放思想、创新理念，在提高资源使用效率、优化提升产业结构、有效拓展发展空间、辐射带动区域经济、推动体制机制创新等方面探索了有益经验。2009年7月，省政府召开全省开发区暨整合提升工作会议，总结推广了试点单位整合提升工作经验，对第二批开发区整合提升工作作出全面部署。截至2009年底，全省11个市确定上报的第二批整合提升单位共47家，其中开发区41家、园区6家；通过整合提升辐射带动的区域达到5872平方公里，其中超过100平方公里的开发区（园区）28家；整合各类园区和工业功能区共计158个。与第一批试点单位相比，第二批整合提升开发区思想更解放、视野更开阔、目标更明确、布局更合理。绝大多数开发区能够站在统筹区域经济、统筹城乡建设和促进产业带发展的高度，按照三次产业融合发展的新理念构筑对外开放新平台和产业集聚新高地。特别是富阳、桐庐、宁海、乐清、长兴、安吉、德清、海宁、桐乡、平湖、绍兴、诸暨、东阳、兰溪、武义、岱山、温岭、玉环、江山、青田等开发区，经过认真研究、反复论证所形成的整合提升工作方案，较好体现了大视野、大气魄、大格局、大手笔。整合提升后各地有一部分开发区（园区）已纳入浙江省正在加紧规划的省级重点产业集聚区的核心区块，未纳入的开发区也成为县域经济未来发展的大平台，为实施浙江省“四大”战略提供了重要支撑和有效保障。

二、利用外资在困境中实现逆势增长

2009年全省开发区利用外资增幅实现由负转正。一是开发区外资在增长速度上全面领先全省。省级以上开发区新批项目651个，合同利用外资79.89亿美元，实际利用外资48.81亿美元，在全省外资没有扭转跌势的情况下实现同比增长19.2%、1.7%和5%。66家开发区中，实现三项指标全面增长的开发区占1/4，实现合同外资和实际外资双增长的开发区占1/3。二是开发区平均单项外资规模明显高于全省。开发区平均单项合同外资为1227万美元，高出全省平均水平305万美元；新批准设立1000万美元以上项目近313个，占全省总数的48%。三是开发区外资占全省比重全面回升。全省开发区新批项目、合同利用外资、实际利用外资占全省比重从2005年开始逐年下滑，但在2009年，开发区三项指标逐月收窄跌幅，占比在年底全面回升至37.5%、49.9%和49.1%；外资项目和合同外资甚至创出5年最高占比。危机困境中更加凸显出开发区的综合竞争优势。

三、产业结构在调整中不断得到优化

2009年全省开发区实现规模以上工业总产值16393亿元，实现限上服务业主营业务收入5328亿元，制造业与服务业的比重约为3:1。全省开发区产业结构调整步伐加快。在大力提升机械、电子、纺织、模具等传统优势产业的同时，重点培育发展离岸服务外包、电子商务、软件服务外包、物联网等新兴产业和现代服务业，积极发展楼宇经济和低碳经济。2009年，浙江省首批认定国际服务外包示范园区26家，其中有10家设在开发区内，约占全省的1/3。宁波经济技术开发区制定了加快服务业发展规划，大力发展以港口物流业为重点的现代服务业，全区新增“三产”项目808个，新批总投资千万元以上的服务业项目50个；杭州经济技术开发区新开工建设楼宇面积60万平方米，计划重点引进年销售额10亿元以上的企业总部；钱江经济开发区已与新加坡净化科技企业集团签署“杭州新加坡低碳科技园项目”协议，规划面积近350亩，着重引进国际低碳科技产业，集聚低碳先进产业群，打造全省首个新加坡低碳科技园产业基地。全省开发区第三产业发展迅速。杭州高新技术产业开发区离岸服务外包执行额5.46亿美元，区内以阿里巴巴为代表的电子商务企业实现增长27.3%；萧山经济技术开发区和金华经济开发区的“三产”主营业务收入，分别增长31.35%、28.5%。此外，一些开发区通过对物流、设计、咨询等现代服务业的扶持，着力培育与产业链有机衔接、功能完善、协调发展的现代生产性服务体系。温州经济技术开发区引进并培育一批国际和区域性服务外包企业以及设计服务咨询机构，建设面向全市的工业设计服务中心和行业性研发设计信息中心，积极促进第二、三产业融合联动，带动本地现有工业升级发展。

四、发展方式在倒逼下加快转变

一是全省开发区发展质量和经济社会效益进一步提高。开发区每亩土地投资密度达198.12万元，比2008年提高6.5%；工业土地税收产出率为10.71万元/亩，同比增长6.6%；工业土地增加值产出率达到55.23万元/亩；区内年末持有各类省级以上著名品牌（商标）数增至1985件。全省开发区万元工业增加值平均能耗为0.68吨标煤/万元，平均水耗为29.09吨/万元；年末全省开发区通过ISO14001国际环境质量认证的共有51家，开发区内持有ISO14001认证的企业合计1671家。二是高新基地、创新平台建设得到进一步加强。萧山经济技术开发区新能源基地初具规模，项目投资已达32.2亿元；温州经济技术开发区引入了生物医药技术、激光技术、创意设计等三个公共技术创新平台，并通过与中科院开发区工作站、哈尔滨工业大学、西安交通大学等院校全面科技合作，共同打造区校科技创新服务平台。湖州经济技术开发区的“浙江湖州留学人员创业园”被国家教育部、科技部列为“中国留学人员创业创新基地”。三是科技创新和技术进步带动区域发展。开发区年末共有研发、技术中心785个；有高新技术企业1902家，产值5711亿元，同比增长1.71%，占开发区工业总产值的39.53%。杭州高新技术产业开发区积极推动区内高新企业在创业板上市，借资本市场之力促高新企业发展。全区创业板上市企业3家，占全国创业板上市企业的1/12。湖州经济技术开发区以南太湖科创中心为载体，引进高科技产业化中心16家；区内留学人员创办企业19家；拥有领军人才和各类专家112位；共转移高科技成果26项；已直接实现产值2亿元、利税6415万元。

五、特殊监管区建设发展亮点纷呈

2009年全球金融危机下，浙江省7个海关特殊监管区一是积极扩大国内市场需求，推进保税进口贸易发展。宁波保税区（出口加工区）创新内销海关、国检监管模式，推出了加工区样品内销集中报关、海运货物进口提前申报、报检商品“集报分送”的新模式；引进了一批行业龙头项目，全年专业市场新引进会员160个，注册资本9亿元；交易品种数量金额增幅大，全年各类市场共实现交易额357亿元，实现税收总额2.2亿元。慈溪出口加工区大力拓展工业原材料进口分拨业务，全年共完成进出口额1597万美元，其中进口额1545万美元，完成海关税收及代征税1545万元，三项指标均实现零的突破。二是宁波梅山保税港区封关建设加速推进。梅山（保税）港城总体规划等区内发展规划体系已全面建立，支撑性基础设施、监管设施、信息化系统等各项建设稳步推进。“省部共建”梅山保税物流园区、宁波港梅山保税物流中心正式开工建设。中外运梅山保税物流项目落户。在重点推进功能性项目招商的同时，引进税源型企业也有不俗表现，全年新引进企业155家，注册资本7.87亿元。三是出口加工区拓展功能业务稳步开展。全省4个出口加工区累计批准物流企业10家，全年物流企业营业收入达4199万元，同比增长5.8%。杭州出口加工区全年批准物流企业3家，共办理功能拓展业务2373批次，进出区货量35172吨，货值1亿多美元，合计征税5700万元。

2009年福建省开发区发展情况综述

2009年，面对全球金融危机带来的不利影响，福建省开发区按照中央提出的“保增长、保民生、保稳定”的总体要求，认真贯彻落实国务院发布的《关于支持福建省加快建设海峡西岸经济区的若干意见》，围绕转变经济发展方式，着力调整优化产业结构，增强自主创新能力，改善投资环境，创新体制机制，开发区建设发展取得了新的成效。

一、经济运行总体趋势向好

全年全省开发区实现地区生产总值2718.86亿元，比2008年增长11.19%，占全省的22.75%；规模以上工业总产值7453.3亿元，比2008年增长8.83%，占全省的44.63%；实际利用外资21.61亿美元，比2008年下降15.1%，占全省的37.67%；外贸出口275.78亿美元，比

2008年下降6.06%，占全省的51.7%。福州、厦门、漳州三个设区市开发区工业产值、实际利用外资、外贸出口三项指标占比更高，分别占当地的66.88%、50.68%、90.18%；72.37%、47.66%、41.79%；55.17%、47.27%、67.05%。

二、开发区拓展提升取得新进展

省政府印发《福建省台商投资区海关特殊监管区和开发区拓展提升方案》（闽政办［2009］164号），对全省台商投资区、海关特殊监管区和开发区的拓展、布局、整合、提升作出规划，初步形成以厦门湾、闽江口、湄洲湾等区域为主的产业对接集中区，促进两岸产业深度对接。厦门、福州台商投资区扩区和新设立泉州、漳州台商投资区已由省政府向国务院申报，并得到国家商务部、国土资源部和住建部的大力支持。莆田、三明台商投资区设立筹备工作顺利推进。同时，根据高标准、高质量的要求和“成熟一个报批一个”的原则，指导推动省级开发区整合、扩区、升级和县级工业集中区升级工作。泉州、漳州开发区升级为国家开发区已经商务部等部门同意，上报国务院待批；建宁翔飞等四个工业集中区升级为省级开发区的申报材料已通过省有关部门审核通过，上报省政府批准。

三、陆地港建设取得新突破

在充分发挥海关特殊贸易区作为重要外贸物流节点的同时，为吸引周边地区和中西部省份的进出口货物从福建省中转，规划在闽南晋江、闽西龙岩、闽中沙县和闽北武夷山建设四个“陆地港”。认真做好“陆地港”选址、土地报批、规划设计、招商引资和海关监管场所申请等工作。武夷山和沙县“陆地港”已完成土地征用和招投标、总体规划报批、工程地质勘察和工程设计工作，“三通一平”、电子口岸系统开发、招商引资工作有序展开；晋江、龙岩“陆地港”选址工作已经完成，投资主体已经明确，正在抓紧总体规划、项目环评、农保地调整报批等工作。

四、山海开发区合作继续深化

在第十二届海峡西岸武夷山国际投资洽谈会期间，成功举办了“海峡西岸经济开发区项目展暨对接洽谈活动”，海峡西岸经济区20个城市的60个开发区和相关企业参加，促进了沿海部分开发区项目向山区转移。沿海与山区“结对子”开发区之间的合作进一步深化，全年结对双方已联合召开招商会、对接项目恳谈会等活动30多场次。南平、建瓯等工业园区还派出园区领导到泉州、金山等开发区挂职锻炼，加强对沿海开发区招商。

五、闽台区域合作迈出重要步伐

平潭综合实验区建设有效推进，在平潭全岛设立海关特殊监管区的政策建议得到海关总署等国家有关部门的支持，积极争取先行先试政策，着力打造两岸合作紧密区域。促进开发区与台湾自由贸易港区、加工出口区、科技园区及行业协会对接，推动中州精密科技、台湾通信、睿鸿光电、福安台湾东元电机等项目增资扩产和开工建设。指导推动福州保税区与台湾基隆自由贸易港区、福州科技园区与台北内湖高新区、福清融侨开发区与台湾工具机暨零组件公会的合作。省外经贸厅与新加坡工商联合总会签署《合作协议》，进一步推动新加坡企业来闽投资、贸易。

六、海关特殊监管区建设取得新成效

厦门出口加工区与海沧港区、嵩屿港区整合建设海沧保税港区的筹建工作全部完成，并通过厦门海关预验收。福清出口加工区、福州保税物流园区与江阴港区、江阴铁路物流园区整合设立福州保税港区，省政府已向国务院提出申请，海关总署正在牵头办理和征求有关部门意见。全省出口加工区成功拓展物流功能，业务范围从单纯的保税加工发展到维修、设计、研发、物流，既延长了产业链，又增强了投资吸引力。

七、开发区用地、融资、环保工作力度加大

推动招商从“项目带土地”向“土地等项目”转变，创新用地优势。省政府出台土地新政，明确规定开发区内工业用地可采取政府收储土地的方式，适度提前办理农用地转让与土地征收手续，进行水、电、路和场地平整等基础设施建设，然后以招标、拍卖或挂牌方式出让国有建设用地使用权。探索开发区与银行合作，创新融资优势。自2007年6月省外经贸厅与开发银行福建分行签订《开发区与开发性金融合作协议》以来，两单位密切合作，截至2009年底，开发银行已向开发区发放基础设施信用贷款余额77亿元，已承诺贷款并签订贷款合同的有88亿元。继续推动开发区与进出口银行等其他政策性金融机构和部分商业银行合作，进一步解决开发区基础设施建设和区内企业发展融资问题。加强环境保护，构筑环境优势。会同省环保厅对全省开发区规划环评和污水集中处理情况进行督查，明确提出环保要求，并把完成规划环评作为开发区新设、扩区的前置条件，开发区环保工作切实得到加强。截至2009年底，全省86个国家级、省级开发区已完成规划环评和正在进行环评的有74家，已建（已接入）污水处理厂的有43个，比2008年增长21%和105%。

2009年广东省开发区发展情况综述

截至2009年底，广东省共有通过国家审核的各类经济开发区（不含高新区）75个。其中，国家级经济技术开发区4个、出口加工区4个、保税区6个、保税物流园区2个、保税港区2个、珠澳跨境工业区1个；省级经济开发区、工业园区等56个。2009年，广东省开发区认真贯彻落实《珠江三角洲改革发展规划纲要（2008~2020年)》，努力克服各种困难，有效应对国际金融危机，为广东省经济保持平稳较快发展作出重要贡献。

一、经济发展

2009年广东省开发区（不含高新区，下同）共实现地区生产总值3913.12亿元，同比增长23.94%，占广东省总额的10%；完成工业增加值2642.17亿元，增长26.17%，占广东省的14%；实现进出口总额897.41亿美元，下降7.8%（广东省平均下降10.8%），占广东省的14.7%，其中出口442.97亿美元，占广东省的12.3%，进口454.44亿美元，占广东省的18%；合同外资37.65亿美元，下降23.91%，占广东省的21.4%，实际吸收外资31.34亿美元，下降7.7%，占广东省的16%。

2009年，广州、湛江、广州南沙、惠州大亚湾4个国家级经济技术开发区共实现地区生产总值2021.31亿元，同比增长16.22%，占广东省总额的5.2%；完成工业增加值1501.5亿元，增长14.9%，占广东省的7.8%；完成固定资产投资616.73亿元，增长8.4%。实现进出口总额313.9亿美元，增长19.1%，其中出口145.2亿美元，增长12.9%，进口168.7亿美元，增长25%；实际利用外资20.63亿美元，增长15.83%。

2009年，广东省已运作海关特殊监管体系共实现进出口总额412.67亿美元，占广东省总额的6.8%；其中出口208.87亿美元，占广东省的5.8%；进口203.8亿美元，占广东省的8.1%。

2009年，广东省56个省级开发区共实现地区生产总值1783.34亿元，占广东省总额的4.6%；完成工业增加值893.65亿元，占广东省的4.6%；实现进出口总额170.83亿美元，占广东省的2.8%；实际利用外资9.32亿美元，占广东省的4.8%。

2009年，广东省开发区土地开发利用程度较高。据统计，广东省开发区累计已开发土地面积470.81平方公里，其中已建工业项目用地面积267.68平方公里。广东省开发区平均每平方公里项目用地产出地区生产总值14.62亿元、工业增加值9.87亿元、实际吸收外资1171万美元、进出口3.35亿美元。

2009年，广东省重点开发区发展势头良好。国家级各类开发区（包括经济技术开发区和海关特殊监管区）各项经济指标均占广东省开发区较大比重，体现了发展主体地位。国家级开发区地区生产总值、工业增加值、实际吸收外资、进出口额分别占广东省开发区的54.4%、66.2%、70.2%、80.9%。4个国家级经济技术开发区全年进出口总额同比增长19%，其中出口增长12.9%，进口增长25%，分别高出广东省29.8、24.4、34.7个百分点。2009年，广州经济技术开发区6项主要经济指标位居全国53个国家级经济技术开发区首位。

2009年，广东省海关特殊监管区取得新进展。加大力度推进保税区、出口加工区、保税港区等特殊监管区工作，加快建设保税物流监管体系，各项工作取得新进展。截至2009年底，广东省共有各类海关特殊监管体系19个（含保税物流中心［B型］4个），其中已封关运作的有17个。新近封关运作的中山保税物流中心和东莞保税物流中心分别完成固定资产投资4.45亿元和3.2亿元。

二、存在问题和困难

一是开发区政策优势进一步弱化。国家不断调整政策，开发区已基本不存在政策优势，加上受全球金融危机的冲击，社会经济增长速度放缓等因素的影响，造成开发区部分企业存在生产资金紧、周转慢、开工不足等困难。

二是开发区建设用地不足。国家严格土地政策，规范了开发区四至范围，部分开发区管理范围相比以前缩小，可供使用的项目用地存量减少，土地存量跟不上企业发展的需要，影响了项目的引进和产业的优化布局。

三是地区发展不平衡。广东省发展较好的开发区主要集中于珠三角，珠三角的开发区地区生产总值、工业增加值、实际吸收外资和进出口贸易额分别占广东省开发区的67.2%、79%、88.5%和93.3%。而在东西两翼和山区，一些开发区仍处于开发建设阶段，配套设施条件相对滞后，经济发展与珠三角开发区相比差距明显。珠三角各开发区的发展态势也不均衡，根据2009年11月商务部通报的全国53个国家级经济技术开发区2008年投资环境综合评价情况（《商务部关于国家级经济技术开发区2008年投资环境综合评价情况的通报》，商资函［2009］92号），2008年广东省4个经济技术开发区中，只有广州经济技术开发区综合排名在全国第3位，广州南沙、湛江、惠州大亚湾开发区排名分别为第24、44、50名。

2009年江苏省开发区发展情况综述

2009年3月，经国务院批准，泰州医药高新技术产业开发区升级为国家级高新技术产业开发区，成为全国首个以医药产业为特征的国家级高新区。7月份，经国务院批准，扬州经济开发区升级为国家级经济技术开发区，成为2001年以来全国获批升级的两家国家级经济技术开发区之一。截至2009年底，全省共有国家级和省级开发区125家，其中国家级开发区14家、省级开发区111家。14家国家级开发区中有6家经济技术开发区、5家高新技术产业开发区、2家旅游度假区和1家保税港区。开发区内设有13个出口加工区、2个综合保税区和5个保税物流中心。全省开发区坚持环保优先、集约开发、协调发展，保持了健康的发展态势，运行质量和效益进一步提高，成为全省开放型经济的集聚区、新型工业化的先行区、宜居宜住的新城区。

一、经济发展

2009年，江苏省开发区经济规模和综合实力进一步增强。全省开发区完成业务总收入70681.21亿元，同比增长24.5%；实现地方一般预算收入1164亿元，增长26.2%。其中，国家级开发区完成业务总收入27084.99亿元，增长23.1%；实现地方一般预算收入436.5亿元，增长24.6%。全省开发区呈现出苏南地区在高平台上稳定发展，苏中地区保持继续健康发展，苏北地区快速发展的态势。苏南地区完成业务总收入48066.05亿元，增长17.7%；实现地方一般预算收入826.33亿元，增长20.8%。苏中地区完成业务总收入13384.66亿元，增长35.5%；实现地方一般预算收入167.82亿元，增长28.7%。苏北地区完成业务总收入9230.5亿元，增长52.4%；实现地方一般预算收入169.85亿元，增长58%。

开发区的发展有效地扩大了就业，推动了和谐社会构建和区域共同发展。开发区期末从业人员达860.36万人，同比增长8.5%。其中工业从业人员616.89万人，同比增长0.2%，外籍人员6.24万人，增长8.3%。国家级开发区期末从业人员260.61万人，增长11.2%。其中工业从业人员167.81万人，下降2.2%；外籍人员2.82万人，增长11.5%。

二、工业经济

2009年，江苏省开发区产业规模进一步扩大。全年开发区完成工业总产值52807.73亿元，同比增长22.1%，其中规模以上工业总产值44993.92亿元，增长22.1%。国家级开发区完成工业总产值19163.64亿元，增长18%，其中规模以上工业总产值17430.2亿元，增长18.8%。开发区完成工业增加值11643.79亿元，增长23.4%。国家级开发区完成工业增加值4171.83亿元，增长23.6%。产业结构进一步优化。开发区全年完成主导产业增加值8545.80亿元，增长23.2%。国家级开发区完成主导产业增加值2992.08亿元，增长17.6%。工业增加值排位前8位的行业分别是通信设备、计算机及其他电子设备制造业完成增加值2531.57亿元，通用设备制造业完成增加值951.09亿元，电气机械及器材制造业完成增加值714.51亿元，交通运输设备制造业完成增加值652.19亿元，化学原料及化学制品制造业完成增加值640.82亿元，纺织业完成增加值478.92亿元，黑色金属冶炼及压延加工业完成增加值464.96亿元，专用设备制造业完成增加值330.4亿元。

三、固定资产投资

2009年，江苏省开发区固定资产投资增速较快。全省开发区全年完成全社会固定资产投资9480.09亿元，同比增长25.9%，其中工业项目固定资产投资6065.83亿元，增长22.6%；完成基础设施投入1403.77亿元，增长27.9%。国家级开发区完成全社会固定资产投资2569.33亿元，增长35.3%，其中工业项目固定资产投资1378.3亿元，增长28.8%；完成基础设施投入344.18亿元，增长47.1%。

四、招商引资

2009年，江苏省开发区实际到账注册外资190.72亿美元，同比下降1.7%，其中国家级开发区实际到账注册外资70.02亿美元，下降1.7%。新批外资项目略有增长，开发区新批外商投资企业2738家，同比增长0.8%，高于全省平均水平1.2个百分点，其中国家级开发区新批外商投资企业962家，增长7.4%。开发区新增内资企业注册资本1677.63亿元，增长19.3%，其中国家级开发区新增内资企业注册资本641.13亿元，增长19.1%。开发区新增内资企业25921家，增长6.2%，其中国家级开发区新增内资企业11922家，增长12%。

五、对外贸易

2009年，江苏省开发区面对国际环境的变化，克难奋进，外贸进出口总额和出口额降幅分别低于全省3.3个百分点和5个百分点。开发区完成进出口总额2600.63亿美元，同比下降10.3%，其中出口额1477.63亿美元，下降11.3%。国家级开发区完成进出口总额1847.72亿美元。下降10.6%，其中出口额1029.8亿美元，下降11%。

六、科技发展

2009年，江苏省开发区内设有高新技术创业服务中心（孵化器）259家，同比增长40.8%，中心（孵化器）内共有6801家企业，增长36.9%。区内有研发中心3305家，增长25.4%。当年新增授权专利为42259项。开发区内现有高新技术企业1830家，实现高新技术企业业务总收入11105.46亿元。国家级开发区有高新技术企业791家，实现高新技术企业业务总收入6478.13亿元。

七、可持续发展

2009年，江苏省开发区积极按照循环经济发展的要求，规划和建设园区，不断提高投资强度、产出效益和环保标准，努力降低资源消耗，引导企业加大技术改造力度，实施清洁生产。全省通过ISO14000认证的开发区有116家，比2008年新增17家，其中国家级开发区全部通过认证。全省共有35家开发区开展生态工业园的创建，比2008年新增10家。创建国家级的有7家，省级的有28家。其中，无锡高新技术产业开发区顺利通过国家三部委组织的联合验收，成为继苏州工业园区和苏州高新技术产业开发区后第三家通过验收的国家级生态工业示范园区。江阴、武进经济开发区和武进高新技术产业开发区通过省级生态工业园区考核组的联合验收，正式成为省级生态工业园区。

八、出口加工区

2009年，江苏省出口加工区完成进出口总额619.57亿美元，增长3.4%，其中出口422.98亿美元，增长5.4%。新批外商投资企业84家，增长95.3%；实际到账注册外资额8.21亿美元，增长11.6%。基础设施投入23.68亿元，增长283.6%。

九、南北共建开发区

2009年，江苏省20家共建园区共完成基础设施投入17.63亿元，同比增长16.1%；批准进区项目241个，项目投资总额238.4亿元，同比增长1.68倍；实际到账注册资金30.62亿元，下降11.4%，其中实际到账注册外资1.2亿美元，下降10.5%。新增开工项目124个，增长82.3%，建成投产项目新增152个。

十、沿海开发区

2009年，江苏省沿海开发区利用江苏沿海开发上升为国家战略的历史性机遇，加快建设发展，全年实现工业产品销售收入7841亿元，同比增长40.5%，完成地方一般预算收入161亿元，增长34.9%，增速明显快于全省开发区平均水平；进出口额110亿美元，下降12.9%，好于全省开发区0.7个百分点；基础设施投入390亿元，增长47.8%，占全省开发区的22.5%。

（江苏省开发区协会）

国家级经济技术开发区篇

大连经济技术开发区

【经济发展】 2009年，大连经济技术开发区（以下简称大连开发区）有三项经济指标取得重大突破：地区生产总值突破千亿元，增长20%；全口径财政收入198.1亿元，增长50.3%，区级综合财政收入超过100亿元，增长38.3%，其中一般预算收入50.8亿元，预算外基金收入51.8亿元，分别增长33.1%和44.4%；实际使用外资突破20亿美元，增长52.7%。其他各项指标也实现了较快增长。内资到位140亿元，增长75%；实现工业总产值2331亿元，增长22%；固定资产投资406.9亿元，增长39.9%；进出口总额142.1亿美元，其中出口58.6亿美元，下降23%；万元地区生产总值综合能耗、万元地区生产总值主要污染物排放总量分别下降5%和10%；社会消费品零售总额90.1亿元，增长17%。城镇居民和农民人均收入分别增长10%和20%。

【投资环境】 大连开发区完成《大连开发区总体规划研究》等规划编制，完成小窑湾、金石国际运动中心、登沙河产业园等概念性规划编制。2009年，作为辽宁沿海经济带和振兴东北对外开放平台的小窑湾国际商务中心已完成投资10亿元，填海工程完成总量的76%，形成陆域面积近14平方公里。主干路立交桥主体工程已经完工，建成了5000平方米的展示中心。美国世贸中心已与管委会达成投资意向，一批总部经济项目在谈，6家银行向小窑湾贷款150亿元。金石国际运动中心于2009年10月15日开工建设，已完成部分项目可研报告编制，展开西部场平工作。该区域将建设成为集国际赛事、休闲度假、高端商务为一体的辽宁沿海经济带“海洋文化中心”新亮点。连接新老市区的“跨海大通道”前期工作已经启动。登沙河工业园合作开发初见成效。城北工业园一期、生物产业园和新材料产业园按计划推进，大孤山、中心工业区等园区管网配套基本完成，4座变电所增容扩建工程完工。得胜净水厂等配套源点按期竣工，开发区燃气二厂建设完成。滨海公路、河北线、董姜线及农村路网工程竣工。“五个一”重点项目全面完工。增加了环卫设施投入，投资7550万元加大市政道路新建和维修改造力度，建设了世纪广场等9处游园设施。设立环境保护基金，加强了汽车尾气和污水排放治理。植树造林6452亩，人均公共绿地面积超过全市平均水平。开发区荣获“2009年度中国最佳投资环境城市奖”。新建、续建动迁房102万平方米。完成居民动迁3933户，安置上楼1357户，完成企业动迁76家，拆除临建企业242家。投入2300万元对部分动迁房屋进行了修缮。解决了40万平方米动迁房产权遗留问题。新增建设用地规模指标13.26平方公里。清理海域、养殖围堰6万亩。

【招商引资与利用外资】 2009年，大连开发区新批外资项目142个，其中千万美元以上项目37个。新注册内资项目1065个，其中1000万元以上项目45个。先进制造业引进外资12亿美元，服务业引进外资8亿美元，商业领域利用外资实现了零的突破。开发区全年开工项目82个，其中产业项目61个，有2个外资项目总投资超1亿美元，12个内资项目投资超1亿元人民币。区内领导干部深入144家企业开展对接服务，为25家企业解决了具体问题。调整了工业项目审批流程，项目落地时间缩短

2/3。各部门全员招商效应开始显现，获取了大量项目线索和信息。社管局引进投资30亿元的汇成高精铝业项目，政法办直接促成鑫泰成有限公司增加注册资本800万美元，并设立注册资本2000万美元的投资公司。

【产业集群建设】 大连开发区3个千亿级产业集群已具规模。石油化工产业形成较为完整的产业链条。先进制造业年产值突破700亿元，其中汽车及其零部件企业超过80余家，已有5个车辆品种。电子信息产业销售收入、利润占大连市全行业的比重达80%。区内2个百亿级产业集群正在形成。出台了光电产业配套政策，一期6万平方米的LED标准厂房完工，4项LED示范工程成功与招商项目对接。生物产业规模以上企业达到49家，年产值突破100亿元，占大连市的40%、辽宁省的15%，成为辽宁三大生物产业聚集区之一。开发区新材料、风电、节能环保、航空等新兴产业加速集聚，启动了新材料、风能、航空产业园的规划建设。中国和挪威合作的大连节能减排示范中心项目落户，大连开发区循环经济信息化公共服务平台和大连环境交易所建设取得进展。大连电瓷等3家企业上市工作进展顺利。深圳创新投资集团东北首家政府引导性投资基金落户开发区。全区16家企业分别申报了国家、省、市名牌产品。

【社会事业】 大连开发区教育、卫生、文化体育事业加快发展。启动了名校工程，公开招聘87名应届博士、硕士充实到中小学教师队伍中去，开发区成为全国第四个教育综合改革实验区。启动了大连市第二妇产医院建设，在全国率先实施康齿工程，社区卫生服务一体化进程加快，新型合作医疗参合率达100%。市民健身中心建成，体育公园、滨海公园对市民开放，图书馆、大剧院服务内容日渐丰富，第十二届全民运动会取得圆满成功。开发区启动高技能人才公共实训鉴定基地建设，公开招聘30名硕士以上学历人员到机关工作，开展专业技能人才选拔，出台优秀外来务工人员落户政策，计划首批安排200人在区内落户。失业率控制在2.56%以下。开发区将6.2万名保障对象中18周岁以下及月补助100元人员的补助费标准提高一倍。区福利院被评为“全国养老服务放心机构十佳单位”。财政斥资近亿元实施安全社区建设，实现了110、112、119和社会应急求助、智能报警“五台合一”，分期安装600余处视频监控系统，重点部位技术防范覆盖率将达到100%。区内招聘了2200余名社区治安防范员，提高了治安防控能力。安全生产、质量技术监督、食品药品监管等部门加大执法力度，确保全区食品药品及生产、生活安全。一批重大疑难信访问题得到较好解决。公检法机关为打击各类违法犯罪、维护社会稳定作出重要贡献。开发区民族、宗教、残疾人、老龄、档案、双拥共建等工作取得可喜成绩。

（大连经济技术开发区）

秦皇岛经济技术开发区

【经济发展】 2009年，秦皇岛经济技术开发区（以下简称秦皇岛开发区）实现生产总值160.98亿元，同比增长10.8%；财政收入20.38亿元，同比增长31.6%；全社会固定资产投资84.55亿元，同比增长49.9%；规模以上工业增加值90.24亿元，同比增长9.9%。

【投资环境】 秦皇岛开发区坚持依法行政，

实施《秦皇岛经济技术开发区全面推进依法行政五年规划》、《秦皇岛经济技术开发区依法行政工作考核办法（试行）》，将21个执法、行政和综合服务部门纳入考核范围。规范行政执法，杜绝违法违规，杜绝向企业乱收费。改进政府宏观调控和市场监管能力，发挥企业市场主体功能，维护公平竞争秩序。开发区提速审批办理，对现有审批项目进行全面梳理、合并、精简。加工贸易项目备案实行“一日制”，建筑工程项目审批印章由16枚减为1枚，政府性基金项目收费由3项减为1项，项目环境影响报告书、报告表、登记表审批时限分别由法定的60日、30日和15日缩短为5日、3日和1日。开发区改进“三个服务”体系，建立例会制度，及时帮助企业解决难题，全年共为企业协调解决涉及土地使用税、原水供应、生产用电、交通运输等各类问题123项。对企业项目落地、生产经营、要素保障、市场开拓诸事项进行帮助，对企业在困难时期的建设规划、社会保险、费用缴纳按照“能免则免、能减则减、能缓则缓”的原则办理。开发区落实国家扶持政策，全年为32家困难企业、6家税收优惠企业、20家科技企业提供扶持和优惠资金近2500万元，同时自定政策，扶持成长型中小企业800万元。

【招商引资】 秦皇岛开发区积极应对全球金融危机，及时调整思路，创新招商方式，提高服务质量，使招商工作逆势上扬。按照“重点面向日韩、全力突破欧美、加快拓展港台”的招商思路，以数据产业、电子信息、新能源、新材料、重大装备制造为主攻方向，全力推进招商引资。积极参加投资洽谈会、投资环境说明会，广泛接触客商，获取大量有价值的项目信息。发挥其机动灵活、及时有效的特点，强化小团组招商形式。通过对已有项目的优质服务，促使其配套产业在区内设厂投资，形成上下游产业链。全年设立外商港澳台资企业7家，总投资27886万美元，注册资本11551万美元，合同利用外资11136万美元，分别同比增长3.3%、7%、44.8%。实际利用外资13347万美元。审批增资项目8个，增资总额14065.8万美元，注册资金5154万美元，合同利用外资4967万美元。全年批准内资项目342家，到位内资702577万元，同比增长20.1%，注册资金超亿元企业达20家。

【项目建设】 秦皇岛开发区全年实施千万元以上项目41个（产业项目37个、基建房产项目4个；结转项目18个、开工项目23个），其中亿元以上项目有29个，百亿元左右的特大项目有富士康环保产业园、山船重工海洋工程装备、首秦出海口基地工程3个。区内有11个项目被列为省重点项目，除上3个外，其余分别是：中油宝世顺钢管、天威秦变风电、首秦钢材二期、天业通联运架提设备、艾尔姆树脂基叶片、鹏远光电芯片、紫竹药业米非司酮、动力设备物流、山海关地方港。开发区全部项目总投资326.99亿元，年度完成投资67.02亿元，同比增长53.1%。

【主导产业】 秦皇岛开发区粮油食品行业北大荒麦芽投产，金海食品增资2.22亿元；机械电子行业天业通联重工、中集冀东车辆两个企业投产，山船重工、宏启胜电子等15家企业增资241.51亿元；金属制品行业首秦钢材、中油宝世顺钢管两个企业投产，津峰线缆、翔开保温管等5家企业增资23.29亿元；化学制品行业宏岳塑胶增资2.21亿元；非金属制品行业艾尔姆叶片增资2.38亿元。粮油食品行业实现产值130.12亿元，占全部工业产值33.1%；机械电子行业实现产值104.70亿元，占全部工业产值26.7%；金属制品行业实现产值80.69亿元，占全部工业产值20.5%；化学制品行业实现产值49.78亿元，占全部工业产值12.7%；非金属制品行业实现产值20.99亿元，占全部工业产值5.3%。五大支柱产业产值占全部工业产值98.3%。

区内龙头企业实力增强。产值超亿元企业有43家，其中超10亿元企业有11家：粮油食品行业有金海粮油、金海食品、正大公司；

机械电子行业有山船重工、海湾公司；金属制品行业有首钢秦板、中油宝世顺钢管、五矿天威钢铁；化学行业有中油秦化、中阿化肥；非金属行业有旭硝子汽车玻璃。山船重工的拥有完全自主知识产权的新型船 93000 吨级散货船、哈电秦装的国内最先进第三代核电技术百万千瓦级核岛主设备、秦冶重工的盾构机、天威秦变的直流 ±800 千伏变压器等都已打入高端市场。

【高新技术产业】 2009 年，秦皇岛开发区增加高新技术企业 16 家，包括：北方管业、前景光电、晨砻科技、戴卡美铝车轮、莱特流体设备、思泰意达科技、星球数码科技、烟草机械、融大工程技术、鹏远光电、戴卡兴龙轮毂、兴龙轮毂、运通玻璃机电、宇田科技、海纳电测仪器、天威秦变；有效期内的高新技术企业 9 家，合计 25 家。全年高新技术产业实现增加值 29.8 亿元、工业产值 100 亿元、销售收入 103 亿元、利税 8.8 亿元，分别占全区工业 29.8%、24%、24%、49%。工业产值、销售收入、利税分别同比增加 1.86 倍、4.2 倍、5.1 倍。

【对外贸易】 2009 年，秦皇岛开发区实现进出口总额 23.11 亿美元，其中出口 8.12 亿美元、进口 14.99 亿美元。出口企业和出口产品主要是：山船重工的船舶修造、首钢秦板的中厚钢板、中粤浦项马口铁的镀锡板、中信戴卡轮毂的汽车轮毂、金海粮油和金海食品的豆粕。出口目的地主要是日本、韩国和美国。

【出口加工区】 2009 年，秦皇岛出口加工区引进信达尔机械 1 家保税加工企业，引进海源保税物流、运盛保税物流、通诚保税物流、环宇贸易 4 家保税物流企业。2009 年 11 月，总价值 5.8 万美元、指运港利比里亚的第一批保税物流货物通关发送。全年实现工业产值 8864 万元、销售收入 8780 万元、进出口值 2291 万美元，区内企业职工为 1139 人。截至 2009 年底，累计实现工业产值 42137 万元、销售收入 42153 万元、进出口值 9984 万美元、固定资产投资 2.54 亿元。

【社会事业】 秦皇岛开发区推进教育均衡发展，拥有国办幼儿园、小学、初中、高中 12 所，教师 766 名，学生 8495 名；实施标准化学校建设，校舍总建筑面积 8.38 万平方米；财政教育投入 168 万元；免除课本费 14.1 万元；安排 50 余名城乡教师对口交流。

提高医疗卫生服务水平，两所公立医院有职工 198 名、病床 266 张，建筑面积 8391 平方米；年度门诊 6.2 万人次，住院 0.14 万人次；实施免疫接种 13971 人次（接种率 97%），完成从业人员体检 5620 人（份），对 5000 名外来务工人员开展高危行为干预，为 1.83 万人建立家庭健康档案；为 511 对欲婚夫妇进行婚前检查，开展计划生育免费服务 9500 人次，落实各类计生奖励扶助资金 70 余万元。

扩大就业与社会保障，制定实施《秦皇岛经济技术开发区开展创业促进就业工作实施意见》，增加城镇就业岗位 3521 个，实现下岗灵活就业 315 人，城镇登记失业率 3.04%，发放社会保险补贴 103.06 万元；企业养老、失业、医疗保险参保人数分别为 36657 人、26326 人、30257 人，合计支付统筹费用 4147 万元；为城镇、农村低保、特困、五保、优抚对象发放社会救助金 115 万元。

稳定劳动关系，在 100 多家重点企业实施"经济形势对就业影响情况调查表"周报制度，16 家企业参与承诺不裁员的"共同约定活动"；全年办理劳动仲裁 175 件、213 人，结案率 84%。

扶农惠农，安置失地农民就业 195 人；发放 280 公顷耕地的粮食直补资金 65 万元；发放各类"双创"奖金（包括五好村和五好家庭奖、区外种植养殖奖、农民子女大中专毕业生奖）1141 万元；农村养老保险参保 3613 人，新农合参保 23432 人，参合率 96.59%；全区农业经济总收入 11234 万元，农民人均纯收入 5591 万元；积极推进农村城市化，发放拆迁、征地补偿款 2.2 亿元，提供 16.5 万平方米房屋安置回迁 880 户。

【文化发展】 秦皇岛开发区加强文化产业管理，有各类文化、新闻出版经营单位94家，从业人数898人；职能部门与文化经营单位签订年度安全生产责任状，对企业负责人及从业人员进行行业法律法规培训；制订《暑期文化市场及出版物市场工作方案》，严厉打击文化及出版物市场各类违法经营行为，集中治理网吧和歌舞厅接纳未成年人、超时营业及出版物市场、音像市场非法出版物等问题。

文化活动丰富多彩，举办纪念新中国成立60周年暨建区25周年文化月活动，包括文学作品征文、第三届"创业杯"摄影大赛、书法·绘画·摄影·手工制作作品大奖赛；举办多场"彩色周末"文艺晚会；落实国家农村数字电影放映工程，完成43村一月一场电影目标任务。

新闻出版健康发展，《秦皇岛日报·开发区周刊》出版50期、发稿2300余篇，"秦皇岛电视台·开发区新闻"播出52期、发稿500余篇，"秦皇岛电台·今日开发区"发稿600余条；《旅游纵览》杂志出刊12期；《开发区发展研究》出刊6期；《中国·秦皇岛经济技术开发区年鉴2009》出版；在国内宣传媒体刊出专版40多个。

文学创作蓬勃开展，《开发区文学》杂志出刊4期，发表全国各开发区作者作品100余篇；秦皇岛开发区作家协会会员发展到36名，其中河北省作协会员8名、秦皇岛市作协会员8名，4名成为省、市签约作家。

企业文化建设推进，企业文化建设得到广泛重视，11家企业形成了成熟的企业文化模式，如正大公司的"生产道德、销售人品"、康泰公司的"信心、开心、爱心"等；拥有企业自办报刊10余种，办刊100余期。

【机构设置与管委会领导】 2009年，中共秦皇岛经济技术开发区工委工作机构有9个：工委办公室、工委组织部、工委宣传部、政法委员会、区直机关工委、企业工委、信访办公室、"双创"办公室、老干部科。秦皇岛开发区管委工作部门有11个：办公室、经济发展局、社会发展局、城市发展局、人事劳动和社会保障局、财政局、政策法制局、建设规划管理局、审计局、监察局、公安分局，行政级别均为副县级；直属事业机构有7个：招商局、科技局、大项目办、新闻中心、农村工作局、教育局、安全生产监督管理局。

工委书记为郑宝亮，工委副书记为胡英杰、郁和平、李生、周雁、徐贺、陈永富、郝凤斌。

管委会主任为胡英杰，管委会副主任为郑宝亮、李生、邵宏根、李颖熹、扈秋宁、郭晓城、刘洪柱、何华庆。

（秦皇岛经济技术开发区管委会　苗艺）

烟台经济技术开发区

【经济发展】 2009年，烟台经济技术开发区（以下简称烟台开发区）完成地区生产总值705亿元，增长8.4%；完成工业总产值2230亿元，增长14.4%；完成工业增加值564亿元，增长11.6%；实现税收81亿元、地方财政收入26亿元。

【投资环境】 2009年，烟台开发区完成固定资产投资233亿元、基础设施投资29亿元，累计分别达到1707亿元和241亿元，形成了与国际接轨的投资创业与公共服务体系。在山东省首家通过ISO14001环境管理体系和ISO9001行政管理质量体系“双认证”；被联合国环境署确定为“中国工业园区环境管理示范区”，通过国家生态工业示范区验收，成为全国首批循环经济试点单位；资源再生加工区是全国首家“圈区管理”试点园区，留学人员创业园区已建成全国重要的高新技术企业孵化基地。烟台开发区在全国率先提出“社会责任工程”，建立实施企业、机关、农村、社区、公民五大社会责任体系，实现了政府监管方式和企业发展理念、模式的重大转变。

【对外开放】 2009年，烟台开发区完成进出口总额248亿美元，增长5.6%，其中出口140亿美元，增长7.6%；实际利用外资3.7亿美元，落户世界500强项目2家，累计已达到46家。开发区大力实施“走出去”战略并取得积极成效，全区已有7家企业在境外投资建厂，其中由西北林业公司主导的“中俄—托木斯克木材工贸合作区”总投资16亿美元、规划面积695万平方米，拥有2万平方公里森林采伐权，年可加工木材600万立方米，是全国最大的林业对外合作项目。

【主导产业】 烟台开发区累计注册各类企业14000多家，其中工业企业3500多家、外商投资企业1200多家，构筑起机械制造、电子信息两大主导产业拉动，汽车、手机、电脑、船舶、装备制造五大产品集群支撑的产业发展格局，成为全国重要的汽车工业基地、电子信息产业基地和装备制造业基地，形成36个终端整机产品和设备。2009年，五大产品集群实现产值1650亿元，占到全区总量的74%。

【社会事业】 烟台开发区全面落实惠民政策，持续完善社保体系，财政民生投入接近50%。出台以养老、医疗保险和生活补助为主体的“两保一补”政策，启动建设十大农民安置小区，实施旧村改造工程，从根本上解决了失地农民老有所养、病有所医和就业、居住等问题。全区8.8万农民已有5.8万“转非”，其余3.1万人全部进入“农保”，医疗养老实现全覆盖。城镇居民收入、农民人均收入分别达到2.75万元和1.1万元。始终牢固树立科学的稳定观，注重从源头上预防和化解矛盾，连续11年未发生被登记越级个体访和去省进京集体访，刑事发案率连续三年下降。

【发展趋势】 今后一个时期，烟台开发区将按照科学发展观的总要求，积极抢抓建设“山东半岛蓝色经济区”和“胶东半岛高端产业聚集区”的重大机遇，牢牢坚持以工业化为基础，以转方式调结构为主线，以城市化和城市现代化为总方向，做高做强制造业、做亮做优服务业，提升东部、完善西部、拓展西部，打造城市经济结构清晰合理、产业结构高端强劲、城市个性鲜明朝气的创新性、现代化、靓丽文明的滨海新城。

【机构设置与管委会领导】 烟台经济技术开发区下设工委管委办公室、纪工委、组织部、宣传部、群工部、政法委、经发科技局、投资促进局、人劳社保局、财政局、建设房管局、教育局、社会事业管理局、交通局、旅游局、农业与海洋渔业局、出口加工区管理局、城市管理环保局、规划分局、国土资源分局、安监局、法院、检察院、公安分局、工业项目办、资源再生管理局、知识产权局、工委党校、长江社管处、海河社管处、古现街道办事处、大季家街道办事处、八角街道办事处等机构。

烟台开发区党工委书记、管委会主任为王曰义，党工委副书记、管委会副主任为陈文晔，党工委副书记为谭维忠，管委会副主任为高松敏、苏智、孙夜晓、王宏峰、李国友、刘建民、于少轩、杨林盛。

（烟台经济技术开发区　姚光磊）

青岛经济技术开发区

【经济发展】 2009年，青岛经济技术开发区（以下简称青岛开发区）完成地区生产总值830.01亿元，增长15.5%，总量居青岛市首位；完成第二产业增加值549.33亿元，增长16.4%，占地区生产总值总量的66.2%，完成第三产业增加值277.43亿元，增长13.6%，占地区生产总值总量的33.4%；完成规模工业总产值2383亿元，同比增长20.58%；完成财政总收入506.16亿元，开发区全口径财政收入183.6亿元，地方财政收入95.6亿元，分别增长42.1%和29.3%；消费品零售额达到91.4亿元，增长19.2%；规模以上固定资产投资突破300亿元，增长20.2%；金融系统本外币各项存款余额420.2亿元，本外币各项贷款余额391.6亿元，城乡居民储蓄存款额146.2亿元；城镇居民人均可支配收入24542元，农民人均纯收入10473元，分别增长9.3%和8.4%。

【投资环境】 青岛开发区新开工建筑面积390万平方米、竣工200万平方米，新增城区绿化面积40万平方米，空气质量优良率提高到92.9%。海湾大桥加快建设，海底隧道服务隧道贯通，青连铁路、疏港交通、滨海大道与隧道接线等工程积极推进。龙泉河污水处理厂开工建设，泥布湾污水处理厂扩建、镰湾河污水处理厂升级改造建成启用，城市污水集中处理率提高到81%。“精品工程”战略取得新成果，卓亭广场荣获“鲁班奖”，4项工程获“泰山杯”。47个农村社区实施改造，造船区安置区开工建设，南港区多层安置楼竣工，东小庄等5个社区完成改造，2300户居民实现回迁。实施城市管理体制改革，逐步形成长效管理机制。深入开展环境综合整治，对萧山路等50条道路进行改造、维修，创建全国绿化模范城市工作顺利通过验收。

【招商引资】 青岛开发区新批外商投资项目48个、增资项目23个，累计总投资19.8亿美元，累计合同利用外资13.2亿美元，实际使用外资12.1亿美元；新批过千万美元项目19个；新批港澳台项目17个，总投资、合同外资分别占全区总量的60.5%和54%，实际到账外资占全区总量的53.9%；新批日韩投资项目8个；新批欧美地区项目11个，俄罗斯、土耳其、卢森堡为首次在青岛开发区投资设立工厂。

【对外贸易】 青岛开发区完成进出口总额125.1亿美元，其中出口70.7亿美元，进口54.4亿美元。进出口总值过亿元的企业占全区进出口总额的60.4%，出口总值过亿元的企业占全区出口总额的54.5%。亚洲市场、北美市场、欧洲市场占全区出口总量的78.5%。台湾、南美、澳洲等新兴市场保持快速增长，对台湾出口增长82%，对南美出口增长40.3%，对澳洲出口增长超过200%。全区工业制品出口所占比重达到95.8%；出口产品前四名的是计算机与通信技术、电器及电子类产品、机械设备和游戏机。全区完成高新技术产品出口占全区出口总量的37.4%。

【高新技术产业】 青岛开发区“双十高”项目达到53个，其中研发机构19个、产业化项目34个，实现高新技术产值1665亿元，同比增长20.07%，占全区规模以上工业总产值的69.9%，居青岛市首位。新申请专利、发明专利、授权专利分别同比增长16%、80%和40%。新增国家知识产权试点企业2家、青岛市试点示范企业6家。名牌产品总数在山东省同级行政区域中继续保持领先，被评为山东省知识产权示范区。95个项目列入国家“863”计划、“973”计划等国家级重点科技发展计划；100个项目列入山东省、青岛市科技发展计划。新增省部级重点实验室4家，省部级以上重点实验室、工程技术研究中心和企业技术中心达到33家。高科技创业服务中心国家级科技孵化器建设项目顺利通过验收，新引进科技孵化企业、中介科技机构11家，育成毕业企业、转化科技成果10项。搭建了“青岛开发区高校毕业生创业孵化基地”，并被确定为“青岛留学人员开发区创业园”。

【产业布局】 “六大产业集群”完成产值1592亿元，增长21.9%，总量占区属规模工业产值的78.4%。家电电子产业集群完成产值615亿元，形成以海尔、海信等大企业为龙头，中小型配套企业集聚发展的产业格局，形成年产冰箱冷冻箱1000万台、电视机650万台、空调300万台、手机210万部的生产能力，是国家（青岛）家用电子产品产业园和中国北方最大的家电生产基地、山东省优质产品生产基地。石化产业集群完成产值678亿元，累计引进1000万吨大炼油、总投资6亿美元的丽东化工等龙头项目和上下游企业70余家。汽车产业集群完成产值222亿元，以上汽通用五菱项目为龙头，聚集福田重工项目等一批工程机械生产项目和辉门汽车零部件工业园等一批汽车零部件生产企业，成为中国北方最大的微型车生产基地。造修船产业集群完成产值72亿元，形成以海西湾造修船基地为龙头，大型船用曲轴、船用柴油机、港口船用机械等核心配套项目集聚发展的造修船产业集群。海洋工程产业集群，围绕建设世界重要的海洋工程制造基地，形成以中海油、中石油、武船麦克德莫特海洋工程为龙头的海洋工程产业集群，基本形成亚洲最大、技术最先进的海洋工程制造基地。港口产业集群完成产值5亿元，万吨级以上泊位达36个，成为中国大陆最大的集装箱中转港、冷藏箱和原油进出口港。

【项目建设】 青岛开发区重点建设总投资973亿元的86个市、区两级重点项目。上汽通用五菱发动机项目正式投产，整车生产突破35万辆。船舶产业全面进入投产期，北船重工、武船重工、曲轴二期等项目正式投产；中石油一期建成投产，武船与美国麦克德莫特实现战略合作。家电电子、船舶和海洋工程产业基地被确定为山东省优质产品生产基地。海信液晶模组三期、船用柴油机等高科技项目投产，皇明太阳能研发中心、油气加工新技术工程研究中心等顺利落户。唐岛湾海上嘉年华、国际游艇俱乐部等高端项目开工建设，银沙滩度假酒店、世贸海悦大酒店等相继建成。新前湾集装箱码头开业，中韩物流、宏桥保税物流投入运营。开发区成为山东省服务外包示范基地，青岛拓谱学院微软IT学院挂牌成立，普加民生搜索引擎居全国同类网站前列。

【社会事业】 青岛开发区普调2.27万名企业退休人员养老金，每月人均提高143元。发放社会最低生活保障、临时困难救助和医疗救助金近1000万元，2130户城乡困难家庭受益。投资1300余万元扩建两所敬老院。被评为“山东省残疾人社区康复示范区”。全区新农合参保率达99.6%。廉租住房保障实现应保尽保。安排1200万元财政资金促进就业，新增就业2万余人。选录50名本区生源高校毕业生担任社区工作者，被评为“国家级开发区高校毕业生就业工作先进单位”。稳定就业岗位1.25万个。城镇登记失业率控制在1.5%以内。西海岸医疗中心主体完工，红石崖卫生综合服务楼建成。新增供热面积80万平方米。十件实事进展顺利，兴华农贸市场等14项工程已经完工。

【文化发展】 青岛开发区文化创意产业实现增加值25.9亿元。制定《2009～2020年青岛开发区文化产业发展规划》，设立文化产业专项扶持资金。成功举办第十二届中国电影表演艺术学会奖（金凤凰奖）颁奖、第十届中国国际儿童电影节、凤凰岛国际民间艺术节、大学生文化艺术节等节会。制定《青岛开发区文化产业重点招商目录》，成功引进高端影视传媒、文化创意产业项目8个，重点影视题材剧目4个。投资5000万元对金沙滩演出广场、投资2000多万元对青岛市重点文物保护单位马壕运河遗址进行维护改造。成为“山东省社会文化先进区”、被授予纪念改革开放30年“中国创意城市文化名片”荣誉奖，同时被青岛市列为“五个十”重点文化产业园区。

【管理与服务】 强化为企业“减负、增力、服务”，实行区领导深入企业大调研、选调处（科）级干部到企业挂职帮扶等制度，优化发展环境。召开重点工业企业、现代服务业企业和外贸企业座谈会，对企业反映的问题帮助解决。协调银行为丽东化工、武船麦克德莫特等大项目提供建设贷款38.05亿元。积极通过《行风热线》听取民意，管委（区政府）班子成员和51个部门负责人与市民在线交流，解决问题690个，群众满意率达98%。正式启用了新行政审批大厅，集中审批和服务事项均比先前增加了一倍，行政许可事项由108项精简到88项。推进山东省深化经济体制改革试点，不断为经济社会发展提供动力、注入活力。

【出口加工区建设】 在全国出口加工区排名中由2008年列40个参评单位的第38位，提升至2009年55个参评单位的第34位，是位次提升最快的出口加工区之一。截至2009年底，引进项目21个，总投资2.33亿美元，到账外资6430万美元。累计实现工业总产值6.65亿元，园区闸口实际监管货运量4.1万吨，完成进出口货运量6582吨。园区完成报关量达3375票。拓展保税物流等功能获国务院批准，出口加工区与前湾港将实现货物进出境“直通关”。启动一期2万平方米通用厂房和2.5万平方米打工公寓建设；完成红石崖九号线、十二号线道路建设及三水管线工程；基本完工十号路、十一号路绿化、亮化及人行道铺装工程。推进商务大厦建设进度，完成大楼搬迁工作。

【发展趋势】 青岛开发区紧紧抓住打造山东半岛蓝色经济区和青岛市“环湾保护、拥湾发展”战略实施的机遇，更加积极主动应对金融危机，坚定不移地培育“四个经济亮点”，全力打造“四大特色区域”，扎实推进蓝色经济科学发展示范区建设，深入实施“五项民生工程”，进一步调整经济结构和转变发展方式，更加注重推进改革开放和自主创新，突出保障和改善民生、促进社会和谐稳定，着力提高党的科学化建设水平，在新的起点上实现经济社会又好又快发展。2010年，开发区确保生产总值增长18%，力争突破1000亿元；工业总产值增长23.5%，突破3000亿元；辖区地方财政一般预算收入增长13%；规模以上固定资产投资增长20%；社会消费品零售总额增长18%；招商引资和外贸进出口保持一定的发展规模。

【机构设置与管委会领导】 青岛经济技术开发区工委（区委）共设置7个工作部门：青岛市纪委经济技术开发区工委、黄岛区纪律检查委员会机关、工委（区委）办公室、组织部、宣传部、统战部、政法委、区直机关工作委员会。管委（区政府）共设置17个工作部门：发展和改革局（物价局、中小企业发展局）、教育体育局、科学技术局（知识产权局、科协）、财政局、劳动和社会保障局（民政局）、城市建设局（人民防空办公室）、市国土资源与房屋管理局黄岛国土资源分局、交通局、农村经济发展局（林业局、水利局、畜牧兽医局）、海洋与渔业局、安全生产监督管理局、对外贸易经济合作局、卫生局（人口和计划生育局）、审计局、统计局、旅游局、行政执法局（市政公用局）。

中共青岛市委经济技术开发区工作委员会（中共青岛市黄岛区委员会）书记为姜杰（青岛市委常委），副书记为纪敏、马卫刚、苟训林（工委副书记），常委为韩忠伟、于钦德、王谊、张建刚、车贵正、张文晓、郭继山。

青岛经济技术开发区管理委员会（青岛市黄岛区人民政府）主任为姜杰，副主任为纪敏（副主任、区长）、马卫刚（副主任、副区长）、韩忠伟（副区长）、庄贵相（副区长）、张薇（副区长）、王崇江（副区长）、孙大贵（副区长）、刘鹏照（副主任）、明秀云（副主任）、刘鲁强（副主任），主任助理为陈国良。

（青岛经济技术开发区　吴峰）

宁波经济技术开发区

【经济发展】 2009年，宁波经济技术开发区（以下简称宁波开发区）主要经济指标继续保持宁波市前列，全区实现地区生产总值375.9亿元，增长6.5%；财政一般预算收入完成89.7亿元，增长22.8%；完成全社会固定资产投资265.2亿元，增长5.8%。

【招商引资与对外贸易】 宁波开发区制定出台《关于进一步加强招商引资工作的若干意见》，全力抢抓引进大项目资源，积极引进中央企业、临港产业、“补链”型企业、现代服务业高端项目和高新技术龙头项目。2009年，全区实际利用外资6.2亿美元，占宁波市的28%；引进内资62亿元，超出年度计划的24%。总投资约150亿元的宁钢600万吨扩产、中海油LNG冷能空分等重大战略合作项目顺利签约，与中钢、中化、中外运等央企达成一批重大项目合作意向。开发区制定加快服务业发展规划，大力发展以港口物流业为重点的现代服务业，新增三产项目808个，新批总投资千万元以上的服务业项目50个。区内商贸服务业进一步提升，全年完成社会消费品零售额73.6亿元，增长18.5%，实现三产增加值120.8亿元，增长12.5%。

宁波开发区积极调整外经贸政策，全力打造小企业出口信用保险平台，稳定市场份额。进出口商品结构进一步优化，高能耗的资源性产品出口下降，高附加值、高新技术产品出口继续保持稳定。开发区利用广交会等平台资源，扩大企业直接和外商接触机会，使企业开拓国际市场的信心进一步增强。2009年，全区完成境外投资项目17个，境外工程营业额1.29亿美元，同比增长17.2%；完成境外中方投资额3000万美元，同比增长11.1%。

【项目建设】 宁波开发区重大项目建设进展顺利，逸盛石化三期、中宅煤炭码头等一批重大前期项目取得突破。2009年，钢铁、石化、能源、纸业、汽车、船舶等六大临港产业完成产值694.8亿元，同比增长5.8%，占全区规模以上工业产值59.4%，主导产业支撑作用明显。全区骨干企业发展逆势突进，全年完成规模以上工业产值1169.6亿元、利润88亿元，产值前20家工业企业工业产值达到382亿元，增长15.4%，台塑、逸盛等多个企业实现逆势增长。开发区引导支持企业加大技改投入，强化技术创新和新产品开发，完成工业技改投入47.5亿元，占工业投资的70%，技改项目获国家重点产业振兴专项补助5400多万元，占宁波市总额的30%以上。区内节能减排成效明显，两年投入21亿元完成53个重点整改项目，在全省率先通过“811”临港工业废气整治达标验收；万元生产总值综合能耗下降10.1%，三年累计减排量居宁波市第一。

（宁波经济技术开发区管委会）

湛江经济技术开发区

【经济发展】 2009年，湛江经济技术开发区（以下简称湛江开发区）共完成生产总值114.9亿元，同比增长8%；实现工业总产值152.6亿元，同比增长5.5%；实现出口创汇4.42亿美元，同比负增长28%；实际利用外资1006万美元，同比增长超过200%；完成财税收入15.2亿元，同比增长14.8%；实现固定资产投资64.4亿元，同比增长50%。面对国际金融危机的影响，开发区及时出台一系列应对措施，推进各项保增长工作：一是充分发挥区投资项目服务中心的职能作用，实行24小时贴身服务，为企业办理大量实事，解决企业难题，得到了企业和服务对象的肯定。二是及时兑现2008年度企业出口奖励527万元，以政府的少量资金带动放大了金融机构对企业的资金扶持。三是出台《湛江经济技术开发区2009年促进企业开拓国际市场奖励办法》等政策，激励企业扩大出口。2009年一般贸易出口额比2008年有增长的企业，开发区均对其增长部分给予奖励。区内汇编《国家、省、市扶持政策文件汇编》，发到全区各企业并组织宣讲活动，加深企业对政策的理解，帮助企业争取国家、省、市政策扶持资金786万元，有10家企业获得省中小企业贴息资金370万元。四是积极组织企业参加广交会、东盟博览会、广州博览会、广东省外博会和中小企业博览会等，收到良好效果。在广东省外博会上，接到订单5000万美元。五是加大技改投入，推动企业产业升级。财政拨出专项资金4464万元，用于支持企业进行技术改造，全年完成技改投入10285万元，占全区工业投资的36%。六是坚持实行政企联系制度，管委会每月召开一次政企对话会，及时解决生产中的问题。

【项目建设】 2009年，钢铁项目主厂区“三通一平”工作基本完成，搬迁村民永久性安置小区的环评、设计、招标和“三通一平”工作基本完成。2009年6月，中科炼化项目选址东海岛新区，征地拆迁安置工作稳步推进。2009年8月3日，开发区抽调67名队员、38名村干部组成4支工作队分别进驻4条征地搬迁村庄。人口信息登记、劳动力人口登记等工作基本完成，房屋丈量、签订房屋补偿和搬迁安置协议等工作已完成工作量的75%。

【招商引资】 2009年，湛江开发区积极开展全方位、多渠道招商活动，全年洽谈项目43个，其中，进行入区评审的工业项目14个（中科炼化项目除外），总投资额113.8亿人民币；石化基地配套项目4个，总投资额89.3亿元人民币；钢铁基地配套项目7个，总投资额15.5亿元人民币；建成区工业企业增资扩产项目3个，总投资额9亿元人民币。此外，建成区在建的第三产业项目为5个，分别是银隆广场、城市品尚大厦、君豪酒店、湛江美食广场、威格大厦项目，总投资额为9.96亿元人民币。

【产业布局】 湛江开发区由建成区和东海岛新区组成。建成区位于湛江市区中心，有发展第三产业的区位优势；东海岛新区有发展第二产业的优势。开发区利用广东“三旧”改造政策，对建成区产业重新布局，利用区位优势发展总部经济、商业和现代服务业。一是对9个自然村进行“城中村”改造，二是改43块工业用地为商住用地，实行“退二进三”。两项工作可以腾出5平方公里土地用于发展第三产业。2009年，建成区“城中村”改造已进入规划阶段；建成区工业企业有冠豪、双林药业。恒诚制药等8家企业已到东海岛新区建立基地。

【社会事业】 湛江开发区城乡医保一体化试点工程取得突破性进展，城乡医保覆盖率达90%以上，基本医疗保险制度已实现全覆盖。区内进一步完善社会保障制度，所有低保对象、五保户、优抚对象已做到应保尽保。开发区完成海滨中学的接收工作，使海滨中学由企业办学转变为政府办学，由收费学校转变为义务教育学校，义务教育得到扎实推进。

（湛江经济技术开发区　屈康智）

天津经济技术开发区

【经济发展】 2009年，天津经济技术开发区（以下简称天津开发区）实现地区生产总值1273.98亿元，比2008年增长22.6%，其中第二产业增加值完成977.88亿元，可比增长21.9%；第三产业增加值完成296.10亿元，可比增长26.8%。第二、三产业比例为76.76:23.24。全员劳动生产率35.77万元/人，可比增长23.0%。开发区完成财政收入280.1亿元，比2008年增长12.4%，完成税收收入224.12亿元，下降5.7%。其中增值税完成94.83亿元，下降17.8%；消费税完成32.40亿元，下降5.2%；营业税完成19.05亿元，增长15.5%；企业所得税完成50.17亿元，增长6.5%。实现地方财政收入129.11亿元，增长53.4%，其中地方一般预算收入98.35亿元，增长28.6%。财政支出130.49亿元，比2008年增长53.5%，其中地方一般预算支出99.83亿元，增长28.9%。

【投资环境】 2009年，天津开发区出台帮助企业应对国际金融危机的一系列政策措施，编制了天津开发区西区和南港工业区产业规划；成立政策兑现服务办公室，为企业提供政策咨询与兑现“一站式服务”；推动行政事业性收费政策落实，全面清理涉企收费，实施“免收费登记卡制度”，打造“全国最低行政事业收费区”；完成“改善投资环境、构建和谐泰达十件实事”。在商务部组织的国家级开发区投资环境综合评价中，天津开发区综合指标连续十二次名列第一。保税物流中心一期通过国家主管部门联合验收。被国家工业和信息化部评为首批“国家新型工业化产业示范基地（汽车产业）”。国际商会、工商业联合会等协会组织积极为企业发展提供全方位服务。

【招商引资】 2009年，天津开发区新批外商及港澳台投资项目116个，办理增资项目211个，项目投资总额63.73亿美元，比2008年下降10.2%，合同外资金额54.32亿美元，增长7.1%，实际使用外资金额30.2亿美元，增长20.2%。全年新设立登记内资企业637家，增加注册资本企业264家，注册资本278.65亿元。新增民营企业643家，注册资本96.81亿元。

2009年，天津开发区新批外商及港澳台项目投资规模在1000万美元以上的有62个，新批项目平均规模3543.11万美元；新批跨国公司项目20个；新批《财富》全球500强项目1个。全年外商及港澳台项目增资总额达到22.62亿美元，其中合同外资金额16.65亿美元，平均增资规模1072.25万美元。增资额超过1000万美元的项目有25个，包括三星LED、诺维信生物医药、诺和诺德、维斯塔斯、俊安实业、京瓷太阳能、锦湖轮胎、康师傅饮品等优势产业项目的引进和增资，为全区经济的持续增长注入强劲动力。全年新设立1000万元以上的内资企业168家，新设立项目平均注册资本2978.18万元，增资超过1000万元的内资企业69家，注册资本平均增加1.2亿元，长城钻探、中兴能源、国芯科技、航天斯达、渤海装备、荣程祥泰等一批大项目的落户或增资，对内资的发展起到有力推动作用。

截至2009年底，天津开发区累计批准来自74个国家和地区的外商及港澳台投资企业4734家，项目投资额537.96亿美元，合同外资金额405.37亿美元，实际使用外资金额225.48亿美元，项目平均投资规模1136.38万美元。其中投资规模超过1000万美元的项目有806个，投资规模超过1亿美元的项目有43个。全区共有内资企业8830家，注册资本1309.12亿元，注册资本在1000万元以上的内资企业达1465家，其中民营企业849家。

【产业布局】 工业产业结构继续升级。2009年，天津开发区电子通讯、汽车、装备制造、石油化工、生物医药、食品饮料、航天、新能源新材料等八大产业共完成工业总产值3451.81亿元，占全区工业总产值的82.1%，其中电子通讯产业完成产值1101.01亿元，占全区工业总产值的26.2%；汽车产业完成产值815.64亿元，占全区工业总产值的19.4%；装备制造产业完成产值700.11亿元，占全区工业总产值的16.7%；石油化工产业完成产值396.31亿元，占全区工业总产值的9.4%；生物医药产业完成产值95.75亿元，占全区工业总产值的2.3%。

第三产业持续快速增长。2009年，天津开发区第三产业各行业普遍实现快速增长，全区经济拉动作用得到进一步提升。其中，交通运输、仓储和邮政业实现增加值30.83亿元，可比增长25.4%；批发和零售业实现增加值91.11亿元，可比增长24.3%；住宿和餐饮业实现增加值5.01亿元，可比下降10.4%；金融业实现增加值47.87亿元，可比增长16.5%；房地产业实现增加值32.72亿元，可比增长18.9%；其他服务业实现增加值88.56亿元，可比增长40.2%。

【对外贸易】 2009年，天津开发区在全区范围内深入开展“保增长、渡难关、上水平”活动，充分发挥企业服务中心的作用，完善重点企业帮扶长效机制，有效遏制了进出口下滑势头，全区进出口状况逐月好转。天津开发区实现进出口总值268.55亿美元，下降19.5%，其中外商及港澳台投资企业完成248.30亿美元，下降20.4%。进口总值完成135.14亿美元，下降16.7%，其中外商及港澳台投资企业进口122.40亿美元，下降17.5%；出口总值完成133.41亿美元，下降22.2%，其中外商及港澳台投资企业完成125.89亿美元，下降23%。加工贸易全年实现出口116.83亿美元，下降23.4%；一般贸易出口实现15.11亿美元，下降19.4%。全区工业产品外销率达到21.7%。高新技术产品全年出口90.17亿美元，下降23.5%，占全区出口总额的67.6%。机电产品出口119.43亿美元，下降22.2%，占全区出口总额的89.5%。

重点企业在全区出口中继续发挥主导作用。2009年，天津开发区实现产品出口的企业有775家，其中出口额超过1000万美元的有101家，出口总额125.03亿美元，占全区出口额的93.7%；出口额超过1亿美元的企业有22家，出口总额105.09亿美元，占全区出口额的78.8%。

【项目建设】 工业投资规模继续扩大。2009年，天津开发区工业项目完成投资176.34亿元，增长20.4%，占全区固定资产投资的52.7%。全年工业项目固定资产投资额超千万元的项目有115个，其中超过亿元的项目有35个。新一代运载火箭产业化基地、渤海钻探、一汽丰田新皇冠能增改造、长城乘用车生产基地、三星 LED、维斯塔斯、诺和诺德胰岛素灌装、金耀生物园、诺维信生物医药及顶益新厂迁建等重大项目有力促进了全区工业投资的增长。

第三产业投资快速增长。2009 年，天津开发区第三产业完成投资 158.56 亿元，增长 44.7%，其中房地产完成投资 32.47 亿元，增长 41.5%。现代服务产业区（MSD）、周大福滨海中心、永旺购物中心、国电海运、腾讯研发及数据中心、约翰迪尔农业机械测试中心、渣打科营中心等项目，为开发区现代服务业发展注入的新动力。

【科技创新】 科技创新体系进一步完善。2009 年，天津开发区大力推进区域自主创新能力和科技成果转化能力的提升，提高知识产权创造、运用、保护能力，为构建自主创新高地、高端产业高地提供强有力的支撑和保障。全年投入科技发展金和科技风险金 1.81 亿元，申请专利 1101 件，其中发明专利 440 件。截至 2009 年底，天津开发区累计投入科技发展金和科技风险金 21.61 亿元，授权专利 1906 件，其中发明专利 373 件，内资企业授权专利 636 件。

科技资源加速集聚，科技创新平台规模化提升。2009 年，国家级重大创新平台——天津国际生物医药联合研究院一期投入使用，已经吸引国内外 20 多家研发团队入驻开展新药创制。国家超级计算天津中心落户。滨海新区集成电路设计平台吸引了苏州国芯等十几家电路设计高端企业入驻。截至 2009 年底，天津开发区共有各类孵化器 12 家，孵化场地面积 39.1 万平方米，在孵企业 325 家；有工程技术研究中心 28 家、企业技术中心 20 家、跨国公司研发中心 51 家；有风险投资公司 35 家。

科技研发和创新活动空前活跃，科技研发转化成果进一步扩大。2009 年，天津开发区共申报各类科技创新项目 160 多个，有 90 个项目列入天津市级以上科技计划项目，获得政府无偿资助超过 9000 万元；8 个项目列入天津市第三批自主创新产业化重大项目；11 家单位的 11 项科技项目分别获得天津市科技进步一、二、三等奖。全年认定高新技术企业 99 家、软件企业 9 家。截至 2009 年底，开发区累计有高新技术企业 164 家，认定软件企业 65 家。全年技术交易总额 8.40 亿元，完成技术合同登记 443 份，科技成果登记 22 项。

【社会事业】 教育体系继续完善。2009 年，天津开发区第二小学竣工并投入使用，第五幼儿园及天津科技大学二期工程进展顺利，区域教育资源稳步增加。截至 2009 年底，全区共有各级各类学校 12 所，其中大学 5 所、民办学校 2 所；在校学生 3.55 万人，其中大学生 2.93 万人、中小学生 0.62 万人、外籍学生 814 人；教职工 2728 人，其中外籍教师 147 人。区内有幼儿园 6 所，入学儿童 1550 人。

医疗卫生保障水平进一步提升。2009 年，泰达国际心血管病医院通过美国医院管理协会“JCI”认证，其在“全国医疗服务质量万里行”活动中名列全市前列。社区卫生服务站提供了十万人次以上医疗、健康咨询、义诊、计划免疫等方面的服务。开发区已形成综合、专科医院与社区卫生服务站相互补充的良好格局。截至 2009 年底，开发区有 7 家综合性医院、3 家专科医院、12 家其他医疗机构、8 家社区卫生服务站、52 家企业保健站，拥有各类卫生技术人员 1183 人，全年诊疗 61.58 万人次。

社会保障事业稳步发展。2009 年，天津开发区新增投保单位 134 家，全区累计投保单位达 4224 家，全年养老保险征缴 21.36 万人，医疗保险征缴 21.35 万人。养老、医疗、失业、工伤、生育及子女医疗五个险种社会保险征缴 30.25 亿元，比 2008 年增长 15%，其中基本养老保险缴费额为 19.2 亿元、医疗保险缴费额为 8.43 亿元。全年发放养老保险 1.15 亿元，向 6423 名离退休人员发放了养老金。

【管理与服务】 充分整合区域法制新机制。2009 年，天津开发区继续坚持“依法治区”宗旨，坚持“公开、公平、公正”原则，不断完善区域法制环境，依法维护企业、公民合法权益。加强开发区区域法制宣传，向全区企业、居民发放《天津经济技术开发区法规及规范性文件》5000册，当年重新修订、废止行政规范性文件3个。

深化改革创新，提升政府管理水平。2009年，天津开发区深化投融资体制改革、创新行政审批制度、推进政府信息公开、提高政府工作效率，加快国有企业发展步伐、加大机制创新力度。

城市管理再上新水平。2009年，区内数字城管系统通过国家住房和城乡建设部验收，天津开发区被评为国家“数字化管理试点城区”。全年数字城管按期结案率超过87.6%。社区居委会换届选举工作圆满完成，天津开发区成为天津市首个100%实行社区直选的区域。

信息化建设继续完善。2009年，天津开发区提升政府电子政务网络建设，为电子政务、电子商务、电子社区的建设提供更加完备的服务保障。建立泰达城市网，进一步提供高质量公共服务；充分发挥呼叫中心作用，为企业提供“7×24小时”全天候服务。

【南港开发】 2009年，天津开发区管委会正式履行南港工业区开发建设管理职能，完成南港工业区总体规划和分区规划的编制和报批。全年共完成基础设施投资32.49亿元，已围海30平方公里，建设围埝、防波堤31公里，完成土地整理面积25平方公里，基础设施配套能力初步建立，为承接项目打好坚实基础，已有4个产业项目开工建设。

【机构设置与管委会领导】 天津经济技术开发区管理委员会下设管委会办公室、西区办公室、政策研究室、发展计划局、投资促进局、经济发展局（工商分局）、贸易发展局、建设发展局、科技发展局、文化教育卫生局、财政局、劳动人事局、环境保护局、审计局、公用事业局、外事局、安全生产监督局、城市管理局等18个行政部门。

天津经济技术开发区管理委员会党组书记、主任为何树山，天津经济技术开发区管理委员会副主任为孙胜、万军、张军、倪祥玉、艾亚民，天津南港工业区管委会副主任为张东昇，天津经济技术开发区管理委员会副巡视员为王恺。

（天津经济技术开发区管委会　唐力洲）

连云港经济技术开发区

【经济发展】 2009年，连云港经济技术开发区（以下简称连云港开发区）完成地区生产总值158.4亿元，同比增长22.4%；工业总产值457亿元，增长35.7%；财政总收入42.1亿元，增长23.1%；出口总额7.3亿美元，实际利用外资3.07亿美元，增长12.5%；内联到位资金56.8亿元，增长18.6%；固定资产投资126.4亿元，增长25.7%；其中工业项目投入90亿元，增长33.8%。全区纳税过千万元企业35家，较2008年净增13家；其中纳税过亿元的有6家。

【新兴产业】 连云港开发区积极抢抓江苏沿海开发和长三角地区发展的重大机遇，充分发挥后发优势，大力发展新医药、新材料、新能源、现代服务业等新兴产业，力求在特色产业培育、经济转型升级、自主创新发展上，走出一条可持续发展之路。新医药、新材料、新能源等“三新”产业已成为全区乃至连云港市的支柱产业，“三新”产业产值以年均30%的速度递增，占全区工业总产值的一半以上。在新医药领域，已形成新型抗肿瘤药、新型肝病药物、麻醉镇痛药物、新型中成药、新型药用包装材料、医用消毒灭菌设备六大特色医药集群。2009 年，新医药产业利税收入占全区利税总额的41%。在新材料领域，已聚集40 多家在国内同行业中处于技术和规模领先地位的骨干企业，形成以碳纤维、高强高模聚乙烯纤维、差别化氨纶纤维为主的复合材料基地以及硅电子信息材料、太阳能光伏材料等特色产业集聚区。在新能源领域，区内有江苏省十大创新型园区之一的清洁能源创新产业园，工信部在全国唯一设立的国家新能源产业和中小企业科技创新与成果转化示范园等项目载体，培育了中复连众、国电联合动力等 30 多家研发生产风电设备、光伏产品的骨干企业，已形成集风电整机、关键零部件、控制系统配套发展的风电装备产业链。

【科技创新】 连云港开发区始终把科技创新作为优化产业结构、提升产业层次的根本动力，努力抢占发展制高点。2009 年，全区研发投入占地区生产总值的比重达到 3.38%，有高新技术企业 21 家，产值占全区工业总产值的比重近 40%。

开发区已培育一批自主创新能力全国领先的龙头企业。恒瑞医药公司是国内最大的抗肿瘤药物研究和生产基地、国家创新型试点企业和知识产权试点单位，居首届全国大中型工业企业“自主创新能力行业十强”，分别在连云港、上海、美国、瑞典设立了 4 个研发中心；恒瑞豪森集团在科技部进行的创新药物企业孵化基地、产学研联盟评比中获得全国第一名；中建材中复连众公司兆瓦级风力叶片的研发、设计、制造能力位居亚洲第一；中复神鹰公司打破国外技术封锁，成为国内首家自主研发、自制设备、批量生产的万吨规模碳纤维生产企业。

开发区坚持把引进和建立研发中心、研发机构作为发展新兴产业的重要抓手，已成为苏北地区科研机构层次最高、数量最多的密集区之一。全区已有 30 个国家级、省级企业技术中心、工程技术研究中心、重点实验室、院士和博士后科研工作站、“863 计划”成果产业化基地。

开发区对企业实施攻坚的重点产业领域核心关键技术，在研发资金、项目报批等方面给予重点倾斜，并取得一系列突破。新医药方面，先后获得新药证书 299 个，有 33 个医药产品为国内独家生产，17 个医药产品市场占有率居全国第一，开发区已成为获得国家新药和一类新药补助最多的区域。新能源方面，已掌握太阳能光伏电池原料及组件的生产制造技术；自主研发国内最长的 3 兆瓦 55 米风电叶片已投产。新材料方面，自主开发的 ST－750 碳纤维已接近 T800 级碳纤维的技术指标水平；运用气固法工艺技术生产氯磺化聚乙烯橡胶超越美国杜邦，率先攻克世界难题。

开发区引进一批高层次科技人才，其中国家“千人计划”人才 2 名、省“双创”人才 10 名、海外留学归国人员 19 名、硕士学历以上人才 500 多名。

开发区注重以产业发展吸纳和汇聚科研资源，支持区内有条件的企业新建、扩建研究中心；同时，先行建设各类科研平台，坚持产、学、研相结合，建设中科院能源动力研究中心、省级高性能纤维产品检测中心、风力叶片检测中心等公共研发平台，推动科研成果产业化。通过产学研合作，已完成国内或国际技术领先的新产品新技术开发 200 多项，其中技术水平国际领先的 8 项。

（连云港经济技术开发区党政办、政研室）

广州经济技术开发区

【经济发展】 2009年，广州经济技术开发区（以下简称广州开发区）地区生产总值达到1321.8亿元，年均增长19.28%，实现工业总产值3437.8亿元，年均增长20.92%；第三产业增加值330亿元，占地区生产总值比重上升至25%，现代服务业增加值达到182亿元，占第三产业增加值比重达到55%；财政收入311.4亿元，年均同口径增长21.52%；实际利用外资11.65亿元，占广州市利用外资总量的30.75%。

【招商引资】 广州开发区从以往侧重招外商投资制造业转向内外并举、聚集高新技术产业，提高招商引资质量。在项目引进时设立科技含量、辐射带动能力等考核指标，重点引进外资科技项目，成功引进LG液晶显示、英特尔、索尼、杜邦等一批质量高、带动力强的外资科技项目。同时，设立专项资金对跨国公司设立研发中心给予政策性奖励，其中，对于世界500强跨国公司或上年度为区内产值前20名、设立独立研发机构的企业，参照国家级研发机构资助标准，经认定给予一次性最高不超过300万元资助；对于上年度为区内产值21名至50名或境内外主板上市、设立独立研发机构的企业，经认定给予一次性最高不超过150万元奖励。全区已吸引IBM、三星、汤姆逊、拜耳、杜邦等80多家世界500强企业的研发中心，形成以开放聚集创新资源的良好格局。为增强跨国公司与本土企业的交流与合作，开发区设立跨国公司联谊会、行业协会、创新联盟等形式多样的民间组织，开设企业网络平台，方便中外企业信息交流。由管委会牵头组建了数字家庭技术联盟、生物医药研发联盟、基因检测联盟、现代信息服务联盟以及环保新材料产业技术联盟等一批跨国公司参与的创新联盟。2009年，以LG项目为核心，开发区组建液晶面板产业技术创新联盟，整合广州、深圳、东莞等地30家盟员单位创新资源，加快打造上中下游配套齐全、全球重要的新型平板显示产业研发制造基地。

【园区建设】 广州开发区规划建设了现代服务业聚集区，包括商务区、总部经济区、金融创新服务区以及创意产业园、服务外包示范园区、会展物流园区、商品检测认证示范园区等，被批准成为国家新型工业化（工业设计）示范基地、现代服务业产业化基地和服务外包基地城市广州示范区。引进箭牌、安利、南航、七天连锁酒店、苏宁电器等一批知名企业的中国和华南区总部。开发区按照国际化生态环境优美、国际化程度高、高端消费需求大的特点，着力建设了日本人学校、美国人学校等国际学校以及重点中小学、幼儿园等教育设施。依托行政区建设发展一批中高端居住社区，规划建设10万平方米的科技人员公寓，完善了生活居住条件。开发区与中山大学合作建设三甲医院，规划建设了广州国际体育演艺中心（NBA篮球馆）、广州国际网球中心、国家羽毛球培训中心等文体设施，引进一批星级酒店，加快完善商业网点建设，启动了地铁六号线建设，并营造出方便快捷、配套完善的生活环境。

【新兴产业与重点企业】 截至2009年底，广州开发区节能环保、新一代信息技术、生物、高端装备制造、新能源、新材料和新能源汽车七大产业共有企业近900家，实现营业收入超过1400亿元，特别是在信息、新材料、新医药等战略性新兴产业的重点领域呈现出集群加速集聚的发展态势。信息产业方面，威创视讯已成为数字显示拼接墙领域“中国地区第一”，并于2009年底成功在中小板上市。生物医药产业方面，冠昊生物拥有世界领先、具有自主知识产权的天然生物材料和人工器官核心技术；益善科技成为国内个体化医疗检测的领航企业。新材料产业方面，金发科技已是国内最大的改性塑料生产基地。新能源与节能环保产业方面，迪森热能是具有世界领先水平的石油焦代油节能技术和生物质快速热解制取生物油技术研发企业。

【人才建设】 广州开发区大力引进和培养人才，以建设国家海外高层次人才创新创业基地为契机，制定出台包括人才基地建设方案、领军人才计划、骨干人才计划、技能人才计划等在内的“1+6”人才政策。启动实施“百千万人才计划”（即在5年内吸引100名领军人才、1000名骨干人才、10000名技能人才）和“213”人才工程（即在3年至5年时间内引进20名中央“千人计划”人才、100名海外创新创业领军人才、3000名海外创新创业人才）。开发区研究生以上学历人才已达上万人，中高级职称人才已超2.5万人。

（广州经济技术开发区管委会）

福州经济技术开发区

【经济发展】 2009年，福州经济技术开发区（以下简称福州开发区）实现地区生产总值227.79亿元，增长15.3%，其中第一产业增加值3.83亿元，增长6.4%，第二产业增加值163.55亿元，增长16.1%，第三产业增加值60.42亿元，增长12.9%，三次产业结构比例为1.68∶71.8∶26.52；工业总产值547.01亿元，增长15.2%，其中规模以上工业产值543.15亿元，增长15.3%；财政收入26.16亿元，增长11.0%，其中地方财政收入15.16亿元，增长16.8%；全社会固定资产投资81.96亿元，增长30.6%；社会消费品零售总额40.73亿元，增长12.9%；城市居民人均可支配收入23695元，增长9.8%；农民人均纯收入10563元，增长7.3%。

【投资环境】 福州开发区区位优势突出，地处闽江下游，距福州市中心12公里、闽江入海口34公里，是福州的水上门户；北承长三角、南接珠三角，沟通海峡两岸，至台湾基隆港149海里、高雄港248海里、香港492海里。

港口条件优越，区内马尾港历史悠久，有万吨级码头泊位12个（其中集装箱专用泊位3个、国际客运泊位1个），有5000吨级以上泊位2个，有7500吨级客运码头1个；长安港区还有在建、待建万吨级码头泊位13个，已开辟至日本、新加坡、香港等40多个国家和地区的17条国际航线。马尾是海峡两岸船舶直航口岸和“两马”（马尾与马祖）民间经贸文化交流与合作口岸，是两岸“三通”最便利的港口。

交通便利，福马一级公路、江滨大道连接福州中心城区，福州长乐国际机场与马尾仅一江之隔。沿海大动脉沈海高速公路、温（州）福（州）铁路和福（州）厦（门）铁路拉近马尾与“长三角”、“珠三角”的距离，有利于聚集南北和两岸资源。

市政设施完善，区内通讯、道路、供电、供水、供气、污水处理、防洪排涝等主要配套设施已达到适度超前，城区整体功能日趋完善；已改扩建青州路、马江大道等市政道路，新增道路4.5万平方米；建成罗星22万伏变电站。天马山体育休闲公园一期、船政江滨廊道二期、闽白公路、茶洋山公路初步建成。城区绿化、美化、亮化加快推进，市容市貌进一步改观。

【招商引资与对外贸易】 福州开发区主动适应国家金融、税收和土地等宏观政策调整，坚持“招商选资”、“招研引智”并举，走内增式扩张的引资新路，突出把“零耗地”招商、产业链招商作为利用外资的重要举措。2009年，开发区引进网龙天像、坤孚等新项目，上润精密、中华映管、星网锐捷和辰星药业等一批在建项目纷纷增资扩大生产规模。区内新批项目240个，其中“三资”项目5个、内资项目235个，合同利用外资0.48亿美元，实际利用外资1.57亿美元，内资实际到资达56.84亿元，总量列福州市前茅。

2009年，福州开发区实现外贸出口16.66亿美元，增长8.2%。其中“三资”出口额6.17亿美元，占总量的37%；贸易出口额10.17亿元，增长20.6%，占总量的61%。全年出口千万美元以上的企业有24家，其中超过1亿美元以上的企业有华闽公司、东南造船厂和华映显示科技公司。

【高新技术产业和重点企业】 福州开发区以科技创新为先导，国家高新技术产业标准化示范区、科技兴贸出口创新基地建设成效明显，获得“全国科技进步先进区”称号。全区累计有13个项目被列为福建省自主创新产品，有4个项目被列入2008年至2009年国家重点新产品计划，有48家企业重新通过高新技术企业认定，有50家企业建立研发（设计）中心。高新技术企业创造了全区60%以上的工业增加值。

区内企业规模不断壮大，产值亿元以上企业达75家，比2008年增加12家。“50聚龙”（计划2009年聚集50家总部在开发区或由上市公司投资的企业）目标全面实现，华映光电、网讯科技、名城实业、福建上润等4家企业成功在境内外上市。截至2009年底，全区已有5个中国名牌产品、2个中国驰名商标，以及80多个省、市名牌产品和著名商标，企业参与国际标准制修订106项，品牌创建和标准化工作保持全市领先水平。

【项目建设】 福州开发区全年实施重点项目97个，年度完成投资46.26亿元，占全区固定资产投资额的56.8%。其中，基础设施项目完成投资1.16亿元，产业项目完成投资44.15亿元，社会事业项目完成投资0.95亿元。开发区积极配合国家、省、市重点项目建设，有力保障温福铁路、福厦铁路顺利通车；全面完成沿海防护林建设、琅岐万亩片六期海堤除险加固等中央新增投资项目；已建成或基本建成飞毛腿动力电池、国脉科技综合楼、新大陆二期、坤孚科技、天马山体育休闲公园一期、师大二附中教学楼、亭江社区卫生服务中心等18个重点项目。

【产业布局】 福州开发区已初步形成电子信息、装备制造、冶金压延、轻工食品、现代服务业等五大产业集群，其中电子信息产业在全国占有举足轻重的地位，仅华映显示器一条产业链就聚集了17个投资千万美元以上项目。开发区大力发展现代物流、服务外包、工业设计、创意动漫等服务产业，已入驻马士基、中外运等30多家知名物流企业，建成海峡农产品批发市场，引进国脉科技、网龙等一批IT服务外包企业。

【出口加工区建设】 福州开发区全力推进出口加工区内各项基础设施、配套设施建设，组建了福州出口加工区管理局和投资服务中心，海关正式入驻，已实现封关运作、叠加保税物流功能。全年共完成固定资产投资3625万元，实际利用外资450万美元，完成48票保税物流业务，进出区货值520万美元，实现新增税收187万元。华昆赛车配件、邦信网络终端、华顺达工艺品等3个入区项目基建工程已全部竣工，还引进日日通、天赐豪成、东航、伟成等4家物流公司。

【对台经贸文化交流】 福州开发区发挥独特的对台优势，在两岸产业对接、经贸文化交流、推动两岸“三通”等方面继续走在全省前列。截至2009年底，全区累计引进台资项目232个，总投资16.78亿美元，实际利用台资8.74亿美元。全区台资企业的产值、税收、出口创汇的贡献率占全区30%以上。大同、统一、清禄、顶益等一批著名台企均在区内投资并不断增资，福州开发区成为全国台商投资密集的地区之一。同时，新大陆公司在台湾设立分支机构，率先实现“陆资赴台投资”。

福州开发区改造提升对台客运、货运码头，启用中盈8号对台专用码头，新建台轮停泊点和海关监管仓库，率先实现马尾—基隆海上滚装直航，建立了两岸邮政速递物流配送中心，形成对台邮件、包裹水上中转枢纽。新增两家对台小额贸易企业，台轮累计航行332航次，对台小额贸易保持省、市前列。台湾商品市场一期营业额已突破3000万元，后续二期建设正加快推进。海峡水产品交易中心一期工程基本完成，正着手建设海峡医药物流中心、对台物流园区、远洋渔业集散基地等项目。

“两马”经贸文化交流层次不断提升，内涵不断丰富，已举办第七届“两马”同春闹元宵、第四届“两马”体育联谊赛和第二届“两马”书画摄影展，组织开展两岸自行车环台游，“马尾马祖元宵节俗”已被列入国家非物质文化遗产保护名录。“海上直航台湾本岛”、“在榕暂住人员赴台游”率先从马尾启动，全年往返“两马”航线人员9.12万人，彰显了“两马”交流品牌效应。

【社会事业】 福州开发区将新增财力、公共资源、工作力量向民生倾斜，全年统筹用于改善民生的资金占财政总支出的30.6%。积极做好就业再就业工作，加强就业指导、培训和援助，推荐就业2万人次。社会保险“五大险种”扩面任务全面完成，企事业单位职工退休金、村居主干待遇稳步提高，被征地农民养老保障试点顺利启动。中小学标准化建设稳步实施，完成亭江中心幼儿园、实验幼儿园扩建工程，各阶段教育教学质量整体提升。公共医疗卫生设施和服务体系不断完善，开发区综合医院病房大楼、亭江卫生院综合楼基本建成。“平安马尾”建设继续深化，全面落实社会治安综合治理各项工作，社会保持安定稳定。

【管理与服务】 福州开发区现行的管理体制实行经济技术开发区与行政区“两区合一”。除享受国家级开发区政策外，还具有高科技园区、台商投资区、保税区、出口加工区、显示器件产业园区、国家级生态工业园区、科技兴贸出口创新基地、高新技术产业标准化示范区、海峡两岸农业合作实验区和两岸船舶直航口岸等功能，是海峡西岸对外开放功能比较齐全的特殊区域。

福州开发区始终把投资环境建设作为核心竞争力来培育，建立“前、中、后”三道服务体系。设立外商投资项目服务中心，推行全程无偿代办制，为企业提供资金进出、人员进出、货物进出以及项目审批、登记、基建等一条龙无偿代办服务。设立110企业服务中心，为企业及项目建设、生产经营提供全面周到、快速有效的服务。设立政务中心，21个政府职能部门在中心设立服务窗口，受理125项行政许可事项和15项办证服务事项，简化审批手续、提高行政效率。实行重点项目区领导包点制，为企业送政策、搭桥梁、找订单、招工人，帮助企业渡过难关、逆势而上。福州开发区继续深化改革行政审批制度，大力推行网上审批，改“串联”审批为“并联”审批，投资环境持续增强。

【机构设置与管委会领导】 福州开发区党委内设机构为纪律检查委员会、办公室（政研室）、组织部、宣传部、统一战线工作部、政法委员会、台湾工作办公室、机构编制委员会办公室、区直机关工作委员会。福州开发区管委会内设机构为办公室、发展和改革局（统计局）、经济发展局、教育局、科技发展局、公安局、监察局、民政局、司法局、财政局、人事劳动和社会保障局、国土资源局、建设局、城市管理执法局、交通局、农村发展局、文化体育局、卫生局、人口和计划生育局、审计局、环境保护局。

福州开发区党委书记为郑有光，管委会主任为林新国。

（福州经济技术开发区党委、管委会 李仲福）

上海闵行经济技术开发区

【经济发展】 截至2009年底，上海闵行经济技术开发区（以下简称闵行开发区）累计引进项目171个，投资总额超过30亿美元，平均单项投资超过1832万美元；累计销售收入3922亿元，企业利润419亿元，上缴税收344亿元。开发区已逐步形成以轨道交通、电站设备为代表的机电产业为主，以血制品、常用药品为代表的医药医疗产业和以食品、饮料为代表的轻工产业为辅的产业格局。世界500强企业投资的项目占园区企业总数的40%。开发区单位面积土地的年销售收入、企业利润、上缴税收在全国各工业开发区中已连续多年名列前茅。

2009年，闵行开发区完成销售收入391.04亿元，较2008年略有下降；实现利润43.77亿元，比2008年增长8.95%；实缴税金38.26亿元，与2008年同口径比较增长3.81%。

【招商引资和利用外资】 2009年，闵行开发区企业投资总额增加2735万美元，合同外资增加3560.55万美元，实到外资5006万美元。规划审批三菱、强生、博朗等11个建设项目方案及设计，工程总投资额超过1亿元，工程建筑面积为3.6万平方米，优势企业得到进一步扩张发展。

【高新技术产业和重点企业】 2009年12月15日，全国最大的电梯制造企业——上海三菱电梯有限公司举行了新的自动扶梯工厂奠基仪式。新工厂位于闵行开发区元阳路上，占地面积5.3万平方米，设计产能为年产5000台各类自动扶梯和自动人行道，整个工程预计2010年9月份竣工。届时，上海三菱的自动扶梯产销量有望跻身行业前三名。上海三菱作为全球电梯产量最高的单体企业，也是中国最大的电梯制造和销售企业，经济和效益指标已连续16年在全国电梯行业名列前茅。

【项目建设】 2009年，闵行开发区有7个招商项目完成阶段性工作，11万平方米的场地得到启用。三菱自动扶梯、博朗扩张等优势项目又有新突破，已经正式开工建设。ABB电机厂房交接，ABB高压扩建、亨斯迈研发、ABB高压维修中心场地划分等定制厂房项目进展顺利。开发区继续加强土地集约节约利用，回收土地和厂房7.2万平方米。截至2009年底，全区累计回购厂房28.64万平方米、回购土地94.78万平方米。

【节能降耗减排和环保工作继续推进】 闵行开发区完成21个建设项目的环境影响评价及审批，环保投资1826万元；编制并向社会发布《2009年闵行开发区环境公报》；发展6家企业加入开发区环境共建组织，使共建组织总数达到63家，占园区企业总数的72%；新增两家通过ISO14000认证企业，通过ISO14000认证的企业已达园区企业总数的50%；加强能源调查和宣传培训，推进企业节能技术改造，在严峻形势下保持了年度产值能耗比2008年稳定，能耗总量有所下降；启动节水型园区创建工作，积极推进创建国家生态工业示范园区工作，于2009年通过上海市级评审。

【管理与服务】 闵行开发区积极宣传有关产业政策，推动35家企业申报获批上海市“先进技术型企业”、17家申报获批“产品出口企业”；落实市区有关政策，为园区企业争取重大技改项目、新增固定资产专项退税等财政扶持政策和专项资金补贴；进一步完善园区基础设施建设，对因暴雨而受灾的企业进行了资金补贴；开展对开发区数十家优势企业的重点走访工作，为企业送服务、送政策，帮助企业解决实际困难，并在走访中落实企业专项扶持资金，受到企业欢迎。

【加强和谐园区建设】 2009年，闵行开发区扎实推进文明园区创建。首届开发区文明单位命名表彰大会对园区16家单位予以表彰。其中，三菱电梯、强生制药、施贵宝制药、闵联公司等10家企业已被上海市委、市政府命名为第十四届上海市文明单位。闵行开发区针对园区企业构成的实际特点，认真研究探索在外资企业创建文明单位的新途径、新方法。由市文明办批准的闵行开发区精神文明建设指导委员会成立一年多来，积极引导园区外资企业参与文明单位创建活动，有效调动了外资企业评先创优的积极性，推进了文明园区建设，并进一步推动开发区经济社会协调发展。

开发区切实加强园区平安建设，按照“平安世博”要求，组织多项社会广泛参与的活动，取得良好成效。通过落实具体措施，加强园区综合治理基础工作。积极宣传贯彻新《消防法》，加强安全生产管理，开展安全生产培训、安全生产隐患排查治理活动和强化特种设备安全保障工作，扎实推进“迎世博、保平安”各项工作。

【发展趋势】 2010年将是闵行开发区发展的重要一年。开发区将认真学习贯彻党的十七大、十七届四中全会、中央经济工作会议和市委九届十次全会精神，以科学发展观为指导，按照“优化闵行、开拓临港、发展闵联”战略，进一步解放思想，扎实工作，调结构，促增长，增效益，保稳定，实现闵行园区优化发展、临港园区积极发展。

一、闵行园区的优化重在布局

一是谋划战略发展版图。闵行园区要以园区核心企业和企业集群为龙头，着力培养一批分别达到100亿、50亿、20亿能级的核心企业或企业集群，并以此为依托，力争为在“十二五”期间闵行园区销售收入、企业利润、上缴税收的总体规模再上台阶奠定比较好的基础，进一步提升产业能级、壮大经济规模。

二是以重大项目为抓手。重大项目是园区发展的重要机遇。要以轨道交通产业为抓手，密切联系、沟通政府部门，做好协调工作，切实解决项目在土地、政策等方面的问题。精心准备商务谈判，配合企业的发展战略，不遗余力争取重大项目尽快落地，以期成为开发区未来发展的重要支撑力量。

三是积极推动与马桥的联动发展。要以轨道交通产业基地建设为契机，谋划、推进与园区毗邻马桥镇的战略合作。认真研究和思考利用马桥镇的土地资源以及合作方式、运营模式和赢利模式，使开发区企业发展有空间，实现区域之间的良性互动、合作共赢、协同发展。

四是进一步构建高效的服务平台。开发区管理办在服务园区和企业、加强与企业的沟通联系等方面发挥了至关重要的作用。要在新时期适应当前形势变化，不断加强和完善开发区管理办的组成和职能，尤其是争取政府部门的支持与合作，以更好地为企业发展争取资源，不断提升服务能力和水平。

二、临港园区的开拓重在招商

一是立足高端招商，继续“走出去”招商。不断促进招商项目的高端化，积极引进具有较高产品附加值和产业带动力的项目；不断促进招商方式的多样化，大力开展区域联动招商和合作招商，加大项目储备。

二是重视产业集聚和配套功能，加强产业链招商和产业培育。充分利用装备产业区已形成的产业基础，结合园区产业发展规划，围绕主导产业，利用产业链开展招商，做好产业对接。同时，积极引进或培育新兴主导产业，增强产业带动力，不断做大产业集聚规模，做长产业发展链条。

三是加强招商队伍建设，形成有利于招商的各种机制。不断强化培训机制，逐步形成压力和动力机制，大力推进全员招商机制。

（上海闵行经济技术开发区　武鹏）

上海漕河泾新兴技术开发区

【经济发展】 2009年，上海漕河泾新兴技术开发区（以下简称漕河泾开发区）在上海市经济总量中所占的比重实现新的提升，以占上海市0.2%的土地面积，为上海经济发展贡献了3.77%的地区生产总值、5.89%的二产增加值、2.39%的三产增加值和6.36%的进出口额，已建成区域每平方公里工业总产值达到188.5亿元。

【产业结构】 漕河泾开发区产业结构趋向优化合理，二、三产业比例发生新变化。全区已有1200多家企业，形成“一五一”产业格局（即电子信息支柱产业，已经形成的新材料、航天航空、生物医药和正在形成的汽车研发配套、环保新能源五大重点产业以及现代服务业支撑产业）。第二、第三产业得到进一步融合发展。2009年，开发区三产增幅达到34.1%，高于二产的10.85%，三产收入达到565亿元，占开发区销售收入比例首次突破30%。特别是以生产性、科技型为主要特征的现代服务业发展迅速，包括软件和信息服务业、科技及商务服务业、现代商贸业、金融服务业等门类，成为发展高新技术产业的有效配套和支撑。为大力发展生产性服务业，开发区在本部区域建设现代服务业集聚区、金融服务集聚区，在浦江区域建设生产性服务业功能区，同时，位于松江区域的开发区新经济园也在申报上海市生产性服务业功能区，多点联动推进生产性服务业发展。

【招商引资】 漕河泾开发区内外资并举特征更加明显，内外资比例达到“六四开”。开发区加大力度引进内资高科技企业，实行内外资并举，着力引进、帮扶一批发展有潜力、内在素质好、技术含量高的内资高科技中小型企业。2009年新引进的200多个项目中内资项目比例达到80%，包括中电投、国核电、中航信、华东光电、腾讯科技等大项目。内资项目的进入对开发区经济总量保持稳定起到积极作用。

【科技创新】 漕河泾开发区自主创新能力逐步增强，截至2009年底，区内经认定的高新技术企业共有206家，经认定的技术先进型服务企业11家，具有独立法人资格的研发中心、技术中心以及设立研发、技术机构的中外企业460多家。2009年，企业研发总投入65.67亿元，占开发区销售收入的3.53%，区内企业累计申请专利4756件，拥有知识产权的企业达443家，占整个开发区企业总数1/3强。

（上海市漕河泾新兴技术开发区发展总公司）

温州经济技术开发区

【经济发展】 2009年，温州经济技术开发区（以下简称温州开发区）实现地区生产总值100.33亿元（属地131.81亿元），同比增长7.1%；实现工业总产值276.26亿元（属地339.53亿元），增长1.08%；全社会固定资产投资35.58亿元，增长7.43%，其中工业性投资21.52亿元，增长9.06%；实现财政总收入17.83亿元，增长6.07%。

【投资环境】 2009年，温州开发区区域环境质量进一步提升。一是加快国家级生态工业示范园区创建。以创建国家级生态工业示范园区为目标，加快生态化改造步伐。生态化改造方案已通过国家环保局等三部委专家评审。加强合成革全行业污染整治，逐步改善区域大气和水环境质量。加大科技创新，增强科技治污能力，大力推行企业ISO14001环境管理体系认证。加强污染源头控制，杜绝能耗大、污染重项目上马，严控新污染源产生，并逐步淘汰老污染源，万元地区生产总值能耗下降5.72%，提前超额完成年度目标。园区COD和SO_2排放总量分别削减1.8%和18.7%，全面完成年度减排任务，为区域经济持续发展提供环境空间。二是温瑞塘河开发区段整治走在全市前列。温瑞塘河开发区段整治全年完成投资4337万元。上江河截污纳管、河岸驳坎整治工程方案通过会审，清淤工程完成招投标，汤家桥河清淤工程进场施工。清脏治乱显成效，江前河、上江河、屿田河和汤家桥河等4条河道沿岸拆除违章建筑1.75万平方米。加强沿河企业排污监管，沿岸16家排污企业全部安装在线监控，工业污染（废水）、单位雨水全部纳入规范标准全放。三是环境监管成效明显提高。严格执行建设项目准入规定，新、改、扩建项目环评执行率达100%，加大监察巡查频率和力度，建立“环境在线监控系统”，严厉查处环境违法行为，实现环境污染零事故。四是城市综合整治全面达标。强力推进违章拆除，拆除各类违法建筑物3.7万平方米。开展环境卫生专项整治。清运各类垃圾、渣土和废弃物190吨。完成10条主干道、6条人行道的整修，新增300只垃圾果壳箱，改造5座公厕，落实门前三包。全面改造滨海大道交通设施，一期已投入使用，二期工程在前期准备中。交通要道设置全天候交通自动监控系统。

【项目建设】 2009年，温州开发区以“保增长、促转型”为目标，深入开展“政企联动、攻坚克难”企业服务年活动，实施并扎实推进“五个一批”项目建设，转变招商思路，积极引进大项目、高新技术项目，培育发展新兴产业和高科技产业，调整产业结构，全区经济总体呈现企稳回升的良好态势。一是“五个一批”存量支撑。全力推进“五个一批”占地7000多亩、183个项目的开发建设，即推进一批项目落地、推进一批已供地未进场企业尽快进场、推进一批已进场未竣工企业尽快竣工、推进一批已竣工未投产企业尽快投产、推进一批已投产未达产企业尽快达产。新落地项目20个、进场开工项目17个、竣工项目16个、投产项目10个、达产项目33个，推进工业项目实现工业产值55.12亿元。二是招商引资增量带动。组织密集的招商考察活动，针对在外温企、大型国企、500强企业等开展重点产业招商、大项目招商。引进总投资20亿元的正泰集团年产240兆瓦太阳能薄膜电池项目、一期投资5.6亿元的云顶控股集团年产15亿元卡车项目以及总投资980万美元的富士工业园等3个大项目。滨海园区22宗挂牌出让工业用地引进了光伏太阳能、LED、新型元器件、电子控制系统等新兴产业项目。民科基地一期44个项目完成专家评估，其中电子信息产业和汽车零部件产业等25个总用地1457亩的项目进入挂牌程序。三是科技创新内涵引领。项目资金补助比例由2%～8%提高到5%～10%，全年兑现技改补助资金2174万元，同比增长45%。新认定高新技术企业11家，新认定企业研发中心（技术中心）13家、各级科技计划项目立项76个。实施制鞋、服装、装备制造业等行业性技术改造。在建技术改造项目27个，其中技术改造项目11个，完成技改投资额2.2亿元。加快孵化项目引进。15个初创、科技型中小企业入驻创业园，累计入驻企业达81家。承担国家级科技项目5个、省级项目8个、市区级项目65个。加快创新平台建设。2.8万平方米科技创新大楼、3万平方米企业研发总部大楼预计2010年6月份竣工投用。引入生物医药技术、激光技术、创意设计等3个公共技术创新平台。加快省级高新园区挂牌验收，认真做好申报国家级高新园区挂牌的筹备工作。四是发展三产优化布局。以全市规划调整为契机，加快状蒲园区西片“退二进三”产业调整，编制“退二进三”发展规划，明确产业设计与空间布局。启动建设国家级啤酒技术中心、文体娱乐、商务宾馆、专用市场等总投资概算超过5亿元的“退二进三”试点项目。推进楼宇经济带动开发区商贸流通业发展。新世纪商务大厦作为温州唯一的甲级写字楼，已安排56个项目入驻，预计2010年下半年正式投用。开发区大厦正在洽谈引进温州通关服务中心、中国（温州）设计中心等项目。

【园区建设】 2009年，温州开发区开发建设进一步推进。一是民科基地丁山一期开发建设取得实质性突破。民科基地丁山一期开发建设是开发区整合提升的重点区域，全区上下集中精力，积极采取措施全力推进，全年完成工程投资9亿元。工程Ⅰ标1700亩面积完成吹填任务；工程Ⅱ标年底供地3500亩；工程Ⅲ标已进场施工。丁山一期市政工程Ⅰ、Ⅱ、Ⅲ标已进入编制清单和招标程序，进区主施工便道基本完成路面硬化。二是规划先行作用愈益突出。状蒲园区西片“退二进三”产业规划初稿通过评审。高新园区总体规划编制进入尾声；滨海园区控制性详细规划、民科基地中心区城市设计等委托编制；启动建设城市建设数据库和规划审批信息系统，编制滨海园区绿化带控制性详细规划，为下一步开发区产业城建设的渐次铺开奠定良好的规划基础。三是土地要素制约有效缓解。拓宽建设用地空间。组成专门班子集中力量开展滨海园区2000亩土地征用政策处理，已完成1421亩土地征用协议签订，全年完成2个批次614.058亩土地征用和农转用任务。彻底摸清状蒲园区未征的边角地、闲置地，做好转而未供土地专项清理。9个建设用海项目4817亩面积通过竣工验收，进入转为建设用地报批程序。全年完成3批次共667.5亩工业用地挂牌出让。四是市政设施不断完善。滨海园区二期市政建设工程全部建成投用。滨海园区河道开挖及疏浚工程进场施工。开发区第二污水处理厂建成投用。积极推进污泥发电综合利用项目建设，基本落实选址、项目报批等工作。改建3座垃圾中转站，完善垃圾收运系统。温州科技城研发总部主体结构22层结顶。高新园区创业服务中心生活区工程完成招投标。丁山一期27万平方米标准厂房建设完成招投标前期工作。开发区第一幼儿园工程完成主体预验收。制订区容环境三年提升规划，第一期明珠路绿化景观工程已通过专家会审和招投标。

【社会事业】 2009年，温州开发区和谐稳定成果进一步巩固。一是“平安园区”建设扎实推进。加大治安管理、安全生产、信访和维稳工作力度，维护全区经济社会健康稳定发展。组织开展打击整治村霸地霸专项行动，严厉打击涉黑涉恶势力插手企业进场施工工程、扰乱市场秩序的违法犯罪行为。深化“基层基础建设年”活动，开展十万职工群众平安意识“三个一”宣传活动。认真开展安全生产隐患排查治理、行政执法、宣传教育等三项行动，强化安全生产法制建设、保障能力建设、安监执法队伍建设等三项建设。突出抓好村二产留地、租赁厂房企业综合治理，实现全区各类事故起数、伤亡人数、直接经济损失三项指标零增长。加强完善综治工作机制，推进历史遗留问题包案解决，确保国庆安保维稳工作。健全劳动纠纷处置机制。加强劳动监察执法，检查企业103家，为672名员工追讨工资233万元。在50人以上企业建立劳动争议调解委员会。完善规范劳动关系三方协商会议。完成劳动监察网格化监管模式，用人单位信息采集率达80%以上。二是社会事业不断发展。进一步规范全区地名标志建设，新增7条道路完成命名。滨海园区大型多功能文体娱乐中心启动建设。建成一所公办外来员工子女学校和幼儿园，启动社区卫生服务中心改制试点。滨海医院建成投入使用。开通区内公交环线。实现有线电视进社区、企业。全区净增养老、工伤、医疗、生育、失业等各类保险参保人员3300余人。在全市率先推行计生利益导向机制。全面开展慈善帮困、助医、助学活动，全年募集慈善资金250万元。积极开展企业困难职工补助活动，56家企业400多人获得补助。开展爱心慈善新温州人孕妇救助活动等，40家企业结对40个贫困村开展结对扶贫，共投入资金130多万元。全面启动旧村改造试点工程，制订旧村改造拆迁安置方案和实施细则。积极开展招才引智服务。引进各类人才3048人，建立职业技术人才多元培训机制，共培训职工2110名，有2006名职工取得初级以上资格证书，有234人取得专业技术资格。针对下半年劳动密集型企业用工荒问题，政企联动外出开展多种形式的招工活动。

（温州经济技术开发区管委会办公室）

昆山经济技术开发区

【经济发展】 2009年，昆山经济技术开发区（以下简称昆山开发区）实现地区生产总值965亿元，按现价计算，比2008年增长14.4%。其中，第一产业增加值1.37亿元；第二产业增加值802亿元，同比增长14.04%；第三产业增加值162亿元，同比增长16.35%。第一、二、三产业增加值占地区生产总值的比重分别为0.14%、83.11%和16.75%。全区实现全口径财政收入120亿元，其中地方一般预算收入43亿元，分别增长28.81%和18.92%。财政收入占地区生产总值比重为12.4%，比2008年提高1.9个百分点。全区完成工业总产值3753亿元，比2008年增长15.4%，其中规模以上工业企业完成工业总产值3352亿元，同比增长13.18%；实现工业产品销售收入3741亿元，同比增长13.53%。全区工业产值超亿元的企业有213家，其中产值超10亿元的企业49家、超50亿元的企业9家、超100亿元的企业6家。工业产值超亿元企业累计完成工业总产值3416亿元，占总量的91.02%。

三大支柱产业中，电子信息产业完成工业产值2891亿元，占全部工业总产值的77%，占比提高7个百分点，居工业经济首位。全区笔记本电脑产量达到6067万台，创历史新高，同比增长30.8%。液晶电视机和挖掘机的产量高速增长，全年产量分别为272万台和5620台，同比增长44.5%和59.6%。数码相机全年产量

1563万台，同比增长11.9%。以汽车零部件为主的精密机械产业完成工业产值482亿元，轻工、纺织、食品等民生工业完成工业产值135亿元，分别占总量的12.8%和3.6%。

【投资环境】 2009年，昆山开发区完成全社会固定资产投资161亿元，比2008年增长10.59%，其中服务业固定资产投资63亿元，同比增长28.8%。开发区实施总投资近15亿元的10个重大功能项目建设，全年新开工功能性项目100万平方米、房地产项目105万平方米，新增绿化面积148万平方米。

城市功能不断完善，高标准规划功能区域。完成东部新城、中央商贸区、中华商务区总体规划和各个功能性区域详细规划，强力推进重点项目建设，实现了单一工业园区向城市综合型园区空间布局的调整优化。时代大厦、国际会展中心、世茂华东商城、夏驾河景观带等重要载体建竣并陆续启用。全年拆迁民房730户、企业36家，拆迁面积达32万平方米；新建和改造道路21公里，建成污水管网32公里，建成光电产业园220千伏变电站。

房地产业逆势上升。2009年，昆山开发区房地产业迅速复苏，投资总量和销量继续攀升。全年完成房地产投资35亿元，同比增长1.7%，商品房销售面积124万平方米，其中现房销售32万平方米，期房销售92万平方米。住宅消费增长势头更劲，全年销售各类住宅面积114万平方米，其中单套面积140平方米以下的住宅占65.1%。

园区功能不断拓展。2009年12月20日，昆山出口加工区经国务院批准成功升级为综合保税区，光电产业园被列为国家新型工业化示范基地；国家生态工业示范园区创建通过省级验收；留学人员创业园成为全省唯一一家国家科技服务标准化试点单位。

截至2009年底，昆山开发区累计吸引43个国家和地区客商投资1642个项目，其中投资总额超1亿美元的项目达41个；合同外资149亿美元，实际到账84亿美元。区内形成电子信息、光电显示、装备制造、精密机械、民生轻工等五大主导产业，主要经济指标保持年均30%以上的增幅。2001～2008年，国家商务部公布的国家级开发区投资环境综合评价排名中，昆山开发区连续8年位列前4名。

【招商引资与利用外资】 外资规模不断扩大。2009年，昆山开发区新批外商及港澳台投资企业78家，合同利用外资14.71亿美元，比2008年增长2.94%；实际使用外资7.9亿美元。全年新批欧美项目11个，增资项目11个，完成合同外资1.24亿美元。

内资招商异军突起。内资注册资本快速增长，有力地改善了开发区外重内轻的局面。2009年，昆山开发区新增内资企业1233家，同比增长35.6%，全年新增注册内资44.6亿元，同比增长超过100%，创历史新高，其中注册资本超1000万元企业41家。内外资经济融合发展取得新突破，2009年，内资企业实现营业收入436.32亿元，同比增长29.8%，占全区营业收入的11.3%，同比提高1.2个百分点。

服务业招商稳中有升。开发区新批服务业项目52个、增资项目7个，完成合同外资3.23亿美元，占合同外资总额的22.6%。

【科技创新】 2009年，昆山开发区科技工作力度继续加大，创新实力持续增强。新增省级高新技术企业28家、高新技术产品及软件产品90个，新增中国驰名商标1个，申报5个国家级重点新产品，申请专利3178个。微软技术中心、光电产业专利信息平台等一批公共技术服务平台相继启动，三一、奈普等重点企业研发中心、工程中心相继建成，新增外资研发机构13家。新设省级博士后工作站1个，引进博士团队3个，引进博士、硕士30名，1人入围“国家千人计划”，9人分别入围省、市创新创业领军人才。新增国家中小企业创新基金项目、省重大科技成果转化项目、省工业支撑计划项目各2个。

【对外贸易】 2009年，昆山开发区出口总额稳居国家级开发区首位，进出口总额首次跃居全国首位。开发区完成进出口总额533亿美元，比2008年增长5.34%，其中出口365亿美元，同比增长10.24%。在全部出口额中，三资企业出口364亿美元，占总数的99.59%。出口产品以机电产品为主，全年出口额346亿美元，占全部出口额的94.66%。

龙头企业带动作用明显。全区共有出口企业680家，其中出口额超1000万美元的企业118家，超过1亿美元的企业33家，超1亿美元的企业累计出口总额333.59亿美元，占全部出口额的91.31%。仁宝资讯工业等5家电子资讯类企业年出口均超过10亿美元。昆山出口加工区龙头效应明显，占全部进出口总额的78.3%。

【服务业发展】 2009年，昆山开发区受国家级开发区加快服务业发展政策的影响，全区服务业发展普遍加快。完成第三产业增加值162亿元，同比增长16.35%。全年实现利税总额50亿元，其中利润总额28亿元，分别同比增长18.22%和26.45%。

昆山开发区消费品市场平稳趋旺。全年全区批发和零售业实现销售280亿元，利润总额11亿元，同比分别增长49%和33.8%。国家家电下乡和小排量汽车购置税下调政策刺激了大型超市和汽车零售行业的兴起，大润发、乐购两个大型超市销售继续保持增长态势。全区24家汽车4S店和二级汽车销售商实现销售18亿元，同比增长32.9%。餐饮业繁荣红火，全年实现营业收入25亿元，同比增长26.3%。

【社会事业】 2009年，昆山开发区富民强村工作卓有成效。全区村（社区）集体经济实现可支配收入6700万元，农民人均纯收入16000元，同比增长10.3%。发放小额创业贷款1085万元创历史新高，160多家创业户受益。调整征（使）用土地补偿标准和办法，兑付土地补偿款1.6亿元，复耕土地660多亩。

民生工程持续推进。兵希文体中心、蓬朗文体中心、蓬朗街道服务中心、玉山中学、蓬朗中学、玉龙小区改造等一批社会事业工程快速推进。成功举办建区以来规模最大的大型文艺演出。组织区内企业开展校园招聘150批次，输送各类人员11525人，新增本地劳动力就业1615人，其中困难群体就业607人。

社会稳定局面继续保持。社会稳定预警机制得到完善，大调解大防控体系作用明显，劳动关系和谐企业创建工作积极推进，各类矛盾纠纷调解成功率达98%，全区刑事案件同比下降46.1%。

【党建工作】 2009年，昆山开发区新建党工组织125家。区内落户的30家世界500强企业建立了工会组织。党工组织在稳定企业员工队伍、充分调动党员职工发挥先锋模范作用、有效应对国际金融危机影响等方面，发挥了巨大作用。“陈惠芬融合工作法”在全省推广。探索建立并完善全国第一个外企党工干部职业化管理体系，荣获江苏省委组织部门创新奖。建立健全非公企业党工组织负责人公示直选的产生机制，外企党建论坛开进车间。

（昆山经济技术开发区党政办公室　翟永桢）

营口经济技术开发区

【经济发展】 2009年，营口经济技术开发区（以下简称营口开发区）实现地区生产总值304亿元，同比增长30%；区属规模以上工业产值428.1亿元，同比增长51%；区属固定资产投资241.2亿元，同比增长18.7%；社会消费品零售总额51.4亿元，同比增长

19.4%；实际利用外资2.01亿美元，出口创汇4.3亿美元，与2008年基本持平。

三次产业比为2:60:38。第二产业主导作用明显，增加值182亿元，同比增长32%。新增规模企业17户。创国家级服务商标1个、省级驰名商标7个。第三产业拉动作用进一步加大，增加值115亿元，同比增长27%。全口径财政收入23.6亿元，同比增长45.9%；一般预算收入14.9亿元，同比增长58.4%，位居营口地区首位，名列全省74个县区前茅。全口径税收21.8亿元，同比增长49.9%。其中，地税收入15.8亿元，同比增长61%；国税收入6.3亿元，同比增长26%。金融机构各项存款余额179.2亿元，同比增长36.3%；各项贷款余额258亿元，同比增长41.1%。

【投资环境】 营口开发区是辽宁沿海经济带上的一个重要支点，区位优势明显，投资环境优越。交通运输四通八达，长大铁路、哈（尔滨）大（连）公路、哈大高速铁路、沈（阳）大（连）高速公路均从区内东部穿过，疏港铁路、疏港公路横穿东西直达港口码头。距沈阳桃仙国际机场200公里，距大连周水子国际机场180公里，驱车1.5小时可达。东北第二大港、全国第十大港口—营口港坐落于开发区内，拥有140多条国际、国内航线，与50多个国家和地区通航。与港口相配套的海关、出入境检验检疫部门和外轮代理、理货、供应等服务机构一应俱全。2009年，吞吐量实现1.76亿吨，集装箱运量253.7万标准箱，成为中国沿海的主枢纽港之一。开发区拥有总投资380亿元，一期年产650万吨，二期年产1300万吨精品钢材的鞍钢鲅鱼圈钢铁厂；拥有东北最大、总装机容量184万千瓦的火力发电厂—华能营口电厂；拥有28.5公里长的黄金海岸线，中国慈母圣地—望儿山、墩台山古烽火台、亚洲植物本园、熊岳温泉、金沙滩滨浴场等自然人文景观，构成了山、海、林、泉交相辉映的海滨旅游度假胜地。

营口开发区始终坚持“三为主、两致力、一促进”的立区之本，紧紧抓住东北老工业基地振兴、沿海开放，特别是辽宁沿海经济带上升为国家战略的历史机遇，着力打造环境优势，积极构建沿海开放型经济新格局，经济社会发生了巨大的变化。党和国家领导人先后到营口开发区视察工作，使这里成为投资的热点。

【招商引资】 营口开发区积极发挥沿海、临港、区位优势，坚持以城市品牌吸引项目、以产业链条牵动项目、以优质服务留住项目，实施“一、二、三产业”全面招商。坚持“走出去、请进来”，突出对地区有牵动性的重大项目招商，抓好重点区域、重点领域招商，形成了多种产业、多个地区项目流、资金流的共同涌入。2009年，开发区有开工亿元以上项目58个，其中工业项目26个，晶晶光电等项目已经投产，新东北电气、北钢管业等项目正抓紧建设，中稷船舶基地等项目已签约落户，中船重工、富煌钢结构等重点推进项目投资额均在10亿元以上。营口开发区2009年荣获全省“最佳投资环境县区”奖，并被评选为人民网最受关注的地区。

【项目建设】 2009年，营口开发区按照“城市开发生态化，产业发展园区化”的理念，高标准规划建设了54平方公里的临港、滨海两大工业园区，一次性完成“七通一平”，打造项目载体，形成集聚效应。临港工业区主要发展装备制造、钢材精深加工及港前现代物流产业，积极培育临港工业、精品钢材两大工业集群。滨海工业区主要发展以轻工业和高新技术产业为主，兼顾发展服务、金融、贸易、研发等第三产业，逐步培育若干特色园区和产业集群。临港、滨海两大工业区功能不断完善，招商平台作用更加明显，一批大项目纷纷落户，鹊鸣湖高科技生态产业园、逸海中小企业创业园即将开工建设。

旅游业：充分发挥山、海、林、泉资源，大力发展旅游观光、休闲度假、疗养体验等旅游产业，围绕温泉资源开发，积极发展温泉产业集群，打造以天沐温泉村、海滨温泉城、思拉堡温泉小镇为中心的金三角，形成覆盖50

平方公里范围的温泉疗养区；引进国际逸园大使村、养老产业园、中央电视台影视基地、海洋世界等项目，促进旅游业向深层次、高档次、多元化方面发展。2009年，营口开发区被中国城市盛典组委会（香港）评为全国最佳旅游资源城市；被中国（国际）休闲发展论坛评为全国十大温泉养生基地；被博鳌国际旅游论坛评为国家精品旅游城市。

房地产业：引进澳门翔峰、北京金泰、大连汇明等国内外知名房地产企业，开发建设了一批海景、温泉、河畔、山景精品楼盘。

金融业：引进盛京银行等外埠金融机构，积极促进广发行、浦发行、中信银行、大连银行入区建立分支机构。

商贸业：以万隆广场、大商新玛特、家乐福、红旺广场等为重点，大力发展商贸旗舰店，全力打造新老城区商贸中心。

现代物流业：依托港口交通优势，以营口港保税物流中心运营为契机，积极引进国内外知名物流企业，规划建设了辐射东北、乃至俄罗斯和内蒙古的果品、蔬菜大市场，积极促进物流业快速发展。

【社会事业】 2009年，营口开发区城乡居民人均居住面积30平方米。政府每年都要为开发区百姓办理“惠民十件实事”，建设了中心敬老院、新客运站、新中心医院、市民活动中心等一批社会事业工程。妥善解决失地、失渔农民、“4050”人员的就业和社会保障问题。通过举办望儿山母亲节、CBA男篮联赛、海滨温泉节、广场文化月等大型节庆活动和群众性文体活动，营造“爱家乡、爱城市、讲文明、树新风”的良好氛围，形成“团结、奋进、务实、创新”的开发区精神，群众文明程度不断提高，社会更加安定和谐。营口开发区2009年被评为全国民族团结进步模范集体。

卫生计生水平全面提高。城乡医疗卫生服务体系逐步完善。应对重大突发公共卫生能力明显增强，甲型H1N1流感防控工作有效开展。医疗救治及保障水平进一步提高，区中心医院创建国家三级医院工作有序推进。新型农村合作医疗参保13.3万人，参合率达95%，资金使用率达94.6%。加大食品、药品、饮用水安全整治力度，保证群众吃上放心食品、用上放心药、喝上放心水。国家级计划生育优质服务先进区成果得到巩固。区疾控中心被评为省规范化建设示范单位。

高考、中考工作顺利完成，营口市高考文、理科第一名均为开发区考生。职业教育实训基地正在建设，全年向鞍钢新厂等单位输送毕业生300余名。省实验学校鲅鱼圈分校正式开学。省农业职业技术学院进入全国高职院百强行列。熊岳高中被评为省文明标兵学校和省绿色学校。体育设施不断完善，群众性体育活动广泛开展，成功举办全民运动会。

举办各类招聘会110多次，提供就业岗位2.5万个。新增城镇实名就业1.3万人，登记失业率控制在2.5%以内。实名转移农村剩余劳动力4418人。实名培训下岗失业人员2115人，培训农村剩余劳动力、失地失渔农民3360人。基本养老保险扩面10699人，城镇职工基本医疗保险扩面3600人，工伤保险扩面2503人，生育保险扩面2360人，失业保险扩面5898人，超额完成社会保险扩面和征缴等各项指标任务。全面提高城乡最低生活保障标准，全年增发各类保障金460万元。开发区被国家老龄委确定为全国老年友好城市试点单位。

【管理与服务】 城市管理水平明显提高。营口开发区坚持日常管理与集中整治相结合，以实施“绿化、亮化、美化、洁化、序化”为主要内容，五化工作成效显著。严格执行“二十四看”管护制度，改革管理机制，明确责任，量化到人，坚持日常管理与重大节庆日集中整治相结合，定期进行拉练检查，保证管理效果，使城区面貌井然有序，焕然一新。交通秩序整治效果明显，交通运输管理规范有序。有效开展环境保护和节能减排工作，强化各类污染源治理，污水处理厂已投入使用；拆除小锅炉32座，实现集中供热650余万平方米。

（营口经济技术开发区管委会办公室　雷万里）

威海经济技术开发区

【经济发展】 2009年，威海经济技术开发区（以下简称威海开发区）生产总值达到159亿元、人均13万元，工业总产值334亿元，固定资产投资112.5亿元，社会消费品零售总额43.8亿元，进出口总额26.4亿美元，财政总收入20.6亿元，地方财政收入10.8亿元，城镇居民人均可支配收入20117元，农民人均纯收入9774元，经济质量效益全威海市领先。

【招商引资】 威海开发区坚持“请进来”与“走出去”有机结合，引资与引智“双管齐下”，营造出人人重视招商引资、参与招商引资、服务招商引资的浓厚氛围，形成了全方位对外开放格局。开发区实行“专业招商、全员服务”，形成前方招商与后方服务、项目引进与服务推进互促共进的招商引资有效机制；坚持第一、第二、第三产业项目一齐招，国内、国外资金一起引，围绕工业“八大”产业、服务业“五大中心”和农业“五大体系”，加强与国内外大公司和高科技企业的联系，引进关联度高、科技含量高、附加值高和带动作用强的项目，提高产业聚集度，拉长产业链条；树立“亲商、爱商、富商”理念，让引进来的投资者舒心满意，并通过他们招徕更多的投资者；实行领导和部门包项目责任制，全力促进项目落地投产，及时帮助解决项目推进过程中遇到的困难和问题；坚持服务就是效率，服务就是环境，服务就是招商，出台扶持企业发展政策措施，改革行政审批制度，建立部门联系企业制度、重大项目联席会议制度和企业服务“直通车”制度，加大项目服务推进考核力度，减少行政事业性收费，提高行政服务效率，打造绿色审批通道，做到“企业创造财富、政府营造环境”。开发区先后引进40多个国家和地区外商投资项目893个，其中投资过1亿美元的3个、过千万美元的117个，实际利用外资14.9亿美元；引进内资项目1783个，实际利用内资168亿元。

【八大产业】 威海开发区按照建设山东半岛蓝色经济区和高端产业聚集区的部署要求，大力扶持骨干企业膨胀发展，加快推进工业八大支柱产业做大做强，努力打造先进制造业基地。第一，开发区振兴船舶及零部件制造业，充分发挥临港优势，积极抢抓国际船舶产业转移机遇，坚持以“造船总装化、配套本地化、服务社会化”为发展方向，加快建立集研发设计、总装配套于一体的现代造船产业体系，成为山东省六大船舶工业聚集区之一，已聚集总投资24.3亿元的新船重工、20亿元的三进船业等四大造船企业、60多家船舶配套企业和9家游艇制造企业。2009年，全区实现造船完工量40万载重吨，产值51亿元，同比增长38.1%。第二，开发区做大汽车及零部件制造业，以“专、精、特、新”为主攻方向，加快推进总投资4.2亿美元的贝卡尔特钢丝帘线、2500万美元的腾森橡胶、30亿元的华盛轮胎等项目扩张发展，积极发展汽车壳体、发动机配件加工业务，提高汽车产业规模化、集约化水平。第三，开发区优化电子信息产业，以高端制造和自主创新为产业导向，着力推进总投资5亿美元的日月光半导体、9900万美元的世一电子、3600万美元的泓淋电子等拥有自主知识产权和先进技术装备的龙头企业加快发展，带动提升产业的整体水平，增强核心竞争力。第四，开发区升级轻纺服装产业，抓住国家政策调整机遇，加快产业升级改造，着力发展服装、地毯等优势产业集群，打造世界一流的铺地材料制造基地。第五，开发区加快培育战略新兴产业，坚持把培育战略新兴产业作为转方式、调结构的重中之重，抢占新兴产业制高点，培育经济发展新优势：一是做强通用与专用设备制造业，瞄准国家重点工程建设需求，以大型成套设备为主攻方向，加快推进总投资12.5亿元的华东数控、28亿元的华东重工、50亿元的华东核电设备、5亿元的双轮流体核电用泵等项目建设，着力打造数控机床和核电设备制造基地；二是发展生物医药产业，深入推进特色海洋生物工程、新医药制造及保健品精深加工业，重点抓好迪沙药业、华新药业、华夏药业、紫光科技园等项目建设，打造生物医药产业基地；三是扶持新材料产业，以新材料研发、应用和产业化为目标，着力抓好昌星电子金属粉末、安然纳米碱性燃料电池和法国液化空气项目建设，打造新材料产业基地；四是推进新能源产业，充分发挥区域资源优势，科学有序开发风能和太阳能资源，着重抓好总装机50万千瓦的华润风电、华电风电和华能风电以及总产能250兆瓦的薄膜太阳能电池项目，拓展产业链条，打造新能源产业基地。2009年，全区规模以上工业企业达到202个，销售收入过亿元企业43个、过5亿元的15个、过10亿元的10个；纳税过100万元的企业134个、过1000千万元的27个；八大产业产值占工业总产值的比重达到96.8%。

【现代服务业聚集区】 威海开发区把发展现代服务业作为转方式、调结构的重大举措，围绕打造威海市现代服务业“五大中心”，着力推进一批高端服务业项目加快建设。一是充分发挥综合性商业优势，高起点规划建设“两大商贸区”、“三大商业街”、“四条步行街”和“十二个专业市场”，重点推进包括日本永旺株式会社、韩国乐天集团等世界500强企业在内总投资148.1亿元、总建筑面积238万平方米的26个商贸服务业大项目加快建设，其中，总投资7500万美元的永旺威海购物中心、4.6亿元的乐天家居建材博览中心、2.1亿元的特乙甲全球家具广场、2亿元的豪业圣迪购物广场等总投资22亿元、总建筑面积51万平方米的10个项目竣工运营，加快打造威海市现代商贸中心。二是充分发挥“一线一湾一城一果三山”旅游资源优势，着力推进总占地16平方公里的华夏城和1.5平方公里的九龙湾休闲度假会议中心等总投资120亿元的8个旅游项目建设，加快打造融生态休闲、海鲜餐饮、特色采摘、会议服务、观光旅游为一体的威海市城郊休闲度假旅游中心。三是充分发挥车站、港口、出口加工区齐聚区内的区位优势和政策优势，着力推进中外运国际物流、保税物流和冠宏物流等总投资33亿元的10个物流项目建设，努力构建港口、公路、保税协调衔接的物流体系，加快打造威海市现代物流集散中心。四是充分发挥“借韩兴区”的地域优势，扩大对韩交往，吸引对韩消费，兴办韩式餐饮一条街，推进韩国风情街、韩乐坊、韩国城等韩国特色商业项目建设，加快打造韩国人来威海创业消费居住文化中心。五是充分发挥中心城区产业优势和环境优势，大力发展楼宇总部经济，集中规划建设一批高档商务办公楼，加快打造现代商务运营中心。2009年，全区实现服务业增加值48.5亿元，同比增长20%，三次产业比重由建区初期的23:57:20调整为2.6:65:32.4。

【科技创新】 威海开发区把自主创新作为推动发展的第一动力，积极搭建创新平台，健全完善政府推动、企业主导、借才引智、校企联合、资金扶持的科技创新体系，努力打造“高层次人才聚集区、产学研结合密集区、科技成果转化汇集区”。一是积极搭建科技孵化平台，建立了区科技创业服务中心、国家级中小企业创新创业基地、山东省电子信息产品出口加工产业园、山东省保护自主知识产权举报投诉服务中心工作站和国家级专利技术网上交易平台。区科技创业服务中心已引进创新项目和科研机构36家，实现产业化项目12个，被认定为省级科技创业服务中心。二是积极搭建产业服务平台，建立了上海国家射频识别产业化基地、生物芯片上海国家工程研究中心北方基地，引进了中国船级社、德他马林海事工程等船舶研发、设计、监理机构，加强与国内高科技软件企业合作，为推动全区船舶、软件、生物医药等产业发展提供技术支撑。三是积极搭建人才资源平台，优化人才培养、引进和使用机制，出台高层次人才引进政策，重点引进符合产业发展要求的高层次专业人才、管理人才和高技能人才，培训招聘船舶设计、电子封装、现代物流、工商管理、服务外包等急需人才，为产业发展提供强大的人才支撑。四是积极搭建品牌创建平台，建立健全名牌战略促进机制，全面推行质量标准体系认证，深入推进技术专利化、专利标准化、标准品牌化、品牌国际化。全区拥有中国驰名商标2个、中国名牌产品3个、国家地理标志证明商标1个、山东省著名商标11个、山东名牌产品14个、山东服务名牌和山东省质量管理奖各1个。五是积极搭建研发合作平台，实行区科技三项经费重点倾斜，扶持企业建立区级研发中心33家、市级22家、省级14家，科研资产总额突破6亿元，年均投入科技经费2.02亿元，取得科技成果106项。加强产学研对接合作，引导企业与高校院所建立全面合作关系，推动高校院所在区内设立或与企业共建研发机构。区管委与山东大学威海分校、哈工大（威海）两所高校建立产学研战略联盟，40多家企业与29所院校签订产学研合作协议56项；专利技术申报数量和科技成果数量每年以30%以上的速度增长；光伏建筑构件、重型数控机床等40个科技项目国内领先；巨型工程子午胎项目获国家科技进步一等奖。2009年，全区实现高新技术产业产值151亿元，同比增长26%，占规模以上工业总产值的48.1%。

【社会事业】 威海开发区认真贯彻落实国家优先发展教育政策，深入推进教育改革，持续加大教育投入，不断改善学校办学条件，全面理顺城乡教育体制，区内所有中小学设施建设都由管委统一投入，教育经费统一拨付，教师待遇统一标准，教职员工统一管理，师资力量统一调配。开发区新建塑胶操场10个、共计10.4万平方米，多媒体教室370个，图书室12个，配置师生电脑2078套、桌椅1.3万套、教学仪器和实验设备4645套、图书30万册。所有中小学都配建了教学楼、食堂和各类专用教室，用上了新桌椅和现代化设备，实现了多媒体教学和网上办公，达到市级以上规范化标准，在威海市率先实现城乡义务教育一体化。开发区全面推行城镇职工养老保险、大龄居民养老保险、失地农民保险和新型农村养老保险等较为完善的养老保障体系，城镇基本养老保险、新型农村养老保险、失地农民保险参保人数分别占应保人数的76%、92%和98%；城市低保、农村低保和五保集中供养标准达到每人每年4140元、1400元和4500元；积极推进医药卫生体制改革，构建了5分钟社区卫生服务圈，城镇居民医疗保险参保率达到95%，新型农村合作医疗和社区卫生服务人口覆盖率达到100%。开发区出台促进居民就业再就业和创业优惠政策，鼓励扶持以创业带动就业、以技能促进就业，免费组织开展居民就业培训，大力发展职业教育，引导区内企业就地吸纳劳动力，千方百计扩大就业渠道；深入开展和谐企业创建活动，切实加强企业社会责任体系建设，大力发展工会组织，建立健全职工工资正常增长机制。开发区积极推动村企对接，兴办农村加工项目，基本实现村村都有加工项目；加快构建名优水果、蔬菜、花卉、海珍品、畜牧养殖五大现代农业体系，重点发展无花果产业，注册了“威海无花果”国家地理标志证明商标，创建了国家农业标准化示范区，每年举办无花果文化旅游月活动，成片栽植无花果5万亩，开发无花果深加工产品10种，倾力打造无花果之乡。开发区坚持以城带乡、以工促农和“多予少取放活”的方针，不断加大“三农”投入，组织实施农村道路、文化、居住、沼气、自来水和环境综合整治系列工程，全面改善农村面貌，推动城乡统筹发展。

（威海经济技术开发区管委会）

福清融侨经济技术开发区

【经济发展】 2009年，福清融侨经济技术开发区（以下简称融侨开发区）实现规模以上工业产值523亿元，同比下降11.6%；实现销售收入525.9亿元，同比下降8.37%；实现出口交货值51.7亿美元，同比下降8.53%；合同外资2.7亿美元，同比下降34.4%；实际利用外资1.04亿美元，同比增长46.6%；财税收入11.5亿元，同比增长6%；完成固定资产投资22亿元，与2008年基本持平。

【招商引资】 融侨开发区围绕产业链延伸推进新型工业化进程，克服招商要素制约，增强择商选资实效性，集约招商取得新进展。“5·18”海交会期间，开发区签约项目19个（含合同项目14个、协议项目4个、意向项目1个）。区内组织企业参加“6·18”项目成果交易会，成功实现对接科技项目17个。“9·8”投洽会期间，开发区签约项目8个（含合同项目5个、协议项目1个、意向项目2个），其中总投资2650万美元的福耀巴士玻璃增资项目和总投资1000万美元的南方铝业增资项目成为签约亮点，还促成捷联公司与韩国LG公司合作及台湾英冠达公司合作一体机项目。

【自主创新】 2009年，随着外需减缩和国家扩大内需政策全面推开，融侨开发区企业适时转变思路，开拓国内市场，适应市场需求变化。冠捷集团在出口市场需求减少的情况下，积极调整市场营销策略，在第二轮“家电下乡”中，中标范围扩大至全国31个省市，其AOC品牌液晶电视在国内市场的销售额大幅增长；明达公司根据当前国外消费能力下降的状况，减少休闲用品产量，扩大塑胶日用品产品生产，销售稳步提升。不少企业根据市场变化，适时调整市场渠道和产品结构，取得明显成效。开发区争取资金支持企业自主创新，引导鼓励福耀等一批企业推进技术升级改造，取得显著效益；指导一批企业申报国家高新技术企业，并组织相关企业申报发明、实用新型和外观设计专利近20项。开发区深入实施品牌战略，积极辅导祥龙、日清等企业申报并顺利获得省市著（知）名商标称号；着力搭建企业服务平台，助推企业加快发展，投资2000多万元建设创业服务中心大楼；鼓励一批企业营建技术研发平台，加强知识产权保护工作，努力营造有利于高新技术项目孵化成长和自主创新成果尽其所用的环境。

【基础设施建设】 融侨开发区坚持基础设施先行，为企业和项目营造良好配套环境，加大财政投入，重点保障清宏、福玉、福融路中段、福融路南段、福前、福程、清浦路及片区水系改造；保障太城溪景观、光电科技园1号至4号路、科技创业中心土建、福前路涵洞、清华路路灯、光电园电力开闭所、光电园电力主线缆化等工程建设资金到位。2009年，光电科技园已完成1号至4号路主车道、电力缆沟、开闭所实现供电、雨污水管网和路灯建设，正加紧推进绿化工程建设；南部清华路已全面完成工程建设；福前路、福程路及清埔路部分路段主车道、雨污水管线施工同步进行。开发区协调解决福玉路西侧排水管道、福政大道沿线企业夜景亮灯等问题，改善区域环境面貌；推进污染物减排工程，重点推动龙江综合治理和排污接管工作。2009年，全区完成企业接管91家，受理调处环境纠纷5起。开发区支持洪良染织公司创建循环经济试点企业；

支持福耀工程玻璃节能降耗技改项目实施，使其化学需氧量（COD）和二氧化硫（SO_2）排放量大幅下降；开展污染检查，继续推进企业排污接管、入网排污工作，鼓励企业推行ISO14000环境管理体系等工作。区域生态环境质量持续提升。

【项目建设】 融侨开发区克服金融危机对经济的不利影响，启动在建项目跟踪机制，抓实盯紧一批省、市重点项目。按照“意向项目抓签约、签约项目促开工、开工项目快投产”的原则，开发区对实施跟踪机制的项目实行责任人专项推进办法，全面负责项目进展情况，协调解决项目推进过程中遇到的各种问题，帮助南方铝业扩建项目加快手续办理。对未开工的项目做好建设前的协调和服务工作，对已开工项目倒排工期，引导科学组织施工。加强施工现场日常巡查，积极督促福融辉、海创电子、天宇钢铁、福光光电、易佰特、华丰铁艺等项目加快建设。“5·18”海交会期间先后推动富森五金、海壹食品等一批项目投产、动工，树立良好的建设形象，营造了应对金融危机的积极氛围。

【平台建设】 融侨开发区加快“一区多园”载体建设，完善园区配套设施。重点推进福清光电科技园建设，入区项目建设进展顺利。睿鸿光电顺利投产并积极扩大产能开拓客户资源，易佰特、福融辉等项目正加紧建设，实现主体工程封顶，捷联电子加紧进行设备安装调试，加快形成新增产能，光电科技园已初步形成。洪宽机电园的泰明机电、奋安铝业、永强力加等企业发展迅速，呈现对台产业合作交流新成效。大埔工业园依托融旗、融深标准厂房大力开展招商，先后入驻昭和成鸿，中邮仓储等项目，成为吸纳中小型、高成长性企业的集聚地。开发区迅速启动扩区申报工作，在省、市有关部门的指导下，扩区各项准备工作正在加紧推进中，委托编制了《开发区产业发展规划》、《开发区扩区总体规划纲要》和《开发区扩区环境影响评价》等基础资料，待条件成熟后上报。

【企业服务】 融侨开发区强化联系制度，了解和掌握企业发展动态，帮助企业解决实际困难和问题以应对金融危机。协调解决南方铝业、富森五金、捷联电子新厂区等企业生产和施工用电事宜。为金融机构和中小企业牵线搭桥，缓解部分企业贷款难和资金周转短缺的问题。实施“亲商”、“安商”工程，解决冠捷、福耀中高管理和骨干技术人员子女入学问题。伴随经济企稳回暖，针对企业出现员工短缺、招工难的问题，开发区帮助冠捷、华冠、福强、洪良等公司引进员工3000多人。帮助100多家企业获得福清市支持工业企业发展专项补助近1100万元；落实市政府关于标准厂房财政补贴政策，支持一批企业按规定享受税收、贴息等扶持资金。

【和谐园区建设】 融侨开发区社会治安综合治理取得成效，配合所在地派出所，开展打击“两抢一盗”、“打黑除恶”、建筑工地整治、重点地区治安防控集中整治等工作。“五五”普法进企业活动深入开展，进一步增强为企业服务的积极性和主动性，协调解决劳动纠纷20宗，促进了社会稳定。加强监督检查，强化安全生产，组织10余次全区性安全生产大检查、大整改活动，共发出整改通知书22份，整改意见85条，制定《隐患排查专项治理工作方案》和《开发区安全生产百日督查专项行动工作方案》，召开安全生产大会和重点企业事故隐患治理排查专题会，举办危化品企业事故隐患排查治理专项培训班和安全生产管理人员培训班，加强消防安全管理和整治工作，组织企业进行事故应急演练，全区安全生产形势稳定，未发生重大火灾等安全生产事故。开发区文明创建不断强化，积极参与福清市争创全省文明城市迎检工作，定期开展家园清洁活动，以新中国成立60周年为契机，组织企业参加省、市各类演出和登山、法律知识竞赛等群体性活动，丰富职工文化生活。

【党建工作】 按照省、市“解放思想、四求先行”学习实践科学发展观的要求，融侨开发区党工委认真贯彻落实各项党委部署，扎实有效地开展第二批学习实践科学发展观活动，明确把握“三个结合”，即实践活动与开发区致力打造海峡西岸先进制造业基地的目标相结合，实践活动与企业应对国际金融危机相结合，实践活动与机关干部及企业员工的工作岗位相结合，全区科学发展氛围更加浓厚，坚持跟党走的信念更加坚定，积极投入工作的激情更加高涨。开发区以科学发展观学习实践活动带动党建、工建、团建工作，不断增强非公企业的党组织、工、团组织覆盖面，扩大党员队伍和党的影响力，新发展党员 28 名。工会以和谐劳动关系为主题，抓好基层组织建设，新组建工会 15 家，发展会员 1450 人。

【应对危机】 融侨开发区对 73 家企业进行重点跟踪，实行责任到人制度，其中有 18 家企业产值实现两位数增长，特别是新近两年投产的一些企业，与市场结合较好，增幅较大，华冠光电完成产值同比大幅增长。永强力加、奋安铝业、睿鸿光电等一批企业迅速成为增长亮点。开发区有机整合项目引进与土地要素，立足土地资源存量不足的实际，开展内部挖潜定向招商，协调胜丰物流、冰凌厨具等企业承接奥捷五金用地，兆利电子承接鑫铭闲置厂房。区内宣传推介形式日趋多样化，印制、发放《投资指南》、《福清液晶显示产业》等常态性园区及产业平面推介材料，充分运用动漫等各类手段，推介开发区投资环境和项目情况，取得良好效果。开发区切实帮助企业解决融资、土地、房产权证、招工难等问题，想方设法减轻企业负担；积极参加“5·18”海交会、“6·18”项目成果交易会和厦门“9·8”投洽会等国内展会，鼓励企业开拓国内外市场；加强与相关部门的合作，指导和引导企业降低贸易风险，应对国际贸易摩擦和壁垒；加强企业调研，建立健全与市相关职能部门联动工作机制，做好政策宣传落实工作，加大对企业的培训力度，为企业用足用好政策提供帮助。

（福建省开发区协会）

东山经济技术开发区

【经济发展】 2009 年，东山经济技术开发区（以下简称东山开发区）实现规模工业产值 18.71 亿元，同比增长 28.39%；工业固定资产投资 6769 万元，同比减少 47.84%；外贸出口 1.73 亿美元，同比增长 66.67%；合同外资额 584.455 万美元，同比增长 16.89%；实际利用外资 277.39 万美元，同比增长 9.97%；本级财政收入 5553 万元，超额完成县计划。

【项目建设】 东山开发区新投产 500 万元以上工业项目 5 家，同比增长 66.67%；新开工 500 万元以上项目 6 家，同比增长 20%。众康医药项目、华联食品项目、汽车配件项目等 3 个项目正式签约，总投资 4000 万元人民币和 300 万美元。在“9·8”投洽会上，开发区与香港盈丰实业集团公司签订了总投资 1000 万美元的隆盛冷冻食品项目。县重点项目融丰食品有限公司建成投产，腾新食品有限公司收购全联食品有限公司并进行改扩建。引进的圣奇电子公司实现当年洽谈、当年投产，生产的电视机首次出口沙特阿拉伯，填补东山开发区该类产品生产和出口的空白。房地产项目开发建设速度加快，共建设 23480 平方米，有效推动区内房地产业的持续发展。

【基础设施建设】 县为民办实事项目东山双东污水处理厂于 2009 年 3 月份建成竣工，

2009年5月底投入清水试车，项目运行顺利。区内道路配套建设步伐加快，投入近300万元完成文昌路A段路面、景观灯、交通信号指示灯和地税三角点交通渠化岛及交通信号灯建设。区域路网取得重大进展，英才路、聚福路、聚福区间路、祥和路、新发路、宅山路等道路工程相继建成，疏港公路坑北至加油站路段和建发南路拓宽改造完成，构筑了通畅、便捷的区内路网，方便区内企业和群众通行，进一步改善投资环境。开发区投入270万元，铺设污水管道3公里长，清理疏通淤积多年的雨污管道5公里长，改造雨污水井盖100多个；投资10多万元对区内英才路和聚祥福邸小区的自来水管道进行配套建设。

【和谐园区建设】 东山开发区综治和平安创建工作得到有效落实，及时与企业签订综治和安全生产责任状，深入企业和建设工地排查矛盾纠纷和安全生产隐患，集中精力抓好安全生产专项整治活动，有效遏制矛盾纠纷和安全生产事故的发生。区内龙生公司被县委评为综治先进单位。全区扎实开展三个文明建设工作，通过征文和约稿的形式，编撰出版《岁月如歌》一书，举办“开发区杯”长跑赛，成立工会联合会，投入10多万元设立职工书屋，不断丰富企业职工的业余文化生活。组织全区干部学习国务院《若干意见》，要求各部门结合开发区的工作实际，认真开展学习讨论并形成材料，为开发区更好更快发展提出建设性意见。

（福建省开发区协会）

杭州经济技术开发区

【经济发展】 2009年，杭州经济技术开发区（以下简称杭州开发区）国民经济继续保持增长，地区生产总值达到312.15亿元，同比增长10.95%。其中，第二产业增加值247.91亿元，同比增长12.22%；第三产业增加值62.83亿元，同比增长7.40%。三次产业增加值结构为0.45∶79.42∶20.13。全区按常住人口计算，人均地区生产总值为118058元，按2009年平均汇率计算，人均地区生产总值为17283美元，比2008年增长27.15%。

财政收入持续增长。开发区全年实现税收收入69.08亿元，同比增长33.09%。其中中央财政收入42.82亿元，同比增长32.95%；地方财政收入26.26亿元，同比增长33.32%。财政两项指标的增幅均列杭州市第一位。

2009年上半年，在国际金融危机的严峻挑战下，开发区工业经济一度跌入前所未有的低谷，经过一系列“保增长”举措推动，下半年工业经济企稳回升，复苏迹象逐渐明朗。全年完成工业增加值240.05亿元，同比增长12.05%，但工业总产值完成1083.58亿元，同比下降12.60%，其中规模以上工业总产值1078.97亿元，同比下降10.02%；完成工业销售产值1090.42亿元，同比下降11.69%，其中规模以上工业销售产值为1085.81亿元，同比下降9.23%。

工业主要行业中，机械制造业、塑料橡胶业和食品饮料业稳步提升，全年工业总产值分别实现279.02亿元、185.48亿元、183.61亿元，增幅分别为3.39%、5.20%、10.64%，而电子通信业继续大幅下滑，全年实现工业总产值211.83亿元，同比下降42.56%。各行业占比已由电子通信行业一枝独秀的局面转变为机械制造、电子通信、塑料橡胶、食品饮料四大行业并驾齐驱，四大行业占全区的比重为25.8%、19.2%、18.3%、16.7%，行业内部结构呈现均衡趋势。

经济效益大幅攀升。全区规模以上工业企业全年实现利润总额88.71亿元，同比增长23.90%，实现利税总额122.57亿元，同比增长19.19%，双双实现两位数增长。其中利润总额达亿元以上企业25家，利税总额达亿元以上企业30家，分别比2008年增加3家和5家。节能降耗成效明显，规模以上工业企业万元工业增加值综合能耗同比下降5.16%。

固定资产投资稳步增长。全年完成固定资产投资150.28亿元，同比增长10.48%。全区新开工项目81个，新开工面积410.37万平方米，同比增长35.22%；竣工面积160.41万平方米，同比下降43.05%。受土地资源制约和金融危机的双重影响，新开工项目减少，全年工业新开工项目38个，同比下降17.4%。工业投资下降明显，全年工业性投资完成33.75亿元，同比下降30.65%，其中技改投资完成26亿元，同比增长10.22%。

金融危机影响加快了开发区“促转型”的步伐。开发区以完善产业规划为龙头，搭建服务平台，强化招商引资，服务业发展势头良好。全年累计引进服务业企业521家，其中注册资金在1000万美元以上的外资项目14个，注册资金在1000万元以上的内资项目40个，推动开发区服务业领域向高起点、宽领域发展。全年服务业实现增加值62.83亿元，同比增长7.4%，占全区地区生产总值比重达20.13%。

商贸服务业稳步发展。区内品牌连锁业发展较快，速8、朗庭等经济型酒店和澳门豆捞等品牌餐饮门店相继设立，高沙商业街、4号路商业街进一步繁荣，沿江商业起步发展。全年实现商品销售总额138.53亿元，同比增长18.77%，实现社会消费品零售总额27.97亿元，同比增长10.52%。

新兴服务业发展迅速。开发区推进服务外包特色园区建设，已建成新加坡（杭州）科技园5.6万平方米、高科技企业孵化器2万平方米、大学科创园2万平方米。初步形成以软件研发、产品技术研发及工业设计、集成电路设计等外包业务为主，以信息技术外包、金融外包、物流外包为辅的外包产业格局。2009年，全区服务外包收入17亿元，同比增长66%。新建成杭州电子科技大学、浙江经济职业技术学院特色科技园，累计建成10家大学科创园，园区内共落户企业266家，从业人员达1401人。

物流产业优势明显。全区已集聚八方物流、DHL、新华书店配送中心等各类物流企业120多家，共有仓储面积200多万平方米，是杭州市规模最大的物流产业集聚区。从空间布局与功能划分，已基本形成三个各具特色的物流服务集聚区：一是浙江省军区农场仓储物流配送区，仓储面积近3000亩，是杭州市最大的仓储配送物流基地；二是出口加工区及周边的国际物流区，主要发展国际物流业务；三是以普洛斯物流园为中心的北部区域，已初步形成高端物流仓储配送区域。

金融保险业稳步发展。截至2009年底，开发区共有各类金融机构19家，其中银行机构10家，设立支行15个，保险机构4家，担保机构5家。金融机构本外币存款年末余额246.78亿元，同比增长39.09%，贷款年末余额214.67亿元，同比增长64.26%。全年财产保险总业务量8097万元，同比增长20.35%。

房地产投资小幅增长。2009年，全区完成房地产投资39.01亿元，同比增长2.34%。全年完成施工面积391.4万平方米，同比增长14.7%，竣工面积19.6万平方米，同比增长3.6%，销售面积118.2万平方米，同比增长195.9%，销售额107.3亿元，同比增长超过200%。

在开发区城市化进程中，农业经济进一步缩减。2009年，全区农作物播种面积为1648公顷，同比下降28.72%。主要农副产品如牛奶、水产品、肉类、禽蛋产量分别为19500吨、2010吨、1062吨、90吨，较2008年分别有不同程度的下降。2009年完成农林牧渔业总产值为2.15亿元，比2008年下降20.4%。但随着农民收入多元化发展，收入持续增加，2009年，农民人均纯收入达到16929元，比2008年增长6%。

【投资环境】 2009年，杭州开发区按照“国际化、现代化、人文化”的要求，全面推进下沙新城建设，投资环境日臻完善。首届由《经济观察报》和中国区域经济学会等单位主办的“2009中国最具投资潜力开发区”评选中，杭州经济技术开发区位居10强。2009年，商务部发布“国家级经济技术开发区2008年投资环境综合评价”，杭州开发区以综合指数438.6分跻身10强，比2007年前进2位。

基础设施建设推进加快。2009年，杭州开发区投入基础设施建设资金58.3亿元，同比增长38.5%，基本完成新城中心区、北部工业区、大学城北部区块的基础设施建设和公共配套设施建设。地铁1号线、九沙大道、幸福路等交通工程稳步推进，下沙三甲医院、文化中心、学正小学等一批公共配套项目加快推进。开发区大力推进江东区块开发建设，完成15000亩基本农田异地代保；完成9个镇（街）的项目征地；加快建设江东一路等9条道路，全面拉开梅林大道以西路网建设，建成通车5.35平方公里启动区块“两纵两横”主骨架路网；相继动工办事中心、标准厂房、人才公寓、农居安置等项目。开发区全年总开工道路66条，竣工46条，总长度40公里。截至2009年底，全区实有道路总长200.65公里，道路总面积5.84平方公里，渠道总长69.68公里，桥涵104座，下水道总长611.79公里；开发区累计开发土地面积37.94平方公里，其中工业开发面积22.27平方公里；累计完成固定资产投资852.04亿元，其中基础设施投资额166.01亿元。

资源保障能力继续提升。开发区全力推进元东变、上沙变、东一变3个变电所和主网线路建设，日供电能力达163.1万千伏安，全年售电总量30.47亿千瓦时，同比增长11.9%；完成沿江大道D1600自来水管一标范围水管的埋设工程，日供水能力60.5万吨，同比增长98.4%，全年总售水量6661万吨，同比增长11%；供热能力每小时1060吨，同比增长超过100%，年用汽总量595.8万吉焦，同比增长6.9%；供燃气能力每小时22917立方米，同比增长14.6%，年供气总量28677吨，同比增长6.1%。

交通运输日益便捷。2009年，新开通开发区至江东区块、商贸城至汽车东站等5条公交线路，优化调整4条公交线路，新增公交候车亭65座；积极推进快速公交延伸，全面实现出租车进主城服务，建成白杨客运站，城市交通更加快捷便利。截至2009年底，开发区共有城市公交营运线路28条，营运公共汽车数608辆，年客运总量达到4133万人次，同比分别增长21.74%、1.67%和11.28%。

通信能力继续提升。国际互联网的出口带宽达到80G MBPS，线路总容量达到46.46万线，线路开通总容量16.12万线，电话设备总容量和开通容量分别为14.31万门和10.25万门，宽带设备总容量和宽带设备开通总容量分别为12.15万门和6.96万门，同比均有一定幅度增长。受速递业务激烈竞争的影响，邮电业务有所下降，全年邮电业务总收入1821.19万元，同比下降6.12%。

开发区全年完成下沙街道11个社区的整体拆迁，累计征地15000亩；拆迁农户3200户、企业150家，拆迁面积230万平方米；开工拆迁安置房121万平方米，外来人员公寓及商业综合用房143万平方米，建成过渡房33万平方米。

【招商引资与利用外资】 2009年，杭州开发区深化推进招商体制改革，坚持大项目带动、内外资并举，推进产业链招商、新经济招商、新兴产业招商、地块招商和企业增资扩产，全年新批外商投资项目47个，共完成投资总额12.96亿美元，完成合同外资9.66亿美元，实到外资5.9亿美元。全年引进内资项目518个，总投资额45.1亿元，实到内资14.4亿元。

项目质量进一步提升。全年引进注册资金在1000万美元以上的外资项目24个、5000万人民币以上内资项目12个。成功引进益维汽车、谷卡智能企业等工业大项目，新经济项目有万国数据、东江石软件等，生物科技项目有正鸿、铭福等，商贸大项目有第五季商贸、喜漫、财通等。江东区块边开发边招商，已取得突破性进展，继2008年“青年汽车”大项目签约动工以后，2009年又有12个工业项目签约落户。江东区块首次实现工业销售产值2.8亿元。

截至2009年底，开发区累计批准外商投资项目558个，项目总投资124.01亿美元，合同外资金额69.01亿美元，实际使用外资35.71亿美元。区内聚集一大批世界知名跨国企业，在2009年《财富》杂志公布的世界500强企业中，共有7个国家和地区的32家跨国公司在杭州开发区投资了61家企业，西门子、LG、松下、东芝、三菱等一大批著名跨国公司在开发区建立了生产基地。

【对外贸易】 受国际金融危机因素影响，杭州开发区2009年对外经济贸易继续呈现下降态势，全年完成进出口总额57.38亿美元，同比下降32.63%。完成进口总额22.03亿美元，同比下降39.96%，其中外商投资企业完成18.92亿元，同比下降23.04%；出口总额35.35亿美元，同比下降27.09%，其中外商投资企业完成33.26亿元，同比下降28.34%。加工贸易仍是开发区出口主要形式，占全部出口的79%。

从出口地区看，对日本、美国及欧盟进出口占60%。全年对日本出口10.86亿美元，占全区出口额的30.72%；对美国出口5.74亿美元，占全区出口额的16.24%；对欧盟出口4.5亿美元，占全区出口额的12.73%。

从出口产品看，以机电产品出口为主。2009年，开发区机电产品出口总额为24.04亿美元，占出口总额的68.02%。自动数据处理设备及部件、电话机、通断及保护电路装置三类产品出口总额位居前三，出口额分别为7.16、2.20、1.08亿美元。全年高新技术产品出口实现14.73亿美元，占出口总额的41.67%。

【社会事业】 2009年，杭州开发区紧紧围绕构建“和谐开发区”的目标，进一步加大对社会事业的投入，取得新的成绩。

教育事业发展提速。开发区全面推进名校集团化战略，与育才教育集团、浙师大杭州幼儿师范学院、杭州师范大学等单位合作，创办东南中学、星河幼儿园、学正幼儿园等学校。2009年新建成3所小学、3所幼儿园，迁建2所中学。截至2009年底，全区共有学校27所，其中大学14所、中小学12所、聋人学校1所；共有在校学生181713人，比2008年增加3963人；教职员工15905人，比2008年增加646人，其中专职教师10694人，比2008年增加619人；拥有幼儿园17所，入园儿童数达3339人。

卫生服务体系继续完善。2009年，开发区采取多部门联防联控和群众群防群控相结合的措施，有效应对甲型H1N1流感疫情。新设立3个社区卫生服务站，服务网络进一步健全。全区已有各类医疗机构65个，比2008年增加7个，其中医院5所、卫生防疫机构1个。全区医疗机构拥有医生405人；拥有床位482张，比2008年增加71张。

社区建设全面推进。2009年，开发区公开招聘36名社区主任助理，充实了社区干部队伍力量。新增3个社区卫生服务站；积极开展文化进社区，抓好社区图书馆建设并实现“一证通”；开展第二批市级“和谐社区”创建工作，完成6个市级和谐社区的创建；闻潮社区被评为杭州市“崇尚科学、反对邪教”示范社区，月雅苑社区远程教育站点成为市级示范点。

人口总量小幅下降。截至2009年底，开发区总人口397137人，其中户籍人口113739人，同比下降6.79%，暂住人口174542人，同比下降6.64%。人口出生率7.3‰，人口死亡率1.2‰，人口自然增长率6.2‰。

就业工作逆势突围。在金融危机大背景下，开发区围绕创建“充分就业开发区”和“创业型开发区”，大力拓展就业渠道，全年组织各类招聘活动130余场，推出各类就业岗位16万余个，实现各类就业人员74896人。出台“大学生创业实训”等政策，大力推进人才创业工作，在区内14所高校建立大学生创业园，大学生创办企业达到240余家，创业带动就业人数2523人；在111家企业建立实训见习基地，实训见习大学生11574名。截至2009年底，全区就业人数共计182900人，其中大专以上就业人员达82305人，城镇登记失业率控制在4%以内，职工年平均工资达41654元。

社会保障体系不断完善。全区新型农村合作医疗保险参保率达100%，位居全市第一；失土农民养老保险即征即保，失土农民参加城镇医疗保险参保率继续保持在92%以上，全区社会保障覆盖率为98.31%。成立开发区总工会职工维权帮扶中心，实行敞开式、一站式服务，进一步加强困难家庭、残疾人等弱势群体的帮扶救助工作。

文体生活健康丰富。开发区着力打造“文化下沙”金名片，组织元宵灯会、下沙文化艺术节等大型文艺活动，全年为社区和工地送文化节目14场次；组织承办庆奥运一周年“全民健身日”活动、“下沙新城”杯省中小学生羽毛球锦标赛、CBA全国男篮联赛、世界电子竞技大师赛等文体活动。新建6个篮球场、6个乒乓球室和2条健身路径。文化市场监管有力，全年检查各类文化经营场所280多家（次），及时取缔黑网吧、非法游戏室等娱乐场所。

【管理与服务】 2009年，杭州开发区管委会以保增长为首要目标，以促转型为治本之策，以优服务为关键之举，为经济社会的全面、协调发展提供有力保障。

服务水平全面提升。开发区坚持“合力兴工”，营造亲商、安商、富商的“服务文化”，进一步完善投资项目审批代办制；继续取消开发区各类行政事业性收费；深化企业服务，建立工业经济协调周例会制度，全年开展6轮“向百家企业送温暖”活动，走访企业563家（次），帮助企业减负、解困问题603个，解决率92%，企业满意率达到95%。2009年开发区管委会获得“杭州市工业企业长效服务机制工作先进单位”称号。

加强政策扶持，营造政策洼地。开发区出台工业、科技、文化创意、服务外包、现代服务业等方面8项扶持政策，实施重点企业“一企一策”。全年用于扶持企业的专项资金达4.08亿元，其中技术改造资金7600余万元，科技研发资金2400余万元。帮助企业开拓市场，建立网上供求信息交流平台，实现企业就地采购、销售、服务的信息共享。举办企业合作洽谈会，促成合作意向300余项；制订政策鼓励企业参加各类展销会、新设销售点、应用电子商务等，支持企业开拓国际、国内、本地和互联网四个市场；坚持“特事特办、急事急办、手续补办”和“绿色通道”等惠商机制，及时研究协调有关问题，促成35个工业项目开工、31个工业项目竣工、19家企业投产，推进实施34项重点技术改造项目，技改投资同比增长10.2%。

区域环境持续改善。开发区牢固树立“环境是宝贵战略资源”的理念，深入实施“环境立区”战略，加强环境综合整治、景观绿化提升，推进节能减排，多管齐下提升环境品质，全力打造“国内最清洁开发区”。全年种植大树9000棵，新增绿化面积193万平方米，建成区绿化面积达1442.1万平方米，其中公共绿地面积510.8万平方米，绿化覆盖率达到38.2%。全年共有119家企业通过ISO14000环境管理体系认证，29家企业通过清洁生产审核验收，8家企业通过工业循环经济项目审核。2009年，全区化学需氧量和二氧化硫排放量分别下降4.2%和7.3%，规模以上工业企业万元工业增加值能耗下降

5.16%，全年空气质量优良天数达到308天。

社会治安稳定有序。区内建立“工地110”联动机制，与“校园110”、“企业110”、“社区110”形成“联创、联建、联管、联防、联动”的社会治安联动防控体系。推进治安视频监控进社区，严厉打击各类犯罪活动，治安形势总体平稳；及时稳控化解各类矛盾纠纷，国庆安保工作获得全市一等奖，全区社会保持和谐稳定。

【高新技术产业和重点企业】 2009年，杭州开发区围绕“产业高端化”发展战略，坚持优结构、促转型，加大政策扶持力度，抓好园区建设和科技创新，打造“四优四新”产业体系，全区科技创新工作成效明显。

创新环境进一步优化。开发区2009年修订颁布《关于鼓励科技发展的若干政策》，制订出台服务外包、文化创意和生物医药三大新经济产业政策，设立总投资达1亿元的生物医药专项资金，加大对科技创新、新经济的培育扶持力度。成立开发区知识产权局、开发区科协和软件协会分会，细化服务管理功能。

平台建设进一步加快。开发区新建成杭州电子科技大学和浙江经济职业技术学院特色科技园，累计建成10家大学科创园，园区一期建设面积逾3.3万平方米，共落户企业266家；开发区高科技孵化器一期实现招商满员，入驻51家企业，二期建筑面积13.6万平方米启动建设，高科技孵化器以其优质的服务和良好的创新环境晋升为省级孵化器；新加坡（杭州）科技园正式开园，首期建筑面积1万平方米，出租率达50%；服务外包培训基地开工建设，建成规模预计可达8万至10万平方米。

产学研合作不断深化。开发区加强与科研院所、高等院校的合作，促成中科院理化所的“中国工程塑料研究中心南方中心”、江南科学研究院和杭州中药现代化研究中心等入驻区内，全年新增产学研成员单位98家，累计达193家。大力推进校企、院企项目合作，促成产学研合作项目30余个。2009年，开发区获批“中国产学研合作创新示范基地”，并成功促进“院士工作站”进驻区内，截至2009年底已有7位院士进站。

创新能力进一步提升。开发区全年新认定市级以上高新技术企业101家，新增国家重点支持的高新技术企业11家，累计分别达到200家和46家。全区高新技术产业比重高达64.8%。新增市级以上研发（技术）中心18家，累计达62家。全年共申报市级以上科研项目140个，其中国家级项目19个、省级项目49个；成功获批“国家知识产权试点园区”，全年申请专利2304件，同比增长31.36%；专利授权量达1617件，同比增长超过100%。

【出口加工区建设】 2009年是杭州出口加工区运行以来最为困难的一年，受国际金融危机的严重冲击，工业经济和外贸出口受到很大影响。全年加工区累计实现工业总产值85.798亿元，同比下降23.97%；销售产值86.12亿元，同比下降22.75%；进出口总值16.04亿美元，同比下降28%，其中出口11.36亿美元，同比下降19.6%，进口4.69亿美元，同比下降42.7%。

出口加工区管委会推出多项经济政策和服务举措，加工区企业的下滑趋势得以遏制。下半年经济企稳回升，赢利企业从低谷时的2家上升至11家，占区内规模生产企业的52%，产值5亿以上的东芝信息、矢崎、松下3家企业全部扭亏为赢。全年加工区工业企业实现利润总额19658万元，同比增长1.54%；实现税收23626万元，同比增长45.87%。

2009年，出口加工区引进内资项目3个，均为现代物流企业，注册资本共1200万元。功能拓展业务幅射周边的绍兴、萧山等地。共办理功能拓展业务2373批（次）6126票，总计进出区货重35172.45吨，货值10092.58万美元，合计征税5700.53万元。其中共办理即进即出业务1198批（次）4792票，总计货重32881.03吨，进区货值7096.63万美元，出区货值7266.9万美元，合计征税4835.81万元。

区内仓储型企业将料件未经实质性加工配送到区外共计311批（次）452票（其中入区236票、出区216票），入区货重966.67吨，出区货重777.48吨，库存货重189.19吨；入区货值1086.77万美元，出区货值485.84万美元，库存货值610.93万美元，合计征税857.99万元。

区内生产型企业将料件未经实质性加工配送到区外共计864批（次）882票，总计货值1738.91万美元，合计征税6.73万元。

区内新一轮设备更新、增资扩产已经启动，矢崎、松下、瑞奇等8家企业均有不同程度新增固定资产投入，天裕光能年内累计已达9910万元。加工区2009年累计固定资产投资2.01亿元，显示出企业面对金融危机影响，依然保持持续发展的态势。截至2009年底，加工区从业人员11584人，区内各企业均有不同程度的增员。

2009年，杭州出口加工区在区域内保税政策综合性平台的辐射作用初步显现。为尽快启动功能拓展的相关业务，加工区联合海关、国检建立了业务模式和操作流程，同时完善必备的信息系统，使功能拓展在2月底正式启动；年内又联合海关、国检等部门，在绍兴、富阳、萧山、滨江及开发区内数次举行加工区功能拓展政策业务宣介会，针对重点企业，多次主动上门为企业制定物流方案、解决企业在实际运作中的问题。通过努力，杭州出口加工区成为周边加工贸易企业优化物流管理、降低运作成本、解决加工贸易业务疑难问题不可或缺的重要平台，已成为绍兴等地区保税物流的重要通道。

2009年初，在B型保税物流中心获批后，加工区立即着手各项前期准备工作。后根据市委、市政府实施开发区特殊监管区域整合的战略决策，B型保税物流中心移到杭州空港。加工区认真配合B型保税物流中心移址的相关工作。加工区继续履行打击走私综合治理办公室和开发区口岸办的职能，保证开发区及加工区外向型经济规范、有序发展。

截至2009年底，加工区累计有企业31家，其中外资企业26家、内资企业5家；累计引进外资总额45771万美元，合同外资19271万美元，实际到位外资25006万美元；累计引进内资项目注册资金人民币70200万元。

（杭州经济技术开发区管委会　汤峻）

武汉经济技术开发区

【经济发展】 2009年，武汉经济技术开发区（以下简称武汉开发区）的支柱产业—汽车产业在全市最先受到国际金融危机带来的不利影响，随着金融危机的不断加深和蔓延，开发区整体经济受到严重冲击，增长持续下滑，规模以上工业总产值、增加值、实际利用外资、外贸出口、固定资产投资、财政收入等主要经济指标增幅也大幅回落，汽车及零部件、电子等支柱骨干产业和神龙等重点企业库存增加，价格下跌，生产经营困难；企业用工需求减少，就业再就业压力增大。开发区工委、管委会采取一系列应对危机保增长的政策措施，有效遏制经济下滑趋势，实现了开发区经济发展的历史性跨越。武汉开发区呈现出经济运行稳步回升，产业结构继续优化，城市建设力度加大，民生问题不断改善，社会大局和谐稳定的良好局面，全年共实现规模以上工业总产值1101.93亿元，同比增长16.47%；实现规模以上工业增加值332.89亿元，增长21.89%；实现地区生产总值360亿元，增长10%；实现财政收入104.94亿元，增长37.3%；实现一般预算收入12.6亿元，增长32.4%；提前一年完成“十一五”规划各项目标，工业总产值、工业增加值全面超越2001年全市工业总产值（1020.83亿元）、工业增加值（329.8亿元）和1998年全市全口径财政收入（100.06亿元）水平。2009年，武汉开发区用占全市2.27%的国土面积创造了全市21.89%的工业总产值、10.44%的财政收入，实现了大危机形势下的大发展，成为中西部地区第一个“千亿元开发区”。

【产业发展】 2009年，武汉开发区支柱产业取得突破性发展，产销两旺，竞争力不断增强。全年共生产轿车49.19万辆、销售49.91万辆，整车企业实现产值568.57亿元，同比分别增加45.5%、45.9%和25.4%。神龙公司二工厂正式投产，东风雪铁龙C5下线销售，全年共生产轿车262889辆、销售270006辆，同比分别增长52.21%、51.64%；东风本田年产20万辆生产能力技改按期完成，首款高端车思铂睿顺利投放市场，全年共生产208131辆、销售210408辆，同比分别增长25.91%、28.27%。东风公司坚持走自主创新道路，加大自主研发力度，自主品牌轿车一次规划、分期建设，年产12万辆自主品牌乘用车的工厂提前投产，东风风神S30、H30相继上市，短短几个月即销售2.02万辆，超出预期目标。不少汽车零部件企业也加大投入、扩能提质，实现总产值146.78亿元，同比增长18.56%。整个汽车产业产能进一步扩大，竞争力不断增强。

【城市发展】 2009年，武汉开发区以科学发展观统领开发区经济社会发展全局，坚持走新型工业化道路，努力实现经济发展的集约、高效和可持续；坚持走新型城市化道路，努力实现开发区经济与社会的协调发展、人与环境的和谐共生；坚持深化改革、扩大开放，努力完善适应社会主义市场经济要求的管理体制和运行机制；坚持从严治区、人才强区，切实提高执政能力，着力引进、培养和使用好人才。开发区研究出台现代服务业发展规划，出台鼓励第三产业发展的扶持政策，适时整理推出成熟土地招拍挂，吸引万科、一冶等大品牌大开发商投资房地产和商业。四星级沌口长江大酒店正式投入运营，省联发投投资的五星级酒店动工兴建，馨乐庭商务酒店、东风电动四星级酒店相继开工。总部经济区建设开始启动，华中电子商务园、中咨公司设计园已经入驻。协和医院成功收购神龙医院，开发区医疗水平显著提升。直通市区的地铁三号线已经开工建设，六号线前期工作顺利进行。

【社会事业】 2009年，武汉开发区加大惠民利民措施，持续解决突出民生问题。“十件实事”全部按期完成，用于社会保险、医疗卫生、困难救助和维稳工作的财政支出加大，全年累计投入8806万元，同比增长80.6%。群众生活水平显著提高，沌口街农民人均纯收入达10200元，军山街农民人均纯收入达7609元，均高于全市平均水平。社会治安秩序有所改善，社会大局保持基本稳定。

全区全年新增就业岗位4710个，安置下岗失地劳动力2393人，培训当地劳动力1656人，全面消除“零就业”家庭。新增个体工商户921户，创业企业307家，创业基地面积4.2万平方米，实现“小进规”18家，带动就业3700人，办理小额担保贷款54笔共285万元，超额完成市级全民创业目标任务。全区社会保险参保人数426296人，参保单位733户；全区养老保险、医疗保险、生育保险、失业保险、工伤保险参保净增人数均大幅超越目标值；审核和办理医疗、失业、工伤、生育各类待遇13781人次，支付各类费用1718.3万元。在企业发展、就业人员增多的情况下，劳动关系保持了总体和谐稳定。正式启动领取养老金资格年审业务进社区工程，方便6807名退休人员和“村改居”人员就近办理年审手续。适时提高困难群众低保标准，原城镇低保标准由240元调整为城市标准300元，原农村低保标准由150元调整为城镇标准240元。城镇“三无”、农村“五保”对象集中供养率达85%以上，累计发放低保资金964.9万元，发放各类救助、补助资金185.9万元。

开发区积极推进科教文体卫生事业。向农民工子女开放了全区义务教育阶段所有15所公办学校，进城务工就业农民子女在公办学校就读比例达100%。素质教育成绩显著，多人次荣获国家、省、市竞赛一等奖。中学教育成绩大幅进步，中考合格率位居全市前列，高考一本上线人数是2005年的10倍，中职毕业生一次性就业率达98%，比上年提高18个百分点。开发区落实义务教育阶段教师绩效工资；进一步健全公共卫生服务体系，卫生、医疗、人口计生工作扎实推进，全区无甲型H1N1流感及手足口病重大疫情发生。新型农村合作医疗积极争取省市资金，筹资水平由每人每年145元提升至每人每年165元，实际参合人口67383人，参合率99.2%，基本实现农村人口全覆盖。区内加大对文化市场的稽查力度，促进文化市场规范、有序、健康发展。园区充分发挥武汉体育中心的资源优势，举办开发区第四届职工足球友谊赛、开发区第二届健康家庭节、开发区第四届职工游泳赛、开发区纪念建国60周年歌咏比赛、“东风汽车杯”羽毛球赛等三十多场形式多样的群众文体娱乐活动，丰富了群众的文化生活；承办“2009年全国现代五项冠军赛（武汉站）比赛”、“2009年全国沙滩排球巡回赛（武汉站）比赛”、“2009年全国青年跳水锦标赛暨全运会预选赛”、“2009全国乒乓球业余联赛总决赛”、“中国跳水明星系列赛（武汉站）”和“同一首歌演唱会”等12项大型活动，扩大了开发区的影响力。

【党建与精神文明建设】 2009年，武汉开发区学习实践科学发展观活动取得实效。第一批深入开展学习实践科学发展观活动顺利完成，第二批活动扎实有序推进，上下联动整改成效明显。“双百共建”活动取得阶段性成果，“城乡互联、结对共建”活动及时启动。以工委中心组学习为龙头的各级党组织理论学习活动有声有色，十七届四中全会精神系列学习活动深入开展，增强了广大机关党员干部的党性修养和作风建设（开发区在全省文明指数测评中获得全省并列第一）。基层党组织覆盖面进一步扩大，党建基础得到进一步夯实。各项主题实践活动开展活跃，干部干事创业热情显著提高。党的群众工作得到加强和改进，工会、共青团妇联等人民团体联系和服务群众的作用得到进一步发挥。

优化体制机制，推进依法行政。开发区以ISO9000质量体系监督审核为契机，以提高行政效能为目的，进一步改革行政审批制度，推进法治政府建设和依法行政工作。创新土地开发和投融资体制，成立了开发区土地储备中心，组建了车都建设投资公司。坚持“小政府”、“大部门制”体制优势，进一步优化机构设置，充实了政法综治办公室，组建了公共卫生服务中心，推进实现了社保市级统筹的管理体制，抓住市政府机构改革时机，进一步理顺了管委会与市级部门职能对口、工作对接关系。人才工作紧紧围绕“人才强区、人才兴区”战略，以高层次人才基地建设为重点，积极推进人才提升工程，不断创新人才服务机制，拓宽人才服务范围。东风公司技术中心、开发区管委会分别获得国家级、省级“海外高层次人才创新创业基地”授牌。

党风廉政建设工作注重实效。开发区制定党风廉政建设责任制，强化反腐倡廉目标管理，加强对权力运行重要环节和土地管理、环境保护、节能减排等政策落实情况的监督检查，加大对违法违纪行为的查处力度。集中开展工程建设领域突出问题专项治理工作，进一步规范开发区工程建设领域市场交易行为和党员领导干部从政行为。加强对惠农补贴资金、部门预算资金、政府采购环节的监督和审计。坚持厉行节约，严控财政开支，管委会机关公用经费压减5%的目标得以实现。

（武汉经济技术开发区管委会办公室　鲁文安）

芜湖经济技术开发区

【经济发展】 2009年，芜湖经济技术开发区（以下简称芜湖开发区）实现生产总值247亿元，同比增长18%；实现工业总产值913.3亿元，同比增长13.8%；其中规模以上工业实现总产值901.8亿元，同比增长14.1%，规模以上工业实现工业增加值227.8亿元，同比增长25%；有产值超亿元工业企业56家，比2008年净增15家；完成固定资产投资125.5亿元，增长46.6%；实现进出口总额9.7亿美元，其中出口总额5.1亿美元、进口总额4.6亿美元。在2009年底商务部公布的全国54个国家级经济技术开发区投资环境综合评价中，芜湖开发区位居全国第16位，在中部9个国家级开发区中位居第3位，并成功获批国家新型工业化产业示范基地。

【投资环境】 芜湖开发区坚持以规划为龙头，编制了开发区旅游业发展规划，光电、光伏产业发展规划；初步完成总部经济园区和服务业外包发展规划方案；结合城东政务新区建设，完善《东区空间布局及产业总体规划和近期建设规划》；完成东区淮河路东侧绿地景观规划编制。全年安排政府性投资27.6亿元，加大基础设施建设。全区在建投资项目194个、新开工项目95个。计划建设道路工程45项，已完工扁担河大桥及连线、长春路改造、万春湖路、纬一次路、纬二次路等15项工程，另有12项工程进入扫尾阶段，基本建成东区一期路网。城北污水处理厂一期工程建成运营，配套建设市政污水管网30公里、污水提升泵站4座。全年征地7613亩，拆迁1680户。全年在建安置房六处，总建设面积67.2万平方米、共6393套。2009年开工建设35.5万平方米、共3638套，竣工42.4万平方米、共4364套；有1.45万平方米、共332套廉租房已完工。

【招商引资】 芜湖开发区创新招商模式，突出资本杠杆翘动作用，充分放大资本运作效应，成功引进三安光电和德豪润达两个总投资达180亿元的项目。建立招商引资责任分解机制，实行每年两次招商成果集中检阅机制，上半年亿元以上项目集中签约，38个项目协议投资85.4亿元；下半年经贸洽谈会，经筛选后的74个项目协议投资200.6亿元。2009年，开发区净增规模以上工业企业32家，全年注册亿元以上内资项目29个，其中百亿元以上项目1个、10亿元以上项目9个，引进上市公司项目8个。全年实际利用外资3.39亿美元，增长6.3%；实际利用内资95.5亿元，增长35.6%。争取各级各类财政支持项目306个，到位扶持资金超3亿元，其中基础设施建设项目贷款获中央财政贴息7626万元。

【项目建设】 芜湖开发区建立项目推进责任制、项目例会调度制、现场协调督查制和委领导分工联系重点企业工作机制，全年建成投产亿元以上项目7个，其中，信义集团国内首条超白光伏玻璃生产线、浮法玻璃生产线相继投产，钢化玻璃项目即将投产；浦项一期、马钢、武钢汽车钢板等一批项目相继投产。在建投资亿元以上项目10个，其中，美的500万台出口洗碗机一期进入试生产；奇瑞公司轿车五厂、美的860万台厨卫电器、德豪润达LED芜湖基地项目等一批大项目陆续开工建设。另有13个亿元以上项目即将开工，包括三安光电、信义集团年产245万平方米光伏薄膜导电玻璃、美的集团5100万台精品电器等项目。

【管理与服务】 2009年6月，芜湖开发区正式运行以“中心受理、后台流转、一站服务、限时办结”为原则的投资服务中心。服务入区企业做大做强，按照“上市一批、辅导一批、储备一批”思路，引导企业走资本市场道路。邀请深交所上海中心等专家，就创业板市场的特点和定位、企业上市流程，对区内40余家企业负责人开展培训；联合上海光大期货公司成功举办“芜湖2009套保融资论坛”，全年已报会4家、过会1家。开发区现有1个国家级、20个省级名牌产品。园区组织企业申请专利1367件；新增省级以上企业技术中心和工程技术研究中心11家；举办各类人才招聘会154场；引进设立10家担保公司、2个基金公司；先后为37家企业获得贷款1.49亿元，有21家企业21个项目获签约贷款30.7亿元，有5个重大项目获协议贷款42亿元。开发区相继荣获“国家新型工业化产业示范基地”、“国家级经济技术开发区高校毕业生就业工作优秀单位”和“省级服务外包示范园区”等称号。

【社会事业】 围绕民生工程目标任务，政府投入资金4167万元，全面推进22项民生工程顺利实施。芜湖开发区积极贯彻执行中央“家电下乡”和“汽车、摩托车下乡”等补助政策，发放汽车、摩托车、家电下乡补助资金47万元。全区参加五项社会保险的人数突破5.3万人，全面完成城镇居民医疗保险目标任务。开发区发放66万元对困难群众开展“情暖送万家”活动。完成育瑞实验小学标准化建设工作；顺利推进万春中学、万春小学新建和三十三中扩建工程。人口计划生育服务与管理工作继续加强，建立起三级公共卫生服务网络体系，截至2009年底，区内共建成社区卫生服务中心1个、社区卫生服务站3个。顺利完成管委会机构调整；稳妥推进事业单位人员聘用制工作。坚持把服务群众、关注民生和为民办实事贯穿学习实践活动的始终，协调解决群众生产生活方面的问题。大力开展市容整治年活动，拆除违法建设42万平方米，城市面貌明显改观。购置11辆中巴车，设立区内循环公交线路，协调延伸47路、23路、88路公交线，缓解企业员工上下班困难，让群众真正享受开发区发展成果。

【出口加工区建设】 2009年，芜湖出口加工区完成进出口总额3467万美元，同比增长8%。其中出口2392万美元，增长4%，进口1075万美元，增长18.5%；另完成深加工结转3047万美元。出口加工区二期工程于2009年7月31日顺利通过海关验收并封关运行，3177米隔离围网、2460米巡逻道、850米纬五路、1230米经一路及监控系统等二期扩区重点工程陆续完工，二期配套工程加工区综合报关大楼已封顶，综合配套服务区规划方案已通过评审。保税物流园一期2284平方米监管仓库、953平方米监管楼、10000平方米大型查验堆场、1000平方米检验检疫专用区域等工程已全部建成并投入使用，并于2009年7月31日顺利通过海关验收。安徽省第一个保税物流园区正式启动运行，已有一批大型外向型企业开展保税物流业务。2009年，园区实现保税物流进出口额1182万美元。区内总投资8.3亿元的美的洗碗机项目一期23800平方米厂房主体结构已完工，总投资2.66亿美元的中达电子一期240793平方米厂房、宿舍及员工会所等设施已全部建成并投入使用，汉昌发光布、晟志制品、合保电器等一批重点项目也在顺利推进中。

【机构设置与管委会领导】 中共芜湖经济技术开发区工作委员会和芜湖经济技术开发区管理委员会为芜湖市委、市政府派出机构，副厅级行政建制，下设工作部门11个：工委管委办公室（工会联合会）、监察室、经济贸易发展局（安全生产监督管理局）、招商一局、招商二局、招商三局、财政局、规划建设局（市容管理局）、出口加工区管理局、人力资源和社会保障局、社会事业局；街道2个：龙山街道、万春街道；直属事业单位2个：建设和公用事业管理处、投资服务中心。

党工委书记、管委会主任为杨良文，党工委副书记、管委会副主任为潘东旭，党工委副书记为叶政林，党工委委员、纪工委书记为宣典锁，党工委委员、管委会副主任为张春虎，党工委委员、管委会副主任为后力，党工委委员、管委会副主任为曹有民（任期至2009年9月），党工委委员、管委会副主任为汪斌，党工委委员为方春果，党工委委员、管委会副主任为黄镭（2009年6月到任）。

（芜湖经济技术开发区工委管委办公室 徐雪峰）

长春经济技术开发区

【经济发展】 2009年，长春经济技术开发区（以下简称长春开发区）实现地区生产总值342亿元，增长20%；工业总产值750亿元，增长20%；一般预算全口径财政收入42.5亿元，增长25%；实际利用外资8.27亿元，增长18.7%，实际利用内资57.7亿元，增长20%；固定资产投资293亿元，增长33%；工业投资164亿元，增长39%。

【投资环境】 长春开发区累计投入近150亿元修建水、电、气、热、通讯等基础设施，建成区面积已达50平方公里。海关、写字楼、学校、医院、会展中心、体育场、森林高尔夫球场、高档社区、金融机构、中介服务机构等生产和生活服务设施一应俱全，完全能够满足中外客商投资发展的需要。在软环境建设上，开发区营造了“亲商、富商、安商”的良好氛围，已通过ISO14000环境质量体系和ISO9001：2000质量管理体系双认证，成为国际认可的绿色、规范化投资区。

长春市委、市政府为融入长吉图发展战略，提出长东北开放开发先导区规划，重点建设制造业产业带。这给处于先导区核心区的长春开发区带来了新的发展机遇。长春开发区北区以其优越的区位、交通、资源、产业优势，率先启动长东北开放开发先导区核心区建设，成为长东北开放开发先导区的龙头。区内投入近30亿元加快推进北区基础设施建设，在16平方公里范围内基本实现“七通一平”，完全具备了招商引资和项目摆放条件。

2009年，长春开发区在商务部公布的54个国家级经济技术开发区2008年投资环境综合评价中排名第14位，在中部9个国家级经济技术开发区中继续保持第1位。

【招商引资与利用外资】 截至2009年底，长春开发区已累计批准设立企业5808家，其中外资企业581家；有29个国家和地区的84家跨国公司来区投资兴业；世界500强投资兴办的企业有29家，数量占长春市的一半以上。

按照“投产一批、建设一批、储备一批”的要求，利用“招商引资九个月攻坚战”的有效载体，开发区开展了高层次、大密度的招商引资活动，并加快项目建设进程。在区域上：突出南企北移和经济发达地区，主动走出去，主要领导分别带队，赴北京、香港、“长三角”、“珠三角”、环渤海等地区开展经贸合作交流活动，签订投资项目合同20个，签约总额达175.75亿元。在对象上：紧紧瞄准央企、跨国公司和国内外500强企业，开展叩门招商，引进德国大陆、荷兰帝斯曼、中海、韩国斗山、中粮集团等战略投资者和世界500强企业，美国通用、美国杜邦、日本小松、日本加藤等世界500强投资的项目正在洽谈之中。在方式上：依托产业环境和产业配套招商，做好支柱产业项目的策划、包装、推介，有针对性地引进龙头企业、配套环节和核心技术。富维—江森汽车座椅骨架、爱尔铃汽车密封件、金隆大豆深加工、昌大物流中心、中海地产等一批项目已签约。开发区共有在谈项目 281 个，其中有 10 亿元以上项目 10 个。

【项目建设】 长春开发区积极推进重点项目建设，采取周调度、月通报、管委会领导包保大项目、做好深度服务等一系列推进措施，强力推进项目建设，全年在建工业项目 128 个。在长春市 150 个重大项目中就包括长春开发区的 16 个项目。

大成集团年产 100 万吨化工醇项目淀粉头车间和制糖车间土建工程全部完工即将投产，化工醇生产系统土建工程已经开工；中兴 20 万辆汽车总装车间、焊装车间及办公楼土建工程已竣工，正在进行内部装饰及设备安装；长春卷烟厂、温馨鸟集团服装工业园等项目建设进展顺利；长春赛德购物中心建成并开始营业。开发区全年开工建设的项目中，天合富奥转向器、福耀玻璃附件等 53 个项目已建成投产。

【社会事业】 2009 年，长春开发区全力做好民生和稳定工作，各项社会事业协调推进。全部完成就业富民、社保提升、扶弱助困、教育均衡、健康行动、城市安全等 56 项民生行动计划。城镇新增就业 1500 人，转非劳动力安置 778 人，保持“零就业家庭”动态为零。提前半年完成城镇居民医保新增扩面任务，新征地农民养老保险、新型农村合作医疗参保人数分别达到 1262 人和 35538 人。为聚宝家园小区 300 余户回迁居民发放回迁新房钥匙。在全省率先完成撤村建居集体资产处置工作，实现历史性突破。集体征地补偿费分配管理工作有效推进。积极稳妥推进教育人事制度改革，集中培训的教师回聘上岗。世纪小学竣工并已投入使用。采取有力措施，有效防控甲型 H1N1 流感。

开发区认真开展“信访积案化解年”活动，妥善解决因冬季供暖温度不够，集体资产补偿等问题所引发的群体性上访事件，以及兴隆山镇安龙村居民水井中汽油渗漏等突发问题。强化各类安全生产管理，加强监管和防范，没有发生重特大安全生产责任事故。

【特色功能园区建设】 生物产业园区得到长春市政府正式授牌，区内调整完善了园区产业发展规划，拓展了生物产业的发展空间。园区与中国化纤协会、不饱和聚酯树脂协会、增塑剂协会、食品工业协会等专业协会建立紧密合作关系，正在洽谈一批新项目。成立长春生物产业技术创新中心和长春经成创业投资有限责任公司，引进吉林省石油化工设计研究院与大成集团合作建设吉林省生物化工产业技术创新中心，全面打造生物产业技术创新体系。园区被省工信厅首批推荐申报国家新型工业化产业示范基地。

专用车产业园区引进福田改装车、日本小松、韩国斗山等一批国内外知名的专用车生产企业，并启动建设生产力促进中心。积极推进一汽专用车与日本加藤公司合作，一汽客车公司的新能源客车已经投产下线。促成国富车厢与省国资委等相关部门的重组，即将投产新型房车。中兴年产 20 万台（套）汽车、零部件项目新厂区建设全部竣工，主要车间已具备生产条件。

装备制造业园区编制产业发展规划，积极承接长春市“退城进区”企业，与 12 家企业达成合作意向，其中 5 家已签订协议，部分企业已开工建设。

综合保税及物流园区积极申报国家级综合保税区，开展选址、调研、规划、协调等工作，申报材料已通过省政府审核，正式报送国务院。

生活服务园区进行概念性规划，明确园区的功能定位和实施方案。兴隆山棚户区改造项目已得到批准，已确定回迁房规模、选址和方案。

【管理与服务】 长春开发区加强管理和服务，全力提高行政效能。按照政府机构改革总体要求，进一步强化“小政府、大社会”运行模式，优化组织结构，调整机构 7 个，完善“三定”方案。理顺 13 个部门之间的业务衔接关系，突出招商引资和项目建设等重点工作职能，使工作更加顺畅。

开发区规范党工委议事规则和管委会工作规则，制定建立健全资金管理、政府采购、投资评审、综合治税、行政事业单位国有资产管理等规章制度，进一步提高精细化管理程度。顺利通过 ISO9001 质量管理体系换证审核。认真组织“认识新变化，推动新发展”研讨活动，推动各项工作的开展。

【党的建设】 长春开发区积极探索党建与开发建设工作的结合点和切入点，通过抓好党建推动各个方面工作的有效开展。

开发区组织开展第二批和第三批深入开展学习实践科学发展观活动，通过“学、查、改、评”四个环节，既解决了制约科学发展的具体问题，又明确了开发区的长远发展规划，收到明显成效，达到“党员干部受教育、科学发展上水平、人民群众得实惠”要求。结合开展“三满意机关创建”活动，开展“党员干部百户千家企业服务行动”，选派 25 名处级干部与企业结对子，深入一线帮助企业解决困难。调整中层领导班子，对部分处级领导干部实行轮岗交流，对空缺的处级领导岗位实行竞聘上岗。加强基层党组织服务民生工作体系建设，扎实有效开展基层党组织服务民生活动。组织全体干部开展心理行为拓展培训和军训，锻炼其顽强拼搏的意志。

【机构设置与管委会领导】 经长春市编办批准，长春经济技术开发区下设 16 个工作部门：党工委办公室、管委会办公室、纪工委办公室、政策研究室、人力资源和社会保障局、财政局、国有资产管理办公室、经济发展局、商务局、建设发展局、规划局、环境保护局、社会发展局、文教局、国土资源分局、城市管理行政局。

长春经济技术开发区党工委书记为吴德金，党工委副书记、管委会主任为张焕秋，管委会副主任为赵旭、孙洪健、王志良、王大鹏。

（长春经济技术开发区　杜平）

哈尔滨经济技术开发区

【经济发展】 2009 年 11 月 4 日，哈尔滨市委十二届七次全会提出了“北跃、南拓、中兴、强县”的发展战略。同年 11 月 11 日，市委、市政府决定将哈尔滨经济技术开发区（以下简称哈尔滨开发区）与哈尔滨高新技术产业开发区管理机构重新分设，其中，哈尔滨开发区承担建设哈南工业新城任务。2009 年，哈尔滨开发区实现全口径生产总值 435.4 亿元，增长 62.2%；工业总产值 1547.8 亿元，增长 61.9%；工业项目固定资产投资 35.1 亿元，增长 52.6%；全口径财政收入 44.3 亿元，增长 15.6%。全年实际利用外资 1.4 亿美元，增长 15%；内资实际到位额 20 亿元，增长 30%；新开工工业项目 20 个，其中超千万美元和超亿元人民币重大项目 9 个。

【项目建设】 2009 年，哈尔滨开发区重点引进和推动大项目建设，一汽集团与通用汽车合资的轻型商务车、韩国希杰与北大荒米业合资的米糠蛋白、台湾顶新集团康师傅饮品二期、新加坡益海粮油综合工业园区等一批大项目开工建设；东安三菱自动变速器、哈电风电装备、哈空调变压器、核电主泵、电机及阀门等一批大项目复工建设；瑞星科技、通达工业环保、亿汇达电器设备等一批自主创新项目相继进区开工生产；环球动力、省城际铁路等一批总部经济大项目资金到位；韩国国民银行、中信银行哈分行、奥地利中央合作银行、俄罗斯艾科斯堡银行等一批金融项目入区运营；麦肯食品、英糖实业、统一食品等一批大项目增资扩建。

【产业发展】 2009年，哈尔滨开发区全面加速航空及汽车产业城建设，明确发展定位、确定发展目标，组建了集建设、投资、融资和经营管理四位一体的股份公司，明晰了产业城建设模式及推进机制，完成了产业城总体规划初稿编制工作。全力推进征地拆迁和基础设施建设，江南中环路、松花路地道桥、何家沟跨河桥等一批重点工程进展顺利；积极推进重点项目投资建设，风电、核电、三菱自动变速箱、空客复合材料等16个大项目资金陆续到位，现代航空、汽车、新材料、新能源产业发展雏形初步显现。

哈尔滨开发区积极发展软件服务外包产业，加强软件与服务外包专业孵化器建设，持续完善创业中心的软件与服务外包产业孵化服务功能，加大对兰诺数码等一批软件服务外包骨干企业的扶持力度，帮助乐辰公司筹建了全市首家“IBM实训基地”。完成电子信息产业园服务外包企业孵化发展基地的改造装修，开通网络光纤，达到企业入驻发展要求；加快开发区服务外包产业园的建设，一期工程、二期工程的厂房、公寓楼全部实现暖封闭，配套管线工程基本完成。加大专项招商力度，重点瞄准千人以上的服务外包企业，黑龙江艾迪米共友信息技术服务有限公司等一批服务外包企业入驻开发区。

【服务平台建设】 2009年，哈尔滨开发区加强融资服务平台建设，设立企业倒贷周转资金、担保风险补偿资金，努力破解企业融资瓶颈，助推企业快速成长。加强审批服务平台建设，改进企业登记“一表制”、窗口审批超时默许和跟踪问效机制，启动大项目绿色通道制度，进一步提升服务效率。加强信息服务平台建设，加快企业上网工程，完善招商、科技、人才及医药园服务网；建立企业技术创新服务平台，及时发布国家、省、市及开发区的各项扶持政策措施和产品、技术、服务及需求信息，为区内外企业开辟良好的信息共享渠道。加强对俄合作平台建设，积极引进俄罗斯人才、技术和高精尖项目，促进对俄科技合作项目对接，成功举办第五届中国·哈尔滨对俄出口商品展览会，对俄直销贸易通道建设不断完善。

【企业服务】 2009年，哈尔滨开发区全力扶持服务企业，成立保增长工作领导小组，实行“下基层、帮企业、保增长”联系制度，包保省级、市级重点项目7个，开发区重点项目30余个；出台《哈尔滨开发区保增长、促发展暂行办法》和《实施细则》，分两批兑现资金1468.95万元，帮助企业保订单、促发展；实行入门零收费、暂停管委会及直属单位所有项目收费，为企业降低成本；进一步简化项目审批程序，实行工业项目评审会制度，集中为企业办理各种手续，推进入区项目快速开工。

（哈尔滨经济技术开发区　徐树峰）

重庆北部新区
（重庆经济技术开发区、重庆高新技术产业开发区）

【经济发展】 2009年，重庆北部新区实现地区生产总值545亿元，同比增长16.5%；工业总产值1393亿元，增长15%；地方财政收入70亿元，增长20%；入库税金125亿元，增长21%；全社会固定资产投资278亿元，增长24%，其中基础设施投资完成额98亿元，增长超过200%；社会商品零售总额145亿元，增长28%。

【投资环境】 重庆北部新区以“五个重庆建设”为契机，加大资金投入，致力打造一流投资发展环境。

“森林重庆”建设。2009年完成植树造林19260.9亩，其中政府投资完成13452.9亩、社会投资完成5808亩。完成总投资额30226.9万元，其中政府投资18667.3万元、社会投资11559.6万元。种植植物1412.6万株，其中乔木47.2万株、灌木1365.4万株。编制完成《重庆北部新区森林工程建设规划》，推行森林工程业主制、招标制和监理制，明确责任、规范管理、确保质量，有效控制了成本。对辖区内绿地进行清理统计，建立台账，有效消化存量土地1.2万亩。重庆北部新区蓝湖郡和大石路分别获得2009年度重庆市“森林住宅小区”和“森林市街”称号。

“宜居重庆”建设。2009年投入资金200亿元，建设商品房与经济适用房300多万平方米，拆迁改造危旧房11.4万平方米，综合整治居住区366.5万平方米、商业设施41万平方米，启动城市广场等建设2.5万平方米，使新区居住品质、公共空间、服务设施得到进一步提升。全年新开工工程148个、建筑面积471.2万平方米，竣工工程178个、建筑面积515万平方米。房地产新开工面积355.6万平方米，竣工面积483万平方米，在建面积500万平方米，销售面积近350万平方米。金科·东方王榭、骏逸蓝山、隆鑫花漾湖获全国“2009詹天佑大奖”、“优秀住宅小区金奖”和“优秀建筑设计单项奖”；渝高·智博中心获“全国广厦奖”。成功举办“触摸‘两江’魅力、预约‘超值’生活”宜居北部高峰论坛，第三届北部新区车房文化节成交额突破36亿元。

“畅通重庆”建设。投入道路建设资金4.3亿元，新建成道路19公里，在建道路51.8公里，已建成道路总长462公里，累计完成道路建设投资100亿元。完成11个规范路段和16个规范路口的改造。成功开通17条公交线路，困扰群众多年的交通不便问题得到缓解。开展超限运输车辆专项治理，共检查车辆13970辆，查获超限车辆812辆。

“平安重庆”建设。广泛开展干部走访攻坚行动，党工委、管委会各级领导干部共走访群众5402人（次），解决市、区挂牌信访积案70件，涉及群众2400多人。全区各级信访部门共受理群众信访3140件（次）、25631人（次），妥善处置群体突发事件152起。全面开展安全隐患排查和执法行动，排查单位1748家、设施1608台，查出各类安全生产一般隐患4082处，整改3979处；查出重大安全隐患7处，已全部整改；查出非法建设单位5家，全部取缔。开展小区违法建筑专项整治，强拆17户，建筑面积5930平方米；自行封闭、拆除148户，建筑面积1.2万平方米；拆除非住宅小区违法建筑5.2万平方米。大力推进居住安全建设工作，共投入资金1825.3万元，对南坪、石桥铺、经开园、高新园30多个转非安置小区质量、安全问题进行排查和维修，维修建筑面积316万平方米。规范企业安全生产行为，监督工程453个，工程总造价180.3亿元，处理各类投诉244件，处理率100%。加大建筑领域农民工工资清欠力度，共受理拖欠民工工资投诉77起，涉及金额约3331万元，涉及民工3485人；受理拖欠工程款投诉6起，涉及金额约1.1亿元，处理率100%。

“健康重庆”建设。成功举办北部新区首届体育运动会。加强对食品安全和药品安全监管，普及健康知识教育，在重庆电视台举办“首届北部新区市民健康知识竞赛”活动。为全区弱势群体1800多人免费进行体检和白内障筛查。加强对甲流的防控，对22700多人接种疫苗，有效防控了甲流的蔓延。加快高新园人民医院和部分社区卫生服务机构建设。

【招商引资与利用外资】 重庆北部新区在金融危机冲击影响、外国投资大幅减缓等多重压力下，通过调整招商思路、配强招商队伍、拓宽招商渠道，实行“内外并举、务求实效”策略，招商引资仍然取得不俗成绩。全年共引进投资总额224亿元，同比增长25%，其中合同外资3.6亿美元，增长超过100%，内资投资总额199亿元，增长26%；实际利用资金218亿元，增长3.3%，其中实际利用外资4.4亿美元，下降9%，实际利用内资187亿元，增长5.7%。投资较大的项目有长安福特马自达汽车产能扩建（33.4亿元）、进出口信用担保公司（10亿元）、农行信用卡中心（10亿元）、瀚华担保公司（10亿元）、汽研院（8亿元）等。

【高新技术产业和重点企业】 重庆北部新区高新技术产业主要集中在汽车及其零部件制造、电子制造、仪器仪表、生物医药及器械制造业几大领域。汽车制造业已入驻长安福特马自达、力帆、上汽伊维柯红岩等4家整车生产厂家和90多家零部件制造企业。电子制造业已入驻爱立信、富士通、信威通信、重庆普天、和记奥普泰、UT斯达康等世界500强和国内知名企业，以及分布于“星”系列楼宇的数百家中小型电子制造企业。仪器仪表制造业已入驻仪器仪表企业约50家，包括世界500强霍尼韦尔以及四联集团、中智联、耐德、巴山仪表厂等重点仪器仪表企业，以及应用技术工程研究院、计量研究院等研究机构，基本形成国内仪器仪表产业基地。生物医药及器械制造业已入驻各类生物技术企业150余家。重庆海扶超声聚焦肿瘤治疗系统、重庆国安信息医用红外热像诊断仪、博恩科技颅内血肿水肿动态监护仪、西山科技电动开颅机等设备均属国内首创，海扶超声肿瘤治疗系统是中国具有完全自主知识产权的大型高技术医疗器械，获得国家技术发明二等奖，打破了具有中国自主知识产权的大型医疗设备出口为零的记录。重庆康卫生物技术有限公司研制出全国第一个幽门螺旋杆菌佐剂疫苗，重庆前沿生物技术有限公司研制出全国第一个长效抗艾多肽融合抑制剂。

新区年产值5000万元以上的制造业企业约有190余家，在2009年工业总产值中，汽车及零部件制造业实现866亿元，占62.2%；电子制造业实现22亿元，占2.3%；仪器仪表制造业实现39亿元，占2.8%；生物医药及器械制造业实现22亿元，占1.6%；电气机械制造业实现124亿元，占8.9%；饮料食品制造业实现77亿元，占5.5%；其他制造业实现234亿元，占16.8%。

【对外贸易】 重庆北部新区完成进出口总额15.7亿美元，同比增长3.7%，占全市的20%。其中完成进口11亿美元，同比增长3.4%，占全市的32%；完成出口4.7亿美元，同比增长4.7%，占全市的11%。力帆集团、远达环保、万虎机电等一批企业已走出海外投资建厂或参与国际经济合作，并取得初步成效。

【项目建设】 2009年，各建设单位按照“整体推进、确保重点”原则，克服各种制约因素，全力以赴保证项目按期建成投用。政府主导类项目投资规模为31.6亿，全力推进重点基础设施建设，确保除金海大道外的6条金系列道路（建设规模14.67公里）实现初通。加速推进重点招商项目平场工程，按期完成苏宁电器用地平场280亩，确保完成福特三工厂项目用地一期平场工程760亩。精心实施重点产业楼宇建设。加速推进拓展区A1A2、土星商务中心等续建项目，确保山顶总部基地、拓展区C区、花朝工业园标准厂房等新建项目的开工建设；启动重庆外事服务中心、软件园示范区等策划项目的前期工作。通过对在建产业楼宇进行销售，引进中国船级社重庆分社、重庆邮政公司、招商银行重庆分行、重庆进出口担保公司等一批大型优质企业。为加强和规范政府投资项目管理工作，通过建立健全国资系统政府投资计划统计体系、形成国资系统项目建设协调机制、狠抓建设单位内部管控、优化项目实施外部环境、确保政府投资项目有序推进。

【社会事业】 重庆北部新区把发展社会事业

作为构建和谐社会的基础工程来抓，取得成效。

社会保障工作。就业方面：全区城镇新增就业8827人，下岗失业人员就业再就业5193人，就业困难对象就业再就业1576人，就业再就业培训4536人，分别超额完成市级目标任务；城镇登记失业率为1.8%，比市级控制目标低2.7个百分点。社保方面：四大基本保险合计参保达19055户（次）、72.9万人（次），共征收社保基金11.4亿，超额完成市级目标任务；原被征地农转非人员参加基本养老保险共受理申报79299人，申报率达98.7%、缴费率达77.4%，18973人领取养老待遇；14214名新征地农转非人员参加养老保险；城乡居民合作医疗保险报销医疗保险待遇39724人（次），报销金额799.2万元。维权方面：受理各类劳动信访投诉1948件；为8852名农民工追讨工资6888万元；调解仲裁劳动争议1486件。民政方面：发放低保金952.6万元，发放医疗救助金190.2万元；慈善助医助困52.3万元，创办慈善超市7个。人和街道、翠云街道翠渝路社区分别被评为首批“全国示范街道”和“全国示范社区”，新创市级示范社区14个，区级合格社区以上创建率达82.9%。区劳动社会保障局被评为“全市金保工程一期建设先进单位”。

教育事业。教育教学质量不断提高，在年度高考中，全区4所高中学校共883名学生参加高考，本科上线学生347人，上线率39.3%；专科以上上线学生803人，上线率90.9%。经开礼嘉中学、经开育才中学实现首届高考开门红。中考全区10所初中学校共2296名毕业学生参加高中升学考试，其中联招上线869人，占参加联招类考试学生的55.8%。在全市首创性地开展“2+2”项目指导教师培训，举行全区首届中小学生艺术展演活动和首届中小学班主任基本功竞赛。认真开展贫困学生资助工作，办理大学生生源地信用助学贷款106.5万元、中等职业学校资助1100余万元、普通高中困难学生资助3.8万元，工会与慈善会资助贫困大学生260人、47.7万元。

【管理与服务】 重庆北部新区用好各类扶持企业发展的优惠政策，安排5.4亿产业发展专项资金，为29家企业落实新产品财政专项补贴资金5337万元，对格力电器等100多家企业补助产业发展资金27285万元。组织指导企业申请国家资金支持，推荐申报各类项目550多个，落实各类财政补贴扶持资金1亿多元；管委会与三峡担保公司、瀚华担保集团签订战略合作协议，帮助企业融资、上市，解决中小企业融资担保问题。提高行业服务水平，完成备案核准企业改造项目76个，帮助26家企业获取西部大开发鼓励类产业确认书，9家企业被认定为市级企业技术中心；新组织认定高新技术产品162个、高新技术企业54家；组织22家企业35个项目列入重点新产品计划，6个产品被评选为“2009年重庆市优秀重点新产品”；全年共获得15个科技进步奖；推动标准化建设，有21家企业共制定国标33个、行标26个，修订国标9个、行标15个。加强物价管理，受理并全部办结各类价格咨询和举报137件。尽力为企业排忧解难，协调解决上依红天然气指标、重啤大竹林道路建设、格力电器路灯等问题433起。

【产业布局】 2009年，重庆北部新区针对过去汽车产业一枝独大、抗风险能力弱的状况，把优化产业布局和结构调整放在了重要位置。确定汽车及零部件制造业、电子制造业、生产性服务业三大产业为支柱产业，仪器仪表、生物医药、电气机械、饮料食品四大产业为特色产业，形成三足鼎立、四驾齐驱的产业发展格局。根据北部新区新的功能定位，及时调整22.31平方公里土地为综合用地，为强化城市功能和加快现代服务业发展提供用地保证。新区全年实现生产性服务业收入232亿元，同比增长24%；软件与信息服务业实现收入140亿元，服务外包（离岸）合同签约金额1.2亿美元，占全市的91%；服务外包（离岸）合同执行金额3613万美元，占全市的93%。

【发展趋势】 根据北部新区“十二五”规划基本思路要求，今后一个时期，北部新区将以发展转型为主线，推动产业结构高级化、城市功能优化和体制机制转型，打造“两江新区”重要增长极；以改革开放为重点，深化改革、扩大开放，大力推进自主创新；坚持可持续发展理念，在各个领域推广节能减排，建设生态宜居城市；发展社会事业，扩大社会保障，促进社会事业全面发展，使居民享受发展成果。将从“提升制造业、发展现代服务业、提升自主创新能力、扩大对内对外开放、高品质实施城市规划建设管理、促进社会事业全面发展”等六个方面做好发展规划和组织实施工作。

【机构设置与管委会领导】 重庆北部新区（重庆经济技术开发区、重庆高新技术产业开发区）管委会有内设机构31个，分别是办公室、组织部（人事局）、宣传部、政研室、两新工委、纪检监察室、信访办、计统局、产业局、教育局、社发局、财政局、社会保障局、建设局（人防办）、征地办、规划办、市政局、交通局、商贸局、招商一局、招商二局、审计局、国资办、安监局、法制局、火车北站综合管理局、综合执法局、机关党委、总工会、团工委、妇联；非内设机构4个，分别是软件及信息服务外包办公室、南区综合办、征地办、森工办。辖有“七街一镇”，分别是鸳鸯街道、翠云街道、渝州路街道、石桥铺街道、人和街道、大竹林街道、天宫殿街道和礼嘉镇。直属企事业单位和派驻机构尚未整合。

重庆市政协副主席，北部新区党工委书记，北部新区（重庆经济技术开发区、重庆高新技术产业开发区）管委会主任为吴家农；北部新区党工委副书记为陈乃文；北部新区党工委委员、管委会副主任、经开区管委会副主任为彭小民；北部新区党工委委员、管委会副主任为王毅；北部新区党工委委员、管委会副主任，高新区管委会副主任为熊雪；北部新区党工委委员、管委会副主任，高新区管委会副主任为徐南雄；北部新区党工委委员、管委会副主任为李新明（于2009年8月调任重庆市外贸集团副总裁）；北部新区党工委委员、纪工委书记、监察专员为李作华；北部新区党工委委员、管委会委员，高新区管委会副主任，北部新区党工委管委会办公室主任（兼）为王菊梦；北部新区党工委委员、管委会委员，高新区管委会副主任，北部新区组织部（人事局）部长（局长）（兼）为张幼玲；北部新区管委会委员、经开区管委会副主任为王明瑛；北部新区管委会委员、经开区管委会副主任为高志明；北部新区管委会委员、经开区管委会副主任为谢克毅；北部新区管委会委员、高新区管委会副主任为刘泽武；北部新区管委会委员、高新区管委会副主任为刘斌（于2009年12月调任重庆市科技研究院副院长）；北部新区管委会委员、经开区管委会副主任为陈炯；北部新区管委会委员、经开区管委会副主任为韩宝昌；北部新区管委会委员、经开区管委会副主任为陈昌明。

（重庆北部新区政策研究室　吴泉水）

萧山经济技术开发区

【经济发展】 2009年，萧山经济技术开发区（以下简称萧山开发区）实现工业总产值434亿元、三产服务业营业收入159亿元、规模以上工业销售产值416.3亿元、工业利润27.4亿元、财政总收入30.13亿元。其中，财政总收入同比增长36.2%；三产服务业营业收入同比增长37.8%。区内18家工业企业和8家服务业企业入围萧山区百强企业；75家企业上缴税收超1000万元，22家企业入围萧山区工业纳税百强企业。

【投资环境】 2009年，萧山开发区以深入学习实践科学发展观活动为动力，实施"招大引强年"、"项目推进年"、"优质服务年"活动，进一步提升投资环境。出台《促进开发区经济又好又快发展的实施意见》，召开30余次重点企业座谈会和行业分析会，开展亿元以上骨干企业"六评六比"，深入基层送政策、送服务、树信心、解难题。切实加大对科技型、税源型企业的政策扶持，全年财政奖励补助资金达3768万元（不含"一厂一策"）。

开发区深入创建国家生态工业示范园区，并被列入浙江省首家评审通过单位。实施项目环评联审，污染物排放总量完成年度削减计划，并通过省市环境整治验收。新通过清洁生产企业5家，万元地区生产总值综合能耗同比下降8.9%。拆除违章建筑1.4万平方米，获"杭州市高速公路沿线综合整治工作先进集体"、"萧山区最清洁城乡工程优胜单位"称号。开发区节约集约利用土地评价通过国土资源部验收，江东工业园区节约集约利用土地评价通过省级验收。

【招商引资与利用外资】 萧山开发区全年共引进合同外资4.418亿美元，实际到位外资3亿美元；市外协议内资14.91亿元，市外到位内资8.85亿元，获萧山区招商引资工作一等奖。截至2009年底，开发区累计批准进区企业819家，其中外资企业488家，总投资62.3亿美元，合同外资34.2亿美元，实际到位外资19.1亿美元；内资企业331家。

2009年，区内新批外资项目24个，其中总投资1000万美元以上项目16个。瑞士ABB公司入驻园区，在开发区投资设立杭州盈控自动化有限公司，成为开发区引进的第10家世界500强企业。引进总投资2.5亿美元的重汽杭汽发股权并购项目、总投资10亿元的东南铝业项目、总投资4000万美元的美国ATK电梯项目、总投资3000万美元的日本西尼电梯项目等一批重大先进制造业项目。引进总投资5亿元的口服内窥镜项目、总投资4990万美元的科都电气项目、一期总投资10亿元的浙江移动TD产业园项目、总投资3.5亿元的硅谷上方能源项目和春迪光伏项目等20个高新技术项目。引进娃哈哈集团营销中心项目、总投资3600万美元的香港德的集团四星级酒店及大型商贸综合体项目、总投资5亿元的大宋集团总部项目、总投资1.2亿元的海裕橡胶物流项目等15个现代服务业项目。

【高新技术产业和重点企业】 萧山开发区全年共实现高新技术产品销售收入117.1亿元，同比增长12%；规模以上工业新产品产值51亿元，同比增长22.6%。笑笑幼教集团境外上市，7个项目获国家科技创新基金列项，1个项目获国家级星火项目，1个项目获国家级重点新产品项目。新认定国家级高新技术企业10家、省级科技型企业2家、先进技术企业1家。新增国家出口免检产品1个、省级名牌产品2个、省级知名商号（著名商标）2个、省市级技术（研发）中心8家。

重点企业支柱作用明显，全年规模以上工业企业共实现销售产值416.3亿元，占开发区总量的96.8%。中国重汽集团杭州发动机有限公司销售产值突破30亿元，杭州宏胜饮料集团有限公司等8家企业销售产值超10亿元，杭州钱鸿实业集团有限公司等20家企业销售产值超5亿元。三产服务业发展迅猛，4家企业营业收入超10亿元，9家超5亿元，27家超1亿元。

【对外贸易】 萧山开发区全年实现自营出口14.7亿美元；11家企业入围萧山区外贸出口30强，其中汉帛（中国）有限公司等4家企业位列前十名。

【园区建设】 萧山开发区编制完成江东工业园区（江东新城）概念性规划，编制江东工业园区分区规划并完成初稿，完成产业配套服务区块城市设计方案中间稿。全年完成江东工业园区基础设施建设和征迁投入7.1亿元，江东五路西伸、临鸿路、纵一路、纵五路、青六路北伸工程建成通车，7.3万平方米入口景观绿化改造工程、12公里道路架空线“上改下”工程全面完工。江东工业园区2150户农户和120家企业拆迁基本完成，4.7万平方米安置小区和1290户联建房全面开建。区块和河庄街道8个村共17300亩土地流转完成启动。2万亩农保外调方案和4个村1280亩土地整理初步完成。开发区市北区块建设一路、建设二路、明星路延伸段和桥南二号路、六号路、七号路、垦六路延伸段建成通车，市北西部区块完成土地流转和清苗交地。同时，市北、桥南两大区块安置小区建设有序推进，钱江农场、红垦农场两大经济适用房基本竣工。

【项目建设】 吉奥集团萧山基地首辆“星旺”微车下线，实现开发区整车制造“零突破”。全年完成固定资产投资40.3亿元，同比增长25.2%。工业性投入势头强劲，全年完成35.2亿元，同比增长21.4%。对66个重点项目实行委领导联系、局室包干、上墙公示、强力推进。谷易计算机等31个项目开工建设，德国采埃孚传动技术等30个项目竣工投产，青年莲花汽车、依维柯变速箱、雷迪森五星级酒店等项目全力推进。

【产业布局】 萧山开发区整体产业结构加快调整，纺织服装、机械电子等传统产业不断提升，产业高端、高新化趋势明显。

市北区块加快“退二进三”，成功收购华信纺织等6个地块。杭州湾信息港完成建筑设计方案及一期10万平方米开工准备，中国化纤网、珍诚医药网、雅库城市网等十大电子网络发展迅速，珍诚医药网成为全国率先获批并投入运营的B2B互联网药品交易平台。杭州江东工业园区汽车制造、新能源、先进数控装备等战略主导产业加快集聚。其中，汽车产业已引进浙江青年莲花汽车有限公司、采埃孚传动技术（杭州）有限公司等25家汽车整车和零部件企业。积极创建先进装备业国家新型工业化产业示范基地，已上报至工信部。新能源产业集聚通用电气能源、喜瑞太阳能、绿华能源等项目，总投资达34.27亿元，其中总投资3.2亿元的海鲸光电及LED等一批新能源项目投产。

【江东国家级新能源基地获科技部批准】 根据《关于认定2009年度国家高新技术产业化基地和现代服务业产业化基地的通知》（国科发高［2009］695号），国家科技部正式认定杭州江东国家新能源高新技术产业化基地，这一国家级荣誉对开发区（江东新城）做大新能源产业和转型升级具有重大意义。

【杭州江东新城（杭州江东工业园区）挂牌拓区】 根据杭州市、萧山区关于大江东区域“撤镇建街、以城带街”，加快一体化发展的部署和萧山区委、区政府［2009］20号文件《关于加快大江东新城开发建设的若干意见》精神，杭州江东工业园区增挂江东新城牌子，规划面积扩大为148平方公里，行政区划涵盖义蓬、河庄、新湾三大街道，萧山开发区与杭州江东工业园区（江东新城）党工委、管委会实行“一套班子、两块牌子”管理。开发区迅速抽调精兵强将，成立江东开发建设指挥部，主要领导和分管领导坐镇江东、一线作战。加强与义蓬、河庄、新湾三大街道的对接融合，在平稳有序过渡基础上，有效推进各项工作。

【社会事业】 红垦社区成功创建省级充分就业社区，开发区医院被国家民政部评为全国先进社会组织。24 家单位被评为杭州市“社会责任先进企业”，创建“劳动管理诚信企业”13 家，为 164 家企业申请发放稳定就业资金 3300 万元。全面推进计划生育、社区服务、文化教育、卫生防疫、慈善救助等社会事业。

【管理与服务】 萧山开发区健全政府采购、内部审计等制度，运作开发区招投标中心，规范办事程序和工作流程，机关效能进一步提升。加强安全生产管理，实现“三项指标”负增长和工伤事故“零死亡”，获“萧山区安全生产管理、消防安全管理、道路交通安全达标三个先进集体”称号。强化综合治理，来信来访办结率达 100%。及时调处劳资纠纷，劳动关系整体平稳，刑事和治安案件同比下降 40%，社会保持和谐稳定。大力开展学习实践科学发展观、思想作风建设和“优质服务年”活动，通过“身边人事迹报告会”和歌咏、演讲、诗朗诵、书法、摄影、体育竞技、职工技能比武等系列活动，寓教于乐、弘扬先进，为开发建设提供了政治动力和组织保证。

【发展趋势】 萧山开发区坚持先进制造业、高新技术产业和现代服务业“三业并举”，传统产业加快转型升级，新兴产业和第三产业迅猛发展。开发区正在由“建区”向“建城”转变，与中科院合作研究开发区整体产业升级战略，促进企业与大专院校合作成立 LED 等产学研创新平台。市北区块加快融入都市新区，市北东部区块概念性规划及城市设计通过专家评审，控制性详规启动编制。市北西部区块控制性详规经市政府专题会议审查同意，完成最终成果稿。杭州江东工业园区编制完成新能源基地和装备制造业基地产业规划，目标建成以先进制造业为主体，高新技术产业和现代服务业为先导，集总部科研、金融信息、高端商务、现代物流、人居休闲等功能于一体，特色鲜明、功能完善的都市型、生态型、综合型现代化工业新城。

【机构设置与管委会领导】 萧山经济技术开发区、杭州江东工业园区（江东新城）党工委、管委会对开发区实行统一领导、统一管理。党工委、管委会由党政办公室、招商局、经济发展局、国土规划建设局、人事劳动局、社会事业发展局、财政局、政策研究室、直属党委共 9 个内设机构组成。

萧山区委常委、开发区管委会主任为张振丰，开发区党工委书记为王伟民，管委会副主任为周茂昌、章燕梁、俞志仁、周利明、朱先良，党工委委员为赵金土。

（萧山经济技术开发区管委会　毛佳瑜）

惠州大亚湾经济技术开发区

【经济发展】 2009 年，惠州大亚湾经济技术开发区实现地区生产总值 202.1 亿元，增长 20.2%；实现工业总产值 751.3 亿元，增长 58.8%；惠州港吞吐量完成 3424.8 万吨，增长 45.8%；地方财政一般预算收入 10.8 亿元，增长 21.3%；国税收入 83.9 亿元（扣除海关代征税 76.2 亿元），增长超过 300%；地税收入 13.9 亿元，增长 55.9%；完成外商直接投资额2.7亿美元，增长3.5%；社会消费品零售总额9.04亿元，增长12.5%。

【投资环境】 大亚湾集中展现了中国沿海地区的综合优势，具有发展成为超大规模经济体和区域经济中心的优良条件。主要体现在：

地缘优势。大亚湾位于惠州市南部，西接深圳，北濒广州、东莞，陆路距香港60公里、海路47海里。

交通优势。海运方面：大亚湾海域宽、航道短、淤积少，是天然深水避风良港，拥有国家一类对外开放口岸——惠州港。公路方面：惠深沿海高速、疏港大道、石化大道等构成快捷的公路交通网。空运方面：距深圳宝安机场、广州白云国际机场仅2个小时的路程。

配套优势。大亚湾不仅初步形成了比较齐全的海运、码头、铁路、公路、供水、供电、通讯、消防等公用设施网络，工业生产配套完善，而且紧接惠阳区，距惠州和深圳市区仅40公里左右，生活配套便利。

市场优势。大亚湾是深莞惠经济圈乃至珠三角经济区的重要组成部分。周边的广州、深圳、东莞等现代化都市区为大亚湾持续快速发展提供强大城市依托，市场辐射面广，产品需求量大，有广阔的市场发展空间。

项目优势。大亚湾大项目相对集中，随着中海壳牌南海石化、中国海油惠州炼油、广东LNG惠州电厂、比亚迪以及华德油储等一批大项目先后落户建成投产，基本形成完善发达的石化、汽车零部件、物流、电子信息产业基地。

服务优势。大亚湾坚持“政府营造环境、企业创造财富”的发展理念，为投资者提供一站式审批高效服务。同时，开通民意“绿色通道”，全天候受理企业咨询、建议、投诉，为企业提供优质服务。

【发展趋势】 大亚湾是惠州落实《纲要》提出“积极培育惠州临港基础产业，建设石化产业基地”的主战区，是实现惠州经济平稳较快发展的引擎和动力。面对百年难遇的发展机遇和奠定百年发展格局的历史重任，大亚湾适时将石化区规划面积扩大到65平方公里，突出滨海特色的规划布局，坚持科学发展，先行先试，力争通过5~10年时间的努力，立足“五大板块”，鼎力打造“三区两基地”，在发展石化产业的同时，推动汽车、电子、物流、旅游等多产业齐头并进。

一是立足东区石化产业板块，鼎力打造世界级石化产业基地。树立“健康、安全、环保”的先进理念，依托中国海油1200万吨/年项目和中海壳牌95万吨/年乙烯项目的产业链优势，以“油化结合、上中下游一体化的石化产业”为发展定位，大力推进炼油、乙烯项目的增资扩产，重点发展技术先进、环境友好、附加值高的石化深加工产品、高新技术材料、专用化学品和精细化工产品，做大做强精细化工园区。积极完善公用配套设施建设，实现区内产品项目一体化、公用工程辅助设施一体化、物流运输一体化、环境保护一体化和管理服务一体化的“五个一体化”配置。力争到2012年，炼油达到2200万吨/年，乙烯200万吨/年，石化产业总产值达到900亿元，增加值达到220亿元。到2020年，炼油达到4000万吨/年，乙烯300万吨/年，石化产业总产值达到3000亿元，增加值达到700亿元，形成世界先进水平的特大型滨海石油化工产业基地。

二是立足港区物流产业板块，鼎力打造粤东港口物流产业基地。充分发挥惠州港作为京九铁路南线最便捷出海口的优越区位优势，抓住大项目带动港口建设加速升级的历史契机，在和黄集装箱码头、太东国际物流园等多宗项目开工建设的基础上，高标准规划建设惠州港，合理布局集装箱、石化、散杂货等码头与仓储物流区、商务办公区、口岸查验区等功能区，把惠州港建设成为以石油及化学品运输为主，集装箱为辅，兼顾大宗物资中转运输的粤东地区现代化综合性港口。力争到2012年，港口吞吐能力达到1亿吨，集装箱吞吐能力达到130万标箱。到2020年，港口吞吐能力达到1.7亿吨，集装箱吞吐能力达到480万标箱。

三是立足西区综合产业板块，鼎力打造高技术创新产业区。重点推进高科技、高效率、低能耗、低排放的电子信息、新能源汽车及新材料等高技术产业发展。加快建设规划面积50多万平方米的科技创新产业园，积极鼓励和支持跨国公司、高等院校、科研院所和国内大企业、大集团在园区内形成产学研联盟，促进科技研发，加快成果转化，促进高技术产业朝规模化、集群化、高端化方向发展，力争成为惠州国家级电子信息产业基地的重要组成部分和广东省汽车及零部件重要生产区。到2012年，高技术产业总产值达到200亿元。到2020年，高技术产业总产值达到400亿元。

四是立足黄金海岸区旅游板块，鼎力打造滨海旅游休闲度假区。利用黄金海岸的资源优势和十三届省运会帆板基地建设的大好机遇，以三大品牌和五大组团（即海洋生态休闲度假旅游品牌、工业和文化旅游特色品牌、森林养生度假旅游品牌和霞涌沿海旅游组团、石化区工业旅游组团、森林生态旅游组团、渔家风情旅游组团、海岛旅游组团）为主要载体，全力打造“休闲惠州·风情大亚湾”的旅游整体新形象，积极构建大亚湾旅游产业发展新格局。力争到2012年，全区接待游客总量达到100万人次，旅游总收入达到1.5亿元左右。到2020年，全区游客接待量达到260万人次，旅游总收入达到15亿元左右，把大亚湾建设成为粤港澳地区具有特色的滨海旅游休闲度假区。

五是立足中心区总部经济板块，鼎力打造统筹城乡发展先行区。大力推进城乡规划和基础设施建设，着力提升公共服务、劳动就业、社会管理等水平，全面提高人民群众物质文化生活质量，构建统筹城乡发展先行区。到2012年，社会保障体系基本实现全覆盖，基本公共服务惠及城乡居民，基本形成统筹城乡发展先行区。到2020年，全面形成统筹城乡发展先行区新格局，城乡经济社会发展实现一体化。

未来的大亚湾，将建成以石油化工产业为主导，电子和汽车工业、旅游业、港口物流业协调发展的现代滨海“石化新城”，经济繁荣与环境优美、人与自然协调发展的“和谐港湾”。

【管委会领导】 区委书记为许光，副书记为侯经能、黄伟才，常委为许光、侯经能、黄伟才、朱毅凡、李金带、王广军、曾红胜、张添才、李迅、李印铸、赵岩（挂职），办公室主任为李迅。管委会主任为侯经能，副主任为黄伟才、王广军、张添才、赵岩（挂职）、叶光明、吴欣、李耀楠、詹星、武艳茹（挂职）、纪红兵（挂职），办公室主任为李迅。

（惠州大亚湾经济技术开发区　林彰永）

北京经济技术开发区

【经济发展】 2009年，北京经济技术开发区（以下简称北京开发区）实现地区生产总值592.5亿元，同比增长6.8%（现价，以下同）；全区规模以上工业企业完成工业总产值1967.1亿元，产值亿元以上工业企业为124家，产值10亿元以上工业企业为25家；实现工业增加值333.7亿元，同比增长5.4%；完成财政收入198.7亿元，同比增长15.3%；税收收入173.9亿元，同比增长10.0%。截至2009年底，全区完成全社会固定资产投资

157.2 亿元，同比增长 36.7%，高于全市 10.4 个百分点。其中企业完成投资 127.2 亿元，同比增长 21.3%。累计入区企业 3276 家（不含分支机构），累计投资总额 192.2 亿美元，其中外资 135.7 亿美元。创造地区生产总值 2806 亿元，销售收入 15142 亿元，工业总产值 10940 亿元，财政收入 819 亿元，税收 720 亿元，出口 580 亿美元。出让土地平均投资密度 1021 万美元/公顷。

【投资环境】 2009 年，北京开发区成为北京市首批“服务外包示范区”。服务外包企业以义翘神州、昭衍新药、本元正阳、诺赛基因、康龙化成为代表，这些公司都具有一流的技术实力和丰富的国际合作经验，已能规模化承接国内国际高质量生物医药外包服务，在安全性测试、基因到蛋白表达、化药合成筛选等方面居国内领先地位，具有极强的竞争力和巨大的发展潜力。集中推出设立岗位补贴专项资金促进征地拆迁农村劳动力就业；设立职业技能培训补贴专项资金；设立企业员工住宿补贴三项重要举措。正式面向公众开放位于荣华中路西侧的 19 号街区绿化景观工程。正式开通“无限亦庄”工程，该工程是国内首个采用自主创新 McWiLL 技术实现无线覆盖的工程。北京市药品检验所开发区业务受理处正式揭牌，开发区内广大药企将自此享受到不出区送检药品的“零距离”服务。开发区产业投融资平台揭牌，三家新机构及小额贷款公司基本完成组建，这标志着以北京亦庄国际投资发展有限公司为主体，融基金、担保、小额贷款及上市服务四大功能板块于一体的开发区产业投融资基础平台已构建成形。区内第 7 座 110 千伏变电站—兴业变电站的建设施工完成设备安装调试，投运后大大提高了亦庄地区的供电能力，缓解核心区景园街 110 千伏变电站负荷过重及地区电力需求迅速增长的突出矛盾，为进一步优化亦庄地区电网整体结构发挥了重要作用。

【招商引资与利用外资】 北京开发区全年共吸引企业投资（含增资）27.8 亿美元，同比增长 25.5%；引进世界 500 强项目 7 个。截至 2009 年底，全区世界 500 强企业达到 66 家，投资项目 90 个。

【高新技术产业和重点企业】 2009 年，按《高新技术企业认定管理办法》（国科发火［2008］172 号），北京开发区新认定高新技术企业 99 家，累计认定高新技术企业 229 家。高新技术企业完成工业总产值（现价）1865.06 亿元，占全区工业总产值的 94.81%；完成主营业务收入 2969.17 亿元，比 2008 年增长 7.01%，占全区主营业务收入的 93.44%，其中产品销售收入 2148.52 亿元，比 2008 年增长 29.67%；利润总额 266.63 亿元，比 2008 年增长 0.05%，占全区利润总额的 94.30%；出口总值 101.29 亿美元，比 2008 年下降 9.78%，占全区出口总值 86.23%。以诺基亚通信有限公司为主体的电子与信息业主营业务收入占全区高新总量的 55.63%；先进制造技术业主营业务收入占全区高新总量的 20.56%；生物工程和新医药业主营业务收入占全区高新总量的 4.24%；新材料及应用技术、航空航天技术、新能源与高效节能技术及其他业主营业务收入占全区高新总量的 19.57%。

开发区科技创新政策的推出加大了技术市场的技术合同的签订。2009 年 1 月至 10 月，区内技术交易量达 570 项，交易金额 16.53 亿元，同比增长 4% 以上。其中，技术秘密合同交易 200 余项，成交额 7.55 亿元，同比增长 94.01%；1000 万元以上（含）重大技术合同 28 项，同比增长 21.74%，成交额 9.76 亿元，占全区合同成交额总量的 59.04%。

2009 年，国内首个 TFT - LCD 工艺技术国家工程实验室落户京东方科技集团股份有限公司开发区五代线厂址内，该实验室建成后将加强企业自主创新能力，并对推进国内显示产业链的建设、提升全行业研发水平具有重要作用。久其软件在深圳证券交易所成功登陆中小板市场，该公司是中国报表管理软件、电子政务软件、ERP 软件和商业智能软件的知名供应商，是国家火炬计划重点高新技术企业、国家规划布局内重点软件企业，同时也是北京市中关村科技园区百家创新型试点企业，占据报表管理软件领域22.5%的市场份额，位居行业第一。百泰生物的拳头产品—泰欣生全年销售收入超过1.6亿元，该产品是中国正式批准上市的第一个人源化抗体药物，其联合放化疗治疗晚期非小细胞肺癌、结直肠癌、食管癌、神经胶质瘤的注册性临床试验已经获批，全国范围的临床实验也正在有序的进行当中。北京金豪制药股份有限公司与中国疾病预防控制中心（CDC）病毒病预防控制所签署战略协议，双方共同开发生产应对突发公共卫生应急事件的诊断试剂，就政府疾病防控工作的需要和共同关心的项目开展全方位的合作，打造一个突发公共卫生应急事件诊断试剂产业化基地。宏大研究院有限公司自主研发的“宽幅熔喷非织造布设备及工艺技术”获得“纺织之光”2009年度中国纺织工业协会科学技术二等奖，该技术很好地解决了当前中国熔喷非织造布设备幅宽窄、能耗高、产量低、产品质量不稳定的问题。第十八届全国发明展览会上，北人股份公司参展的《BEIREN75A型报业用高速卷筒纸胶印机》获得发明展金奖，该印刷机代表了中国报纸印刷机领域国内甚至是国际上目前的最高设计水准。

【对外贸易】 2009年，北京开发区实现进出口总额222.58亿美元，进口总额为105.12亿美元，出口总额为117.46亿美元，其中外商及港澳台企业出口116.2亿美元、高新技术企业出口101.29亿美元、机电产品出口115.92亿美元。

【项目建设】 2009年9月17日，柏瑞安电子产业基地开工仪式在开发区举行。作为数字电视产业园与京东方八代液晶项目首个配套项目，该基地建成后将为数字电视产品、京东方五代平板显示器驱动部件、八代高清电视产品的系列核心电路提供配套产品，并可用于通信、医疗、汽车电子等高新技术产品的制造与服务。

2009年10月19日，北京数字电视产业园的核心项目—京东方8.5代TFT－LCD生产线桩基工程在开发区路东区正式开工建设。该生产线由阵列、彩膜、成盒和模组4部分生产工序组成，主要生产液晶电视用显示屏和模组，玻璃基板尺寸为2200毫米×2500毫米，月投片量为9万张玻璃基板。京东方8代TFT－LCD生产线的建成投产，将彻底结束中国大尺寸液晶面板完全依赖进口的局面。

2009年12月2日，北京亦庄移动硅谷有限公司揭牌，正式启动了移动硅谷的建设，将在星网工业园的基础上，加速再造一个千亿级移动通信产业基地。移动硅谷定位于移动通讯的总部、研发、交易和服务型园区，将建设包括研发基地、企业办公、交易平台等在内的配套设施，打造以无线通讯核心芯片和配套芯片研发设计为主，整合无线通讯终端解决方案、品牌运营、销售渠道企业和交易平台，联合操作系统、软件及其他配套企业的无线通讯终端产业基地，形成完整的产业链。

2009年12月10日，北京航天万源煤化工工程技术有限公司投资4.22亿元、占地面积78亩的航天煤气化装备产业基地举行奠基仪式。煤气化技术是将固态的煤炭转变成气态的氢气和一氧化碳混合气体的技术，合成气可直接作为生活用气或作为燃料发电，从而达到洁净利用煤炭的目的。煤气化装备依托航天运载火箭发动机燃烧技术，充分吸收了当今世界两大先进煤气化技术的优点，将煤炭利用的效率革命性地提高到了95%以上。该项目被列为“北京市重点建设项目”。

【社会事业】 按照北京市委、市政府的要求，从2009年3月到9月，北京开发区进行了社区党组织、居民委员会换届选举工作。开发区7个社区党支部、251名党员参加了选举，一批政治素质高、组织能力强、工作作风实的党员组成新的党组织。7个社区居民委员会参加换届选举，选出新一届社区居委会成员43名，职业化、专业化水平进一步提高。2009年9月1日起，在开发区居住并属于开发区人口管辖范围内的适龄儿童、少年近2000人在实验学校就学将免交学杂费。120急救中心同仁医院南区站点自2009年12月3日启动运行以来，已接诊百余人，为开发区的企业员工、社区居民就医提供了极大的方便。为提高全区整体应急管理水平，开发区于2009年12月22日下午举行了危化品运输突发事件综合应急演练，“事故”发生后及时启动“开发区危化品运输突发事件应急预案”三级应急响应，成立现场指挥部，处理工作井然有序开展。开发区公安分局、消防支队、交通大队、应急办、工委宣传部、市政局、社发局、环保局、安监局、总公司安全生产办公室、同仁医院开发区院区等11个部门共140余人参加了演习。

【管理与服务】 2009年，北京开发区正式实施《北京经济技术开发区建设工程行政审批暂行办法》。该办法将进一步简化行政审批程序，规范行政许可，提高行政效能，最大限度地缩短建设工程行政审批时间。新办法实施后，办理工程项目报建手续将不再要求企业提供建设用地规划许可证、建设工程规划许可证、企业营业执照、组织机构代码证书和公司章程。企业只需提供建设项目立项批复、办理报建手续工作人员的身份证明材料及法人委托书，就可以在建设发展局窗口即时办理报建手续。工程投资在200万元以下（含200万元）或建设规模在300平方米以下（含300平方米）的，办理工程报建时，则需要提供建设工程规划许可证、在建设局招标办备案的施工合同和监理合同，并完成质量监督注册、安全监督备案登记，建设发展局将在3个工作日内为企业发放施工许可证。开发区检验检疫局建立了24小时预约检验检疫制度和特事特办制度，从对重点企业的服务改变成惠及每个企业的服务。区内企业可以约定在法定工作时间外办理检验检疫业务，使得报检和检验检疫流程大大缩短。

【产业布局】 北京开发区聚集100多家国内外知名的电子信息通信产业企业，以诺基亚为龙头的移动通信产业链已经成为世界上最具规模、最完整、最具竞争力的移动通信产业链。启动集新药创制平台和技术支撑平台于一体的北京亦庄生物医药产业园建设，为进一步形成生物医药产业聚集区提供有力保障。初步形成整车制造、零部件制造和服务贸易紧密联系的产业集群，逐步确立汽车产业在开发区工业经济发展中的支柱地位，以奔驰为代表的汽车产业龙头企业呈现出良好的发展态势。在现有的ABB、博士力士乐、施耐德等世界顶级装备制造企业以及众多国内领军企业的基础上，坚持高技术、高附加值、节能降耗标准，引进符合首都产业发展定位的龙头企业和配套企业，完善专业化、现代化服务，加快建设世界一流的制造业基地。着力构建生产性服务业与制造业的互动发展机制，加快现代信息技术成果的应用，推动现代物流业、金融服务业、商务服务业等生产性服务业率先向知识型、技术密集型产业升级。

【发展趋势】 《亦庄新城规划（2005～2020年）》指出，亦庄新城是北京东部发展带的重要节点和重点发展的新城之一，是辐射带动京津城镇走廊产业发展的高新技术产业中心。亦庄的发展建设，要按照推进首都经济、社会、人口、资源和环境相协调的可持续发展战略，强化与中心城和其他新城的良性互动，积极推进中心城人口和职能的疏解，促进城镇化健康有序发展。开发区要在《亦庄新城规划》的指导下，努力提高自主创新能力，提升现代制造业的层次和国际竞争力，打造高新技术产业中心；积极发展生产性服务业，构建以区域产业集群为依托的高端产业服务基地；有力推动开发区的综合化发展，建设具有国际水平的适宜创业发展和适宜生活居住的现代化新城。范围为通州区行政区域京津第二通道以西地区及大兴区旧宫镇三海子等地区，总面积约508.5平方公里。在规划区范围内实行城乡统一的规划管理。按照构建“一廊、三轴、双中心”的区域空间布局结构要求，保障并促进区域和城乡协调发展。亦庄新城的建设，要积极推动面向京津城镇走廊及产业带的整体发展，坚持生产与生活协调同步的发展模式，加强多样化、高水平的居住和配套服务设施建设，增强吸引力。促进经济和社会协调发展，建设宜居新城。建设资源节约型和环境友好型社会，强化土地、水资源、能源的节约与合理利用。

开发区将打造十大产业，计划在5年内，将工业总产值从2000亿元提升到1万亿元，10年内提升到2万亿元。十大产业包括移动通讯产业园、数字电视产业园、移动硅谷产业园、微电子产业园和LED产业园等的电子信息产业；整车制造与零部件制造，以及以汽车电子和新能源汽车为发展重点的汽车产业；太阳能、光伏发电、风能发电、燃料电池等绿色能源产业；以国家新媒体产业基地为核心，以新媒体、影视制作为内容的文化创意产业；以北京国家生物产业基地、大兴生物医药基地为核心，对接国家重大新药创制专项，承担北京生物医药创新孵化基地任务的生物医药产业；涉及18个子产业的装备制造业；以航空运输为依托的高端制造业和以服务空港为依托的高端服务业在内的临空经济产业带；吸引中航工业集团、中航科技集团、中航科工集团、中国兵器集团等企业优质项目的航空航天产业；涵盖衣、食、住、行、用，具体包括食品饮料、服装纺织、印制包装、工艺美术、家具家装、洗涤化妆、文体用品、塑料制品以及家电照明等9个子产业的都市产业；现代物流业、保税功能区和楼宇经济等生产性服务业等。

【机构设置与管委会领导】 北京开发区工委机构有：工委办公室，组织部（人事教育处、机构编制办公室、统战部），宣传部（新闻办公室），党群工作部，政法工作部，机关党委（机关工会），纪工委（监察局），工会。管委会机构有：管委会办公室（外事办公室、信访办公室），发展和改革局（商务局），产业促进局，科技局（知识产权局），财政局（国有资产管理办公室），人事劳动和社会保障局，房屋和土地管理局（北京市国土资源局经济技术开发区分局），建设发展局，征地拆迁办公室，市政管理局（水务局），社会发展局，审计局，环境保护局，统计局，安全生产监督管理局，研究室（法制办公室），信息化工作办公室，规划局。

北京开发区工委书记为杨林，副书记为张伯旭、张文；管委会主任为张伯旭，副主任为贲勇、赵昕昕、王合生（1月任）、文献（6月任）。

（北京经济技术开发区　王玉蝉）

合肥经济技术开发区

【经济发展】 2009年，合肥经济技术开发区（以下简称合肥开发区）实现工业总产值1028.66亿元、地区生产总值369.72亿元，分别增长27.27%、18.37%；全区累计完成社会固定资产投资248.4亿元，同比增长41.9%，其中工业投资104.4亿元，同比增长29.6%；综合财政收入51.38亿元，同比增长46.7%。尤其是国税收入突破28.6亿元，增长48.2%，在全市独占鳌头。开发区工业经济继续领跑合肥市，被国家工信部批准为首批“国家新型工业化产业示范基地”。

【投资环境】 合肥开发区坚持规划先行，谋划南向发展战略。按照“141”城市空间发展战略，编制《城市总体规划（2006～2020年）》，参与编制《合肥市西南组团规划》等规划，使开发区与滨湖新区、老城区、政务新区和肥西上派镇等组团充分衔接。与肥西县签署扩大合作开发协议，将合作范围扩展至派河以南59.5平方公里区域，为“十二五”跨越发展拓展空间。

开发区着眼完善功能，快速推进重大基础设施建设。围绕打造派河港和南部物流区，推进铁路专用线、派河航道整治等工程。累计投资11.59亿元，高标准建设市政公用设施，莲花路改造工程顺利完工，莲岗高压线入地工程稳步推进，供电、供水、燃气、热力、通讯、污水等管网进一步完善，新增绿化面积799.5亩。派河熔安动力专用码头建成投入使用，污水处理厂二期、金源热电等建设纳入合肥市大建设计划。重点路段沿线及会展中心周边亮化工程顺利完成。集约节约利用土地，把依法行政与服务发展有机结合，坚持“以用为先”，加大建设用地置换力度，开展闲置和低效利用土地清理工作。开发区高品质的发展环境得到海内外投资商的充分认可，翡翠湖502亩商业地块拍出每亩520万元高价。

2009年，在经济观察报、中国区域经济学会联合举办的首届“中国最具投资潜力开发区”评选活动中，合肥经济技术开发区名列中国最具潜力十强国家级开发区第5位，再次荣登中西部榜首。

【招商引资与利用外资】 合肥开发区招商引资实现重大突破。设立上海、广州、厦门办事处，调整招商责任机制和考核机制，组建32支小分队，营造“全员招商”的良好氛围，有效拓展招商渠道和信息。依托区内支柱产业和新兴产业，利用中博会、资本对接会等平台，加强产业链招商。在全年签约的34个项目中，有亿元以上项目22个、5亿元以上项目6个。2009年，全区累计完成招商引资95.73亿元，同比增长12.76%。其中外资3.36亿美元，市外资金到位72.89亿元。比“十五”末翻了近两番，总量在全市继续排名第一。

【高新技术产业和重点企业】 合肥开发区在推进自主创新中促进产业结构优化升级。一是出台鼓励政策，争取各类资金支持佳通、江汽、合力、应流等重点企业实施技术改造和产品升级，进一步提升竞争力。二是积极创建国家新型工业化产业示范基地，杰事杰等8家企业被命名为“合肥市创新型企业”，新增省级企业技术中心2家、省级高新技术产品19项，新认定高新技术企业8家。区内共有高新技术企业59家、国家级企业技术中心2家、省级企业技术中心9家。全年高新技术产业产值同比增长27.3%，占全区工业总产值的68.1%，对经济增长点贡献率不断提升。

【对外贸易】 2009年，受金融危机影响，合肥开发区进出口总额14.1亿美元，同比下降13.18%。其中，出口总额7.1亿美元，同比下降12.35%；进口总额7亿美元，同比下降14%。

【项目建设】 合肥开发区建立“双向约束”机制，对协议落地项目进行全程跟踪，督促项目按协议开工建设、按时投产。2009年，全区新项目开工30个，总投资约80亿元，创“十一五”以来新高。截至2009年底，区内列入市“1346”行动计划项目40个，累计完成投资约73.35亿元；列入省“861”行动计划项目33个，累计完成投资约52.11亿元。海尔冰箱二期、华凌大冰箱等项目建成投产；熔安动力首台机顺利交付，为安徽省重大装备制造业再添生力军；省内首支人工重组胰岛素在开发区成功下线，生物医药产业取得新突破。

【产业布局】 合肥开发区抓住皖江城市带承接产业转移示范区建设的契机，把承接转移的过程变成产业集聚的过程，不断延伸产业链，吸引核心配套入驻，以集群优势推进主导产业由大变强，在承接产业转移中壮大提升主导产业。五大支柱产业拉动开发区增长的贡献率达到94.8%，产业实力不断提升；新增规模以上企业28家，新增亿元以上工业企业10家；海尔、日立、联合利华三个工业园销售超过百亿元。落实产业规划，加强新兴产业的培育，船舶、微电子、新材料和生物医药等重点产业和骨干企业发展态势喜人，总部经济环境不断优化，服务外包基地效应进一步发挥。区内科学发展、选择性承接产业转移的成功案例登上央视《新闻联播》栏目头条，《经济日报》也作出整版重点报道。

【出口加工区建设】 新一轮申报工作取得积极进展，国家发改委、国土资源部、财政部、商务部、住建部、工商总局、税务总局、质检总局和外汇管理局共9个审批部委已全部完成会签。海关总署加贸司整理各部委意见由署领导签发后报国务院办公厅秘书二局，建议国务院批准设立合肥出口加工区，出口加工区获批在即。

【社会事业】 合肥开发区全年投入7922万元，实施19项民生工程，廉租房一期工程竣工，临湖社区二期工程封顶，汇林园等7个小区、5913户居民用上天然气，塘西河流域7个安置小区和2所学校雨污分流改造完成。新增就业16000人，祖居居民的人均可支配收入提高到11800多元。妥善做好拆迁安置工作，规范回迁安置资格公示制度，安置房屋2541套、安置人员4115人；发售解困房352套，解决住房困难家庭实际需求。落实基本生活、医疗等保障政策，累计发放各项补助资金近2000万元。成功举办“第三届社区文化节”，吸引207家单位、10余万观众参与。组队参加合肥市第二届农运会，并斩获六块金牌。

【管理与服务】 合肥开发区以机制创新为先导，推进改革走向纵深，以改革来保稳定、促发展。以目标管理和绩效考核为抓手，继续深化行政管理和社区管理体制改革，切实提高运行效率。按照“整合资源、强化管理、重心下移”原则，在全市率先成立城市管理局，构建“大城管”格局；创新城管运行机制，推行保洁、市政、绿化养护“三位一体”市场化运行模式；深化基层社会管理改革，推行“两委”民主选举和“网格化”服务，实现社会管理服务全覆盖；实施“精细化”管理，强化预算约束和指标控制，规范国有资产监督管理；改革融资方式，适时调整融资结构，有效降低融资成本，成功发行10亿元企业债券。

【机构设置与管委会领导】 合肥经济技术开发区职能机构包括：工委办公室、管委会办公室、经贸发展局、建设发展局、社区管理局、财政局、社会发展局（执法分局）、人事劳动局。党群机构包括：企业党委（工会联合会）、区直党委、工委督查组。法定机构包括：发展研究中心、机关事务中心、招商局、建设管理中心、财务管理中心、城市管理综合执法大队、合肥市环境保护局经济技术开发区分局。

开发区工委书记、管委会主任为姚卫东，开发区工委委员、管委会副主任为孙余洲、李保国、程振革、吴昊。

（合肥经济技术开发区　杜勤）

郑州经济技术开发区

【经济发展】 2009年，郑州经济技术开发区（以下简称郑州开发区）完成地区生产总值110.2亿元，同比增长30.6%；工业总产值160.2亿元，增长33.5%；工业增加值45亿元，增长30%；全社会固定资产投资67亿元，增长55.3%，全年增幅始终排在全市第一；完成财政总收入20.31亿元，同比增长75%；完成一般预算收入4.56亿元，增长32.43%。外向型经济保持高位增长。实际利用外资26005万美元，全年完成进出口总额29500万美元（含出口加工区），其中出口1.5亿美元（含出口加工区），同比增长

15.6%；完成对外经济技术合作营业额1.96亿美元，完成对外经济技术合作合同额1.69亿美元，两项指标均居全市第一。

【投资环境】 2009年，郑州开发区城区环境日益靓丽，软硬实力同步提升。完成东南部滨水地区城市规划设计工作，为今后的城市建设指明方向；完成十七里河、十八里河道治理工程；扎实推进森林生态城市建设，完成造林面积294.7万平方米，拥有绿地总面积50万平方米，绿地覆盖率达38%。全面落实强化城市管理的各项工作措施，IBD可视视频系统已调试完毕，实现了与市数字化城市管理指挥中心的可视交流。积极改善辖区环境，修建道路23公里，安装路灯20公里，修建人行道3万平方米，完成绿化工程8万平方米。新建及改造垃圾中转站4座。文化馆前期筹建工作已经准备完毕，1个文化站和10个文化大院的基层文化设施的建设经费已拨付到位。

【招商引资】 2009年，郑州开发区招商工作坚持“引进来”与“走出去”相结合，一方面邀请跨国公司、国内知名企业、各种行业协会客商到开发区参观考察，另一方面积极参加国家、省、市组织的各种经贸、招商活动，并根据产业发展需要，自行组织小分队招商和主题招商。全区接待各种商务考察团队100多个共500多人，在各次招商活动中，做到每个活动有主题、有项目、有签约、有成果。中国恒天重卡汽车、宝钢汽车、中兴通讯工业园、恒基勤上LED、中粮工业园、益海嘉里等一批投资超亿元、10亿元大项目纷纷入驻郑州开发区。全年共引进基本建设项目近60个，规划占地面积近7000亩，协议投资总额超过200亿元人民币，利用外资近4亿美元。开发区积极响应并主动参与省市“大招商”活动，以长三角、珠三角、环渤海三大区域为招商重点，重点引进四大主导产业（汽车及零部件、食品加工、装备制造、电子信息）中资本密集、技术密集的龙头型、基地型、综合型、研发型以及后发优势型项目，积极培育新能源及节能环保产业、现代服务业两大新兴产业。以做大做强主导产业、形成产业聚集为目标，编制产业规划、明确产业布局、细分产业链条，提出“延长产业链、缩短供应链、降低成本链、提升价值链”的招商理念，提高招商的层次和水平。开发区四大主导产业已基本形成有产业龙头、有骨干项目、有配套企业的产业集聚格局。

【科技创新】 2009年，郑州开发区不断加强科技创新，转型升级步入轨道。区内有国家级企业技术中心1家、省级企业技术中心11家、市级企业技术中心17家。全年新增技术贸易登记机构8家，完成国家、郑州市两级技术交易额网上申报工作，登记技术合同64项，完成技术交易额1.9亿元。不断加大科技投入力度，鼓励企业开展自主创新和科技研发，河南省“科技企业孵化器”基地已经获得省科技厅批准；企业经申报获得省重点科技攻关、省中小企业创新资金、市技术研究与开发等项目82个；申请各类科技资金5470万元，进一步提高了企业自主创新能力。加大高层次人才引进力度，全年共有14个项目列入省、市引进国外技术、管理人才项目计划，聘请国外专家72人，获得引进国外人才计划项目专项经费45万元，占郑州市项目总数的1/4，为经济社会发展提供了坚强有力的人才支撑。抓住国家通过创业板上市的机遇，积极推进企业上市，河南金博士种业有限公司和河南四方超硬材料有限公司相继改制完成，金博士种业公司上市文件已被正式受理，河南四方达公司上市条件已具备，另外还有7家企业进入了后续梯队。全区产业结构进一步优化，成为中原城市群腹地的高新技术产业和现代制造业基地。

【对外开放】 2009年，郑州出口加工区充分发挥国家级出口加工区加工贸易平台的作用，抢抓机遇、创新工作，克服金融危机的不利影响，全年共新批准进区项目11个，投产工业企业3家，投入运营贸易、物流企业2家；完成固定资产投资3.5亿元，完成工业总产值6.5亿元，同比增长18%；工业增加值1.8亿元，增长20%；实际利用外资2.6亿美元，地区生产总值2亿元，其中第二产业增加值1.8亿元、第三产业增加值0.16亿元；进出口2.3亿美元，其中进口1.3亿美元、出口1亿美元，同比增长63%。占据全市加工贸易的半壁江山，稳居中部出口加工区第1位；完成保税物流业务进出区4307万美元，其中进区2542万美元、出区1765万美元；保税物流进出境2582万美元，其中进境958万美元、出境1624万美元。全区外向型经济发展在省市对外贸易不断下滑形势下呈现出逆势增长的良好态势，为开发区跨越式发展开拓了更为广阔的空间。

【项目建设】 2009年，郑州开发区重点项目建设进展顺利，八大园区初见规模。全年省、市重点项目共计16个。其中郑州开发区直管项目9个，预计全年累计实现投资17亿元。年初计划开工推进41个重点项目，其中超亿元项目有28个，总投资额188亿元，全部建成达产后将新增工业产值600多亿元。郑州开发区建立了项目指挥长制度和领导分包负责制度，推行一个项目、一套班子，跟踪服务、一抓到底的工作机制，强化服务、协调推进，重点项目建设取得重大突破。

【主导产业】 2009年，郑州开发区主导产业迅猛发展，新兴产业蓄势待发。四大主导产业（汽车及零部件、食品加工、装备制造、电子信息和现代物流业）进一步发展壮大，在产值、利税、产业带动等方面带动作用日益明显，并呈现竞相发展、交相辉映之势。总投资80亿元、年产30万辆整车和30万台发动机的海马汽车项目正式下线；总投资30亿元、年产30万辆商用车的郑州日产第二工厂项目，投资总额27亿元、建设三条第五代液晶玻璃基板生产线的旭飞液晶项目相继开工建设。同时，区内积极培育新能源及节能环保产业、现代服务业两大新兴产业，成功引进恒基勤上大功率LED、深圳中兴科扬等多个节能环保项目，以及大庆华拓数码、点击在线等十多家各具特色的服务外包项目，举办了中美服务外包大会，并与全球服务外包巨头STREAM公司签订了项目合作协议。

【管理与服务】 2009年，郑州开发区多方位、多层次积极开展企业服务年的各项工作，并将企业服务年工作与企业日常服务工作紧密结合，拓宽了服务手段、提高了服务水平，得到企业的一致好评。相继出台《关于促进经济平稳快速发展的实施意见》、《企业帮扶年活动方案》、《领导分包联系企业制度》、《百户重点企业帮扶工作方案》等一系列工作方案和服务措施，区领导带头深入企业生产一线，与企业共度时艰；积极组织开展银企洽谈活动，为企业搭建融资平台，已组织两次大型银企洽谈会，为企业组织协调各类贷款5.8亿元，有效化解了企业融资难、贷款难问题，极大提高了企业应对危机的能力；区财政安排专项预算资金，对于2009年为开发区投产企业新增担保额超过1亿元的担保机构给予奖励。继续深化“一条龙服务”、“一站式办公”、“限时办结”等制度，进一步精简审批事项和程序，积极营造开放开明的政策环境；牢固树立机关工作人员“亲商、重商、安商、富商”的理念，创新服务方式，大力倡导“有事即办、急事快办、特事特办、难事帮办”的作风，开发区发展环境明显优化，开放形象独具魅力。

【社会事业】 2009年，郑州开发区社会事业全面发展，民计民生显著改善。在发展经济的同时，全力推动社会事业发展，努力办好十件实事，使发展成果惠及全区群众。全年财政性民生投入达7589万元，在一般预算支出的比重达到16.27%，其中教育支出6216万元，同比增长58.11%；医疗卫生事业支出259万元，增长1.38倍；就业和社会保障工作支出157万元，增长80%，农林水事务957万元，增长21.29%。新建朝凤路小学，85中二期建设已基本完工并投入使用，教育资源配置进一步优化。规划建设10所标准化村卫生所及社区卫生服务中心，对区内300名白内障患者提供免费复明手术。新农合参合率达到96.6%，实现城镇居民医疗保险参保、城乡居民养老保险参保缴费率均达100%。实现城镇新增就业1400多人，实现农村劳动力转移就业780余人，区内失业率控制在3%以下。投入征迁安置农民基本生活保障专项基金4千万余元，保障了征迁安置农民的生活，民生得到进一步改善。

【党的建设】 2009年，郑州开发区党的建设不断增强，队伍素质明显提高。严格遵照上级党委要求，深入开展“学习实践科学发展观”等活动，扎实推进基层组织建设和党员队伍建设。坚持民主集中制，不断完善党委会议规则、党政联席会议事规则和工作制度，推进了决策的科学化、民主化；坚持正确的用人导向，实行“三票制”选拔任用干部，创新干部考评体系和选用机制；加强农村基层组织建设，大力推广运用“4+2”工作法，使村级组织规范化建设大大提速，使村级组织建设硬件更硬、软件更优，构建了村级事务决策的长效机制，为建设社会主义新农村提供了坚强的保障。加强非公有制企业党建工作，深化农村党建“三级联创”、社区党建“三级四方共建”活动，进一步推进党务公开、村务公开；切实加强反腐倡廉建设，深入开展宗旨教育、党性党纪党风教育，认真落实党风廉政建设责任制，进一步明确各部门、各单位和各级领导干部的廉政责任；加大腐败案件查处力度，保持了党员干部队伍的纯洁性，反腐倡廉建设不断取得新成效。各位班子成员在各方面率先垂范、真抓实干，使“行业争先进、岗位创一流”的干事创业氛围日趋浓厚。

（郑州经济技术开发区管委会办公室）

成都经济技术开发区

【经济发展】 2009年，成都经济技术开发区（以下简称成都开发区）完成固定资产投资177.43亿元，同比增长99.6%，实现地区生产总值268.9亿元，同比增长22.95%；工业增加值154.8亿元，同比增长30.51%；工业总产值381.89亿元，同比增长26.97%；工业销售收入403.35亿元，同比增长17.5%；财政收入70.23亿元，同比增长26.86%；税收收入42.5亿元，同比增长11.64%；出口总额22917万美元，同比增长42.78%；进口总额42212万美元，同比增长71.75%。

【招商引资与利用外资】 成都开发区以强化主导产业招商和承接国内外产业转移为重点，通过举办第23届中国成都·国际桃花节成都开发区投资说明会，组团参加第13届中国国际投资贸易洽谈会、第10届中国西部博览会、2009年夏季达沃斯论坛节能与新能源汽车示范工程会等投资促进活动，强化主导产业招大引强，加大上门招商、专业招商工作力度，对外开放和投资促进成效明显。全年引进投资上亿元产业项目61个，其中世界500强企业9家，实现到位市外内资75.4亿元，实际利用外资2.6亿美元。实现进出口总额6.5亿美元，同比增长60.4%。园区被评为“成都市2009年度对外开放先进单位”。

【产业发展】 按照四川省和成都市关于“一区一主业”的产业布局规划要求，成都开发区加快主导产业的聚集发展和龙头骨干企业培育取得明显成效。2009年，在汽车、工程机械制造方面，区内汽车、工程机械整车生产达到5万辆，增长25%，汽车及工程机械主导产业实现销售收入162.6亿元，同比增长22%，增加值41.6亿元，同比增长35%。在汽车贸易娱乐业方面，稳步推进武侯区红牌楼汽配市场整体搬迁至开发区“中国·成都国际汽车博览新城”的南汽东移战略合作，九峰国际汽车博览新城一期投营；签约引进铭泰集团、长春陆捷物流、一汽集团进出口公司成都物流基地等一批汽车工程机械商贸文化物流项目，成功举办“汽车文化周”和全国超级卡车大赛总决赛；成立开发区汽车产业协会，启动“汽车频道”筹备工作，汽车贸易娱乐业实现阶段性突破。在新能源汽车培育方面，重点促成一汽新能源汽车西南基地等新能源生产项目签约落户，韩国CT&T集团与川汽合作的新型电动车生产基地、川汽集团与大连易威合作开发新能源汽车等项目快速启动，实现开发区新能源客车、轿车正式亮相第十届中国西部博览会。在骨干企业集群培育方面，新增规上工业企业49家、销售收入上亿元企业10家，规上工业销售收入、增加值、税收分别同比增长15.9%、24.5%、14.5%。其中，四川烟草工业公司销售收入突破百亿大关，达到140亿元；神钢集团加快“创百亿”步伐，实现销售收入86亿元。开发区被确定为成都汽车产业综合功能区和全省两个重点培育的特色千亿产业园区之一，确立了在“成都－德阳－绵阳－南充－资阳汽车产业带”的龙头地位。

【项目建设】 成都开发区以促进项目加大投入、加快建设为重点，完善落实项目促建的领导机制、保障机制、调控机制，狠抓拆迁保障、激励约束、并联审批三大关键环节，推动中国一汽－德国大众成都轿车生产基地、易初明通卡特比勒工程机械西部技术支持及再制造中心、青山实业、成都讯达汽车等38个项目动工建设；促进神钢集团“创百亿”工程挖掘机项目、云内动力搬迁改造二期、一汽专用汽车搬迁扩建等35个项目竣工投产；加快一汽大众配套园、九峰汽配、海信二期、丰田纺、银河汽配园、晶元材料等一批项目建设步伐；实现首款吉利SUV车型、南车隧道首台成都造地铁盾构机“铁龙一号”顺利下线。全年完成工业投资120亿元，同比增长62%。

【投资环境】 在硬环境建设方面，车城大道等骨干道路工程和地铁2号线、成昆铁路货运外绕线、成简快速通道等跨区域重大交通项目建设加快推进；绕城高速成龙立交及开发区新7线、新8线、新10线、新16线等新区道路已具备通车能力；柏合500KV变电站等建设加快推进，完成220KV石钢线、面华线迁改工程；敷设天然气管网71.25公里，园区基础设施配套建设进一步完善。在软环境建设方面，持续符合ISO9001质量管理和ISO14001环境管理国际认证标准，并保持认证注册资格。通过加强规范化服务型政府和效能机关建设，招商引资、项目建设及企业发展过程中的服务水平进一步提高。四川省经委、四川省知识产权局将成都开发区确定为“省级知识产权保护试点园区”。经成都市投资软环境工作督察办公室调查测评，开发区2009年行政效能暨发展软环境得分91.17。根据商务部通报，成都开发区投资环境综合评价总指数居全国国家级开发区第29位、西部第2位，分别提升15位、5位。其中，发展与效率分指数在西部国家级开发区中排名第1位。

【机构设置与管委会领导】 成都开发区党工委、管委会内设机构为“一办五局”，即：党工委、管委会办公室（含机关党委），主要负责文秘、信息、文书、组织人事、人才开发、群团、目标管理督查、机关后勤事务、机关财务、对外联络及接待、会务承办工作，机关党委主要负责机关党的建设、纪检督察、共青团、妇联、工会、人事工资、退休服务等各项工作；汽车产业投资服务局，主要负责统筹和履行汽车制造和汽车商贸、物流、博览、专卖与汽车为主题的文化、休闲、运动等项目投资促进工作；现代工业投资服务局，主要负责除汽车产业以外的新型工业化项目、重点工程机械项目、外资项目、孵化器项目等功能性服务项目的投资促进工作；项目建设服务局，主要负责项目进区后开工建设至项目建成投产前所有环节的协调、服务工作；企业发展服务局，主要负责建成投产企业的后续服务工作；统筹发展局（区域合作局），主要负责经开区战略研究及区域合作工作。

成都市市长助理、党工委书记为陈争鸣，党工委副书记、管委会主任为廖仁松，党工委委员、管委会副主任为李桦、贾伦才、程果、蔡本刚。

（成都经济技术开发区　方晓林）

长沙经济技术开发区

【经济发展】　2009年，长沙经济技术开发区（以下简称长沙开发区）累计完成规模工业总产值780亿元，同比增长21.4%；实现规模工业增加值235亿元，增长22.22%；实现工商税收35亿元，增长30.6%。开发区主导产业进一步做大做强。在金融危机背景下，全年工程机械产业和汽车制造产业逆势上扬，分别实现43.6%、33.1%的增长，产值、税收均占据园区80%以上的比重，其中工程机械产业实现产值503.9亿元，占全区工业总产值的64.6%。区内骨干企业成长壮大。三一重工、中联浦沅、北汽福田、远大空调、山河智能、长丰汽车、博世汽车、娃哈哈等10亿元以上企业全年实现产值649.7亿元，占全区工业总产值的83.3%。园区被国家工信部正式批准为“国家新型工业化工程机械产业示范基地”。开发区高新技术企业竞争力增强。管委会出台科技发展专项资金、知识产权专项资金管理办法，进一步加强对企业技术创新的引导和支持。全年完成市级以上技术创新项目49个，其中，34个为省级以上技术创新项目。申请专利保护521个，同比增长40%。区内50家高新技术企业全年完成高新技术产值544.8亿元，增长31.32%，完成规模工业新产品产值239.2亿元，同比增长34.1%。三一、山河智能等4家企业跻身“国家级技术中心”行列，北汽福田、力元新材等7家企业被认定为“省级技术中心”。

【投资环境】　2009年，长沙开发区党工委、管委会成立“两帮两促”工作领导小组，着力解决企业实际困难和问题，优化投资环境和服务环境。对园区待建项目、在建项目、投产项目全面摸底，明确了141个企业和项目的责任领导和联系人，主动为企业上门服务、跟踪服务、现场办公，为企业解决157个大小困难和问题。全年投资3000万元以上的项目新开建15个、新建成25个。三一物流、广汽菲亚特、山河智能叉车、中铁轨道、国际学校等重大项目在管委会的重点帮助扶持下都取得重大进展。此外，开发有限公司还采取过桥贷款的办法，为众泰汽车项目贷款1亿元；积极召开银企对接会，帮助50余家企业获得授信73亿元贷款额度；积极引进华良电器兼并重组伊莱克斯，有效盘活了企业资产，确保了社会稳定。

为进一步优化环境，区内出台《关于深化行政审批改革，优化办事流程的实施意见》，全面清理、精简审批事项，改进审批方式，优化办事流程，提高工作效能。将项目入区和建设审批时限由原来177个工作日压缩到40个工作日，将172个申报资料精简到122个，并严格实施“一次告知、全程代办、并联审批、限时办结、效能问责”制度。继续巩固“全省优化经济发展环境示范区和测评点”的成果，各职能部门主动为企业服务，全年召开15次优化经济环境现场办公会，开展20多次专题调研。启动企业信用体系建设，出台了实施方案。

园区投资环境不断优化，在中国区域经济协会和经济观察报社联合主办的“中国最具投资潜力开发区”评选中，长沙开发区荣膺“中国最具投资潜力十强开发区”第六名。

【招商引资与利用外资】 2009年以来，长沙开发区坚持以项目为中心，不断创新招商引资方式，加强对外宣传力度，强化服务意识，招大引强工作取得明显成效。一是通过举办招商节会，扩大影响、吸引客商。参加和承办了中博会、科博会、港洽周，组团赴尼日利亚和赞比亚进行投资和市场考察，较好地推介了长沙开发区，特别是11月份在意大利都灵与省商务厅共同举办中国湖南汽车产业推荐暨经开区汽车零部件配套项目对接会，参会境外客商人数众多，反响很大。二是优化项目服务。在引进项目过程中，为项目落地提供一站式、零距离、保姆式服务。巩固实行项目联系责任人制度，年初将每一个重点在谈项目明确一个工管委领导、局室负责人和联络员，定期召开待建企业调度会，做到任务上肩、责任到人。对待特别重大项目，突破常规、创新方式，在土地征用、拆迁补偿、政策扶持、配套服务上给予重点支持。全年共引进项目47个，完成到位外资1.75亿美元，同比增长13%。完成到位市外境内资金形成固定资产投资16亿元，增长9.94%，其中省外到位资金10亿元，增长25%。广汽菲亚特项目成功落户，是近3年来引进的最大项目，该项目总投资将达50亿元，预计一期达产后将形成年产25万台轿车、30万台发动机的生产能力，达产产值超过250亿元。

【园区规划和项目建设】 2009年，长沙开发区全面启动了星沙新城300平方公里概念性规划，为园区产业发展规划奠定基础；初步形成“一都一廊”（中国工程机械之都、湖南汽车产业走廊）和“中央商务区”专项规划；商业网点、中小学、绿地系统等配套规划也在同步进行、分步实施。为解决区内发展空间受限、用地不足的困境，长沙开发区和长沙县创造性地提出并启动了“以区带园”体制，引导长沙开发区的产业配套、基础设施、资金投入向榔梨、黄花等工业园延伸、拓展，为实现园区功能互补、资源共享、产业配套、合作多赢奠定了基础。在基础设施建设上，紧紧抓住银行信贷宽松的机遇，加大水网、电网、道路网、信息网等基础设施投资力度，完善绿化、亮化和安置小区配套建设，全年园区新建、续建大小工程项目49个，其中重点工程项目19个，完成基础设施建设投资9亿元（含拆迁资金）。全年共征回土地3180亩，完成拆迁腾地3000亩，全面启动基础设施项目49个，完善主次干道16条，拉通道路8.2公里，为园区未来发展奠定了坚实的基础。为解决园区外籍子女入学问题，投资7000万元建设长沙国际学校，将于2010年上半年竣工并投入运营。启动“无线星沙”、“免费巴士”工程，为园区投资客商和企业员工提供便捷的交通和通讯服务。

【“两型”园区建设】 2009年，长沙开发区为建设资源节约型、环境友好型园区，一是启动“国家生态工业示范园”创建工作。2月提出申请，10月完成生态工业园区建设规划省级评审，并报送有关部委，有序进行相关创建工作。二是推进两型重点工程建设。投资4000万元的星沙污水处理厂二期扩建工程正式投入运行，投资8000万元的城北污水处理厂也已竣工并通水运行。园区污水日处理能力已经达到19万吨。三是加大土地集约利用力度。鼓励支持企业建设多层厂房，积极开展“腾笼换鸟”，加大闲置土地清理力度，全年共收回闲置土地418亩。支持40多家中小企业进入科技孵化园租用标准厂房生产，有效节约土地资源。单位面积产出率不断提高，园区每平方公里实现产值40亿元，实现税收2亿元。四是扶持循环经济企业成长。湖南万容科技有限公司已成长为“全省首批循环经济试点企业”，为园区电子废弃物环保处置与资源再利用发挥了示范作用。

【管理与服务】 2009年，长沙开发区在人事方面大力推进机构调整和干部竞争上岗，按照

“能者上、平者让、庸者下”的用人导向和公开、公平、公正的原则，共调整、提拔聘任了45名干部，使一批想干事、能干事、干得成事的优秀干部走上领导岗位，调动了广大干部的工作积极性。全年举办招聘会或组团参加招聘会33场，参会企业498家（次），成功招聘5419人。开展“星沙大讲堂”培训讲座14场（次），免费培训从业人员约4000人（次），深受企业好评。2009年，长沙开发区被国家三部委评为“全国大学生就业先进开发区”。在党建方面，以学习实践科学发展观活动为契机，不断加强党的思想、组织、作风和反腐倡廉建设。机关和企业先后开展了学习实践科学发展观活动，有139个基层党组织共2782名党员参加了学习实践活动，并将学习实践活动与“两帮两促”、创业富民、加强作风建设等活动结合起来，达到了预期效果。出台《加强基层党组织建设的意见》，推出一系列具体措施，较好地解决了非公企业基层党组织“无钱办事”、“无人做事”、“无台唱戏”的问题，体现出党工委对基层党组织和党务工作者的“真招实策、真金白银、真情实意”。企业党工委、工会和团委均开展了丰富多彩、有声有色的活动，在凝聚人心、促进和谐、加快发展方面发挥了重要作用。

【机构设置与管委会领导】 长沙经济技术开发区管委会设11个职能部门，分别为办公室、人力资源与社会保障局、党群工作局、纪检监察审计室、招商合作局、产业环保局（知识产权局）、财政局、建设发展局、社会事业局、经济研究室、总值班室；辖5个派驻机构，分别为国土分局、规划分局、工商分局、质监分局、消防大队；设7个直属事业单位，分别为机关服务中心、投资评审中心、政府采购与招投标办公室、创业服务中心、人才交流服务中心、征地拆迁办公室、技术服务中心；设区总工会。

党工委书记为杨懿文，党工委副书记、管委会主任为李科明，党工委副书记为汤定一，党工委副书记、管委会副主任为吴京生，党工委副书记、纪工委书记为高杰，党工委委员、管委会副主任为卜华桂、陈新忠、黄瑶，党工委委员、管委会主任助理为丁仁义，党工委委员、人力资源与社会保障局局长为刘逢春，党工委委员为张贤长，调研员为谭迪强，管委会主任助理为马建国，工会工委主任为邓国辉。

（长沙经济技术开发区　谭超纲）

西安经济技术开发区

【经济发展】 2009年，西安经济技术开发区（以下简称西安开发区）实现地区生产总值364.5亿元，同比增长30%；实现技工贸总收入1154.3亿元，增长35.1%；实现工业总产值886.46亿元，增长29.44%；实现工业增加值258.65，增长29.57%；实际引进外资3.37亿美元，同比增长5.1%；实际引进内资120亿元，同比增长33.9%；实现财政总收入30.35亿元，其中地方财政收入8.9亿元，增长31%；完成固定资产投资206亿元，增长42%。根据国家商务部2009年统计年报，西安开发区地区生产总值、工业总产值、工业增加值在西部13个国家级经济技术开发区中均位居第一，被国家工信部批准为首批新型工业化产业示范基地。

【投资环境和城市建设】 随着西安城市重心北移，市行政中心、火车北客站、地铁2号线、机场高速专用线和渭河西安城市段综合治理等一系列重大项目的全面建设，西安开发区作为西安加快工业化进程的承载区和着力建设的国际化大都市新中心，其滨河、临空、沿站、高速交汇的区位优势、交通优势和产业优势已日益凸显。截至2009年底，西安开发区共注册各类企业3600余家，其中世界500强企业30家、中央企业15家、国内行业龙头企业60余家，初步形成商用汽车、电力电子、食品饮料、新材料四大支柱产业和太阳能光伏及半导体照明、风电设备两大新兴产业，已成为拉动全市经济发展的重要引擎。

开发区加大城中村改造力度。启动13个村的改造工作，完成8个村的整村拆除任务，拆除面积116.6万平方米。新开工4个安置楼项目40万平方米，80万平方米安置楼已顺利封顶。完成28个村的“农转居”、9个村的清产核资和经济体制改革、5个村的撤村建社区工作。朱宏路区域改造完成拆迁面积44万平方米。

开发区加快基础设施建设。启动未央路、文景路等13条、15.3公里市政道路建设，完成明光路、开元路等23.47公里雨污水管道建设，以及尚稷路等17.6公里通信线缆和4.9公里电力架空线落地，自来水、天然气、通信与草滩园区实现对接，出口加工区在全省率先实现太阳能路灯改造；总投资11.8亿元、全长15公里的泾渭铁路专用线项目完成可研报告、国铁接轨、安全生产等前期审批，泾渭污水处理厂顺利建成通水运行。启动未央路、文景路、朱宏路沿线电缆落地和景观绿化建设，新增绿化面积35万平方米，绿地覆盖率提高2个百分点，人均绿地面积增加1平方米。城市综合承载能力进一步增强。

【招商引资与对外贸易】 西安开发区按照“外资保平稳、内资促增长”思路，坚持招大引强和招名引优战略，抢抓国家宏观经济调整的结构性招商引资机遇，积极承接国际国内产业转移，加速主导产业集群化发展，推动招商引资向招商选资转变。围绕主导产业，不断提升产业聚合度和辐射力，全年引进兵器工业、汽车制造、风电设备、食品饮料等各类项目150个，总投资350亿元，同比增长41.7%。其中超10亿元项目5个，超5亿元项目11个，超亿元项目28个。突出战略招商，全力推动重大项目投资入区，相继签约引入总投资80亿元的雨润西安农副产品全球采购中心、70亿元的中国北车集团西安产业基地、50亿元的陕煤集团重工装备制造基地、25亿元的BP太阳能扩建和20亿元的中国电子西安产业园等一批战略型重大项目，夯实了产业基础，加速了产业集聚。坚持先进制造业和服务业招商并举，依托区位、产业和资源优势，促使中油管道、陕煤化工等企业总部、研发中心等项目入区，促进了总部经济和招商引资多元化发展。

2009年，西安开发区外向型经济发展势头良好，实现进出口总额10.5亿美元，同比增长26.5%，约占西安市的14.5%，其中进口2.18亿美元，增长33.4%，出口8.34亿元，增长24.8%。

【高新技术产业及科技创新】 西安开发区以开展统筹科技资源改革试点为契机，依托省、市科技资源优势，充分发挥国家级开发区的示范、引领、辐射和带动作用，按照“政策引导、企业为主、园区承载、联盟推动”思路，以企业为主体，以市场化为导向，以政策为推动力，以新材料产业为突破口，大力推进自主创新，促进科技资源集聚和优化配置，加快高新技术产业发展，构建以高新技术为支撑，先进制造业为基础的现代产业体系。

截至2009年底，全区共有高新技术企业101家，比2008年增加8家，完成高新技术产值174亿元，增长30%；实现高新技术产品进出口额1.75亿美元，同比增长62.3%；共有各类工程实验室、技术中心33家，其中国家级3家，省、市级30家。西部超导材料科技有限公司先后被国家发改委和省发改委批准设立国家超导材料制备实验室、陕西省航空材料工程实验室，清华紫光研发中心、北京康龙医药研发中心等一批知名研发机构相继落户，区域自主创新能力和技术研发能力进一步增强。

【产业发展】 西安开发区充分发挥在全市工业发展的支撑、引领作用，坚定不移地加快千亿元先进制造业基地建设，产业结构不断优化，产业实力明显增强，产业集群化水平进一步提高。商用汽车产业势头强劲，2009年实现规模以上工业总产值234.1亿元，增长12.6%，其中陕汽集团产销汽车80000辆，增长6.3%，实现销售收入214亿元，增长5%；实现利润总额3.2亿元，增长20%。电力电子产业优势突出，2009年实现规模以上工业总产值67.1亿元，增长42.2%，产业互补性进一步增强。食品饮料产业规模壮大，2009年实现规模以上工业总产值44.6亿元，增长36%，可口可乐、康师傅等重点企业相继增资扩产，产业业态不断完善。新材料产业发展提速，2009年实现规模以上工业总产值34.6亿元，增长21.8%，率先成立开发区新材料产业联盟，西部超导材料科技有限公司获批国家唯一的低温超导材料制备工程实验室和陕西省航空材料工程实验室，有力地推动了科技成果转化。太阳能光伏和风电设备等战略性新兴产业培育成效明显，2009年实现规模以上工业总产值35.9亿元，风电产能已占到全省风电成套机组生产能力的50%，在全省的支撑、引领作用进一步显现。

【项目建设】西安开发区坚持把项目建设作为扩大经济总量、拉动投资增长、优化产业结构和培育新的经济增长点的重要抓手，积极实施项目带动战略，通过实施委领导联系重点企业制度和重点项目挂牌、颁发绿卡和驻场服务等有效措施，加大协调服务力度，全力推进项目建设。全年列入市级重点项目36个（含省级重点项目5个），其中前期项目11个，总投资105亿元；在建项目25个，总投资681.5亿元。截至2009年底，鑫隆石油等25个市级重点在建项目完成投资108.9亿元，占全市的13.6%；陕汽集团技术中心等5个省级项目完成投资5.9亿元；天胜电子等8个新项目全部开工建设；西电超高压等5个项目竣工投产；中天电力等12个续建项目进展良好。项目建设呈现出总体进展平稳、新项目开工快、骨干项目贡献大等特点。

在重点项目带动下，开发区全年实现开工项目76个，总投资359亿元；实现竣工项目76个，超额完成年初目标任务，其中工业项目50个，占竣工项目数的66%。总投资50.12亿元的兵器产业基地首批入区的9个项目和总投资80亿元的雨润西安农副产品全球采购中心等重大项目相继开工建设，推动了产业结构优化调整，加快了产业集聚，增强了产业发展后劲。

【出口加工区建设】 西安开发区以打造中国最具航空特色出口加工区为目标，加大招商引资力度，优化园区环境，提升管理服务水平，促进保税物流大幅增长。全年出口加工区A区实现进出口总额8.2亿美元，同比增长36.7%，占全市的11.64%。先后引进西罗涡轮、比利时钴美事钴石、奥地利奥尔电子等12个项目入区，总投资达15.08亿元。深化保税物流功能，打造航空特色产业，全年实现保税物流3.5亿美元，生产进出口4.7亿美元，货物实际出口4.1亿美元。以英国AMS航材和中航技物流等骨干企业为依托，形成航材供应、航空制造、维修、检测等较为齐全的跨国航空制造产业链，涵盖60多种产品，业务涉及省内外260多家企业。大力完善园区配套设施，建成1.3万平方米的保税库；新建4.5万平方米的标准厂房；完成1.92万平方米的绿化。

【社会事业】 西安开发区加大环境保护工作力度，顺利通过ISO14001国际环境管理体系认证。扎实做好社会保障工作，进一步扩大保险覆盖面，全年养老保险扩面企业145家，新增参保人数达6536人，失业保险总参保人数达到8152人，医疗保险累计征缴收入1656万元，工伤保险累计征缴收入228万元，生育保险累计征缴收入66万元，城镇居民医疗保险新增参保人数1149人，审批退休职工14人。

大力实施人才强区战略，新增12家大学生见习基地，组织开展春季、暑期及秋季大学生创业就业招聘会、洽谈会和人才交流会，提供就业岗位1230个；坚持“引资”与“引智”相结合，为区内企业申报海外高层次人才引进项目22个，其中西安凤城精密机械有限公司总经理樊延都被中央组织部批准为首批“千人计划”引进人选，成为西安市入选的六人之一。

【机构设置与管委会领导】 西安经济技术开发区党工委、管委会是中共西安市委和西安市人民政府的派出机构，为正局级建制，享有市级经济管理权限和部分社会事务管理权限。党工委、管委会实行合署办公，共设26个内设机构，分别是：党工委、管委会办公室（研究室），党群工作局（综合考评办），审计监察局（纪工委办公室），策划宣传局（党工委宣传部），财政局（国有资产管理局、金融服务办公室），经济贸易发展局（科技局、知识产权局），规划局，国土资源和房屋管理局，市政工程建设管理局，市容环境保护局，城市管理综合行政执法局（安全生产监督管理局），公共事务管理局（人力资源和社会保障局），招商中心，招商一局，招商二局，投资服务局，城中村改造办公室，朱宏路改造办公室，服务外包产业发展办公室，出口加工区管理办公室，草滩生态产业园管理办公室，泾渭工业园管理办公室，统筹城乡发展办公室，兵器工业基地项目办公室，泾渭新城规划建设办公室，泾渭铁路建设办公室。

西安经济技术开发区党工委书记、管委会主任为郭学民，党工委副书记、管委会副主任为贾生林，党工委委员、管委会副主任为段永和、杨安定、王伟、吴保军、郭凤鹏，管委会副主任为刘晋秦，党工委委员、纪工委书记为刘彤，管委会巡视员为彭炜，管委会副巡视员为邢长发。

（西安经济技术开发区管委会办公室　张巍拓）

昆明经济技术开发区

【经济发展】 截至2009年，昆明经济技术开发区（以下简称昆明开发区）注册企业5000多家，其中工业企业423家；累计完成地区生产总值228.47亿元；累计实现工业增加值139.97亿元；累计实现工业总产值468亿元；工业总产值和工业增加值占全市的比重由2005年的5.99%和5.7%，分别提高到2009年的9.35%和8.62%；规模以上企业累计实现主营业务收入1052亿；税收收入38.74亿元，出口创汇6.61亿美元。

【招商引资】 昆明开发区努力营造创业最宽松、社会最文明、人居最安全和低交易成本、低生产成本、低行政成本、低社会成本的投资创业发展环境。在产业招商方面，紧紧围绕“十一五”规划提出的八大重点产业，着力引进一大批符合全区产业导向、有利于产业链延伸、提高园区品质的大项目；在园区招商方面，重点围绕三大专业园区，及各专业片区的开发建设开展招商引资，形成产业带动园区发展的新格局。

【园区建设】 昆明开发区围绕信息产业基地、出口加工区、大冲工业片区、洛羊物流片区等专业园区开发建设，不断推进园区基础设施配套建设。截至2009年，已开发面积比2005年增加近10平方公里，累计完成固定资产投资近140亿元，其中基础设施投资累计29.21亿元；累计新增绿地面积约3平方公里，新种植乔木25万余株，园区绿地率达37.6%，绿化覆盖率达42.1%。

【科技创新】 昆明开发区实施科技战略，提升企业发展后劲和核心竞争力，通过政策引导等多重手段，鼓励有技术研发实力的企业建立技术中心，培育了一批技术含量高、生产规模大，具有云南特色的高新技术产业集群。截至2009年，全区通过认定的国家高新技术企业达到34家，高新技术产品产值达42.94亿元，占全区生产总值的30%；全区科技发展资金支出占地方财政一般预算收入的比重达4%，研究与实验发展经费支出达4.64亿元，占地区生产总值比重的5.89%；拥有国家级、省级工程研究中心7家，国家级、省级、市级企业技术中心27家；累计承担国家、省市科技计划项目232个，国家、省市及开发区累计投入科技扶持经费1.41亿元，带动企业实施项目投入35.36亿元。

（昆明经济技术开发区管委会 张宁）

贵阳经济技术开发区

【经济发展】 2009年，贵阳经济技术开发区（以下简称贵阳开发区）实现地区生产总值50.01亿元，同比增长17.8%。其中，第一产业增加值0.74亿元，同比增长2%；第二产业增加值31.74亿元，同比增长20.1%；第三产业增加值17.52亿元，同比增长15%。经济结构实现优化升级，三次产业结构比例为1.49：63.47：35.04，产业发展的基础得到加强。全区工业总产值完成104.31亿元，同比增长18.4%，工业增加值完成27.37亿元，同比增长23.4%。规模以上工业企业69家，完成工业总产值100.52亿元，同比增长23.9%，完成增加值26.34亿元，同比增长28.1%。其中，年产值上亿元企业从2008年的22家增加到2009年的24家。完成财政总收入（不含基金收入）9.22亿元，同比增长22.5%。完成基金收入6.65亿元，同比增长481.9%。所得税按40%口径计算，完成地方财政收入4.73亿元，同比增长23.2%。完成全社会固定资产投资69.02亿元，同比增长37.7%。完成社会消费品零售总额33.52亿元，同比增长30.6%。

贵阳开发区全年地区生产总值、规模以上工业总产值、地方财政收入、固定资产投资分别是2000年的4.6倍、6倍、7.2倍和19.6倍。开发区已经由一个城郊小镇发展成为贵州省十大经济强县（区）之一，成为贵州省经济发展最快、最活跃的区域。荣获“2009苏商投资中国首选城市·最具投资潜力”奖，以及“最具投资潜力城市”称号。

【招商引资与利用外资】 贵阳开发区坚持“开放带动”战略，改革开放取得新成就，招商引资取得新进展，经济发展活力和后劲不断增强。2009年底，经中共贵阳市委、市人民政府同意，贵阳开发区托管贵阳市花溪区翁岩、陈亮、付官3个村，作为小孟装备制造业生态工业园区进行合作开发区域。开发区成功引进银川凯沃重工机械有限公司、贵州盘江煤电采煤机械制造、国程物流、贵州华阳精工机电有限公司数控机床生产、贵州省光机电产业园暨高科技产业孵化园等优强重点项目，引进五星级州级酒店、重庆喜百年酒店、香港西苑锦润酒店、六合园酒楼等项目。其中，投资亿元以上项目5个，投资3000万元以上项目7个，在贵州省、贵阳市举办的各项大型活动中签约项目5个，招商引资实际到位资金达

53.63亿元，同比增长29.6%；实际利用外资1640万美元，同比增长17.1%。受国际金融危机影响，在对外贸易中，贵州航空工业集团有限公司及下属各企业，贵州航天电器股份有限公司、主力电器（贵阳）有限公司作为贵阳开发区创汇大户，其产品主要销往美国、日本、欧洲、澳大利亚等国家。由于2009年全球经济继续疲软，贵阳开发区对外贸易难中求进，进出口总额8712万美元，同比下降22.7%，其中出口总额6234万美元，同比下降22.5%。

【高新技术产业和重点企业】 贵阳开发区高新技术产业涵盖国有、民营、外资等门类比较齐全的装备制造业体系。其中，中国贵州航空工业集团有限公司已经成为一个专业较齐全、配套较完整的国防科研生产基地，产品涉及航空、航天、兵器、船舶、农业、煤炭、轻工、铁道、冶金、材料、医疗器械等高新技术领域，众多产品处于国内领先水平，部分产品处于国际先进水平；贵州航天科工集团有限公司涉及机械、电子、电源、电机、电器、环保、冶金、材料等行业，形成专业化分工和协作配套的完整产业体系，在民用航天技术领域承担“载人航天工程”中的电池，精密微特电机以及二次电源、继电器、电连接器、电爆阀、齿轮传动、钛合金紧固连接件等七大类、70多个种类、12000多个品种的研制配套任务，此外，还承担民用卫星系统用户终端、移动卫星通信车、搭起遥感测风激光雷达系统等关键技术及产品的科研生产任务。

2009年，开发区高新技术工业产值达33.2亿元，占全区规模以上工业总产值的33%，同比提高4.3个百分点；区域科技创新体系建设强力推进，全年投入工业发展资金2300万元，支持全区51个工业项目建设；投入应用技术与研发资金2200万元，支持40个科研项目建设。区内从事研究与开发的工程技术人员达7638人，其中拥有高级职称的达842人，27人获贵阳市“专业技术带头人”和“中青年科技骨干”称号。全区有3家国家级技术中心、23家省级企业技术（工程研究）中心和2家省级产学研联合示范基地、6个科技创新机构。这些工程技术中心坚持以高新技术产业为支撑，进一步加大企业与北京大学、清华大学、贵州大学、贵州科学院等省内外数十家著名院校、科研机构的合作与交流，深化产学研结合的市场化道路，有效实现科技资源要素向贵阳开发区流动，助推高新技术对传统产业的改造。2009年，贵阳开发区荣获“国家科技进步考核先进县（区）”称号。

【项目建设】 贵阳开发区坚持把项目建设作为经济发展的重要手段。以“项目推进年”为抓手，按照“工作项目化、业务标准化”要求，3个月实现贵航军转民高新技术产业园一期430亩土地的征地拆迁和平场任务，成功移交贵阳航空电机有限公司和贵州云马飞机制造有限公司的项目用地，吹响了开发区二次大开发、大创业的号角；顺利推进重点项目，贵阳烟厂易地技改、劲嘉彩印、安大锻造等一批项目竣工投产，凯沃重工、盘江装备制造等一批项目成功签约，贵州省光机电产业园等重点项目开工建设；正式启动小孟装备制造业生态工业园区建设，总投资30亿元的贵航军转民高新技术产业园项目已完成2.2亿元征地、拆迁和平整土地一期工程。全年实施项目建设232个，完成投资额达69.02亿元。以路网为重点的城市基础设施建设不断完善，贵阳环城高速公路、西南环线一期二段、甲秀南路、黔江北路、珠显路一期建成通车，启动金戈路、开发大道三期、长江路二期等道路建设；内需项目扎实推进，完成廉租房和平桥社区卫生服务中心、移民饮水安全工程等项目建设，完成一批市政道路维修改造、小区绿化工程；贵阳市34中教学楼工程完工，贵阳市36中异地搬迁项目、区二小大兴校区建成投入使用；兴隆城市花园沐风园、南山高地、碧园花城、大行星城、龙湾国际、腾龙湾等一批房地产开发项目全面推进，全年新开工面积31.5万平方米，竣工面积41.6万平方米，销售面积49.57万平方米、销售金额18.73亿元；多渠道争取项目建设用地指标，报批土地6个批次；建成西郊变电站、金竹片区污水收集系统等一批公共服务设施，完成金竹中寨提灌站、竹林应急供水工程和一批园区道路、村寨串户路的建设改造；大坡村、龙王村、中院村等“城中村”改造项目取得积极进展；建成金竹大寨人工湿地、小城故事山体绿地公园和2个绿色社区。

【社会事业】 2009年，工委、管委把保障和改善民生放在更加突出的位置，投入财政资金1.16亿元用于“六有民生”社会事业的发展。在“病有所医”方面：着力打造“15分钟社区医疗服务圈”，初步形成区人民医院与社区卫生服务机构之间“小病进社区（村），大病进医院，康复回社区”的双向转诊格局，获得“国家中医药特色社区卫生服务示范区”称号，有效缓解群众“看病难、看病贵”的问题。在“学有所教”方面：整合优质教育资源，组建区实验中学和区二小大兴校区，投入430多万元改造三十六中、第四实验学校等2所农民工子女就读学校，顺利通过“两基”迎“国检”。在“劳有所得”方面：坚持以创业带动就业，开发公益性岗位558个，全年新增就业5854人，城乡统筹就业6116人，保持“零就业家庭”动态为零。在“老有所养”方面：开展村（居）居家养老服务试点工作，社会保障的覆盖力度加大，全年共发放城乡低保保障金570余万元，城镇职工养老保险、新型农村合作医疗、城镇居民医疗参保率分别达85.2%、95.1%和84.7%。在“住有所居”方面：投入资金110余万元，完成131户农村危房改造，建成廉租房100套，发放租赁补贴43万元，开工建设经济适用房10.4万平方米，有效缓解住房困难群体的需求。在“居有所安”方面：深入开展“严打‘两抢一盗’、保卫百姓平安”专项行动，全年刑事发案数稳中有降，街面见警率和群众安全感有所上升；认真开展“大接访”活动，积极办理“百姓一书记区长交流台”群众反映的各类问题，加强矛盾纠纷的排查调处工作，实现国庆60周年、全国“两会”期间“零进京”目标。

【管理与服务】 贵阳开发区在全省率先启动ISO14001环境管理体系，污染源普查工作顺利通过国家验收；启动数字化城市管理平台建设，建立健全各项工作制度，组建政务服务中心、发展促进中心、国有资产管理中心和投资评审中心；推进政务公开，建立政府网络新闻发言人制度，加大行政监察和审计工作力度，工程审计结算4021万元，核减686万元；加强安全生产管理，开展道路交通安全专项整治，对非煤矿山、危险化学品、人员密集场所、建筑工地等行业加强监管，全年无重大安全事故发生。

【发展趋势】 贵阳开发区未来发展趋势为：一是抓住国家宏观政策普遍利好的机遇。西部大开发作为正在编制的国家“十二五”规划的重要板块，明确提出把西部地区建设成为现代产业发展的重要聚集区域、统筹城乡改革发展的示范区域和生态文明建设的先行区域。以贵阳城市经济圈为核心的黔中经济区已经纳入国家主体功能区规划。开发区有针对性地抓住这些有利的政策机遇，解决在民生和社会事业方面的问题，提升人民群众的幸福指数；同时，在生态和环境保护、发展战略性新兴产业和承接产业转移等方面要争取国家资金和政策支持，打牢长远发展基础。

二是抓住生态文明建设的机遇。2009年，贵阳开发区作为贵阳市生态文明示范区，加快推进经济发展方式转变和经济结构调整，推进产业生态化和生态产业化，更加注重经济增长的质量，把发展现代服务业和建设生态工业园区作为开发区未来经济发展的支撑点。扎实推进贵阳开发区ISO14001环境管理体系创建工作，积极申报建设国家生态工业示范区。在全区推进清洁能源，贵州詹阳动力重工有限公司于2009年3月按时完成10吨燃煤锅炉的清洁能源改造工程，全区工业企业使用的锅炉全部实现燃料从煤到清洁能源的转变，城市气化率达到95%，二氧化硫实现零排放。开发区加快生态工业园区建设步伐，以小孟装备制造业生态工业园区为载体，创建中国西部地区首个作为生态工业园区开发建设的中外合作项目，这是由国家环保部与意大利环境领土和海洋部首批签约的项目，旨在由意大利方面对生态工业示范园区规划进行编制，并提供资金、技术和专家支持。

三是抓住小河——孟关装备制造业生态工业园区建设的机遇。中共贵阳市委、市人民政府明确凡是贵阳市新建和调迁的装备制造业项目，原则上都要进小孟装备制造业生态工业园区。小孟装备制造业生态工业园区的建设，既解决了开发区发展空间受限的问题，也为做大做强主导产业提供了新机遇。2009 年，贵阳安大宇航材料工程有限公司、贵州劲嘉新型包装材料有限公司、中烟集团公司贵阳卷烟厂等工业园区相继在园区建成投产或试生产；贵州省唯一的国家军民结合（装备制造）高新技术产业化基地获得科技部批准，基地以航空航天、特种车辆和工程机械、汽车零部件等产业为龙头，打造完整的产业链。区内加快实施开发区中心区域“退二进三”及商业贸易开发，推动企业的合理布局和产业升级，引导满足群众生活需求的大型购物商场和文化休闲场所等聚集发展，让老百姓真正享受中心城区的幸福生活。

2010 年，贵阳开发区将完成以道路为主的基础设施建设，启动园区土地一级开发，预计已建成的工业园区将新增工业总产值 50 亿元以上；到 2012 年，园区基础设施实现“八通一平”（即供水、排水、供电、公路、铁路、通讯、供气、雨污管网、场地平整），预计新增工业总产值 200 亿元，新增工业增加值 50 亿元；到 2015 年，小孟装备制造业生态工业园区将成为配套设施完整、产业配套较为完整、产业链条较长的全省最大的装备制造业基地和西南地区乃至中西部地区重要的装备制造业基地，预计新增工业总产值 350 亿元，新增工业增加值 85 亿元。

【机构设置与工委、管委领导】 贵阳经济技术开发区下设：工委会办公室（挂政研室牌子），管委会办公室，纪委（挂监察局、审计局牌子），组织部（挂编委办、机关党委、离退休干部工作局牌子），宣传部，统战部，政法委（挂综治办、维稳办牌子），群工部，发展和改革局（与统计局合署办公、挂物价局牌子），经济贸易局（挂安监局、乡企局、商务局、中小企业局牌子）与科学技术局（挂知识产权局、信息产业局、科学技术协会牌子）合署办公，教育局（挂教育督导室牌子），财政局（含国有资产管理中心工作），司法局，人事劳动和社会保障局，民政局（挂民宗局、残联、老龄委、老年大学牌子），建设局（挂房管局、环保局、人防办〈交通战备办公室〉牌子），城市管理局（与城市综合执法局合署办公、挂交通局及林业绿化局牌子），农业水利局（含畜牧、水产、农机、防汛抗旱工作），人口和计划生育局，卫生局（含爱国卫生工作、挂红十字会牌子），文体广播电视局（挂旅游局、新闻出版局〈版权局〉牌子）。管委会直属事业单位有：档案局（挂档案馆、地方志编纂委员会办公室牌子），招商引资局（含投资服务中心工作）。工委、管委派出机构有：黄河街道办事处党工委、黄河街道办事处，平桥街道办事处党工委、平桥街道办事处，长江街道办事处党工委、长江街道办事处，三江街道办事处党工委、三江街道办事处，金竹街道办事处党工委、金竹街道办事处。贵阳市直属派驻机构有：检察院，法院，公安分局，工商分局，国税分局，地税分局，质监分局，药监局，规划分局。贵州省直属派驻机构有：国土分局。

中共贵阳开发区工委书记为马宁宇，副书记为韦鸿宁、钟汰甬（挂职），工委委员为叶惠明、王延刚、刘建才、陈云贵、苏学明、刘本立、李幸华（挂职）、向洋、彭兵（挂职）。贵阳开发区管委会主任为韦鸿宁、管委会副主任为刘本立、李幸华（挂职）、向洋、彭兵（挂职）、常文松、席晓红（调离）、施波（挂职）、熊国玺。

（贵阳经济技术开发区地方志编纂委员会办公室马良美、罗开隆）

西宁经济技术开发区

【经济发展】 西宁经济技术开发区（以下简则称西宁开发区）主要以太阳能光伏材料、有色金属深加工、冶金、化工、高原特色动植物资源深加工、纺织等产业为主，受金融危机影响，2009年上半年，有色金属价格大幅下降，纺织行业出口订单减少，利润率大幅降低，给经济发展带来严重影响。针对不利影响，西宁开发区通过调整产业结构，积极落实各项优惠政策，集中力量推进项目建设，狠抓基础配套、招商引资、特色产业培育等重点工作，攻坚克难，力保增长，开发区经济总量快速壮大，成为拉动全省经济增长的主要力量。2009年，西宁开发区实现地区生产总值135.1亿元，同比增长29.7%；实现工业增加值106亿元，增长36.1%；实现技工贸收入483.4亿元，增长25.2%；实现工业销售收入270亿元，增长25.9%；实现一般预算收入11.1亿元，增长29.5%；实现地方一般预算收入4.93亿元，增长37%；完成固定资产投资175亿元，增长61%。

【投资环境】 截至2009年底，西宁开发区共有工业企业239家，其中，已建成投产的工业企业175家，产值超亿元企业60家；有高新技术企业27家，高新技术企业产值占开发区工业总产值的24%。开发区累计就业人数达到4万多人，产业集聚和带动效应日趋显现。

开发区循环经济发展全面启动。谋划实施了一批符合国家产业政策、技术和工艺先进的特色工业项目，支持园区企业实施节能降耗和减排技术改造项目，积极推广应用新技术、新设备、新工艺，推进清洁生产。2009年，园区规模以上企业万元工业增加值能耗同比下降14%，节能减排指标在全省同行业居于领先水平。

开发区项目承载能力稳步提高。在省交通、电力、铁路、通讯等部门支持下，全年实施基础设施配套建设项目45个，共投入基础设施建设资金26.3亿元，比2008年增加15.4亿元。

开发区融资能力进一步提高。新增建设贷款33.7亿元，偿还银行贷款本息7.76亿元；区内信用担保公司累计担保余额达31.24亿元，有力地支撑了园区基础设施建设和企业生产经营资金需求，为有效应对金融危机影响、加快项目建设、促进企业发挥了重要作用。

【招商引资与项目建设】 2009年，西宁开发区围绕加快特色产业发展，及时把握沿海发达地区产业转移的有利时机，创新招商理念和方式，加大招商引资力度，优化投资环境，落实兑现优惠政策，积极承接经济效益突出、节能环保的中高端产业转移项目，坚持以商招商、产业链招商，强化洽谈对接，招商引资工作保持了良好的发展态势。全年完成招商引资实际到位资金额138.5亿元，同比增长60%；实际利用外资5387万美元；完成出口总额2.3亿美元，增长19%。实施新建和续建工业项目94个，完成工业项目投资137亿元，同比增长55%。建成投产50万吨铝基合金、25万吨水电铝型材、2000吨多晶硅、1250吨电子极多晶硅、百万吨复合肥一期等大项目。

“青洽会”上，开发区与广西柳化集团、中科英华、深圳风发、紫金矿业、北大先行等公司签订了总投资90亿元的项目投资合同，涉及铝板带箔、电子信息材料、风发电力、锂离子阳极材料等项目。开发区东川工业园区安排招商人员赴江西赛维、佛山照明、宁波太阳能有限公司等企业洽谈和考察铝轮毂、镁基合金、太阳能电池、碳酸锂吸附剂生产等项目。佛山照明股份有限公司已在东川工业园区组建公司，建设研发基地。三峡电力、江西赛维、宁波太阳能等公司已初步确定投资意向，项目正在洽谈过程中。甘河工业园区积极推进西区规划建设，引进青海华威冶炼有限责任公司、青海盐湖新域水泥制造有限公司及青海朋和缘编织袋有限公司项目，预计总投资45亿元。南川工业园区结合绒毛加工、新型材料等产业，赴北京、广州、江苏等地上门招商，引进青海泰丰先行锂能科技公司、青海风发科技发展公司、上海卡比特家饰地毯公司、青海大自然地毯纱公司等一批大项目入驻，前三季度协议引进资金35亿元。生物科技产业园区先后与河北神威药业、陕西步长药业等国内知名大企业达成投资合作意向。

（西宁经济技术开发区管委会）

呼和浩特经济技术开发区

【经济发展】 2009年，呼和浩特经济技术开发区（以下简称呼和浩特开发区）规模以上工业增加值同比增长28.6%；服务业增加值同比增长19.4%；财政收入同比增长14.6%。规模以上工业增加值、服务业增加值、财政收入分别超出市政府下达的指标任务。开发区高新技术产品完成销售收入占开发区工业企业产品销售收入的46%，较2008年提高了2.4个百分点；高新技术产品出口占开发区出口总额的18%。

【投资环境】 2009年，呼和浩特开发区投资环境进一步优化，完善的配套设施和全面的服务体系进一步提高了园区的承载能力。在投资环境建设方面：如意新区新增绿地面积3000平方米，新区绿化覆盖率达35%。金川工业园区投资1700万元，实施建成区道路改造和配套设施建设工程，完成金一道、汇金道等道路的改造和桥梁建设工程；金川新区投资1300万元，完成纬四路建设工程，接入引黄入呼水网管线，开通公交线路。经多方协调，在城市规划二次修编中，将金川工业园区部分区域和出口加工区纳入呼市城市总体规划；在土地规划二次修编中，将如意南区、金川南区用地规模扩大，为园区发展建设打下良好基础。在服务环境方面：以“亲商、扶商、富商”为目标，对项目实行全程跟踪服务，对水、电、气、暖、土地纠纷等问题，及时研究对策、及时解决。针对中小企业融资难的现状，积极促进银企合作，取得实效。其中，如意工业园区与长城资产管理公司联系，利用其推出的“金融租赁”业务，为6家企业协调解决贷款2650万元，帮助企业解决了实际困难。在项目建设过程中，主要采取以下措施确保项目稳步推进：一是建立开发区监控项目推进服务小组，形成一个项目、一套班子、一人负责、一抓到底的工作机制；二是建立项目建设调度会制度，对项目建设过程中出现的问题，及时研究对策，及时加以解决；三是建立项目跟踪服务机制，组成以开发区主要领导、分管领导和相关部门负责人为主的服务工作组，不定期地走访项目工地建设现场，以现场办公的方式及时解决项目建设过程中出现的问题。

【招商引资和利用外资】 2009年，呼和浩特开发区新批内外资企业123家；实际到位内资37.44亿元，同比增长10.8%；实际利用外资

1.78亿美元，同比增长1.6%。齐鲁制药、日月太阳能等13家工业企业投资开发区，当年完成固定资产投资23.5亿元。全年争取上级部门各类扶持资金5900万元。新建、续建的固定资产投资项目共60个，累计完成投资62亿元，同比增长27%；有千万元以上的重点工业项目28个，年内完成投资30.5亿元，同比增长超过100%。

【产业结构调整和重点企业】 2009年，呼和浩特开发区加强产业结构调整工作，积极引进科技含量高、非资源依赖型、附加值高的项目，以培育现有产业为重点，从纵向上加快产业链延伸，通过引进、消化、吸收先进技术和自主创新，提高新技术、新产品开发能力，加快技术进步和产品更新换代，做强做大开发区优势特色产业。一是实施产业集群发展战略。乳制品加工业正在由劳动密集单一加工型向配套生产创新型转变，伊利新产品研发力度进一步加大，已经建成投产的运发集团马口铁罐、纸箱项目，进一步延伸了开发区乳制品加工业的产业链，降低了上游企业的产品成本，优化了产业结构。二是打造生物制药产业集群。积极推动双奇药业、大唐药业、元和药业、兰太药业、复旦蒙药进行技术联合、品牌联合、资金联合，共同建设中蒙药工程研究中心，拓宽开发区生物医药产业的融资渠道，扩大市场占有率。三是积极打造多晶硅、硅片原材料生产基地和光伏发电应用示范基地。在晟纳吉公司的引领下，带动中下游产品发展，延伸产业配套，逐步形成完整产业链，打造上下游联动、集约发展的产业布局。内蒙古日月太阳能科技公司投资的太阳能电池、电池组件等项目的建设开工，使光伏材料产业链进一步延伸。

【节能减排】 2009年，呼和浩特开发区在招商引资中优先选择低消耗、低排放、高产出的清洁项目，在过程管理中重点抓住能耗大户的管理，全方位、全过程倡导节能降耗理念，园区规模以上工业企业单位增加值能耗为0.288吨标煤/万元，预计全年综合能耗指标平均下降4.6%以上；从源头上有效控制污染物排放总量，以重点企业为对象，搭建废弃物处理平台，加大节能环保投入和设备技术保障体系建设，环保工作取得明显成效，重点工业企业污染物排放稳定达标率为100%；各工业园区环保部门加大环境监测及执法力度，配合上级主管部门对企业开展环境保护信用等级评定工作，对化工、烟尘等方面进行专项整治，工业废水、烟尘等达到排放标准，工业固体废物处置利用率为100%，建设项目环评“三同时”得到100%实现。

【社会事业】 2009年，呼和浩特开发区全面落实安全生产责任制。层层签订《安全生产目标责任状》，加大对重大危险源的监控力度，做好重点行业和领域的事故隐患治理工作，安全生产监管水平不断提高，得到市政府的表彰。社会治安综合治理取得成效。加强以流动人口服务与管理为重点的社会治安综合治理工作，改善治安环境，为构建和谐开发区创造良好的社会治安环境。就业和社会保障工作得到加强。全年实现就业和再就业的人数达1600多人。切实加强社保网络体系建设，开发区养老保险参保人数达14660人，医疗保险参保人数达14657人，社保覆盖面进一步扩大。

【党的建设】 2009年，呼和浩特开发区成功承办国家级开发区第十八次党建工作研讨会，受到商务部的肯定和与会代表的赞誉，促进了开发区党建工作水平的整体提升。深入开展学习实践科学发展观活动，着力转变不适应、不符合科学发展观的思想观念，提高领导干部谋划发展、统筹发展、优化发展、推动发展的能力，圆满完成学习实践活动的各项任务。基层组织建设不断推进。以非公经济党建工作为重点，通过加强领导、创新党建工作模式，不断扩大开发区非公经济党组织的覆盖面，有效推进各基层党组织开展活动，保证企业的健康发展。领导班子和干部队伍建设取得新进展。坚持把团结放在领导班子建设的突出位置，认真贯彻民主集中制，形成团结协调的领导核心。认真落实党风廉政建设责任制。坚持党风廉政建设与业务工作一起部署、一起检查、一起考核，形成“一岗双责”的工作格局。注重从源头上防止腐败，在工程招投标、招商引资、大额资金使用、干部人事制度方面实行阳光操作，领导班子的凝聚力、战斗力进一步增强。

（呼和浩特经济技术开发区　王润平）

南宁经济技术开发区

【经济发展】 2009年1月至2009年9月，南宁经济技术开发区（以下简称南宁开发区）工业经济逆势上扬，完成工业增加值41.31亿元，同比增长17.76%；工业总产值118.99亿元，同比增长19.99%。

【项目建设】 南宁开发区将年度投资任务层层分解量化到具体项目上，每一个项目落实责任部门、责任领导和具体责任人，专门负责做好项目的推进工作。建立、完善和加强管委会领导联系项目制度、管委会机关工作人员下基层制度、定期召开项目协调会（联席会）制度、管委会领导深入项目现场办公等服务机制、措施，重点帮助项目解决报建报批手续办理、建设资金短缺、抵御金融风暴及项目建设过程中遇到的其他困难和问题，同时，设立项目建设推进日程表，倒排每个项目的建设工期，并适时采取详细具体的推进策略和措施，促进每个项目按计划按进度完成投资和建设。

【平台搭建】 南宁开发区搭建“四个平台”，一是搭建政策平台。制定具体的扶持计划和优惠政策，在资金、人才、煤电油运等方面，为园区内的支柱产业、龙头企业“开绿灯”，进行重点扶持帮助，促进其拉长产业链、做大做优做强。二是搭建融资平台。通过“银企合作”，与银行签订互利互惠的合作协议，借助银行资金，扶持科技含量高、发展前景好的企业，帮助其进行技术改造和扩大生产，筑牢抗击国际金融风暴的防线。2009年以来，共有12家企业通过融资平台获得了总额达4亿多元的项目贷款。三是搭建环境平台。改进现有发展模式，积极建设与工业发展相适应的工业软环境，包括发展检验、检测、企业信息化等工业性服务业，产品研发等工业配套、企业文化沙龙等文化环境，着力建设广西北部湾经济区总部经济基地，提升服务水平。四是搭建互动平台。通过开展领导联系企业、机关干部下基层、党支部联建等形式多样的活动，使开发区和企业之间形成“无缝对接”，共克时艰。

【招商引资】 南宁开发区一是注重产业链招商。紧紧围绕机电、精细化工、食品加工、纸制品等主导产业开展招商引资工作，着眼于引进一个、带动一批，不断拉长产业链。二是注重项目的质量和发展潜力。在引进项目时，充分进行评估论证，把项目的科技含量、产品市场竞争力等作为首选条件，确保引进的每一个项目能建成达产、有充足的发展后劲。三是注重服务体系建设。在全力打造优质的项目承接平台的同时，进一步拓宽服务领域，完善服务功能和内容，营造投资创业的乐园。四是注重“以商引商”。从加强对现有项目的扶持、做大做强现有企业入手，通过培育一批优质企业“现身说法”，吸引更多的商家前来投资置业。五是注重挖掘“危机”中蕴藏的“商机”。全面组织招商人员大力收集在金融危机中国内外企业的投资取向信息，并及时主动出击，有的放矢地开展招商引资工作。2009年以来，区内招商引资捷报频传，仅8月的一周时间内就先后签订了3个超亿元的工业项目投资协议，合计项目总投资5.06亿元。

（南宁经济技术开发区管委会）

太原经济技术开发区

【经济发展】 2009年，太原经济技术开发区（以下简称太原开发区）完成工业总产值168.12亿元，同比增长10.05%；完成财政总收入7.9296亿元，同比增长4.9%；高新技术产品出口48881万美元，同比增长34.32%；实际使用外资14582万美元。

【投资环境】 太原经济技术开发区位于太原市东南部，距离首都北京500公里，全程高速4小时。区中心距太原飞机场2公里、太原火车站3公里、市中心10公里；高速公路直达北京、天津、石家庄、西安、呼和浩特、郑州、济南等周边大城市，交通便捷，是商家投资的理想之地。

太原开发区按照总体规划和“有收益项目市场化引资，无收益项目财政投资”、“谁投资、谁受益”的原则，基本完成9.6平方公里内的道路、雨污水管网、供水、供电、供暖、供汽、煤气设施及管网、通讯网络、绿化、土地平整、污水处理、固体废弃物处理等基础及配套设施建设。区内骨干道路网建设、主干路网基本形成，给排水、热力、煤气管网全部贯通，通讯设施、宽带网络、有线电视线路已随道路管网一并铺设，基本实现了“九通一平”。

截至2009年底，区内建成220千伏变电站、110千伏变电站、35千伏变电站各一座，10千伏开闭所两座；区内全部采用引黄水，日供水能力达60万吨；实现冬天供热、夏天供冷气、全天侯供应热水和蒸汽的服务；完成绿化面积44.25万平方米，完成投资约3125.1万元，绿化覆盖率达到46%。

【招商引资与利用外资】 2002年至2009年，太原开发区引进内外资企业848家，其中生产型企业182家、商贸型企业666家，累计总投资额超过300亿元；世界500强企业直接投资企业7家。2009年，太原开发区共引进生产型企业10家，投资总额223099万元；引进商贸型企业55家，注册资本总额20106万元；实际利用外资25980.8万美元。

【高新技术产业和重点企业】 太原开发区已形成国际级新材料加工基地、国家级装备制造业基地、省级信息产业基地、省级食品及农产品加工基地和省内最具规模的生物制药产业园区的“四大产业基地和一个专业园区”产业发展格局，一批高新技术产业和重点企业迅速发展壮大。

为加快高新技术产业的发展，全面提高企业技术创新能力，太原开发区出台《科技项目发展资金使用和管理暂行规定》。截至2009年底，全区已有11家企业通过省级高新技术企业认证。2009年，全区完成高新技术企业产值43.5489亿元。

富士康（太原）科技工业园：是世界500强企业——台湾鸿海精密工业股份有限公司在太原兴办的高新科技企业，是山西省改革开放以来引进的技术水平最高、投资额最大、与山西省产业关联度最强的项目。该项目的建成投产，已逐步提高IT和材料加工业在太原乃至山西经济结构中的比重。其主要产业为镁合金3C零组件、热传导产品、LED照明产品、手机产品及镁合金汽车零组件产品。截至2009年底，富士康（太原）科技工业园已实现产值213.5亿元以上，就业人数达40208多人。

太重煤机工业园：是由太原重型机械集团有限公司牵头，通过整合太原矿山机器集团有限公司、山西煤矿机械制造有限责任公司的国有产权，联合山西省七家煤炭生产经营企业共同出资组建的股权多元化煤机制造企业。公司主要生产采煤机、掘进机、液压支架产品以及刮板输送机、转载机等综采、综掘成套设备。项目建成达产后，实现销售收入20亿元以上、利税2亿元以上。

煤炭科学研究总院山西煤机装备有限公司：占地155亩，总投资1.7亿元，已形成年产值达10亿元的生产规模。主要从事煤及半煤岩巷道掘进技术与装备、短壁机械化开采技术与装备、无轨辅助运输关键技术与设备、液压支架和液压元部件技术与装备、刮板输送机械及其元部件技术与装备、煤矿电气技术与装备为主的六大专业领域的技术创新，形成煤及半煤岩巷道掘进机、短壁机械化开采成套装备、无轨胶轮辅助运输车辆及神东进口设备国产化设备大修四大核心产业。

长安汽车（太原）重汽生产基地：主要重车产品包括高中低档齐全的自卸车、牵引车、仓栅车、平板车、普通载货车等。一期项目投产后将实现重型汽车5万辆的产销能力。至2015年，项目完成总投资约70亿元至80亿元，将形成产销能力10万辆以上，实现销售收入260亿元以上。

智奇铁路设备有限公司：是山西煤炭进出口集团公司控股的智波交通运输设备有限公司与意大利路奇霓钢铁机械公司组建的合资企业，是目前国内唯一一家高速动车组轮对生产和检修基地，项目总投资约11亿元，分三个阶段实施。其中，一期投资3.5亿元，进口车轴和车轮在合资企业进行轮对组装，于2008年形成组装能力1万对；二期投资1.5亿元，于2009年在合资企业精加工进口车轴和车轮毛坯，且具备相应的维修能力，产量达2万对，预计销售总额11亿元、利税4.2亿元；三期投资6亿元，于2015年彻底实现车轴轴坯、车轮轮坯热加工和冶炼等技术的国产化，到2010年生产和维修能力可达2.5万对，预计销售总额15亿元、利税6亿元。

太原通泽重工有限公司：是国内无缝钢管成套设备制造龙头企业，拥有国内唯一、在国际上也仅有德国德马克公司掌握的250毫米无缝钢管连轧技术。公司年产12万吨不锈钢和特种钢无缝钢管生产线，实现年产值10亿元。其抗高腐蚀的深井用不锈钢与特种钢无缝钢管技术大大提高了山西装备制造业的水平。

宏全食品包装（太原）有限公司：是台湾宏全国际集团投资4000万美元建设的独资企业，主要生产350毫升、500毫升、600毫升、1500毫升等PET耐热结晶瓶和配套代工灌装各类饮料、蔬果汁、运动饮料及乳酸饮品等。公司引进加拿大Husky、法国Sidel、美国Pressco、意大利Piovin等国外最先进的吹瓶及饮料灌装设备，采用全新钢骨结构现代化厂房，规划为PET耐热结晶瓶生产线，吹瓶与灌装线接轨，保障了产品质量安全卫生；电脑资讯化系统对公司的生产、经营活动进行有效管理，成为现代化企业的管理方式；瓶盖+标签+PET耐热瓶+饮料代工为客户提供最佳的全方位配套服务。

蒙牛乳业（太原）有限公司：是中国农业产业化龙头企业——蒙牛集团投资3.5亿元建设的一座占地178.9亩的现代化日处理鲜奶720吨的新的生产基地。整个项目引进了世界上最先进的利乐无菌灌装机及中亚高速百利和GEA前处理全自动中控系统，主要产品为纯牛奶、花色奶、乳饮料。

康师傅纯净水项目：由国内食品行业的龙头企业——天津顶津食品有限公司投资400万美元建设，日生产能力为20万瓶纯净水。

太原嘉禾啤酒有限公司：是总设计能力年产20万吨的现代化啤酒生产企业。公司主要推出嘉禾原酿、嘉禾纯生、联合果啤、联合普啤、联合纯啤、联合生啤等系列产品。

亚宝药业太原有限公司：由山西省医药行业首家上市企业，全国中成药重点工业企业五十强——亚宝药业集团股份有限公司总投资3亿元兴建。公司新建固体制剂生产线、软膏剂生产线、注射剂生产线以及超临界CO_2萃取中药提取生产线，全部采用国内目前最先进的自动化联动设备，并全部通过GMP认证。园区全部建成后，可实现产值10亿元、利税2亿元。

【社会事业】 在加快园区建设的同时，太原开发区坚持经济发展和社会事业发展有机结合，着力构建和谐社会。一是解决失地农民问题，统筹城乡发展，出台和落实一系列政策办法，从政策上引导农民规模化从事养殖业以及商业、饮食等第三产业，鼓励引导农民利用自身优势走自主择业、自谋发展的道路。二是构建就业培训体系，对农村转移劳动力进行加工技能、电脑应用、绿化、服装加工、保安、锣鼓等专业培训，使其拿到就业上岗“通行证”，并安排就业。三是成立工程协调中心，区属农村组建工程服务队，为区内建设项目提供土方、物流等多种服务，解决部分村民的就业和收入问题。四是组建成立巾帼锣鼓队，参与社会化服务，解决了200个农村家庭妇女的收入问题。五是引导农民将征地补偿款投入到有收益保障的物业项目，增加收入。六是启动“城中村”改造工作，建设社会主义新农村。七是进一步完善居民社会保障体系，做到“老有所养、老有所依”。全区九个农村居委会六十岁以上的老年人参加了养老保险，每人每月可领取200元。全区有1996户、6513名农村居民参加了新型农村合作医疗，参合率达99.67%。

截至2009年底，区属七个自然村改造成九个村改居居民委员会和一个城区居民委员会，从居民住宿、房屋租赁、标准厂房或商业用房三个方面，彻底解决农民的生存与发展问题。

【管理与服务】 按照“封闭式管理，开放式运作”的新型管理模式运作，太原开发区设立了企业服务大厅。大厅遵循“审批与服务并重，服务重于审批”的理念，以事为主，方便企业；根据《行政许可法》要求，实施并联审批，精简办事程序，缩短办事时限；按照公开、公平、公正、透明、规范、高效的原则，实行“一个窗口受理”、“一个窗口领证”、“一个窗口收费”的一条龙服务和“首问负责制”。区经济发展局、环保局、建设局、工商分局、质监分局、土地分局、规划分局、地税局、国税局、物业服务中心等审批服务部门组成审批服务窗口，银行、人才交流中心、会计师事务所等机构为入区企业提供延伸服务。区纪检监察、投诉中心在大厅设置监督服务窗口，保证各项审批服务事项的落实；投诉中心24小时受理企业各类投诉。

为加强部门协调、创新服务方式，开发区建立了外商投资审批服务中心、企业项目建设服务中心、企业运行服务中心等三大服务体系。

开发区实行“三大服务中心”例会制度。所有入区企业在办理各项行政许可和审批事项以及施工建设、生产经营中遇到问题都可以直接上报议题到“三大服务中心”，面对面提议，并于例会上当场得到相应行政职能部门的答复和解决方案。有40家企业上报的130个议题得到满意的解决方案。

【机构设置与管委会领导】 太原经济技术开发区管理委员会和中共太原经济技术开发区工作委员会分别是太原市人民政府和中共太原市委的派出机构，副厅级建制，拥有市级经济管理权限和部分行政管理权限，负责行使开发区的管理职责。

党群部门为党务工作部、纪工委、总工会、群工部、妇工委、团工委、综合治理办公室、机关党委、企业党委、社会事务局党委。行政部门为综合办公室、财政局、社会事务局、经济发展局、国土建设局、安全生产监督管理局、招商发展局、环保局、人力资源局、综合执法局、新闻宣传中心、接待办、政策研究室、投诉中心（信访局）、企业服务大厅、城中村改造办公室、北京招商办、科技创新局。下属事业单位为企业服务中心、分园区发展办公室、物业服务中心、太原经济技术开发总公司、太原新技术与教育发展中心、人才交流服务中心、劳动保障监察执法队、综合执法大队、计生服务站、农村财务委托管理中心、培训中心、征地事务中心。派驻单位为公安分局、土地分局、规划分局、工商局、国税局、地税局、质监局。

管委会主任为张金旺，党工委书记为邵秋枫，党工委副书记为邢珺森、李春友，纪工委书记为郭富有，管委会副主任为张彤、李峻，总工程师为陈曦，管委会副主任为乔建伟，管委会主任助理为董良、屈立军，管委会助理调研员为满长海，管委会主任助理为黄起、张俊德、张国栋、张二明、吴晓龙。

（太原经济技术开发区　秉群）

银川经济技术开发区

【经济发展】 2009年，银川经济技术开发区（以下简称银川开发区）预计实现地区生产总值64亿元，同比增长20.8%；工业增加值41亿元，增长20.6%；开发区地区生产总值和工业增加值均占银川市的15%。工业总产值130亿元，增长20.1%；技工贸总收入237亿元，增长33.9%。

【主导产业】 银川开发区一是坚持不懈地推进工业发展。以共享铸钢、小巨人机床、新瑞机床等企业为龙头的机械装备制造业成为引领和支撑银川市乃至宁夏先进装备制造业发展的领军企业；恩德风电和发电集团高纯硅、多晶硅项目等为主的新能源产业快速发展；以大连实德型材、东方钽业、宁夏机械研究院等企业为主形成的材料和新材料业迅速崛起；以佳通轮胎、富宁天然气液化等企业为基础的精细化工业稳步发展。二是突出发展现代服务业。1700余家企业蓬勃发展，占开发区地区生产总值比重达到30%。银川陆路口岸开通运营，中心商务区改造项目筹备启动；已有44家企业入驻宁夏软件园，西部首家央视动漫制作基地成功落户，首部原创动画片即将在央视动漫频道播出，全行业以60%的速度快速递增，引起业界普遍关注。

【科技创新】 银川开发区一是加强平台建设。优化宁夏国家高新技术创业服务中心、留学人员创业园、软件园和中小企业创业园功能。高新技术创业服务中心设立能源化工、分子生物技术、特种材料重点实验室等服务平台，在孵企业81家，孵化企业总数达到209家，65家企业实现产业化。区内拥有国家级研发中心3家，自治区级研发中心6家，企业研发中心18家，79种产品拥有自主专利，创宁夏著名商标15件。高新技术企业占宁夏高新技术企业总数的60%。二是实施政策引导。加大扶持力度，促进企业科技创新。完善知识产权保护机制，建立了知识产权举报投诉服务中心。

【基础设施】 银川开发区加大基础设施建设力度，加强用地管理，严格控制土地供给面积和污染项目入区，以投资规模确定项目用地面积，使土地利用效率位居全区前列。开发区的建设速度，被投资者称之为“宁夏的深圳速度”。

【招商引资】 银川开发区一是完善招商政策体系。先后修订完善《开发区鼓励投资的政策规定》、《进一步加强招商引资工作的意见》等10多项配套政策规定，有效提高了针对性和吸引力。二是创新招商方式。积极参加各类展会，加强项目包装；组织机械装备制造业招商推介会，实行全员招商。在招商局增挂经济合作局牌子，成立招商中心，面向社会招聘人员，分产业、分区域成立工作组和招商小分队。开发区已成功引进世界500强、世界生产滚动轴承和直线运动产品的领导企业德国舍弗勒集团，世界著名钢铁行业设备制造商奥地利奥钢联集团，世界大型风机制造商德国恩德公司，国际著名的高速度高精度机床制造商日本山崎马扎克株式会社，世界最大的 PVC 型材制造商大连实德集团等一批国内外知名企业。

（银川经济技术开发区管委会）

兰州经济技术开发区

【经济发展】 2009 年，兰州经济技术开发区（以下简称兰州开发区）完成地区生产总值 59 亿元，同比增长 18%；规模以上工业总产值完成 93.5 亿元，增长 23% 以上；规模以上工业增加值完成 25.01 亿元，同比增长 28.8%；固定资产投资完成 68 亿元，同比增长 20.7%；地区性财政收入完成 9.05 亿元，同比增长 14.02%；一般预算收入完成 3.76 亿元，同比增长 25.06%。

【投资环境】 兰州开发区位于兰州市安宁区的中心地带，滨依黄河，是陇海、兰新、兰青、包兰四大铁路干线交汇之处，距西北最大集装箱中转站兰州货运站仅 8 公里，距西北铁路货运枢纽兰州西站 4 公里，距中川国际机场 40 公里。区内具备东西贯通、南北交错、规范发达的交通网络。2009 年，开发区共投资 2.76 亿元，完成 570 号规划路南段的征地拆迁任务，建成高新技术产业园区 533 号、513 -1 号路，加快推进 532 号路的施工建设和 530 号、585 号路的规划设计；投资 572 万元，提升改造小街巷 15 条；投资 400 多万元硬化农村内路 8.5 公里，保持城乡基础设施建设的强投入、快推进；不断完善全区水、电、热、气等配套设施建设，城市承载能力显著提高。区内有西北师范大学、甘肃农业大学、兰州交通大学等 17 所大中专院校，有甘肃省社会科学院、甘肃省农业科学院等 11 所科研机构，拥有各类科技人员 3 万余人，是甘肃省的高校聚集区。按照市委、市政府建设示范区域的要求，开发区注重合理规划城市功能，不断深化经营城市理念，坚持城市建设与管理同步推进，城市品位与文明同步提升，全力打造山水新区。在软环境建设方面，甘肃省于 2009 年 11 月 27 日十一届人大常委会第十二次会议审议通过《兰州经济技术开发区条例》。《条例》全面、系统地阐明了在新的形势下，开发区发展的定位、体制、机制、职能和优惠待遇等，明确了开发区的法律地位、管理体制和管理权限，标志着开发区的建设和发展步入了科学化、法制化、规范化的轨道，为开发区的开发建设提供了坚实的制度保障。2009 年，开发区投资环境综合排名不断提升，在西部国家级经济技术开发区的排名上升至第 7 位。

【招商引资与项目建设】 兰州开发区始终坚持把项目建设作为主要工作来抓，全力引进项目，加快建设步伐，实现总量、体量、质量的“三大突破”。创新招商引资方式，大力实施“招强引税”战略，在规划、建设等重点部门建立了四个招商分局，形成“一体四翼”的大招商格局，通过组团招商、节会招商、以商招商、网络招商等多种形式，引进入驻一大批强势项目、优势企业。2009 年签约引进百事可乐、苏宁电器、甘肃图书物流中心等各类项目 40 个，计划总投资 108 亿元。7 个中央扩大内需项目、11 个市列重大项目和 48 个区列重大项目建设进展顺利，全区共有各类在建项目 167 个，累计完成投资 68 亿元，同比增长 20.7%。

【产业发展】 兰州开发区深入实施工业强区和商贸扩张战略，加快发展以新型工业和现代服务业为主导的优势产业，扶持壮大非公经济，不断提升经济发展的质量和效益。着力发挥工业对区域经济的支撑作用，以发展园区经济为依托，加快产业集群化发展步伐，全区已初步形成以奇正藏药、佛慈制药、新兰药集团、九州通医药、众友药业等企业为代表的医药产业集群；以康师傅饮品、华润雪花啤酒、莫高国际酒庄、啤酒麦芽、百事可乐饮品为代表的食品饮品产业集群；以中石油西部物流中心、中国华能集团甘肃总部、中石油西北化工公司、中国铝业连铝总部、中石油西部管道局甘肃总部为代表的总部经济集群；以万里、长风、兰飞、兰州机床厂、蓝科石化、矿场机械、天智机械、顺创石油机械、林峰石油机械、城临石油钻采、宏宇变压器为主的先进装备制造产业集群；以亚华石化、鑫兰石化、歧化松香等为主的石油化工产业集群。五大产业集群产值占全区产值的70%，为全区经济持续、快速发展提供了有力支撑。

【园区规划】 兰州开发区紧扣区域功能定位，对四个功能园区（行政商务服务园、高新技术产业园、生态农业园和沙井驿工业园）进一步合理规划，构建了布局合理、特色鲜明的发展新格局。大力发展总部经济、物流经济、房地产经济、社区服务业和新兴服务业，基本构建起以安宁东西路、北滨河路“两大城市发展主轴”和黄河市场、培黎广场、科教城、费家营什字等“四大商贸中心”为格局的新型商贸流通体系。全力发展都市休闲观光农业，提升都市生态园、精品休闲园、“农家乐”的服务水平和档次，积极开发仁寿山、天斧沙宫旅游资源，着力打造仁寿山风景区旅游服务业，逐步形成以休闲农业为基础，旅游服务业为纽带的现代农业发展新格局。高新技术产业园区基础设施建设进一步完善，完成工业产值32.05亿元，同比增长58.8%；完成固定资产投资12.3亿元，同比增长58.3%；基本建成康师傅饮品、宏宇变压器、莫高国际酒庄、蓝科石化等10个项目；有14个新产品已投入生产，研发总投资6975万元，有7个项目实施了技术改造，技改总投资1.5亿元。沙井驿工业园区累计建成项目12个，完成工业产值31.05亿元，同比增长3%；完成固定资产投资13.01亿元，同比增长超过100%。沙中工业园建设前期工作进展顺利，累计平整土地4000亩，完成投资3.9亿元。

【社会事业】 兰州开发区坚持在推动经济发展的同时，加快各项社会事业协调发展，努力解决人民群众就学、就医和文化生活等基本需求。积极推进科技创新，五大科技孵化园功能日趋完善，71家入孵企业实现产值3.5亿元，全年申报各类科技项目800多个，争取资金1900多万元。着力夯实教育基础，全年教育投入达到7867万元，同比增长18.11%。成功举办兰州元宵节焰火晚会、兰州桃花节等大型节会，区影视文化中心开工建设，区文化体育中心和体育公园建成使用，新建2处群众健身场所和11个“农家书屋”。着力加强食品、药品安全检查和甲型流感等疫病防控工作，公共卫生防疫水平进一步提高，全年医疗卫生投入达4572万元，同比增长43.46%。全面开展“和谐社区”和“星级社区”创建活动，新建费家营、长风、枣林路3个标准化示范社区，18个社区被评为全市和谐社区，万里社区被评为“全国基层低保规范化建设典型单位”和第三批“全国综合减灾示范社区”。启动新一轮全国文明城市创建工作。

【管理与服务】 2009年，兰州开发区按照市委“质量建党定型”的要求，在把ISO9000国际质量管理体系引入党建工作的基础上，对体系运行情况进行监测，不断完善党建质量体系。进一步扩大质量建党覆盖面，把质量建党进一步延伸到基层，延伸到社区和乡村。同时，开发区深化机关规范化管理和效能建设活动，制定《机关规范化管理实施细则》、《机关公务礼仪》，组织全区范围内开展机关公务礼仪知识竞赛及公务礼仪展示活动，实行挂牌上岗和规范着装，规范干部的仪容仪表、日常行为和对外接待，营造电梯文化、楼宇文化、机关文化，培养干部文明行为习惯。倡导追求卓越的工作理念，对内落实制度，对外高效服务，不断推进干部素质全面提升，塑造干部队伍形象，营造高效服务环境。

【发展趋势】 在综合分析全区经济社会发展的宏观环境和面临形势的基础上，兰州开发区围绕省委、省政府、市委、市政府的重大战略决策部署，结合全区“十二五”发展规划的编制，提出“全域统筹、率先发展，打造兰州现代都市核心区、新兴产业聚集区和生态人文宜居区”的总体目标和“强化一个主导，实施五大战略，推进三大工程，实现六个突破”的发展思路。强化一个主导就是以全面城市化为主导；实施五大战略就是大力实施“拓区进位、招强引税、工业强区、商贸扩张、城乡一体”等五大战略；推进三大工程就是深入推进“民生关怀、和谐共进、党建保障”等三大工程；实现六个突破就是着力在“两区优势叠加、主导产业升级、城市化进程加速、人文生态融汇、和谐社会构建、执政能力提升”等六个方面实现新突破。今后，开发区将按照市委、市政府“1355”总体发展思路，进一步创新和完善工作思路，从全局高度对全区工作进行规划和指导，为区域发展把好方向，确保全区经济和社会各项事业沿着全面协调可持续发展的轨道快速前进。

【机构设置与管委会领导】 鉴于兰州新城区、开发区均地处安宁区腹地，为充分发挥开发区、新城区和安宁区这三个区的政策优势、资源优势，开发区与兰州安宁区实施“区区合一”管理体制。兰州经济技术开发区党工委、管委会作为市委、市政府派出机构，代表市委、市政府行使领导职责和管理、开发建设职能。开发区和安宁区主要领导兼职、分管领导交叉任职，履行双重职能。开发区管委会内设机构为副县级建制，按照“一办七局”设置开发区职能部门，在具体设置上，除党政办公室单设，与安宁区委、区政府办公室领导交叉任职外，人力资源开发局、经济发展局、财政局、建设和房地产管理局、招商局、环境保护局和兰州市规划国土资源兰州经济技术开发区分局等机构分别与安宁区相应部门合署办公。开发区其他党务、政务和社会事务工作由安宁区委、区政府相应机构承担。

开发区党工委书记为严志坚，管委会主任为席飞跃。

（兰州经济技术开发区党政办　章晶）

南京经济技术开发区

【经济发展】 2009年，南京经济技术开发区（以下简称南京开发区）实现地区生产总值265.6亿元；业务总收入1684亿元；工业总产值1506亿元；财政收入47亿元；进出口总额115亿美元；全社会固定资产投资118.6亿元；合同利用外资金额2.66亿美元；实际利用外资2.58亿美元；新批千万美元以上外商投资企业数15个。

【投资环境】 2009年，南京开发区继续加大建设力度，进一步优化投资环境。在国家生态工业示范园区建设规划认证获国家环保部、商务部、科技部三部委联合发文批复同意的基础上，确立生态建设目标，形成园区绿色门槛，按照生态规划，实现绿色招商和产业招商，严格执行环境影响评价制度，不断提高全区的环境管理和清洁生产水平；加强环境综合整治，提升区域环境质量，投入巨资对尧新大道、仙新中路、仙新西路等进行改造，进一步美化开发区环境景观，形成点、线、面相结合的立体绿化格局，绿化的生态效益凸显；改造起步区污水收集系统，实现全区范围的雨污分流及污水集中处理；发展循环经济，加强资源综合利用，加大节能减排力度，选择重点企业作为园区循环经济试点；创新工作方法，全区共同参与创建，与重点企业签订《环境保护目标责任书》，投入100万元作为环保专项资金，开展多种形式的环保宣传。

【招商引资与利用外资】 2009年，南京开发区全年新引进各类内外资项目101个，投资总额230亿元，其中外资项目（含增资）28个，总投资规模44.4亿元。完成合同利用外资2.66亿美元，实际利用外资2.58亿美元。全年新引进亿元以上项目21个，新开工亿元以上项目20个，新竣工亿元以上项目13个。中国南京液晶谷、苏宁家电产业园、南京医药产业园、南京新港机电产业园、专用车产业园等先后布局开发区，总投资650亿元的南京高世代液晶面板特大项目顺利落户中国南京液晶谷，其中总投资138亿元的6代液晶面板项目已开工建设，总投资226亿元的8代液晶面板项目已正式签约。2009年，开发区成功举办深圳招商推介会、液晶谷发展规划说明会、港口经济论坛、平板显示企业专场座谈会等一系列经贸活动，并成立深圳办事处开展驻点招商。

【高新技术产业和重点企业】 南京开发区全年组织申报并认定省级高新技术企业11家，累计省级高新技术企业认定数量达44家；企业各级研发中心累计达20家，企业技术中心累计达16家；专利申请268个，其中发明专利57个，专利授权61个；共协助50多家企业申报国家、省、市科技攻关，科技成果转化，科技进步，科技创新等56个财政补贴项目，为企业争取各级财政扶持资金近千万元。区内有高新技术企业134家，2009年高新技术产业实现业务总收入1154亿元，占全区的80%；工业总产值1202亿元，占全区的80%；地区生产总值195亿元，占全区的82%；出口42.4亿美元，占全区的92%。

重点企业：

博西华洗衣机、热水器增资项目于2009年2月1日开工建设。该项目由博西华电器（江苏）有限公司增资建设。该公司是德国博世和西门子家用电器有限公司于2004年在开发区投资设立的外商独资企业，原投资总额9900万美元，注册资本3300万美元，主要从事灶具、热水器、冰箱、洗衣机等家用电器的生产、销售。新增资项目投资总额9000万美元，增加注册资本3000万美元，项目总建筑面积35600平方米，年新增80万台洗衣机和50万台热水器的生产能力。

阿特拉斯·科普柯新工厂于2009年5月8日落成。新工厂投资6700万元，新增大型露天钻孔机组装线。公司由世界500强企业阿特拉斯·科普柯集团投资成立。阿特拉斯·科普柯集团主要业务领域包括空气压缩机、建筑矿山设备及工业工具。

弓箭玻璃中国1号窑炉扩建项目于2009年5月15日落成。该项目总投资2500万美元，主要通过技改方式对CH1窑炉、4条生产线和辅助生产设备进行改造，新建1套压缩天然气减压输送装置，新建厂房和成品库1.3万平方米，实现了产能提升、技术升级，同时也调整了产品结构。弓箭国际是一家有近200年历史、生产销售遍布全球160个国家的著名跨国公司。弓箭玻璃器皿（南京）有限公司自1999年落户开发区以来，先后两次增资扩产。

中铁宝桥高速道岔项目于2009年9月15日落户开发区。该项目用地28万平方米，由中铁宝桥集团有限公司投资10亿元兴建，采用国际先进的拥有自主知识产权的生产技术，建设生产高速铁路用大号码道岔及城轨交通设备。项目全部建成后，可形成年产500组高速铁路用大号码道岔及相当规模的城轨交通设备。中铁宝桥集团有限公司是中国机械行业500强之一，国内专业生产钢桥梁、钢结构、铁路道岔、高锰钢辙叉、城市轨道交通设备、门式起重机等产品的大型国有企业。

南京宝日钢丝制品有限公司三期工程于2009年9月16日竣工。此次竣工的三期工程为宝日钢丝冷镦钢丝增资项目，投资1.78亿元。南京宝日钢丝制品有限公司是由宝钢集团有限公司、日本国美达王株式会社、株式会社神户制钢所和南京新港开发总公司共同出资组建的线材二次加工企业，拥有从德国和日本引进的先进设备和酸洗、磷化、热处理等领先的工艺技术。

南京电气特高压电气产业园项目于2009年9月16日开工建设。该项目由南京电气科技有限公司计划投资10.7亿元兴建，主要包括特高压电容套管、特高压交、直流钢化玻璃绝缘子及高压互感器、高压隔离开关项目。项目用地26.67万平方米，分三期建设，一期建设特高压电容套管、特高压线路钢化玻璃绝缘子和高压隔离开关项目；二期建设高压互感器、高压隔离开关项目及高压电气工程技术研究中心；三期建设特高压交、直流钢化玻璃绝缘子项目。其中，一期项目固定资产投资5亿元。

康尼机电轨道门二期项目于2009年9月16日开工建设。该项目由南京康尼机电新技术有限公司投资5亿元兴建，占地6万平方米，主要从事轨道交通站台安全（屏蔽）门、轨道交通电力连接器、教学自动化设备、轨道车辆内部装饰零部件、冷精锻零部件等产品的研发、生产。

博西华滚筒洗衣机工厂于2009年9月23日竣工。该厂占地2.9万平方米，将形成80万台滚筒洗衣机的年产量。博西华电器（江苏）有限公司由博世和西门子家用电器集团投资成立。此次新工厂的竣工，使博西华家电园以1.89亿美元的总投资额成为亚洲规模最大、最先进的家电生产园，拥有200多名研发工程师，为博世和西门子家用电器集团在中国的所有生产基地提供研发。

南京液晶谷暨高世代液晶面板项目于2009年9月26日开工。液晶谷先期启动项目主要有：由中国电子信息产业集团作为主要投资方，总投资138亿元的第6代液晶面板项目；由夏普株式会社独资成立的夏普全球液晶显示研发中心项目；由中国电子信息产业集团与夏普株式会社联合成立合资公司，与南京市共同推进八代线项目建设，总投资约300亿元。南京液晶谷位于开发区东区内，规划面积17.3平方公里，分两期开发建设。一期规划总面积7平方公里，主要是做六代线、八代线、玻璃基板生产区以及配套生产、研发和生活服务区；二期规划总面积10.3平方公里，主要规划为太阳能电池、电视生产区等。液晶谷项目计划在五年时间内累计完成投资800亿元，产业规模达到3000亿元。

汉佰（南京）纺织品有限公司于2009年10月28日投产。该公司占地32万平方米，成立于2007年9月5日，在第一阶段生产年产4万吨的内衣面料。汉佰（南京）纺织品有限公司是全球纺织业巨头、世界500强企业之一的美国汉佰公司的全资子公司。美国汉佰公司（纽约证券交易所代码：HBI）总部座落于美国温斯顿—塞伦，是一家拥有超过百年历史的国际消费品公司，在全球拥有约5万名员工。汉佰公司设计、生产、采料和销售各种类型的服装，拥有恒适、冠军、百丽等品牌。

【对外贸易】 南京开发区2009年完成进出口总额115亿美元，其中出口额45.9亿美元。在对外贸易中，外商投资企业出口44.4亿美元。核心产业尤其是平板显示产业发挥了主导作用，乐金显示等龙头企业支撑带动作用明显。

【社会事业】 南京开发区全年完成全社会固定资产投入119亿元，同比增长超过100%。深入推进生态工业园区创建工作，全面完成3.62公里尧新大道的改造；完成乌龙山以北东区7.5公里雨污分流系统改造；完成博西华、新港医药、紫金数字等企业的供热管线工程，园区品质进一步提升。以开发区东区规划整合为契机，完成东区2010年至2015年基础设施及配套设施项目建设规划、土地利用规划调整，完成中国南京液晶谷、专用车产业园、循环经济示范园等区中园规划编制，全面展开中国南京液晶谷污水处理、供热、供电、路网、排水等基础设施工程建设。以第6代液晶面板项目开工为契机，加速推进东区基础设施项目的立项报批和开工建设，东区6条道路及污水提升泵站、招商服务中心等基础设施项目获批开展前期工作，丁家山变、三江口变两座变电站加快建设。配套设施工程建设持续推进，建成出口加工区二期5幢4万平方米标准厂房和2号垃圾站，开工建设出口加工区员工公寓01地块，五期员工公寓获准开展立项前期准备工作，商业网点等配套设施正在建设中。

【管理与服务】 2009年，南京开发区管委会及各驻区机构继续加强服务型机关建设，不断提高服务水平。开发区加强工委自身建设及基层党群组织建设，全年新组建基层党组织4家、工会10家、团组织4家，新建党工团活动室10家；加强干部队伍建设，配齐、配强、配优创业团队，共提拔、调整、交流24名机关干部和3名直属企业领导干部；抓好党风廉政建设，全面落实党风廉政建设责任制，建立领导干部廉政档案，加强对党员干部的宣传教育，加强对招投标工作的监管，在年度机关作风建设评议中，管委会机关和各驻区单位的综合满意率均比2008年有较大提高。

开发区坚持以人为本的理念，突出抓好就业与劳动保障，认真抓好综合治理、平安创建、安全生产、应急管理、文明创建等工作。全年解决2000余名高校毕业生和5000余名职校毕业生来区就业，启动2000余名外来务工人员就业培训；全年举报投诉法定期限结案率达97%，劳动争议仲裁结案率达86%；加大市容、交通和治安管理执法力度，加强治安防范和犯罪打击工作，推进安全宣传教育和检查整改工作的落实，完善各项应急预案，进一步巩固文明城市创建成果，维护全区正常的生产经营秩序和安定和谐的社会秩序。

【出口加工区建设】 对外贸易总量持续攀升，并由单一型的加工制造生产区域向多功能的综合型保税区域转型升级。自新港海关监管点与出口加工区实现整体联动并投入运行以来，经济运行呈现良好态势，取得较为明显的经济效益和社会效益。2009年实现进出口总额65506万美元，完成工业总产值4.4亿元，进出监管点的集装箱量已达15379标箱、厢式货车1436辆（次），其中进口集装箱量8309标箱、厢式货车269辆（次）；出口集装箱5513个、厢式货车1167辆（次）；转关货值超过16亿美元。制定场地硬化改造方案，将重载堆场由原来的2876平方米扩大至7108平方米，停车场的面积扩大至4232平方米；联检单位的查验用房整体搬迁，达到200平方米；监管点卡口增配地磅设施和IC卡数据系统；物流中心用房由60平方米增至200平方米，并配置相应的生活保障条件。通过改造，监管点的各项功能已日益完善，业务量进一步攀升，经济潜力正在逐步释放，产业结构更趋优化，进出口贸易已跃升至一个新的台阶。

【机构设置与管委会领导】 南京经济技术开发区党工委、管委会内设12个职能处室，分别是办公室、组织人事处（劳动工资处）、政策研究室（宣传处）、经济发展局（台湾事务办公室）、招商局、财政局、建设处、社会事业处、出口加工区综合管理局、监察室（纪工委）、工会、机关党总支。

党工委书记为臧正金，党工委副书记、管委会主任为梁建才，管委会常委副主任为金政权，党工委副书记为马利，管委会副主任为贾斌，党工委副书记、纪工委书记为倪德龙，管委会副主任为陈千茂、周铳，管委会主任助理为徐志国、范曲立。

（南京经济技术开发区　张贤明）

厦门海沧台商投资区

【经济发展】 2009年，厦门海沧台商投资区实现地区生产总值212.2亿元，增长5.1%；工业总产值606亿元，下降7.9%；区级财政收入12.9亿元，增长2.9%；合同利用外资3.7亿美元，实际利用外资1.6亿美元；全社会固定资产投资133.1亿元，增长13%；实现进出口总额43亿美元，其中出口20.6亿美元；城镇居民人均可支配收入23544元、农村居民人均纯收入11957元，分别增长10.5%和7.9%。

区内工业投资大幅回升。唐传木糖醇、法拉电子等22个项目投产，阳光恩耐照明等48个项目开工，厦顺高精PS板、厦船重工三期、金桥生产线技改等项目开展顺利。新增17家高新技术企业。主动实施产业结构调整，着力培育生物医药、电子信息等八大百亿产业链、产业集群和厦顺铝箔、烟草工业、钨业新能源等七大百亿企业集团。三产发展不断提升，实现增加值62.1亿元，增长16.1%。养生补品市场、永辉超市开业，4S店片区不断壮大，社会消费品零售总额增幅继续位居全市前列。鼓浪湾酒店被评为五星级酒店。嘉隆盛实业等35个项目先后落户，合同利用外资1.59亿美元，实际利用外资3.32亿美元。引进阳光恩耐照明、新阳纸业等36个内资项目，投资总额23.5亿元。完成22.1万平方米通用厂房招商，引进118个生产性项目。大力发展总部经济，制定民营企业购买海沧商务大厦优惠政策，推动海沧写字楼招商。

【基础设施建设】 厦门海沧台商投资区完成海澳码头、海沧航道扩建二期工程，基本建成疏港道路框架。厦漳高速扩建、海沧大桥西引道、翁角路拓宽改造工程开工，厦深铁路、厦漳大桥进展顺利。区内加大征地拆迁工作力度，完成征地面积149万平方米、拆迁面积40.7万平方米。海沧大桥西引道立交工程于2009年7月23日动工兴建，全长约1.8公里，总投资约1.2亿元，工程预计于2010年10月建成通车，届时海沧生活区与厦门本岛的距离将缩短6公里以上，将极大方便海沧居民的出行，也有利于本岛市民到海沧来休闲、娱乐，对于推进厦门由海岛型城市向海湾型城市转变、实现岛内外一体化具有重要意义。

海沧港区12号泊位于2009年12月20日投产。该泊位为5万吨级公用甲类石化码头，远期总库容将达100万立方米。项目全部建成后，预计年销售收入达100亿元，将成为海西最重要的液体石化产品的集散地。该泊位能满足不同石化产品的接卸要求，增强厦门港的综合配套能力，将为厦门地区能源供应及能源安全提供有力保障，为建立海西石油交易市场、做大做强厦门能源产业奠定坚实的基础。

【项目建设】 法拉电子薄膜电容器及金属化膜、拉膜项目于2009年7月竣工投产。项目位于新阳工业区西区，总投资9.3亿元，用地面积12.8万平方米、建筑面积12万平方米。项目建成达产后，将实现公司生产设备、生产技术、工艺技术的升级改造，生产出满足汽车电子、3G通信、工业控制、绿色照明、高档家电、开关电源等高端市场领域的产品，形成年产38亿只电容器、2400吨金属化膜的生产能力，年产值可达8亿元、利税总额可达2.3亿元。

【保税港区建设】 2009年12月9日，厦门海关牵头厦门市政府、厦门检验检疫局、发改委等单位组成预验收小组，依据海关总署制定的

《海关特殊监管区域基础和监管设施验收标准》对海沧保税港区一期进行预验收，确认海沧保税港区一期已完成各项工程及配套项目建设，围网及监控系统均已配备，已按海关要求对区域内进行全区域、全天候、全封闭监管。预验收合格后，厦门市政府将致函海关总署，申请总署牵头组织国家各部委对保税港区一期进行验收。其中保税港区东集中查验区规划用地面积27.1万平方米，总投资3.82亿元，包括：卡口广场11.9万平方米，4个查验平台共172个查验车位，2座各2500平方米的落地监管仓库，1座1607平方米的冷冻冷藏库，2座H986扫描大厅及附属设施，以及12200平方米落地查验场地、3300平方米检验检疫处理区、525平方米检疫处理房，另预留1座H986扫描大厅用地、边检集装箱微振检测系统库房及办公用地。截至2009年底，除地下通道圆弧段、港内外缓冲停车场等零星收尾工程外，其余工程均已建成，计划于2010年初启用通车。

【对台交流】 厦门海沧台商投资区全年引进15个台资项目。加强对台文化交流，成功举办第四届海峡两岸保生慈济文化节，设立保生慈济文化生态展览馆。广泛开展民俗信仰、中医药等领域和乡镇、教育、宗亲等各界交流。首创涉台公证办证点，为台胞办理公证手续提供绿色通道。

【民生保障】 厦门海沧台商投资区继续免除义务教育阶段公办学校学生学杂费、书本费及义务教育阶段外来员工子女借读费，为职业学校学生发放生活费。在全省率先实施孕产妇免费产前检查和产后访视。基本建成海沧湾公园一期，建成生态风景林196.4万平方米，新增城市园林绿化面积75万平方米，被评为省级文明城区。实现农村富余劳动力转移培训786人（次）、转移就业2487人；实现被征地人员养老保障政策层面全覆盖，新增参保2164人、退养2191人。

（福建省开发区协会）

上海金桥出口加工区

【经济发展】 2009年，上海金桥出口加工区实现工业总产值1672.91亿元，同比增长12.2%；营业收入2594.37亿元，同比增长14.4%；税收收入169.67亿元，同比增长84.2%；工业企业利润163.23亿元。

【产业布局】 上海金桥出口加工区实施二次规划，调整产业布局。将北区约20平方公里区域重新规划布局，重点发展生产性服务业，着力打造具有金桥和浦东特色的生产性服务业集聚区。南区约7.4平方公里重点发展先进制造业，主要引进先进制造业高端项目和龙头企业，形成新的产业增长点。经过规划调整，形成南北各有侧重、先进制造业和生产性服务业协调发展的空间布局。

【规划参数】 上海金桥出口加工区重点提高开发区工业用地容积率和建筑密度，降低绿化率。工业土地容积率由不高于1.0提高到2.0，建筑覆盖率从不高于40%至50%调整到不低于40%，绿化率从不低于30%调整为不高于20%。围绕深化开发做足文章，用足、用好开发区土地和厂房资源，为二次开发增加空间。

【招商引资】 上海金桥出口加工区突出“优二进三”，加强战略招商。所谓“优二”，就是在现有先进制造业基础上，引导和鼓励企业利用增资扩股等方式引进新项目、新技术、新工艺，大力发展新产品，推动科技创新，通过内涵增长提高先进制造业产业能级。所谓“进三”，就是重点引进面向国内、国际两个市场的研发中心、地区总部、工业设计和服务外包等高端生产性服务业项目。2005 年至 2009 年，开发区新引进项目 255 个，投资总额 12.44 亿美元；增资项目 253 个，增资金额 36.61 亿美元。新引进项目中，生产性服务业达到 172 个，占项目引进总数的 67.45%，投资总额达 9.11 亿美元。增资项目中，生产性服务业项目 79 个，增资金额达 10.7 亿美元。

（上海金桥出口加工区管委会）

宁波大榭开发区

【经济发展】 2009 年，宁波大榭开发区实现地区生产总值 130 亿元，同比增长 11.1%；工业总产值 255.64 亿元，同比增长 21.5%；财政收入 59.8 亿元，同比增长 59.3%；固定资产投资 46.07 亿元，同比增长 32%；合同使用外资 8137.4 万美元，同比增长 87.5%；实际使用外资 5079 万美元，同比增长 63.8%；进出口总额 15.6 亿美元，同比增长 15.3%；港口吞吐量 5019.6 万吨，同比增长 18%，其中，集装箱吞吐量 126.3 万标箱。

【投资环境】 宁波大榭开发区强化基础设施配套保障，220 千伏冷岙变成功投入运行，第二大桥主桥段正式开工，大田湾隧道建成通车，中海油 110 千伏线路、菱化高新 10 千伏线路、大小田湾（思多而特）10 千伏线路等电力专线及滨海西路海堤、小田湾海堤、大桥碶强排设施、兴岛南路排水设施改造等一批水利设施顺利完工。强化土地资源要素保障，完成土地利用总体规划编制及土地集约利用评价工作。强化可持续发展保障，加大节能减排目标考核力度，加快节能技改、烟气脱硫、废水回用等工程建设，东港电化氢气锅炉技改项目列入国家能量系统优化（系统节能）类工程项目，大榭石化成为全国石化行业首个对热煤炉烟气实施脱硫的企业；启动国家生态工业示范园区创建工作，完成生态化改造规划编制；加强环境日常监测和管理，区内企业持续做到稳定达标排放，“飞行监测”达标率为 100%；区域环境质量稳步提高，生活居住区空气质量优良率达 98% 以上。

【招商引资与项目建设】 宁波大榭开发区全面实施“项目攻坚年”活动。抓住国家实施保增促调一揽子政策、特别是产业调整振兴规划的难得机遇，围绕产业集聚发展，开展定向招商和项目报批工作，在 2008 年顺利开工建设韩华石化 PVC、林德气体大型空分项目的基础上，先后引进韩华石化 VCM、林德气体管道等 2 个世界 500 强企业增资项目，成功签约总投资 60.65 亿元的馏分油利用项目；积极开展码头、仓储项目招商，在中油燃料油 30 万吨级油码头、宁波万华 2 万吨级液体化工码头顺利获批的同时，加强与国家物资储备局、阿联酋国家石油公司、中石油等的合作洽谈。抓住中央实施宽松货币政策和建材价格持续走低的有利条件，千方百计推进“10 + 1”项目为代表的重大项目建设，建设投资快速增长、项目推进成效显著，工业、港口项目累计完成投资 42.66 亿元，占全区固定资产投资的 92.6%。2009 年，区内累计新开工项目 47 个，同比增加 30 个；建成项目 37 个，同比增加 6 个。宁波万华 16 万吨 MDI 工程荣膺国家优质工程金奖。中海油大榭石化二期、菱化高新PTMG、中油燃料油130万立方米油库、思多而特液体化工储罐一期、大田湾30万吨级油码头、关外5万吨级液体化工码头、港发5万吨级油码头等一批重大项目建成投产，宁波万华二期30万吨MDI、韩华石化PVC/VCM、林德气体大型空分及管道、东港电化20万吨离子膜烧碱、中石化60万立方米储罐等一批重大项目加速推进。

【对外贸易】 外贸企业引进培育成效明显，贸易队伍进一步壮大。宁波大榭开发区先后引进中信金属、宁波神通能源等2家重点外贸企业，新增出口实绩企业12家；进出口贸易逆势增长，实现进出口总额15.6亿美元，同比增长15.3%，其中进口11.4亿美元，出口4.2亿美元。贸易结构进一步优化，生产性企业自营出口8551万美元，同比增长19.7%，占全区出口额的20.48%，比重同比上升6.62个百分点。

【高新技术产业】 宁波大榭开发区高新技术企业累计达到5家，宁波万华聚氨酯工程技术中心被认定为省级高新技术研发中心；知识产权保护再创佳绩，全年获得国家授权专利45个，新增中国驰名商标1个、省著名商标2个；实施“两化融合”战略，2家企业信息化项目列入宁波市信息化带动工业化项目名单，其中宁波万华ERP项目总投入和服务投入分别达2333万元和1408万元，成为宁波市“两化融合”的典范。

【社会事业】 宁波大榭开发区深入开展“民生改善年”活动，全面实施“民生改善十件大事”。开工建设邻里中心北区商业广场、综合养老服务中心及滨海公园一期工程；完成榭西外来务工人员集中居住区主体工程建设，榭南片外来务工人员子女过渡性幼儿园完成装修改造并投入使用；扎实推进海港、海滨等老小区改造工程；组织开展居家养老服务；在金海岸花园试点建设综合服务示范社区；启动残疾人小康工程，投入近百万元用于残疾人低保金发放及“助行”、“助听”、“助明”等康复工程开展。打造以社区文化月活动为代表的区域文化平台。深化“关爱行动”，确保外来务工人员子女享受公平教育。健全医疗卫生服务体系，大榭医院成功创建市规范化社区卫生服务中心，组织实施居（村）民第二轮健康体检。强化公共就业服务，认真落实就业帮扶各项政策，发放各类就业补贴1277万元；加大就业援助力度，累计开发岗位1418个、新增就业人员345人，并被商务部、人保部、教育部评为高校毕业生就业工作优秀单位。提升社会保障水平，在继续抓好社保扩面和基金征缴工作的同时，狠抓城镇居民医疗保险参保工作，为下步新农合的并轨打好基础。加强人口和计生工作，发放计划生育利益导向奖励资金36万元，组织全区育龄妇女参加专科体检。加强住房保障工作，扩大廉租住房保障对象，完成王榭新村一期、金海岸花园二期建设，开工建设邻里中心北区、海风花园安置房。

【机构设置与管委会领导】 宁波大榭开发区管委会为宁波市政府派出机构，内设办公室（应急办、外事办、信访办、审计局、政研室），经济发展（安全生产监督管理）局，财政（地方税务）局，人事局，劳动和社会保障局，规划建设（环境保护、城市管理）局，交通（港口）局（口岸办），社区管理（民政、人口和计划生育）局，文教卫生局，拆迁办公室，行政服务中心（政府采购中心、招投标中心）等职能部门。国税、工商、国土、海关、检验检疫、边检、海事、公安、检察院、法院等垂直部门均在区内设置分局或派出机构。

管委会主任为蔡希良，管委会副主任为张才国、王志荣、刘黎勇。

（宁波大榭开发区　项群）

苏州工业园区

【经济发展】 2009年上半年，苏州工业园区实现地区生产总值550.6亿元，同比增长13.2%；实际利用外资12.2亿美元，增长10.4%；进出口总额210.6亿美元，其中出口102.6亿美元，环比逐月回升；第三产业增长迅速，服务外包产值增长35.9%，离岸外包和软件外包分别增长108%、52.6%。主要经济指标基本实现“双过半”。

【园区建设】 苏州工业园区一是借鉴新加坡及其他国家先进经验，编制实施了300多项专业规划，实现了开发建设规划与环境保护规划的全覆盖。二是率先开展区域环境影响评价，全方位融入了“功能分区”、“项目分类”、“雨污分流”、“清洁能源”、“景观绿化”等国际先进的生态环境保护理念，构建了功能分明的环境保护和建设规划体系。三是编制了《苏州工业园区生态工业园建设规划》、《苏州工业园区生态示范区建设规划纲要》，及时提出新的生态建设目标，制定有效工作措施，保障园区生态环境保护工作紧跟世界先进国家的发展步伐和要求。

【基础设施建设】 苏州工业园区一是注重将循环经济理念融入环境基础设施规划建设中，先后投资300多亿元超前建设了高标准“九通一平”基础设施和自来水厂、污水处理厂、供热厂等源厂设施，使中新合作区清洁能源使用率达100%，集中供热率达90%，率先实现了区域（包括农村）污水管网100%全覆盖。二是建成江苏省内首家区域性中水回用项目——园区污水处理厂中水回用一期工程，每天1万吨中水供给蓝天热电公司作为冷却补给水使用；引进国外先进污泥干化设施，污水处理厂干化后的污泥送至热电厂焚烧发电。三是在环境管理上充分利用现代科技手段，率先建成集环境管理、环境质量监控、污染源监控、环境基础设施监控、危险废物管理监控、放射源监控等为一体的环境综合监控系统，开创了“清淤—治水—取土—造景”相结合的环境综合治理新模式。建成绿地面积超过2500万平方米，绿地覆盖率达45%。

【生态工业示范园区建设】 苏州工业园区内124家企业成立了苏州市第一个民间环保组织——环境健康安全（EHS）协会，定期开展活动，交流环保先进理念与做法，多家企业在环境管理方面的做法和取得的成绩得到集团总部推广与嘉奖，成为中国在国际上展示生态文明建设成果的窗口。园区通过开展环保志愿者招募活动和举办以闲置物品交换为主题的各类“跳蚤市场”，形成创建循环型生态社会的良好氛围。全区共建成省市级绿色社区47个、绿色学校47所，其中中新合作区内的社区和学校已全部建成绿色社区、绿色学校；所辖三镇已全部建成全国环境优美镇。园区大力推广绿色节能建筑，朗诗国际社区成为苏州市第一个采用地热资源的绿色住宅项目，并以第一名优势荣膺科技部绿色生态建筑金奖；缤特力科技公司成为国内首家通过美国LEED绿色建筑认证的高科技企业；金湖湾花园成为江苏省第一个获得绿色建筑称号的住宅小区。

（苏州工业园区管委会）

省级开发区篇

东营经济开发区

【经济发展】 2009年，东营经济开发区实现地区生产总值156亿元，同比增长20%；实现规模以上工业总产值450亿元，增长30.2%；实现主营业务收入440亿元，增长27.8%；实现利税45亿元，增长24.7%；实现利润30亿元，增长24.5%；实现地方预算内财政收入4.09亿元，增长21.3%；实现进出口总额10.1亿美元，其中进口8.8亿美元、出口1.3亿美元。

【发展趋势】 2009年11月23日，国务院正式批复《黄河三角洲高效生态经济区发展规划》，黄河三角洲开发建设进入在国家战略层面推进实施的新阶段。按照新形势、新任务要求，东营开发区的总体发展思路是：抓住黄河三角洲开发建设上升为国家战略的历史性机遇，把握高效生态定位，坚持高起点规划、高层次开发、高水平运作，走创新发展之路，推动开发区由综合类产业聚集区向高端产业聚集区转变，努力打造现代化新型开发区。所谓“现代化”，就是打造具有现代理念、现代管理方式和现代气派的开发区；所谓“新型”，就是把开发区打造成为高端产业聚集区、生态文明示范区、创新型开发区、宜居新城区、和谐开发区。

开发区将分三步达成目标：第一步，到2012年，围绕高新技术产业、先进制造业和高附加值服务业，引进和建设一批支撑力强的大项目，构建起高端产业体系框架，节能环保达到较高水平，基本完成现有控制区域内的基础设施配套，争取进入国家级开发区行列。第二步，到2015年，产业配套能力和聚集能力明显提高，形成几个大的高端产业链，建成循环经济体系，在此基础上，完全形成高端产业体系，构建起基地化、集群化、生态化的发展格局，建成黄河三角洲重要功能区和重要增长极，成为环渤海最具活力的高端产业板块。第三步，到2020年，极大提升高端产业的规模、层次和辐射力，成为具有国际竞争力和知名度的现代化经济新区。

按照上述思路和目标，东营经济开发区规划建设了“四园区、一基地、一走廊”，培育了六大高端产业链，构筑了五个支撑体系，坚持两种模式，迅速拉开高端产业发展框架。

“四园区、一基地、一走廊”：规划建设生态工业园、油田工业园、滨海新材料园、中心商务区、国际新能源产品及装备制造基地、高新技术走廊六个功能区。生态工业园定位为科技公园，规划控制面积8平方公里，主要布局软件产业、电子信息产业、先进制造业，打造成工业旅游景点。园内正在建设大规模集成电路项目、软件大厦项目、吉盛皮卡及SUV整车生产项目，被列为“山东省电子信息产业示范园”和“山东省国际服务外包示范基地”。油田工业园规划控制面积10平方公里，重点布局石油装备制造业项目，打造全国知名的石油装备制造研发服务基地，已经聚集石油装备制造企业52家，销售收入占全国销售收入的1/5。滨海新材料园规划控制面积20平方公里，重点发展精细化工产业及循环经济项目，打造国内一流的循环经济园区，正在建设金岭、华泰、大海三个离子膜烧碱项目，建成后达到130万吨/年的规模，成为国内最大的离子膜生产基地。中心商务区规划控制面积4平方公里，重点布局现代服务业项目，打造集商务、休闲、娱乐、商住、办公为一体的城市综合体。国际新能源产品及装备制造基地规划控制面积17平方公里，主要布局新能源制造产业，并以此为载体，实施“联合国工业发展组织支持清洁技术与新能源产业（东营）国际示范城市项目”。高新技术走廊规划控制面积4平方公里，主要布局中小型高新技术项目，集中展现开发区产业升级的新型园区形态。

六大高端产业链：按照高端、高质、高效的要求，以大项目和龙头企业为支撑，以产业链为基础，着力构建电子信息、汽车及零部件、新能源、石油装备、新材料、有色金属压延及深加工六大产业集群和动车组装备产业链。

五个支撑体系：规划支撑体系将搞好总体规划及各类专业规划的修编，尽快形成科学合理的规划体系。人才支撑体系将依托中国石油大学科技园建设，规划设立院士工作站，吸引院士到开发区研发创业；支持引导企业开展吸引高层次人才试点工作；加强与国内各大院校的合作，为企业提供培训和高素质劳动力输入平台。技术支撑体系将重点构筑“创新支撑、创业服务、科技成果转化”三个平台，积极推进创业中心、软件园、生态谷等平台建设，建设黄河三角洲可持续发展研究院和黄河三角洲青年创业基地，创建国家风电工程技术研究中心室外试验室、国家石油装备工程技术研究中心和山东省软件评测中心东营分中心。投融资体系已成立国有资产运营公司和国有控股集团，按照现代企业制度搞好运营；成立小额贷款公司，已全面展开业务；与英国凯银证券合作成立黄河三角洲投资管理公司，设立产业发展引导资金，支持引导重点产业发展。基础设施配套体系将积极推进大型热电联产、工业用天然气、污水处理厂、水厂等重大项目运作，提高配套水平。同时，抓好新城区建设，集中推进中心商务区等重点区域开发，打造高品质生活中心。

两种模式：把产业的生态化作为重中之重，推行“两个模式”，严把“两个关口”，积极创建国家级生态工业示范园区。“两个模式”一是循环经济发展模式，实施节能、节水、资源综合利用、清洁生产、清洁能源建设、再生资源回收利用六大循环经济工程，构建循环经济产业链条。二是集约集聚发展模式，建设工厂社区和生活社区，推行多层厂房，开展土地集中清理整顿，提高土地利用率。“两个关口”一是严把项目入区关，加强项目审查和筛选，分产业制定项目入区门槛，严控“两高”项目进区。二是严把环境保护关，严格执行区域环评，全面落实“三同时”制度，对重点企业实施在线监控，搞好污染防治。

（东营经济开发区管委会办公室）

宾西开发区

【经济发展】 宾西开发区建区伊始就确立以引进生产加工型项目为重点，以培育优势产业集群和建设特色园区为目标。在优越的区位优势、优惠的招商政策、优质的服务环境吸引下，开发区已引进固定资产投资超千万元项目131个，其中超亿元项目74个，总投资538亿元，预计项目全部达产后每年可实现产值642亿元、税金51亿元，安置劳动力5.2万人。2009年，全区实现地区生产总值125.8亿元，同比增长15.1%；完成工业总产值

199.8亿元，同比增长19.3%；实现工业增加值53.3亿元，同比增长16.2%。在开发区强劲拉动下，宾县稳居黑龙江省十强县行列。区内初步形成“一个基地”、“三个专项工业园”和“四个主导产业”的产业格局。“一个基地”即对俄贸易出口加工基地；“三个专项工业园”即LED光电园、数码焊接园、玉米产业园；“四个主导产业”即高新技术产业、先进制造产业、农副产品加工产业和现代服务产业。

【投资环境】 自启动建设以来，宾西开发区坚持“科学性规划、高标准建设”和“集中、超前”原则，已累计投入12.8亿元资金先后完成了道路、给排水、通讯、供电及绿化、亮化等基础设施建设，初步实现“六通一平”。预计3年内还将再投入15亿元，重点推进道路、给排水、污水处理厂、供电以及37公里地方铁路等工程。

截至2009年底，开发区建设的基础设施项目有：

道路工程：共修建道路16条，总长39公里，总面积41万平方米。铺装步道板9万平方米，安装路缘石4万延长米。

供水工程：建水源井17眼、日处理6000吨水的水厂一座、2000吨高位水池一座、直径10米的大口井一座、铺设输配水管线28万延长米。

排水工程：铺设地下排水管线4.5延长米、修筑排水明渠1.6万延长米，建日处理污水1万吨的水厂一座。

绿化工程：铺设草坪37万平方米，栽银中杨6000株、红松310株，栽绿篱5900米、各种花灌木7800余株。

亮化工程：共安装路灯681盏。

电力工程：架设6.6万千伏安和10千伏安供电线路50公里，近期将新建220千伏变电所一座、66千伏子变电所一座。

通讯网络工程：铺设地下通讯光缆18公里，已全部完成网通、电信、移动、联通在区内的通讯网络建设。

【招商引资】 宾西开发区按照县委“强区、连线、扩城、兴带”发展战略的要求和部署，立足于“固本、强基、提质、增效”，坚持以科学发展观为统领，以新型工业化和国家级开发区为目标，抢抓机遇，挖掘潜能，打造优势，不断强化招商、建设和服务，力争再用5年时间，使投资超过5000万元的入区项目达到200个，固定资产投资达到600亿元，真正把宾西开发区建设成为一个大项目集聚、主导产业突出、规划布局合理、配套设施齐备、服务环境优良、综合优势明显的现代化新兴工业城。

（宾西开发区管委会办公室）

徐州经济开发区

【投资环境】 徐州开发区区位优势得天独厚。徐州是国务院批准的较大的市、淮海经济区的中心城市、江苏省规划的三大都市圈核心城市之一，素有“五省通衢”之称，是全国重要的交通枢纽。徐州开发区紧临徐州市主城区东侧，距市中心5.8公里、新城区4公里，与老城区、新城区呈“金三角”之势。陇海铁路、京沪铁路、连霍高速、京福高速、104国道、206国道、310国道、京杭运河贯通全区。开发区距中国第二大铁路编组站——徐州铁路编组站1.8公里，距国家一类口岸——徐州观音国际机场30公里，距连云港港口2小时车程。

到2011年，京沪高铁通车后，从开发区到北京和上海均只需要2小时，随着高铁时代的到来，开发区也将因此获得极富价值的商机和极具魅力的愿景。

徐州开发区产业基础扎实雄厚，是徐州市新型工业化的主阵地和高新技术产业的集聚地，已培育发展以工程机械和专用车辆为主的装备制造业、以太阳能光伏和风能发电为主的新能源业、以生产性物流和软件服务外包为主的现代服务业等三大主导产业以及工业电子、现代食品、生物制药、纺织服装等优势产业。装备制造业已形成工程机械、矿山机械、建材机械、风电设备、节能燃控设备等五大系列200多个品种。工程机械产业是装备制造业的龙头，形成以徐工为核心、卡特和斗山等企业为骨干，从主机到关键零部件较为完整的产业链。太阳能光伏从多晶硅起步，短短4年时间，迅速发展成为全国有影响力的产业基地。中能硅业成为亚洲第一、世界第三的多晶硅生产企业。已形成中能硅业、协鑫硅片、艾德太阳能上中下游战略合作、多晶硅—硅片—电池组件—发电工程的产业链条。现代物流业集聚效应凸显，星丰、丸全等一批大型生产性物流企业相继崛起。软件及服务外包产业发展方兴未艾，江苏浩辰软件等一批重大项目进区入园。招商选资势头强劲。成功探索出以专业化招商为主体、全员高效服务的招商选资机制。围绕产业培育目标，灵活运用专业化、精细化、系统化招商模式，着力引进旗舰型、龙头型和产业链项目，全力突破重大项目、高新技术项目。对引进的重大项目实行保姆式贴身跟进服务。开发区已有2000多家企业投资兴业，其中外资企业500多家。美国卡特彼勒、德国蒂森克虏伯、法国圣戈班、丹麦维斯塔斯、香港协鑫、徐工集团、青岛啤酒等一大批世界500强企业、跨国公司和国内知名企业先后在开发区投资落户。

徐州开发区基础设施建设日臻完善。在超前编制一流规划的前提下，开发区坚持工业化与城市化互动并进，近五年累计投入基础设施建设资金60多亿元，仅新建道路就达130多公里，形成“五纵五横”的骨干路网框架，新增拆迁面积300多万平方米。五大功能园区建设进展顺利，依托区内京沪高速铁路徐州站，规划建设约12平方公里的高铁国际商务区，重点发展总部经济、软件及服务外包、科技研发、金融证券等高端服务业。依托清华大学，与清华控股集团公司合作开发一期面积达3平方公里、以发展新能源、新材料、环保节能、循环经济、软件系统等高科技产业为主的国内首家清洁技术产业园，已具备“九通一平”条件，并有一批项目进园建设。意大利工业园、软件服务外包产业园、光电微电产业园等园区正在有力有序推进。开发区以生态园区建设为主线，认真落实“环保优先”原则，通过实施环境功能分区、排污总量控制和污染防治、生态保护等一系列措施，生态特征凸显，保证了人、项目、自然及社会的和谐发展。

徐州开发区亲商服务温馨周到，作为徐州市委、市政府派出机构，开发区党工委、管委会代表市委、市政府对区内各项经济社会发展事务实行统一管理，并享受市级行政管理权限、审批权限和一级财政权限。开发区积极借鉴国内先进园区经验，大力构建“公开、公正、公平”的法制化环境，初步建立起与市场经济和国际惯例接轨的管理体系和制度；坚持以“诚”招商、以“优”便商、以“信”安商，实施授权代办、保姆式服务和“一卡通”、“绿卡清”制度，已形成让投资创业者满意舒心的软环境。

【科技创新】 2009年，徐州开发区在苏北率先创建以工业设计公司、融资担保公司、认证检测中心、科技创业中心、人力资源中心、企业技术创新支持中心等为主要载体的生产力促进中心，与同济大学、中国矿业大学、大连理工大学等高等院所密切合作，组建了徐州工程装备研究中心、徐州技术开发研究院、江苏省工程机械研究院等技术研发平台。开发区已拥有各类研发机构56个、高新技术企业69家。

2009年，开发区高新技术企业销售收入增长34%。

【社会事业】 徐州开发区始终坚持全面协调可持续发展方针，统筹推进经济建设、社会建设和党的建设，以每年的十件实事工程为抓手，统筹城乡发展，农民收入持续稳定增长，所辖2个镇、3个街道办事处综合实力均位居全市前列。开发建设成果惠及全区居民，全市一流的九年一贯制实验学校建成使用，开发区拥有中学7所、小学16所，拟建国际学校1所，教育教学质量进入全市第一方阵；新建高标准安置房200多万平方米，万余户农民喜迁新居。区内已形成均衡教育、医疗卫生、创业就业、征迁居住、社保养老等五大民生保障体系；建成全国首家生态修复宕口遗址公园，建设了一流的金龙湖景区和佛教文化景区。开发区不断加强党的建设，高度重视非公有制经济组织和新型社区党建工作，基层党建实现了“有效覆盖”；重视干部队伍建设，创新干部选拔任用制度，围绕招商选资、项目建设、企业服务等急难险重任务和重点工程，选好干部、配强班子；重视廉政建设，通过完善廉政责任体系、健全廉政监督网络，特别是“三责联审”的有序实施、权力内控机制建设的有效推进，切实提高了党风廉政建设水平。

（徐州经济开发区管委会办公室）

嘉兴开发区

【经济发展】 2009年，嘉兴开发区全年完成工业总产值222.34亿元，同比增长3.24%；销售收入225.23亿元，增长4.13%。其中规模以上工业企业实现工业总产值208.93亿元，增长0.25%；实现销售收入207.07亿元，下降0.79%；工业用电量增长3.15%。开发区完成进出口总额14.38亿美元，下降24.7%，其中出口总额9.62亿美元，下降26.1%。开发区完成财政一般性收入17.33亿元，增长14.90%；万元工业增加值能耗下降率8.7%。

【投资环境】 2009年，嘉兴开发区城市建设全力推进，发展环境进一步优化。开发区强化规划引领，委托国际专业机构重点抓好杭州塘以南区域的规划提升，深度编制姚家荡、运河新区等创新平台的城市设计，促进城市建设与产业发展重点的有机融合和对接，围绕与市区路网互通的目标，开工建设昌盛南路、茶园路、昌鸣大桥等重点项目，贯穿姚家荡区域、国际商务区的长水路、由拳路、三环路等城市干道也即将开工；抓好绿化、亮化和美化工作，建成绿地42.56公顷，比2008年增长89.2%，实施了穆湖公园、拆围造绿、樱花大道等项目建设；支持嘉兴学院梁林校区、体育馆、汽车客运中心等市重点项目建设，优化公用市政配套和服务功能。

2009年，嘉兴开发区按照“全覆盖、拆干净”要求，启动全区50万平方米的全面彻底拆迁，已完成房屋拆迁超过35万平方米，重点实施姚家荡、运河新区、西南新区等产业平台的拆迁。拆迁的主要区域和项目一是完成城南长新村防洪坝片235户共72664.26平方米；二是完成城南片八字桥“两分两换”试点的50户共13427平方米（通过宅基地复垦可新增建设用地近300亩）；三是与企事业签约18家共12.83万平方米。

【招商引资】 2009年，嘉兴开发区新批外商投资企业44家、增资21家，完成合同利用外资33740万美元，同比增长90.34%；实际到位外资12120.4万美元；实现市外内资6.9亿元，增长38.5%。开发区新批总投资1000万美元以上的外资项目19个，注重产业转型升级，引进迪卡侬体育用品、中盈瑞博软件外包等一批现代服务业项目，以及振达电气、弘博电气、之江电器、昱威科技、魏德曼绝缘材料等高新产业项目。同时，区内重点引进航空航天产业园区、欧美生物产业园、外包产业园、动漫产业园等平台项目，这既是引领新兴产业发展的重要增长点，也是推动产业转型升级的有效载体。招商已成为整个开发区共同的事业，非招商部门在作好服务配合工作的同时也积极参与直接的招商工作。

【固定资产投资】 2009年，嘉兴开发区完成全社会固定资产投资80.09亿元，同比增长30.82%。其中完成政府项目投资20.04亿元，增长94.06%；完成三产项目投资58.07亿元，增长44.2%；完成工业生产性投入22.02亿元，增长5.16%。运河新区建设全面提速，颐高数码广场、元一柏庄商办大楼、富悦酒店等项目加快建设，富地大酒店、丝绸大厦、泊金湾星级酒店等项目也已开工建设。按照当年招商、当年开工、当年形成生产力的要求，新引进的魏德曼电力材料、雅博电器、中泽电气、金昌电子科技等项目已提前开工。开发区全年累计新开工项目27个、开工项目总投资31亿元；正在推进的项目27个、总投资35亿元；办理供地出让44块共1554亩。2009年的开工率和供地率是开发区近年来最高的。同时，开发区抓住2009年金融环境宽松的契机，降低融资成本，拓展融资渠道，新增贷款18.16亿元；成功发行10亿元信托融资产品，其中5亿元于2009年9月底到位，另外5亿元将于2010年2月到位。

【城市建设】 2009年，嘉兴开发区围绕创建国家历史文化名城，加快马家浜文化遗址公园建设，成功对遗址进行试挖掘，与市文化局共同承办嘉兴首届马家浜文化节。开发区强化社会公共服务均等化工作，全区城乡城镇职工养老保险参保总人数5.35万人，城乡居民社会养老保险参保缴费人数3777人，城乡居民合作医疗保险参保率达98.99%，居全市前茅；全年新增就业岗位5112个，帮助1575名城镇失业人员实现再就业，提前完成全年任务；加强全区近20万新居民的服务管理，切实抓好甲型H1N1流感防控，强化安全生产和维稳工作，为经济社会发展营造了和谐、稳定的环境。同时，开发区把城北区域大气整治作为改善和保障民生的第一要务，铁腕治污，强势推进。韩泰等列入整治“重中之重”的5家企业都在投资上马废气整治项目；对“准重点废气治理企业”、“有废气影响企业”的整治力度也在不断加大。

【党建与精神文明建设】 2009年，嘉兴开发区深入开展学习实践活动，切实加强党风廉政建设。自3月中旬开展学习实践活动以来，全区上下紧紧围绕“党员干部受教育、科学发展上水平、人民群众得实惠”总要求，强化理论武装，深入调查研究，广泛征求意见，认真查摆问题，深刻剖析根源，积极制定整改措施，对科学发展观的科学内涵、精神实质和根本要求有了新的认识和理解。开发区全面加强党的思想、组织、作风建设，加强基层组织建设，落实党风廉政建设责任制，以列入全市惩防体系建设试点为契机，建立健全反腐倡廉防范体系，探索形成了“营造一种氛围、构筑两大链条、抓住三个重点、健全四项机制”的四位一体的惩防体系构建格局，即：营造激情创业氛围，培育干净干事的发展环境；构筑工作链、监督链两大链条，打造干净干事的工作机制；抓住权力运行、选人用人、资金和项目管理等三个重点，筑牢干净干事的节点防线；健全第一责任人、测评预警、协调联动、纪检队伍建设等四项机制，完善干净干事的防控体系。

（嘉兴开发区管委会办公室）

泉州开发区

【经济发展】 泉州开发功能定位为泉州高新技术产业开发区、新的经济管理体制示范区和新的经济增长点，开发建设范围包括清濛园区12.5平方公里（含国家级出口加工区3平方公里）、官桥园区15平方公里（与南安市合作开发）和泉州汽车基地首期4平方公里。

泉州开发区建区以来，经济社会快速健康发展，已投产企业近300家，就业人口8万多人，现已形成纺织服装、体育用品、电子信息、机电一体化、生物医药、工艺礼品、汽车制造等七大产业。2009年，开发区实现财政收入10.04亿元、工业总产值226亿元。区内获准设立了国家级出口加工区、国家级电子信息特色产业基地、国家级高新技术企业孵化基地，构建了优质高效的服务平台。全区拥有“中国驰名商标”5个、“中国名牌产品”4项、“国家出口免检产品”2项、“国家免检产口”9项、“商务部重点培育和发展的出口名牌产品”2项；国家火炬计划重点高新技术企业5家、省级高新技术企业34家、国家火炬计划项目8项、国家行业标准6个。

开发区经济社会发展呈现出以下几个特点：一是经济发展快速，全区工业总产值、财政收入、出口交货值等多项经济指标保持45%以上的年均增幅，增速位居全市首位，超过全国开发区年平均增长率。二是产业技术高新，开发区电子信息、生物医药、机电一体化、汽车制造等新兴产业集群产值已占总产值的23%，国家级高新技术企业占全市的1/3，高新技术产业产值占全区工业总产值比重达35%，开发区已成为泉州市产业结构升级的先导区和高新技术产业的密集区。三是企业素质优良，开发区拥有一批规模大、档次高、品牌优、综合竞争力强的企业群体。特步体育、至和织造先后在香港、新加坡成功上市，20家改制上市后备企业梯队已初步形成；九牧王、安记等一批企业成为全国标准化和目录制定的领头羊。区内规模企业占工业企业总数的82%，拥有产值超亿元企业36家，纳税超亿元企业2家、超千万元企业11家、超500万元企业24家。四是开发建设集约，开发区单位面积产出241.45万元/亩、税收10.73万元/亩，居全市首位。

【投资环境】 泉州开发区服务机构精简。开发区创新行政管理体制，建立“瘦身型”政府，党工委、管委会按照“精简、统一、效能”原则，只设置8个职能部门，公务员仅40多名，开发区作为全市新的管理体制示范区的效应逐步显现。

泉州开发区包括清濛园区、泉州出口加工区和官桥园区：清濛园区位于泉州市南大门，距泉州市中心3公里，距泉州晋江机场7公里，距泉州后渚港7公里，距泉州火车站7公里，距厦门国际机场、厦门港90公里。清濛园区规划面积12.5平方公里，已规划建设泉州市高新技术企业孵化基地（高科技园区）、汽车制造基地、产业集中区、生活配套区。泉州出口加工区位于晋江市紫帽镇，紧邻清濛园区，南至324国道，北至五道水库，东至城市外环路，西至曾岭村。官桥园区位于南安市官桥镇区东北部，东距泉州出口加工区1.5公里、泉州市区12公里，北距南安市区15公里，南距国道324线0.5公里。

【机构设置与管委会领导】 泉州开发区下设办公室、财政局、党群工作部、国土规划局、科技经济发展局5个区直部门；地税分局、国税分局、工商局、公安分局、交警大队5个派驻单位；工委会、商会2个群团组织和开发公司、汽车基地公司、市政公司3家企业。

泉州开发区党工委书记、管委会主任为吕刚，党工委副书记、管委会副主任为王岳平，党工委副书记、党务工作部长、工委会主任为李双莺，党工委委员、管委会副主任为刘以炳、林琪伟、李连生、黄惠聪、连志富，党工委委员、纪工委书记为吴忠溪。

（泉州开发区）

九江开发区

【经济发展】 2009年，九江开发区实现地区生产总值65亿元，同比增长51%；实现工业主营业务收入155亿元，增长47.6%；实现财政总收入4.05亿元（新口径财政总收入5亿元），增长44.4%，其中一般预算收入2.89亿元，增长59.5%，增幅位列全市第一；完成固定资产投资62.2亿元，增长75.2%；外贸出口达到1.09亿美元，增长超过200%。出口加工区主要经济指标增幅继续位居中西部出口加工区前列。开发区成为“江西省百千亿工程产业示范基地”，并连续三年荣获“江西省先进工业园区”称号。

【投资环境】 九江开发区毗邻湘、鄂、皖三省，处于长江黄金水道和京九铁路大动脉构成的中国南北、东西交流的轴心，是江西省国家级鄱阳湖生态经济区的核心区域，区位优势得天独厚。区内上港集团九江港是国家一类对外口岸、长江流域十大港口之一，是赣、鄂、皖、湘的货物集散地。上港集团投资建设的九江城西港区30万标箱集装箱码头2008年底开港运营，已开通九江—上海—世界各港的集装箱航班，每周20多班次船舶航线，2020年货物年吞吐量将达到1亿吨；有京九、武九（至武汉）、合九（至合肥）、铜九、景九（至景德镇）及2010年7月份将竣工通车的全国第二条城际铁路——昌九城际铁路等6条铁路穿境而过，并拥有京九线上最大货运编组站；陆路有福银高速、杭瑞高速、武吉高速等5条高速公路和两条国道（105、316）在此交汇。10余分钟车程的庐山机场已开通至北京、上海，广州、厦门等航线，临近的昌北国际机场开通了新加坡、中国台湾、中国香港等近40条国际国内航线；“水陆空”立体交通网络、物流顺畅便捷，成本低廉。

开发区发展平台基础设施完善，达到“九通一平”标准。建区以来，累计投入建设资金近百亿元，修建道路103公里、261万平方米；埋设水、电、讯各种管线276公里；房屋建筑面积达517万平方米，其中工业厂房130万平方米、10层以上高楼85栋约60万平方米；绿化面积607万平方米；已开发面积达40平方公里（包括城区），建成区面积近20平方公里。出口加工区、城西港区、汽车工业园、科技工业园四大园区，项目落地即可建设或租赁标准厂房投产，园区内银行通讯、中介物流、餐饮娱乐休闲等服务机构一应俱全、十分便利。

开发区支撑体系成熟，政策灵活。一是人才体系健全，区域内拥有江西财经职业学院、九江学院、九江职业大学、九江技工学校等各类高等院校和技术学校40多所、各类专业200多个，每年毕业生4万余人，为企业用工提供了人力资源保障。二是技术支撑体系优良，区内设有江西省第二家留学人员创业园、九江市唯一一家科技创业服务中心和科技成果孵化器，孵化器面积达4万平方米，已入驻各类孵化企业近30家，开发区每年安排100万元科技孵化资金支持科技孵化企业发展。三是投融资体系成熟，成立国有资产运营公司，资产已过10亿元；成立中小企业融资担保中心，每年新增3000万元担保金，投融资能力强。四是政策体系灵活，入驻开发区的企业和项目除能享受国家规定的各项优惠政策外，还适应当地支持政策，重特大项目实行“一企一策”。

【招商引资及项目建设】 2009年，九江开发区实际利用资金27亿元，其中外资8181万美元，同比增长72.9%（现汇4045万美元，增长177%）；共引进项目36个，签约资金总额185亿元，单个项目平均投资额度达5亿元。全区全年共引进投资10亿元以上项目5个，即投资35亿元的卢氏LED外延芯片项目、投资20亿元的长能风电项目、投资15亿元的中辉特多晶硅项目、投资13亿元的宏名高功率LED项目和投资12亿元的顺大多晶硅项目。区内新开工项目有长能风电、德福电子、恒通家电等32个；新竣工投产项目有旭阳雷迪、乐得士油脂、尚诺电子等20个。长怡科技、万利通、联玉盛、联辉光电等8个项目实现当年引进、当年投产。

【园区开发建设】 2009年，九江开发区融资13.8亿元，专项用于园区开发和城区建设。开发区完成昌九城际铁路、长虹西大道、十里河整治等16项省、市重点工程；完成城西港区开发征地6826亩，拆迁2589户；完成20个批次共6157亩土地报批。城西港区总长20余公里的港城大道、爱国路等主次道路全面建成，供水、供电、天燃气管网以及河道改造等同步跟进，基本实现“九通一平”，成为全省最佳招商平台之一。区内完成出口加工区、汽车工业园污水处理厂以及出口加工区环境监测站建设，九园路正式建成通车；完成出口加工区供电、天然气管网、生活小区等项目建设，医疗教育、餐饮休闲等配套服务机构入驻园区，省级生态工业园区创建工作进展顺利；完成汽车工业园总投资1.8亿元的电子产业配套园一期建设。

【主导产业和重点企业】 九江开发区拥有上港集团、昌河汽车、巨石集团、汇源果汁、恒生电子、清华同方、志高空调、台湾正瀚、深圳三诺、旭阳雷迪、德福电子、赛得利化纤、中船集团6354所、707研究所、核工业二六七厂等国内外各类企业400余家，企业总资产超过400亿元。开发区已初步形成四大主导产业类型，即以昌河汽车10万辆整车及30万台发动机生产项目延伸的汽车及零部件产业，以中国玻纤巨石集团35万吨玻纤材料生产项目延伸的新型材料产业，以旭阳雷迪500兆瓦多晶硅切片项目延伸的光伏新能源产业，以台湾正瀚、深圳三诺电子科技产品生产项目延伸的电子产业。2009年，开发区有以“新能源、新材料、电子信息、汽车及零配件”四大产业为主的科技创新型企业34家，实现工业总产值50.6亿元，占全区工业总产值的32.6%，企业户均产值1.49亿元。

【社会事业】 2009年，九江开发区进一步完善城镇养老、失业、医疗、生育和工伤保险制度，建立失地农民养老保障制度，有1960名失地农民参保、390人享受养老待遇。区内发放小额贷款2794万元，新增城镇就业9641人，安置下岗职工899人，城镇登记失业率控制在1.47%以内；发放低保等各类资金1100万元；全面落实各项惠农政策，完成14个省、市新农村点建设任务；开工建设投资近亿元的八赛排灌站，启动农村垃圾无害化处理工作，新增“一大四小”绿化5890亩。九江农村中学硬件设施一流的港城学校秋季如期开学。茅山头学校、医院成功剥离，开发区医院和滨兴医院实现整合。区内开展甲型H1N1流感病防控工作，为325人实施“光明·微笑”工程治疗。开发区完成区福利中心主体工程建设，向湖社区在全省率先实行“居家养老”试点，三马路社区在全市率先创建了国家级“和谐示范社区”；完成设计公司基本改制工作，建陶总公司职工分流安置；层层落实社会治安综合治理、安全生产等责任制，未发生重大安全事故、治安案件和恶性群体性上访事件，社会和谐平安。

【管理与服务】 九江开发区按照“小政府、大社会”的模式，建立科学合理、精干高效的管理机构和运行机制，实行开发区、出口加工区和城西港区“三区合一”管理体制，区党委、管委会代表九江市委、市政府统一领导和管理开发区工作。区内设有项目注册、登记、规划许可、土地许可、建设许可、环保审批等健全完善的项目服务体系，秉承“客户至上、优质高效”的服务宗旨，在项目引进、建设的各个环节均有专人负责，为客商提供全方位、全天候、全程代办等“一条龙服务”。海关、边检、检验检疫、外贸码头、九江港、九江铁路货运站均在开发区域内，市工商、税务、公安、银行、保险、海关、会计事务所、中介机构等在区内均设有分支机构，办事服务便捷高效。

【机构设置与管委会领导】 九江开发区党委、管委会实行两块牌子一套人马，内设机构为1委（区纪委，监察局与其合署），2部（党群工作部、人力资源部），5局（招商局、经济发展局、建设环保局、社会发展局、财政局）。

九江市市人大常委会副主任、开发区党委书记为李光荣，区党委副书记、管委会主任为夏启国，区党委副书记、管委会副主任为张俊、柯尊玉，区党委副书记、党群工作部部长为卢友华，区党委副书记为陶晔、淦作乾，区党委委员、公安分局局长为骆名远，区党委委员、管委会副主任为黄家杰、杨剑，区党委委员、纪委书记为张凯，区党委委员、城西港区管理局副局长为刘宏，区党委委员、茅山头企业集团公司党委书记、总经理为王友忠，区党委委员、管委会副主任为李善云。

（九江开发区办公室　龚晓军、曾凡明）

岳阳开发区

【经济发展】 岳阳开发区已累计投入35亿元加强水、电、路、气、通讯等基础设施建设，建成3个工业园（白石岭综合工业园、康王高科技工业园、机械材料工业园）、2个物流园（太阳桥物流园、中南物流园）、2个综合配套服务中心（岳阳火车站商贸区、岳阳大道两侧综合配套区）。2009年，全区实现地区生产总值106.7亿元，其中规模工业增加值90.1亿元；实现工业总产值297.9亿元，其中高新技术产业产值153.8亿元，分别占全市的11.9%、15.6%、15.3%和33.9%。

【投资环境】 岳阳开发区位于岳阳中心城区东部，京珠高速公路、京广铁路、107国道和正在修建的武广高速铁路、随岳高速、杭瑞高速穿境而过，长江黄金水道通江达海，距长沙黄花机场135公里，距武汉天河国际机场185公里，全程为高速公路。

两座大型自来水厂日供水能力达到126万吨，水源取自国家级风景名胜区铁山景区，其水面面积为6.2万亩，库容达6.35亿立方米。

市区内华能岳阳电厂正在扩建一座70万千瓦的火力发电装置。市区已有22万伏变电站和11万伏变电站3座，电力可保证供应。

程控电话交换机总容量达30万门，已形成固定电话、移动电话、无线寻呼、国际互联网等于一体的现代通信网络。

现有涉外旅游宾馆酒店10多家，其中三星级以上8家。另有一批中高档别墅是外商入住的集中区域。

现有医疗卫生机构34所，其中医院26所，医疗床位1900张，开设外商保健病房，为外商提供绿卡就诊一条龙服务。

现有高等学校3所、完全中学15所、职业学校近20所，师资雄厚，环境优美，为外商子女就学提供高水准的教育。

建有岳阳文化艺术会展中心、图书馆、档案馆、体育馆、游泳馆、市民广场等一批文化体育设施。

【发展趋势】 岳阳开发区致力于发展高新技术产业和高附加值服务业，着力提高开放水平和创新能力，全力推进“54321”工程，在今后5年，重点培育先进制造、电子光伏、生物医药、健康食品、现代物流五大产业；强势开发白石岭工业园、木里港工业园、康王高科技园、机械材料工业园四大园区；着力打造全国电磁装备制造、石化装备制造和高速纸机国产化三大基地；形成产值1000亿元园区和100亿元特色产业；综合实力排名每年逐步靠前，成为区域经济社会发展的“产业发展示范区、城市建设样板区、改革开放先行区、经济环境优良区、社会关系和谐区”。

（岳阳开发区管委会办公室）

许昌开发区

【经济发展】 2009年，许昌开发区全年实现工业销售收入167亿元，同比增长22.7%；完成进出口总值2.69亿美元，增长16.6%，其中，完成出口2.2亿美元，增长16.4%；完成一般预算财政收入1.24亿元，增长12.2%；完成固定资产投资24.9亿元，增长27.7%。

【招商引资】 2009年，许昌开发区把引进新环保、新材料、高新技术等产业作为招商引资重点，并取得良好成效。

开发区制定优惠政策，包括土地政策、奖励扶持政策等，确保所引项目顺利入驻；帮助企业“二次”招商，千方百计帮助企业以商招商，引进战略投资伙伴；强化“产业链”招商，利用龙头企业合资扩股、产业链上下延伸，相关项目扎堆发展的特点，有的放矢地开展招商引资工作；筑巢引凤，依托标准厂房、写字楼和商业街加大对中小高科技产业和服务业的招商力度；开展小分队招商活动，组织小分队赴上海、杭州、广州、东莞、厦门、温州等地开展定点招商活动；巧借平台、以商招商，根据招商活动的区域和对象特点，实行“政府搭台，企业唱戏”、“以外引外”的招商模式，大力开展“平台”招商，实行“走访”招商、“定向”招商、“观摩与推介”相结合的招商活动；发挥驻深办的桥梁和纽带作用，积极开展招商引资工作，积极与外商总会、台商总会、投资商会有关企业和外商、投资商加强联系，收集投资信息，做好推介和宣传工作，实现项目衔接，力争把开发区打造成承接沿海发达地区产业转移的重要承载地。

2009年，许昌开发区合同利用外资1913万美元，实际利用外资1823万美元，引进省外资金7.03亿元，同比增长83%；共引进企业109家，其中工业企业30余家。

【项目建设】 作为许昌市改革开放的窗口和经济发展的试验田，许昌开发区始终坚持发展是第一要务，立足区位优势和产业优势，以“三为主（吸引外资为主、发展工业为主、出口创汇为主），二致力（致力于发展高新技术产业、发展高附加值服务业）”为方针，打造许昌新的经济增长极。根据发展定位，开发区始终把发展工业项目作为主攻方向，不遗余力，强力推进。

对建设项目推行“项目协调会议”制度，实行“四个一”（一个项目、一名领导、一套班子、一抓到底）工作机制。班子以及各部门带头抓项目建设和管理，部门之间围绕项目落地和顺利建设相互支持、相互配合，在全区上下形成抓项目、促发展的强大合力。同时，建立台账、倒排工期、重点推进。

对重点项目建设开辟绿色通道。简化审批程序，提高办事效率，继续推行首问负责、服务承诺和限时办结等制度，对符合国家产业政策的重点项目在审批、核准、立项等方面开辟提速快办、主动协办、跟踪督办等绿色服务通道，为项目推进提供快捷服务。

对投资亿元以上的产业项目实行全程跟踪服务。指定专人负责，从项目申报、立项、审批（核准）等环节实行全程跟踪服务，尽力协调解决项目建设过程中遇到的问题和困难，确保重点项目早开工、早投产、早见效。

2009年，许昌开发区共安排建设项目47个，计划总投资59.02亿元，年度实际完成投资24.9亿元；投资1.3亿元的施普雷特PU板材生产线、投资1亿元的昌恒科技移动数据采集终端和网络智能摄像头、投资1亿元的奥仕达电梯专用复合钢板等27个项目已建成投产；投资15亿元的轨道交通智能开关、投资2亿元的西继扶梯、投资1.6亿元的中石油许昌油库等项目正在有序推进。2009年新上项目中，5000万元以上项目为28个，其中，超亿元项目为23个。项目整体呈现出投资规模大、技术含量高、市场前景广阔、经济效益好的特点。

【管理服务】 许昌开发区按照企业服务年的要求，全力完善服务机制，坚持从企业实际出发，进一步强化对企业的个性化服务，建立经济开发区、引资单位和企业“三位一体”的服务运行机制。

建立领导联系企业制度，开发区每位县级干部都带头联系1家重点企业，主动上门宣传国家、许昌市和开发区的优惠政策。深入一线调研，为重点企业建立基本台账，明确具体负责人，关注企业运行情况，全程跟踪服务，为企业和项目建设解决实际困难。

实施部门分包企业制度，开发区20余个局办分包联系60家企业，围绕“企业需要什么”、“企业面临什么困难”等问题，与企业“面对面了解、心贴心沟通”，采取“一事一议”、“特事特办”原则，为企业和项目建设保驾护航。

强化部门牵头服务制度，从服务企业的实际出发，除设立专门企业服务窗口和统一的服务电话，第一时间为企业解决难题外，还设立金融服务、财税服务、环境优化服务、外向型企业服务、劳动保障服务五个服务组，积极帮助企业协调资金、社保、环境优化等方面的问题，确保企业正常生产经营和持续健康发展。

2009年，开发区共帮助企业解决生产经营难题26个，解决率达到100%；帮助企业融资6800万元，获得担保资金7000多万元，申请各种扶持资金1900多万元。上市后备企业中，恒源计划2010年2月底报备，派尼美特桥架计划2010年8月底报备。

通过以上管理服务措施，许昌开发区机电装备产业实现了逆市发展，进一步做大做强。具有代表性的西继电梯公司，2008年销售收入增速一度下降到12%，经过帮扶，2009年，其实现销售收入5.6亿元，增速达到45%。发制品行业开拓了国内和亚非市场，销售收入呈现向好态势。

（许昌开发区管委会办公室）

漳州招商局经济开发区

【经济发展】 2009年，漳州招商局经济开发区全社会固定资产投资27.89亿元，同比增长21.91%；工业总产值实现68.47亿元，同比增长2.39%，其中规模以上工业企业实现产值68.38亿元，同比增长2.59%；城镇居民人均可支配收入14853元，实际增长2109元；农民人均纯收入7188元，实际增长724元。全港吞吐量全年累计完成1698万吨，同比增长15.3%，其中货物吞吐量1574万吨，同比增长17.2%；集装箱34.35万标箱，超额完成32万标箱的年度计划。

【投资环境】 漳州招商局经济开发区位于中国东南沿海厦门湾南岸，是福建省建设海峡西岸经济区的重要组成部分和漳州市港口经济发展的龙头。

开发区交通十分便捷，拥有四通八达的海陆空立体交通网络，机场、铁路均在半小时圈内。快艇往返厦门实现海上公交化，与厦门仅10至15分钟航程。区内疏港公路连接纵贯全国南北的324、319国道及沿海高速公路。连接开发区与厦门的厦漳跨海大桥于2008年动工，计划2012年底建成试通车，建成后厦门湾南北两岸将融为一体，行车仅需25分钟，经贸往来更加密集，形成半个小时经济生活圈。连接开发区第四区的漳州港尾铁路于2009年底开工，建设工期3年。贯穿全区的招银疏港高速公路也于2009年底开工建设，预计2012年底完工，建成后将有效缓解港区快速集疏运问题。同时，连接厦门岛和开发区的厦漳海底隧道作为"厦漳第二海上通道"也在加紧推进中，已列入海西建设规划，将作为福建省"十二五"规划的重点建设项目开工建设。

开发区基础设施完善，建有独立的给水、排水系统，水源充足，水质良好，与龙海市合作开发的原水工程已开工建设，竣工后将提供更加充足的水资源保障；电网与福建省电网连接，拥有充足的电力资源；建成占地12万平方米的具有国际标准的高尔夫球场、国际四星级标准的商务酒店、中高档现代海岸住宅风格的公寓、写字楼、海滨度假村、商业娱乐中心和加走湖公园等设施；设有公交线路，出行方便；设有幼儿园、实验小学和厦门大学附属实验中学，形成独具特色的"厦大系"优质教育资源，可满足区内企业员工子女学习教育的需要。海内外知名的厦门大学漳州校区也落户于此，在校生2万多人，并建立产、学、研一体的高校科技园区，由此可为入区企业在产业发展及科技创新等方面提供强有力的人才智力保障。

开发区规划良好，分为临港工业区、行政科教商住区、高科技产业园区、港口工业区等四个功能区。国务院批准的中国首个生态型人工岛——双鱼岛项目也落户于此，面积达2.2平方公里，造岛工程总投资达30亿元。

开发区建港条件优越，可规划建设万吨级以上泊位33个，有条件发展成为国际中转港。招银港区是国家一类开放口岸、首批对台直航口岸、对金门、马祖、澎湖货运直航。区内现已建成投入使用的码头泊位有13个，其中万吨级以上泊位8个、15万吨级的2个集装箱泊位是福建省最大的集装箱泊位，年吞吐能力达到3000万吨以上。与之相配套的仓储物流中心，2009年完成港口吞吐量1698万吨，同比增长15.3%，其中集装箱34.35万标箱。

【招商引资与利用外资】 2009年，漳州招商局经济开发区共引进项目31个，合同资金5.38亿美元，同比增长68%；实际到资2.42亿美元，同比增长6.8%。其中引进外资项目1个，合同外资额2.22亿美元，外资到资1.68亿美元。主要呈现三大特点：一是大项目多，投资千万美元的项目有5个，其中2亿美元的1个；二是入区企业增资扩建项目多，所引进的5个千万美元大项目中有4个为已入区企业增资扩建项目；三是第三产业项目多、到资快，2009年第三产业项目到资额达1.72亿美元，占总到资额的74.23%，同比增长63.68%。

【对外贸易】 2009年，全区拥有外贸进出口企业17家。其中一般贸易进出口企业为10家、加工贸易企业为7家，实现进出口总额2.59亿美元，其中出口总额超过1000万美元的企业2家，实现出口总额1.26亿美元，占全区出口总额的87.90%。实现原料及料件进口的企业17家，其中进口总额超千万美元以上的企业为4家，实现进口总额1.07亿美元，占全区进口总额的92.24%，进口原料主要以钢材、“三废”（废纸、废五金、废塑料）、化学原料等为主。漳州招商局经济开发区外贸进出口仍以外商投资企业为主，加工贸易出口额占全区外贸出口总额的92.60%。

出口产品及市场呈现多元化，产品涉及机电产品、建材、服装、食品等，市场覆盖意大利、德国、加拿大、马来西亚、巴拿马、印度、西班牙、荷兰、新加坡、巴基斯坦、印尼、危地马拉、泰国、中国香港及国内相关城市和地区。机电产品出口始终占全区出口产品的主导地位，全年实现机电产品出口占全区出口总额的96.53%。

【产业布局与发展】 漳州招商局经济开发区着力打造的“3+1”产业集群，即金属制品加工业、交通机械制造业、粮油食品加工业和高科技产业已初具规模：

金属制品加工业：包括以凯西钢铁、嘉年钢铁、中集集装箱为代表的项目，形成“一张板、一根管、一只箱”的产业。这一产业集群内的企业规模大，属于该行业内的龙头拉动型项目，总投资达3.3亿美元，产能达143亿元人民币。

交通机械制造业：包括以诺尔港口起重设备、泰华交通设备、豪氏威马船用起重设备、友联船厂等为代表的项目，形成生产港口岸边和海上重型起重、装卸、运输设备和修造船在内的产业集群。这一产业集群具有资金、技术、劳动力密集特点，总投资达3亿美元，产能达34亿元人民币。

粮油食品加工业：包括以金石制油、金钱饲料、中储粮等为代表的项目，形成集粮油仓储和深加工为一体的基础产业链。总投资达1亿美元，产能达22.5亿元人民币。该产业集群不仅拉动了港口经济的发展，更密切了与周边区域的产业发展关系。

2009年，以上三大产业共完成工业总产值61.15亿元，占全区规模以上工业总产值的89.31%。其中金属制品加工业完成工业总产值29.44亿元，交通机械制造业完成工业总产值16.26亿元，粮油食品加工业完成工业总产值15.45亿元，分别占全区规模以上工业产值的48.14%、26.59%和25.27%。

【高科技产业】 漳州招商局经济开发区拥有6家高科技企业，其中2家企业经过多年生产经营与实践，均已获批福建省高新技术企业称号，其余4家为新引入的光伏产业项目，主要从事光伏产业及相关配套设备的生产，正处于研发及试产阶段。2009年，美国Terra Solar Global Inc. 成功进入开发区设立“大地太阳能有限公司”，总投资660万美元，注册资本330万美元，主要从事太阳能产品制造。开发区正加快推进高科技产业规划，积极引进高科技企业，同时支持区内有关企业加快新产品的生产与推广，促其尽快实现产能、形成规模。

【管理体制】 漳州招商局经济开发区管理委员会和招商局漳州开发区有限公司实行政企合一的管理体制，根据1992年福建省政府颁发的《招商局中银漳州经济开发区管理条例》（闽政［1992］综367号文），开发区管委会在漳州市人民政府的领导下，行使相当于一级地方政权组织职能，负责统一管理开发区的行政事务，管委会与有限公司实行统一管理体制。1993年省政府以闽政［1993］综383号文，批准管委会在漳州开发区范围内行使地市一级的经济、行政管理权限。

建区以来，开发区认真落实并履行《管理条例》，各职能部门按照条例精神对口职权已接口到位。漳州市先后派出公安、工商、国税、地税、国土、交警、消防、边防等单位入区开展工作；中行、建行、保险、会计师事务所、律师事务所也在区内设置机构、开展业务；海关、国检、海事、边检等口岸联检单位也相继入驻开发区。

为保障开发区长远及可持续性发展，经漳州市政府和招商局集团批准，开发区自2002年3月12日开始，全面实施“区地合一”体制。漳州开发区的行政管辖权延伸至红线范围内所辖区域，规划控制区达到56.17平方公里。

【社会事业】 截至2009年底，全区共有义务教育阶段小学4所、中学1所、大学1所，幼儿园1所。2009年9月，厦门大学附属实验中学高中部首届正式招生。全区实现“幼儿园—小学—中学—大学”教育一体化体系；拥有在校学生25897人，其中大学生23000人、中学生838人、小学生1369人、幼儿园学生690人；拥有各类卫生机构24个、卫生医技人员68人，实现各类医疗机构门、急诊共57000人次，病床使用率40%。

开发区着力打造的“三海八园”——“8+1”生态—文化八组团，重点突出海滨、海港和海防的“三海”城市特色，配套“山地生态园、山地体育公园、滨海文化园、华商娱乐园、闽南民俗文化特色园、高尔夫文化园、风华学子园和农业生态休闲园和城市雕塑景观”，形成城市配套设施齐全的旅游重要目的地、厦门湾南岸独具魅力的新兴综合港口城市。

【机构设置】 漳州招商局经济开发区管委会现有内设机构22个，分别为管委会办公室、人劳局、财政局、经发局、建设局、社发局、审计局、法制办、交通局、公用事业局、综合行政执法局、土地收储中心、四区办计13家管委会直属机构，以及工商局、国土局、地税局、国税局、公安分局、消防大队、交警大队、边防派出所和法庭9家双管单位，投资企业3家；招商局漳州开发区有限公司现有内设机构9个，投资企业10家，管委会、有限公司内设机构干部员工约400人。

（漳州招商局经济开发区）

潍坊滨海开发区

【经济发展】 潍坊滨海开发区自然资源丰富，产业基础雄厚。海岸线长69公里，浅海滩涂20余万亩，地下卤水、石油、天然气、地热、风能、太阳能等资源丰富，是全国最大的盐溴生产基地。区内可直接开发利用的工矿存量用地近500平方公里，可以直接建设工业项目，办理土地手续方便快捷，发展空间非常广阔。区内拥有企业900余家，其中规模以上企业为200余家；拥有主要工业产品300多种，其中纯碱、溴化物等14种产品产能居全国乃至世界首位，原盐、溴素分别占到全国的1/5和1/2，已形成先进制造、石油化工、临港物流、生态海洋化工、高端服务等共同发展、独具特色的蓝色高端产业体系。

【投资环境】 潍坊滨海开发区位于潍坊市北部、渤海莱州湾南畔，交通便捷、地理位置优越。开发区作为环渤海“C”字型“金项链”的重要节点，地处环渤海经济圈的咽喉地带，与日、韩隔海相望，紧靠天津，距北京仅有5小时车程，距世界风筝都潍坊市中心城区20公里，与济南、青岛及半岛城市群形成了2小时城市圈，是山东半岛城市群和胶东半岛制造业基地的几何中心，也是青岛、烟台、日照三大港口的交汇腹地。益羊铁路直达区内，德烟铁路横贯东西，公路干线四通八达，潍日高速和荣乌高速在这里交汇，青岛、济南和潍坊机场可直飞世界各地。

潍坊滨海开发区立足建设设施配套、产业发达、功能完善、生态优良、宜居宜业的现代化滨海新城，面向全球公开招标，确定“一城四园”的规划布局。

“一城”是指150平方公里滨海水城，包括科教创新区、商务居住区、旅游度假区三部分。

以“欢乐海”的理念建设旅游度假区，规划面积60平方公里，已完成旅游规划，投资150亿元的国际影城项目正在规划设计，投资8000万元的龙府旅游项目也将建成投用。全长20公里的沿海防护堤二期工程，包括抛石堤坝和内海侧吹填工程，总投资15亿元，围圈海域50平方公里。工程采用水上船抛石与陆路车辆运输相结合的水、陆两种方式齐头并进，已完成投资4.5亿元，石方抛填210万立方米，吹填防潮闸围堰60万立方米。

以“太阳城”的理念建设中央商务区，规划面积6平方公里，起步区3平方公里。总投资1.6亿元的吹填造陆工程已完成吹填土方1000万方，造陆2平方公里。投资2.2亿元的六条城市主干道路正在建设。综合商务中心、酒店、金融港、企业总部、学校、居住等建筑和景观设计方案已经确定，将全面开工。

以“希望城”的理念建设科教创新区，规划面积50平方公里，起步区12平方公里。投资12亿元的园区基础设施配套工程基本完成，投资1.5亿元的创业大厦项目也将投入使用。已有12家职教院校确定入驻，其中5家已开工建设、7家正在规划设计。

以“幸福城”的理念建设商务居住区，规划面积6平方公里，起步区3平方公里，正在进行规划设计。

“四园”是指先进制造业产业园、生态化工产业园、绿色能源产业园以及海港物流园。先进制造业产业园，规划面积160平方公里，主要发展装备制造、机械电子、新型材料等先进制造业项目，已引进潍柴控股、新和成药业等106个项目，总投资320亿元。生态化工产业园，规划面积70平方公里，重点发展循环经济型生态海洋化工和石化产业，现有中国海洋石油、以色列化工等360多家企业，总投资400多亿元。绿色能源产业园，规划面积50平方公里，主要发展风电、光伏发电等为主的绿色能源产业，投资15亿元的华能风电项目即将并网发电；一期投资120亿元的国电新能源项目也将动工建设。海港物流园，规划面积80平方公里，主要发展临港物流、加工配送等项目，已有森达美物流、海正物流等10多个项目入驻，总投资60多亿元。

【产业集群建设】 潍坊滨海开发区按照转方式、调结构的要求，着力培育六大高效生态产业集群。装备制造业：依托潍柴滨海产业园和上海同济同捷汽车超级平台产业园等一批重大产业项目建设，打造环渤海地区具有竞争力的装备制造业基地。石化产业：加快弘润滨海工业园、中海油石化盐化一体化项目建设，抓紧进行黄滩输油管线铺设和储油罐区建设。临港物流业：加快总投资150亿元的达美物流、交通物流、海正物流等33个物流项目建设，打造黄河三角洲区域港口物流中心。绿色能源产业：投资15亿元的华能风电一期已经并网发电，总投资320亿元的国电风电项目40万千瓦岸基风电正加快建设，140万千瓦海基风电正在规划论证，还将启动建设5平方公里光伏发电园。高端服务业：大力发展金融会展、星级酒店、医疗、教育、影视等高端服务业务，力争用5年时间在滨海水城150平方公里的区域内建设100个高端服务业项目。生态海洋化工：加快建设总投资160亿元的新和成药业等75个生态海洋化工项目，建设全国最大的生态海洋化工生产基地。到“十二五”末，力争石化产业销售收入达到千亿元级规模，装备制造、临港物流、生态海洋化工和以新能源、新医药、高端服务业为主的新兴产业分别达到500亿元级的规模，高效生态主导产业销售收入超过3000亿元。

（潍坊滨海开发区管委会办公室）

晋中经济开发区

【经济发展】 2009年，晋中经济开发区完成区内生产总值12.80亿元，同比增长10.4%；完成规模以上工业增加值5.16亿元，同比增长11.2%；完成工业总产值20.63亿元，同比增长2.86%；完成财政总收入3.81亿元，同比增长0.52%；完成固定资产投资19.09亿元，同比增长9.62%；农民人均纯收入达到6404元，增收1006元，同比增长18.6%。科工贸总收入和进出口总额降幅较大，分别下降18.3%、50.3%。总体态势与全国宏观经济相同步，呈现出逐步向好趋势。

分行业来看，医药企业增势明显，2009年完成产值2.69亿元，同比增长10.6%，占规模工业总产值的17.7%。其中医药龙头企业安特制药公司完成产值1.8亿元，占医药企业总产值的66.9%。纺机、汽车改装业环比呈逐渐上升态势，其中贝斯特公司是唯一增长的纺机企业，完成产值1亿元，同比增长52.5%，占规模纺机行业总产值的42.9%；改装车行业全年完成产值3.32亿元，同比下降0.2%，占规模工业总产值的21.8%，下降的态势明显收紧。新材料工业企业——金汉德全年完成产值3.30亿元，占规模工业总产值的21.7%。商贸企业中石化、汽贸行业得益于扩大内需的政策拉动，呈现出较大增长；煤运、钢材等行业虽有回升，但受金融危机的影响尚未消除。

【投资环境】 晋中经济开发区地处山西中部，位于晋中市主城区西北部，毗邻省城太原市，距太原市中心仅15公里，是国家实施“中部崛起战略”和山西省实施“大太原经济圈”战略发展的核心地段，在近年山西省委、省政府大力推进的“太原—晋中两市区域合作计划”中，成为两市经济一体化合作开发建设的首选区域。

晋中开发区交通优势十分明显，已发展成为重要的现代陆路运输、航空运输口岸。石太铁路、同蒲铁路、太焦铁路在此交汇，太原铁路局铁路编组站和华北最大的铁路集装箱货场居于区内。正在建设的有太原—汉中—银川铁路和太原—西安高速铁路，配套建设北六堡编组站、太铁物流基地。太（原）旧（关）高速公路、汇通路、108国道穿境而过，半小时的车程可到达向东的太旧高速路入口、沟通南北的大（同）运（城）高速入口、向东南的太（原）长（治）高速路入口。开发区距太原国际机场仅4公里。

优越的区位对项目、资金、人才、产业的聚集发展形成巨大的“磁场”效应，尤其是近2年重大、重点和优势项目加快落户入驻开发区，形成快速开发建设的高潮。在晋中经济开发区已经开始建设的有太—中—银铁路过境段项目、大—西高速铁路过境段项目，即将启动建设的有投资上百亿铁路物流园项目，投资

95.8亿元的石太客专、大西客专、太中银引入太原的三项枢纽工程，以及太原枢纽张村编组站改扩建工程等。与此同时，一批现代物流项目也相继开工建设，有列入省重点项目的投资30亿元的三晋国际物流城项目、投资35亿元的山西能源工业国际分销物流港项目和山西新华图书音像制品物流项目、金利恒钢材市场项目。晋中经济开发区已被山西省政府确定为现代物流示范基地，其中有3个项目被列为中央扩大内需项目，得到了中央、省、市的扶持资金。

【招商引资】 2009年，晋中经济开发区新引进3000万元以上项目9个，总投资约8.1亿元，亩均投资强度达253万元，远远高于国家规定的标准。其中投资5000万元和亿元以上的项目7个。这批项目中，有4个工业项目的科技含量达到国内先进水平。新引进项目、续建项目全年到位资金为15.6亿元，是开发区历史上到位资金最多的一年。

【主导产业与重点企业】 晋中经济开发区历经多年外引内育政策引导，已初步形成工业“五个集群”，商贸“六个板块”的经济支撑架构。

工业“五个集群”分别是：

医药食品——医药行业有国内知名的胃肠类和心脑血管类药品生产企业安特制药、德元堂药业，医药园共聚集了9家医药企业，已成为山西省医药生产的基地之一；食品行业有“中国名牌产品”的古城乳业和“中华老字号”的双合成食品两家企业，有效带动了全区农业产业化发展。

纺织机械——以山西鸿基科技股份有限公司和山西贝斯特纺织机械制造有限公司两家国内知名纺机民营企业为龙头，充分发挥企业自主创新和国内外市场开拓能力较强的优势，带动全区10余家纺机、纺配骨干企业向“专、精、特、新”的目标集群发展。

专用车制造——拥有已经列入山西省“三大方阵”的山西兰田专用车制造有限公司和列入山西省专用车制造重点项目的山西通用挂车制造有限公司、山西瑞翔挂车制造公司3家企业。

矿山设备制造——以高新技术企业山西惠特科技有限公司、山西恒岳煤科有限公司2个企业为代表的8家矿山设备、仪器仪表生产企业，已在机械园陆续建成投产，为矿山设备制造企业集群发展奠定了一定的基础。

环保节能——生产环保节能产品的代表性企业分别是山西晋能艾斯特空冷设备制造有限公司、山西亚乐士环保设备有限公司。山西晋能艾斯特空冷设备制造有限公司属高新技术企业，其研发的“节能型玻璃钢自然通风直接空冷塔”，与传统的冷却方式相比可节水80%、节电90%。山西亚乐士环保设备有限公司是国内屈指可数的能独立承担火炬系统设计、制造、安装调试整个流程的设备供应商。公司2006年通过电气产品3C认证，获得3项国家重点新产品奖及山西省科技进步二等奖，拥有2项实用新型国家专利、1项发明专利。

商贸“六个板块”分别是：

山西三晋国际商贸物流城——旨在打造全省综合性物流基地，项目一期是建设汽配交易城。项目总投资30亿元，2009年完成一期工程，预计2012年底全面建成运营，运营后年营业额可达100~200亿元。

山西能源工业国际分销物流港——旨在打造全省煤炭机械专业性物流基地。项目总投资35亿元，预计2012年全面建成运营，建成运营后年营业额可达50~100亿元。

山西新华图书物流——旨在打造全省图书物流核心基地。总投资2.35亿元，依托山西省图书发行网络扩大图书配送能力，全部建成运营后预计年发货总量可达375万件以上，实现年销售额30~50亿元。

山西和田石化物流基地——总投资2.6亿元，集石化产品“仓储、物流、配送”为一体，项目建成后，有望实现年营业额10亿元。

山西金利恒钢材市场——总投资1.2亿元，依托与国内20余家大中型钢铁企业的联营优势，实行大进大销，带动入驻市场的70余户中小经销企业联动发展，全部建成运营后年营业额可达25亿元。

汽贸园—总体规划面积475亩，基础设施配套已实现“六通一平”，2009年12月底已有18家汽贸企业入驻，其中4S店15家，项目总投资约4.5亿元，总占地395亩，已完成投资约3亿元。这批项目全部建成运营后，预计可完成年销售额21亿元，年利税8800万元，2009年完成销售额12亿元，年利税3600万元。

【重点项目与重点工程】 2009年，晋中经济开发区铺开经济和社会发展项目共计53项，总投资106.75亿元，当年完成投资19.08亿元。53个项目中有工业项目25个、商贸服务业项目9个，其中包括规划总投资35亿元的山西能源工业国际分销物流港、总投资30亿元的山西三晋国际物流商贸城等一批投资规模大、科技含量高的项目。截至2009年底，已有双合成食品、三晋国际物流商贸城、万豪美悦国际大酒店等18个项目竣工投产或部分投入运营，成为带动开发区实现可持续发展的重要支撑。国家重点工程太中银铁路建设工程，涉及晋中经济开发区段路线长，拆迁任务重，区内共完成房屋、养殖场、蔬菜大棚等各类建筑物拆迁5.90万平方米，完成108国道1014米的移改工程，成为山西省内推进最快的区域之一。晋中市重点工程城市总退水工程，承担着晋中市1/3及太原市东南部山区和武宿机场范围防洪退水功能，在资金不到位的情况下，开发区多措并举、积极推进，到2009年底，完成投资1.12亿元，按期完成了工程任务。龙湖大桥建设涉及侯方村整体搬迁，仅大桥建设的一、二期工程就需拆迁村民住房200余户，在时间紧、任务重的情况下，开发区精心组织，周密部署，圆满完成晋中市下达的拆迁任务。在基础设施建设方面，区内投资5025万元完成二级路改造10公里，新增公路5.8公里，完成拉动内需道路建设项目2.4公里，新农村街道硬化15公里，投资352万元新增和改造绿化面积约5.6万平方米。此外，城区污水管网改造工程、城市绿化建设改造工程等均取得了较好成绩。

【社会事业】 2009年，晋中经济开发区财政用于“三农”的投入达到685万元，同比增长8.56%，用于教育的资金投入达2532万元，同比增长8.62%。山西省政府实施的“五个全覆盖”工程和晋中市政府确定的10件实事以及晋中开发区确定的8件实事健康推进。开发区积极维护社会稳定，不断加强信访工作，切实推进社会治安综合治理，有效防范和坚决遏制各类安全生产事故，为保增长营造了良好的社会环境。区内继续完善农村养老保险和农村新型医疗合作制度，参保人数和征缴保险均超额完成全年任务。开发区从制度上探索解决拖欠农民工工资问题，成功为983名农民工讨回工资327.2万元，有效保护了农民工的合法权益。

【管理与服务】 2009年，晋中经济开发区实行社会保障“五缓四降一补”，通过“三免三减半”共减免税收约820余万元，抵扣新增固定资产进项税额216.33万元，办理出口退税214.12万元，有效减轻了企业的资金压力。开发区搭建政策沟通平台，积极帮助项目单位与省市发改委、经委加强联系，使13个项目被列为省级扶持项目；搭建银企合作平台，先后组织50余家企业和项目单位与金融部门对接商谈，已有40家企业获得急需发展资金共计4.2亿元。财政专门安排500万元为企业贷款贴息和鼓励企业科技创新。区内制定《关于组织各级机关干部深入基层，开展“三个一”帮扶活动的通知》，将对重点企业的帮扶任务分解到管委会领导身上，依托政务服务大厅，进一步健全和完善三级政务服务网络，在各个具体工作环节建立完善了岗位责任制、服务承诺制、首问责任制、限时办结制等各种制度，使审批办结率达到95%以上。开发区制定严厉查处乱收费、乱罚款、乱摊派、乱检查的实施方案，着力解决个别部门不作为、乱作为的问题。积极引导企业由过去的主要依赖资源投入、量的扩张实现增长，转向以技术进步和提高效益实现创新发展，使企稳回升的势头不断巩固和加强。开发区建立重点项目推进责任制、安全生产监督责任制、信访稳定包案责任制等，明确了责任单位，各部门将工作任务明确到人。区内规范执法行为，坚决制止办事拖拉、敷衍塞责等现象，对涉及民生事项的决策通过听证、公示、座谈、征求群众代表意见等形式改进和完善，及时处理群众反映的各类问题，对办事不力、工作推诿、以权谋私等行为严肃依法依纪追究责任。

【机构设置与管委会领导】 晋中经济开发区设党工办、管委办、经济发展、建设环保、财政、人事劳动、农业综合开发、招商、社区管理等职能机构9个，均为副处级建制。山西省国土资源厅和晋中市工商局、国税局、地税局、质监局、公安局在开发区派设分局，行使部门职能，接受双重领导和管理。

管委会主任为刘贵海，党工委副书记、管委会副主任为石润生，管委会副主任为王志勇、张林涛、袁树祥、张仲生。

（晋中经济开发区　武旭光）

晋江经济开发区

【经济发展】 2009年，晋江经济开发区完成规模以上工业产值140.66亿元，比增20.3%；完成全社会固定资产投资16亿元；完成限额以上零售总额23.6亿元，进出口额达14866.5万亿美元；实现财税收入27879万元（属地入库数，不包括安东园及在其他镇街缴交数），其中国税收入18832万元，比增29.12%，地税收入9047万元，比增20.07%。

【项目建设】 2009年，晋江经济开发区新增建设项目73个，其中五里园45个、安东园28个，预计总投资50多亿元，截至年底进驻开工建设57个，完成投资近10亿元。其中89亩1775套企业职工廉租房项目为中央增投项目，已开工建设。2009年，开发区管委会加强与有关镇（街道）的沟通联系，并组织人员到相关镇（街道），就征地历史遗留问题进行全面摸底，并逐一列表，提出对策措施和解决办法，通过历史遗留问题的解决，推动征地工作的开展，为项目落地奠定基础。开发区实施项目滚动管理，杜绝新增闲置项目用地；通过与企业约谈，了解企业投资能力和计划，明确建设期限和任务要求，实施预约项目滚动管理办法，合理安排新增项目用地，优先确保有投建能力的急需项目用地，确保开发一片建设一片，全年共调整项目用地22宗；成立项目报批、征地拆迁协调及五里园项目用地配套建设等三个重点项目工作小组，通过一手抓规范管理、一手抓项目落地，对落地开工项目，积极帮助其协调理顺关系，解决项目开工过程中存在的具体问题。

【征地补偿】 晋江经济开发区全年发放征地补偿款1.3亿元，并分批次办理被征地农民养老保险，已办妥五里园、安东园辖内社区被征地农民养老保险计3096人，维护了广大农民的利益，大大加快征地步伐。灵源街道（包括行政中心区）全年完成征地900多亩，安海片完成征地200多亩，永和片完成征地700多亩。

【基础设施】 2009年，晋江经济开发区在建市政道路14条，完成建设8.6公里，完成排洪沟1.3公里，完成土方工程287万立方米，完成安东海堤完成迎水坡砌筑及基础填筑各1.5公里、堤岸路1.0公里，总计投入近2亿元。规划企业员工廉租住房项目1775套总建筑面积17.6万平米，建成后将成立五里园商业中心。开发区外来工廉租房都已完成地块的土方平整工作，其中林格廉租房（7号、8号楼）完成封顶及外墙装饰，大山后廉租房完成第一层建设。

【资金拓展】 晋江经济开发区积极探索财政体制、运行机制和管理模式。2009年年初，按照市委、市政府工作要求，从理顺开发区与市政府、所在镇（街道）关系出发，通过走出去参观学习和成立调研工作小组，着手对税收征管、财政分成和机构设置等方面进行探讨研究。开发区通过成立新的投资开发公司，承接新增开发区域的开发建设任务，拟盘活开发区内优质资产和商业用地，实行规范化企业运作模式，实现稳定收益。同时，开发区管委会坚持从自身抓起，通过规划内部财务制度，压缩各项成本支出、开源节流；组织专门工作小组，按2005年市政府清理开发区用地时确定的地价款预收比例，抓紧催收工业项目地价款，共计回收地价款约1.05亿元；主动与各金融机构沟通，并通过专人跟踪办理、主要领导督促协调使融资工作取得实质性进展，全年融资3.28亿元，还贷2.36亿元，增加0.92亿元。

【强化服务】 晋江经济开发区进一步推进领导和部门挂联企业制度，深入企业了解生产经营状况，强化沟通交流，主动为企业排忧解难，提高对企业的综合协调服务水平，做好企业主要经济指标信息的共享机制，加强对工业经济运行情况的分析，及时关注入区企业经营运作情况；出台系列政策，为项目落地加足马力，在规定期限内完成预约地块30%以上开发建设的项目，免予收取基建保证金，同时予以代办项目先行施工手续，并以该项目预交土地款提供融资担保业务，确保投建项目的顺利开工建设。全区全年已退基建保证金1390多万元，联系金融机构为落地项目办结及在办融资贷款担保业务近16宗，融资额度达2.25亿元，解决投建企业资金紧缺的燃眉之急。开发区通过协调相关职能部门，为企业提供“绿色通道”服务，缩短房产证、土地证办理时间，从根本上帮助解决企业融资困难，全年共为入区企业取得土地成交确认书42宗（3277.317亩），其中办理出土地证11宗（892.712亩），集中办理房产证45宗。

【投资环境】 晋江经济开发区加大安全生产的监管力度。2009年发现新增“三合一”厂房、场所累计24家，已完成整改20家，其中查封违规企业3家，依法收取行政罚款金额5万，落实整改隐患累计114条。同时，开发区对辖区人员密集场所进行全面排查整顿，发出隐患整改通知书24份，排查隐患累计46处，都已经落实整改，查封1家娱乐场所，有效预防了安全事故的发生，确保了全区稳定。开发区继续推行园区物业创新管理模式，通过实行供水服务外包，提高专业化管理水平；实行全日制保洁制度，定时定点入企收集垃圾。开发区全年新增3条路灯里程计约7公里，总投资约500多万元；通过招标管理，加强绿化养护的督促、检查工作，保持建成区绿化的整洁美观；整合疏导区内流动商贩，解决占道经营的老大难问题；通过开展园区内流动摊点整治活动，与街道社区联合筹建小商品市场，实行堵疏结合，有效整治园区占道经营现象，改善园区区容区貌，规范职工生活娱乐活动场所管理，完成园区北路及区内流动摊点整体搬迁安置，建成容纳600多摊位的林格小商品市场；开展污染大整治工作；按照市委、市政府总体工作部署及时间要求，重点加快推进安东园区“退二进三”安置区域基础配套设施建设，同时在建成区内实施排污大整治，共排查企业101家，整改150多个排污口，疏通、修缮排污管网约1.5公里。

（福建省开发区协会）

福州科技园区

【经济发展】 2009年，福州科技园区实现工业总产值410亿元，比增9.3%；实现总收入405亿元，比增10%；实现利税31.5亿元，比增5%；实现出口14.3亿美元，比增2%。

【产业发展】 福州科技园区重点扶持高新示范企业，带动高新区企业整体发展。根据《福州市政府常务会议纪要》（[2008] 12号）确立的7条扶持政策，园区在2009年第一季度对2008年度实现税收增长并实施国家、省级计划项目、固定资产投资项目等增资扩产、促进产业发展举措的重点扶持企业兑现财政奖励1163万元。同时，园区还帮助企业解决增资扩产所需土地、生产业务用房、基础设施建设问题，支持和帮助企业参与国家大工程投标，协助企业融资贷款，开展企业高端人才的认定服务工作等；推动包括"国脉科技现代服务产业园"，福晶公司用于实施固体激光器核心原器件制造、下游激光设备、激光显示系统的开发和生产基地建设，上润公司智能执行器，瑞芯公司个人移动信息终端SOC芯片项目，福大自动化公司工业自动化控制系统通用技术平台等项目建设。2009年，园区重点扶持的企业实现技工贸总收入131亿元，同比增长18%；实际上缴税收6.3亿元，同比增长10.5%。

【融资渠道】 福州科技园区密切与省科技厅、省证监局合作，拓宽高新区企业投融资渠道，积极开展"新三板"试点申报工作，争取高新区企业进入股份报价代办转让系统；对区内企业进行梳理，全面掌握企业基本情况，形成企业资源分析报告；编印福州市对高新区、高新技术企业、上市公司扶持政策等系列材料，代拟《关于福州高新区内非上市股份公司股份集中托管的函》、《证券公司代办股份转让系统福州高新区非上市股份有限公司股份报价转让监管合作备忘录》等，高新区企业进入"新三板"试点有关工作进入实质阶段。

【数据管理】 福州科技园区顺利完成国家、省、市有关部门要求的数据资料收集与报送任务，积极参与国家有关部委主持的大型调查工作，如全国国家级高新技术园区调研问卷调查、高新区区域环境调查、企业技术中心调查、国家经贸委产业链调查等；每个季度向上级有关部门报送高新区经济运行分析报告、重点企业运行发展情况报告，及时反映高新区企业动态及高新区经济、科技发展态势，为领导决策提供参考。

【海西高新技术产业园】 规划编制：海西园规划面积12.35平方公里，依托大学城，打造成科技创新型、资源节约型、环境友好型的新型高新技术产业开发区，成为海峡两岸科技创新和高新产业对接与合作的"先行区"。《海西高新技术产业园总体规划》、《海西高新技术产业园控制性祥规》、《海西高新技术产业园一期启动区修建性祥规》均已通过专家论证。

基础设施：海西园于2009年9月6日顺利动工，基础设施建设全面铺开。科技东路和高新大道将分别于2010年2月和6月顺利完工，中小企业孵化园规划建设和其他基础配套建设同步开展。福抗、久策、中青创、山亚、高新区投资控股公司等5个项目陆续入园建设。海西园着手建设中小科技型企业创业园，已有30余家电子信息、机电、生物医药、环保等中小科技型企业愿意入驻创业园，其中，电子信息类企业14家、软件类企业4家、生物医药类企业5家、其他科技型企业8家。

招商引资：海西园策划了一系列宣传活动，精心制作了海西园PPT和招商宣传册、DVD宣传片，结合“9·6”开工仪式及“9·8”投洽会，进行专题、专访、专刊推介。园区分别在台湾、香港举办专场宣传推介活动，招商效应日益凸显。区内制定《海西高新技术产业园用地准入条件》、《海西高新技术产业园优惠政策暂行办法》，重点承接台湾高新技术产业转移，组团赴台招商，洽谈中华映管液晶面板、台湾威盛电信CDMA芯片等项目。园区抓紧落实瑞士通用工业公司和盛德荣业合资的医废处理设备制造及激光制造项目，一期总投资6000万欧元；意大利阿瑟格尼可公司和金信达合资的环保设备制造项目，总投资6780万美元。福大自动化、省信息集团、顶点软件、榕基软件、思迈特、迈新生物等一批成长性的高新企业内资项目入园，中国通用技术（集团）控股有限责任公司的数控机床项目和北京投资控股集团公司的太阳能导电薄膜生产基地项目以及电信、移动、联通和国家、省、市级的工业设计机构入驻产业园。福大自动化、网讯、福抗、久策、中青创、山亚等招商大项目已落户海西园。

（福建省开发区协会）

福清江阴经济开发区

【经济发展】 2009年，福清江阴经济开发区完成工业总产值62.48亿元，同比增长18.83%，其中规模以上工业产值62.3亿元，同比增长9.9%；上缴税收2.6亿元，同比增长15.86%；完成固定资产投资34.4亿元，同比增长33.71%；实现合同外资3800万美元，外资实际到资332万美元，内资实际到资5.65亿元；实现集装箱吞吐量51.09万标箱，同比增长29.91%。

【港区建设】 福清江阴经济开发区树立“以港兴市”、“以港兴区”观念，坚持率先发展港口的原则，大力推进港区码头建设。已建成5个5万吨级集装箱泊位、1个7万吨级散杂货煤码头、1个滚装码头，6号、7号泊位已累计完成投资3.29亿元，8号、9号以及11号泊位前期工作也在继续跟踪推进中。

【港城建设】 区内启动江阴经济开发区新港城建设计划，成立了江阴新港城（新厝组团）规划建设领导小组，已开始项目规划、征海、征地等前期工作。此外，为加快新港城规划编制，进一步完善江阴新港城控制性详细规划，特别是江阴新港城（新厝组团）的建设规划，在明确规划范围、规划定位和功能的前提下，开发区委托国内知名的规划设计单位编制建设规划，做到高水平、高起点并具有前瞻性和可操作性，为新港城建设和各项基础设施配套和公共设施配套提供指导和依据。

【招商引资】 2009年，福清江阴经济开发区共签约项目11个，总投资197.68亿元。其中外资项目5个，总投资16.94亿美元，利用外资2.38亿美元；含合同项目3个，总投资2200万美元，利用外资2200万美元；协议项目2个，总投资16.72亿美元，利用外资2.16亿美元；内资合同项目6个，总投资82.45亿元。

【土地利用】 江阴半岛有可供填海造地的浅海滩涂面积近30平方公里，为加快发展临港产业、构筑发展平台，开发区全力组织实施东、西部浅海滩涂填海造地工程。东、西部填海造地总面积3.58万亩，将重点发展电力能源、冶金、机械装备、电子等临港产业，努力打造海峡西岸先进制造业基地。已完成用海审批面积2.1万亩，上报待批面积1155亩；东部填海造地工程已投入资金6.5亿元，完成填海造地约5000亩，西部填海造地工程已投入资金7.8亿元，完成填海造地约7500亩。

【基础设施】 2009年，福清江阴经济开发区完成港前路延伸段、南港大道、高港路延伸段、林芝路和圣发路二期等区内5个道路工程的施工任务，总造价约6300万元。开发区与市直各部门、相关镇街密切配合，打造渔平高速公路江阴段、江阴港区铁路支线等高速疏港路网，努力提升对外交通水平。区内投入240万元完善道路绿化工程建设，大大改善生态面貌，对打造和谐园区起到了积极作用。口岸服务中心大楼、西片防潮排涝工程路堤二期工程、闽江调水江阴支线工程、融侨新港国际俱乐部等各项重要基础设施建设也得到积极推进，将在2010年5月份以后相继投入使用。

【环境保护】 2009年4月，总投资1751万元、长3.9公里的污水厂前收集工程通过竣工验收，区内企业接入污水收集管网支线的整改工作全部完成。2009年5月，江阴污水处理厂一期工程投入运行，年可处理污水2万吨。2009年11月，工程造价2460万元、全长5249米的尾水排海管工程通过竣工验收。为进一步加大环保治理力度，改善园区周边的水环境，开发区还投入约300万元对全区的排水沟进行了全面清理整治。

【项目建设】 2009年，澳中成拓、联升新型墙材等8家工业企业实现投产，宝利特制革、中德能源等9家工业企业建设工程也基本完成。

【投资融资】 2009年，福清江阴经济开发区向开发行等金融机构申请了16个融资项目计16.5亿元的贷款额度，同时积极向各级政府争取用海报批海域使用金返还。经多方努力，开发区共使用开发行贷款3.39亿元，向福州及福清两级财政融资2.103亿元，收取土地出让金1012万元，筹得资金5.89亿元，为基础设施建设提供了有力的资金保障。

【和谐建设】 福清江阴经济开发区认真学习和实践科学发展观，不断提高综合服务水平，努力用真诚的服务打造和谐园区。一是加大宣传力度，通过“5·18”、“9·8”等招商推介平台以及中国企业报、福建日报等媒介制作宣传专版积极主动向海内外客商推广，全方位宣传开发区；全年累计接待参观300余批次4000余人次，为园区未来发展积聚后劲。二是真诚服务企业，2009年为区内多家企业及时补办工程规划许可证、施工许可证、消防设计审核、工程验收备案等手续，为新落地的江阴国际集装箱码头公司、福建万隆冶金材料公司、永隆冻品公司办理工商税务登记，为铁路支线和华富集装箱码头公司办理注册地变更，协助建滔码头完成投资者变更及证照的变更手续，为在建企业办理临时土地证延期，为筹建企业办理工商、外经、税务、组织机构代码证年检。三是保障项目落地，为保障重点项目落地，为江阴铁路支线、东南电化、中国化工CPP项目、路堤工程和东西部填海工程等涉海项目开展一系列投资服务工作。四是狠抓安全生产，开发区重点开展“危险化学品专项整治行动”、“落实企业安全生产主体责任活动”等专项行动，结合实际采取多种形式的宣传教育模式，加大对安全生产法律法规、政策和安全常识的宣传普及力度，进一步营造良好的安全生产氛围。

（福建省开发区协会）

福兴经济开发区

【经济发展】 2009年，福兴经济开发区实现规模以上工业产值76.5亿元；实现城镇以上固定资产投资总额20.95亿元，比增32.36%；新批合同外资1335万美元；实际利用外资600多万美元；实现自营出口（海关口径）6.1亿美元。

【招商引资】 福兴经济开发区加大现有土地厂房的招商力度，在"5·18"晋安招商专场项目推介和签约仪式上，福万公司、福马集团总部、盛辉物流、绿力科技等12个项目上台签约，其中外资项目3项、总投资8000万美元，内资项目9项、总投资19.5亿元人民币，项目内容涵盖工业总部、商务商贸、研发中心。"6·18"科技成果交易会上对接13个项目和5个技术需求项目。"9·8"投洽会有华联总部、福建大华饲料公司生物科联、蓝农集团总部等5个项目签约，总投资1.08亿美元，协议外资6700万美元。

【项目建设】 福兴经济开发区着重抓好福州泰康房地产公司泰康山庄、德通容器有限公司新型绿色环保包装线、钜全活塞公司高强度高硅铝合金活塞的研发和产业化生产项目等10个重点建设项目。已完成建设和投产的有6家，其余4家正在建设或试生产中。这批重点项目投产后将新增工业产值4亿多元。此外，开发区积极培育福万公司、和盛物流等11家新增重点项目，总投资约7亿元。

【基础设施】 改造提升办不断加强与市政、电力部门的协调对接，争取尽快将开发区的基础设施纳入市政管理体系，安排资金予以改造。开发区正在协调对接市、区供电局，争取尽快对福新东路、福兴大道两条主干道两侧及南方钢材市场约500亩地块、龙安路以东约330亩地块周边电力走廊先期实施缆化；协调对接区建设局，争取将福新东路、福兴大道两条主干道纳入市政道路改造计划。

【改造提升】 福兴经济开发区根据市、区的工作部署，组织专门班子，在原实施的光机电园区有关工作基础上，深入开展各专题调研摸底和基础资料收集整理工作，主动配合市经委和区政府工作组，就区内的基本情况、产业定位和发展目标进行认真分析研究，提出了开发区改造提升的初步思路和措施，从而调节和规范了区内工业经济改造提升的各项基础工作，制定了福兴经济开发区在建设海峡西岸经济区和实施晋安区东城区开发建设战略中初步的工作思路和工作措施。

【规划编制】 福兴经济开发区在多方面调研摸底，整理汇总各方面数据材料、规划图表和文字资料，积极与市规划局、市规划设计研究院沟通对接，加速开展区内3.5平方公里核心区改造提升规划编制工作。同时，开发区多次与台湾天杉科技工程顾问有限公司等老旧工业园区改造专家团队、加拿大GWI规划及设计集团深入沟通探讨，加速开展区内3.5平方公里核心区改造提升规划编制及钢材市场500亩地块策划规划工作。开发区配合市贸发局基本完成钢材市场内面积、建筑物等基本情况调查摸底，为完成占地500亩、建筑面积约10万平方米钢材市场的搬迁、规划建设融工业、总部经济、研发、中试中心、服务外包等商务商贸现代服务中心为一体的都市高新技术园区做好前期工作。

【管理服务】 福兴经济开发区对班子成员进行科学分工，明确工作职责，并积极推行"AB岗位工作制"，班子成员互相之间到位不越位、分工不分家，强化管委会决策部署的工作责任并落实到位，为完成各项工作目标提供有力保证；调整充实投资服务中心和12345便民呼叫中心工作人员，以服务中心为纽带，进一步落实服务中心的七项制度；实行领导干部走访企业制度，树立“责任、大局、协作、服务、学习”五个意识，把“亲商、安商、帮商、富商”理念贯穿于工作全过程，深入企业，服务周到，为企业排忧解难。资产管理站进一步建立健全资产管理制度，年创收2000多万元，达到历史最高水平。开发区加强企业安全生产工作，与企业签订安全责任书，对重点企业实施全面监管，认真开展“三合一”厂房清理和区内娱乐场所的监督检查，强化对安全隐患的检查与整改，及时消除安全隐患；积极做好公共基础设施和企业防台风宣传，避免企业在自然灾害中遭受损失。

【环境整治】　福兴经济开发区完成福马路开发区大门口至管委会办公大楼福兴大道两侧上洋工业厂房的围墙改造、大门改造、厂房立面改造和福华公司北侧、绿化节点建设；完成市政纳管的勘验工作；按照区政府的工作部署，开展治理整顿工业区内企业违法排污工作，督促企业按环保要求进行生产，对个别污染严重的企业，配合上级职能部门对其实施关闭、停产、迁移。

（福建省开发区协会）

福安经济开发区

【经济发展】　2009年，福安经济开发区实现地区生产总值19.02亿元，其中规模以上工业增加值13.07亿元，同比增长19%；工业总产值62亿元，同比增长35.9%，其中规模以上工业产值51.61亿元，同比增长19%；财政总收入6600万元，全社会固定资产投资5.8亿元，同比增长11%，全年进出口总额10536万美元，外贸出口7650.6万美元；期末金融机构存款余额14.81亿元，期末金融机构贷款余额18.21亿元。

【招商及项目建设】　福安经济开发区从本地资源开发利用，从现有产业的上下游配套，从“6·18”、“9·8”等投洽会中对接筛选招商项目，签订台湾向阳坊食品加工、福建金盛泰装饰、船舶循环经济工业园等项目；新引进包括浩盛金属、泰森动力、宏鑫机械、航电控制设备、安航海上安全技术、九华蓄电池、华一蓄电池、力源电机、金盛泰装饰在内的9个项目；加强对重点项目的服务协调，落实科级干部挂钩联系企业制度，建立项目领导牵头负责制、重点项目联系帮扶制度。2009年，洪泰铜业、蓁达电器等共5个项目建成投产；诚信电机、博辉商贸、慧通电机、众和塑胶等近10个项目正在加快建设；博瑞特电机、大众金属、安达铸造、康华电子、贝吃乐食品、天源包装、华粤食品、嘉华电机、一洲科技动力等企业加大技改力度，扩大部分企业厂区、厂房，增加设备、壮大企业规模，提升经济总量，增加发展后劲。区内完成立松工业园、东元项目等项目共计365亩的征地供地任务；完成力源电机项目征用42.66亩土地前期工作；妥善处理以往征地遗留扫尾工作；完成宏鑫、泰森、航电、九华、华一、安航、力源七家企业的工业用地意向书签订工作、企业用地红线图制作及失地农民保障金的上缴工作；完成福安市消防大队赛岐消防站用地的土地收储工作；完成罗江村280宗、大留东山自然村136宗安置地及9个工业项目约304.3亩土地的上报审批工作。

【规划工作】 2009年，区内先后编制开发区（樟港片）排洪渠规划设计审定、开发区规划环境影响评价、5平方公里土地集约利用评价、福安市电力布局规划，已完成开发区总体规划的修编送审稿编制工作；完成江滨新区（赛岐铁合金厂沿岸地块）修建性详细规划；完成开发区范围内10公顷土地测绘测量工作；完成7宗项目用地测量工作、12宗项目红线图制作、8个项目规划设计审查、3个市政基础设施项目规划设计。

【民生工程】 福安经济开发区从贴近百姓需求出发，加大公益性基础设施建设力度，以承载项目、培育产业、加快发展为目标，解决关系民生、关系发展的22项实事，努力为经济发展搭建一流平台。开发区投入资金1600多万元，全面改造完善区内主干道—罗江至大留东山长6公里宽42米路建设，已完成副车道硬化，绿化带建设、路灯修复改造，主干道修复；完成商贸区及立松工业园厂区前15米规划路、大留24米工业规划路双边主车道、小留至金山企业17米规划路水泥路面硬化13600平方米，农村公路建设500米；完成小留桥洋湾及桥洋等地排水管网800米；完成东元精工项目段排洪渠、大留24米路边排洪渠（190米）、小留村桥洋及桥洋湾综合排洪工程建设，共完成排洪渠道建设600米。开发区架设了银嘉电机3.5万伏电缆输变电线路，改造赛岐大桥照明灯；完成三江片排洪渠4公里清淤疏理工作；修复浏屿斗门闸门一座，确保无内涝、无淹没；规划建设罗江、小留田里、大留东山三个安置小区及大留新村，共安置居民410余户，已完成规划制图和分配到户，并陆续建设入住。同时，开发区加快城镇发展配套设施项目建设，完成三个垃圾焚烧炉建设，完成赛甘污水处理厂的前期规划设计。

【社会事务】 福安经济开发区新村建设、医疗卫生、市政管理等工作迈上新台阶，完成7个村新村村建规划，切实抓好村级组织换届，顺利完成八村一居党支部、村（居）民委员会的选举工作。城镇居民参保275人，发放医疗卡145张，参保金额26000元，协助协调区内企业员工劳资纠纷2起。开发区搞好计划生育工作，较好地完成计划生育各项指标；加大殡葬改革工作力度，成立“综合执法队”，大力宣传倡导移风易俗；严格落实综治维稳工作领导责任制，加强社会治安综合治理，部署“打黑除恶”工作，严厉打击各种犯罪活动，营造良好和谐的社会环境；抓好安全生产，加强督促检查，2009年无重大安全生产事故发生；信访工作扎实有效，无群体性越级上访事件发生。

【组织建设】 福安经济开发区开展深入学习实践科学发展观活动，提出实现“组织保障、民生和谐、产业提升”三大工程，研究制定25项围绕推进科学发展、民生和谐、项目推进、产业提升、干部作风、组织保障等方面的整改措施，并把具体整改任务分解到责任领导和责任处室（单位），限期整改落实。区内积极争取福安市委、市政府出台《关于支持闽东赛岐经济开发区福安畲族经济开发区湾坞工贸集中区发展的若干意见》（安委［2009］39号），对开发区财政等方面给予支持；加强基层组织建设，共新建非公企业党支部2个，发展党员17名，确定发展对象15名，培养积极分子37名；加强机关效能建设，健全对村级组织的管理，全面推进惩治和预防腐败体系建设，2009年没有发现严重违纪的人和事。

（福建省开发区协会）

长乐经济开发区

【经济发展】 2009年，长乐经济开发区完成规模以上工业总产值258.12亿元，比2008年净增43.94亿元，比增20.52%；上缴税收3.35亿元，比2008年净增3490.85万元，比增11.62%；完成固定资产投资15.43亿元，比减31.36%；内资实际到资3.1亿元；合同外资608.85万美元；实际利用外资1107万美元。

【招商引资】 “5·18”海峡两岸经贸交易会期间，长乐经济开发区共引进外资项目2项，分别为工业陶瓷、华宇仓储二期项目，总投资2300万美元；引进内资项目4项，分别为协创食品、省粮食储备库、福州面粉厂、世创粮油项目，总投资160000万元。“9·8”厦门投资贸易洽谈会期间，开发区共引进外资项目2项，分别为锦纶聚合三期、松下码头项目，总投资10000万美元。截至2009年底，全区共引进规模以上工业项目128个，总投资173.87亿元，其中已落户投产88项、在建6项、合同协议34项，初步形成以金源纺织、泰源纺织、华源纺织等企业为主的棉纺产业集群，棉纺纱锭突破150万枚；以金纶石化、力恒锦纶、鑫城化纤等企业为龙头的化纤产业集群，年产各类化纤35万吨；以鑫海冶金项目为支撑的钢铁产业集群，年产钢铁制品百万吨。

【企业服务】 在完善项目包办服务的同时，对中储粮、省储备粮、世创粮油、恒润投资、榕振船舶、鑫海码头等重点项目，滨海工业集中区都专门成立协调领导小组进行重点跟踪协调推动，及时帮助解决项目推进过程中出现的各种问题和困难，如中储粮项目用地场地平整、鑫海码头疏港路建设等问题都得到妥当解决。对于部分群众不理解征地（拆迁）问题，开发区配合辖区乡镇集中精力做过群众思想工作，使矛盾纠纷得到有效解决。

【土地利用】 2009年，长乐经济开发区组织办理工业项目用地选址9次共13宗项目；共受理办结上级领导批示件13宗，提出元成豆业延期投产认定、松下码头疏港路有关费用返还、榕振船舶疏港路建设、凯邦锦纶二期用地等建议意见。区内全年共上报审批7个批次7宗项目用地，共计109.69公顷，占长乐市全年20个批次、44宗项目、299.55公顷的36.62%；挂牌出让鑫隆机械、陆丰鞋业等13宗工业项目用地共计36.67公顷，同时上报亘德生物、众合针纺等2宗工业用地挂牌出让方案。

【项目建设】 2009年，长乐经济开发区有15个项目被列入福建省、福州市重点项目，年度计划投资8.2亿元，共完成投资5.96亿元，占年度计划的72.71%。其中在建重点项目4个，年度计划投资4.2亿元，全年共完成投资5.32亿元。松下码头2号泊位、松下港散粮中转库、力恒锦纶二期已建成投产；松下码头0号、3号泊位，鑫海码头18号、19号泊位，福州面粉厂整体搬迁，榕振船舶一期，松下物流园区，大唐午山风电场等项目正在建设。

【基础设施】 污水管网方面：污水主干管工程分漳港——两港段、两港——松下段进行施工，已共埋设18.54公里，占总里程的73.42%；完成投资额2784.04万元，占工程总投资的74.48%。

污水处理厂方面：污水处理厂建设规模为近期3万吨/日、中期8万吨/日，其中厂区按近期规模进行设计，预留中远期规模的用地，尾水排海管道工程按中期规模设计。厂区选址于松下镇首祉村元成豆业仓储东侧、松下码头疏港路北侧、15192 军用设施用地西侧之间的区域，近期工程占地约 55.44 亩，中、远期发展预留地向北拓展，规划控制总用地面积约 145 亩（含 20 亩预留中水回用地）。工程近期投资为 7280.83 万元，其中污水处理厂（TOT 融资）投资 5027.27 万元；尾水排海管道工程及其他政府配套工程投资为 2253.56 万元。按 TOT 融资的思路，开发区积极筹措厂区前期工作，已完成厂区的规划选址、林地预审及审批、土地预审及征地报批等手续，同时委托福建省环保设计院完成项目可行性研究并获得长乐市发改局的批复（长发改基［2009］42 号）；委托福建省林业勘察设计院完成厂区详细地质勘察及初步设计和施工图设计，项目的初步设计于 2009 年 11 月 25 日获得长乐市发改局的批复（长发改基［2009］72 号）；委托福州成建施工图审查事务所完成污水厂地质勘察资料和施工图的图审工作；完成厂区施工图预算工作，委托长乐市财政局投审中心进行厂区控制价的审核。

码头建设方面：牛头湾作业区 0 号、2 号、3 号泊位建设顺利实施，其中，0 号泊位主体正在施工，完成总投资的 74.5%；2 号泊位项目全部完成；3 号泊位完成 15 万吨主体结构设计和施工招投标工作，正在进行堆场填海施工、水工主体施工及沉箱预制，完成总投资的 18.11%。鑫海码头 18 号、19 号泊位预制场建设施工中，土地征用手续已获得省政府审批。林木已完成采伐，疏港路施工正在筹备中。元载码头项目征用松下村 19.46 公顷土地，其中陆域（虾池）占 13.16 公顷，生产性海域 7.50 公顷。限期搬迁公告已张贴并送达群众手中，松下村公益事业补助款已发放 40 万元。

路网建设方面：康宏码头疏港路扩建工程全面启动，计划将疏港路拓宽至 18 米，路面工程完成 2167 米，占 81.5%。防波堤工程海洋环境影响评价已通过省海洋与渔业局组织论证；130.07 公顷的松下港综合配套区开始围堰填海，围堰施工已推进 1200 米。

二期用地平整方面：在 30.67 公顷总挖方 125 万立方米工程量中，已完成工程约 23.2 公顷的土方平整，填方 38.8 万立方米、挖方 71.9 万立方米，完成工程投资 324 万元，占合同价的 69%。

【第三产业】 针对中心区配套设施不足、企业员工体育文化休闲场所缺失问题，长乐经济开发区引导周边镇村转换思路，利用中心区产业、员工集聚优势，发展第三产业、壮大集体经济，由文武砂镇、古槐镇所属东海村、东岱村、仙桥村合建的滨海商贸城项目已取得相应进展，土地报批工作已全面完成，填土方工程正在进行；滨海广场用地交地工作已基本完成，填土方工程即将结束。滨海商贸城、滨海广场项目由省城乡规划设计院进行规划设计工作。

（福建省开发区协会）

漳州金峰经济开发区

【经济发展】 2009 年，漳州金峰经济开发区实现规模工业产值 136.8 亿元；农业总产值 8990 万元；三产增加值 33799 万元，同比增长 19.33%；财政总收入 4.73 亿元，同比增长 6%；固定资产投资 13.35 亿元，同比增长 15.6%；工业固定资产投资 9.38 亿元，同比增长 17.32%；外贸出口额 23209.7 万美元，与 2008 年同期相比减少 17.23%；合同外资额 4545.26 万美元，同比增长 8.51%；实际利用外资 2784.72 万美元，同比增长超过 100%。

【招商引资】 漳州金峰经济开发区始终把招商引资作为经济工作的重中之重来抓，强化主动招商意识，创新招商方式方法，进一步健全招商引资考核激励机制，成立专门的招商工作小组，由主要领导亲自带头组团外出招商。2009 年，区内共引进内外资项目 18 个，总投资 10.23 亿元，注册资金 5.47 亿元。香港招商会、“4·9”、“9·8”贸洽会及花博会共签约合同项目 9 个，其中外资项目 7 个，总投资 8065 万美元，签约合同外资额 7365 万美元；内资项目 2 个，总投资近 1 亿元。总投资 4500 万美元的港资项目海莱电子节能灯在“9·8”贸洽会市团签约后，已快速完成企业注册登记、资金注入及规划设计等前期工作，该项目投产后预计年出口照明产品 1 亿美元以上。家用及商用垃圾处理器、中粮集团金属包装制品等 2 个投资上亿元的内资项目正在洽谈中。

【企业服务】 漳州金峰经济开发区深入开展“访企业、树信心、解难题、促发展” 活动，并成立 7 个专门工作小组，具体协调解决企业反映的问题和困难。开发区和芝山镇领导班子共走访重点企业近 100 家，查找出企业和项目资金需求、项目用地、两证办理、水电配套等方面存在的问题和困难共 78 条，其中已解决的问题 43 条，正在协调办理的问题 35 条。区内先后为正兴车轮、大北农、昌盛家具、保尔福金属、丰硕机械等 34 家企业解决生产用地平整、场地清理、道路修整、供地等项目用地问题 11 个；解决工程建设用电、排涝沟建设等水电配套问题 7 个；协调解决路标、路灯、公交站增设、规范过往车辆等交通安全问题 5 个。

【项目建设】 漳州金峰经济开发区落实领导挂钩重点项目制度，实行项目集中奠基开工，深入抓好项目建设的现场办公、进度督查、工作通报、奖优罚劣，充分调动全区上下抓项目工作的积极性和主动性，营造浓厚的项目建设氛围。2009 年，开发区列入区级建设项目共 44 个，已在建 34 个；计划外新增开工的项目有驰发电动车和华东机电等 5 个；已动工建设的大项目有宝诺电子科技园和东方电子智能仪器项目。一批项目的投建投产，形成了新的经济增长点。其中大北农项目投产以来预计可完成产值 2.5 亿元，纳税可达 400 万元；宝诺电子科技园总投资 4 亿元，首期已开工建设、投资 1.2 亿元、建筑面积 8 万平方米；正在改造的原漳州毛纺厂的驰发电动车生产项目也在加紧改建装修，2009 年 12 月底可安装 9 条电动车生产线。

【基础设施】 漳州金峰经济开发区克服资金紧缺等困难，采取财政投入、前期招商运作、向商业银行贷款等方式多渠道筹措资金，共投入 4000 多万元，完成金星路西段、金星路东段、金塘路、金马路、北斗二路西段等 6 公里长的园区道路建设，打通园区东西向的主干道，构筑开发区发展新格局；投入 2000 万元，配套完善电力设施和路灯照明工程；铺设自来水管道 3.3 公里，完成两个污水提升泵站及总长 9727 米的管道建设。同时，加强园区绿化、美化和卫生保洁管理工作，进一步提升开发区的品位。

【社会事业】 2009 年，漳州金峰经济开发区顺利完成换届选举工作；认真实施“国家绿色农业项目建设”，发展品牌农业，扶持龙头企业，“信华食品”获得福建品牌农业金奖和漳州市十大名产称号；加强动物疫病防控，新建沼气池 177 口共 7080 立方米、无害化处理池 9 口共 400 立方米；全面落实农村“家园清洁”工作，共投入资金 39.57 万元，清理垃圾 6983 吨、淤泥 457 吨；基本完成 2008 至 2009 年度冬春修水利建设任务，共投资 38 万元、清淤渠道 7900 米；全面落实粮食直补、农机购置补贴和能繁母猪补贴等各项支农惠农政策。开发区有效推进人口与计划生育工作，出生人口政策符合率达 97.57%，征收社会抚养费83.99万元，计生工作明显好于2008年。开发区切实加强矛盾纠纷排查调处，积极参与并及时妥善解决全世好、绿洲富城等企业的劳资纠纷，全年成功化解41起劳资纠纷引发的矛盾，成功化解8起突发事件引发的矛盾。开发区着力加大“清洁家园”工作力度，先后投入39.57万元，在创建国家卫生城市顺利通过的基础上，进行巩固提高。

（福建省开发区协会）

罗源湾经济开发区

【经济发展】 2009年，罗源湾经济开发区完成工业总产值98.13亿元，比2008年同期增长93%，其中规模以上工业产值97.9亿元，同比增长93%；地方级财政收入6109.07万元，同比增长39%；外资实际到资2291万美元，同比增长34%；完成固定资产投资27.66亿元，同比增长4%；完成企业用电量8.58亿千瓦时，同比增长超过100%。

【基础设施】 南片填方及路网：西海岸树脂项目一期用地后续填方工程及南中央大道工程余下的600多米抛石填方工程，按照2009年11月6日县政府开发区基础设施建设推进会议纪要精神，已委托县路桥公司与开发区机械化公司实施，以岐头、南岐、岐后三村为施工班组于2009年12月初启动实施。南江滨路堤设计变更工作已委托县明川水利水电设计有限公司实施，专项开行贷款获批在即。岐鹤路砼路面工程及岐鹤大桥工程已完成设计，正在公开招投标当中。火车站站前广场正进行详细规划，连接站前广场与岐鹤路的白黄大道拟委托设计，所需建设资金正在筹划当中。

BT项目：2008年12月由福建远东投资有限公司中标，2009年1月已签订BT投资协议。2009年4月，项目投资方的罗源松山地产有限公司已成立。与松山地产有限公司的BT项目实施协议有关条款已经谈妥，施工图设计已图审合格，待县专题会议研究后即可实施。项目土料点山地及施工便道松山镇正在征用当中，取土点林业正待报批。松山镇正在协调关于项目涉及鱼虾塘收塘征用的工作。

金港片防洪排涝工程：已完成白水、土港、岐佃主排洪渠土方开挖工程，东岸燕窝蛋新水闸工程隧洞已基本贯通，外侧疏港公路的桥涵正在施工当中。

内滩水库清淤工程：按水利局的清淤方案，将工程分两段实施。第一段为岐头桥以上河道，拟委托施工单位，自筹设备进行清淤。第二段为岐头大桥以下内滩部分，拟结合南堤及开发区项目用地填方进行清淤。2009年12月22日，县政府相关会议已决定通过公开招投标选择施工单位。

南片BOT污水处理厂及管网配套：按照县委开发区相关会议精神，BOT工业污水处理厂项目按罗源县城市总规及开发区南片控规规划环评要求，将原污水处理厂项目用地扩大为75亩，日处理能力由原来的4万吨提升至8万吨，在生活污水处理水平上提升工业污水处理能力，2009年可启动日处理1万吨工业污水处理设施建设，前期工作正在办理当中。南片污水管网等配套建设将结合岐鹤路同时实施。

【招商引资】 罗源湾经济开发区全年签订项目合同7个，合同投资总额13.3亿元；项目意向合同3个，意向合同投资总额33亿元。主要签约项目有博美生物医药基地、红狮水泥、索日光电、千里马节能灯、海宁医院、弘景木塑、30万吨冷轧、农林大学分校等。

【项目建设】 罗源湾经济2009年，开发区实现软包装二期（省重点）、宇星彩板一期（省重点）、亿鑫钢铁二期、德盛特钢与镍5（省重点）、三金钢铁（市重点）、永荣不锈钢等7个项目按期建成投产；促成德盛镍25、三金高速线材、汽车缓速器、BOPP第三条生产线、闽城鞋业、正祥星级酒店、博美医药基地、LID节能灯等8个项目开工动建；促成红狮水泥、晟元不锈钢冷轧、流体阀门、环保涂料、弘景木塑、博奥码头等新签约项目落地。

【产业发展】 德盛镍业：特钢项目于2009年2月份建成投产，8月份并入镍业项目。2009年底，特钢项目累计产量（中间产品）15.3万吨，产品合格率达90%以上，日产产能已达到设计能力的95%。固溶厂已生产不锈钢卷板带（合格出厂产品）11万吨，产品合格率达95%。镍5合金项目第一条生产线于2009年9月份开始试投产，其他两条生产线2009年底可陆续建成试投产。镍25合金项目基础及建筑物施工已完成45%。码头项目海域钻探已完成，1号、2号泊位已通过市级初审，正报省交通厅、省发改委批复；3号、4号泊位已获得省交通厅行业审查；航道渔排拆除工作正在进行当中。

宇星彩板：一期项目第一条15万吨镀锌彩板生产线生产运行基本正常。项目内配套员工宿舍楼、主管宿舍楼、检测中心已建成投入使用。办公楼地上一层正在施工。1号厂房建设已完工，2号厂房钢构件正在加工，二期450.8亩用地正在筹划征用中。

BOPP二期：二期项目已建成投产，一、二期项目生产均正常。三期项目厂房桩基已结束并通过负载试验，正在进行厂房基础施工。辅助车间桩基工程已完成90%以上。

亿鑫钢铁二期：二期项目已建成投产，一、二期项目生产正常，三期在拟筹建当中。

西海岸树脂：一期257亩项目用地成功摘牌，正在办理土地使用权证、项目总平图等手续。一期项目用地已填方200余亩，剩下的53亩填方工程经多方协调，正由松山镇岐后村施工班组加紧施工当中。

三金钢铁：78平方米步进式烧结系统、500立方米高炉系统、45吨转炉炼钢系统开始陆续试投产，生产状况基本正常。60万吨高线项目主轧厂房、成品厂房、备件厂房、轧辊加工等车间主体工程已完成，设备基础建设结束，正在安装生产设备。

恒久客车及汽车缓速器项目：1.5万平方米客车底盘车间基础工程已全部完成，正进行上部钢结构建设；1号、2号附属楼已完成三层主体框架，正进行墙体建设。汽车缓速器项目待罗源厂房建成后，即可从福州搬迁落地。

永荣不锈钢：一期项目已开始边试产边调试，生产运行基本正常。二期项目用地已摘牌，项目总平图会审、项目用地批准证书已办理完成。

博美医药基地：项目用地面积扩大为150余亩，按照规划拟选址，将东侧原鸿博印刷项目50亩、北侧啤酒项目30亩及脱胎漆器已摘牌的20亩纳入用地范围内。为此，需对上述三宗用地进行调整，经与业主多次协商，已签订相关协议。同时，国土局已将置换方案报县里研究，相关项目用地置换手续已基本办妥。医药基地项目用地已进入招拍挂程序，待挂牌出让。

信和竹木：1号厂房建设完成，设备安装、调试已完成，转入试生产阶段。2号厂房桩基工程已完成，厂区值班室已投入使用，生产用水、用电等基础配套工程已基本完成。

此外，金匙啤酒、工艺品加工、鸿博印刷因项目规划需要，需调整项目用地；博奥码头已完成公司注册，正在进行岸线和海域申报工作；LID节能灯公司注册地已变更为罗源；流体阀门因项目用地三通尚未完成，不具备建设条件；冷轧不锈钢已确定用地安排方案，生产线工艺布置已委托相关单位设计；环氧树脂要待树脂项目投产后动工；奥特帕斯活塞环、风力设备因受金融危机影响，资金紧张，业主计划2010年初启动；飞地项目嘉纳塑胶已试投产，宏丰备件、远嘉叶腊石已基本建成；环保涂料已完成项目可研和环评。

【管理与服务】 罗源湾经济开发区十分注重服务环境的完善，牢固树立“服务是第一投资环境”的理念，落实亲商、安商、富商举措，全力以赴打造项目落户“绿色通道”，真正为客商提供全方位、全过程、高效率的“一条龙、一站式、保姆式”服务，切实增强服务意识、提高服务能力、提升服务水平、扩大服务效果。一是明确责任，调整服务机制。继续推行管委会领导与重点项目挂钩联系制度，每个重大项目都有一位副主任牵头负责，每项服务工作都有明确的具体经办跟踪人员。实施“日巡查、周通报、月评估”制度，定期或不定期召开项目服务工作例会，协调项目建设中存在的问题和矛盾，确保项目建设顺利推进。二是突出重点，提升服务质量，以促进项目尽快建成投产为目标，主要围绕亿鑫钢铁二期、德盛镍业三金钢铁、BOPP 二期、永荣不锈钢、嘉纳塑胶、远嘉叶腊石、宏丰备件等项目不断提升服务质量，准确把握每个项目新动向，抓住项目存在的主要问题，为解决项目实际困难提供有力的帮助，切实推动项目如期建成投产。三是密切配合，提高服务效率。进一步健全服务体系，充分发挥企业服务部与劳动力资源开发服务中心职能，为企业提供政策咨询、用工代理、纠纷调处等服务。四是跟踪督促，实现服务成效。对在谈、在建及投产项目强化督促跟踪制度，做到服务与项目进度并重；继续做好项目进度推进表，建立完备的项目资料档案；针对重点项目，实行项目建设日报表跟踪制度，实现项目按预定计划建成投产。

【党建工作】 罗源湾经济开发区党工委确立了服务全局、服务建设的工作理念，围绕县委工作部署，为促进开发区各项工作任务的顺利完成提供组织保证。一是精心组织，科学发展观学习活动扎实有效。开发区党工委紧紧围绕县委提出的目标要求，在县委实践办及县委指导组的有力指导和帮助下，紧扣“海西先行、福州走前头、罗源迈大步”的主题和工作实际，通过区直机关支部、区属公司支部、非公企业支部及全体党员、广大机关干部的共同努力，全面完成学习调研、分析检查、整改落实三阶段六环节的学习任务。同时，坚持两手抓、两不误、两促进，形成学习实践活动与业务工作全面推进的良好局面。二是加大力度，抓好非公党支部组建。通过走访摸底，组建德盛能源和闽联木业等 2 个非公企业党支部，全区已有非公党支部 15 个，基层党组织基本覆盖到已投产的大中型非公企业。三是强化基础，抓好党员队伍建设。2009 年培训了党员发展对象 35 名，批准吸收预备党员 21 名，批准转正党员 26 名，为党组织注入新鲜血液，增强了基层组织的活力。四是注重宣传，党风廉政建设落在实处。开展党风廉政宣传教育活动，努力从源头上预防和治理腐败。坚持管委会主任办公例会制度，落实工程公开招标及监管机制。严格工作人员考勤制度，改变工作作风。强化社会监督和约束机能，为加快开发区健康快速发展提供有力的政治保障。

（福建省开发区协会）

龙岩经济开发区

【经济运行】 2009 年，龙岩经济开发区实现工业产值 80.87 亿元，同比增长 30%，其中规模以上工业产值 79.57 亿元，同比增长 30%，工业增加值 17.82 亿元，同比增长

30%；实现财政收入3.34亿元，同比增长43.5%，其中中央级收入18044万元，同比增长38.95%，地方级收入15405万元，同比增长49.23%；完成外贸出口（报表口径）7028万美元（不含龙工机械）。

【投资环境】 龙岩经济开发区进一步完善东肖片区道路交通网络，逐步形成“硬化、绿化、净化、美化、亮化”的优良环境。区内生活配套设施更加完善，幼儿园开始招生；开通公交专线，公交站亭、站房全部建成，大幅度增加班次；农贸市场、商场、餐饮、金融等服务设施逐步配套；社区居委会成立；中国银行开发区支行开业；文体中心投入使用；社区医院正在建设中；大学生公寓正在规划建设。

【招商引资】 龙岩经济开发区全年洽谈项目31个、总投资74.3亿元，其中内联项目25个、总投资33.9亿元，外资项目6个、总投资6亿美元。主要呈现三大特点：一是项目投资规模较大。项目投资最小规模达到4000万元，其中年产1.5万台龙工挖掘机项目总投资35亿元，固定资产投资15亿元，凯鲍重工项目总投资10亿元。二是园区招商取得突破。在高新园区龙工配件园签约项目7个、总投资4.71亿元，在谈项目6个、总投资3.9亿元。三是企业增资扩建势头强劲。增资扩建的企业有3家，共增资3194万美元。

【项目建设】 龙岩经济开发区完成固定资产投资6亿元，同比增长10%。6个列入省、市重点项目总投资19.04亿元，完成投资3.76亿元，超额完成年度计划。其中龙马环卫装备二期项目2009年8月份已建成投产，龙岩象屿物流园区、龙岩铭丰生活纸制品生产、福建东源环保装备制造、龙岩新区供水工程等项目按计划有序推进。这些项目建成投产后年可新增产值31.95亿元，实现税利1.91亿元。“三二一”滚动推进计划成效明显，全年策划储备项目21个，总投资61亿元，超额完成年度计划；新开工杰新钢构二期、中合药业等6个项目，总投资4.57亿元，已完成投资近亿元；新竣工泉龙药业、卓越生物质增塑剂等11个项目，总投资11.53亿元，项目全部建成投产后年可新增产值20亿元以上，实现税利2亿元以上。

【工程进展】 龙岩经济开发区全年新培育亿元企业有龙工液压、畅丰汽车、铭丰纸业3家，其中龙工液压产值达2亿元，新上规模企业有龙工液压、天玉建材、华阳铝业、红狼实业等6家。区内加大企业上市工作力度，积极培育上市企业，2009年，东源环保和亿隆家庭装饰品2家企业在新加坡成功上市，畅丰车桥、龙马环卫等2家企业正在筹划上市。

【科技创新】 龙岩经济开发区加大了企业扶持力度，2009年共兑现各项扶持中小企业发展政策资金1400多万元，共上报市技术创新项目23项，已认定高新技术企业3家、省级企业技术中心1家、市级企业技术中心3家。

【品牌培育】 龙岩经济开发区新增省名牌产品3个、省著名商标3个，市知名商标6个，有力提升了开发区产业的知名度和竞争力以及在区域产业领域的影响力。

【土地利用】 东肖片区报批5个项目用地约640亩，龙工出口生产基地、鑫叶物流、象屿物流园区等项目已基本拆迁完毕并已交地。在加快推进征地拆迁的同时，开发区加大了综合执法力度，坚决制止各类违法建设行为，下发制止通知书72份、面积约9390平方米，共强制拆除违法建筑19宗、面积3630平方米，有效遏制了违法抢建之风。区内全面启动规划和农保调整、土地报批、基础设施等工作，对原有规划进行适当调整，完成了高新园区建设总体规划；土地报批1451亩，征地4326亩，扎实推进凯鲍重工生产基地等项目建设的征地拆迁工作；启动实施凯鲍重工等项目和快速通道、高陂大道、北山大桥等基础设施建设；龙工配件园即将入区建设。

【党建工作】 龙岩经济开发区新组建非公企业党支部3个，发展党员73人；新组建企业工会组织9个，发展会员6800人；新组建非公团组织3家。规模以上企业基本上组建了基层党组织，实现工会组织全覆盖。非公党建和群团工作迈上一个新台阶。2009年，管委会荣获“市级文明单位”、“平安园区先进单位”、“计划生育先进单位”等称号。

（福建省开发区协会）

统计资料篇

2009年国家级经济技术开发区、边境经济合作区主要经济指标

经济指标	全国		54个经济开发区				32个东部经济开发区		
	2009年	同比	2009年	2008年	增幅	占全国	2009年	2008年	增幅
地区生产总值（亿元）	335353	8.7%	17730	15313	15.8%	5.3%	13523	11835	14.3%
其中：工业增加值（亿元）			12482	10972	13.8%		9426	8445	11.6%
工业总产值（现价）（亿元）			51271	45935	11.6%		40612	37058	9.6%
其中：高新技术企业（亿元）			23626	21566	9.6%		18842	17444	8.0%
税收收入（亿元）	63104	9.1%	3145	2481	26.8%	5.0%	2526	2001	26.3%
出口总额（亿美元）	12017	-16.0%	1874	2051	-8.7%	15.6%	1776	1945	-8.7%
其中：高新技术产品出口额（亿美元）			1279	1373	-6.8%		1246	1329	-6.3%
进口总额（亿美元）	10056	-11.2%	1644	1804	-8.9%	16.3%	1553	1715	-9.5%
其中：高新技术产品进口额（亿美元）			865	969	-10.7%		833	924	-9.9%
实际利用外资金额（亿美元）	900	-2.6%	204	195	4.3%	22.6%	164	158	3.7%
期末实有高新技术企业数（家）			3025	4116	-26.5%		2132	3111	-31.5%
历年累计已开发土地面积（平方公里）			1357	1260	7.7%		987	930	6.1%
其中：已建工业项目用地面积（平方公里）			742	694	7%		502	482	4.2%
年末全区从业人员（万人）			646	583	10.7%		481	438	9.9%

续表

经济指标	9个中部经济开发区			13个西部经济开发区			边境经济合作区		
	2009年	2008年	增幅	2009年	2008年	增幅	2009年	2008年	增幅
地区生产总值（亿元）	2434	2090	16.5%	1772	1387	27.7%	307.7	205.0	50.1%
其中：工业增加值（亿元）	1892	1620	16.8%	1164	906	28.5%	104.5	82.3	27.0%
工业总产值（现价）（亿元）	6841	5801	17.9%	3818	3076	24.1%	319.4	257.1	24.2%
其中：高新技术企业（亿元）	3864	3070	25.8%	920	1052	-12.6%	38.1	17.2	121.1%
税收收入（亿元）	369	275	34.4%	250	206	21.4%	27.7	25.6	8.1%
出口总额（亿美元）	49	61	-20.6%	49	45	8.5%	40.0	58.6	-31.8%
其中：高新技术产品出口额（亿美元）	29	36	-19.7%	4	7	-38.4%	0.0	0.3	-98.2%
进口总额（亿美元）	63	68	-7.7%	28	21	33.4%	41.8	39.0	7.2%
其中：高新技术产品进口额（亿美元）	28	32	-13.3%	4	12	-64.7%	0.0	0.0	0.0
实际利用外资金额（亿美元）	24	23	7.0%	16	15	6.8%	3.3	1.7	96.8%
期末实有高新技术企业数（家）	565	594	-4.9%	328	411	-20.2%	38.0	34.0	11.8%
历年累计已开发土地面积（平方公里）	184	153	20.8%	186	178	4.4%	116.6	92.8	25.6%
其中：已建工业项目用地面积（平方公里）	129	109	18.3%	111	103	7.7%	49.7	29.8	66.6%
年末全区从业人员（万人）	91	77	17.8%	74	68	8.4%	15.2	17.1	-10.8%

注：2008年底科技部对高新技术企业的认定采用了新办法，2009年纳入统计口径的高新技术企业数量减少。

2009年54个国家级经济技术开发区税收收入情况

2009年32个东部国家级经济技术开发区税收收入情况

单位：亿元

序号	开发区名称	2009年	2008年	同比
1	大连经济技术开发区	132.65	88.41	50.04%
2	秦皇岛经济技术开发区	19.02	14.63	29.99%
3	天津经济技术开发区	224.12	237.66	-5.70%
4	烟台经济技术开发区	80.56	76.81	4.88%
5	青岛经济技术开发区	156.08	92.51	68.72%
6	连云港经济技术开发区	29.03	23.67	22.62%
7	南通经济技术开发区	32.88	31.13	5.62%
8	宁波经济技术开发区	59.21	54.69	8.27%
9	福州经济技术开发区	26.01	23.14	12.38%
10	广州经济技术开发区	267.65	235.17	13.81%
11	湛江经济技术开发区	11.57	10.91	6.04%
12	闵行经济技术开发区	38.26	44.10	-13.24%
13	虹桥经济技术开发区	5.09	5.93	-14.20%
14	漕河泾新兴经济技术开发区	60.83	39.08	55.65%
15	温州经济技术开发区	10.53	13.87	-24.12%
16	萧山经济技术开发区	30.13	22.12	36.21%
17	营口经济技术开发区	28.79	20.61	39.66%
18	威海经济技术开发区	17.39	15.77	10.29%
19	福清融侨经济技术开发区	11.46	10.77	6.50%
20	广州南沙经济技术开发区	133.71	90.69	47.44%
21	惠州大亚湾经济技术开发区	97.76	25.94	276.79%
22	昆山经济技术开发区	104.78	86.11	21.69%
23	东山经济技术开发区	1.44	1.23	16.78%
24	沈阳经济技术开发区	68.70	53.70	27.93%
25	杭州经济技术开发区	69.08	51.91	33.09%
26	北京经济技术开发区	173.88	158.10	9.98%
27	南京经济技术开发区	46.59	36.06	29.20%
28	宁波大榭开发区	61.29	37.12	65.10%
29	海南洋浦经济开发区	85.04	33.64	152.80%
30	苏州工业园区	209.89	196.61	6.75%
31	上海金桥出口加工区	164.27	92.13	78.31%
32	厦门海沧台商投资区	68.13	76.31	-10.72%
	合计	2525.80	2000.53	26.26%

2009 年 9 个中部国家级经济技术开发区税收收入情况

单位：亿元

序号	开发区名称	2009 年	2008 年	同比
1	哈尔滨经济技术开发区	43.40	27.02	60.59%
2	长春经济技术开发区	46.57	36.88	26.28%
3	武汉经济技术开发区	100.35	73.59	36.35%
4	芜湖经济技术开发区	46.14	39.86	15.75%
5	合肥经济技术开发区	45.59	26.00	75.31%
6	郑州经济技术开发区	17.81	12.64	40.90%
7	长沙经济技术开发区	35.01	26.82	30.53%
8	南昌经济技术开发区	26.62	24.43	9.00%
9	太原经济技术开发区	7.66	7.45	2.85%
	合计	369.15	274.70	34.38%

2009 年 13 个西部国家级经济技术开发区税收收入情况

单位：亿元

序号	开发区名称	2009 年	2008 年	同比
1	重庆经济技术开发区	76.91	63.35	21.41%
2	乌鲁木齐经济技术开发区	19.00	15.30	24.18%
3	西安经济技术开发区	29.37	22.23	32.10%
4	成都经济技术开发区	42.50	38.07	11.64%
5	昆明经济技术开发区	13.36	8.87	50.64%
6	贵阳经济技术开发区	8.74	7.09	23.34%
7	石河子经济技术开发区	8.88	7.66	15.93%
8	西宁经济技术开发区	10.81	8.41	28.59%
9	呼和浩特经济技术开发区	13.01	11.81	10.18%
10	南宁经济技术开发区	6.66	6.79	-1.90%
11	银川经济技术开发区	9.36	7.06	32.51%
12	兰州经济技术开发区	7.85	7.14	10.01%
13	拉萨经济技术开发区	3.32	1.91	73.36%
	合计	249.78	205.68	21.44%

2009年54个国家级经济技术开发区实际利用外资金额情况

2009年32个东部国家级经济技术开发区实际利用外资金额情况

单位：亿美元

序号	开发区名称	2009年	2008年	同比
1	大连经济技术开发区	20.04	13.10	52.95%
2	秦皇岛经济技术开发区	0.68	1.81	-62.18%
3	天津经济技术开发区	30.20	25.12	20.21%
4	烟台经济技术开发区	3.71	5.54	-33.15%
5	青岛经济技术开发区	12.07	12.50	-3.47%
6	连云港经济技术开发区	3.33	2.84	17.19%
7	南通经济技术开发区	4.39	6.36	-30.95%
8	宁波经济技术开发区	5.71	6.09	-6.20%
9	福州经济技术开发区	1.57	1.37	14.26%
10	广州经济技术开发区	11.65	10.34	12.63%
11	湛江经济技术开发区	0.10	0.03	275.37%
12	闵行经济技术开发区	0.50	0.66	-24.34%
13	虹桥经济技术开发区	2.62	0.69	282.82%
14	漕河泾新兴经济技术开发区	1.55	1.55	0.11%
15	温州经济技术开发区	0.19	0.48	-61.02%
16	萧山经济技术开发区	3.00	2.56	17.27%
17	营口经济技术开发区	2.01	2.01	0.16%
18	威海经济技术开发区	0.99	1.34	-26.03%
19	福清融侨经济技术开发区	1.04	0.71	46.61%
20	广州南沙经济技术开发区	6.22	5.53	12.34%
21	惠州大亚湾经济技术开发区	2.66	2.57	3.47%
22	昆山经济技术开发区	7.90	9.24	-14.51%
23	东山经济技术开发区	0.03	0.03	-8.22%
24	沈阳经济技术开发区	9.08	8.23	10.33%
25	杭州经济技术开发区	5.90	2.60	127.30%
26	北京经济技术开发区	0.69	5.36	-87.19%
27	南京经济技术开发区	2.58	2.57	0.33%
28	宁波大榭开发区	0.51	0.31	63.84%
29	海南洋浦经济开发区	0.08	0.97	-91.35%
30	苏州工业园区	18.05	18.00	0.25%
31	上海金桥出口加工区	1.57	2.35	-33.01%
32	厦门海沧台商投资区	3.32	5.23	-36.40%
	合计	163.94	158.09	3.70%

2009 年 9 个中部国家级经济技术开发区实际利用外资金额情况 单位：亿美元

序号	开发区名称	2009 年	2008 年	同比
1	哈尔滨经济技术开发区	1.48	1.22	20.95%
2	长春经济技术开发区	8.27	6.97	18.57%
3	武汉经济技术开发区	1.25	1.17	6.99%
4	芜湖经济技术开发区	1.38	2.57	-46.19%
5	合肥经济技术开发区	3.36	3.53	-4.87%
6	郑州经济技术开发区	2.38	2.00	19.08%
7	长沙经济技术开发区	1.75	1.55	13.03%
8	南昌经济技术开发区	2.75	2.27	21.46%
9	太原经济技术开发区	1.46	1.22	19.69%
	合计	24.09	22.50	7.04%

2009 年 13 个西部国家级经济技术开发区实际利用外资金额情况 单位：亿美元

序号	开发区名称	2009 年	2008 年	同比
1	重庆经济技术开发区	4.00	3.87	3.51%
2	乌鲁木齐经济技术开发区	0.73	0.70	4.49%
3	西安经济技术开发区	3.37	3.20	5.06%
4	成都经济技术开发区	2.51	2.15	16.66%
5	昆明经济技术开发区	1.29	0.94	38.04%
6	贵阳经济技术开发区	0.26	0.20	32.00%
7	石河子经济技术开发区	0.04	0.03	5.46%
8	西宁经济技术开发区	0.54	0.30	79.57%
9	呼和浩特经济技术开发区	1.78	1.97	-9.57%
10	南宁经济技术开发区	0.28	0.21	36.89%
11	银川经济技术开发区	0.51	0.76	-32.94%
12	兰州经济技术开发区	0.30	0.36	-16.67%
13	拉萨经济技术开发区	0.18	0.10	84.87%
	合计	15.79	14.79	6.82%

2009年54个国家级经济技术开发区出口总额情况

2009年32个东部国家级经济技术开发区出口总额情况

单位：亿美元

序号	开发区名称	2009年	2008年	同比
1	大连经济技术开发区	58.61	77.31	-24.19%
2	秦皇岛经济技术开发区	8.12	12.90	-37.03%
3	天津经济技术开发区	133.41	171.42	-22.18%
4	烟台经济技术开发区	140.03	130.17	7.58%
5	青岛经济技术开发区	70.68	73.93	-4.40%
6	连云港经济技术开发区	7.31	8.27	-11.64%
7	南通经济技术开发区	14.04	17.65	-20.44%
8	宁波经济技术开发区	46.76	52.55	-11.02%
9	福州经济技术开发区	16.66	15.41	8.11%
10	广州经济技术开发区	102.32	105.08	-2.63%
11	湛江经济技术开发区	4.56	6.40	-28.74%
12	闵行经济技术开发区	11.27	14.75	-23.54%
13	虹桥经济技术开发区	0.43	0.00	
14	漕河泾新兴经济技术开发区	136.96	138.09	-0.82%
15	温州经济技术开发区	7.74	13.11	-40.93%
16	萧山经济技术开发区	15.58	20.06	-22.34%
17	营口经济技术开发区	4.30	6.58	-34.60%
18	威海经济技术开发区	14.76	14.29	3.33%
19	福清融侨经济技术开发区	51.73	56.55	-8.53%
20	广州南沙经济技术开发区	24.81	22.36	10.94%
21	惠州大亚湾经济技术开发区	13.53	13.16	2.83%
22	昆山经济技术开发区	365.33	331.03	10.36%
23	东山经济技术开发区	2.23	1.55	44.57%
24	沈阳经济技术开发区	15.67	14.28	9.71%
25	杭州经济技术开发区	35.35	52.17	-32.24%
26	北京经济技术开发区	117.46	126.52	-7.16%
27	南京经济技术开发区	45.90	51.04	-10.07%
28	宁波大榭开发区	4.17	5.46	-23.56%
29	海南洋浦经济开发区	5.90	2.90	103.45%
30	苏州工业园区	241.61	311.05	-22.32%
31	上海金桥出口加工区	38.61	49.12	-21.41%
32	厦门海沧台商投资区	20.55	29.78	-30.99%
	合计	1776.40	1944.93	-8.66%

2009年9个中部国家级经济技术开发区出口总额情况

单位：亿美元

序号	开发区名称	2009年	2008年	同比
1	哈尔滨经济技术开发区	5.12	6.24	-17.96%
2	长春经济技术开发区	3.53	4.62	-23.58%
3	武汉经济技术开发区	10.31	12.38	-16.72%
4	芜湖经济技术开发区	5.12	12.08	-57.61%
5	合肥经济技术开发区	7.14	8.14	-12.28%
6	郑州经济技术开发区	1.85	1.30	42.87%
7	长沙经济技术开发区	6.78	9.02	-24.85%
8	南昌经济技术开发区	3.68	3.65	1.00%
9	太原经济技术开发区	5.13	3.87	32.65%
	合计	48.66	61.28	-20.60%

2009年13个西部国家级经济技术开发区出口总额情况

单位：亿美元

序号	开发区名称	2009年	2008年	同比
1	重庆经济技术开发区	4.16	3.86	7.78%
2	乌鲁木齐经济技术开发区	23.51	21.11	11.36%
3	西安经济技术开发区	8.34	6.68	24.80%
4	成都经济技术开发区	2.23	1.72	29.74%
5	昆明经济技术开发区	3.38	1.40	140.82%
6	贵阳经济技术开发区	0.62	0.80	-22.52%
7	石河子经济技术开发区	0.94	2.45	-61.61%
8	西宁经济技术开发区	2.31	1.94	19.33%
9	呼和浩特经济技术开发区	0.60	1.23	-51.11%
10	南宁经济技术开发区	0.59	0.58	1.94%
11	银川经济技术开发区	1.74	2.83	-38.70%
12	兰州经济技术开发区	0.14	0.14	3.09%
13	拉萨经济技术开发区	0.00	0.00	0.00
	合计	48.55	44.74	8.53%

2009年54个国家级经济技术开发区进口总额情况

2009年32个东部国家级经济技术开发区进口总额情况

单位：亿美元

序号	开发区名称	2009年	2008年	同比
1	大连经济技术开发区	83.49	104.53	-20.13%
2	秦皇岛经济技术开发区	14.99	16.52	-9.29%
3	天津经济技术开发区	135.14	162.12	-16.65%
4	烟台经济技术开发区	108.36	105.01	3.19%
5	青岛经济技术开发区	54.45	56.42	-3.50%
6	连云港经济技术开发区	15.38	16.24	-5.31%
7	南通经济技术开发区	14.79	15.63	-5.33%
8	宁波经济技术开发区	52.95	55.59	-4.74%
9	福州经济技术开发区	14.47	22.30	-35.12%
10	广州经济技术开发区	119.39	113.33	5.34%
11	湛江经济技术开发区	1.33	1.43	-7.19%
12	闵行经济技术开发区	10.37	10.57	-1.81%
13	虹桥经济技术开发区	1.09	0.00	
14	漕河泾新兴经济技术开发区	39.90	42.45	-6.01%
15	温州经济技术开发区	1.69	1.26	34.10%
16	萧山经济技术开发区	5.14	7.12	-27.78%
17	营口经济技术开发区	3.18	4.32	-26.30%
18	威海经济技术开发区	11.62	13.59	-14.50%
19	福清融侨经济技术开发区	42.38	46.22	-8.30%
20	广州南沙经济技术开发区	36.90	30.79	19.84%
21	惠州大亚湾经济技术开发区	11.10	9.98	11.21%
22	昆山经济技术开发区	168.14	174.50	-3.64%
23	东山经济技术开发区	0.29	0.28	2.10%
24	沈阳经济技术开发区	12.04	11.98	0.45%
25	杭州经济技术开发区	22.03	32.56	-32.35%
26	北京经济技术开发区	105.12	117.77	-10.74%
27	南京经济技术开发区	69.25	70.41	-1.65%
28	宁波大榭开发区	11.43	8.08	41.48%
29	海南洋浦经济开发区	42.40	62.60	-32.27%
30	苏州工业园区	271.21	313.64	-13.53%
31	上海金桥出口加工区	50.05	59.08	-15.28%
32	厦门海沧台商投资区	22.47	28.77	-21.90%
	合计	1552.53	1715.09	-9.48%

2009年9个中部国家级经济技术开发区进口总额情况

单位：亿美元

序号	开发区名称	2009年	2008年	同比
1	哈尔滨经济技术开发区	12.00	8.42	42.58%
2	长春经济技术开发区	7.67	9.93	-22.82%
3	武汉经济技术开发区	16.15	19.14	-15.66%
4	芜湖经济技术开发区	4.60	4.55	1.11%
5	合肥经济技术开发区	7.02	9.35	-24.93%
6	郑州经济技术开发区	1.79	1.81	-1.22%
7	长沙经济技术开发区	5.83	8.25	-29.33%
8	南昌经济技术开发区	3.33	3.14	6.00%
9	太原经济技术开发区	4.24	3.22	31.37%
	合计	62.62	67.82	-7.67%

2009年13个西部国家级经济技术开发区进口总额情况

单位：亿美元

序号	开发区名称	2009年	2008年	同比
1	重庆经济技术开发区	10.68	10.27	3.96%
2	乌鲁木齐经济技术开发区	8.05	1.79	348.59%
3	西安经济技术开发区	2.18	1.63	33.44%
4	成都经济技术开发区	3.56	2.28	55.96%
5	昆明经济技术开发区	0.64	0.75	-14.35%
6	贵阳经济技术开发区	0.25	0.32	-23.21%
7	石河子经济技术开发区	0.16	0.37	-56.71%
8	西宁经济技术开发区	0.22	0.67	-67.49%
9	呼和浩特经济技术开发区	1.11	0.87	26.92%
10	南宁经济技术开发区	0.04	0.07	-48.80%
11	银川经济技术开发区	1.45	2.20	-33.84%
12	兰州经济技术开发区	0.02	0.01	20.66%
13	拉萨经济技术开发区	0.00	0.00	0.00
	合计	28.35	21.24	33.43%

2009年54个国家级经济技术开发区工业总产值（现价）情况

2009年32个东部国家级经济技术开发区工业总产值（现价）情况

单位：亿元

序号	开发区名称	2009年	2008年	同比
1	大连经济技术开发区	2331.67	1911.20	22.00%
2	秦皇岛经济技术开发区	413.35	439.78	-6.01%
3	天津经济技术开发区	4202.10	3730.00	12.66%
4	烟台经济技术开发区	2230.03	1950.02	14.36%
5	青岛经济技术开发区	2430.38	2015.59	20.58%
6	连云港经济技术开发区	471.30	351.72	34.00%
7	南通经济技术开发区	951.36	720.59	32.03%
8	宁波经济技术开发区	1236.63	1241.85	-0.42%
9	福州经济技术开发区	547.01	474.84	15.20%
10	广州经济技术开发区	3437.79	2944.79	16.74%
11	湛江经济技术开发区	146.06	139.45	4.74%
12	闵行经济技术开发区	364.06	471.63	-22.81%
13	虹桥经济技术开发区	0.00	0.00	0.00
14	漕河泾新兴经济技术开发区	1253.26	1146.95	9.27%
15	温州经济技术开发区	339.53	348.69	-2.63%
16	萧山经济技术开发区	496.27	501.50	-1.04%
17	营口经济技术开发区	622.94	442.97	40.63%
18	威海经济技术开发区	334.00	284.26	17.50%
19	福清融侨经济技术开发区	533.46	601.01	-11.24%
20	广州南沙经济技术开发区	1125.18	1001.24	12.38%
21	惠州大亚湾经济技术开发区	751.33	501.90	49.70%
22	昆山经济技术开发区	3753.44	3317.45	13.14%
23	东山经济技术开发区	36.96	32.48	13.80%
24	沈阳经济技术开发区	2074.60	1772.26	17.06%
25	杭州经济技术开发区	1078.97	1239.86	-12.98%
26	北京经济技术开发区	1959.03	2019.59	-3.00%
27	南京经济技术开发区	1506.08	1501.12	0.33%
28	宁波大榭开发区	255.64	210.34	21.54%
29	海南洋浦经济开发区	440.29	473.50	-7.01%
30	苏州工业园区	3010.12	2999.52	0.35%
31	上海金桥出口加工区	1672.91	1608.23	4.02%
32	厦门海沧台商投资区	606.02	663.78	-8.70%
	合计	40611.76	37058.11	9.59%

2009年9个中部国家级经济技术开发区工业总产值（现价）情况

单位：亿元

序号	开发区名称	2009年	2008年	同比
1	哈尔滨经济技术开发区	850.90	732.57	16.15%
2	长春经济技术开发区	1222.99	1037.48	17.88%
3	武汉经济技术开发区	1101.93	946.96	16.37%
4	芜湖经济技术开发区	913.33	802.43	13.82%
5	合肥经济技术开发区	1028.66	808.26	27.27%
6	郑州经济技术开发区	160.24	120.03	33.50%
7	长沙经济技术开发区	780.66	665.92	17.23%
8	南昌经济技术开发区	614.48	534.33	15.00%
9	太原经济技术开发区	168.12	152.76	10.05%
	合计	6841.31	5800.73	17.94%

2009年13个西部国家级经济技术开发区工业总产值（现价）情况

单位：亿元

序号	开发区名称	2009年	2008年	同比
1	重庆经济技术开发区	778.49	686.27	13.44%
2	乌鲁木齐经济技术开发区	355.26	250.94	41.57%
3	西安经济技术开发区	886.46	684.84	29.44%
4	成都经济技术开发区	381.89	300.78	26.97%
5	昆明经济技术开发区	171.57	133.52	28.49%
6	贵阳经济技术开发区	100.52	87.37	15.05%
7	石河子经济技术开发区	159.53	118.07	35.12%
8	西宁经济技术开发区	267.48	217.41	23.03%
9	呼和浩特经济技术开发区	322.11	268.68	19.89%
10	南宁经济技术开发区	163.70	139.77	17.12%
11	银川经济技术开发区	131.50	108.22	21.52%
12	兰州经济技术开发区	98.00	80.10	22.35%
13	拉萨经济技术开发区	1.00	0.45	124.22%
	合计	3817.52	3076.42	24.09%

2009年54个国家级经济技术开发区工业增加值情况

2009年32个东部国家级经济技术开发区工业增加值情况

单位：亿元

序号	开发区名称	2009年	2008年	同比
1	大连经济技术开发区	606.23	490.19	23.67%
2	秦皇岛经济技术开发区	102.57	82.00	25.09%
3	天津经济技术开发区	884.91	852.01	3.86%
4	烟台经济技术开发区	563.51	505.10	11.56%
5	青岛经济技术开发区	548.17	459.83	19.21%
6	连云港经济技术开发区	120.51	95.31	26.44%
7	南通经济技术开发区	230.77	174.78	32.03%
8	宁波经济技术开发区	238.33	226.78	5.09%
9	福州经济技术开发区	158.71	136.87	15.96%
10	广州经济技术开发区	959.99	841.03	14.14%
11	湛江经济技术开发区	56.00	52.61	6.44%
12	闵行经济技术开发区	135.23	165.07	-18.08%
13	虹桥经济技术开发区	0.00	0.00	0.00
14	漕河泾新兴经济技术开发区	350.00	315.76	10.85%
15	温州经济技术开发区	90.65	95.19	-4.77%
16	萧山经济技术开发区	130.21	116.70	11.57%
17	营口经济技术开发区	176.50	128.01	37.88%
18	威海经济技术开发区	98.32	84.99	15.69%
19	福清融侨经济技术开发区	112.03	126.89	-11.71%
20	广州南沙经济技术开发区	299.00	276.24	8.24%
21	惠州大亚湾经济技术开发区	144.07	116.29	23.88%
22	昆山经济技术开发区	788.22	693.35	13.68%
23	东山经济技术开发区	9.98	9.52	4.87%
24	沈阳经济技术开发区	495.79	429.89	15.33%
25	杭州经济技术开发区	240.05	223.16	7.57%
26	北京经济技术开发区	316.45	311.60	1.56%
27	南京经济技术开发区	236.98	194.01	22.15%
28	宁波大榭开发区	69.77	45.48	53.42%
29	海南洋浦经济开发区	61.66	72.82	-15.33%
30	苏州工业园区	677.96	627.99	7.96%
31	上海金桥出口加工区	385.44	347.20	11.01%
32	厦门海沧台商投资区	138.32	148.46	-6.83%
	合计	9426.35	8445.12	11.62%

2009年9个中部国家级经济技术开发区工业增加值情况

单位：亿元

序号	开发区名称	2009年	2008年	同比
1	哈尔滨经济技术开发区	191.02	163.79	16.62%
2	长春经济技术开发区	349.87	301.11	16.19%
3	武汉经济技术开发区	335.89	298.53	12.52%
4	芜湖经济技术开发区	227.78	199.38	14.25%
5	合肥经济技术开发区	284.94	236.82	20.32%
6	郑州经济技术开发区	45.03	35.10	28.30%
7	长沙经济技术开发区	218.10	179.73	21.35%
8	南昌经济技术开发区	188.16	158.12	19.00%
9	太原经济技术开发区	51.12	47.92	6.68%
	合计	1891.91	1620.49	16.75%

2009年13个西部国家级经济技术开发区工业增加值情况

单位：亿元

序号	开发区名称	2009年	2008年	同比
1	重庆经济技术开发区	164.62	148.40	10.93%
2	乌鲁木齐经济技术开发区	120.04	77.51	54.87%
3	西安经济技术开发区	258.65	199.61	29.57%
4	成都经济技术开发区	154.80	118.61	30.51%
5	昆明经济技术开发区	47.50	37.21	27.64%
6	贵阳经济技术开发区	27.37	23.28	17.55%
7	石河子经济技术开发区	42.11	33.80	24.60%
8	西宁经济技术开发区	106.00	77.89	36.10%
9	呼和浩特经济技术开发区	119.98	86.22	39.17%
10	南宁经济技术开发区	55.11	49.75	10.76%
11	银川经济技术开发区	41.75	33.47	24.74%
12	兰州经济技术开发区	26.30	20.58	27.79%
13	拉萨经济技术开发区	0.00	0.00	0.00
	合计	1164.23	906.33	28.46%

2009年54个国家级经济技术开发区地区生产总值情况

2009年32个东部国家级经济技术开发区地区生产总值情况

单位：亿元

序号	开发区名称	2009年	2008年	同比
1	大连经济技术开发区	1001.55	833.24	20.20%
2	秦皇岛经济技术开发区	160.98	150.75	6.78%
3	天津经济技术开发区	1231.10	1066.33	15.45%
4	烟台经济技术开发区	704.73	650.05	8.41%
5	青岛经济技术开发区	850.00	724.54	17.32%
6	南通经济技术开发区	296.43	225.82	31.27%
7	连云港经济技术开发区	158.37	126.33	25.37%
8	闵行经济技术开发区	137.02	166.39	-17.65%
9	虹桥经济技术开发区	68.01	91.94	-26.02%
10	漕河泾新兴经济技术开发区	562.13	473.99	18.60%
11	宁波经济技术开发区	375.93	353.12	6.46%
12	福州经济技术开发区	227.79	197.48	15.35%
13	广州经济技术开发区	1321.80	1140.29	15.92%
14	湛江经济技术开发区	92.20	66.64	38.35%
15	温州经济技术开发区	131.81	132.56	-0.56%
16	昆山经济技术开发区	964.93	843.46	14.40%
17	营口经济技术开发区	304.00	234.02	29.90%
18	威海经济技术开发区	159.12	135.86	17.12%
19	福清融侨经济技术开发区	141.02	133.42	5.70%
20	东山经济技术开发区	17.47	16.39	6.59%
21	沈阳经济技术开发区	699.96	538.66	29.95%
22	杭州经济技术开发区	312.15	291.73	7.00%
23	广州南沙经济技术开发区	405.23	363.45	11.50%
24	惠州大亚湾经济技术开发区	202.49	168.88	19.90%
25	萧山经济技术开发区	157.37	138.80	13.37%
26	北京经济技术开发区	570.69	565.85	0.86%
27	南京经济技术开发区	265.64	206.18	28.84%
28	苏州工业园区	1120.09	1001.52	11.84%
29	宁波大榭开发区	130.04	117.03	11.11%
30	上海金桥出口加工区	443.77	367.02	20.91%
31	海南洋浦经济开发区	102.50	95.81	6.99%
32	厦门海沧台商投资区	206.73	217.79	-5.08%
	合计	13523.05	11835.31	14.26%

2009 年 9 个中部国家级经济技术开发区地区生产总值情况 单位：亿元

序号	开发区名称	2009 年	2008 年	同比
1	哈尔滨经济技术开发区	227.07	195.39	16.21%
2	长春经济技术开发区	502.78	418.98	20.00%
3	武汉经济技术开发区	367.94	326.68	12.63%
4	芜湖经济技术开发区	247.05	220.62	11.98%
5	合肥经济技术开发区	369.72	312.34	18.37%
6	郑州经济技术开发区	110.07	84.38	30.44%
7	长沙经济技术开发区	300.87	256.61	17.25%
8	南昌经济技术开发区	252.10	223.10	13.00%
9	太原经济技术开发区	56.79	52.17	8.86%
	合计	2434.40	2090.28	16.46%

2009 年 13 个西部国家级经济技术开发区地区生产总值情况 单位：亿元

序号	开发区名称	2009 年	2008 年	同比
1	重庆经济技术开发区	279.22	243.90	14.48%
2	乌鲁木齐经济技术开发区	175.21	98.41	78.04%
3	西安经济技术开发区	364.54	280.42	30.00%
4	成都经济技术开发区	268.90	218.71	22.95%
5	昆明经济技术开发区	74.21	58.67	26.49%
6	贵阳经济技术开发区	50.14	44.28	13.22%
7	石河子经济技术开发区	60.07	45.87	30.96%
8	西宁经济技术开发区	135.06	104.22	29.59%
9	呼和浩特经济技术开发区	131.14	96.62	35.72%
10	南宁经济技术开发区	87.02	75.81	14.79%
11	银川经济技术开发区	64.74	52.51	23.29%
12	兰州经济技术开发区	59.01	46.73	26.27%
13	拉萨经济技术开发区	22.97	21.26	8.02%
	合计	1772.23	1387.41	27.74%

福州经济技术开发区

1. 福建马尾台湾商品市场年货展销会开幕式现场
2. 中国船政文化博物馆
3. 在建的大型高档住宅区
4. 庆祝新中国成立 60 周年大型歌会现场

福州经济技术开发区

1. 福建省委书记孙春兰考察福州开发区
2. 福建省委副书记、省长黄小晶考察福州开发区
3. 贯穿福州开发区的江滨大道
4. 福州开发区夜景

5. 海峡两岸直航货运专用码头——中盈 8 号码头
6. 福建省船舶工业技术研发中心
7. 福州万德电气有限公司
8. 国脉科技股份有限公司
9. 中铝瑞闽铝板带有限公司
10. 祖国大陆第一艘直航台湾本岛客轮从马尾港启航

秦皇岛经济技术开发区

改革大潮滚滚奔腾　渤海明珠熠熠生辉
——庆祝秦皇岛开发区建区25周年

1984年～2009年是秦皇岛开发区艰苦创业的25年、成绩辉煌的25年。全区规划面积从1.9平方公里发展到54.04平方公里。经济规模在秦皇岛市从“忽略不计”到占据重要地位，对所在区域的窗口示范、辐射带动不断增强。其间累计批准外资和港澳台资项目671个，实到外资19.75亿美元，它们来自35个国家和地区，包括美国通用电气、美国铝业、美国ADM、英国TI集团、德国威乐、日本伊藤忠、日本旭硝子、韩国乐金、韩国浦项、韩国正大、新加坡丰益、澳大利亚邦迪等10多家世界500强企业。通过精心培育，形成了粮油食品、临港重大装备、汽车及零部件、金属压延四大支柱产业。建成规划科学、设施先进、生态良好的现代化城区24.54平方公里。土地集约利用、节能减排、环境保护各项工作成绩显著，文化、社会事业蓬勃发展。2009年，秦皇岛开发区增加信心、克服困难、应对危机，实现了“保增长、保民生、保稳定”的工作目标。实现生产总值160.98亿元、规模以上工业增加值90.24亿元、财政收入20.38亿元、全社会固定资产投资84.55亿元，分别同比增长10.8%、9.9%、31.6%、49.9%。

1. 秦皇岛开发区象征物——“海螺”雕塑
2. 秦皇岛开发区标识之地雕形式
3. 开发区管委会办公楼

2

5

4. 繁荣的新城区
5. 出口加工区
6. 临海而处的区位
7. 科技大厦

6

7

秦皇岛经济技术开发区

1. 秦仁海运运营的中韩班轮航线
2. 金属压延行业领军企业——中粤浦项马口铁
3. 汽车及零部件行业领军企业——旭硝子玻璃
4. 冶金重工生产的盾构机

5. 粮油食品行业领军企业—— 金海食品
6. 金属压延行业领军企业—— 万基钢管
7. 汽车及零部件行业领军企业—— 戴卡轮毂
8. 粮油食品行业领军企业—— 正大公司

5

6

7

8

秦皇岛经济技术开发区

1. 秦皇岛开发区科技企业孵化器开业庆典现场
2. 中国·秦皇岛数据产业基地投资环境说明会现场

3. 秦皇岛开发区 ISO14000 国家示范区授牌仪式现场
4. 中航惠腾秦皇岛风电设备项目签约仪式现场
5. 中国科学院计算技术研究所、秦皇岛开发区成立中科院计算所秦皇岛分部签字仪式现场
6. 河北省作家协会创作基地揭牌仪式现场

武汉经济技术开发区

1. 2009 年 1 月 15 日，武汉开发区在管委会一楼多功能厅召开 2009 年工作会议。市委常委、副市长岳勇及全体委领导出席会议并为获奖企业颁奖
2. 2009 年 2 月 2 日，市长阮成发（前排左二）率市直有关部门来区调研。开发区工委书记、管委会主任罗长刚（左三），市政府秘书长谭仁杰，委领导李作清等陪同调研。图为阮成发一行在 SEW 设备公司调研
3. 2009 年 2 月 4 日，省委书记罗清泉（前排右四）在省市领导杨松（前排右二）、李明波（前排右一）、段轮一（后排左三）、阮成发（后排左四）、岳勇、彭丽敏，开发区工委书记、管委会主任罗长刚（后排左二），委领导李作清、秦吉斌陪同下来区调研。图为罗清泉等省市领导在东风乘用车公司考察

4

5

6

4.2009 年 3 月 20 日，SEW－传动设备（武汉）有限公司正式投产。市委常委、副市长岳勇（左三）、委领导李林（左一）等出席投产仪式
5.2009 年 4 月 14 日，中央学习实践科学发展观活动第二巡回检查组组长、全国政协常委、国家工商总局原局长、党组书记王众孚（前排右二）来区检查指导学习实践活动的开展情况，省委组织部副部长翟天山，市委副书记胡曙光（前排左一），委领导李作清（前排左二）、徐闻陪同
6. 中粮包装（武汉）有限公司奠基仪式现场
7.2009 年 6 月 30 日，东风公司首款自主品牌乘用车——东风风神 S30 在园区正式下线。省市领导杨松（左二）、田承忠（左一）、邵为民，开发区工委书记、管委会主任罗长刚，委领导李作清等出席下线仪式

7

武汉经济技术开发区

1.2009年7月18日，明达玻璃（武汉）有限公司浮法玻璃生产线在园区投产。省委副书记、武汉市委书记杨松（后排右三），副省长段轮一（后排右二），副市长邵为民（后排右一），开发区工委书记、管委会主任罗长刚（后排左三），委领导李作清（后排左一）出席投产仪式并剪彩

2.2009年8月8日，武汉开发区第二届健康家庭节在武汉体育中心体育馆正式开幕

3.2009年11月17日，神龙公司武汉第二工厂正式建成投产。东风雪铁龙C5轿车在神龙武汉二厂下线。省委书记罗清泉（右三），省长李鸿忠（左三），市长阮成发（右一），开发区工委书记、管委会主任罗长刚，委领导李作清、李林，法国驻华大使馆公使衔参赞丁合复（左二），法国驻武汉总领事费勇，东风公司领导徐平等出席仪式

4.2009年12月28日，协和医院西区暨武汉开发区中心医院揭牌仪式在神龙医院举行。副省长张岱梨（左三），副市长刘顺妮（左二），华中科技大学党委书记路钢（左一）、校长李培根（右三），开发区工委书记、管委会主任罗长刚，省卫生厅领导杨有旺、焦红，委领导李作清、彭绪宁等出席揭牌仪式

晋中经济技术开发区

1. 市委书记李永宏在晋中开发区指导工作
2. 市长张璞在晋中开发区调研指导工作
3. 晋中开发区企业与美国公司签约
4. 座落在晋商文化广场西侧的开发区综合办公大楼

湛江经济技术开发区

1. 中共中央政治局委员、广东省委书记汪洋考察东海岛新区（左二为陈吴主任）
2. 湛江开发区东海岛新区建设工地
3. 湛江开发区远眺

4. 国联水产股份有限公司
5. 喜利得(中国)有限公司
6. 冠豪高新技术股份有限公司
7. 中海油湛江燃料油公司

廊坊经济技术开发区

1. 国际会展中心全景
2. 2009年12月，廊坊开发区工委书记、管委会主任孟繁祥，工委副书记、管委会常务副主任王金忠在华为调研
3. 廊坊开发区升级为国家级经济技术开发区揭牌仪式现场

4. 中国·廊坊国际经济贸易洽谈会现场
5. 海关服务大厅内景
6. 廊坊开发区2009年度工作会议暨贡献企业表彰大会现场

4

5

6

成都经济技术开发区

1. 四川省委书记刘奇葆视察成都开发区企业
2. 易初明通卡特彼勒工程机械西部技术支持及再制造中心在成都开发区举行奠基仪式
3. 四川一汽丰田新工厂新普拉多下线仪式现场
4. 捷达轿车在成都开发区批量生产

5. 一汽—大众成都 NCS 项目零部件园区启动会暨关键零部件项目签约仪式现场
6. 投资 21 亿元的大运汽车项目落户成都开发区
7. 吉利成都生产基地首款 SUV 下线
8. 陕汽杯 2009 全国超级卡车大赛成都开发区（龙泉驿）总决赛现场
9. 成都神钢集团“创百亿”迁扩建工程挖掘机项目竣工典礼现场

杭州经济技术开发区

1. 亚太呼叫中心（杭州）产业基地奠基仪式现场
2. 青年汽车杭州公交车下线仪式现场
3. 杭州开发区沿江大道
4. 浙江杭州加工区杭州天裕光能科技有限公司内景
5. 新加坡杭州科技园开园仪式现场

6. 杭州中策橡胶有限公司高性能子午胎项目启动仪式现场
7. 中高曼恩柴油机股份有限公司首台交付现场
8. 杭州消防主题公园落户杭州开发区
9. 杭州开发区世茂江滨花园

长春经济技术开发区

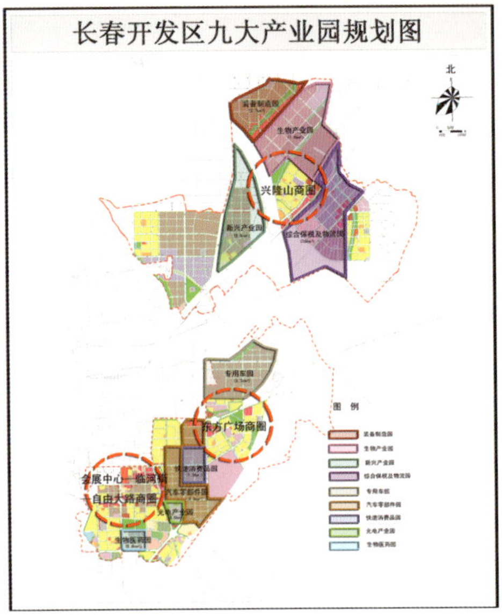

1

2

1. 长春开发区办公大楼
2. 保税物流园区鸟瞰图
3. 长春开发区与帝斯曼中国控股有限公司项目签约仪式现场
4. 长春市政府暨长春开发区与跨国公司新春座谈会暨项目签约仪式现场
5. 长春开发区比邻伊通河畔

3

4

5

6. 整车企业——一汽专用汽车有限公司
7. 汽车零部件骨干企业——大陆汽车电子(长春)有限公司车间内景
8. 鑫佳泰集团帝景城项目奠基仪式现场
9. 长春开发区新一轮发展战略研究报告会现场

合肥经济技术开发区

1. 中央政治局常委李长春视察安徽合力股份有限公司
2. 航嘉（合肥）工业园项目签约仪式现场
3. 绿城·翡翠湖玫瑰园开工典礼现场
4. 翡翠湖全景图

5. 合肥开发区第一届合唱节暨第三届社区文化节开幕式现场
6. HSBBC 产品下线庆典现场
7. 安徽省与中央企业调整结构合作发展会议现场
8. 熔安动力总装车间落成暨首台机交机庆典现场

贵阳经济技术开发区

1. 2009年7月24日，商务部外资司副巡视员赛芳莉率世界500强企业及东部沿海开发区组成的考察团到贵阳开发区参观考察
2. 贵阳市市长袁周（左二）到小孟装备制造业生态工业园调研
3. 2009年8月21日，中国通用技术集团董事、副总经理宋宁（中）一行到贵阳开发区企业参观考察
4. 2009年8月，亚太动漫协会主席约翰·兰特宣布亚太动漫交流中心永久落户小河

5. 2009 年 10 月 28 日，国内卷烟包装印刷巨头——贵州劲嘉包装材料有限公司举行开业庆典
6. 2009 年 11 月 4 日，贵阳开发区与交通银行贵州省分行签订银政战略合作协议
7. 2009 年 12 月 7 日，贵阳开发区与花溪区正式签署《小河——孟关装备制造业生态工业园区合作协议》
8. 贵阳开发区城市亮化工程建设一角
9. 鸟瞰贵阳开发区新城区一角

萧山经济技术开发区

1

2

1.2009 年 11 月 25 日，浙江省委常委、常务副省长陈敏尔（前排中）在杭州市委常委、萧山区委书记洪航勇（前排左）和萧山区委常委、开发区管委会主任张振丰（前排右）陪同下，视察江东新城杭州海鲸光电科技有限公司

2.2009 年 9 月 4 日，世界 500 强企业——瑞士 ABB 公司投资的盈控自动化项目签约仪式现场

3. 明日科技之城——江东新城（江东工业园区）

3

4

5

4. 2009 年 7 月 30 日，浙江移动 TD 产业园项目签约仪式现场
5. 2009 年 5 月 25 日，杭州吉奥汽车有限公司首辆“星旺”微车下线
6. 高新企业孵化器——开发区国际创业中心

6

石河子经济技术开发区

石河子开发区是中国最西部的国家级经济技术开发区，位于新疆天山北坡经济带及亚欧大陆桥腹心，周边拥有16个口岸，接壤8个国家，规划面积11.2平方公里。

开发区倡导“诚信做人、用心做事”的精神，按照“招商先行、服务为本”的思路，充分发挥农副产品和矿产资源优势，借助国内外知名企业，全力推进新型工业化进程，走出一条发挥优势、突出特色、外向带动、资源转换、产业聚集的发展之路。

台湾康师傅、旺旺，内蒙古伊利，江苏华芳，南京雨润肉制品，浙江娃哈哈饮料、雄峰纺织、弘生家纺，北京燕京啤酒，贵航采棉机，河北华龙日清方便食品和沙特阿吉兰棉纺等一批知名企业在区内投资兴业，初步形成棉纺织、绿色食品、化工、现代农业装备和新型能源等五大支柱产业集群，产业聚集效应凸显，发展速度日益加快，增长势头日益强劲，各项经济指标年均增长45%以上。

据权威数据显示，石河子开发区已成为新疆乃至西北地区最大的棉纺织、食品饮料生产基地，全国唯一的采棉机组装基地，国内最大的电石法PVC生产基地，新疆利用外资最多的区域，国内外知名企业在新疆投资最集中、环境最佳的和回报率最高的区域。

1

2

3

1. 新疆燕京啤酒有限公司
2. 石河子开发区番茄酱生产加工能力已达60万吨，居亚洲第一，产品全部出口欧美国家
3. 流光溢彩化工城
4. 开发区人工湖

4

5. 新疆规模最大、装备最好的华兴玻璃制品有限公司
6. D-5 康师傅工业园——方便面生产线
7. 伊利乳业
8. 天辰 40 万吨聚氯乙烯化工厂
9. F-5 自主研发、填补国内空白的平水牌采棉机

乌鲁木齐经济技术开发区

2

1. 乌鲁木齐开发区二期厂区
2. 装备制造基地
3. 乌鲁木齐开发区十二师合作区
4. 出口加工基地

3

4

5. 北大新疆科技园
6. 卫星广场
7. 食品饮料加工基地

呼和浩特经济技术开发区

1

2

3

1. 国家级经济技术开发区第十八次党建工作研讨会现场
2. 呼和浩特开发区风貌
3. 呼和浩特开发区一角